MedR Schriftenreihe Medizinrecht

Reihe herausgegeben von
Andreas Spickhoff, Ludwig Maximilians Universität München
München, Deutschland

Weitere Bände in dieser Reihe
http://www.springer.com/series/852

Alexander Pikal

Die rechtliche Zulässigkeit ärztlicher Mitwirkung an verbotenen Kinderwunschbehandlungen im Ausland

Alexander Pikal
Gunzenhausen, Deutschland

zugl. Dissertation der Friedrich-Alexander-Universität Erlangen-Nürnberg, Fachbereich Rechtswissenschaft

ISSN 1431-1151
MedR Schriftenreihe Medizinrecht
ISBN 978-3-662-60618-6   ISBN 978-3-662-60619-3 (eBook)
https://doi.org/10.1007/978-3-662-60619-3

Die Deutsche Nationalbibliothek verzeichnet diese Publikation in der Deutschen Nationalbibliografie; detaillierte bibliografische Daten sind im Internet über http://dnb.d-nb.de abrufbar.

Springer
© Springer-Verlag GmbH Deutschland, ein Teil von Springer Nature 2020
Das Werk einschließlich aller seiner Teile ist urheberrechtlich geschützt. Jede Verwertung, die nicht ausdrücklich vom Urheberrechtsgesetz zugelassen ist, bedarf der vorherigen Zustimmung des Verlags. Das gilt insbesondere für Vervielfältigungen, Bearbeitungen, Übersetzungen, Mikroverfilmungen und die Einspeicherung und Verarbeitung in elektronischen Systemen.
Die Wiedergabe von allgemein beschreibenden Bezeichnungen, Marken, Unternehmensnamen etc. in diesem Werk bedeutet nicht, dass diese frei durch jedermann benutzt werden dürfen. Die Berechtigung zur Benutzung unterliegt, auch ohne gesonderten Hinweis hierzu, den Regeln des Markenrechts. Die Rechte des jeweiligen Zeicheninhabers sind zu beachten.
Der Verlag, die Autoren und die Herausgeber gehen davon aus, dass die Angaben und Informationen in diesem Werk zum Zeitpunkt der Veröffentlichung vollständig und korrekt sind. Weder der Verlag, noch die Autoren oder die Herausgeber übernehmen, ausdrücklich oder implizit, Gewähr für den Inhalt des Werkes, etwaige Fehler oder Äußerungen. Der Verlag bleibt im Hinblick auf geografische Zuordnungen und Gebietsbezeichnungen in veröffentlichten Karten und Institutionsadressen neutral.

Springer ist ein Imprint der eingetragenen Gesellschaft Springer-Verlag GmbH, DE und ist ein Teil von Springer Nature.
Die Anschrift der Gesellschaft ist: Heidelberger Platz 3, 14197 Berlin, Germany

Vorwort

Der Fachbereich Rechtswissenschaft der Friedrich-Alexander Universität Erlangen-Nürnberg hat die vorliegende Arbeit im Wintersemester 2018/2019 als Dissertation angenommen.

Rechtsprechung und Literatur konnte ich bis Anfang Juni 2019 berücksichtigen. Die weiterführenden Links wurden zum Stand des 1. Juni 2019 aktualisiert.

Bei Herrn Prof. Dr. *Christian Jäger* möchte ich mich herzlich für die Betreuung der Arbeit sowie für die Anregung und Kritik in den regelmäßig geführten Gesprächen bedanken. Daneben gilt mein Dank Frau Prof. Dr. *Gabriele Kett-Straub* für die äußerst zügige Erstellung des Zweitgutachtens.

Recht herzlich möchte ich mich auch bei Herrn Prof. Dr. *Andreas Spickhoff* für die Annahme der Arbeit in die Schriftenreihe Medizinrecht des Springer Verlags bedanken.

Ferner möchte ich meinen Dank für anregende Diskussionen und Korrekturarbeiten gegenüber den folgenden Personen aussprechen: Frau *Franziska Hönle*, Herrn *Anton Danne*, Herrn *Dominik Bernstrauch* sowie Herrn *Konstantin Neubert*.

Darüber hinaus möchte ich Frau *Jola Tröger* für die äußerst sorgfältige Korrekturlektüre im Vorfeld der Drucklegung der vorliegenden Arbeit danken.

Schließlich gab mir der Glaube an Gott bei der Anfertigung der Arbeit fortwährend die nötige Kraft, dieses engagierte Unterfangen trotz einiger Widrigkeiten zum Abschluss zu bringen.

Die vorliegende Arbeit widme ich meiner Mutter und posthum meiner im August 2015 verstorbenen Urgroßmutter, ohne deren Unterstützung ich all dies nicht erreicht hätte.

Hohentrüdingen   Alexander Pikal
Oktober 2019

Inhaltsverzeichnis

§ 1 Einführung 1

Teil I Reproduktives Reisen – Dilemma für Reproduktionsmediziner und Patienten

§ 2 Unerfüllter Kinderwunsch und reproduktives Reisen 9
   A. Der unerfüllte Kinderwunsch 9
      I. Bestandsaufnahme 9
      II. Wann gilt ein Kinderwunsch als unerfüllt? 10
         1. Das Merkmal *unerfüllt*: die Infertilität 11
         2. Ursachen der Infertilität 12
            a) Krankheitsbedingte (medizinisch-biologische) Ursachen 12
            b) Nicht krankheitsbedingte Ursachen 13
   B. Das reproduktive Reisen 14
      I. Begriffsbestimmung 15
      II. Ursachenidentifikation 16
         1. Rechtliches Regelungsgefälle im internationalen Ländervergleich 17
         2. Verminderte Kostenzuschüsse für gesetzlich Krankenversicherte ... 18
      III. Fazit 21

§ 3 Reproduktionsmediziner im Fokus der Justiz 23
   A. Exemplarischer Sachverhalt 25
   B. Verfahrensgang 26
      I. Antrag auf Erlass einer einstweiligen Verfügung 26
      II. Klageverfahren 27
         1. Die Entscheidung der 15. Kammer des Landgerichts Berlin 27
         2. Das Urteil des fünften Zivilsenates des Kammergerichts Berlin 28
         3. Die Entscheidung des ersten Zivilsenates des Bundesgerichtshofes 29
   C. Zusammenfassung 29

§ 4 Die „Strategie des Aussitzens" des deutschen Gesetzgebers 31
A. Geplante Schaffung eines deutschen Fortpflanzungsmedizingesetzes.... 32
B. Reklamation legislatorischen Handlungsbedarfs im Allgemeinen....... 34
   I. Umfassende Novellierung 34
   II. Punktuelle Änderungen: Die „Dreier-Regel" im Rahmen des elektiven Embryo-Transfers................................ 37
C. Im Besonderen: Der Augsburg-Münchner-Entwurf eines Fortpflanzungsmedizingesetzes 2013 (AME-FMedG) 39
   I. Leitgedanken des Entwurfs 39
   II. Wichtige Regelungen im Einzelnen......................... 40
   III. Würdigung des Entwurfs 41
      1. Positive Aspekte 42
      2. Kritikpunkte 43
      3. Fazit.. 44
D. Parlamentarische Reformresistenz............................. 44

Teil II Themenspezifische Grundlagen der medizinisch unterstützten Fortpflanzung

§ 5 Medizinische und rechtliche Grundlagen der assistierten Reproduktion.. 47
A. Begriffsbestimmung: Medizinisch unterstützte Fortpflanzung 47
B. Methoden der medizinisch unterstützten Fortpflanzung im Einzelnen... 49
   I. Intrakorporale Befruchtungsmethoden....................... 49
      1. Artifizielle Insemination 49
      2. Gametentransfer 50
   II. Extrakorporale Befruchtungsmethoden 51
      1. In-vitro-Fertilisation (kurz: IVF-Therapie) mit anschließendem Embryotransfer 51
         a) Eizellgewinnung, -reifung und -kontrolle................ 52
         b) Auslösen des Eisprungs und Entnahme der Eizellen......... 52
         c) Gewinnung der männlichen Keimzellen................. 53
         d) Befruchtung der Eizelle im Reagenzglas................. 53
         e) Abschließende Kontrolle und Embryotransfer.............. 55
         f) Kryokonservierung übriger 2-PN-Zellen 55
         g) Verwerfung nicht entwicklungsfähiger imprägnierter Eizellen.. 56
      2. Intrazytoplasmatische-Spermien-Injektion (kurz: ICSI)........ 56
C. Für die strafrechtliche Beurteilung relevante Bestimmungen 58
   I. Unionsrecht 58
      1. Primäres Unionsrecht 58
         a) Grundfreiheiten 59
            aa) Die Warenverkehrsfreiheit, Art. 28 f. AEUV............ 60
               (1) Anwendungsbereich......................... 60
               (2) Zwischenergebnis 60

bb) Die Dienstleistungsfreiheit, Art. 56 ff. AEUV	61
(1) Sekundärrecht: Die Dienstleistungsrichtlinie und die Patientenrechterichtlinie	61
α) Die Dienstleistungsrichtlinie aus dem Jahre 2006	61
β) Die Patientenrechterichtlinie aus dem Jahre 2011	62
(2) Die primärrechtliche Dienstleistungsfreiheit	64
α) Tatbestandliche Voraussetzungen	64
β) Schutzdimensionen	65
γ) Eingriff	67
δ) Zwischenergebnis	68
b) Die Charta der Grundrechte der Europäischen Union	68
2. Teilergebnis zu I.	69
II. Nationales Verfassungsrecht: Die Grundrechte	69
1. Freiheitsgrundrechte	70
a) Betroffene Grundrechtsträger	70
aa) Das noch zu erzeugende Kind	70
(1) Menschenwürde, Art. 1 Abs. 1 GG	71
(2) Recht auf Leben und körperliche Unversehrtheit, Art. 2 Abs. 2 Satz 1 GG	72
bb) Recht auf körperliche Unversehrtheit und Selbstbestimmungsrecht der prospektiven Mutter	73
cc) Fortpflanzungswillige	73
dd) Spender von Keimzellen und Embryonen	74
ee) Reproduktionsmediziner	75
(1) Berufsausübungsfreiheit, Art. 12 Abs. 1 GG	75
(2) Forschungsfreiheit, Art. 5 Abs. 3 GG	75
b) Wirkungsrichtungen der Grundrechte	76
c) Grundrechtskollisionen	76
2. Gleichheitsrechtliche Aspekte	77
3. Teilergebnis zu II.	78
III. Einfaches Recht	78
1. Das Völkerrecht	78
a) Europäisches Menschenrechts-Übereinkommen zur Biomedizin	79
b) Allgemeine Erklärung über Bioethik und Menschenrechte	79
c) Europäische Menschenrechtskonvention	80
aa) Stellung der EMRK und der Rechtsprechung des EGMR im nationalen Rechtsgefüge	80
(1) Die Konvention	80
(2) Die Rechtsprechung des EGMR	81
(3) Wirkungsweise der EMRK und der Rechtsprechung des EGMR im deutschen Recht	81

        bb) Anwendungsbereich der Konvention................ 82
        cc) Einschlägige Menschenrechte im Rahmen der
            medizinisch unterstützten Fortpflanzung............. 82
            (1) Das Verfahren S. H. u. a. gegen Österreich........ 83
            (2) Sachverhalt und Verfahrensgang................ 83
                α) Die Entscheidung des ÖstVerfGH vom 14.
                    Oktober 1999........................... 84
                β) Die Entscheidung der ersten Sektion des
                    EGMR vom 1. April 2010.................. 86
                γ) Die Entscheidung der Großen Kammer
                    des EGMR vom 3. November 2011............ 88
            (3) Kritik...................................... 90
            (4) Fazit und Konsequenzen für das deutsche
                Strafrecht................................. 91
            (5) Gesetzesänderung im ÖstFMedG................ 92
    2. Nationales Recht... 92
        a) Arzneimittelgesetz und
            Arzneimittelverschreibungsverordnung.................... 92
        b) Bürgerliches Gesetzbuch............................... 93
        c) Embryonenschutzgesetz................................ 94
            aa) Historischer Abriss............................. 94
            bb) Ratio.. 96
            cc) Inhaltsübersicht................................ 97
                (1) Täterkreis................................ 98
                (2) Zeitlicher Anwendungsbereich................. 98
                (3) Unternehmensdelikte........................ 99
                (4) Vorsatzform............................... 99
                (5) Einwilligungserfordernis....................... 99
                (6) Persönliche Strafausschließungsgründe........... 100
        d) Gendiagnostikgesetz................................... 101
        e) Gewebegesetz....................................... 101
        f) Heilberufs-/Kammergesetze der Länder.................... 102
        g) Samenspenderregistergesetz............................. 102
        h) Sozialgesetzbuch V.................................... 102
        i) Stammzellgesetz...................................... 103
        j) Strafgesetzbuch...................................... 104
        k) Transplantationsgesetz................................. 104
        l) Ärztliches Berufs- und Standesrecht...................... 105
            aa) Allgemeines................................... 105
            bb) Die Musterberufsordnung für Ärzte................. 106
                (1) Rechtsqualität............................. 106
                (2) Kernbestimmungen......................... 107
            cc) Die Richtlinie zur Entnahme und Übertragung von
                menschlichen Keimzellen im Rahmen der assistierten
                Reproduktion.................................. 107

dd) Die (Muster-)Richtlinie zur Durchführung der
assistierten Reproduktion – novellierte Fassung......... 109
(1) Historie.. 109
(2) Wirkungsweise................................. 110
(3) Räumlicher Geltungsbereich im bundesweiten
Vergleich...................................... 111
ee) Die Leitlinien der Deutschen Gesellschaft für
Kinderwunschbehandlung........................... 113
IV. Zusammenfassung 113

§ 6 Ausgewählte Behandlungsmethoden der medizinisch unterstützten Fortpflanzung 115
A. Der elektive Embryo-Transfer/Blastozystentransfer 116
I. Begriffsklärung 116
II. Medizinische Grundlagen 117
1. (Elektiver) Blastozystentransfer 117
2. Abgrenzung zur „gewöhnlichen" IVF-Therapie.............. 118
3. Vergleich mit der Präimplantationsdiagnostik (kurz: PID)...... 118
III. Rechtliche Zulässigkeit 118
1. Einzelne Varianten und ihre Zulässigkeit nach dem ESchG..... 119
a) Zulässige Maßnahmen................................. 119
aa) Heranreifung und Punktion von mehr als drei
unbefruchteten Eizellen je Zyklus................... 119
bb) Imprägnation von mehr als drei Eizellen je Zyklus in der
Absicht, eine Schwangerschaft herbeizuführen......... 120
cc) Voruntersuchung von 2-PN-Zellen und deren Selektion ... 120
dd) Übertragung nur eines oder nur zweier Embryonen
je Zyklus 120
b) Unzulässige Maßnahmen 121
aa) Bewusste Erzeugung von mehr als drei Embryonen
je Zyklus 121
bb) Transfer von mehr als drei Embryonen je Zyklus....... 121
c) In der Zulässigkeit umstrittene Maßnahme: Die Befruchtung
von mehr als drei Eizellen je Zyklus und Kultivierung
in vitro zum Zwecke der Feststellung der
Entwicklungsfähigkeit so entstandener Embryonen
(elektiver Embryotransfer) 122
aa) Keine missbräuchliche Verwendung durch Unterlassen
gem. § 2 Abs. 1 ESchG i. V. m. § 13 StGB.............. 123
bb) Kein Verstoß gegen § 2 Abs. 2 ESchG................. 124
cc) Kein Verstoß gegen § 1 Abs. 1 Nr. 3 ESchG............ 124
dd) Problematisch: Verstoß gegen § 1 Abs. 1 Nr. 5 ESchG... 124
(1) Entstehungsgeschichtlicher Hintergrund der Norm ... 125
(2) Streitstand..................................... 125

　　　　　　　　α) Liberaler Standpunkt: Elektiver
　　　　　　　　　　Embryo-Transfer in Deutschland zulässig 126
　　　　　　　　β) Restriktive Auffassung: Elektiver
　　　　　　　　　　Embryo-Transfer in Deutschland verboten 128
　　　　　　　　γ) Stellungnahme 129
　　　　　　　　δ) Zwischenergebnis 133
　　　2. Besonderheiten des Tatbestandes (§ 1 Abs. 1 Nr. 5 ESchG) 134
　　　　　a) Ausgestaltung als echtes Unternehmensdelikt 134
　　　　　b) Subjektiver Tatbestand 135
　IV. Vergleich mit ausländischen Bestimmungen 135
B. Die Eizellspende 136
　I. Begriffsklärung 136
　II. Medizinische Grundlagen 138
　　　1. Medizinische Indikation 138
　　　2. Ablauf 139
　III. Rechtliche Zulässigkeit 140
　　　1. Das Verbot in § 1 Abs. 1 Nr. 1 ESchG 140
　　　2. Die Verbote in § 1 Abs. 1 Nr. 2 ESchG 141
　　　3. Die Verbote in § 1 Abs. 2 ESchG 143
　　　4. Besonderheiten der Tatbestände 144
　IV. Vergleich mit ausländischen Bestimmungen 144
C. Die Embryospende 145
　I. Begriffsklärung 146
　II. Medizinische Grundlagen 146
　III. Rechtliche Zulässigkeit 147
　　　1. Zulässige Maßnahmen 147
　　　　　a) Transfer eines *in vitro* erzeugten Embryos auf eine andere
　　　　　　　Frau als die, von der die Eizelle stammt, wenn die
　　　　　　　Empfängerin nicht als Leihmutter fungieren will 147
　　　　　b) Entnahme eines bereits in den Mutterleib implantierten
　　　　　　　Embryos, wenn dessen Austragung nicht mehr möglich ist ... 149
　　　2. Unzulässige Maßnahmen 149
　　　　　a) Das Verbot in § 1 Abs. 1 Nr. 6 Fall 1 ESchG 149
　　　　　b) Das Verbot in § 1 Abs. 1 Nr. 7 Fall 2 ESchG 150
　　　3. In der Zulässigkeit umstrittene Maßnahme: Auftauen und
　　　　　Weiterkultivieren einer kryokonservierten 2-PN-Zelle, wenn
　　　　　feststeht, dass der entstehende Embryo nicht mehr auf die
　　　　　Eizellspenderin übertragen werden kann 150
　　　　　a) Allgemeines 150
　　　　　b) Die Entscheidung des Landgerichts Augsburg vom 13.
　　　　　　　Dezember 2018 151
　IV. Vergleich mit ausländischen Bestimmungen 155
D. Die Leihmutterschaft mit Eizell- oder Embryospende 155
　I. Begriffsbestimmung 156
　II. Medizinische Grundlagen 157

III. Rechtliche Zulässigkeit 157
    1. Tatbestandsvarianten 158
    2. Echte Unternehmensdelikte. 158
    3. Subjektiver Tatbestand 158
    4. Tatbestand im Gesamtgefüge des § 1 Abs. 1 ESchG 158
    5. Vorfeldtatbestand: § 1 Abs. 1 Nr. 6 Alt. 1 ESchG. 159
IV. Vergleich mit ausländischen Bestimmungen 159
E. Die post-mortem-Befruchtung 160
  I. Begriffsbestimmung 160
  II. Medizinische Grundlagen 161
  III. Rechtliche Zulässigkeit 161
    1. Tod der Frau (Eizellspenderin) 161
    2. Tod des Mannes (Samenspender) 162
      a) Zulässige Maßnahmen. 162
        aa) Kryokonservierung von Keimzellen, 2-PN-Zellen
            sowie Embryonen 162
        bb) Auftauen einer kryokonservierten, befruchteten
            Eizelle i. S. d. § 8 ESchG nach dem Tod des Mannes 163
        cc) Embryotransfer nach Tod des Samenspenders 164
      b) Unzulässige Maßnahme: Eindringenlassen oder Einbringen
        des Spermiums nach dem Tod des Samenspenders in die
        Eizelle 164
      c) In der Zulässigkeit umstrittene Maßnahme: Auftauen und
        Weiterkultivieren einer kryokonservierten 2-PN-Zelle nach
        dem Tod des Samenspenders 165
        aa) Sachverhalt und Verfahrensgang. 165
          (1) Entscheidung des Landgerichts Neubrandenburg . . . 165
          (2) Entscheidung des Oberlandesgerichts Rostock 166
        bb) Fazit 167
      d) Zusammenfassung der Konstellationen. 168
  IV. Vergleich mit ausländischen Bestimmungen. 168
F. Bezug zum reproduktiven Reisen 168

Teil III   Straf- und berufsrechtliche Relevanz ärztlicher Mitwirkung im Inland

§ 7 Die strafrechtliche Relevanz einer inländischen ärztlichen Mitwirkung an nach dem ESchG verbotenen Methoden der Kinderwunschbehandlung im Ausland 173
  A. Wie kommt es zu einer Mitwirkung an verbotenen
    Kinderwunschbehandlung im Ausland?. 173
  B. Formen inländischer Mitwirkung. 177
    I. Mitwirkung im Vorfeld der Auslandsbehandlung 177
      1. Mitwirkungsformen. 177
      2. Erfolgreiche Behandlung mittels IVF-Therapie ist möglich. 178

    a) Durchführung eines elektiven Embryo-Transfers............ 178
    b) Post-mortem-Befruchtung.............................. 178
      aa) Beide Keimzellspender leben noch.................. 179
      bb) Ein Keimzellspender ist bereits verstorben............ 179
  3. Behandlung mittels IVF-Therapie nicht möglich oder nicht erfolgversprechend...................................... 179
    a) Eizell- oder Embryospende............................ 180
    b) Leihmutterschaft mit Eizell- oder Embryospende........... 180
  4. Zwischenergebnis....................................... 180
  II. Mitwirkung im Anschluss an die Auslandsbehandlung............ 181
C. Vorwegfeststellungen.. 181
  I. Klarstellung... 181
  II. Begriffsklärung: „Mitwirkung" gegenüber „Beteiligung" 182
D. Strafrechtliche Bewertung der Mitwirkung des inländischen Arztes (Normen außerhalb des EschG) 182
  I. Mitwirkung in Form der Täterschaft......................... 183
  1. Anwendbarkeit des deutschen Strafrechts................... 183
  2. Strafbarkeit nach §§ 223 Abs. 1, 224 Abs. 1 Nr. 1 StGB 184
    a) Täterschaftsform..................................... 184
    b) Tatbestandsmerkmale: Körperliche Misshandlung oder Gesundheitsschädigung................................ 184
    c) Rechtfertigende Einwilligung 185
    d) Teilergebnis zu 2..................................... 187
  3. Strafbarkeit nach den §§ 95, 96 AMG...................... 187
    a) Verhaltensweisen im Zusammenhang mit dem Arzneimittelgesetz 188
    b) Strafbarkeit nach Maßgabe der §§ 95, 96 AMG............ 189
      aa) Strafbarkeit gem. § 95 Abs. 1 Nr. 1 AMG i.V.m. § 5 Abs. 1 AMG 189
        (1) Voraussetzungen des § 5 Abs. 1 AMG............ 189
        (2) Voraussetzungen des § 5 Abs. 2 AMG............ 191
      bb) Strafbarkeit nach § 96 Nr. 13 AMG................... 192
    c) Teilergebnis zu 3....................................... 193
  II. Teilergebnis zu I... 193
E. Strafbarkeit des inländischen Arztes nach dem EschG 193
  I. Täterschaft oder Teilnahme?................................. 194
  II. Mitwirkung als Täter (§ 25 StGB)............................ 194
  1. Vorsätzliche Begehungsweisen............................ 195
    a) Vorsatzform... 195
    b) Erscheinungsformen der Täterschaft..................... 195
      aa) Unmittelbare Alleintäterschaft (§ 25 Abs. 1 Fall 1 StGB) ... 196
        (1) Verhaltensweisen.............................. 196
        (2) Teilergebnis zu aa)............................. 199
      bb) Mittäterschaft (§ 25 Abs. 2 StGB) 199

(1) Maßgebende Handlung: Die nach
    Behandlungsplan letzte Hormonanwendung 200
(2) Maßgebliche Bestimmung: Die Norm des
    § 22 StGB 201
    α) Verwirklichung eines Teilakts der
       tatbestandlichen Ausführungshandlung......... 201
    β) Abgrenzungskriterien zwischen Vorbereitung
       und Versuch 202
    γ) Anwendung des kombinierten Ansatzes 204
    δ) Zwischenergebnis.......................... 207
(3) Mittäterschaft im Vorbereitungsstadium möglich?... 208
    α) Anwendbarkeit des deutschen Strafrechts 208
    β) Streitstand............................... 208
(4) Teilergebnis zu bb) 211
cc) Strafbarkeit gem. § 30 Abs. 2 StGB i.V.m. Tatbeständen
    des ESchG... 211
c) Teilergebnis zu 1. 211
2. Fahrlässige Begehungsweisen............................. 212
3. Teilergebnis zu II. 212
III. Mitwirkung in Form der Teilnahme (§§ 26, 27 StGB): Die
Strafbarkeit von Auslandsarzt und Patienten..................... 213
1. Geltung des deutschen Strafrechts 213
2. Auslandstat strafbar oder straflos? 214
3. Auslandstat nach Maßgabe des deutschen Strafrechts strafbar... 214
   a) Die Strafbarkeit des ausländischen Arztes.................. 214
      aa) Tatbestandsimmanenz: Schutzzweck des jeweiligen
          Tatbestandes.. 215
          (1) Erläuterung der Vorprüfung 215
          (2) Schutzzwecke der einzelnen Tatbestände des
              EschG.. 216
              α) Elektiver Embryo-Transfer................... 217
              β) Eizellspende 217
              γ) Embryospende 219
              δ) Leihmutterschaft mit Eizell- oder
                 Embryospende 219
              ε) Post-mortem-Befruchtung 220
          (3) Teilergebnis zu (2)............................ 221
      bb) Anwendbarkeit des deutschen Strafrechts nach
          Maßgabe der §§ 3 ff. StGB 221
          (1) Das Territorialitätsprinzip 222
              α) Deutsches Strafrecht 222
              β) Tatbegriff der §§ 3 ff. StGB 222
              γ) Im Inland begangen......................... 222
              δ) Zwischenergebnis........................... 224

　　　　(2) Andere Anknüpfungspunkte als das
　　　　　　Territorialitätsprinzip 224
　　　　　　α) Anwendbarkeit des deutschen Strafrechts
　　　　　　　über § 5 StGB 224
　　　　　　β) Anwendbarkeit des deutschen Strafrechts
　　　　　　　über § 7 StGB 232
　　　　(3) Teilergebnis zu bb) 233
　　b) Die Strafbarkeit der in die Kinderwunschbehandlung
　　　involvierten Patienten 233
　　　aa) Begriff des „Patienten" 234
　　　bb) Strafrechtliche Relevanz der Mitwirkung von Patienten ... 234
　　　cc) Formen der Mitwirkung.......................... 236
　　　　(1) Elektiver Embryo-Transfer..................... 236
　　　　(2) Eizellspende 236
　　　　(3) Embryospende............................... 236
　　　　(4) Leihmutterschaft mit Eizell-/Embryospende 236
　　　　　　α) Eigeneizell-/embryospende 236
　　　　　　β) Fremdeizell-/embryospende.................. 236
　　　　(5) Post-mortem-Befruchtung...................... 237
　　　　　　α) Eizellspenderin im Zeitpunkt der Befruchtung
　　　　　　　verstorben 237
　　　　　　β) Samenspender im Zeitpunkt der Befruchtung
　　　　　　　verstorben 237
　　　dd) Unterscheidung nach den Zeiträumen der Mitwirkung ... 237
　　　　(1) Im Vorfeld der Auslandsbehandlung............. 237
　　　　　　α) Inlandsbeitrag............................. 237
　　　　　　β) Auslandsbeitrag 239
　　　　(2) Im Anschluss an die Auslandsbehandlung 240
　　　ee) Teilergebnis zu b)................................ 240
IV. Mitwirkung in Form der Teilnahme (§§ 26, 27 StGB): Die
　　Strafbarkeit des inländischen Arztes........................... 241
　　1. Ausgangspunkt: Die Norm des § 9 Abs. 2 Satz 2 StGB 241
　　2. Einschränkungsmöglichkeiten.......................... 242
　　　a) Schutzzwecke der einzelnen Tatbestände des ESchG 242
　　　b) Restriktion unter teilnahmerechtlichen Gesichtspunkten..... 243
　　　　aa) Tatstadium: Vorbereitung......................... 243
　　　　bb) Teilnahmeform: Anstiftung oder Beihilfe? 243
　　　　cc) Restriktionsansätze 245
　　　　　(1) „Berufstypische Handlung" im Rahmen
　　　　　　des § 27 StGB................................. 245
　　　　　　α) Begriffsklärung............................ 246
　　　　　　β) Lösungsansätze............................ 246
　　　　　(2) Erstreckung der persönlichen
　　　　　　Strafausschließungsgründe auf den
　　　　　　inländischen Arzt 251

α) Direkte Anwendung 251
β) Entsprechende Anwendung 251
(3) Allgemeine Verfügbarkeit von Informationen 252
(4) „Alles- oder Nichts-Lösung": Täterschaft oder rechtliches Nullum 253
(5) Verfassungskonforme Auslegung von § 27 Abs. 1 StGB nach Maßgabe von Art. 6 Abs. 1 GG 253
(6) Eigener Lösungsansatz: Kein objektiv zurechenbarer mittelbarer Rechtsgutsangriff durch die inländische Mitwirkung 254
α) Täterbegriff des deutschen Strafrechts 254
β) Strafgrund der Teilnahme................... 256
γ) Erfordernis des Kriteriums der objektiven Zurechenbarkeit bei der Teilnahme 258
3. Differenzierung nach Verhaltensweisen 268
a) Hinweiserteilung....................................... 268
aa) Abgrenzung zur Erteilung von Rat................... 268
bb) Gegenstand der Informationserteilung 269
(1) Rechtsauskunft............................... 269
α) Verstoß gegen Rechtsberatungsgesetz oder Rechtsdienstleistungsgesetz 270
β) Rechtsauskunft als strafbare Teilnahme 270
(2) Medizinische Auskunft......................... 271
α) Allgemeiner Natur......................... 271
β) Aufklärungspflichten im Vorfeld einer IVF-Therapie............................... 272
γ) Eingriffsaufklärung 275
b) Erteilung von Rat im Sinne einer Handlungsempfehlung 288
c) Entschlussbestärkung im Übrigen, Vermittlungstätigkeit, Herausgabe von Keimmaterial, therapeutische Voruntersuchungen und Vorbehandlungen im Inland....... 289
d) Konkurrenzverhältnis 289
e) Teilergebnis zu 3.. 290
4. Konsequenzen für das Zivilrecht........................... 290
V. Rekurs auf die Bestimmung des § 9 Abs. 2 Satz 2 StGB............. 291
1. Einschränkungsmöglichkeiten *de lege lata*.................. 292
2. Einschränkungsmöglichkeiten *de lege ferenda*............... 292
VI. Irrtumsproblematik.. 293
1. Fehlvorstellung über den Geltungsbereich des deutschen Strafrechts... 294
2. Fehlvorstellung über die räumliche Reichweite der Schutzzwecke der jeweiligen Tatbestände 295
a) Tatumstandsirrtum gem. § 16 Abs. 1 StGB................. 295
b) Direkter Verbotsirrtum gem. § 17 StGB 296
aa) Verbotsirrtum: Die fehlende Unrechtseinsicht 296
bb) Vermeidbarkeit................................. 296

       3. Fehlvorstellung über das Verbotensein bestimmter Verfahren,
          insb. das des elektiven Embryo-Transfers 297
       4. Teilergebnis zu 2. 298
  VII. Strafrechtliche Relevanz einer Mitwirkung nach erfolgter
      Auslandsbehandlung 298
       1. Sachverhalt 298
       2. Rechtliche Erörterung 299
          a) Anwendbarkeit deutschen Strafrechts 299
          b) Tatstadium, in dem die Mitwirkung erfolgt 300
              aa) Elektiver Embryo-Transfer 300
              bb) Eizellspende 300
              cc) Embryospende 301
              dd) Leihmutterschaft mit Eizell- oder Embryospende 301
              ee) Post-mortem-Befruchtung 301
                  (1) Tod der Keimzellspenderin 301
                  (2) Tod des Samenspenders 301
              ff) Zwischenergebnis 301
          c) Mittäterschaft oder Beihilfe zur Auslandstat 301
              aa) Mittäterschaft 302
              bb) Beihilfe 302
              cc) Teilergebnis zu c) 302
          d) (Sachliche) Begünstigung gem. § 257 Abs. 1 StGB 302
              aa) Anwendbarkeit des deutschen Strafrechts 302
              bb) Hat der Inlandsarzt bereits an der Auslandstat in
                  strafbarer Weise mitgewirkt? 303
                  (1) Eine strafbare Beteiligung im Vorfeld der
                        Auslandsbehandlung liegt vor 303
                  (2) Eine (strafbare) Beteiligung im Vorfeld der
                        Auslandsbehandlung liegt nicht vor 303
                      α) Straflose Auslandstat als tauglicher
                        Anknüpfungspunkt? 304
                      β) Vorteilssicherungsabsicht 304
       3. Teilergebnis zu VI. 305
  F. Gesamtergebnis zu § 7 306

§ 8 Straf- und berufsrechtliche Konsequenzen einer strafbaren Mitwirkung 307
  A. Strafrechtliche Konsequenzen einer verbotenen Mitwirkung 307
    I. Strafen: Geld- und Freiheitsstrafe 308
    II. Maßregel der Besserung und Sicherung: Das Berufsverbot 309
       1. Anlasstat 310
       2. Gefahrenprognose 311
  B. Berufsrechtliche Konsequenzen einer verbotenen Mitwirkung 312
    I. Berufsgerichtliche Sanktionen 313

II. Widerruf (§ 5 BÄO) und Ruhen (§ 6 BÄO) der Approbation 315
　　　　　1. Verhältnis zum strafrechtlichen Berufsverbot 315
　　　　　2. Voraussetzungen 317
　　　　　　　a) Einschlägige Rechtsvorschriften......................... 317
　　　　　　　b) Unwürdigkeit... 318
　　　　　　　c) Unzuverlässigkeit 318
　　　　　　　d) Ruhensanordnung nach § 6 BÄO........................ 318
　　　　　　　e) Teilergebnis zu II...................................... 319
　　　III. Vertragsarztrechtliche Konsequenzen 319
　　　　　1. Rückzahlungsverpflichtung bezüglich Honorar 320
　　　　　2. Disziplinarverfahren der Kassenärztlichen Vereinigung........ 320
　　　　　3. Entzug der Kassenzulassung.............................. 321
　C. Ergebnis zu § 8... 321

Teil IV　Zusammenfassung und Ausblick

§ 9 Zusammenfassung der Thesen................................. 325

§ 10 Fazit und Ausblick.. 333

Literatur... 337

Abkürzungsverzeichnis

ÄBl.	Ärzteblatt
ÄBW.	Ärzteblatt Baden-Württemberg
Ärzte-ZV	Zulassungsverordnung für Vertragsärzte
a.A.	am Anfang
a. A.	anderer Ansicht
Aaz.	Amtlicher Anzeiger
Abb.	Abbildung
ABlEU	Amtsblatt der Europäischen Union
Abs.	Absatz
AcP	Archiv für die civilistische Praxis
AdVermiG	Adoptionsvermittlungsgesetz
a.E.	am Ende
AEUV	Vertrag über die Arbeitsweise der Europäischen Union
a.F.	alte Fassung
AG	Amtsgericht
Alt.	Alternative
a.M.	am Main
AME-FMedG	Augsburg-Münchner-Entwurf eines Fortpflanzungsmedizingesetzes
AMG	Arzneimittelgesetz
AMVV	Arzneimittelverschreibungsverordnung
Anm.	Anmerkung
AnwHdb MedR	Münchener Anwaltshandbuch zum Medizinrecht
AnwKomm-StGB	Anwaltskommentar Strafgesetzbuch
AO	Abgabenordnung
Appl.	Application
AVR	Archiv des Völkerrechts (Zeitschrift)
ART	assisted reproductive technologies
Art.	Artikel (Singular/Plural)
AT	Allgemeiner Teil

Aufl.	Auflage
AuR	Arbeit und Recht (Zeitschrift)
Az.	Aktenzeichen
B	Blatt
BÄBl.	Bayerisches Ärzteblatt
BÄK	Bundesärztekammer
BÄO	Bundesärzteordnung
BAnz	Bundesanzeiger
BAnz AT	Bundesanzeiger Amtlicher Teil
BayObLG	Bayerisches Oberstes Landesgericht
Bd.	Band
Bearb.	Bearbeiter
bearb. v.	bearbeitet von
BeckRS	Beck online Rechtsprechung
Beschl. (v.)	Beschluss (vom)
BFH	Bundesfinanzhof
BGB	Bürgerliches Gesetzbuch
BGBl.	Bundesgesetzblatt
BGH	Bundesgerichtshof
BGHSt	Entscheidungen des Bundesgerichtshofs in Strafsachen (Amtliche Sammlung)
BGHZ	Entscheidungen des Bundesgerichtshofs in Zivilsachen (Amtliche Sammlung)
BKiD	Beratungsnetzwerk Kinderwunsch der Deutschen Gesellschaft für Kinderwunschbehandlung
BMFT	Bundesministerium für Bildung und Forschung
BMG	Bundesministerium für Gesundheit
BR-Drucks.	Bundesratdrucksache
BRAO	Bundesrechtsanwaltsordnung
BRD	Bundesrepublik Deutschland
BRZ	Bundesverband Reproduktionsmedizinischer Zentren Deutschlands e. V.
BSG	Bundessozialgericht
BSGE	Entscheidungen des Bundessozialgerichts (Amtliche Sammlung)
BT-Drucks.	Bundestags-Drucksache
BtMG	Betäubungsmittelgesetz
BVerfG	Bundesverfassungsgericht
BVerfGE	Entscheidungen des Bundesverfassungsgerichts (Amtliche Sammlung)
BVerwG	Bundesverwaltungsgericht
B-VG	Bundes-Verfassungsgesetz (Österreich)
bzgl.	bezüglich
BZRG	Bundeszentralregistergesetz
bzw.	beziehungsweise

CDU	Christlich Demokratische Union Deutschlands
CeRA	Centrum für Reproduktionsmedizin und Andrologie
COC	Cumulus-Eizell-Komplex
CSU	Christlich-Soziale Union in Bayern
DÄBl.	Deutsches Ärzteblatt
DÄBl. Int	Deutsches Ärzteblatt International
ders.	derselbe
DEuFamR	Zeitschrift für Deutsches und Europäisches Familienrecht
DGGEF	Deutsche Gesellschaft für Gynäkologische Endokrinologie und Fortpflanzungsmedizin e. V.
DGGG	Deutsche Gesellschaft für Gynäkologie und Geburtshilfe
DGRM	Deutsche Gesellschaft für Reproduktionsmedizin
d. h.	das heißt
dies.	dieselbe, dieselben
D.I.R.	Deutsches IVF-Register
Diss.	Dissertation
DJT	Deutscher Juristentag
DL-RL	Richtlinie über Dienstleistungen am Binnenmarkt
DNS	Desoxyribonukleinsäure
Dr.	Doktor
DRiZ	Deutsche Richterzeitung
DStR	Deutsches Steuerrecht
DVR	Dachverband Reproduktionsbiologie und -medizin
DVR-Fachkommission	Fachkommission des Dachverbandes der Reproduktionsmediziner
eDET	elektiver Double-Embryo-Transfer
EGBGB	Einführungsgesetz zum Bürgerlichen Gesetzbuch
EGMR	Europäischer Gerichtshof für Menschenrechte
EGStGB	Einführungsgesetz zum Strafgesetzbuch
EGV	Vertrag über die Europäische Gemeinschaft
Einl.	Einleitung
EL	Ergänzungslieferung
EMRK	Europäische Menschenrechtskonvention
ErbR	Zeitschrift für die gesamte erbrechtliche Praxis
ESchG	Embryonenschutzgesetz
eSET	elektiver Single-Embryo-Transfer
ESHRE	European Society of Human Reproduction and Embryology
EStG	Einkommensteuergesetz
ET	Embryotransfer
et al.	et alii
EthikMed	Ethik in der Medizin (Zeitschrift)
EU	Europäische Union

EuGH	Gerichtshof der Europäischen Union
EU-GRCh	Charta der Grundrechte der Europäischen Union
EuR	Europarecht (Zeitschrift)
EUV	Vertrag über die Europäische Union
EuZW	Europäische Zeitschrift für Wirtschaftsrecht
e. V.	eingetragener Verein
evtl.	eventuell
EWGV	Vertrag zur Gründung der Europäischen Wirtschaftsgemeinschaft
f.	folgende (Einzahl)
F2F	Face-to-Face
FamRZ	Zeitschrift für das gesamte Familienrecht
FAZ	Frankfurter Allgemeine Zeitung
faz.net	Frankfurter Allgemeine Zeitung (Online)
Fertil Steril	Fertility and Sterility (Zeitschrift)
ff.	folgende (Mehrzahl)
FG	Finanzgericht
FMedG	Fortpflanzungsmedizingesetz
FMedRÄG	Fortpflanzungsmedizinrechts-Änderungsgesetz
Fn.	Fußnote
FS	Festschrift
FSH	follikelstimulierendes Hormon
G	Gesetz
GA	Goltdammer's Archiv für Strafrecht
G-BA	Gemeinsamer Bundesausschuss
GbR	Gesellschaft bürgerlichen Rechts
gem.	gemäß
GesR	Gesundheitsrecht (Zeitschrift)
GG	Grundgesetz
ggf.	gegebenenfalls
GmbH	Gesellschaft mit beschränkter Haftung
GMG	Gesetz zur Modernisierung der gesetzlichen Krankenversicherung
GnRH	Gonadotropin-Releasing-Hormon
GRUR	Gewerblicher Rechtsschutz und Urheberrecht
GRUR-RS	Gewerblicher Rechtsschutz und Urheberrecht, Rechtsprechungssammlung
GSSt	Entscheidungen des Großen Senats in Strafsachen
GuP	Gesundheit und Pflege (Zeitschrift)
HART Act	Human Assisted Reproductive Technology Act
hCG	humanes Choriongonadotropin
HeilBerG NW	Heilberufsgesetz Nordrhein-Westfalen
HeilBG RhPf.	Heilberufsgesetz Rheinland-Pfalz
HeilBKG BW	Heilberufs- und Kammergesetz Baden-Württemberg
HKaG Bayern	Heilberufs- und Kammergesetz Bayern

HFR	Humboldt Forum Recht (Zeitschrift)
HIV	Humanes Immundefizienz Virus
h.M.	herrschende Meinung
hMG	humanes Menopausengonadotropin
HKaG	Heilberufs- und Kammergesetze
Hrsg.	Herausgeber
HS	Halbsatz
Hum Reprod	Human Reproduction (Zeitschrift)
ICMART	International Commitee for Monitoring Assisted Reproductive Technologies
ICSI	intracytoplasmastische Spermieninjektion
i.d.F.	in der Fassung
IFFS	International Federation of Fertility Societies
insb.	insbesondere
i.S.d.	im Sinne des
i.S.v.	im Sinne von
IVF	In-vitro-Fertilisation
i.V.m.	in Verbindung mit
J Med Ethics	Journal of Medical Ethics
J Reprod und Endo	Journal für Reproduktionsmedizin und Endokrinologie
JA	Juristische Arbeitsblätter
Jg.	Jahrgang
JR	Juristische Rundschau
Jura	Juristische Ausbildung
JuS	Juristische Schulung
JZ	Juristenzeitung
Kap.	Kapitel
KBV	Kassenärztliche Bundesvereinigung
KG	Kammergericht
KJ	Kritische Justiz
LÄK	Landesärztekammer(n)
LG	Landgericht
LH	luteinisierendes Hormon
lit.	litera (Buchstabe)
LK-StGB	Leipziger Kommentar zum Strafgesetzbuch
LMK	Kommentierte BGH-Rechtsprechung Lindenmaier/ Möhring
LS	.
M-V	Mecklenburg-Vorpommern
MB/KK	Musterbedingungen für die Krankheitskosten- und Krankenhaustagegeldversicherung
MBO-Ä	Musterberufsordnung für deutsche Ärztinnen und Ärzte
MESA	Mikrochirurgische epididymale Spermienaspiration
MDR	Monatsschrift für Deutsches Recht
MedR	Medizinrecht

medstra	Zeitschrift für Medizinstrafrecht
mg	Milligramm
MiStra	Anordnung über Mitteilungen in Strafsachen
MMR	Multimedia und Recht
MünchKomm-BGB	Münchener Kommentar zum Bürgerlichen Gesetzbuch
MünchKomm-StGB	Münchener Kommentar zum Strafgesetzbuch
mwN	mit weiteren Nachweisen
n.F.	neue Fassung
NK-StGB	Nomos Kommentar zum Strafgesetzbuch
NJW	Neue Juristische Wochenschrift
NJW-RR	Neue Juristische Wochenschrift, Rechtsprechungsreport
Nr.	Nummer
Nrn.	Nummern
NStZ	Neue Zeitschrift für Strafrecht
NStZ-RR	Neue Zeitschrift für Strafrecht, Rechtsprechungsreport
NVwZ	Neue Zeitschrift für Verwaltungsrecht
NZA	Neue Zeitschrift für Arbeitsrecht
NZFam	Neue Zeitschrift für Familienrecht
NZS	Neue Zeitschrift für Sozialrecht
ÖJZ	Österreichische Juristen-Zeitung
ÖGMR	Österreichische Gesellschaft für Medizinrecht
ÖstFMedG	Fortpflanzungsmedizingesetz Österreich
ÖstVerfGH	Österreichischer Verfassungsgerichtshof
O	Verfahren in Zivilsachen, erstinstanzlich Landgericht
OLG	Oberlandesgericht
OVG	Oberverwaltungsgericht
OWiG	Ordnungswidrigkeitengesetz
p.	Page
Patientenrechte-RL	Richtlinie über die Ausübung der Patientenrechte in der grenzüberschreitenden Gesundheitsversorgung
PatRG	Patientenrechtegesetz
PatRG-RegE	Regierungsentwurf zum Patientenrechtegesetz
PESA	Perkutane epididymale Spermienaspiration
PharmR	Pharmarecht (Zeitschrift)
PID	Präimplantationsdiagnostik
PN	Pronuclei
Prät.	Präteritum
RBerG	Rechtsberatungsgesetz
RegE	Regierungsentwurf
RDG	Rechtsdienstleistungsgesetz
RdM	Recht der Medizin (Zeitschrift)
ReprodMed	Zeitschrift für Reproduktionsmedizin
Reprod BioMed Online	Reproductive BioMedicine Online
RheinlPfl	Rheinland-Pfalz
RL	Richtlinie

Abkürzungsverzeichnis

Rn.	Randnummer, Randnummern
RGBl.	Reichsgesetzblatt
RGSt	Entscheidungen des Reichsgerichts in Strafsachen (Amtliche Sammlung)
Rs	Rechtssache
Rz.	Randziffer
S.	Seite
Sb.	Sbirka zákonu
Schweiz Med Forum	Schweizerisches Medizin-Forum (Zeitschrift)
SGB	Sozialgesetzbuch
SGG	Sozialgerichtsgesetz
SK-StGB	Systematischer Kommentar zum Strafgesetzbuch
Slg.	Sammlung der Rechtsprechung des Gerichtshofes und des Gerichts erster Instanz
sog.	sogenannte(r)
SPD	Sozialdemokratische Partei Deutschlands
StA	Staatsanwaltschaft
StGB	Strafgesetzbuch
StPO	Strafprozessordnung
str.	streitig
StR	Revisionen in Strafsachen
StV	Strafverteidiger (Zeitschrift)
StZG	Stammzellgesetz
Suppl	supplement
Tab.	Tabelle
TESE	Testikulare Spermienextraktion
TPG	Transplantationsgesetz
twA	teilweiser Ansicht
Tz.	Teilziffer
U	Berufungen in Zivilsachen
u.a.	und andere
Urt.	Urteil
USA	United States of America
usw.	und so weiter
UWG	Gesetz gegen den unlauteren Wettbewerb
v.	vom/von
Var.	Variante
VersR	Versicherungsrecht (Zeitschrift)
VfSlg.	Sammlung der Erkenntnisse und wichtigsten Beschlüsse des Verfassungsgerichtshofes
VG	Verwaltungsgericht
VGH	Verwaltungsgerichtshof
vgl.	vergleiche
Vor, Vorb.	Vorbemerkung
VVG	Versicherungsvertragsgesetz

WHO	World Health Organisation, Weltgesundheitsorganisation
wistra	Zeitschrift für Wirtschafts- und Steuerstrafrecht
Ziff.	Ziffer(n)
ZaeFQ	Zeitschrift für Evidenz, Fortbildung und Qualität im Gesundheitswesen
ZaöRV	Zeitschrift für ausländisches öffentliches Recht und Völkerrecht
ZfL	Zeitschrift für Lebensrecht
Ziff.	Ziffer(n)
ZPO	Zivilprozessordnung
ZR	In Zivilsachen
ZRP	Zeitschrift für Rechtspolitik
ZStW	Zeitschrift für die gesamte Strafrechtswissenschaft
z.B.	zum Beispiel
z.T.	zum Teil

§ 1 Einführung

„Wer hierzulande (…) Hinweise auf verbotene Kinderwunschbehandlungen über ausländische, dort legale Gelegenheiten gibt, droht wegen § 9 Abs. 2 StGB trotz Erlaubnis für den Haupttäter am Tatort mit dem deutschen Strafrecht in Konflikt zu geraten, soweit es sich um nach deutschem Recht verbotenes Verhalten handelt."[1]

Anderorts liest man hingegen: „Ein in Deutschland praktizierender Arzt wird erst dann straffällig, wenn er neben seiner Praxis im Inland eine Dependance im Ausland unterhält und dann dort bei uns verbotene Maßnahmen der Reproduktionsmedizin durchführt."[2]

Die nachfolgende Untersuchung hat zum Gegenstand, diese und weitere ähnliche Thesen einer kritischen Prüfung zu unterziehen. Es ist die Frage zu klären, ob und – wenn ja – inwiefern sich ein in Deutschland tätiger Arzt[3] bei der Mitwirkung an ausgewählten Behandlungsmethoden der Fortpflanzungsmedizin strafbar macht, wenn diese im Ausland durchgeführt werden. Genannt seien: der elektive Embryo-Transfer, die Eizellspende, die Embryospende, die Leihmutterschaft mit Eizell- oder Embryospende und die post-mortem[4]-Befruchtung.[5]

---

[1] *Koch* Aus: Politik und Zeitgeschichte B 27/2001, 44 (52).

[2] Aus der Zuhörerschaft, wiedergegeben in *Hammerstein* ZaeFQ 100 (2006), 676. Ähnlich und auf den fehlenden Versuchsbeginn abstellend *Kamps* MedR 1994, 339 (342): „Vorbereitungshandlungen in der Bundesrepublik Deutschland, wie etwa eine Stimulation zum späteren heterologen weiblichen Gametentransfer im Ausland (Frankreich, Ungarn, USA), sind (…) nicht strafbar." Vermutlich unterstellt *Kamps*, dass der inländische Arzt anschließend im Ausland die Behandlung selbst vornimmt.

[3] Wenn im Folgenden der Begriff „Arzt", „Mediziner" oder „Reproduktionsmediziner" verwendet wird, ist davon stets die weibliche sowie die diverse Form miterfasst. Aus Gründen der Vereinfachung und zum Zwecke der besseren Lesbarkeit wird jedoch ausschließlich der maskuline Genus verwendet.

[4] Aus dem Lateinischen: Nach dem Tod.

[5] Das Verfahren der Uterustransplantation samt nachfolgendem Embryotransfer bei einer lebenden oder bereits verstorbenen Frau ist bislang noch als experimentell zu bezeichnen, sodass hierauf

---

© Springer-Verlag GmbH Deutschland, ein Teil von Springer Nature 2020
A. Pikal, *Die rechtliche Zulässigkeit ärztlicher Mitwirkung an verbotenen Kinderwunschbehandlungen im Ausland*, MedR Schriftenreihe Medizinrecht,
https://doi.org/10.1007/978-3-662-60619-3_1

Die Zahl derjenigen Paare, die zur Realisierung ihres Kinderwunsches auf die Unterstützung durch die Fortpflanzungsmedizin zwingend angewiesen sind, nimmt stetig zu. Doch das Embryonenschutzgesetz,[6] das in Deutschland die (straf)rechtliche Zulässigkeit fortpflanzungsmedizinischer Techniken regelt, setzt der Reproduktionsmedizin enge Grenzen, deren Überschreitung eine potenzielle Strafbarkeit für die tätigen Mediziner in sich birgt. Bestehen doch bei einer Reihe von Vorschriften erhebliche Auslegungsspielräume. Die vorhandene Rechtsunsicherheit wird durch den Umstand verschärft, dass sich die strafrechtliche (Un)zulässigkeit der Durchführung der bezeichneten Methoden letztlich erst anhand einer Zusammenschau aus diversen, in zahlreichen Normenkatalogen enthaltenen Bestimmungen ermitteln lässt.

Im Hinblick auf den restriktiven Charakter des inzwischen knapp dreißig Jahre alten ESchG sehen viele allein darin einen gangbaren Lösungsweg, vom Gesetzgeber eine umfassende oder zumindest punktuelle Reform einzufordern. Nur so, behaupten sie, könne den Rechtsunterworfenen wirksam geholfen werden. Während die in der Behandlung Tätigen ein Mehr an Rechtssicherheit erfahren würden und dem hippokratischen Eid entsprechend behandeln könnten, erhielten die betroffenen Paare die bestmögliche medizinische Therapie.

Gegenwärtig gibt sich der Gesetzgeber jedoch weitgehend reformresistent. Selbst der bislang[7] umfassendste Entwurf, der Augsburg-Münchner-Entwurf eines Fortpflanzungsmedizingesetzes, kurz AME-FMedG, welcher in Zusammenarbeit renommierter Mediziner und Juristen im Jahre 2013 veröffentlicht wurde, konnte den Gesetzgeber nicht zu einem Abrücken von seiner starren Haltung bewegen.

Im Gegensatz zu Deutschland verzichten viele Länder auf eine Strafbewehrung bei der Anwendung der genannten Behandlungsmethoden. Mit ihrer liberalen Rechtslage stehen sie vielen Behandlungsarten aufgeschlossen gegenüber; hervorgehoben seien aufgrund ihrer herausragenden Bedeutung für die reproduktionsmedizinische Praxis der elektive Embryo-Transfer und die Eizellspende. Viele Paare nehmen daher die Strapazen einer Reise in das permissivere Ausland bewusst in Kauf, um auf diesem Wege die bestmögliche, auf ihre individuellen Bedürfnisse angepasste Behandlung zu erhalten. Darin sehen sie oftmals die einzige Möglichkeit, ihren Wunsch nach eigenen, genetisch mit ihnen verwandten Kindern zu realisieren.[8]

Dabei geht die bestehende Rechtsunsicherheit nicht nur zu Lasten der im Bereich der Fortpflanzungsmedizin tätigen Ärzte, sondern gerade auch zu Lasten der Paare, die ihren Kinderwunsch mit Hilfe solcher Ärzte verwirklichen wollen und

---

nicht eingegangen werden soll. Dazu etwa *Kreß* Der Gynäkologe 2018, 627 (630 f.) mit weiteren Literaturhinweisen.

[6] Gesetz zum Schutz von Embryonen i. d. F. der Bekanntmachung vom 13. Dezember 1990 (BGBl. I, S. 2746), zuletzt geändert durch Art. 1 des Präimplantationsdiagnostikgesetzes vom 21. November 2011 (BGBl. I, S. 2228). Im Folgenden: ESchG.

[7] Stand: 1. Juni 2019.

[8] Die Adoption ist daher für viele keine Alternative, so für die Leihmutterschaft *Dethloff* JZ 2014, 922.

auf deren Unterstützung sie zwingend angewiesen sind. An die Diskussion um die Strafbarkeit knüpft etwa die Frage an, ob eine zivilrechtliche Pflicht zur Herausgabe tiefgefrorenen Spermas nach dem Tod des Samenspenders besteht, wenn die Frau die künstliche Befruchtung im Ausland durchführen lassen möchte.

Längst ist das Thema aus den Praxisräumen in das Bewusstsein der Allgemeinheit durchgedrungen. Inzwischen fand im Rahmen der sogenannten „Kinderwunschtage" in Berlin am 18. Februar 2017 sogar die erste „Kinderwunschmesse" statt.[9] Im Jahre 2018 hat man das Angebot erweitert und bietet nun jährlich an zwei Wochenenden eine solche Messe an.[10] Auf diesen Veranstaltungen informier(t)en Vertreter ausländischer Reproduktionskliniken mitunter ausführlich über in Deutschland verbotene, im Ausland jedoch nicht verbotene Methoden der Kinderwunschbehandlung, obgleich bislang völlig unklar ist, ob ein derartiges Verhalten rechtlich zulässig ist.

Auch wenn die Justiz bereits mehrfach mit den genannten Problemstellungen konfrontiert wurde, steht eine Klärung der Rechtslage durch die höchstrichterliche Rechtsprechung eines Strafsenates des Bundesgerichtshofes nach wie vor aus.[11] In naher Zukunft ist kaum zu erwarten, dass es zu einer solchen Bereinigung der bestehenden Rechtsunsicherheit kommen wird. Denn die Staatsanwaltschaften streben regelmäßig die Ahndung strafbarer Fälle im Wege eines Strafbefehlsverfahrens an und darin beschuldigte Ärzte legen gegen entsprechende Strafbefehle nur selten Einspruch ein, sodass es allenfalls sporadisch zu einer (straf)gerichtlichen Klärung der Rechtslage kommt.

Während es zu der konkret aufgeworfenen umfassenden Fragestellung bislang keine wissenschaftliche Aufarbeitung gibt, haben sich zahlreiche Autoren zum Problemkreis der Mitwirkung an Kinderwunschbehandlungen im Ausland im Allgemeinen bereits geäußert. Deren Rechtsauffassungen können jedoch allesamt nicht voll überzeugen. Stützen einige von ihnen ihre Argumentation im Wesentlichen auf eine verfassungsrechtliche Abwägungsentscheidung zugunsten des Arztes und der Fortpflanzungswilligen, so stellt der nach wie vor ethisch wie rechtlich höchst umstrittene verfassungsrechtliche Status des Embryos *in vitro* ein unüberwindbares Hindernis dar. Andere versuchen im Wege einer konventionskonformen Auslegung

---

[9] Abrufbar für das Jahr 2019 unter www.kinderwunsch-tage.de, zuletzt aufgerufen am 1. Juni 2019. Dazu der Artikel der Journalistin *Schaaf* in der faz.net. „Erste Kinderwunsch-Messe in Berlin" vom 20. Februar 2017. Ihr Resümee: „Eine Veranstaltung, die tut, als wäre der ausländische Standard die Norm."

[10] Die Agentur F2F Events veranstaltet(e) am 9./10. März 2019 in Berlin sowie am 5./6. Oktober 2019 in Köln sog. „Kinderwunsch Tage", dazu www.kinderwunsch-tage.de, zuletzt aufgerufen am 1. Juni 2019. Augenscheinlich finden solche Veranstaltungen großen Anklang in der Bevölkerung.

[11] Siehe nur zur Frage der post-mortem-Befruchtung *Biermann*, NZFam 2017, 962: „Seit Inkrafttreten des EschG hat es keinen gleichgelagerten Fall gegeben, der einer gerichtlichen Klärung bedurfte (…)". Um etwa die rechtliche Zulässigkeit der Präimplantationsdiagnostik rechtssicher klären zu lassen, hat ein Berliner Frauenarzt damals sogar Selbstanzeige erstattet, dazu *Dorneck* medstra 2018, 259 Fn. 2. Es bleibt abzuwarten, ob und wenn ja, wie das OLG München mit der Revision der Staatsanwaltschaft gegen Entscheidung des LG Augsburg (dargestellt unter Teil 2 § 6 C. III. 3. b) verfahren wird.

des deutschen Rechts nach Maßgabe der Europäischen Konvention für Menschenrechte einen Ausweg aus dem Dilemma zu finden. Letzterem erteilte die Große Kammer des Europäischen Gerichtshofes für Menschenrechte im Jahre 2011 eine Absage, indem sie den Konventionsstaaten, und damit auch Deutschland, nach der *margin-of-appreciation*-Doktrin einen weiten Gestaltungsspielraum im Hinblick auf die rechtlichen Regelungen der Techniken der Fortpflanzungsmedizin eingeräumt hat. Selbst Lösungsvorschläge im nationalen Recht auf der Grundlage des einfachen Rechts, bezogen auf den Schutzzweck der jeweiligen Tatbestände des ESchG oder im Wege einer restriktiven Auslegung des § 9 Abs. 2 Satz 2 StGB, können *de lege lata* nicht völlig überzeugen. Jedenfalls mit der pauschalen Reklamation legislatorischen Handlungsbedarfes ist den in der Praxis tätigen Reproduktionsmedizinern bei der Frage „Was darf ich noch?" nicht geholfen.

Die nachfolgende Untersuchung dient daher einer umfassenden Aufarbeitung der Thematik um die strafbare Mitwirkung an Kinderwunschbehandlungen im Ausland und zielt darauf, unter Berücksichtigung der einschlägigen rechtlichen Grundlagen der Reproduktionsmedizin ein Mehr an Rechtssicherheit zu schaffen.

Dazu wird im **ersten Teil** neben den Ursprüngen der Problematik um die Mitwirkung an Kinderwunschbehandlungen im Ausland, namentlich dem unerfüllten Kinderwunsch und dem mit ihm einhergehenden Reproduktionstourismus (**§ 2**), auch die Notwendigkeit einer umfassenden wissenschaftlichen Aufarbeitung (**§ 3**) aufgezeigt. Das Kapitel abschließend setzt sich die Arbeit unter **§ 4** mit den Forderungen nach einer Novellierung des ESchG auseinander.

Der **zweite Teil** beinhaltet die Klärung grundlegender Fragestellungen der medizinisch unterstützten Fortpflanzung. Die Ausführungen sollen das nötige naturwissenschaftlich-technische Grundverständnis schaffen, um den Ablauf der Behandlungsmethoden und die Grenzen des rechtlich Zulässigen der zu untersuchenden Behandlungsformen richtig erfassen zu können. Dieses Kapitel besteht aus zwei Teilen: Im vorangestellten **§ 5** werden die medizinischen Grundlagen der Fortpflanzungsmedizin, unter Hervorhebung der Standardbehandlungsmethode, der sog. In-vitro-Fertilisation[12] mit anschließendem Embryotransfer, dargestellt. Sodann werden nachfolgend rechtliche Aspekte behandelt, die für die Strafbarkeit des mitwirkenden Arztes im Inland von Bedeutung sein können. In **§ 6** finden die bewusst ausgewählten Behandlungsmethoden ihrer praktischen Relevanz nach geordnet Eingang, namentlich der elektive Embryo-Transfer, die Eizellspende, die Embryospende, die Leihmutterschaft mit Eizell- oder Embryospende sowie die post-mortem-Befruchtung. Dabei wird untersucht, welche Spielarten der jeweiligen Behandlungsmethode in Deutschland erlaubt, welche strafrechtlich verboten und welche in ihrer rechtlichen Zulässigkeit umstritten sind. In strafrechtlicher Hinsicht irrelevante Behandlungsvarianten bleiben in der weiteren Prüfung unberücksichtigt.

Den Schwerpunkt der Untersuchung bildet der **dritte Teil**. So hat § 7 die strafrechtliche Relevanz einer ärztlichen Tätigkeit im Rahmen der medizinisch unterstützten Fortpflanzung zum Gegenstand. Untersucht wird in diesem Abschnitt, ob der tatbestandliche Anwendungsbereich der umstrittenen Vorschrift des § 9 Abs. 2

---

[12] Aus dem Lateinischen: Befruchtung im Reagenzglas, im Weiteren IVF.

§ 1 Einführung 5

Satz 2 StGB für die zugrunde liegenden Fallkonstellationen einer inländischen Mitwirkung überhaupt eröffnet ist. Als Grundlage für die darauf aufbauende Prüfung der Strafbarkeit des im Inland agierenden Arztes werden Sachverhalte zugrunde gelegt, die einer ärztlichen Tätigkeit möglichst praxisgetreu nachgebildet sind. Ausgehend von der Frage, welche Formen eine inländische Mitwirkung annehmen kann, wird dabei zeitlich zwischen der Mitwirkung im Vorfeld und derjenigen im Nachgang der Auslandsbehandlung differenziert. Dem schließt sich die strafrechtliche Bewertung der Mitwirkung des Arztes im Inland an. Nachdem festgelegt wurde, welche Voraussetzungen der weiteren Prüfung zugrunde gelegt werden, soll zunächst die Mitwirkung im Vorfeld einer Auslandsbehandlung betrachtet werden. Neben einer Strafbarkeit wegen Körperverletzung sowie nach dem Arzneimittelgesetz stehen beim ESchG eine täterschaftliche Mitwirkung oder zumindest eine Beteiligung als Teilnehmer im Raum. Im Rahmen der Teilnahme wiederum wird erörtert, ob eine etwaige strafbare Haupttat des im Ausland tätigen Arztes oder der involvierten Paare im Rahmen der Auslandsbehandlung in Betracht kommt. An dieser Stelle wird die Diskussion um das Schutzgut der zu untersuchenden Tatbestände relevant. Mitunter gilt es die Frage zu klären, inwiefern die Mitwirkung als „berufstypische" und damit unter Umständen als strafrechtlich unmaßgebliche Verhaltensweise einzuordnen ist. Ferner wird auch ein Blick auf die Wirkungsweise des § 9 Abs. 2 Satz 2 StGB zu werfen sein. Diese Vorschrift erklärt – auf den ersten Blick unverständlich – das deutsche Strafrecht auch bei einer Teilnahme an einer straflosen Auslandstat für anwendbar. Abschließend erfolgt eine zusammenfassende Betrachtung samt kritischer Würdigung der gefundenen Ergebnisse. Thematisch knüpft § 8 auf der Rechtsfolgenseite daran an. Die dortigen Ausführungen befassen sich schwerpunktmäßig mit den straf- und berufsrechtlichen Konsequenzen einer den Bestimmungen des ESchG zuwiderlaufenden Mitwirkung des Arztes im Inland an einer Kinderwunschbehandlung im Ausland.

Im **vierten** und letzten **Teil** schließlich findet sich neben einer Zusammenfassung der wesentlichen Befunde der Arbeit (**§ 9**) eine Schlussbetrachtung samt Ausblick (**§ 10**).

Zur Erläuterung der in dieser Arbeit verwendeten medizinischen Fachbegriffe sei auf das Glossar im Kommentar von Günther/Taupitz/Kaiser, Embryonenschutzgesetz, 2. Aufl. 2014, S. 405 ff. verwiesen.

Teil I
Reproduktives Reisen – Dilemma für Reproduktionsmediziner und Patienten

Eingangs gilt es zu ermitteln, weshalb Personen sich überhaupt zur Durchführung einer Kinderwunschbehandlung in das Ausland begeben und es dadurch zur Mitwirkung inländischer Mediziner an Auslandsbehandlungen kommt (§ 2).

Dass die Thematik um die strafbare Mitwirkung von Ärzten an Kinderwunschbehandlungen im Ausland nicht nur theoretischer, sondern vielmehr praktischer Natur ist, zeigen strafrechtliche Ermittlungsverfahren und zahlreiche Diskussionen um die Strafbarkeit ärztlicher Mitwirkungshandlungen in zivilgerichtlichen Verfahren (§ 3).

Die Frage der rechtlichen Zulässigkeit einer Mitwirkung wird auch in Zukunft nicht an Bedeutung verlieren, denn der Gesetzgeber lehnt gegenwärtig eine Anpassung des Gesetzes an den medizinischen Fortschritt ab, obwohl er sich seit Jahren zahlreichen Forderungen nach einer umfassenden Reform des ESchG ausgesetzt sieht (§ 4).

§ 2 Unerfüllter Kinderwunsch und reproduktives Reisen

A. Der unerfüllte Kinderwunsch

I. Bestandsaufnahme

Geschätzt 1,5 Millionen Paare[1] und damit rund jede zehnte Partnerschaft[2] sind in Deutschland ungewollt[3] kinderlos. Diese Paare sind auf eine medizinische Unterstützung bei der Verwirklichung ihres Wunsches nach leiblichen Kindern (sog. Prokonzeption) zwangsläufig angewiesen.

Die Zahlen der allein in Deutschland durchgeführten Kinderwunschbehandlungen sprechen eine deutliche Sprache: Nach dem aktuellen deutschen IVF-Register Jahrbuch 2017,[4] kurz D.I.R.,[5] wurden in den an der Dokumentation beteiligten 127

---

[1] Diedrich et al. (Hrsg.), Reproduktionsmedizin im internationalen Vergleich, 2008, S. 8. *Grziwotz* gibt die Zahl der Betroffenen sogar noch höher mit zirka zwei Millionen Paaren an, in NZFam 2014, 1065. Im Vergleich dazu lag die Zahl der registrierten betroffenen Ehepaare im Jahre 1987 nur bei rund 600.000, dazu *Krebs,* in: Braun, V./Mieth/Steigleder (Hrsg.), Ethische und rechtliche Fragen der Gentechnologie und der Reproduktionsmedizin, 1987, S. 32.

[2] *v. Wolff/Stute*, Gynäkologische Endokrinologie und Reproduktionsmedizin, 2013, S. 299.

[3] Siehe zu dem Begriff der *ungewollten* Kinderlosigkeit A. II. 1.

[4] Abgedruckt in: J Reprod und Endo, Sonderheft 1/2018, abrufbar unter https://www.deutsches-ivf-register.de/perch/resources/dir-jahrbuch-2017-deutsch-final.pdf, zuletzt aufgerufen am 1. Juni 2019.

[5] Das D.I.R. ist eine Einrichtung der Deutschen Gesellschaft für Gynäkologie und Geburtshilfe, getragen von der Deutschen Gesellschaft für Gynäkologische Endokrinologie und Fortpflanzungsmedizin und dem Bundesverband Reproduktionsmedizinischer Zentren Deutschlands. Die Daten zu den dort durchgeführten Behandlungen der assistierten Reproduktion werden seit 1982 darin gesammelt. Seit dem Jahre 1998 ist nach der Ziff. 5.4 der Richtlinie der Bundesärztekammer i. V. m. § 4 MBO-Ä die Teilnahme als Berufsrecht zwingend. Näheres zum Register unter http://www.deutsches-ivf-register.de/, zuletzt aufgerufen am 1. Juni 2019 sowie abgedruckt in J Reprod Endo, Sonderheft 1/2018. Auf internationaler Ebene sammelt das International Committee for

reproduktionsmedizinischen Zentren im Jahr 2017 109.779 Behandlungen[6] durchgeführt. Zirka drei Prozent aller in Deutschland geborenen Kinder entstanden bislang nach assistierter Reproduktion.[7] Bis 2016 wurden weltweit insgesamt rund 6,5 Millionen Kinder nach einer IVF mit anschließendem Embryotransfer geboren.[8] Allein in Deutschland belief sich die Zahl der Kinder, die nach einer IVF geboren wurden, auf 9140.[9] Mit den inzwischen erreichten hohen Behandlungsstandards lassen sich mit Hilfe der assistierten Reproduktion Schwangerschaftsraten erzielen, die mit denen der natürlichen Konzeptionsraten gesunder Paare vergleichbar sind.[10]

Mittlerweile gibt es in Deutschland 136 registrierte Zentren (Stand: 2017), die sich auf Kinderwunschbehandlungen spezialisiert haben und im Rahmen solcher beratend und behandelnd tätig sind.[11] Fortpflanzungsmediziner sehen sich einer stetig wachsenden Zahl an Behandlungsbedürftigen gegenüber. Der Verein Wunschkind e. V. verzeichnet nach eigenen Angaben jährlich insgesamt Anfragen im siebenstelligen Bereich.

II. Wann gilt ein Kinderwunsch als unerfüllt?

Im Folgenden wird dargestellt, wann ein Kinderwunsch nach dem wissenschaftlichen Verständnis als unerfüllt bezeichnet wird und damit eine ungewollte Kinderlosigkeit vorliegt (unter 1.). Daneben wird geklärt, welche Ursachen dieser unerfüllte Wunsch nach einem eigenen Kind hat (unter 2.). Aufgezeigt wird damit, weshalb es einer medizinischen Unterstützung zur Verwirklichung des Kinderwunsches überhaupt bedarf, die dann letztlich das sog. reproduktive Reisen in das Ausland bedingt.

Monitoring Assisted Reproductive Technologies (ICMART) die Daten. Auf europäischer Ebene sammelt und veröffentlicht daneben die Europäische Gesellschaft für menschliche Fortpflanzung und Embryologie (ESHRE) Daten.

[6] Dokumentierte Behandlungszyklen insgesamt, in Deutsches IVF-Register 2017, S. 8.

[7] *Ludwig A.K./Ludwig M.*, Schwangerschaften nach assistierter Reproduktion, in Diedrich et al. (Hrsg.), Reproduktionsmedizin, 2013, Kap. 45, S. 547 (548). *Ludwig, A.K./Ludwig, M.* sprechen sogar von bis zu 5 % in Der Gynäkologe 2018, 653 (655). In Deutschland lag die Zahl im Jahre 1985 bei gerade einmal 102 Kindern, dazu *Krebs*, in: Braun, V./Mieth/Steigleder (Hrsg.), Ethische und rechtliche Fragen der Gentechnologie und der Reproduktionsmedizin, 1987, S. 32; im Jahre 1987 betrug die Zahl bereits rund 500, so *Hirsch, G./Eberbach*, Auf dem Weg zum künstlichen Leben, 1987, S. 112.

[8] Deutsches IVF-Register 2017, 8.

[9] *Hübner/Pühler* Der Gynäkologe 2018, 616.

[10] *Diedrich/Strowitzki/Kentenich* Der Gynäkologe 2018, 607.

[11] Deutsches IVF-Register 2017, S. 6; sie sind überwiegend privatwirtschaftlich organisiert, dazu *Kentenich/Pietzner*, Überlegungen zur gesetzlichen Nachbesserung in der Reproduktionsmedizin, in Frister/Olzen (Hrsg.), Reproduktionsmedizin: Rechtliche Fragestellungen, 2010, S. 59 (73).

1. Das Merkmal *unerfüllt*: die Infertilität

Kurz und knapp formuliert: Ein Kinderwunsch ist bei verschiedengeschlechtlichen Paaren unerfüllt, wenn sie keine eigenen Kinder erzeugen können, obwohl sie es wollen.[12] Dann liegt eine ungewollte Kinderlosigkeit vor.

Die Möglichkeit, eigene Kinder zu bekommen, ist die Befriedigung eines Grundbedürfnisses, die jeder Mensch in seinem Leben nutzen können sollte.[13] Die Unfruchtbarkeit wird neben dem Verlust eines nahen Angehörigen als die schlimmste emotionale Krise angesehen.[14]

Wann ein Kinderwunsch per Definition als unerfüllt gilt, richtet sich nach der sog. Infertilität.[15] Sie liegt unter Zugrundelegung der allgemein anerkannten Begriffsbestimmung der Weltgesundheitsorganisation (WHO) bei einem Paar vor, dem es trotz regelmäßigen, ungeschützten Geschlechtsverkehrs über zwei Jahre hinweg nicht gelingt, eine Schwangerschaft herbeizuführen.[16] Der überwiegende Teil der Paare weist keine (vollkommene) Unfruchtbarkeit, sondern lediglich eine eingeschränkte Fruchtbarkeit auf. Sie bezeichnet das Kontinuum zwischen regelrechter Fertilität und absoluter Infertilität.[17]

---

[12] Damit scheiden Paare, die Kontrazeptiva verwenden (fehlender Kinderwunsch) sowie Paare, bei denen einer der beiden Partner sich bewusst gegen ein Kind entschieden hat (einseitiger Kinderwunsch), aus.

[13] *Rauprich/Vollmann*, Die Kosten des Kinderwunsches, in: dies. (Hrsg.), Die Kosten des Kinderwunsches. Interdisziplinäre Perspektiven zur Finanzierung reproduktionsmedizinischer Behandlungen, 2012, S. 10, wobei sie Stimmen der Befürworter einer überwiegend öffentlichen Finanzierung der Kinderwunschbehandlung wiedergeben. *Kreß* bezeichnet den Kinderwunsch gar als „grundlegendes menschliches Existenzial", Ethik: Reproduktionsmedizin im Licht von Verantwortungsethik und Grundrechten, in Diedrich et al. (Hrsg.), Reproduktionsmedizin, 2013, Kap. 53, S. 615 (656).

[14] *Keck*, Kinderwunschbehandlung in der gynäkologischen Praxis, 2014, S. 296. Die Nichtentstehung eines Lebens wird emotional dessen Erlöschen gleichgesetzt.

[15] Die Unterscheidung zwischen der Sterilität (Unfähigkeit, schwanger zu werden) und der Infertilität (Unfähigkeit, eine Schwangerschaft auszutragen) ist international unüblich, siehe dazu *Wischmann*, Einführung Reproduktionsmedizin, 2012, S. 26 sowie *Revermann/Hüsing*, Fortpflanzungsmedizin, 2011, S. 27 und *Ludwig/Diedrich/Nawroth*, Was ist >> Sterilität<< – eine Begriffsbestimmung, in Diedrich et al. (Hrsg.), Reproduktionsmedizin, 2013, Kap. 1, S. 1 (2). Im Folgenden wird daher der Begriff der Infertilität zugrunde gelegt; zur Differenzierung v. *Wolff/Stute* Gynäkologische Endokrinologie und Reproduktionsmedizin, 2013, S. 301.

[16] Die Richtlinie zur Entnahme und Übertragung von menschlichen Keimzellen im Rahmen der assistierten Reproduktion nennt altersunabhängig einen Zeitraum von zwölf Monaten, A 3. *Keck* gibt eine am Alter der Frau orientierte, von der Begriffsbestimmung der WHO abweichende Definition an: Infertilität liegt danach vor, wenn eine Frau bis 35 Jahre über ein Jahr hinweg nicht schwanger wird, eine Frau über 35 Jahren über lediglich sechs Monate nicht schwanger wird trotz regelmäßigem, ungeschütztem Geschlechtsverkehr ohne die Verwendung von Kontrazeptiva, in: Kinderwunschbehandlung in der gynäkologischen Praxis, 2014, S. 23.

[17] Ziff. 2.2.1 der Richtlinie zur Entnahme und Übertragung von menschlichen Keimzellen im Rahmen der assistierten Reproduktion (A 5).

2. Ursachen der Infertilität

Das Thema der Unfruchtbarkeit ist nicht neu, nimmt jedoch einen stetig höher werdenden Stellenwert in der gesellschaftlichen Entwicklung ein. Bereits im Jahre 1989 äußerte der Bundesrat in seiner Stellungnahme zum Gesetzesentwurf des ESchG Bedenken, wonach – so wörtlich – „begründete Anzeichen dafür sprechen, dass Fertilitätsprobleme von Paaren in letzter Zeit zunehmen".[18]

Die Gründe der ungewollten Kinderlosigkeit sind vielfältiger Natur. Zum Zwecke der Übersichtlichkeit wird zwischen Ursachen unterschieden, die unmittelbar krankheitsbedingt sind (unter a)) und solchen, die nicht unmittelbar krankheitsbedingt sind (unter b)). Der Unmittelbarkeitszusammenhang zwischen der Krankheit und der ungewollten Kinderlosigkeit besteht dann, wenn die Krankheit sich fruchtbarkeitsmindernd auswirkt. Damit scheiden solche Krankheiten aus, die sich nur mittelbar negativ auf die Erfüllung des Kinderwunsches auf natürlichem Wege auswirken, etwa eine HIV-Infektion bei einem der Partner.

Die Ursachen können bei der Frau, beim Mann oder bei beiden vorliegen.

a) Krankheitsbedingte (medizinisch-biologische) Ursachen

Die medizinisch-biologischen Störungen verteilen sich in etwa zu gleichen Teilen auf Männer (rund 30 %) und Frauen (rund 40 %). In einem Viertel der Fälle liegen kombinierte Ursachen vor.[19]

Neben hormonellen Störungen sind besonders funktionelle und anatomische Veränderungen von Bedeutung. Dabei existieren diverse Krankheitsbilder, die sich negativ auf die Fruchtbarkeit auswirken können. Dazu gehören bei Frauen etwa Zyklusstörungen,[20] Schilddrüsenfunktionsstörungen,[21] die Hyperandrogenämie,[22] das Polyzystische Ovarsyndrom,[23] der Uterus myomatousus,[24] die Endometriose,[25] oder eine habituelle Abortneigung.[26]

---

[18] BT-Drucks. 11/5460, 7.
[19] Diedrich et al. (Hrsg.), Reproduktionsmedizin im internationalen Vergleich, 2008, S. 13. Im Vergleich zu den Zahlen der WHO Studie aus dem Jahre 1992, nach der bei 8500 infertilen Paaren in den entwickelten Ländern der Anteil der weiblich verursachten Infertilität bei 37 %, der männlich verursachten bei 8 % und der durch beide Seiten verursachten bei 35 % lag, in: WHO, Technical Report Series, Recent Advances in Medically Assisted Conception, 1992, Number 820, p. 1 ff.
[20] Keck, Kinderwunschbehandlung in der gynäkologischen Praxis, 2014, S. 149–152, etwa Meno-/Metrorrhagie, Ovulationsstörungen, Gelbkörperschwäche oder Hyperprolaktinämie.
[21] Keck, Kinderwunschbehandlung in der gynäkologischen Praxis, 2014, S. 154–161, darunter fallen etwa Hypothyreose und Hyperthyreose.
[22] Keck, Kinderwunschbehandlung in der gynäkologischen Praxis, 2014, S. 163–169.
[23] Keck, Kinderwunschbehandlung in der gynäkologischen Praxis, 2014, S. 171–184.
[24] Keck, Kinderwunschbehandlung in der gynäkologischen Praxis, 2014, S. 186–191.
[25] Keck, Kinderwunschbehandlung in der gynäkologischen Praxis, 2014, S. 194–206.
[26] Keck, Kinderwunschbehandlung in der gynäkologischen Praxis, 2014, S. 226–235.

Beim Mann zeigen sich folgende Krankheitsbilder: Sekundärer Hypogonadismus, immunologische Infertilität, Maldascensus testis, onkologische Grunderkrankungen, Infektion der ableitenden Samenwege, Azoospermie, Oligo-Astheno-Teratozoospermie-Syndrom mit genetischem Hintergrund sowie Varikozele testis.[27]

Unabhängig vom Geschlecht können Grunderkrankungen wie Diabetes und rheumatische Erkrankungen die Fruchtbarkeit beeinträchtigen.[28] Ferner können sich Infektionskrankheiten im Genitalbereich fruchtbarkeitsmindernd auswirken.[29]

b) Nicht krankheitsbedingte Ursachen

Daneben spielen nicht unmittelbar krankheitsbedingte Ursachen eine Rolle:

Das Hauptaugenmerk ist dabei auf das stetig zunehmende Alter der Frau bei der Geburt des ersten Kindes[30] zu richten.[31] Das Lebensalter der Frau ist ein entscheidender Faktor für die Qualität der weiblichen, unbefruchteten Eizellen (Oozyten), die für eine erfolgreiche Fortpflanzung ausschlaggebend ist.[32] Daneben ist die ebenfalls altersabhängige ovarielle Reserve von Bedeutung. Sie bezeichnet die Anzahl der verbleibenden Follikel und Oozyten in beiden Eierstöcken.[33] Betrug das Lebensalter der Frau bei der Geburt des ersten Kindes im Jahre 1991 durchschnittlich noch 26,91 Jahre, so lag es im Jahre 2017 bei im Mittel 29,8 Jahren.[34] Der Trend spiegelt sich auch im Durchschnittsalter der Paare wider, die sich einer Erstbehandlung der medizinisch unterstützten Fortpflanzung unterziehen. Lag es im Jahre 1997 bei den Männern im Schnitt noch bei 35,2 Jahren und bei Frauen bei 32,6 Jahren, nähern sich die aktuellen Werte im Jahre 2017 im Schnitt bei den Männern mit 38,8 Jahren und bei Frauen mit 35,7 Jahren einem signifikant höheren Niveau an.[35] Dies beruht darauf, dass viele Paare, aber auch Alleinstehende ihren Kinderwunsch im Rahmen ihrer Lebensplanung, vornehmlich aus finanziellen und/oder beruflichen Gründen, in spätere Lebensjahre verschieben (Stichwort: *„social freezing"*). Die Möglichkeit, in einer späteren Lebensdekade noch ein Kind zu adoptieren, scheitert

---

[27] *Keck*, Kinderwunschbehandlung in der gynäkologischen Praxis, 2014, S. 118 Tab. 10.1 unter Verweis auf CeRA 2012 (unveröffentliche Daten).

[28] *Keck*, Kinderwunschbehandlung in der gynäkologischen Praxis, 2014, S. 237–248.

[29] *Keck*, Kinderwunschbehandlung in der gynäkologischen Praxis, 2014, S. 56 ff.

[30] *Sonntag* spricht von der „herausragenden Bedeutung des steigenden weiblichen Alters", in Physiologie der Befruchtung, in Diedrich et al. (Hrsg.), Reproduktionsmedizin, 2013, Kap. 8, S. 73 (79).

[31] *Diedrich/Strowitzki/Kentenich* Der Gynäkologe 2018, 607.

[32] *Keck*, Kinderwunschbehandlung in der gynäkologischen Praxis, 2014, S. 23, 40.

[33] *Revermann/Hüsing*, Fortpflanzungsmedizin, 2011, S. 31.

[34] Statistisches Bundesamt, Durchschnittliches Alter der Mutter bei der Geburt des ersten Kindes im Jahre 2017, abrufbar unter https://www.destatis.de/DE/Themen/Gesellschaft-Umwelt/Bevoelkerung/Geburten/Tabellen/geburten-mutter-biologischesalter.html, zuletzt aufgerufen am 1. Juni 2019.

[35] Deutsches IVF-Register 2017, S. 41.

dann häufig an den fehlenden Voraussetzungen einer Adoption,[36] zumal es sich bei solchen Kindern (regelmäßig) nicht um leibliche, also solche handelt, die mit dem/ den Annehmenden genetisch verwandt sind. Überdies hat sich die Zahl der zur Adoption stehenden Kinder in Deutschland seit dem Jahre 1992 halbiert.[37]

Bei beiden Geschlechtern hat auch die Lebensführung einen maßgebenden Einfluss auf die Fertilität, so etwa die Bewegungsaktivität, der Nikotin- und der Alkoholkonsum,[38] aber auch übermäßiger Stress.[39]

Ferner unterstützt die Fortpflanzungsmedizin auch Paare, bei denen der Mann HIV-positiv ist.[40] Diese leiden zwar nicht an einer Infertilität. Eine Erfüllung des Kinderwunsches auf natürlichem Wege erscheint jedoch wegen des Infektionsrisikos für Mutter und Kind ausgeschlossen.[41]

Schließlich gibt es Fälle, bei denen weder beim Mann noch bei der Frau medizinische Ursachen für die Kinderlosigkeit feststellbar sind, sog. idiopathische Infertilität.[42]

B. Das reproduktive Reisen

Eine erste Bestandsaufnahme offenbart, dass die Betroffenen den Wunsch nach einem eigenen, mit ihnen genetisch verwandten Nachkommen um jeden Preis realisieren wollen.[43] Dabei nehmen sie alle verfügbaren Methoden der modernen Fortpflanzungsmedizin in Anspruch, auch wenn das aus tatsächlichen oder rechtlichen

---

[36] Zwar ist für die Adoption eines minderjährigen Kindes kein gesetzliches Höchstalter bestimmt. § 1743 BGB legt lediglich ein Mindestalter des bzw. der Annehmenden fest. Das Lebensalter des bzw. der Annehmenden findet jedoch Eingang bei der Prüfung, ob die Annahme gem. § 1741 Abs. 1 Satz 1 BGB zulässig ist. Dabei ist festzustellen, ob die Annahme dem Wohle des Kindes dient und damit zu erwarten ist, dass zwischen dem Annehmenden und dem Kind ein Eltern-Kind-Verhältnis entsteht. Ein höheres Lebensalter des bzw. der Annehmenden verlangt eine sorgfältige Prüfung des Kindeswohls (Palandt/*Götz*, BGB, 78. Aufl. 2019, § 1741 Rn. 5).

[37] *Janisch*, Familie der Zukunft, Süddeutsche Zeitung vom 10./11. September 2016.

[38] *Keck*, Kinderwunschbehandlung in der gynäkologischen Praxis, 2014, mit weitergehenden Literaturhinweisen S. 40–42.

[39] Das ist wissenschaftlich umstritten, so Ziff. 2.2.1 der Richtlinie zur Entnahme und Übertragung von menschlichen Keimzellen im Rahmen der assistierten Reproduktion, A 5.

[40] Zur Finanzierungsfrage in der gesetzlichen Krankenversicherung siehe die auf der Grundlage des § 92 Abs. 1 Satz 2 Nr. 10 SGB V erlassenen „Richtlinien über künstliche Befruchtung", S. 3 Ziff. 6. Näheres zu diesen Richtlinien in Teil 2 § 5 C. III. Ziff. 2 h).

[41] *Dorn*, Inseminationsbehandlung, in Diedrich et al. (Hrsg.), Reproduktionsmedizin, 2013, Kap. 16, S. 197 (199 f.) mit weiteren Nachweisen sowie *Kupka/Franz/Friese* Der Gynäkologe 2007, 780 ff.

[42] *Revermann/Hüsing*, Fortpflanzungsmedizin, 2011, S. 39 Tab. 4.

[43] „Man macht ja alles", so der Titel des Artikels der Journalistin *Schaaf*, in faz.net vom 20. Februar 2017, in dem sie eine Patientin zitiert.

Gründen nur im Ausland möglich ist.[44] Die Reproduktionsmedizin zeichnet sich längst durch einen internationalen Charakter aus, und mit ihr die Behandlungsmöglichkeiten bei ungewollter Kinderlosigkeit.[45]

I. Begriffsbestimmung

Mittlerweile[46] hat der Begriff des „reproduktiven Reisens" im alltäglichen Sprachgebrauch Eingang gefunden.[47] Es ist ein Teilbereich des internationalen Medizintourismus.[48] Das reproduktive Reisen bezeichnet den Umstand,[49] dass sich eine Vielzahl Behandlungsbedürftiger, die in ihrem Heimatland ansässig sind, zur Durchführung der erforderlichen Kinderwunschbehandlung in das Ausland begibt.[50] Nach einer aktuellen Umfrage werden in Europa jährlich rund 24.000–30.000 Behandlungszyklen an mindestens 11.000–14.000 Patienten durchgeführt, die zu Behandlungszwecken vorübergehend in die jeweiligen Länder des Auslands reisen.[51] *Kentenich/Pietzner* geben die Zahl der Frauen, die jährlich von Deutschland aus in das Ausland zur Durchführung einer Eizellspende reisen, sogar mit mehr als 1000 an, wobei jährlich zwischen 2000 und 3000 Behandlungszyklen durchgeführt werden sollen.[52] Aus einer Rückrechnung der reisenden Patienten ergibt sich überdies, dass zwischen 3300 und 4200 Behandlungszyklen im Ausland an deutschen

---

[44] *Kentenich/Utz-Billing* bezeichnen diese Form der Unfruchtbarkeitstherapie gar als „Wunschmedizin", ZaeFQ 100 (2006), 659.

[45] *Neidert*, MedR 1998, 347; allgemein zur Internationalisierung von ESchG und StZG *Spickhoff* FS Schreiber, 2003, S. 881 ff.

[46] *Sternberg-Lieben* erkannte einen solchen „Befruchtungstourismus" bereits vor Inkrafttreten des ESchG als naheliegende Konsequenz einer strafrechtlichen Regelung, in NStZ 1988, 1 (5).

[47] Mit den damit zusammenhängenden Problemen befasst sich *Backmann*, Künstliche Fortpflanzung und Internationales Privatrecht unter besonderer Berücksichtigung des Persönlichkeitsschutzes, 2002.

[48] *Ditzen/Weller* Leihmutterschaft: eine interdisziplinäre Herausforderung, in dies. (Hrsg.), Regulierung der Leihmutterschaft, 2018, S.VIII.

[49] *Velte* bezeichnet das reproduktive Reisen als „internationales Phänomen", in: Die postmortale Befruchtung im deutschen und spanischen Recht, 2015, S. 2.

[50] *Thorn*, Expertise – Reproduktives Reisen, 2008, S. 8.

[51] *Shenfield et al.* Human Reproduction 2010, 1361 ff.

[52] *Kentenich/Pietzner*, Überlegungen zur gesetzlichen Nachbesserung in der Reproduktionsmedizin, in Frister/Olzen (Hrsg.), Reproduktionsmedizin: Rechtliche Fragestellungen, 2010, S. 68. Die Anzahl der durchgeführten Behandlungszyklen bestätigt *Velasco*, wonach im Jahre 2006 in Spanien ungefähr 1500 Behandlungszyklen mit Eizellspende an ausländischen Frauen durchgeführt wurden und das einen Anstieg zum Vorjahr um rund 12 % bedeute, in: Focus Reproduction, 2007, 26 ff. *Katzorke* gibt mit circa 500 Paaren jährlich eine geringere Personenzahl an, in Samenspende-Eizellspende-Leihmutterschaft. Grenzbereiche in der Reproduktionsmedizin, in Gynäkologische Geburtshilfe, 2007, 229 ff.

Patienten bei Eizellspenden vorgenommen werden.[53] Rund ein Drittel der Patientinnen, die im Ausland eine Eizellspende durchführen ließen, taten dies nach einer Empfehlung eines inländischen Arztes,[54] sogar rund 80 % erhielten im Vorfeld der Auslandsbehandlung in Deutschland medizinische Unterstützungsbehandlungen.[55]

Primär entscheiden sich deutsche Patienten für eine Behandlung im europäischen Nachbarland, darunter vornehmlich Tschechien aufgrund der phänotypischen Ähnlichkeit von Empfängerin und Spenderin.[56] Häufig werben ausländische Anbieter damit, die Behandlung im Rahmen eines Urlaubsaufenthaltes durchführen zu lassen und bieten sogar „Komplettpakete" an.[57]

Daneben erkundigt sich – insbesondere im Vorfeld einer Auslandsbehandlung – eine signifikant wachsende Zahl von Betroffenen nach Behandlungsmöglichkeiten des Auslands im Inland.[58]

II. Ursachenidentifikation

Dabei lassen sich zwei Hauptursachen[59] für das reproduktive Reisen und die in dessen Vorfeld regelmäßig bestehenden Anfragen herausarbeiten: Das rechtliche Regelungsgefälle zwischen den einzelnen Ländern (unter 1.) sowie der verminderte Kostenzuschuss im Bereich der gesetzlichen Krankenversicherung (unter 2.).

---

[53] *Thorn/Wischmann*, Psychosoziale Aspekte der assistierten Reproduktion, 2010, S. 40. Die Daten sind allesamt kaum verlässlich, so *Revermann/Hüsing*, Fortpflanzungsmedizin, 2011, S. 172, da in den jetzigen Datenbanken, etwa des International Commitee for Monitoring Assisted Reproductive Technologies (ICMART), nur Daten aus 49 Ländern gesammelt wurden, und in diesen nicht zwischen Behandlungen an Patienten aus dem eigenen Land und zugereisten differenziert wird. Das äußern auch *Kentenich/Thorn/Wischmann* in Der Gynäkologe 2018, 647 (651), wonach „(…) keine belastbaren Zahlen vorliegen (…)".

[54] *Conte* spricht vom „deutschen Arzt", in Der Gynäkologe 2013, 841. Die vorliegende Untersuchung nutzt den Begriff des „inländischen Arztes", da die Staatsangehörigkeit nicht zwingend Auswirkung auf die rechtliche Beurteilung hat.

[55] *Conte* Der Gynäkologe 2013, 841 mit Verweis auf *Shenfield et al* Human Reproduction 2010, 1361 ff.

[56] *Bergmann*, Reproductive BioMedicine Online, 2011, 600 ff.

[57] *Thorn*, Expertise – Reproduktives Reisen, 2008, S. 13.

[58] *Thorn*, Expertise – Reproduktives Reisen, 2008, S. 11. Die Thematik ist in Deutschland bereits vor einigen Jahren öffentlichkeitswirksam in Erscheinung getreten, dazu *Kraske/Ludwig*, Die Babygrenze, in: Der Spiegel, Ausgabe 46/2005, S. 108 ff. Zu der Frage, ob eine bloße Informationserteilung zulässig ist siehe ausführlich in Teil 3 § 7 D IV. 3. a).

[59] Zu weiteren Motiven siehe *Thorn*, Expertise – Reproduktives Reisen, 2008, S. 8 ff. sowie *Bergmann*, Reproductive BioMedicine Online, 2011, 600 ff.

B. Das reproduktive Reisen

1. Rechtliches Regelungsgefälle im internationalen Ländervergleich

In einem Beitrag der Zeitschrift *Focus* vom 29. Juli 2014 spricht der Reproduktionsmediziner *Matthias Bloechle* davon, dass der Gesetzgeber zehntausende Frauen mit Kinderwunsch ins Ausland – nach Spanien, Belgien, Tschechien, Polen oder sogar die Ukraine treibe.[60]

Tatsächlich ist die Hauptursache für das reproduktive Reisen die im weltweiten Vergleich bestehende Diskrepanz im Regelungssystem der medizinisch unterstützten Fortpflanzung. So gaben 80,2 % der deutschen Patienten im Rahmen einer Pilotstudie der ESHRE aus den Jahren 2008 und 2009 rechtliche Gründe für die Behandlung im Ausland an.[61] Im Vordergrund steht dabei die gezielte Behandlung mittels Eizellspende.[62] Für diese sind Spanien, Tschechien, Russland sowie Polen und England[63] die häufigsten Zielorte.[64] Bevorzugte Ziele sind Spanien und Tschechien. Beide Länder sind leicht erreichbar, verfügen über eine ausgereifte touristische Infrastruktur und es ist ein großer Pool an potenziellen, d. h. phänotypisch ähnliche Eizellspenderinnen vorhanden.[65]

Aufgrund der straffen Reglementierung der Fortpflanzungsmedizin im EschG[66] liegen die fortpflanzungsmedizinischen Therapiemöglichkeiten in Deutschland im Vergleich weit unterhalb des Behandlungsniveaus, das in anderen europäischen Staaten – und erst recht in globaler Hinsicht – bereits seit Längerem erreicht worden

---

[60] *Bloechle* Focus Magazin Nr. 30/2014 vom 29. Juli 2014.

[61] *Thorn*/Wischmann, Psychosoziale Aspekte der assistierten Reproduktion, 2010, S. 40. Mehr als die Hälfte (rund 54,8 %) der befragten Personen gab dies als Grund an, dazu *Shenfield et al.* Human Reproduction, 2010, 1361 ff. Dieser Aspekt („the legality issue") soll nach *van Hoof/Pennings* den Reproduktionstourismus vom „gewöhnlichen" medizinischen Tourismus unterscheiden, in: Reproductive BioMedicine Online, 23 (2011), 546 (547). Es gilt jedoch zu beachten, dass nicht nur strafrechtliche, sondern auch familienrechtliche Belange eine Rolle spielen, etwa die Anonymität des Spenders oder wer als Elternteil im Rechtssinne gilt. Anders *Kentenich/Pietzner*, welche die Zahl mit 80 % aller Behandlungsbedürftigen angeben, die eine Auslandsbehandlung allein auf Grund der restriktiven Bestimmungen im Embryonenschutzgesetz vornehmen lassen, Probleme der Reproduktionsmedizin in Deutschland aus medizinischer und psychosozialer Sicht, in Rosenau (Hrsg.), Ein zeitgemäßes Fortpflanzungsmedizingesetz für Deutschland, 2012, S. 21. Vorrangig sind die Gründe strafrechtlicher Natur, also das Verbotensein bestimmter Behandlungsformen, nicht die zivilrechtlichen Ausgestaltung (Anonymität der Spender usw.). Solche Einzelheiten könnten in Deutschland gerade nicht Ursache für das reproduktive Reisen sein. Wenn ein Verfahren kategorisch verboten ist, müssten auch keine Einzelheiten zu seiner Durchführung festgelegt werden.

[62] *Kentenich/Pietzner*, Probleme der Reproduktionsmedizin in Deutschland aus medizinischer und psychosozialer Sicht, in Rosenau (Hrsg.), Ein zeitgemäßes Fortpflanzungsmedizingesetz für Deutschland, 2012, S. 21.

[63] *Kentenich/Utz-Billing*, ZaeFQ 100 (2006), 661.

[64] *Bergmann*, Reproductive BioMedicine Online, 2011, 600 ff.

[65] *Depenbusch/Schultze-Mosgau*, Eizell- und Embryonenspende, in Diedrich et al. (Hrsg.), Reproduktionsmedizin, 2013, Kap. 25, S. 287 (291). Deutsche Staatsbürger begeben sich vor allem nach Tschechien, dazu *Shenfield et al.* Human Reproduction, 2010, 1361 ff.

[66] Mutmaßlich im Vergleich zur Reglementierung der Forschung mit Embryonen zu verstehen: *Frommel/Taupitz/Ochsner/Geisthövel*, J Reprod und Endo 2010, 96 (97), wenn sie davon sprechen, die R[eproduktions]M[edizin] sei so wörtlich „liberal" geregelt.

ist. Damit verbunden ist das Problem, dass die in Deutschland tätigen Reproduktionsmediziner im internationalen Vergleich zu ihren im permissiveren Ausland ansässigen Kollegen erheblich weniger konkurrenzfähig sind.[67]

Gleichwohl ist bereits an dieser Stelle der Abhandlung[68] klarzustellen, dass allein die Reise ins Ausland, um sich dort einer Kinderwunschbehandlung zu unterziehen, nicht strafbewehrt ist. Das gilt auch dann, wenn es sich um eine in Deutschland nach dem EschG unzulässige Methode handelt, unabhängig davon, ob sich nur die Patienten, der Arzt oder alle in das permissivere Ausland begeben, um die Behandlung dort durchführen zu lassen bzw. durchzuführen. Das türkische Strafrecht etwa pönalisiert, überhaupt mit dem Ziel der Durchführung einer Kinderwunschbehandlung in das Ausland zu reisen.[69]

2. Verminderte Kostenzuschüsse für gesetzlich Krankenversicherte[70]

Neben dem bestehenden Regelungsgefälle verstärken die gesundheitspolitischen Rahmenbedingungen der Kostenerstattung für Methoden der medizinisch unterstützten Fortpflanzung[71] das Phänomen des reproduktiven Reisens. Die Bioethik-Kommission Rheinland-Pfalz sprach bereits im Jahre 2005 davon, dass durch die weitergehenden Möglichkeiten im Ausland ein „Reichenprivileg" sowie eine

---

[67] Siehe nur den Artikel im Stern vom 5. August 2014: www.stern.de/Familie/kinder/entscheidung-der-justiz-kinderwunsch-behandlung-wird -vereinfacht-2128854.html, zuletzt aufgerufen am 1. Juni 2019; die Thematik wird in § 3 erneut aufgegriffen.

[68] Zur näheren Untersuchung unter dem Gesichtspunkt einer denkbaren unionswidrigen Beschränkung der Dienstleistungsfreiheit siehe Teil 2 § 5 C. I. 1. a) bb).

[69] Art. 231 Abs. 1 des Turkish Penal Codes, Strafandrohung von einem bis zu drei Jahren Freiheitsstrafe. Dazu *Gürtin*, Reprod BioMed Online, 2011, 555 ff., *Crockin*, Reprod BioMed Online, 2011, 811 ff. sowie *van Hoof/Pennings* Reprod BioMed Online, 23 (2011), 546.

[70] Ein umfassender Beitrag hierzu und zur Frage, inwieweit Maßnahmen der künstlichen Befruchtung unter den sozialversicherungsrechtlichen Begriff der Heilbehandlung fallen: *Huster* NJW 2009, 1713 ff. Ebenso *Schmeilzl/Krüger* NZS 2006, 630 ff. sowie *Bonvie/Naujoks* MedR 2006, 267 ff.

[71] Siehe zur indirekten Finanzierung durch steuermindernde Berücksichtigung von Aufwendungen für eine künstliche Befruchtung etwa *Rüsken* NJW 1998, 1745 ff. sowie aus der Rechtsprechung unter anderem BFH DStR 2007, 1623 ff., BFH NJW 2018, 492 ff. (Frau in gleichgeschlechtlicher Partnerschaft) und jüngst BFH NJW 2017, 3022 ff., wonach Aufwendungen für eine künstliche Befruchtung dann nicht als außergewöhnliche Belastungen nach § 33 EStG abzugsfähig sind, wenn die Behandlung nach dem EschG verboten ist: „Denn eine nach nationalem Recht verbotene Behandlung kann keinen zwangsläufigen Aufwand i.S.d. § 33 I EStG begründen." Und weiter: „Als außergewöhnliche Belastungen sind daher Kosten für eine künstliche Befruchtung nur zu berücksichtigen, wenn die aufwandsbegründende Behandlung insbesondere nicht gegen das EschG verstößt (…)", so in NJW 2017, 3022 (3223) sowie zeitlich vorgelagert FG Berlin-Brandenburg, Urt. v. 11. Februar 2015, Az.: 2 K 2323/12, Rn. 18: „Behandlungen, die nach dem Embryonenschutzgesetz in Deutschland verboten sind, können auch bei Vornahme im Ausland, wo diese Maßnahmen nicht rechtswidrig sind, nicht zu außergewöhnlichen Belastungen führen."

B. Das reproduktive Reisen

„Zweiklassen-Medizin" geschaffen werde.[72] Nur wer es sich leisten kann, kann die Palette an Therapiemöglichkeiten ausschöpfen.

Bei den gesetzlichen Krankenversicherungen ist im Hinblick auf die Erstattungspflicht danach zu unterscheiden, ob die Kinderlosigkeit krankheitsbedingt ist oder nicht unmittelbar auf einer Erkrankung beruht:

Beruht die Kinderlosigkeit unmittelbar auf einer Krankheit, dann handelt es sich um eine anerkannte Krankheit und die Erstattungspflicht richtet sich allein nach § 27 SGB V, um die Zeugungs- bzw. Empfängnisfähigkeit wiederherzustellen.[73] Unter § 27 SGB V fallen etwa Fertilisationsoperationen oder alleinige hormonelle Stimulation.[74]

Begründet sich die ungewollte Kinderlosigkeit hingegen auf anderen Ursachen, richtet sich die Erstattungsfähigkeit der Kosten allein nach § 27a SGB V. Danach wird sie in solchen Fällen nach der gesetzlichen Systematik einer Krankheit weitgehend gleichgestellt.[75] Nach der Rechtsprechung des Bundesverfassungsgerichtes beseitige die künstliche Befruchtung nicht den regelwidrigen körperlichen Zustand [=Krankheit], sondern umgehe ihn unter Einsatz technischer Hilfe, ohne auf dessen Heilung zu zielen.[76] Zwar haben die gesetzlichen Krankenversicherungen die Methoden der Unfruchtbarkeitsbehandlung in ihren Leistungskatalog aufgenommen (§§ 11 Abs. 6, 27a, 121a SGB V). Eine Zäsur bildet jedoch das Inkrafttreten des Gesetzes zur Modernisierung der gesetzlichen Krankenversicherung (GMG)[77] zum 1. Januar 2004[78] und die damit verbundene empfindliche Begrenzung der Kostenerstattung durch die gesetzlichen Krankenkassen.[79] Nach der Gesetzesreform sind die Träger der gesetzlichen Krankenversicherungen nach § 27a Abs. 1 SGB V nunmehr lediglich verpflichtet, eine Behandlung bei Verheirateten (Nr. 3)[80] und nur bei Eigenspende (Nr. 4) die hälftigen der nach dem Behandlungsplan genehmigten Kosten der Maßnahme nach § 27a Abs. 3 Satz 3 SGB V zu tragen. Mittlerweile wurde die staatliche Förderung infolge eines Gesetzesantrages des Landes Mecklenburg-Vorpommern (Bundesrat) insbesondere für verheiratete Paare auf insgesamt 75 % erhöht, die Mehrkosten trägt der Bund.[81] Die Anzahl der Behandlungsversuche

---

[72] *Bioethik-Kommission Rheinland-Pfalz*, Fortpflanzungsmedizin und Embryonenschutz, 2005, S. 64.
[73] *v. der Tann*, NJW 2015, 1850. Es handelt sich dann um einen eigenständigen Versicherungsfall, § 27a SGB V ist insoweit subsidiär gegenüber § 27 SGB V, dazu BVerfGE 117, 316.
[74] Richtlinien über künstliche Befruchtung, S. 2. Dazu Näheres unter Teil 2 § 5 C. III. 2. h).
[75] Das gilt auch in der privaten Krankenversicherung, dazu *v. der Tann*, NJW 2015, 1850 (1851).
[76] BVerfG NJW 2009, 1733 Rn. 10.
[77] BGBl. I Nr. 55, 2003, S. 2190 ff.
[78] Art. 39 Abs. 1 GMG.
[79] BGBl. I Nr. 55, 2003, S. 2190 ff. Dazu *Wilke et al.* Gesundheitsökonomie und Qualitätsmanagement 2008, 149. Aufschlussreich auch Berlin-Institut für Bevölkerung und Entwicklung, Ungewollt kinderlos, 2007, S. 39–41.
[80] Zur Verfassungsmäßigkeit dieser Regelung siehe *v. der Tann*, NJW 2015, 1850 ff.
[81] Kinderwunschförderungsgesetz, BR-Drucks. 478/11 vom 16. August 2011. Grundlage der finanziellen Unterstützung ist die Bundesrichtlinie über die Gewährung von Zuwendungen zur Förderung von Maßnahmen der assistierten Reproduktion vom 29. März 2012, zuletzt geändert am 23.

wurde auf höchstens drei begrenzt.[82] Zudem hat der Gesetzgeber Altersgrenzen eingeführt: Die Paare erhalten die Zuzahlung nur, wenn die Frau zwischen 25 und 39 Jahre und der Mann nicht über 49 Jahre alt ist, § 27a Abs. 3 Satz 1 SGB V in Verbindung mit Ziffer 9.1 der Richtlinien über künstliche Befruchtung.[83] Nach dem aktuellen Koalitionsvertrag ist eine neue Gesetzesvorlage geplant.[84]

Die Reform im Gesundheitswesen schlug sich zahlenmäßig nieder: Zum Jahreswechsel 2003/2004 ist ein signifikanter Rückgang der Behandlungszahlen in Deutschland zu verzeichnen: Wurden im Jahre 2003 insgesamt 105.854 Behandlungen durchgeführt, so waren es 2004 nur noch 59.448.[85] Zugleich war die Rate der Kinder, die nach künstlicher Befruchtung zur Welt kamen, rückläufig: sie halbierte sich nach dem Jahreswechsel 2003 auf 2004 von 1,6 % auf 0,8 %.[86] Zwar gibt es mangels einer nach Herkunftsland differenzierenden Erhebung keine fachlich belastbaren Zahlen, wonach die Betroffenen die Behandlung seit dem Jahre 2004 im Ausland durchführen lassen. Dies liegt jedoch nahe, weisen doch inzwischen sogar die Krankenversicherungen selbst ihre Mitglieder auf die kostengünstigen Behandlungen im Ausland hin.[87]

Der Kostenaspekt wird im Rahmen der weiteren Untersuchung jedoch keine Rolle spielen. Denn die inländischen Krankenkassen – private sowie gesetzliche[88] – übernehmen die Kosten für Behandlungsmethoden der assistierten Reproduktion, die nach dem ESchG verboten sind[89] nicht, unabhängig davon, ob die Behandlung

---

Dezember 2015. Auch die Förderung für Paare, die in einer nichtehelichen Lebensgemeinschaft leben, wurde eingerichtet.

[82] Ziff. 9 der auf der Grundlage des § 92 Abs. 1 Satz 2 Nr. 10 SGB V erlassenen „Richtlinie über ärztliche Maßnahmen zur künstlichen Befruchtung", wonach die Leistungsvoraussetzung der „hinreichenden Erfolgsaussicht" nach drei gescheiterten Behandlungsversuchen verneint wird.

[83] Die Verfassungsmäßigkeit des § 27a Abs. 3 Satz 1 SGB V bejahend BSG NJW 2010, 1020 ff. sowie BSG NZS 2008, 256 ff. Kritik an der Regelung üben insbesondere *Kentenich/Pietzner*, Überlegungen zur gesetzlichen Nachbesserung in der Reproduktionsmedizin, in: Frister/Olzen (Hrsg.), Reproduktionsmedizin: Rechtliche Fragestellungen, 2010, S. 69.

[84] Deutsches IVF-Register 2017, S. 7.

[85] Deutsches IVF-Register 2014, S. 13.

[86] *Kraske/Ludwig*, Die Babygrenze, in: Der Spiegel, Ausgabe 46/2005, S. 108 (109).

[87] Ziff. 1.5 der Leitlinien des BKiD „Psychosoziale Beratung für Frauen und Männer, die eine Kinderwunschbehandlung im Ausland beabsichtigen", J Reprod und Endo, 2010, 398.

[88] BSG NJW 2002, 1517 zur Fremdeizellspende.

[89] *Thorn*, Expertise – Reproduktives Reisen, 2008, S. 30; Ziff. 1.5 der Leitlinien des BKiD „Psychosoziale Beratung für Frauen und Männer, die eine Kinderwunschbehandlung im Ausland beabsichtigen", J Reprod und Endo, 2010, 398. Siehe dazu Ziff. 10 der Richtlinien über künstliche Befruchtung. Daran ändert auch die Verordnung 2011/24/EU nichts, denn sie verlangt nicht die Einführung einer Finanzierung durch den Mitgliedsstaat, wenn die jeweilige Methode nicht erlaubt ist. Dazu: European Parliament, Report on the proposal for a directive of the European Parliament and of the Concil on the application of patients' rights in cross-border healthcare (COM(2008)0414 – C6-0257/2008 – 2008/0142 (COD)) Committee on the Environment, Public Health and Food Safety, 2009.

im In- oder Ausland durchgeführt wird.[90] Auch eine Pflicht zur Kostenübernahme für eine künstliche Befruchtung mittels Eizellspende im Ausland durch eine private Krankheitskostenversicherung hat der Bundesgerichtshof jüngst abgelehnt.[91] Die Tatsache, dass Verfahren wie etwa die Eizellspende nicht von der Allgemeinheit finanziell mitgetragen werden, bringt zum Ausdruck, dass sich solche Verfahren der Kinderwunschbehandlung in Deutschland nach wie vor nicht gesellschaftlich etabliert haben.

III. Fazit

Die Internationalisierung der medizinischen Forschung und damit zusammenhängend auch der durch sie entwickelten Therapiemöglichkeiten im Bereich der medizinisch unterstützten Fortpflanzung nimmt rasant zu.

Die beiden Aspekte des rechtlichen Regelungsgefälles sowie der verminderten Kostenzuschüsse veranlassen deutsche Reproduktionsmediziner vermehrt dazu, Patienten an Kliniken von Deutschland aus in das Ausland zu überweisen.[92] Bei den zu untersuchenden Behandlungsmethoden spielt hingegen allein der Aspekt der heterogenen Gesetzeslage hinsichtlich der medizinisch unterstützten Fortpflanzung eine Rolle. Denn denkbare Kostenzuschüsse durch die Krankenkassen entfallen bei solchen – gesetzlich verbotenen – Methoden ausnahmslos.

Durch das reproduktive Reisen überschreiten die Betroffenen jedoch nicht nur regionale Grenzen, sondern auch solche rechtlicher, moralischer, zeitlicher sowie ethnischer Art.[93] Selbst wenn die Bewertung jenes Verhaltens von der „Ausübung reproduktiver Autonomie" über „zivilen Ungehorsam" bis hin zur „Begehung einer unter Strafe stehenden Handlung" diskutiert wird,[94] sind letztlich einzig und allein

---

[90] Für die gesetzliche Krankenversicherung: „Behandlungen, die rechtlich nicht zulässig sind, dürfen von der Krankenkasse nicht gewährt oder bezahlt werden", so BSG NJW 2000, 1812 (fehlende Arzneimittelzulassung). Ausweislich Art. 1 Abs. 4, Erwägungsgrund 33 der Patientenrechte-RL (RL 2011/24/EU) begründet diese Richtlinie – Art. 168 Abs. 7 AEUV bestätigend – keine Pflicht für Deutschland, eine Kostenerstattung für Gesundheitsdienstleistungen einzurichten, die nach dem deutschen Recht nicht erstattungsfähig sind. Näheres zu dieser Richtlinie in Teil 2 § 5 C. I. 1. a) bb) (1) β).

[91] BGH NJW 2017, 2348 ff., insb. 2349 Rz. 14: „Ein durchschnittlicher Versicherungsnehmer wird jedenfalls § 1 III MB/KK 2009 dahingehend verstehen, dass der Versicherer lediglich Aufwendungen für solche Heilbehandlungen ersetzt, die nach deutschem Recht in Deutschland erlaubt sind." Sowie Rz. 21: „Nach alledem erfasst der Versicherungsschutz gem. § 1 III MB/KK 2009 die Behandlung der Klägerin in der Tschechischen Republik nicht, weil sie nach deutschem Recht in Deutschland verboten war."

[92] *Revermann/Hüsing*, Fortpflanzungsmedizin, 2011, S. 226.

[93] Ähnlich *Kentenich/Utz-Billing*, ZaeFQ 100 (2006), 659, wonach die Grenzziehungen im Rahmen der Reproduktionsmedizin von politischen, soziologischen, kulturellen und religiösen Gründen abhängig seien.

[94] *Thorn*, Expertise – Reproduktives Reisen, 2008, S. 4.

rechtliche Maßstäbe einer Prüfung der Zulässigkeit des Reproduktionstourismus und der damit im Zusammenhang stehenden Mitwirkung in Deutschland tätiger Mediziner zugrunde zu legen.[95]

Auf diesen Trend zum „reproduktiven Reisen" hat man hierzulande bislang nur mit rechtlich unverbindlichen Leitlinien reagiert. Am 24. September 2010 hat das Beratungsnetzwerk Kinderwunsch der Deutschen Gesellschaft für Kinderwunschbehandlung (BKiD)[96] für die behandelnden und beratenden Ärzte „Leitlinien für die psychosoziale Beratung für Frauen und Männer, die eine Kinderwunschbehandlung im Ausland beabsichtigen"[97] veröffentlicht. Und dass, obwohl in den Köpfen der Allgemeinheit ein erhebliches Regelungsbedürfnis besteht.[98]

Bereits hier[99] sei angemerkt, dass die Thematik um die ungewollte Kinderlosigkeit im Hinblick auf den demografischen Wandel und die damit einhergehende fortschreitende Überalterung der Gesellschaft an gesellschaftspolitischer Brisanz zunehmen wird.[100]

---

[95] Insoweit zumindest missverständlich *Thorn*, Expertise – Reproduktives Reisen, 2008, S. 6, wenn sie die Frage nach der rechtlichen Zulässigkeit reproduktiver Maßnahmen durch die individuellen Einstellungen von Wunscheltern, Ärzten, psychologischen Fachkräften und anderen Stakeholdern beantwortet sieht.

[96] Das BKiD ist ein privatrechtlicher eingetragener Verein, der seit 2002 als solcher besteht und die Qualität der psychosozialen Beratung bei unerfülltem Kinderwunsch durch Festlegung einer Mindestqualifikation und einer Zertifizierung psychosozialer Berater gewährleisten soll. Näher dazu *Keck*, Kinderwunschbehandlung in der gynäkologischen Praxis, 2014, S. 299.

[97] Abgedruckt in *Thorn/Wischmann* J Reprod und Endo, 2010, 394 ff. Näheres dazu in Teil 2 § 5 C. III. 2. 1) ee).

[98] Artikel in den Nürnberger Nachrichten vom 21. Oktober 2015, Metropolregion Nürnberg, Titel des Beitrages: Geschäft mit der Not unfruchtbarer Frauen; darin heißt es: „Selbst der Rat an unfruchtbare Patientinnen, solch eine Behandlung [Eizellspende] mit Fremd-Eizellen im Ausland vornehmen zu lassen, ist hierzulande tabu."

[99] Auf jenen Gesichtspunkt wird im abschließenden Fazit dieser Untersuchung noch einmal Bezug genommen.

[100] Siehe dazu bereits das Berlin-Institut für Bevölkerung und Entwicklung, Ungewollt kinderlos, 2007, S. 6–11.

§ 3 Reproduktionsmediziner im Fokus der Justiz

Schon kurze Zeit nach Inkrafttreten des ESchG äußerten sich Juristen im Hinblick auf die hohe Strafandrohung von bis zu drei Jahren Freiheitsstrafe[1] kritisch. So ließ *Deutsch* zu den Strafbestimmungen verlauten: „In der Praxis werden sie hoffentlich nie Anwendung finden."[2]

Bedauerlicherweise ist die von *Deutsch* geäußerte Befürchtung mittlerweile Realität geworden. Bereits im Jahre 2012 gerieten Reproduktionsmediziner in das Visier der Strafverfolgungsbehörden. An insgesamt fünf Amtsgerichten, dem Amtsgericht Augsburg, dem Amtsgericht Berlin-Tiergarten, dem Amtsgericht Dillingen[3], dem Amtsgericht Hof, dem Amtsgericht München sowie dem Amtsgericht Würzburg[4] liefen bis heute Ermittlungsverfahren gegen praktizierende Reproduktionsmediziner wegen des Verdachts diverser Verstöße gegen Strafbestimmungen des ESchG im Zusammenhang mit Kinderwunschbehandlungen im Ausland.[5] Allein die Durchführung von Strafverfolgungsmaßnahmen im Ermittlungsverfahren birgt für den Arzt ein nicht kalkulierbares Risiko der Ruf- und Geschäftsschädigung in sich, selbst wenn sich der Verdacht letztlich nicht bestätigt.

Welche gesellschaftspolitische Wirkung solche Verfahren haben, bringen die Überschriften von Presseartikeln zum Ausdruck: So schreibt der Arzt Dr. *Matthias*

---

[1] Ausweislich der Gesetzesbegründung sollten strafrechtliche Sanktionen nur dort verhängt werden, wo sie zum Schutz besonders hochrangiger Rechtsgüter unverzichtbar erscheinen, BT-Drucks. 11/5460, 6.

[2] *Deutsch* NJW 1991, 721 (723).

[3] Siehe hierzu den Artikel von *Mück-Raab*, Strafbefehl für Embryovermittler vom 31. Mai 2017, abrufbar unter https://bit.ly/2vq1jhl, zuletzt aufgerufen am 1. Juni 2019.

[4] Dazu *Neidert* MedR 1998, 347 (348).

[5] Augenscheinlich zu optimistisch daher die Prognose *Frommels* in ihrem Artikel in der Reproduktionsmedizin 2002, 158 ff. (181), in dem sie sich wie folgt äußert: „Prozessuale Zwangsmaßnahmen wie die Beschlagnahme von Patientinnenkarteikarten sind unwahrscheinlich, wenn sie lediglich und die ausnahmsweise nach § 9 II 2 StGB strafbedrohte Teilnahme an einer an und für sich straflosen Auslandstat betreffen". *Conte* sieht das jedoch ebenso, in Der Gynäkologe 2013, 841 (846).

© Springer-Verlag GmbH Deutschland, ein Teil von Springer Nature 2020
A. Pikal, *Die rechtliche Zulässigkeit ärztlicher Mitwirkung an verbotenen Kinderwunschbehandlungen im Ausland*, MedR Schriftenreihe Medizinrecht,
https://doi.org/10.1007/978-3-662-60619-3_3

Bloechle „Reproduktionsmediziner werden kriminalisiert" in einem Artikel des Focus Magazins aus dem Jahre 2014.[6] Der Autor *Martin Spiewek* wählt für die Überschrift seines Artikels in der *Zeit* gar den Titel „Embryonenschutzgesetz: Strafsache Kinderwunsch".[7]

Daneben setzten sich die Zivilgerichte im Rahmen einer – nachfolgend im Wesentlichen dargestellten – wettbewerbsrechtlichen Streitigkeit mit der strafrechtlichen Relevanz der Durchführung therapeutischer[8] hormoneller Vorbehandlungen durch inländische Ärzte und deren Bewerbung mit entsprechendem Auslandsbezug auseinander. Auch die Herausgabe imprägnierter,[9] tiefgekühlter (kryokonservierter) Eizellen, die zum Zwecke der Durchführung einer im Ausland zulässigen post-mortem-Befruchtung in einem reproduktionsmedizinischen Zentrum gelagert waren, war bereits Gegenstand zivilgerichtlicher Auseinandersetzungen.[10]

Der nachfolgende Abschnitt zeichnet den Verfahrensgang eines wettbewerbsrechtlichen Verfahrens nach.[11]

Die Frage der strafrechtlichen Bewertung einer therapeutischen hormonellen Vorbehandlung im Inland zum Zwecke der Durchführung einer Eizellspende im Ausland und der Hinweis auf die Durchführung solcher Vorbehandlungen wurde in zwei lauterkeitsrechtlichen Verfahren (vorläufiger Rechtsschutz und Klageverfahren) behandelt. Im Rahmen des Klageverfahrens hatte sich ein zivilrechtlicher Senat des Bundesgerichtshofes erstmalig mit der Thematik zu befassen.[12]

Zur Erläuterung: Die beiden Verfahren hatten zum einen die – für die nachfolgende Untersuchung irrelevante – Frage zum Gegenstand, ob das Verbot der Eizellspende nach den §§ 1 Abs. 1 Nrn. 1, 2 EschG eine Marktverhaltensregelung im Sinne des Rechtsbruchtatbestandes (vormals § 4 Nr. 11 UWG, jetzt: § 3a HS 1 UWG)[13] ist und zum anderen, ob, und wenn ja, inwieweit ein Hinweis auf die Durchführung von Vorbehandlungen zu Eizellspenden in Deutschland sowie deren tatsächliche Durchführung strafrechtlich relevant sind.

---

[6] *Bloechle*, Focus Magazin Nr. 30/2014 vom 29. Juli 2014.
[7] *Spiewak* in Die Zeit Nr. 34 aus 2013 vom 14. August 2013, Embryonenschutzgesetz: Strafsache Kinderwunsch.
[8] Während die therapeutischen Behandlungen auf die Herbeiführung der Schwangerschaft zielen, haben die diagnostischen Behandlungen den Zweck, die Ursache der eingeschränkten Fruchtbarkeit/Unfruchtbarkeit zu ermitteln.
[9] Darunter fallen menschliche Eizellen vom Eindringen oder Einbringen der menschlichen Samenzelle an bis zum Zeitpunkt der Kernverschmelzung, Richtlinie zur Entnahme und Übertragung von menschlichen Keimzellen im Rahmen der assistierten Reproduktion, A 3.
[10] Die insoweit maßgeblichen gerichtlichen Entscheidungen werden erst in Teil 2 § 6 E III. 2. c) themenbezogen im Rahmen der rechtlichen Zulässigkeit der post-mortem-Befruchtung erläutert.
[11] Eine kurze Zusammenfassung findet sich bei *Wasserburg/Meller* NStZ 2018, 640 (642).
[12] Knapp hierzu *Conte* Der Gynäkologe 2013, 841 (846).
[13] Änderung mit Wirkung zum 10. Dezember 2015 durch die Novelle durch das Zweite Gesetz zur Änderung des Gesetzes gegen den unlauteren Wettbewerb, BGBl. I, S. 2158. In der Sache führt die Novellierung zu keiner Änderung, so BGH GRUR 2016, 516 (517 Rz. 11).

A. Exemplarischer Sachverhalt

Beiden Verfahren[14] lag folgender Sachverhalt zugrunde:

Der Kläger[15] ist ein in Deutschland am Fertility Center Berlin niedergelassener und dort tätiger Facharzt für Reproduktionsmedizin und Endokrinologie. Er behandelt Paare mit unerfülltem Kinderwunsch. Der Beklagte[16] ist Facharzt für Gynäkologie und Frauenheilkunde. Er ist in der Tschechischen Republik am Institut für Reproduktionsmedizin und Endokrinologie als Reproduktionsmediziner tätig. In den IVF-Zentren in Pilsen und Karlsbad (Tschechische Republik) werden Paare mit unerfülltem Kinderwunsch[17] behandelt. Das tschechische Kinderwunschzentrum veranstaltete im Jahre 2008 in Hamburg, Stuttgart, Berlin und München Informationsabende mit dem Titel „Vom Kinderwunsch zum Wunschkind, ungewollt kinderlos – muss das sein?". Mit diesen Veranstaltungen wollte man gezielt Patienten für eine Behandlung in Tschechien gewinnen. Dabei wurde über die Möglichkeiten der Kinderwunschbehandlung in den Ländern der Europäischen Union referiert. Daneben beinhaltete der Vortrag die Darstellung aller Behandlungsmethoden bei unerfülltem Kinderwunsch, unter anderem auch solcher Verfahren, die in Deutschland gesetzlich erlaubt sind und von den hiesigen Ärzten angeboten werden. Der Beklagte führte im Rahmen einer derartigen Informationsveranstaltung am 7. März 2008 in Hamburg aus, dass man in den Zentren im Ausland eine doppelt so hohe Schwangerschaftsrate erreiche wie in Deutschland. Ferner stellte er die Möglichkeit einer Eizellspende vor. Dabei wies er auf die unterschiedlichen Rechtslagen innerhalb der Europäischen Union hin und auch darauf, dass in Deutschland – anders als etwa in der Tschechischen Republik – die Einpflanzung einer fremden Eizelle verboten ist. In Deutschland ansässige Ärzte würden interessierte Spenderinnen und Empfängerinnen voruntersuchen und bei Eignung eine Stimulation an Ersteren vornehmen, um reife Eizellen zu erzeugen. Außerdem wies der Beklagte im Rahmen der Veranstaltung ausdrücklich darauf hin, dass in Hamburg ansässige Ärzte Empfängerinnen von Eizellspenden vorbereitend behandeln würden.

In beiden Verfahren beantragte der Kläger, dem Beklagten zu untersagen, auf Informationsveranstaltungen dafür zu werben, dass die Institute für Reproduktionsmedizin und Endokrinologie in der Tschechischen Republik Kinderwunschbehandlungen im Wege der Eizellspende anbieten, wenn dabei gleichzeitig darauf hingewiesen wird, dass auch in Deutschland niedergelassene Ärzte die für die Eizellspende

---

[14] Es ist zwischen dem Verfahren im einstweiligen Rechtsschutz unter B. I. und dem Klageverfahren unter B. II. zu trennen.

[15] Im Verfahren des vorläufigen Rechtsschutzes auf Erlass einer einstweiligen Verfügung trägt dieser bis zur Überleitung in das Hauptsacheverfahren noch die Parteibezeichnung „Antragsteller". Zur Vereinfachung wird von „Kläger" gesprochen.

[16] Im Verfahren des vorläufigen Rechtsschutzes trägt dieser bis zur Überleitung in das Hauptsacheverfahren noch die Parteibezeichnung „Antragsgegner". Zur Vereinfachung wird von „Beklagter" gesprochen.

[17] Zu einer Begriffsklärung siehe Teil 1 § 2 A. II. 1.

erforderliche Stimulation der Eizell-Spenderinnen oder Vorbehandlung der Eizell-Empfängerinnen vornehmen.[18]

B. Verfahrensgang

Im Folgenden wird zwischen dem Verfahren im einstweiligen Rechtsschutz (unter I.) und dem späteren Klageverfahren (unter II.) getrennt:[19]

I. Antrag auf Erlass einer einstweiligen Verfügung

Als Ausgangsinstanz urteilte die 15. Zivilkammer des Landgerichts Berlin[20] im Verfahren des vorläufigen Rechtsschutzes[21] nach Einlegung eines Widerspruchs des Beklagten, dass das Verbot der Eizellspende keine Marktverhaltensregelung nach § 4 Nr. 11 UWG a.F. darstellte. Für das Landgericht Berlin war die Frage der Strafbarkeit der Beteiligten mithin nicht entscheidungserheblich.

Gleichwohl äußerte sich die Kammer zur Strafbarkeit des Beklagten in Form eines *obiter dictum*. Sie erwog dabei eine Strafbarkeit des Hinweisgebers und der behandelnden Ärzte im Inland wegen Teilnahme an einem Verstoß gegen das Verbot der Eizellspende, da die eigentliche Tat in der Tschechischen Republik durchgeführt wird. Der Arzt, der im Inland die hormonellen Vorbehandlungen vornimmt, mache sich nach Auffassung der Kammer wegen Beihilfe zu einer Straftat nach § 1 Abs. 1 Nr. 2 ESchG strafbar und zwar wegen der Vorschrift des § 9 Abs. 2 Satz 2 StGB selbst dann, wenn die Durchführung der Eizellspende im Ausland straflos ist.[22] In § 9 Abs. 2 Satz 2 StGB manifestiere sich der Wille des Gesetzgebers, das kategorische Verbot der Eizellspende länderübergreifend durchzusetzen.[23] Der Beklagte habe sich durch seine Äußerung, wonach inländische Ärzte für in der Tschechischen Republik erfolgende Eizellspenden entsprechende hormonelle Vorbehandlungen durchführten, hingegen nicht strafbar gemacht.[24] Die Kammer geht davon aus, dass es sich um mittelbare Beihilfe handelt und es – so wörtlich – „eine Beihilfe zur Beihilfe nicht gibt", da der Gehilfe des Gehilfen nur Beihilfe zur Tat selbst leisten könne. Das Landgericht Berlin stützt seine Argumentation auf den Wortlaut des

---

[18] LG Berlin BeckRS 2008, 25853, 1.

[19] In etlichen Beiträgen zu den Entscheidungen wird nicht zwischen dem Verfahren im einstweiligen Rechtsschutz und dem Klageverfahren differenziert. Und das, obwohl die Kammer des LG Berlin ihre Rechtsauffassung im Klageverfahren änderte.

[20] LG Berlin, Urt. v. 25. November 2008 (Az. 15 O 146/08) = BeckRS 2008, 25853.

[21] Siehe §§ 916 ff. ZPO.

[22] LG Berlin BeckRS 2008, 25853, 6.

[23] LG Berlin BeckRS 2008, 25853, 6.

[24] LG Berlin BeckRS 2008, 25853, 3.

§ 27 Abs. 1 StGB, wonach als Gehilfe bestraft wird, wer (…) einem anderen zu dessen (…) Tat Hilfe geleistet hat.[25] Zur eigentlichen Tat, der Durchführung der Eizellspende, könne er nicht eigens Beihilfe leisten. Darüber hinaus sei der Hinweisgeber auch kein Anstifter. Denn eine Anstiftung zur Beihilfe sei nicht möglich. Zum einen richte sich die Information im Rahmen des Vortrags nur an die eigenen Patienten, zum anderen sei die versuchte Anstiftung wegen § 30 Abs. 1 StGB in diesem Fall nicht strafbar, da § 1 Abs. 1 Nr. 2 ESchG nur ein Vergehen ist.[26]

Nachdem das Landgericht Berlin zugunsten des Klägers entschied, legte der Beklagte Berufung gegen das Urteil zum Kammergericht Berlin ein. In der Berufungsinstanz nahm der Kläger seinen Antrag auf Erlass einer einstweiligen Verfügung zurück. Das erstinstanzliche Urteil erwuchs daher nicht in Rechtskraft.

II. Klageverfahren

1. Die Entscheidung der 15. Kammer des Landgerichts Berlin

In erster Instanz wies die – wiederum mit der Angelegenheit befasste – 15. Zivilkammer des Landgerichts Berlin die Klage ab.[27] Gegenüber dem Ausgangsverfahren änderte sie damit ihre Rechtsauffassung. Die Ausführungen zur Qualifizierung des Verbotes der Eizellspende als Marktverhaltensregelung im Sinne von § 4 Nr. 11 UWG a.F. entsprechen im Wesentlichen den Entscheidungsgründen aus dem Jahre 2008.[28] Das Landgericht Berlin äußerte sich im Klageverfahren abermals im Rahmen eines *obiter dictum* dahingehend, dass das Verhalten des auf die Inlandsbehandlungen Hinweisenden straflos sei. Die Begründung entspricht der des ersten Verfahrens, wonach eine Beihilfe zu einer Beihilfe in Deutschland nicht möglich sei.[29] Inzidenter bejaht die Kammer damit aber die Strafbarkeit des Arztes mit der Durchführung hormoneller Vorbehandlungen wegen unmittelbarer Beihilfe zu einem Verstoß gegen das Verbot der Eizellspende.

---

[25] LG Berlin BeckRS 2008, 25853, 4.
[26] LG Berlin BeckRS 2008, 25853, 5.
[27] Zur Klageabweisung kam es allein deshalb, weil die Kammer im Hinblick auf den rechtlichen Hinweis des Berufungsgerichts im Verfahren aus dem Jahre 2008 einen Verstoß gegen § 3 UWG auf Grund des Urteils des EGMR vom 1. Mai 2010 als nicht mehr gegeben sah. Nach diesem Urteil (dargestellt in Teil 2 § 5 C. III. 1. c) cc) (2) β)) war das österreichische Verbot einer geburtsmedizinischen Behandlung im Wege der Eizellspende in seiner damaligen Regelung wegen des Verstoßes gegen das Gleichbehandlungsgebot als konventionswidrig eingestuft worden.
[28] Dazu nur LG Berlin GRUR-RS 2015, 14251, Rn. 33, wonach § 1 Abs. 1 Nr. 2 ESchG keine Marktverhaltensregel im Sinne des § 4 Nr. 11 UWG a.F. sei.
[29] LG Berlin GRUR-RS 2015, 14251, Rn. 34.

2. Das Urteil des fünften Zivilsenates des Kammergerichts Berlin

Auf die Berufung des Klägers hin hatte sich der fünfte Zivilsenat des Kammergerichts Berlin[30] mit der Sache zu befassen. Er qualifizierte das in § 1 Abs. 1 Nr. 2 ESchG normierte Verbot der Eizellspende als Marktverhaltensregel.[31] Somit war die Frage der Strafbarkeit des Hinweisgebers sowie die der Ärzte, welche die hormonellen Vorbehandlungen im Inland durchführen sollen, entscheidungserheblich. Der Senat bestätigte hinsichtlich der strafrechtlichen Relevanz der im Inland tätigen Ärzte die Rechtsauffassung der Vorinstanz. Danach leisten Ärzte, die in Deutschland eine vorbereitende Behandlung für eine im Ausland durch andere Ärzte durchgeführte Eizellspende vornehmen, strafbare Beihilfe gem. §§ 1 Abs. 1 Nrn. 1, 2 ESchG i.V.m. §§ 27 Abs. 1, 9 Abs. 2 Satz 2 StGB dazu, sollte es nach dieser vorbereitenden Maßnahme tatsächlich zu einer Eizellspende (Vorbehandlung der Empfängerin) und/oder zu einer Behandlung einer anderen Frau im Wege der Eizellspende (Vorbehandlung der Spenderin) kommen.[32] Denn die vorbereitende Behandlung von Spenderinnen und Empfängerinnen fördere objektiv die nachfolgende Behandlung im Wege der Eizellspende und solle diese Taten auch fördern.[33] Dabei zieht der Senat des Kammergerichtes gleichermaßen wie das Ausgangsgericht bei seiner rechtlichen Würdigung § 9 Abs. 2 Satz 2 StGB heran.[34] Ferner – und in diesem Punkt weicht der Senat von der rechtlichen Würdigung der Kammer ab – habe sich der Hinweisgeber selbst wegen Beihilfe zum Verstoß gegen § 1 Abs. 1 Nr. 2 ESchG strafbar gemacht, wenn sich auf Grund dieser Hinweise die Patientinnen zur Durchführung einer Behandlung mittels Eizellspende entschlossen haben und es dazu kam.[35] Ausreichend für die Annahme einer strafbaren Beihilfe sei jede bewusste Förderung einer fremden Tat.[36] Entscheidend sei gewesen, dass der Hinweisgeber mit seinen Informationen die Haupttaten im Ausland fördern wollte.[37] Auch diese Hinweise auf die zu Vorbereitungsbehandlungen bereiten Ärzte seien geeignet gewesen, deren späteren Tatbeitrag[38] und zugleich die nachfolgende Haupttat objektiv zu fördern. Die Hinweise hätten die Absicht bei den potenziellen

---

[30] KG Berlin, Urt. v. 8. November 2013 – Az. 5 U 143/11 = BeckRS 2014, 15250.
[31] KG Berlin BeckRS 2014, 15250, Rn. 38.
[32] KG Berlin BeckRS 2014, 15250, Rn. 53. Zustimmend *Dorneck* MedR 2014, 502 (503) mit Verweis auf *Günther* in G/T/K, ESchG, 2. Aufl. 2014, C. II. Vor § 1 Rn. 24. Dies ist die Kernfrage in Teil 3 § 7 D. IV.
[33] KG Berlin BeckRS 2014, 15250, Rn. 55.
[34] KG Berlin BeckRS 2014, 15250, Rn. 56.
[35] KG Berlin BeckRS 2014, 15250, Rn. 57. Wiederum zustimmend *Dorneck* MedR 2014, 502 (503) mit der Ergänzung, dass es sich um eine Kettenteilnahme handele, 503. Sie kritisiert jedoch, dass dies nicht der Fall sei, wenn der Hinweisgeber im Ausland die Behandlung selbst durchführt.
[36] KG Berlin BeckRS 2014, 15250, Rn. 60 mit Verweis auf BGH NJW-RR 2005, 555 Rn. 18.
[37] KG Berlin BeckRS 2014, 15250, Rn. 61.
[38] Ergänzung: In Form einer Hilfeleistung i.S.d. § 27 Abs. 1 StGB.

Patientinnen bestärkt oder gar hervorgerufen, solche Behandlungen im Ausland in Anspruch zu nehmen, indem deren Hemmschwellen abgebaut würden.[39]

3. Die Entscheidung des ersten Zivilsenates des Bundesgerichtshofes

Auf die Revision des Beklagten (Hinweisgeber) hin urteilte der für lauterkeitsrechtliche Streitigkeiten zuständige erste Zivilsenat des Bundesgerichtshofes.[40] Der Senat musste sich allerdings nicht mit der Frage der potenziellen Strafbarkeit des Hinweisgebers und der die Vorbehandlung durchführenden inländischen Ärzte auseinandersetzen, da er in § 1 Abs. 1 Nr. 2 ESchG keine Marktverhaltensregulierung sah[41] und die Frage der Strafbarkeit damit nicht entscheidungserheblich war.[42] Lediglich mit einem Satz äußert er sich dazu wie folgt: „Mit dem behaupteten Hinweis auf zur Vorbehandlung von Frauen für Eizellspenden bereite Ärzte in Hamburg hat der Beklagte (Hinweisgeber) – selbst wenn er sich damit in rechtswidriger Weise an Zuwiderhandlungen gegen das in Deutschland geltende Verbot der Eizellspende beteiligt hätte – nicht gegen das generelle Verbot unlauterer Wettbewerbshandlungen und unlauterer geschäftlicher Handlungen nach § 3 UWG 2004 und § 3 Abs. 1 UWG 2008 verstoßen."[43] Eine Entscheidung über die strafrechtliche Unzulässigkeit einer Hinweiserteilung zu in Deutschland verbotenen, im Ausland jedoch nicht verbotenen Methoden der Kinderwunschbehandlung lässt der zivilrechtliche Senat des Bundesgerichtshofes damit ausdrücklich offen.[44]

C. Zusammenfassung[45]

Auch wenn es sich um zivilgerichtliche Entscheidungen handelt, so lassen sich aus den dargestellten Entscheidungsgründen der 15. Kammer des Landgerichts Berlin und des fünften Zivilsenates des Kammergerichts Berlin dennoch wertvolle Erkenntnisse im Hinblick auf die potenzielle Strafbarkeit der Mitwirkung inländischer Ärzte an verbotenen Kinderwunschbehandlungen (hier: Eizellspende) gewinnen:

---

[39] KG Berlin BeckRS 2014, 15250, Rn. 62.
[40] BGH, Urt. v. 8. Oktober 2015, Az.: I ZR 225/13 = GRUR 2016, 513 ff.
[41] BGH GRUR 2016, 513 (514 Rn. 20), ausführlich Rn. 31–33. So sieht das auch *Braun, J.* MedR 2016, 534.
[42] *Spickhoff* LMK 2016, 378242.
[43] BGH GRUR 2016, 513 (516 Rn. 34).
[44] So auch *Frister* medstra 2016, 321 und *Wasserburg/Meller* NStZ 2018, 640 (642). Inhaltlich fehlerhaft daher der Beitrag mit dem Titel „Man macht ja alles" der Journalistin *Schaaf* vom 20. Februar 2017 in der faz.net. Dort spricht sie davon, dass es nach dem Urteil des Bundesgerichtshofs von 2015 nun ausdrücklich erlaubt sei, über ausländische Angebote zu informieren.
[45] Eine knappe Aufbereitung des Verfahrens findet sich bei *Fitting* Der Gynäkologe 2016, 802 ff.

Im Hinblick auf die potenzielle Strafbarkeit des Hinweisgebers, der auf die Durchführung hormoneller Vorbehandlungen im Vorfeld einer beabsichtigten Eizellspende im Ausland durch inländische Ärzte aufmerksam macht, kommen Ausgangs- und Berufungsgericht zu unterschiedlichen Ergebnissen: Während das Landgericht Berlin der Ansicht ist, dass eine Beihilfe zur Beihilfe nicht möglich sei[46] und damit zur Straflosigkeit des Hinweisgebers gelangt, urteilte das Kammergericht, dass der Hinweisgeber sich durch sein Verhalten selbst wegen einer Beihilfe zum Verstoß gegen § 1 Abs. 1 Nr. 2 EschG strafbar mache, vorausgesetzt, es entschlössen sich Patientinnen deshalb zur Durchführung einer Eizellspende und es tatsächlich dazu käme.

Beide Gerichte stimmen jedoch darin überein, dass Ärzte, die im Wissen um die Durchführung einer Eizellspende im Ausland im Vorfeld im Inland hormonelle Vorbehandlungen an Patientinnen durchführen, sich wegen Beihilfe zu einem Verstoß gegen § 1 Abs. 1 Nr. 2 EschG strafbar machen, wenn es im Ausland tatsächlich zur Durchführung einer Eizellspende kommt.[47]

Überdies werden die Auswirkungen der wechselnden Rechtsprechung des Europäischen Gerichtshofs für Menschenrechte (EGMR) auf die deutsche Rechtsprechung ersichtlich. Gab das Landgericht Berlin im Ausgangsverfahren 2008 dem Antrag auf Erlass einer einstweiligen Verfügung noch statt, so wies sie im Verfahren im Jahre 2011 die Klage ab. Zu diesem Rechtsprechungswechsel kam es allein deshalb, weil die Kammer im Hinblick auf den rechtlichen Hinweis des Berufungsgerichts im Verfahren aus dem Jahre 2008 einen Verstoß gegen § 3 UWG auf Grund des Urteils des EGMR vom 1. Mai 2010 als nicht mehr gegeben sah.

Der Bundesgerichtshof hingegen hat die Feststellung der strafrechtlichen Relevanz der Verhaltensweisen sowohl im Hinblick auf den Hinweisgeber als auch bezüglich der zur Durchführung von Vorbehandlungen bereiten Ärzte im Inland mangels Entscheidungserheblichkeit ausdrücklich offengelassen. Er hat lediglich in seinen Leitsätzen die Feststellung getroffen, dass das Verbot der Durchführung der Eizellspende nach dem EschG (§§ 1 Abs. 1 Nrn. 1, 2) sowie das berufsrechtliche Verbot einer Mitwirkung daran keine Marktverhaltensregelungen im Sinne des § 4 Nr. 11 UWG a.F. sind.

---

[46] Dies ist schlichtweg falsch. Siehe zur Kettenteilnahme („Beihilfe zur Beihilfe") nur S/S-*Heine/Weißer*, 30. Aufl. 2019, § 27 StGB Rn. 25.

[47] Näher dazu unter Teil 3 § 7 D. IV.

§ 4 Die „Strategie des Aussitzens" des deutschen Gesetzgebers

Dass die Thematik um die strafbare Mitwirkung an nach deutschem Recht verbotenen Kinderwunschbehandlungen mit Auslandsbezug nicht an Bedeutung verloren hat und künftig nicht verlieren wird, zeigt sich an der Regelungsmaterie des ESchG.[1] Als Teilbereich des Nebenstrafrechts trat es am 1. Januar 1991[2] in Kraft und ist seitdem weitgehend[3] unverändert geblieben. Reformbemühungen zur Schaffung eines Fortpflanzungsmedizingesetzes sind jedoch nicht neu (A.). Das Alter des ESchG und die ihm aufgrund seiner Rechtsnatur als reines Strafrecht immanente Lückenhaftigkeit[4] haben im Laufe der Zeit etliche kritische Stimmen von Seiten der Mediziner und der Juristen ertönen lassen (B.). Diese Stimmen fanden letztlich in einem Entwurf eines Fortpflanzungsmedizingesetzes im Jahre 2013 in einem Gesamtwerk ihre schriftliche Verkörperung (C.). Jedoch zeigt sich der deutsche Gesetzgeber im Hinblick auf eine Novellierung der Regelungsmaterie in einem umfassenden Fortpflanzungsmedizingesetz nach wie vor reformresistent (D.). Angesichts der erheblichen Dynamik in der Entwicklung neuer wissenschaftlicher Methoden im Bereich der Fortpflanzungsmedizin stößt diese „Reformmüdigkeit" bei vielen auf blankes Unverständnis. Die rechtliche Zulässigkeit medizinisch unterstützter Fortpflanzung gehört daher – zumindest in Deutschland – nach wie vor zu den umstrittensten Bereichen der modernen Biomedizin.[5]

Zur Überschrift: Ähnlich *Krüger*, Das Verbot der post-mortem-Befruchtung, 2010, S. 29. *Gassner et al.* bezeichnen sie als „Strategie des veralteten Rechts", AME-FMedG, 2013, S. 20 f. In der Sache ist nichts anderes gemeint.

---

[1] Näheres zur Entstehungsgeschichte und zur Rechtsnatur des ESchG in Teil 2 § 5 C. III. 2. c) aa).
[2] § 13 ESchG.
[3] Regelung der Zulässigkeit der Präimplantationsdiagnostik (PID) in § 3a ESchG (Art. 1 Gesetz vom 21. November 2011, S. 2228).
[4] *Neidert* MedR 1998, 347: „Fortpflanzungsmedizingesetz im Gewande des Strafrechts".
[5] *Neidert* ZRP 2006, 85.

A. Geplante Schaffung eines deutschen Fortpflanzungsmedizingesetzes

Die Idee der Kodifikation eines umfassenden Fortpflanzungsmedizingesetzes ist nicht neu. Bereits im Rahmen der Schaffung des ESchG entwickelte der Gesetzgeber die Idee eines Fortpflanzungsmedizingesetzes, schob deren Realisierung jedoch zeitlich hinaus.[6] Der Gesetzgeber beabsichtigte, einen möglichst raschen Schutz wichtiger Rechtsgüter zu schaffen, ohne einen langwierigen Änderungsprozess des Grundgesetzes abwarten zu müssen.[7] So legte die Bund/Länder-Arbeitsgruppe „Fortpflanzungsmedizingesetz" in ihrem Abschlussbericht im August 1988 einen Muster-Entwurf für ein Gesetz zur Regelung der künstlichen Befruchtung beim Menschen und für ein Fortpflanzungsmedizingesetz der Länder vor.[8] Der Vorschlag enthielt neben dem strafrechtlichen Verbot bestimmter Methoden der Fortpflanzungsmedizin auch strafrechtliche Bestimmungen zum Arztvorbehalt, zur Mutterschaft und zur Anfechtung der Ehelichkeit des Kindes bei künstlicher Insemination. Der Bundesrat schlug zum damaligen Zeitpunkt (1988) die Bezeichnung „Gesetz zur Regelung der künstlichen Befruchtung beim Menschen und vor Eingriffen in die menschlichen Keimbahnzellen (Fortpflanzungsmedizingesetz)" vor.[9] Damit verbunden war „eine umfassende Regelung aller mit den Methoden der Fortpflanzungsmedizin zusammenhängenden Fragen"[10] zu schaffen. Der Gesetzgeber hat diesen Entwurf nicht umgesetzt. Grund für die Nichtumsetzung war die zum damaligen Zeitpunkt fehlende Gesetzgebungskompetenz des Bundes für eine umfassende Regelung der Materie „Fortpflanzungsmedizin".[11] Bereits der Rechtsausschuss des Bundestages hatte in der Beschlussempfehlung zum ESchG festgestellt, dass „eine Gesamtkonzeption zur Regelung aller bisher im Zusammenhang mit den neuen Fortpflanzungstechniken entstandenen (…) Problemen" an der fehlenden Gesetzgebungskompetenz des Bundes scheitere.[12] Auch auf Landesebene gab es Gesetzesinitiativen, die sich letztlich nicht durchsetzen konnten, etwa den „Rohentwurf des Bayerischen Gesetzes zur Regelung von Fragen der Fortpflanzungsmedizin"[13] sowie der „Vorläufige Arbeitsentwurf eines Landesgesetzes über Fortpflanzungsmedizin" (Rheinland-Pfalz)[14].

---

[6] BT-Drucks. 11/8057, 12 f.
[7] BT-Drucks. 11/8057, 12.
[8] Abschlussbericht der Bund/Länder-Arbeitsgruppe „Fortpflanzungsmedizin" vom 29. November 1988, BAnz vom 6. Januar 1989, Nr. 4a. Zum Zwischenbericht siehe *Keller* MedR 1988, 59 ff.
[9] *Deutsch* NJW 1991, 721 (722).
[10] BT-Drucks. 11/5460, 2.
[11] Quaas/Zuck (Hrsg.), Medizinrecht, 3. Aufl. 2014, § 68 Rn. 73.
[12] BT-Drucks. 11/8057, 3.
[13] Abgedruckt in Seesing (Hrsg.), Technologischer Fortschritt und menschliches Leben – Die Menschenwürde als Maßstab der Rechtspolitik, Teil 1: Rechtspolitische Grundsätze von CDU und CSU zur Fortpflanzungsmedizin, Bd. 11 der Reihe „Gentechnologie – Chancen und Risiken", 1987, S. 113.
[14] Abgedruckt in Seesing (Hrsg.), Technologischer Fortschritt und menschliches Leben – Die Menschenwürde als Maßstab der Rechtspolitik, Teil 1: Rechtspolitische Grundsätze von CDU und

A. Geplante Schaffung eines deutschen Fortpflanzungsmedizingesetzes   33

Im Zuge der Grundgesetzänderung und der damit einhergehenden Schaffung eines Kompetenztitels für die Materie der künstlichen Befruchtung in Art. 74 Abs. 1 Nr. 26 GG a.F.[15] gab das Bundesministerium für Gesundheit im Jahre 1996 zwei Gutachten zu den Themen Unfruchtbarkeit und assistierte Reproduktion in Deutschland in Auftrag.[16]

Vom 24. bis 26. Mai 2000 veranstaltete das Bundesministerium für Gesundheit in Zusammenarbeit mit dem Robert Koch-Institut Berlin in Berlin ein wissenschaftliches Symposium mit dem Titel „Fortpflanzungsmedizin in Deutschland".[17] Auf der Grundlage dieses Symposiums hat das Bundesgesundheitsministerium im November 2000 in einem internen Eckpunktepapier[18] unter anderem folgende Ziele festgelegt: die Unterstützung, den Kinderwunsch eines Paares bei nachhaltiger Störung der natürlichen Fruchtbarkeit zu erfüllen; der Schutz des Lebensrechts des Embryos *in vitro* und das Wohl des künftigen Kindes; die Verhinderung von Missbrauch im Umgang mit Embryonen.[19]

Die Änderung des Kompetenztitels in Art. 74 Abs. 1 Nr. 26 GG im Zuge der Föderalismusreform im Jahre 2006[20] gab erneut Anstoß für Forderungen nach einer Reform auf Bundesebene. Zuletzt hat der Bundesrat im Gesetzgebungsverfahren zum Gewebegesetz in einer Stellungnahme gefordert, ein eigenständiges Fortpflanzungsmedizingesetz zu schaffen.[21]

Gerade im Hinblick auf den zunehmenden „Reproduktionstourismus" sieht man eine Reform für nötig an.[22] Es stellen sich dem Schwangerschaftsabbruch vergleichbare schwierige ethisch-moralische Fragen, die bereits damals einen ähnlichen „Medizintourismus" bedingt haben.[23]

Im Gegensatz zum ESchG, das als Strafgesetz eine Negativpause[24] darstellt und im Umkehrschluss alle nicht aufgeführten Behandlungsmethoden als zulässig deklariert, ist es mittels eines Fortpflanzungsmedizingesetzes möglich, die Zuläs-

---

CSU zur Fortpflanzungsmedizin, Bd. 11 der Reihe „Gentechnologie – Chancen und Risiken", 1987, S. 137 ff.

[15] In dieser Fassung gültig bis zum 31. August 2006.

[16] *Stauber/Beier*, Gutachten: *Stauber*, Diagnose und Therapie der Unfruchtbarkeit (Mai 1996); *Beier*, Methoden der assistierten Reproduktion – Zum Stand der Therapieverfahren in der Bundesrepublik Deutschland (Dezember 1996).

[17] BMG (Hrsg.), Fortpflanzungsmedizin in Deutschland, Wissenschaftliches Symposium des Bundesministeriums für Gesundheit in Zusammenarbeit mit dem Robert-Koch-Institut von 24.-26. Mai 2000 in Berlin, Schriftreihe des Bundesministeriums für Gesundheit, Bd. 132, 2001.

[18] Diskussionspapier vom 6. Oktober 2000 der Fachgesellschaften DGGEF, DGGG, DGRM, BRZ in Freiburg im Breisgau, ReprodMed 2001, 301 ff.

[19] BMG (Hrsg.), Fortpflanzungsmedizin in Deutschland, 2001, Az. 312-4080/017.

[20] BGBl. I S. 2034.

[21] BT-Drucks. 16/3146, 58.

[22] *Müller-Terpitz* ZRP 2016, 51 (54).

[23] Dazu etwa *van Hoof/Pennings* Reproductive BioMedicine Online 23 (2011), 546 (547). Zum Ganzen siehe *Pennings* J Med Ethics 2002, 337 (341).

[24] *Arndt*, Biotechnologie in der Medizin: Recht und Praxis, München, 2004: Das ESchG sei ein „politisch durchsetzbarer Minimalkonsens".

sigkeitsvoraussetzungen ausdrücklich zu benennen. Vor allem diese Tatsache hat Forderungen nach Reformen laut werden lassen:

B. Reklamation legislatorischen Handlungsbedarfs im Allgemeinen

Bis heute werden eine umfassende Reform (unter I.), zumindest jedoch punktuelle Änderungen (unter II.) vom Gesetzgeber gefordert.

I. Umfassende Novellierung[25]

Seit geraumer Zeit werden medienwirksam Stimmen laut, die eine vollständige Neuerung des Rechts im Umgang mit Embryonen fordern. So bezeichneten die Journalisten *Marion Kraske* und *Uwe Ludwig* bereits in der Zeitschrift *Der Spiegel* aus dem Jahre 2005 das ESchG als „antiquiert (…), 14 Jahre alt, medizinisch veraltet, moralisch umstritten."[26]

Auch in der aktuellen medizinischen Fachliteratur wird der Kritikpunkt der Überalterung des ESchG aufgegriffen und darin der zwischenzeitliche, das Wesen der Reproduktionsmedizin prägende Erkenntniszuwachs in den Behandlungsmethoden betont. So stehen die im Bereich der Reproduktionsmedizin tätigen Ärzte für „eine generelle Liberalisierung des Embryonenschutzgesetzes" ein.[27] Im Vorwort des deutschen IVF-Jahrbuches aus dem Jahre 2012 lautet es in Bezug auf die

---

[25] Umfassend etwa *Beitz*, Zur Reformbedürftigkeit des Embryonenschutzgesetzes. Eine medizinisch-ethisch-rechtliche Analyse anhand moderner Fortpflanzungstechniken, 2009, und *Eser/Koch* GS Keller, 2003, 15 ff. Auch *Biermann* NZFam 2017, 962 (964) mit Verweis auf *Kentenich* ErbR 2017, 385: „Im Allgemeinen sind die Regelungen betreffend die Reproduktionsmedizin in Deutschland unzeitgemäß ausgestaltet".

[26] *Kraske/Ludwig*, Die Babygrenze, in: Der Spiegel, Ausgabe 46/2005, S. 108 (109). Ebenso *Dethloff/Gerhardt*, die ein Reproduktionsmedizingesetz als „überfällig" bezeichnen, in ZRP 2013, 91 ff.

[27] *Katzorke/Kolodziej* ReprodMed 2001, 325 (330). *Hübner/Pühler* MedR 2017, 929 (933): „(…) eine umfassende Rechtsentwicklung für die Reproduktionsmedizin (…) als zwingend geboten erscheinen lassen." Daneben S. 933: „Eine systematische gesetzliche Regelung für den Bereich der Reproduktionsmedizin (…) bleibt in Deutschland überfällig." Sowie S. 935: „Im Sinne der Rechtssicherheit der betroffenen Frauen und Männer, der Kinder sowie der behandelnden Ärztinnen und Ärzte sind jedenfalls klare und konsistente Regelungen (…) dringend geboten." Im Gegensatz dazu sieht *Frommel* allenfalls einen punktuellen Reformbedarf; sie will die Zulässigkeit zahlreicher Behandlungsmethoden – wenig überzeugend – über die Möglichkeit der Auslegung herleiten, dazu GesR 2018, 413 (420): „Legt man also das immer wieder kritisierte Gesetz [das ESchG] nach den anerkannten Methoden aus (…), zeigt sich, dass an diesem Gesetz nichts veraltet und zu restriktiv ist".

Tätigkeit des Gesetzgebers schlicht: „Wir hoffen weiter".[28] In der Einleitung der (Muster-)Richtlinie zur Durchführung der assistierten Reproduktion wird der Gesetzgeber mit Blick auf Auslandsbehandlungen eingangs gar dazu „aufgefordert, die rechtlichen Rahmenbedingungen so zu gestalten, dass Verfahren, die in anderen Staaten zulässig sind und zu einer Verbesserung der Kinderwunschbehandlung geführt haben, in geeigneter Weise auch in Deutschland auf der Basis eines möglichst breiten gesellschaftlichen Konsenses ermöglicht werden".[29] Das Diskussionspapier zu den Vorbereitungen für ein Fortpflanzungsmedizingesetz, welches unter der Regie der Deutschen Gesellschaft für Gynäkologie und Geburtshilfe e. V. (DGGG) herausgegeben wurde, enthält zahlreiche Reformvorschläge.[30] Seine Autoren betonen die Bedeutung der Bereitstellung eines ausführlichen Beratungskonzeptes, einer umfassenden Aufklärung, Information und Dokumentation als Grundlage jeder fortpflanzungsmedizinischen Behandlungsmaßnahme.[31] Auch der 116. Deutsche Ärztetag in Hannover hat bereits 2013 gefordert, „für die Reproduktionsmedizin eine systematische Rechtsentwicklung einzuleiten",[32] da nur der Gesetzgeber legitimiert sei, diese das menschliche Leben elementar berührenden Fragen verbindlich zu entscheiden.[33] Nunmehr hat auch der 120. Ärztetag 2017 in Freiburg den Gesetzgeber aufgefordert, Regelungen für die Reproduktionsmedizin zu schaffen, da „eine Antwort auf die offenen Fragen in der Reproduktionsmedizin (…) nicht eine Richtlinie der Bundesärztekammer (…) geben" kann.[34] Jüngst hat die Nationale Akademie der Wissenschaften Leopoldina die Schaffung eines Fortpflanzungsmedizingesetzes reklamiert.[35]

Darüber hinaus gibt es in der Politik Stimmen, die die Schaffung eines Fortpflanzungsmedizingesetzes fordern: So hat die Konferenz der Gesundheitsminister des Bundes und der Länder mehrfach die Vorlage eines Fortpflanzungsmedizingesetzes postuliert.[36] Zuletzt hat der Bundesrat im Gesetzgebungsverfahren zum Gewebegesetz in seiner Stellungnahme gefordert, ein eigenständiges Fortpflanzungsmedizingesetz zu schaffen.[37]

---

[28] Deutsches IVF-Register 2012, S. 6.
[29] DÄBl. 2006, Jg. 103, Heft 20, A 1392.
[30] DGGG Frauenarzt 2001, 1058 ff.
[31] DGGG Frauenarzt 2001, 1058 (1062).
[32] Dies betonen *Hübner/Pühler* MedR 2017, 929.
[33] Zitiert in *Richter-Kuhlmann* DÄBl. 2018, A 1050 (A 1051).
[34] Bundesärztekammer (Hrsg.), Beschlussprotokoll des 120. Deutschen Ärztetages, 2017, S. 213. Siehe zu den einzelnen Punkten unter Tagesordnungspunkt Ib Gesundheits-, Sozial- und ärztliche Berufspolitik Allgemeine Aussprache, Titel: Für Rechtssicherheit bei unerfülltem Kinderwunsch, S. 1 f. Zustimmend *Krekeler* MedR 2017, 867 (871).
[35] Die Kernpunkte finden sich wiedergegeben in *Beier et al.* Der Gynäkologe 2018, 613 ff., abrufbar unter https://www.leopoldina.org/uploads/tx_leopublication/2017_Diskussion_Fortpflanzungsmedizin.PDF, zuletzt aufgerufen am 1. Juni 2019.
[36] 72. Jahreskonferenz 1999, 74. Jahreskonferenz 2001, 76. Jahreskonferenz 2003.
[37] BT-Drucks. 16/3146, 58.

Kritik an der Rechtspolitik des Gesetzgebers wird auch aus den Reihen im Bereich des Medizinrechts renommierter Juristen laut.[38] *Hübner/Pühler* bezeichnen ein systematisches, umfassendes Fortpflanzungsmedizingesetz als „überfällig".[39] *Dorneck* sieht zumindest eine Überarbeitung des ESchG als „längst überfällig" an.[40] Nach *Kentenich/Pietzner* sei das ESchG veraltet und enthalte Definitionen, die dem Stand der Wissenschaft nicht entsprächen.[41] Ebenso moniert *Koch*, dass nur der fortschreitenden Entwicklung angepasste rechtliche Vorgaben ein Garant eines optimierten Entscheidungsprozesses sein können.[42] Man schiebe, so *Frister* in einem Beitrag in der Zeitschrift für Medizinstrafrecht, das Problem einer zeitgemäßen Regelung der Reproduktionsmedizin ins Ausland ab,[43] Deutschland brauche endlich ein Fortpflanzungsmedizingesetz.[44] *Valerius* fordert unter Berufung auf die neuesten Entscheidungen des EGMR, die sich mit fortpflanzungsmedizinischen Themen befasst haben, „ernsthaft über eine grundlegende Reform nachzudenken".[45] *Jofer* macht gar konkrete Reformvorschläge.[46] Ebenso gelangt *Prehn* im Rahmen ihrer Untersuchung zu § 4 Abs. 1 Nr. 3 ESchG (Verbot der post-mortem-Befruchtung) zu dem Ergebnis, dass die Vorschriften des ESchG wieder einmal mehr Fragen als Antworten hinterließen, die der Gesetzgeber nicht länger ignorieren könne und dürfe.[47] Auch *Coester-Waltjen* spricht von einer „seit langem überfällige[n] Revision des Embryonenschutzgesetzes".[48]

Daneben setzen sich inzwischen auch die Enquete-Kommission „Recht und Ethik der modernen Medizin",[49] der Nationale Ethikrat (seit dem 11. April 2008: Deutscher Ethikrat),[50] sowie die Bioethik-Kommission des Landes Rheinland-Pfalz[51] für eine Reform des ESchG ein.

---

[38] Dazu nur *Eser*, in: Braun, V./Mieth/Steigleder (Hrsg.), Ethische und rechtliche Fragen der Gentechnologie und der Reproduktionsmedizin, 1987, S. 121 Fn. 3 f. Ebenso Bericht der *Benda-Kommission*, in BMFT (Hrsg.), 1985.

[39] *Hübner/Pühler* Der Gynäkologe 2018, 616 (623).

[40] *Dorneck* medstra 2018, 259.

[41] *Kentenich/Pietzner*, Probleme der Reproduktionsmedizin in Deutschland aus medizinischer und psychosozialer Sicht, in Rosenau (Hrsg.), Ein zeitgemäßes Fortpflanzungsmedizingesetz für Deutschland, 2012, S. 23.

[42] *Koch*, Der Status von Embryonen im europäischen Rechtsvergleich, in Frister/Olzen (Hrsg.), Reproduktionsmedizin: Rechtliche Fragestellungen, 2010, S. 27 (41 f.).

[43] *Frister* medstra 2016, 321.

[44] *Frister* medstra 2016, 321 (322).

[45] *Valerius* medstra 2017, 20 (27).

[46] Dazu *Jofer*, Regulierung der Reproduktionsmedizin, 2014, S. 553 ff.

[47] *Prehn* MedR 2011, 559 (568).

[48] *Coester-Waltjen* FamRZ 2010, 957 (958).

[49] Dazu ihr Schlussbericht vom 14. Mai 2002, in BT-Drucks. 14/9020, 64 ff.

[50] *Nationaler Ethikrat*, Genetische Diagnostik vor und während der Schwangerschaft, 2003, S. 9.

[51] *Bioethik-Kommission Rheinland-Pfalz*, Medizinische, ethische und rechtliche Gesichtspunkte zum Revisionsbedarf von Embryonenschutz- und Stammzellgesetz, Fortpflanzungsmedizin und Embryonenschutz, 2005, 21 (Empfehlung 1).

Generell sieht man den deutschen Gesetzgeber seit geraumer Zeit zur Schaffung eines umfassenden Fortpflanzungsmedizingesetzes und damit zu einer Abkehr von seiner bisherigen strafrechtszentrierten Sichtweise, zumindest aber zu deren Relativierung in der Pflicht.[52] Deutlich erkennbar wird, wie *Neidert* es bereits im Jahre 1998 treffend formuliert hat, dass die wissenschaftlich-technische Machbarkeit der gesellschaftlich-ethischen Akzeptanz vorauseilt und das gerade in dem durch den Missbrauch der Nationalsozialisten in Deutschland so sensibilisierten Bereich der Fortpflanzungsmedizin.[53] Die Regelungen aus dem ESchG sollten nach der Auffassung von *Müller-Terpitz* aus einem rein strafrechtlichen Kontext in einen solchen allgemein-rechtlicher Art überführt werden, um so Bestimmungen ohne den Charakter einer Straftat (§ 1 StGB) oder einer Ordnungswidrigkeit (§ 3 OWiG) entsprechend anwenden zu können ohne sich mit dem aus dem strafrechtlichen Bestimmtheitsgrundsatz resultierenden Analogieverbot des Art. 103 Abs. 2 GG konfrontiert zu sehen.[54]

II. Punktuelle Änderungen: Die „Dreier-Regel" im Rahmen des elektiven Embryo-Transfers

Eine partielle Reform des ESchG wird vor allem[55] im Hinblick auf die Erzeugung und das Schicksal überzähliger Embryonen gefordert.[56] Hervorzuheben ist die für die Behandlungspraxis wichtige Diskussion um die Weiterkultivierung von mehr als drei befruchteten Eizellen mit anschließender Selektion nach morphologischen

---

[52] Siehe nur *Koch* in Diedrich/Hepp/v. Otte (Hrsg.), Reproduktionsmedizin in Klinik und Forschung, 2007, S. 229, 235 sowie *Neidert* MedR 1998, 347 ff.

[53] *Neidert* MedR 1998, 347.

[54] *Müller-Terpitz* ZRP 2016, 51 (53).

[55] Zu Reformforderungen hinsichtlich des *Verbotes der post-mortem-Befruchtung* siehe etwa *Zumstein*, Keimzellspende – Juristische Thesen, S. 134, 135 sowie *Müller-Terpitz* ZRP 2016, 51 (54). Überdies wird Reformbedarf bei der *Embryospende* geltend gemacht, dazu *Taupitz* in G/T/K (Hrsg.), ESchG, 2. Aufl. 2014, C. II. § 1 Abs. 1 Nr. 6 Rn. 6, *ders./Hermes* NJW 2015, 1802, *Dorneck* medstra 2018, 259 (263) sowie *Deutscher Ethikrat*, Gremiumssitzung vom 22. März 2016 in Berlin und Netzwerk-Embryonenspende, Deutschland e. V., Stellungnahme, S. 12, 64 ff. Auch im Hinblick auf die *gesetzliche Festlegung von Höchstfristen der Kryokonservierung* besteht Regelungsbedarf, so insb. *Neidert* MedR 1998, 347 (352) bzgl. Embryonen. Die Legalisierung der *Eizellspende* unter bestimmten Voraussetzungen fordernd *Müller-Terpitz* ZRP 2016, 51 (54) in Fn. 39 mit weiteren Stimmen, darunter aus dem Ausland *Bernat* Der Gynäkologe 2011, 230 (234); *Coester-Waltjen* im Nachgang der Entscheidung der Kleinen Kammer des EGMR, FamRZ 2010, 957 (958). Dieses Postulat gilt sogar im Hinblick auf die *Leihmutterschaft*: *Müller-Terpitz* ZRP 2016, 51 (54); kritisch hierzu *Bujard/Thorn* Der Gynäkologe 2018, 639 ff., die zwar auch für eine Reform einstehen, eine solche im Punkt Leihmutterschaft aber für schwierig umsetzbar halten.

[56] Ausdrücklich DÄBl. 2006, A-1401 sowie die *Bioethik-Kommission Rheinland-Pfalz*, Fortpflanzungsmedizin und Embryonenschutz, 2005, S. 110. Auch *Koch* J Reprod Endo 2004, 24 (27); *Neidert* ZRP 2006, 85 ff.; ebenso *Coester-Waltjen* FamRZ 2010, 957 (958); *Kreß* EthikMed 2005, 234 (235); *Kentenich/Strowitzki/Taupitz/Diedrich* Der Gynäkologe 2018, 602.

Kriterien,[57] dem sog. elektiven Embryo-Transfer.[58] Manche wollen das Problem *de lege lata* im Wege der Gesetzesauslegung gelöst sehen, andere hingegen sehen die Notwendigkeit einer Gesetzesreform und die Zulässigkeit des elektiven Embryotransfers nur *de lege ferenda*.[59] *Neidert* mahnt im Hinblick auf den Klärungsbedarf um die Frage der Zulässigkeit des Blastozystentransfers an: „Was geschieht, wenn nichts geschieht?" und bezeichnet es als „eine bedenkliche Probe, auf die die Gesetzestreue einer ganzen Berufsgruppe – der Reproduktionsmediziner – gestellt wird".[60] Daneben postuliert er, dass die Legalisierung des elektiven Embryo-Transfers medizinisch, ethisch und aus Gründen der Rechtssicherheit geboten sei.[61] Der Zwiespalt zwischen *lex* und ärztlicher *lege artis* stelle für die dem Gesetz und ihrem Berufsrecht verpflichtete Ärzteschaft eine Zumutung dar.[62] *Neidert* fordert mit Blick auf die hohe Strafandrohung in § 1 Abs. 1 Nr. 5 ESchG von bis zu drei Jahren Freiheitsstrafe die Zulässigkeit des (s)elektiven Embryo-Transfers rechtlich abzusichern.[63] Eine gesetzliche Änderung der sog. Dreier-Regel sei unerlässlich, um für alle an dieser Form der Kinderwunschbehandlung Beteiligten Rechtssicherheit zu schaffen.[64] Auch *Günther* spricht in diesem Zusammenhang davon, „wie viele Eizellen der Gynäkologe zur Vermeidung überzähliger Embryonen einem Befruchtungsversuch unterziehen (…) darf, ohne sich nach § 1 Abs. 1 Nr. 5 ESchG strafbar zu machen, kann niemand zuverlässig [und damit rechtssicher] beantworten".[65] *Daunderer* erwähnt, dass das ESchG in diesem Punkt „einem als veraltet zu qualifizierenden reproduktionsmedizinischen Standard [folge]".[66]

Die Bioethik-Kommission Rheinland-Pfalz bezeichnet die Lage für die Praxis der deutschen Reproduktionsmediziner als „untragbar".[67] Auch die Deutsche Gesellschaft für Gynäkologie und Geburt sprach sich bereits im Jahre 2001 dafür aus, die Embryokultivierung bis zum Blastozystenstadium gesetzlich zuzulassen.[68] Daneben hat die Mainzer Kommission diesbezüglich Empfehlungen zu einer – aus ihrer Sicht notwendigen – Gesetzesänderung vorgelegt.[69] Selbst die Bundesärztekammer

---

[57] *Müller-Terpitz* will gerade diese Bestimmung, die sich aufgrund der Problematik um die Entstehung überzähliger Embryonen mit Statusfragen befasst, aus einer denkbaren Reform ausklammern, ZRP 2016, 51 (52).
[58] Zu diesem Verfahren ausführlich Teil 2 § 6 A.
[59] Ausführlich zum Streitstand siehe Teil 2 § 6 A. III. 1. c) dd) (2).
[60] *Neidert* ZRP 2006, 85 (87).
[61] *Neidert* ZRP 2006, 85 (87).
[62] *Neidert* ZRP 2006, 85 (87).
[63] *Neidert* ZRP 2006, 85 (86).
[64] *Neidert* ZRP 2006, 85 (86 f.).
[65] *Günther* in G/T/K (Hrsg.), ESchG, 2. Aufl. 2014, C. II. § 1 Abs. 1 Nr. 5 Rn. 11.
[66] *Daunderer* J Reprod und Endo 2009, 243.
[67] Bioethik-Kommission Rheinland-Pfalz, Fortpflanzungsmedizin und Embryonenschutz, 2005, S. 88.
[68] DGGG Frauenarzt 2001, 1058 Ziff. 10.
[69] Bericht des Justizministeriums Rheinland-Pfalz vom 12. Dezember 2015, Empfehlungen 2–4.

plädiert seit geraumer Zeit für die Einlingsschwangerschaft im Wege des elektiven Embryo-Transfers und hält eine punktuelle Änderung des EschG für notwendig.[70]

C. Im Besonderen: Der Augsburg-Münchner-Entwurf eines Fortpflanzungsmedizingesetzes 2013 (AME-FMedG)

Dass der gesetzgeberische Reformstillstand in dem ethisch hochbrisanten Bereich der Fortpflanzungsmedizin nicht reaktionslos blieb, zeigt vor allem der AME-FMedG.[71] Mit ihm sind im Herbst 2012 die Rechtswissenschaftler *Ulrich Gassner, Jens Kersten, Matthias Krüger, Josef Franz Lindner, Henning Rosenau* und *Ulrich Schroth* an das Bundesministerium für Gesundheit herangetreten.

Es handelt sich um den ersten umfassenden normativen Entwurf[72] zur Regelung der Fragen im Zusammenhang mit der medizinisch unterstützten Fortpflanzung.

Auch wenn eine gesetzgeberische Umsetzung des Entwurfs in der gegenwärtigen Legislaturperiode des 19. Deutschen Bundestages nicht vorgesehen ist,[73] sind ihm nützliche Ausführungen zu entnehmen. Für die Fragestellungen um die Strafbarkeit der nachfolgend in § 6 dargestellten Behandlungsmethoden der Fortpflanzungsmedizin gilt es jedoch zu beachten, dass es sich lediglich um einen Entwurf handelt, der entgegen Art. 20 Abs. 3 GG keine unmittelbare Bindungswirkung auf die rechtliche Würdigung des Strafrichters und die der Anklagebehörde hat. Er ist vielmehr als Denkanstoß zu sehen, den sozialethischen Unwertgehalt der jeweiligen Behandlungsmethoden fortwährend einer kritischen Prüfung zu unterziehen.

I. Leitgedanken des Entwurfs

Der Entwurf gründet auf der Annahme, dass aus dem Grundrecht auf reproduktive Selbstbestimmung,[74] das Bestandteil des in Art. 2 Abs. 1 GG i. V. m. Art. 1 Abs. 1 GG verankerten allgemeinen Persönlichkeitsrechts ist, ein Regel-Ausnahme-

---

[70] (Muster-)Richtlinie zur Durchführung der assistierten Reproduktion vom 17. Februar 2006, DÄBl. 2006, Jg. 103, Heft 20, A 1392 ff., ausführlich dazu Teil 2 § 5 C. III. 2. l) dd).

[71] *Gassner et al.*, AME-FMedG, 2013. Umfassend setzt sich *Dorneck* in ihrer Monografie mit dem Titel „Das Recht der Reproduktionsmedizin de lege lata und de lege ferenda – Eine Analyse zum AME-FMedG" mit dem Entwurf auseinander. Eine Rezension von *Ratzel* zu jener Monographie findet sich in GesR 2019, 135 f.

[72] Einzelne Änderungsvorschläge finden sich etwa bei *Hepp/Dietrich*, Richtlinien zur Durchführung der assistierten Reproduktion des Wissenschaftlichen Beirates der Bundesärztekammer – klinische, ethische und rechtliche Aspekte, in Felberbaum/Bühler/van der Veen (Hrsg.), Das Deutsche IVF-Register 1996–2006, 10 Jahre Reproduktionsmedizin in Deutschland.

[73] Dazu unter D.

[74] *Gassner et al.*, AME-FMedG, 2013, S. 31; *ders.* ZRP 2015, 126.

Verhältnis abzuleiten sei. Er geht im Grundsatz von der rechtlichen Zulässigkeit aller Methoden der assistierten Reproduktion aus und rückt das Recht auf reproduktive Selbstbestimmung in den Vordergrund, weg von der Zielrichtung des EschG, vorrangig die Menschenwürde und den Lebensschutz des ungeborenen Lebens zu wahren.[75] Daher sei nicht die Zulässigkeit der Durchführung solcher Methoden, sondern vielmehr deren Einschränkung begründungspflichtig,[76] es bestehe gar ein „erhöhter Rechtfertigungsbedarf".[77] Einfachgesetzlich verbürgen daher die Urheber des Entwurfs in dessen § 3 das Recht eines jeden, ein Verfahren der medizinisch unterstützten Fortpflanzung in Anspruch zu nehmen.

II. Wichtige Regelungen im Einzelnen

Im Kern geht es um die Regelung der „medizinisch unterstützten Fortpflanzung" (§ 1 AME-FMedG).[78]

Den Begriff der „medizinisch unterstützten Fortpflanzung" definieren die Autoren nach § 2 Nr. 12 AME-FMedG (quasi)legal[79] als *jedes Verfahren, das nach dem Stand der Wissenschaft auf die Herbeiführung einer Schwangerschaft ohne Geschlechtsverkehr zielt, insbesondere die Insemination, der Keimzelltransfer, sowie die In-vitro-Fertilisation mit Embryonentransfer.*[80] Die Vorschrift enthält weitere gesetzliche Begriffsbestimmungen, etwa der biologischen Mutter (Nr. 2) sowie der Leihmutter (Nr. 11).

Im Hinblick auf die Erzeugung überzähliger Embryonen regelt § 4 Abs. 1 Nr. 1 AME-FMedG, dass im Rahmen einer IVF-Behandlung so viele Eizellen je Zyklus befruchtet werden dürfen, wie nach dem Stand der Wissenschaft für eine erfolgreiche medizinisch unterstützte Fortpflanzung erforderlich sind.[81] Der Regelungsvorschlag ist damit flexibler als die starre Dreier-Regel in § 1 Abs. 1 Nr. 5 EschG i.V.m. § 1 Abs. 1 Nr. 3 EschG. Vielmehr ermöglicht § 4 Abs. 1 Nr. 1 AME-FMedG die Durchführung eines sog. elektiven Embryo-Transfers.

In § 6 AME-FMedG wird – abweichend von §§ 1 Abs. 1 Nrn. 1 und 2 EschG – die Eizellspende für zulässig erklärt. In § 8 AME-FMedG darüber hinaus – abweichend von § 1 Abs. 1 Nr. 7 EschG – unter bestimmten Voraussetzungen auch die Leihmutterschaft.[82]

Eine wichtige Regelung schlagen die Autoren im fünften Abschnitt des Entwurfes vor. Im Gegensatz zum Vorschlag des Musterentwurfes der Bund/Länder-

---

[75] BT-Drucks. 11/5460, 6.
[76] *Gassner et al.*, AME-FMedG, 2013, S. 29 f., 34, 35, so *Kreß* MedR 2013, 642.
[77] *Gassner et al.*, AME-FMedG, 2013, S. 29.
[78] *Gassner et al.*, AME-FMedG, 2013, S. 1.
[79] Quasi-legal, da der Entwurf bislang gesetzlich nicht umgesetzt wurde.
[80] *Gassner et al.*, AME-FMedG, 2013 S. 2.
[81] *Gassner et al.*, AME-FMedG, 2013, S. 3.
[82] *Gassner et al.*, AME-FMedG, 2013, S. 6 f.

Arbeitsgruppe für ein Fortpflanzungsmedizingesetz, welcher eine Empfehlung enthielt,[83] wurden im ESchG weder Beratungs- noch Dokumentationspflichten normiert. Ein für die nachfolgende Untersuchung wesentliches Prinzip, das des *informed consent*, findet nun seine normative Grundlage in den §§ 18–20 AME-FMedG sowie § 22 AME-FMedG des Entwurfes. So macht § 18 AME-FMedG die Erfüllung von Aufklärungspflichten zur Voraussetzung einer nach § 20 AME-FMedG notwendigen Einwilligung der Beteiligten i. S. d. § 2 Nr. 1 AME-FMedG. Die Durchführung der Aufklärung ist dokumentationspflichtig, § 22 Nr. 2 AME-FMedG.

Ist für das ESchG der Rechtscharakter als (Neben-)Strafrecht kennzeichnend, so stellt der Entwurf eine vollständige Abkehr hiervon dar. Die Vornahme der bislang nach dem ESchG zu strafwürdigem Unrecht erhobenen Verhaltensweisen ist im Entwurf aufgehoben, er enthält keine Strafvorschriften mehr. Deutlich wird, dass die Autoren das Bundesverfassungsgericht beim Wort nehmen, wonach „das Strafrecht ultima ratio des Rechtsgüterschutzes"[84] ist.[85] Die gravierendste Sanktion ist ein Bußgeld in Höhe von 300.000 € nach § 28 Abs. 3 Fall 1 AME-FMedG. Als bußgeldbewehrte Ordnungswidrigkeit ausgestaltet sind nach § 28 Abs. 2 Nr. 3b) AME-FMedG und § 28 Abs. 2 Nr. 3d) AME-FMedG Eizellspende bzw. Leihmutterschaft, wenn sie außerhalb eines dafür zugelassenen Zentrums durchgeführt werden.[86] Gleiches gilt, wenn die Fortpflanzungsmedizintechnik zum Gegenstand eines entgeltlichen Rechtsgeschäftes gemacht und damit kommerzialisiert wird: Eizellspende (§ 28 Abs. 2 Nr. 4a) AME-FMedG in Verbindung mit § 6 Abs. 6 Satz 1 AME-FMedG),[87] Leihmutterschaft (§ 28 Abs. 2 Nr. 4a) AME-FMedG in Verbindung mit § 8 Abs. 3 Satz 1 AME-FMedG).[88] Die Höhe des Bußgeldes hängt nach § 17 Abs. 3 OWiG von drei Umständen ab: der Bedeutung der Ordnungswidrigkeit, dem Vorwurf, der den Täter trifft und den wirtschaftlichen Verhältnissen des Täters.

III. Würdigung des Entwurfs

Der Entwurf beinhaltet eine völlige Neukonzeption des rechtlichen Umgangs mit den Methoden der modernen Fortpflanzungsmedizin. Er birgt Chancen, aber auch Risiken. Insgesamt aber ist er als ernst zu nehmende Diskussionsgrundlage für eine künftige Reform des ESchG zu betrachten und verdient Beachtung.

---

[83] *Bundesministerium der Justiz* (Hrsg.), Abschlussbericht der Bund/Länder-Arbeitsgruppe „Fortpflanzungsmedizin" vom 29. November 1988, BAnz vom 6. Januar 1989, Nr. 4a. BT-Drucks. 11/5710, S. 2 § 4 zu den Beratungspflichten des Arztes sowie S. 3 § 6 zu den Aufzeichnungspflichten des Arztes.

[84] BVerfGE 120, 224 (240).

[85] *Keller* sieht im Bereich der Regelungsmaterie „Fortpflanzungsmedizin" das scharfe Schwert des Strafrechts für „gerade gut genug" an, in MedR 1988, 59 (66).

[86] *Gassner et al.*, AME-FMedG, 2013, S. 16.

[87] *Gassner et al.*, AME-FMedG, 2013, S. 16.

[88] *Gassner et al.*, AME-FMedG, 2013, S. 17.

Es sei klargestellt, dass in einem derart bio- und medizinethisch sensiblen Bereich eine umfassende Regelung, die allen Interessen vollumfänglich gerecht wird, undenkbar ist. Vielmehr lebt der Entwurf von Kompromissen.

1. Positive Aspekte

Überwiegend ist der Entwurf als gelungen zu bezeichnen. Das liegt unter anderem an folgenden, von ihm aufgegriffenen Gesichtspunkten:

Vornehmlich zeichnet den Entwurf aus, dass er eine zwingend[89] notwendige juristische Sachlichkeit im Umgang mit dem wissenschaftlichen Fortschritt im Bereich der Fortpflanzungsmedizin aufweist.[90]

Zu begrüßen ist die Annahme eines Grundrechts auf „reproduktive Selbstbestimmung",[91] welches auf dem Allgemeinen Persönlichkeitsrecht fußen soll.[92] Ferner bringen die Begriffsbestimmungen in § 2 des Entwurfs für die Gesetzesanwender ein Mehr an Rechtssicherheit. Darüber hinaus ist die Zeitgemäßheit des Entwurfes zu befürworten, der dynamisch ausgestaltet ist. So sind in § 2 Nr. 12 AME-FMedG, der als Legaldefinition des Begriffs der Methoden medizinisch unterstützter Fortpflanzung durch die Formulierung „insbesondere" solche Verfahren nicht abschließend ausgestaltet.[93] Dies wird durch die Koppelung an den Begriff des „Standes der Wissenschaft" nochmals untermauert. Der jeweilige Stand der Wissenschaft richtet sich gem. § 25 des Entwurfs nach den Richtlinien einer eigens einzurichtenden Fortpflanzungsmedizin-Kommission.

Ebenso ist die Normierung von Aufklärungspflichten und den damit zusammenhängenden Dokumentationspflichten bezogen auf fortpflanzungsmedizinische Maßnahmen (§§ 18–20 AME-FMedG) zu begrüßen. Sie gewährleistet eine für die Methoden der Fortpflanzungsmedizin erforderliche normative Absicherung des *informed consent*-Prinzips. Es handelt sich letztlich um gegenüber den allgemeinen Aufklärungspflichten in den §§ 630d, 630e BGB spezifisch für den Bereich der Fortpflanzungsmedizin formulierte Aufklärungspflichten.[94]

Kreß sieht in dem Entwurf eine „zutreffende Kritik" der gesetzgeberischen Untätigkeit, insbesondere in Bezug auf die Dreierregel.[95] Auch stimmt er dem Entwurf darin zu, dass künftig auch in Deutschland an überzähligen Embryonen geforscht werden darf, sofern gut begründete Ziele verfolgt werden, das Verfahren transparent

---

[89] So *Gärditz* ZfL 2014, 42 (51 f.).
[90] *Gärditz* ZfL 2014, 42 (43).
[91] *Gärditz* bezeichnet dies als „Ausdifferenzierung eines neuen, ungeschriebenen Sondergrundrechts", in: ZfL 2014, 42 (50).
[92] *Gassner et al.*, AME-FMedG, 2013, S. 34.
[93] *Gassner et al.*, AME-FMedG, 2013, S. 2.
[94] Dass diese Lücke im Gesetz bereits seit Längerem besteht und Schließungsbedarf herrscht siehe nur *Püttner/Brühl* JZ 1987, 529 ff.
[95] *Kreß* MedR 2013, 642.

ist und staatlich kontrolliert wird.[96] Ebenso bezeichnet *Spickhoff* den Entwurf als insoweit „überzeugend", als er die grund- und menschenrechtliche Zulässigkeit der Verbote des ESchG erheblich in Frage stellt.[97]

2. Kritikpunkte

In einigen Punkten ist jedoch auch Kritik an dem Entwurf zu üben:
So übersieht der Reformvorschlag neben dem Regelungsgefälle die zweite Ursache für das reproduktive Reisen: die Finanzierungsfrage.[98]

Darüber hinaus lässt sich die Grundannahme, auf welcher der Entwurf fußt, und zwar der reproduktiven Selbstbestimmung des Einzelnen Vorrang einzuräumen, nicht mit der in der Wirklichkeit bestehenden Haltung vereinbaren. Gerade in einer pluralistischen Gesellschaft mit unterschiedlichen bioethischen Vorstellungen lässt sich nicht jede Präferenz mit der Rechtsordnung in Einklang bringen.[99]

Einer der wesentlichen Kritikpunkte lautet hingegen, dass der Entwurf keine Mindestanforderungen an einen effektiven Lebens- und Würdeschutz des Embryos *in vitro* festlegt.[100] Er baut vielmehr auf der Grundannahme auf, die Statusfrage des *in vitro* erzeugten Embryos offen zu lassen. So lautet es auf Seite 40 des Entwurfs: „Der AME-FMedG lässt die Frage nach dem grundrechtlichen Status des Embryos in vitro offen, verneint dessen Grundrechtsstatus also auch nicht, und lässt diesen deswegen auch nicht schutzlos".[101] Nach *Beckmann* trifft der Entwurf sehr wohl eine Entscheidung, und zwar zu Lasten der Menschenwürde des *in vitro* geschaffenen Embryos, wenn die massenhafte Erzeugung überzähliger Embryonen lediglich unter dem Vorbehalt des gegenwärtigen Standes der Wissenschaft zugelassen wird.[102] Daher übt er harsche Kritik: Der Entwurf führe zu einer „völligen Aushöhlung des Rechtsschutzes menschlicher Embryonen" und stelle „keine Weiterentwicklung des geltenden Rechts", sondern vielmehr „eine Kehrtwende um 180 Grad" dar; man spreche durch die unbegrenzte Möglichkeit der Erzeugung überzähliger Embryonen dem einzelnen Embryo gerade den Menschenwürde- und Lebensschutz ab.[103] Auch *Gärditz* übt dahingehend Kritik, dass durch die (seiner Ansicht nach) fehlende Beantwortung um den Status des Embryos kein wissenschaftlicher, für die Politik umsetzbarer Vorschlag

---

[96] *Gassner et al.*, AME-FMedG, 2013, S. 73, dazu *Kreß* MedR 2013, 642.

[97] *Spickhoff* LMK 2016, 378242. Er selbst spricht von einer „insgesamt verfassungsrechtlich fragwürdigen Haltung des ESchG".

[98] *Gärditz* hingegen sieht den Finanzierungsaspekt als konsequent nicht thematisiert, da er außerhalb des materiellen Regelungsrahmens liege, in ZfL 2014, 42 (43). Das lässt sich durchaus in Frage stellen, soll es sich doch um einen Gesetzesentwurf handeln, der die Fortpflanzungsmedizin und die mit ihr zusammenhängenden Fragestellungen erschöpfend regeln soll.

[99] *Gärditz* ZfL 2014, 42 (44).

[100] So auch *Gärditz* ZfL 2014, 42 (47).

[101] *Gassner et al.*, AME-FMedG, 2013, S. 40.

[102] *Beckmann* ZfL 2013, 92.

[103] *Beckmann* ZfL 2013, 92.

geschaffen wurde, sondern er sich vielmehr auf einer idealistischen Annahme „Wissenschaft nach Mehrheitsfähigkeit" begründe.[104]

3. Fazit

Kurz und bündig lässt sich festhalten:

Gelungen ist der Entwurf vor allem dahingehend, dass er das Recht der Fortpflanzungsmedizin umfassend abbildet. Dies geht einher mit einer weitgehenden Liberalisierung der Rechtslage und damit einer positiven Auswirkung auf das reproduktive Reisen. Kritik lässt sich jedoch hauptsächlich daran üben, dass die Autoren keine klare Position zum verfassungsrechtlichen Status des Embryos *in vitro* beziehen. Daneben bleibt die Finanzierungsfrage, sozial- und steuerrechtliche Fragestellungen inbegriffen, unbeantwortet.

D. Parlamentarische Reformresistenz

Auf schriftliche Anfrage hat das Bundesministerium für Gesundheit im April 2019 schriftlich, allerdings ohne Begründung mitgeteilt, dass gegenwärtig eine Reform des ESchG nicht geplant sei, insbesondere der Koalitionsvertrag für die laufende 19. Legislaturperiode hierzu keine Aussage treffe.[105] Der AME-FMedG und damit auch seine inhaltlichen Bestimmungen können somit als – zumindest vorläufig – stillschweigend abgelehnt angesehen werden. Ein Fortpflanzungsmedizingesetz wird es auf absehbare Zeit nicht geben.[106]

Nach wie vor gilt daher das Embryonenschutzgesetz.[107]

Dabei sei dem Gesetzgeber ins Gedächtnis gerufen: Das Bundesverfassungsgericht legt ihm eine Beobachtungspflicht hinsichtlich der von ihm erlassenen Gesetze auf.[108] Zwar steht ihm bei allen Regelungsmaterien des ESchG ein erheblicher Gestaltungsspielraum zu.[109] Dennoch trifft ihn die Pflicht, gesetzliche Freiheitsbeschränkungen vor dem Hintergrund späterer Entwicklungen auf ihre Rechtfertigung hin fortwährend zu überprüfen.[110] Dieser Pflicht hat er in seiner gesellschaftspolitischen Verantwortung – gerade gegenüber den betroffenen Paaren – in besonderer Weise Rechnung zu tragen.[111]

---

[104] *Gärditz* ZfL 2014, 42 (47).
[105] *Kentenich/Strowitzki/Taupitz/Diedrich* Der Gynäkologe 2018, 602 (606).
[106] So auch OLG München, Urt. v. 22. Februar 2017, Az.: 3 U 4080/18 Rn. 68 = FamRZ 2017, 904–908 = NZFam 2017, 957–962 = MedR 2018, 415–419.
[107] Klarstellend OLG München MedR 2018, 415 (419 Rz. 55).
[108] BVerfG NJW 2009, 2033 LS 4 und Rn. 241.
[109] *Dreier* JZ 2007, 261 (270); *ders.* ZRP 2002, 377 (382); *Ipsen* NJW 2004, 268.
[110] *Günther* in G/T/K(Hrsg.), ESchG, 2. Aufl. 2014, B. I. Rn. 6; *Deutsch* NJW 1991, 721 (724).
[111] Ähnlich kritisch *Steiner* MedR 2003, 1, der Deutschland als „Hoch-Ethik-Land" bezeichnet.

Teil II
Themenspezifische Grundlagen der medizinisch unterstützten Fortpflanzung

Nachdem im ersten Teil aufgezeigt wurde, dass nach wie vor praktischer Untersuchungsbedarf zu der aufgeworfenen Fragen besteht,[1] werden in diesem Teil die themenrelevanten medizinischen und rechtlichen Grundlagen der medizinisch unterstützten Fortpflanzung dargelegt. Diese Ausführungen dienen neben der Vorwegklärung von Fragen, die für die strafrechtliche Beurteilung der inländischen Mitwirkungstätigkeit des Arztes von Bedeutung sind, auch der Abbildung zu untersuchender, möglichst praxisgetreuer Sachverhalte.

In § 5 werden dazu allgemein die medizinischen Grundlagen der assistierten Reproduktion erläutert. Eingangs soll der Begriff der medizinisch unterstützten Fortpflanzung konkretisiert werden (A.). Die Darstellung der naturwissenschaftlich-technischen Grundlagen erfolgt schwerpunktmäßig anhand der In-vitro-Fertilisation mit Embryotransfer, welche die Befruchtung einer Eizelle außerhalb des weiblichen Körpers mit anschließendem Embryotransfer in den Mutterleib bezeichnet (B.). Insbesondere die Ausführungen zum Ablauf dieser Behandlungsmethode und ihrer Unterformen sind notwendige Voraussetzung für die Entwicklung des medizinischen Verständnisses um die verbotenen Behandlungsmethoden. Daneben sind die rechtlichen Grundlagen für die potenzielle Strafbarkeit des im Inland mitwirkenden Arztes Gegenstand dieses Abschnittes (C.).

Während in § 5 Fragestellungen allgemeiner Natur behandelt werden, wird in § 6 im Speziellen auf die zu untersuchenden, verbotenen Behandlungsmethoden einzugehen sein. Das Augenmerk liegt dabei auf dem Ablauf und den Varianten der jeweiligen Methode. Hierbei wird herausgearbeitet, welche Verhaltensweisen in Deutschland erlaubt sind, welche strafrechtlich verboten sind und welche in ihrer (straf-)rechtlichen Zulässigkeit umstritten sind. Denn nur Behandlungsmethoden bzw. Varianten, bei deren Mitwirkung sich der Arzt nach deutschem Recht strafbar machen kann, sind für die strafrechtliche Untersuchung im nachfolgenden § 7 zugrunde zu legen.

---

[1] Zur Klärungsbedürftigkeit der Frage nach der Verfassungsmäßigkeit des Verbotes der post-mortem-Befruchtung (§ 4 Abs. 1 Nr. 3 ESchG) etwa OLG München MedR 2018, 415 (416 Rz. 18, 24 ff.).

§ 5 Medizinische und rechtliche Grundlagen der assistierten Reproduktion

A. Begriffsbestimmung: Medizinisch unterstützte Fortpflanzung

Vorab bedarf es einer kurzen Begriffsklärung, wann es sich um eine Kinderwunschbehandlung, genauer gesagt um eine medizinisch unterstützte Fortpflanzung/assistierte Reproduktion handelt. Ausgehend davon werden sodann die darunter zu fassenden, themenrelevanten Methoden dargestellt.

Maßgebend für die nachfolgende Untersuchung ist die weite Begriffsbestimmung, die der Kompetenznorm des Art. 74 Abs. 1 Nr. 26 Fall 1 GG zugrunde liegt. Dort spricht das Grundgesetz seit der Föderalismusreform[1] zum 1. September 2006[2] von „medizinisch unterstützter Erzeugung menschlichen Lebens". Die Verfassung selbst enthält zwar keine Legaldefinition, laut der Gesetzesbegründung sollen von der „medizinisch unterstützten Erzeugung menschlichen Lebens" jedoch alle Bereiche umfasst sein, die der Erzeugung menschlichen Lebens dienen, und damit neben der medizinisch unterstützten natürlichen Befruchtung auch Methoden ohne Geschlechtsverkehr.[3] Es ging dem verfassungsändernden Gesetzgeber um die „medizinisch-technische Behandlung ungewollter Kinderlosigkeit".[4] Dies deckt sich mit der Äußerung in Bundestagdrucksache 16/813, S. 14. Dort heißt es: „Die medizinisch unterstützte Erzeugung menschlichen Lebens umfasst alle Bereiche der modernen Fortpflanzungsmedizin für den Menschen einschließlich In-vitro-Fertilisation, medizinisch unterstützter natürlicher Befruchtung, wie etwa

---

[1] BGBl. I S. 2034.
[2] BGBl. I S. 2039.
[3] BT-Drucks. 16/813, 14.
[4] BT-Drucks. 11/1856, 2.

nach einer Hormonbehandlung".[5] Die neu geschaffene Kompetenz umfasst damit sämtliche Bereiche der modernen Fortpflanzungsmedizin. Ziel jeder fortpflanzungsmedizinischen Behandlung ist es, eine Schwangerschaft zu erreichen, die in der Geburt eines gesunden Kindes resultiert.[6] Dass der Begriff – jedenfalls im Zusammenhang mit dem Kompetenztitel – weit auszulegen ist, bestätigt das Bundesverfassungsgericht.[7]

Diese Begriffsbestimmung ist inhaltlich weiter als der Begriff der „künstlichen Befruchtung", welcher der Gesetzesbegründung zum ESchG und der ursprünglichen Fassung des Art. 74 Abs. 1 Nr. 26 GG zugrunde lag. Hiernach fällt unter den Begriff der künstlichen Befruchtung jede Befruchtung, die nicht durch Geschlechtsverkehr herbeigeführt wird und zu deren Erreichung technische Hilfsmittel eingesetzt werden, insbesondere die künstliche Insemination, der intratubare Gametentransfer und die IVF-Therapie.[8] Die Unterstützung der Fortpflanzung auf natürlichem Wege, also durch Geschlechtsverkehr, wird begrifflich nicht erfasst.

Die weite Auslegung im Sinne der „medizinisch unterstützten Fortpflanzung" wird im Folgenden verwendet, da das ESchG selbst keine einfach gesetzliche Konkretisierung enthält und ihm der engere Begriff der „künstlichen Befruchtung" zugrunde liegt.[9] Die Norm des § 2 Nr. 12 AME-FMedG, die Richtlinie zur Entnahme und Übertragung von menschlichen Keimzellen im Rahmen der assistierten Reproduktion (A 3), die (Muster-)Richtlinie zur Durchführung der assistierten Reproduktion in der novellierten Fassung vom 17. Februar 2006[10] sowie der jüngst geschaffene § 13a Abs. 1 Satz 1 der ärztliche Berufsordnungen mancher Länder enthalten zwar eine solche Begriffsbestimmung, Erstere wurde jedoch nicht umgesetzt, Zweitere enthält lediglich einen Negativausschluss (A 2), die (Muster-)Richtlinie und § 13a Abs. 1 Satz 1 gelten nicht einheitlich in allen Bundesländern.[11] Hingegen nehmen die in Ziff. 10 der Richtlinie über die künstliche Befruchtung beschriebenen Methoden nur auf Verfahren Bezug, für welche die gesetzlichen Krankenkassen eine Zuzahlung leisten.[12]

---

[5] BT-Drucks. 16/813, 14.
[6] *Frommel/Taupitz/Ochsner/Geisthövel* J Reprod und Endo 2010, 96 (97).
[7] BVerfG NVwZ 2011, 94 (97 Tz. 126).
[8] BT-Drucks. 11/5460, 8. *Dr. Pelchen/Häberle* in Erbs/Kohlhaas (Hrsg.), ESchG, 214. EL (Stand: 1. März 2017), § 1 Rn. 4.
[9] Es verwendet allenfalls den tätigkeitsbezogenen Begriff des „künstlichen Befruchtens", siehe §§ 1 Abs. 1 Nrn. 2, 7 ESchG. Der Terminus ist letztlich irreführend, da die eigentliche Befruchtung, also die genetische Vereinigung der Keimzellen letztlich auf natürliche Weise verläuft, so *Hoppe*, Grenzziehungen in der Biomedizin: Standpunkt der Bundesärztekammer, in BMG (Hrsg.), Fortpflanzungsmedizin in Deutschland, 2001, S. 10, 12: Mit Künstlichkeit des Prozesses bezeichne der Gesetzgeber im Wege der ärztlichen Kunst unterstützte natürliche Fortpflanzung.
[10] DÄBl., Jg. 103, Heft 20, 19. Mai 2006, neu gefasst durch DÄBl., Jg. 111, Heft 13, 28. März 2014; Begriffsbestimmung auf A 1393, A 1394. Die Richtlinie zur Entnahme und Übertragung von menschlichen Keimzellen im Rahmen der assistierten Reproduktion enthält lediglich einen Negativausschluss, A 2.
[11] Siehe hierzu die Tabelle unter C. III. 2. 1) dd) (3).
[12] Richtlinien des Bundesausschusses der Ärzte und Krankenkassen über ärztliche Maßnahmen zur künstlichen Befruchtung, S. 5 f. Näheres unter C. III. 2. h).

Zusammengefasst lässt sich mithin sagen:

Die medizinisch unterstützte Fortpflanzung umfasst alle Bereiche der modernen Fortpflanzungsmedizin für den Menschen, die eine erfolgreiche Schwangerschaft mit anschließender Geburt bezwecken, insbesondere die künstliche Befruchtung.

B. Methoden der medizinisch unterstützten Fortpflanzung im Einzelnen

Im Folgenden werden die einzelnen Methoden der medizinisch unterstützten Fortpflanzung dargestellt.

Dabei gilt es zu beachten, dass die im Nachfolgenden aufgezeigten Methoden der Kinderwunschbehandlung (artifizielle Insemination, Gametentransfer, In-vitro-Fertilisation, Embryotransfer) untereinander variiert werden können, sodass es theoretisch etwas mehr als zwanzig Möglichkeiten gibt, mit denen ein Paar mit Hilfe der Medizin seinen Kinderwunsch erfüllen kann.[13] Nur die wichtigsten können und werden daher in den Ausführungen Eingang finden.

Zum Zwecke der Übersichtlichkeit[14] wird zwischen Methoden, bei denen die Befruchtung im Körperinneren der Frau erfolgt (intrakorporal, Ziff. I) und solchen, bei denen die Befruchtung sich außerhalb des weiblichen Körpers vollzieht (extrakorporal, Ziff. II), unterschieden.[15]

Die Behandlungsmethode wird jeweils innerhalb *eines* weiblichen Menstruationszyklus durchgeführt. Dieser umfasst den Zeitraum vom ersten Tag der Menstruation bis zum letzten Tag vor der nächsten Menstruation.[16]

I. Intrakorporale Befruchtungsmethoden[17]

1. Artifizielle Insemination

Die Insemination bezeichnet das Einbringen des Spermas in die weiblichen Genitalorgane. Artifiziell verläuft dieser Vorgang, wenn er unter Zuhilfenahme spezieller Instrumente durchgeführt wird.

---

[13] *Kaiser* in G/T/K (Hrsg.), ESchG, 2. Aufl. 2014, A. IV. Rn. 215.
[14] Eine solche Unterscheidung enthält auch die Ziff. 1 der (Muster-) Richtlinie zur Durchführung der assistierten Reproduktion, A 1393, A 1394.
[15] Zu den jeweiligen medizinischen Indikationen siehe Ziff. 11 der Richtlinien des Bundesausschusses der Ärzte und Krankenkassen über ärztliche Maßnahmen zur künstlichen Befruchtung, S. 6,7.
[16] *Taupitz* in G/T/K (Hrsg.), ESchG, 2. Aufl. 2014, C. II. § 1 Abs. 1 Nr. 3 Rn. 16.
[17] Die Methoden der intrakorporalen Befruchtung sind erst seit der Novelle 2006 in die (Muster-) Richtlinie zur Durchführung der assistierten Reproduktion aufgenommen worden, dazu *Ratzel* GesR 2009, 281 (282).

Regelmäßig geschieht die artifizielle Insemination durch Einbringen des aufbereiteten Spermas in den Uterus (sog. intrauterine Insemination).[18] Vorab bedarf es jedoch einer ausreichenden Stimulationsbehandlung der Eierstöcke.[19] Die Übertragung von Spermien des Ehemannes oder eines sonst festen Lebensgefährten wird als *homologe* artifizielle Insemination,[20] die Befruchtung mit dem Sperma eines Spenders[21] hingegen als *heterologe* bzw. *donogene* artifizielle Insemination bezeichnet.[22]

Diese Behandlungsform spielt im Rahmen der Eizellspende, der Leihmutterschaft mit Eizellspende sowie der post-mortem-Befruchtung eine Rolle. Bei der Eizellspende / der Leihmutterschaft mit Eizellspende kommt in Betracht, dass die unbefruchtete Eizelle in den Mutterleib der Empfängerin verbracht wird und diese anschließend im Wege der artifiziellen Insemination im Mutterleib befruchtet wird. Bei der post-mortem-Befruchtung kann das kryokonservierte Sperma nach dem Tod des Samenspenders im Wege der artifiziellen Insemination nach dem Auftauen in den Mutterleib der Frau eingebracht werden.

2. Gametentransfer

Unter einem Gametentransfer versteht man das instrumentelle Einbringen von Keimzellen i.S.d. § 4 Abs. 30 AMG, also Eizellen (Oozytenstadium) und Spermien, in den Uterus (sog. intrauteriner Gametentransfer) oder in den Eileiter (sog. intratubarer Gametentransfer).[23]

Diese Methode kann im Rahmen der Eizellspende (Fall des § 1 Abs. 1 Nr. 1 ESchG),[24] der Leihmutterschaft mit Eizellspende und der post-mortem-Befruchtung angewandt werden. Bei der Eizellspende / der Leihmutterschaft mit Eizellspende etwa, indem die unbefruchtete Eizelle und das Sperma in den weiblichen Körper

---

[18] *Keck*, Kinderwunschbehandlung in der gynäkologischen Praxis, 2014, S. 252. *Dorn*, Inseminationsbehandlung, in Diedrich et al. (Hrsg.), Reproduktionsmedizin, 2013, Kap. 16, S. 197 (198).

[19] *Diedrich/Ludwig*, Überblick über die medizinischen Aspekte der Reproduktionsmedizin, in BMG (Hrsg.), Fortpflanzungsmedizin in Deutschland, 2001, S. 32, 34.

[20] Dazu die Definition in der Richtlinie zur Entnahme und Übertragung von menschlichen Keimzellen im Rahmen der assistierten Reproduktion, A 3. Anders noch die mittlerweile überholte Begriffsbestimmung, nach der das *homologe* Verfahren ausschließlich die Durchführung bei verheirateten Paaren umfasste, *Kamps* MedR 1994, 339 (340).

[21] Dies gilt auch im Rahmen einer Befruchtung, die außerhalb des weiblichen Körpers bewirkt wird.

[22] *Dorn*, Inseminationsbehandlung, in Diedrich et. al. (Hrsg.), Reproduktionsmedizin, 2013, Kap. 16, S. 197 (198). Dazu die Definition in der Richtlinie zur Entnahme und Übertragung von menschlichen Keimzellen im Rahmen der assistierten Reproduktion, A 3.

[23] *Kaiser* in G/T/K (Hrsg.), ESchG, 2. Aufl. 2014, A. IV. Rn. 181.

[24] Im Wortlaut: „(…) wer (…) auf eine Frau eine fremde unbefruchtete Eizelle überträgt."

B. Methoden der medizinisch unterstützten Fortpflanzung im Einzelnen   51

eingebracht werden. Im Falle der post-mortem-Befruchtung, wenn Sperma nach dem Tod des Samenspenders in den Mutterleib eingebracht wird.

II. Extrakorporale Befruchtungsmethoden

Die nachfolgenden Behandlungsformen haben die Erzeugung transferfähiger Embryonen zum Ziel. Denn bei der extrakorporalen Befruchtung kommt es außerhalb des weiblichen Körpers zur Entstehung eines Embryos,[25] der dann noch im Wege einer Implantation in den weiblichen Körper übertragen werden muss.

1. In-vitro-Fertilisation (kurz: IVF-Therapie) mit anschließendem Embryotransfer

Die IVF-Therapie[26] mit nachfolgendem Embryotransfer ist ein Standardverfahren[27] der medizinisch unterstützten Fortpflanzung.[28] Sie kennzeichnet die Vereinigung von Eizelle und Spermium im Reagenzglas und damit außerhalb des menschlichen Körpers. Im Kern ist sie dem Mechanismus der natürlichen Befruchtung nachempfunden.[29]

Der Ablauf dieser Behandlungsmethode vollzieht sich in insgesamt fünf[30] Schritten:

---

[25] Nach der Nidation heißt die befruchtete Eizelle während der Zeit der Organentwicklung, mithin in den ersten drei Schwangerschaftswochen „Embryo", dazu *Taupitz* in G/T/K (Hrsg.), ESchG, 2. Aufl. 2014, C. II. § 8 Rn. 10, nach diesem Zeitraum wird die Leibesfrucht bis zum Ende der Schwangerschaft als „Foetus" bezeichnet, Nationaler Ethikrat, Genetische Diagnostik vor und während der Schwangerschaft, 2003, S. 14.

[26] Der Begriff ist nicht synonym mit dem der künstlichen Befruchtung zu verwenden, sondern vielmehr ein Unterfall. Fehlerhaft daher Berlin-Institut, Ungewollt kinderlos, 2007, S. 4. Zur Indikationsstellung siehe Ziff. 3.3.2.2 der Richtlinie zur Entnahme und Übertragung von menschlichen Keimzellen im Rahmen der assistierten Reproduktion, A 12.

[27] Im Jahre 2016 wurden allein in Deutschland 65.587 Zyklen der Follikelpunktionen und 24.842 Kryozyklen durchgeführt, dazu *Kentenich/Strowitzki/Taupitz/Diedrich* Der Gynäkologe 2018, 602.

[28] Ihre rechtliche Zulässigkeit wird in § 27a SGB V sozialrechtlich vorausgesetzt. *Kreß* bezeichnet die IVF-Therapie als „medizinisch alltägliche Behandlung", ZRP 2011, 68. *Neidert* nennt das IVF-Verfahren gar „das seit Jahrzehnten wichtigste Verfahren der assistierten Reproduktion", in: MedR 1998, 347 (350).

[29] *Ebner/Diedrich*, In-vitro-Fertilisation und intrazytoplasmatische Spermieninjektion, in Diedrich et al. (Hrsg.), Reproduktionsmedizin, 2013, Kap. 18, S. 215 (218).

[30] *Keck* gibt den Ablauf mit sieben Schritten an, in Kinderwunschbehandlung in der gynäkologischen Praxis, 2014, S. 256.

a) Eizellgewinnung, -reifung und -kontrolle[31]

In einem ersten Schritt wird im Wege einer auf die Frau angepassten hormonellen Stimulation (sog. Stimulationsprotokolle) die Eizellreifung[32] in den Eierstöcken angeregt, um so möglichst drei[33] reife Eizellen je Behandlungszyklus zu gewinnen. Die Stimulation erfolgt mittels Hormonspritzen, Hormontabletten (Clomifentabletten) oder einer kombinierten Behandlung aus beidem. Die Spritzen werden vom Stimulationsbeginn an täglich gegeben. Hierbei werden FSH (follikelstimulierendes Hormon) und LH (luteinisierendes Hormon) verabreicht, um eine kontrollierte Reifung der Eizellen zu ermöglichen. Damit Störungen durch körpereigene Hormone (GnRH-Analoga)[34] vermieden werden, werden entsprechende Antagonisten vom fünften bis zum siebten Tag nach Behandlungsbeginn injiziert.[35]

b) Auslösen des Eisprungs und Entnahme der Eizellen

Zeigen die Untersuchungen in Form transvaginaler Ultraschalluntersuchungen und Blutentnahmen (sog. Monitoring)[36] zirka elf Tage nach Beginn der Behandlung, dass die Eizellen sich ausreichend entwickelt haben, beendet man die Reifung durch Zugabe des Hormons hCG (humanes Choriongonadotropin), das den Eisprung auslöst (Ovulationsinduktion).[37] Der Zeitpunkt der Follikelpunktion lässt sich damit hormonell steuern.[38]

Anschließend werden die (unbefruchteten) Eizellen ungefähr 36 Stunden[39] nach der Hormongabe (hCG) ambulant durch transvaginale ultraschallgesteuerte Punk-

---

[31] Ausführlich hierzu A 10 ff. der Richtlinie zur Entnahme und Übertragung von menschlichen Keimzellen im Rahmen der assistierten Reproduktion.

[32] Zu den komplexen biologischen Abläufen der Eizellreifung (sog. Oozytenmaturation) siehe *Sonntag*, Physiologie der Befruchtung, in Diedrich et. al. (Hrsg.), Reproduktionsmedizin, 2013, Kap. 8, S. 73 ff.

[33] Beim Single-Embryo-Transfer werden regelmäßig bewusst mehr Eizellen zur Reifung gebracht, näher dazu unter § 6 A. II. 2. Doch auch bei der IVF-Therapie ist eine ausreichende Anzahl von Eizellen zu einer erfolgreichen Behandlung nötig, da sich nicht alle gewonnenen Eizellen befruchten lassen bzw. sich nicht fortentwickeln, *Revermann/Hüsing* geben daher die Zahl mit sechs bis zehn an, Fortpflanzungsmedizin, 2011, S. 41 f.

[34] Das GnRH (Gonadotropin-Releasing-Hormon) wird im Hypothalamus freigesetzt und wirkt stimulierend auf die Hypophyse, die FSH und LH freisetzt, so *Revermann/Hüsing*, Fortpflanzungsmedizin, 2011, S. 41.

[35] *Merck Serono*, Kinderwunsch – eine Frage von Körper und Seele, Broschüre, S. 27.

[36] *Revermann/Hüsing*, Fortpflanzungsmedizin, 2011, S. 41.

[37] Zum genauen Ablauf siehe *v. Wolff/Stute*, Gynäkologische Endokrinologie und Reproduktionsmedizin, 2013, S. 313 ff.

[38] *v. Wolff/Stute*, Gynäkologische Endokrinologie und Reproduktionsmedizin, 2013, S. 347.

[39] *Ebner/Diedrich*, In-vitro-Fertilisation und intrazytoplasmatische Spermieninjektion, in Diedrich et al. (Hrsg.), Reproduktionsmedizin, 2013, Kap. 18, S. 215 (216).

tion entnommen (sog. Follikelpunktion). Dabei führt der behandelnde Arzt eine Ultraschallsonde in die Scheide ein, um die Eibläschen zu lokalisieren. Sodann punktiert er diese mit einer Nadel durch die Scheidenwand und das Bauchfell und saugt die Eizellen ab (sog. Aspiration). Alternativ kann die Punktion mittels Bauchspiegelung durch einen Schnitt in der Nabelgrube erfolgen (sog. laparoskopische Follikelpunktion).[40] Regelmäßig erfolgt der Vorgang unter Vollnarkose. Auf Wunsch der Patientin ist eine Betäubung auch mittels einer Injektion von Schmerzmitteln (Lokalanästhesie) möglich.[41]

c) Gewinnung der männlichen Keimzellen

Die männlichen Keimzellen (Spermien) werden am Tag der Eizellentnahme[42] grundsätzlich aus dem durch Masturbation gewonnenen Ejakulat entnommen.[43] Sind zu wenige Spermien vorhanden, werden sie aus dem Nebenhoden (MESA[44]/PESA)[45] oder dem Hodengewebe (TESE)[46] entnommen. Ziel ist stets die Gewinnung möglichst vitaler und kapazitierter Spermien.[47]

d) Befruchtung der Eizelle im Reagenzglas

Wenige Stunden nach der Follikelpunktion werden die gewonnenen unbefruchteten Eizellen mikroskopisch hinsichtlich ihres Erscheinungsbildes (Morphologie) kontrolliert.[48]
Nach einer in verschiedenen reproduktionsmedizinischen Zentren unterschiedlichen Präinkubationszeit von bis zu 24 Stunden[49] zur Nachreife der Eizellen erfolgt

---

[40] *Revermann/Hüsing*, Fortpflanzungsmedizin, 2011, S. 42.
[41] ProCompliance in Thieme Compliance GmbH, Dokumentierte Patientenaufklärung, Basisinformation zum Aufklärungsgespräch.
[42] *Revermann/Hüsing*, Fortpflanzungsmedizin, 2011, S. 42.
[43] Siehe umfassend zur Gewinnung der männlichen Keimzellen Ziff. 3.1.1 der Richtlinie zur Entnahme und Übertragung von menschlichen Keimzellen im Rahmen der assistierten Reproduktion, A 9 f.
[44] Mikrochirurgische epididymale Spermienaspiration. Sie wird bei einer Azoospermie, d. h. wenn das Ejakulat keine Spermien enthält, empfohlen. Dazu *Ebner/Diedrich*, In-vitro-Fertilisation und intrazytoplasmatische Spermieninjektion, in Diedrich et al. (Hrsg.), Reproduktionsmedizin, 2013, Kap. 18, S. 215 (217).
[45] Perkutane epididymale Spermienaspiration.
[46] Testikulare Spermienextraktion.
[47] *Kaiser* in G/T/K (Hrsg.), ESchG, 2. Aufl. 2014, A. IV. Rn. 190; *Ebner/Diedrich*, In-vitro-Fertilisation und intrazytoplasmatische Spermieninjektion, in Diedrich et al. (Hrsg.), Reproduktionsmedizin, 2013, Kap. 18, S. 215 (217).
[48] *Revermann/Hüsing*, Fortpflanzungsmedizin, 2011, S. 42.
[49] *Ebner/Diedrich* sprechen von zwei bis drei Stunden, In-vitro-Fertilisation und intrazytoplasmatische Spermieninjektion, in Diedrich et al. (Hrsg.), Reproduktionsmedizin, 2013, Kap. 18, S. 215 (218).

die Zugabe von Spermien in das Reagenzglas oder in eine Petrischale mit speziellen Kulturmedien. Die unbefruchtete Eizelle befindet sich zu diesem Zeitpunkt in einem sog. Kumulus-Eizell-Komplex (COC).[50] Dabei wird die Anzahl der Spermien regelmäßig auf 50.000 bis 200.000 je Eizelle begrenzt.[51] Nach ungefähr zwanzig Stunden Aufbewahrung im Brutschrank bei 37 Grad Celsius werden überzählige Spermien von der (den) Eizelle(n) getrennt.[52]

Die Befruchtung selbst ist ein Prozess, eine sog. Befruchtungskaskade.[53] Dabei bindet das Spermium über spezifische Rezeptoren an Proteine der *Zona pellucida* der Oozyte. Durch Verschmelzung des Akrosoms mit der äußeren Spermienzellmembran werden lytische Enzyme freigesetzt, die den expandierten Kumulus und die *Zona pellucida* bis zur Eizellmembran durchdringen. Dann wird durch Mikrovilli und spezifische Fusionsproteine des Oolemma die Spermienadhäsion und Fusion mit der Spermienmembran vermittelt, sodass das Spermienchromatin in die Eizelle gelangt (Imprägnation).[54] Vermittelt über Phospholipase C zeta aus dem Spermium erfolgt die Aktivierung der Oozyte mit Aufhebung des meiotischen Arrests, die Dekondensation des Chromatins sowie die Ausbildung eines weiblichen und eines männlichen Pränukleus (sog. 2-PN-Zelle/Imprägnationsstadium).[55] Eine erneute mikroskopische Beobachtung gilt der Entwicklung der so entstandenen Vorkerne, die eine bestimmte Formation des männlichen und weiblichen Genmaterials sind.[56]

Nach dem Eindringen befindet sich die Eizelle im Stadium der Zygote. Dabei verdoppelt sich das in den Vorkernen enthaltene Genmaterial und kondensiert, schließlich lösen sich die beiden Kernmembranen der Vorkerne auf und die darin enthaltenen Chromosomensätze vereinigen sich (sog. Konjugation).[57] Erst ab diesem Zeitpunkt untersteht der Embryo dem Schutz des ESchG (§ 8 ESchG).[58] Zirka 18 bis 24 Stunden nach der Imprägnation ist der Befruchtungsvorgang

---

[50] *Ebner/Diedrich*, In-vitro-Fertilisation und intrazytoplasmatische Spermieninjektion, in Diedrich et al. (Hrsg.), Reproduktionsmedizin, 2013, Kap. 18, S. 215 (216).

[51] *Ebner/Diedrich*, In-vitro-Fertilisation und intrazytoplasmatische Spermieninjektion, in Diedrich et al. (Hrsg.), Reproduktionsmedizin, 2013, Kap. 18, S. 215 (218).

[52] *Kaiser* in G/T/K (Hrsg.), ESchG, 2. Aufl. 2014, A. IV. Rn. 191.

[53] *Krüger*, Das Verbot der post-mortem-Befruchtung, 2010, S. 3.

[54] Mit der Imprägnation ist das Genom festgelegt, *Reich* Zeitschrift für medizinische Ethik 2004, 115 (117).

[55] *Sonntag*, Physiologie der Befruchtung, in Diedrich et al. (Hrsg.), Reproduktionsmedizin, 2013, Kap. 8, S. 73 (78).

[56] *Taupitz/Hermes* NJW 2015, 1802.

[57] *Taupitz/Hermes* NJW 2015, 1802. Mit der Konjugation ist die Befruchtung abgeschlossen (*Kaiser* in G/T/K (Hrsg.), ESchG, 2. Aufl. 2014, A. II. Rn. 35 ff.)

[58] Nicht vom Anwendungsbereich des ESchG erfasst sind damit alle Entwicklungsstadien, die vor der Auflösung der Vorkernmembran liegen, also insbesondere die imprägnierte Eizelle und die Vorkernstadien; das ergebe sich im Umkehrschluss aus § 8 AbS. 3 ESchG, wonach das Vorkernstadium den Regelungen hinsichtlich der Keimbahnzelle zugeordnet wird, dazu: *Taupitz* in G/T/K (Hrsg.), ESchG, 2. Aufl. 2014, C. II. § 8 Rn. 31.

abgeschlossen.[59] Befruchtete Eizellen (sog. Zygoten) mit mehr als zwei Vorkernen werden aussortiert, da bei ihnen das Risiko einer Mehrkernbildung (sog. Polyploidisierung) besteht, die zu einer Fehlgeburt führt.[60]

Die Befruchtungsrate liegt bei rund 60 %,[61] d. h. bei durchschnittlich drei von fünf Eizellen kommt es zu einer Befruchtung.

e) Abschließende Kontrolle und Embryotransfer

Gut entwicklungsfähige imprägnierte Eizellen werden für den zeitnahen Transfer ausgewählt und verbleiben in der Nährlösung. Entwickeln sie sich zu Embryonen, erfolgt ihre Übertragung (sog. Embryotransfer) im 2- bis 8-Zellstadium[62] zwei bis vier Tage nach der Eizellentnahme mittels eines Plastikschlauchs (Katheder), der durch den Muttermund eingeführt wird.[63]

Um die Einnistung (Nidation) des (der) übertragenen Embryo(nen)[64] zu unterstützen, gibt man intravaginal Progesteron hinzu (sog. Lutealphasenunterstützung).[65]

f) Kryokonservierung übriger 2-PN-Zellen

Weitere entwicklungsfähige imprägnierte Eizellen werden im Vorkernstadium bei -196 Grad Celsius[66] innerhalb von circa 98 Minuten[67] graduell abgestuft tiefgefroren (sog. Kryokonservierung)[68] und für einen neuen Behandlungsversuch konser-

---

[59] *Taupitz/Hermes* NJW 2015, 1802.

[60] *Kaiser* in G/T/K (Hrsg.), ESchG, 2. Aufl. 2014, A. IV. Rn. 191.

[61] *Diedrich/Ludwig*, Überblick über die medizinischen Aspekte der Reproduktionsmedizin, in BMG (Hrsg.), Fortpflanzungsmedizin in Deutschland, 2001, S. 32, 34.

[62] *Beyer/Diedrich*, Embryonentransfer, in Diedrich et al. (Hrsg.), Reproduktionsmedizin, 2013, Kap. 22, S. 255 f.

[63] ProCompliance in Thieme Compliance GmbH, Dokumentierte Patientenaufklärung, Basisinformation zum Aufklärungsgespräch: Behandlung zur extrakorporalen Befruchtung, 2008, S. 3.

[64] Je Zyklus maximal drei, § 1 Abs. 1 Nr. 3 ESchG.

[65] *Serono*, Kinderwunsch – Eine Frage von Körper und Seele, Broschüre, S. 31.

[66] *Frommel*, Reproduktionsmedizin 2002, 158 (179); *Keck*, Kinderwunschbehandlung in der gynäkologischen Praxis, 2014, S. 264; *Liebermann/Nawroth*, Kryokonservierung, in Diedrich et al. (Hrsg.), Reproduktionsmedizin, 2013, Kap. 20, S. 233 (234).

[67] *Liebermann/Nawroth*, Kryokonservierung, in Diedrich et al. (Hrsg.), Reproduktionsmedizin, 2013, Kap. 20, S. 233 (239).

[68] Das ESchG spricht in § 9 Nr. 4 von „Konservierung", in der Sache besteht aber kein Unterschied. Zum Verfahren der Kryokonservierung: *Liebermann/Nawroth*, welche die Kryokonservierung von Keimzellen und Embryonen als „integralen Bestandteil der Reproduktionsmedizin" bezeichnen, Kryokonservierung, in Diedrich et al. (Hrsg.), Reproduktionsmedizin, 2013, Kap. 20, S. 233 (236). Sie wird aus medizinischen oder sozialen Gründen angewendet, *Beier et al.* Der Gynäkologe 2018,

viert, um sie dann ggf. zu einem späteren Zeitpunkt weiter zu kultivieren und so eine weitere Follikelpunktion zu vermeiden.[69] Alternativ zur graduell abgestuften Kühlung besteht seit einigen Jahren die Möglichkeit einer sog. Vitrifikation,[70] bei der die Zellen innerhalb von rund zwölf Minuten[71] auf eine Temperatur von -196 Grad Celsius abgekühlt werden.[72] Die Vitrifikation hat sich inzwischen weitgehend durchgesetzt.[73] Bei beiden Verfahren wird das Konservierungsgut zum Schutz vor einer Eiskristallbildung mit einem Kryoprotektivum versetzt.[74] Die Lagerung der Eizellen im Vorkernstadium erfolgt in speziellen Plastikbehältnissen (sog. *Straws*) in flüssigem Stickstoff.[75]

g) Verwerfung nicht entwicklungsfähiger imprägnierter Eizellen

Nicht entwicklungsfähige 2-PN-Zellen werden verworfen, d. h. vernichtet. Aus ihnen kann sich kein Embryo mehr entwickeln.

2. Intrazytoplasmatische-Spermien-Injektion (kurz: ICSI)[76]

Die Intrazytoplasmatische Spermieninjektion[77] ist ein modifiziertes Verfahren der IVF-Therapie. Sie führt mittlerweile die Behandlungszahlen an.[78]

---

613 (615). Siehe zur Kryokonservierung von Keimzellen und imprägnierten Eizellen Ziff. 3.4 der Richtlinie zur Entnahme und Übertragung von menschlichen Keimzellen im Rahmen der assistierten Reproduktion, A 13. Die Kryokonservierung ist mittlerweile „integraler Bestandteil der Fortpflanzungsmedizin", so *Diedrich/Strowitzki/Kentenich* Der Gynäkologe 2018, 607 (610).

[69] *Diedrich/Ludwig*, Überblick über die medizinischen Aspekte der Reproduktionsmedizin, in BMG (Hrsg.), Fortpflanzungsmedizin in Deutschland, 2001, S. 32, 34 mit Verweis auf *Ludwig/Al-Hasani/Felberbaum/Diedrich*, Hum Reprod 1999, 162 ff.

[70] *Liebermann/Nawroth*, Kryokonservierung, in Diedrich et al. (Hrsg.), Reproduktionsmedizin, 2013, Kap. 20, S. 233 (238).

[71] *Liebermann/Nawroth*, Kryokonservierung, in Diedrich et al. (Hrsg.), Reproduktionsmedizin, 2013, Kap. 20, S. 233 (239).

[72] *Keck*, Kinderwunschbehandlung in der gynäkologischen Praxis, 2014, S. 264.

[73] *Diedrich/Strowitzki/Kentenich* Der Gynäkologe 2018, 607 (612).

[74] *Möller/Hilland*, Kryokonservierung von Keimzellen – Rechtlicher Rahmen und Vertragsgestaltung, in Frister/Olzen (Hrsg.), Reproduktionsmedizin: Rechtliche Fragestellungen, 2010, S. 125 f.

[75] *Keck*, Kinderwunschbehandlung in der gynäkologischen Praxis, 2014, S. 264.

[76] Zur Kostenübernahme siehe für die gesetzliche Krankenversicherung BSG NJW 2002, 773 ff., für die private Krankenversicherung etwa BGH NJW 2006, 3560 ff.

[77] Zur Indikationsstellung siehe Ziff. 3.3.2.2 der Richtlinie zur Entnahme und Übertragung von menschlichen Keimzellen im Rahmen der assistierten Reproduktion, A 12.

[78] *Kentenich/Strowitzki/Taupitz/Diedrich* Der Gynäkologe 2018, 602.

B. Methoden der medizinisch unterstützten Fortpflanzung im Einzelnen

Die ICSI wird routinemäßig bei männlichen Fertilitätsstörungen angewandt.[79] Auch wird die Anwendung dieses Verfahrens empfohlen, wenn die IVF-Therapie nicht erfolgreich verlief.[80] Denn Anzahl und Mobilität der Spermien sind bei dem Verfahren der ICSI für den Befruchtungserfolg unmaßgeblich.[81] Bei der Verwendung funktionell beeinträchtigter Spermien für eine „gewöhnliche" IVF-Therapie ist in maximal 10 % aller Behandlungen mit einer Befruchtung zu rechnen.[82]

Bei der ICSI wird eine menschliche Spermienzelle gezielt mittels einer Injektionspipette (sog. Mikromanipulator)[83] in eine menschliche Eizelle *in vitro* eingebracht.[84] Ungefähr 36 Stunden nach der Injektion des Spermiums hat die Eizelle das 2-PN-Stadium erreicht, weitere zwölf Stunden danach das 4-Zellstadium.[85] Zudem muss die unbefruchtete Eizelle denudiert werden, um die Reife der zu injizierenden Spermien zu kontrollieren und die technische Anwendung der Haltepipette zu gewährleisten. Die Eizelldenudation wird enzymatisch unter Verwendung von Hyaluronidase durchgeführt.[86]

Im Rahmen des Verfahrens entstandene überzählige Embryonen werden für weitere Behandlungsversuche kryokonserviert.[87]

Sowohl die IVF-Therapie als auch die ICSI sind für den elektiven Embryotransfer, die Eizellspende (Fall des § 1 Abs. 1 Nr. 2 ESchG),[88] die Embryospende, die Leihmutterschaft mit Eizell-oder Embryospende sowie für die post-mortem-Befruchtung – dort vor allem in Verbindung mit dem Verfahren der Kryokonservierung – von Bedeutung.

---

[79] *Kaiser* in G/T/K (Hrsg.), ESchG, 2. Aufl. 2014, A. IV. Rn. 192. Erfolgsentscheidend ist daher ausschließlich die Konzeptionsfähigkeit der Partnerin.

[80] *Ebner/Diedrich*, In-vitro-Fertilisation und intrazytoplasmatische Spermieninjektion, in Diedrich et al. (Hrsg.), Reproduktionsmedizin, 2013, Kap. 18, S. 215 (218).

[81] *Revermann/Hüsing*, Fortpflanzungsmedizin, 2011, S. 43.

[82] *Diedrich/Ludwig*, Überblick über die medizinischen Aspekte der Reproduktionsmedizin, in: BMG (Hrsg.), Fortpflanzungsmedizin für Deutschland, 2001, S. 32 f.

[83] *Wischmann*, Einführung Reproduktionsmedizin, 2012, S. 76.

[84] *Keck*, Kinderwunschbehandlung in der gynäkologischen Praxis, 2014, S. 261 f. Eingehend *Ebner/Diedrich*, In-vitro-Fertilisation und intrazytoplasmatische Spermieninjektion, in Diedrich et al. (Hrsg.), Reproduktionsmedizin, 2013, Kap. 18, S. 215 (220-222).

[85] *Kaiser* in G/T/K (Hrsg.), ESchG, 2. Aufl. 2014, A. IV. Rn. 193.

[86] *Ebner/Diedrich*, In-vitro-Fertilisation und intrazytoplasmatische Spermieninjektion, in Diedrich et al. (Hrsg.), Reproduktionsmedizin, 2013, Kap. 18, S. 215 (218).

[87] *Ebner/Diedrich*, In-vitro-Fertilisation und intrazytoplasmatische Spermieninjektion, in Diedrich et al. (Hrsg.), Reproduktionsmedizin, 2013, Kap. 18, S. 215 (222).

[88] Im Wortlaut: „(…) wer (…) es unternimmt, eine Eizelle zu einem anderen Zweck künstlich zu befruchten, als eine Schwangerschaft der Frau herbeizuführen, von der die Eizelle stammt."

C. Für die strafrechtliche Beurteilung relevante Bestimmungen

Die juristischen Fragestellungen zur Reproduktionsmedizin sind – gerade im Zusammenhang mit dem reproduktiven Reisen – Gegenstand zahlreicher Regelungsmaterien sowie Einzelbestimmungen und erweisen sich daher als äußert komplex.[89] Auch wenn die nachfolgende Untersuchung nur solche Regelungen im Blick hat, die sich (möglicherweise) auf die Strafbarkeit und ggf. die berufsrechtliche Verantwortlichkeit des Arztes, der in Deutschland an einer Kinderwunschbehandlung im Ausland mitwirkt, auswirken können, reduziert das den Umfang der Darstellung nur unmerklich. Eingang in die nachfolgende Darstellung finden dabei auch solche Normen, die erst auf den zweiten Blick eine potenzielle Auswirkung auf die strafrechtliche Beurteilung haben. Das beruht etwa darauf, dass die (denkbare)[90] Strafbarkeit der Patienten mitunter auch Auswirkungen auf die (denkbare)[91] strafrechtliche Verantwortlichkeit des im Inland agierenden Arztes haben kann.

Die Reihenfolge der dargestellten Normkomplexe richtet sich dabei nach der Normenhierarchie. Aufgrund ihres Geltungs- oder Anwendungsvorrangs für die strafrechtliche Beurteilung zu berücksichtigende Regelungswerke finden vorrangig Eingang in die Darstellungen.

I. Unionsrecht

1. Primäres Unionsrecht[92]

Der Vertrag über die Europäische Union in der Fassung des Vertrags von Lissabon (EUV) und der Vertrag über die Arbeitsweise der Europäischen Union (AEUV) sind als „Grundlage[n] der Union" nach Art. 1 Abs. 3 Satz 1 EUV Bestandteil des primä-

---

[89] *Hübner/Pühler* Der Gynäkologe 2018, 616; *dies.* MedR 2017, 929. BGH NJW 2017, 2348 (2350 Rz. 20): „(…) in dem besonders unübersichtlichen Bereich der rechtlichen Zulässigkeit einzelner Behandlungen zur künstlichen Befruchtung im europäischen Ausland (…)". *Kamps* spricht im Kontext der Fortpflanzungsmedizin von einem „Dickicht dieses beinahe undurchdringlichen Urwaldes.", MedR 1994, 339. Auch *Richter-Kuhlmann* DÄBl. 2018, A 1050: „Die Rechtslage stellt sich für die Rechtsanwender (…) als komplex, teilweise als unübersichtlich und inkongruent dar." Im Vorwort der neu geschaffenen Richtlinie zur Entnahme und Übertragung von menschlichen Keimzellen im Rahmen der assistierten Reproduktion heißt es: „[I]m Schnittfeld von (…) führt zu einer besonderen Komplexität dieses Fachgebietes", abrufbar unter https://www.bundesaerztekammer.de/fileadmin/user_upload/downloads/pdf-Ordner/RL/Ass-Reproduktion_Richtlinie.pdf, zuletzt aufgerufen am 1. Juni 2019. Neuerlich auch der 120. Deutsche Ärztetag in seinem Beschlussprotokoll Ib – 88, S. 2. Einen Überblick zu den Regelungen bietet *Ratzel* ReprodMed 2002, 199 (201 Tab. 1).

[90] Zu dieser Frage siehe Teil 3 § 7 C. III. 3. b).

[91] Zu dieser Frage siehe Teil 3 § 7 C. und D.

[92] Sekundäres Unionsrecht wird im Vorfeld der Dienstleistungsfreiheit unter bb) (1) diskutiert.

ren Unionsrechts. Ihr räumlicher Geltungsbereich wird durch Art. 52 EUV i. V. m. Art. 355 AEUV festgelegt. Nicht vom Unionsrecht erfasst ist damit das reproduktive Reisen außerhalb des räumlichen Geltungsbereichs, etwa in die USA.

Das primäre Unionsrecht bindet alle staatlichen Organe der jeweiligen Mitgliedsstaaten und damit auch die deutschen Strafgerichte.[93] Im Falle einer Kollision von nationalem Recht und primärem Unionsrecht genießt das Unionsrecht sog. Anwendungsvorrang,[94] d. h. das nationale (Straf-)Recht findet im konkreten Fall keine Anwendung, bleibt aber im Übrigen unberührt.[95] Aus der Sicht des Europäischen Gerichtshofs ergibt sich diese Vorrangstellung des primären Unionsrechts gegenüber dem nationalen Recht kraft Eigenständigkeit der Union und des durch sie gesetzten Unionsrechts, begründet auf Art. 288 AEUV.[96] Aus nationaler Sicht leitet das Bundesverfassungsgericht diesen Vorrang aus der verfassungsrechtlichen Ermächtigung in Art. 23 Abs. 1 Satz 2 GG ab.[97] Deutschland habe im Rahmen dieser Ermächtigung Hoheitsrechte auf die supranationale Einrichtung der Europäischen Union übertragen,[98] sodass der mögliche innerstaatliche Geltungs- oder Anwendungsvorrang einzig und allein aus dem entsprechenden innerstaatlichen Rechtsanwendungsbefehl resultiere.[99]

Wendet ein deutsches Strafgericht Strafrecht auf Fälle der Mitwirkungstätigkeit mit Auslandsbezug an, so ist zu fragen, ob primäres Unionsrecht zu berücksichtigen ist. Denn einer Berücksichtigung bedarf es nur, wenn überhaupt ein Kollisionsfall zwischen den Strafbestimmungen des EschG und dem Unionsrecht vorliegt. Ohne eine Kollision ist allein das nationale Recht maßgebend. In Betracht kommen Grundfreiheiten (unter a)) sowie einzelne Gewährleistungen der Charta der Grundrechte der Europäischen Union (unter b)).

a) Grundfreiheiten

Die unionalen Grundfreiheiten finden sich in den Art. 28 ff. AEUV.

---

[93] EuGH Rs. 103/88, Fratelli Costanzo, 1839 Rn. 31.
[94] Vertrag von Lissabon, Anhang, AEU 2008, Nr. C 115, S. 344; BVerfGE 123, 267 (398, 400) sowie BVerfGE 126, 286 (302); *Streinz*, Europarecht, 10. Aufl. 2016, § 3 Rn. 204.
[95] *Streinz*, Europarecht, 10. Aufl. 2016, § 3 Rn. 261.
[96] EuGH Rs. 6/64, Costa./. ENEL, Rn. 8, 9, 12.
[97] BVerfGE 123, 267 (397) – Lissabon; BVerfGE 73, 339 (374 f.) – Solange II.
[98] BVerfGE 22, 293 (296).
[99] *Streinz*, Europarecht, 10. Aufl. 2016, § 3 Rn. 224.

aa) Die Warenverkehrsfreiheit, Art. 28 f. AEUV[100]

Nach Art. 28 Abs. 1 AEUV umfasst die Union eine Zollunion, die sich auf den gesamten Warenaustausch erstreckt; sie beinhaltet mithin das Verbot, zwischen den Mitgliedsstaaten Ein- und Ausfuhrzölle und Abgaben gleicher Wirkung zu erheben, sowie die Einführung eines gemeinsamen Zolltarifs gegenüber dritten Ländern.

(1) Anwendungsbereich

Die Zollunion erstreckt sich sachlich auf den gesamten Warenaustausch.[101] Der AEUV selbst enthält keine Legaldefinition des Warenbegriffs, sodass der Konkretisierung durch den Europäischen Gerichtshof eine maßgebliche Bedeutung zukommt.[102] Waren sind demnach legal handelbare bewegliche Sachen, die einen Geldwert haben und Gegenstand von Handelsgeschäften sein können.[103] In Abgrenzung zur Dienstleistungsfreiheit stellt der Europäische Gerichtshof auf den Schwerpunkt der Leistung ab: Sofern die Ware nicht bloße Nebensache der Dienstleistung ist, ist sie eine Ware i. S. d. Art. 28 AEUV.[104]

Die Grundfreiheit der Warenverkehrsfreiheit ist gegenüber der unionsvertraglichen Dienstleistungsfreiheit vorrangig.[105] Das Recht des freien Warenverkehrs nach den Art. 34 ff. AEUV geht im Wege der Spezialität vor, da in jeder Ware eine Fülle von immateriellen „Dienst"-Leistungen vergegenständlicht ist.[106]

Der Embryo selbst überschreitet jedoch – anders als etwa im Bereich der internationalen Forschungstätigkeit – keine Landesgrenzen. Unabhängig davon, ob man den Embryo damit unter den Begriff der Ware im unionsrechtlichen Sinne fassen will, mangelt es jedenfalls am verkehrsspezifischen Element: der Grenzüberschreitung.

(2) Zwischenergebnis

Die Warenverkehrsfreiheit ist im Fall der inländischen Mitwirkung an Kinderwunschbehandlung im Ausland nicht einschlägig. Die Nichteröffnung hat keine Sperrwirkung auf die Einschlägigkeit anderer Grundfreiheiten.[107]

---

[100] Zur Untersuchung, ob und inwieweit das Stammzellgesetz die Grundfreiheiten des AEUV (vormals EGV) beeinträchtigt *Brewe*, Embryonenschutz und Stammzellgesetz, 2006, S. 270–281.
[101] *Kotzur* in Geiger/Khan/Kotzur (Hrsg.), EUV/AEUV, 6. Aufl. 2017, Art. 28 Rn. 4.
[102] *Kotzur* in Geiger/Khan/Kotzur (Hrsg.), EUV/AEUV, 6. Aufl. 2017, Art. 29 Rn. 16.
[103] *Kotzur* in Geiger/Khan/Kotzur (Hrsg.), EUV/AEUV, 6. Aufl. 2017, Art. 29 Rn. 16.
[104] *Kotzur* in Geiger/Khan/Kotzur (Hrsg.), EUV/AEUV, 6. Aufl. 2017, Art. 29 Rn. 16.
[105] *Kotzur* in Geiger/Khan/Kotzur (Hrsg.), EUV/AEUV, 6. Aufl. 2017, Art. 57 Rn. 2.
[106] *Kotzur* in Geiger/Khan/Kotzur (Hrsg.), EUV/AEUV, 6. Aufl. 2017, Art. 56 Rn. 1.
[107] Monographisch *Assenmacher*, Grenzüberschreitende Inanspruchnahme von Gesundheitsleistungen in der Europäischen Union: Patientenmobilität unter Geltung der Richtlinie 2011/24/EU, 2015, S. 44.

C. Für die strafrechtliche Beurteilung relevante Bestimmungen

bb) Die Dienstleistungsfreiheit, Art. 56 ff. AEUV

(1) Sekundärrecht: Die Dienstleistungsrichtlinie und die Patientenrechterichtlinie

Bevor die Frage aufgeworfen werden kann, ob die Verhaltensweisen in Bezug auf die Durchführung von Kinderwunschbehandlungen im Ausland der primärrechtlichen Dienstleistungsfreiheit des Art. 56 Abs. 1 AEUV unterfallen, ist vorab zu klären, ob nicht im sekundären Unionsrecht eine spezielle Regelung existiert, die die Fragen der Fortpflanzungsmedizin und die Mitwirkung daran im Zusammenhang mit dem reproduktiven Reisen gegenüber der primärrechtlichen Dienstleistungsfreiheit vorrangig regelt. Als einschlägig kommt neben der Dienstleistungsrichtlinie (unter α)) auch die Patientenrechterichtlinie (unter β)) in Betracht.

α) Die Dienstleistungsrichtlinie aus dem Jahre 2006

Eine Vorrangstellung der Dienstleistungsrichtlinie gegenüber der Dienstleistungsfreiheit ist insoweit zu erwägen, als die Dienstleistungsfreiheit durch die in Art. 17 der Dienstleistungsrichtlinie aufgeführten anderen sekundärrechtlichen Regelungen primärrechtskonform konkretisiert wird.[108] Seit dem Jahre 2006 existiert die Richtlinie über Dienstleistungen am Binnenmarkt[109] (kurz: DL-RL). Richtlinien sind gem. Art. 288 Abs. 2 AEUV sekundäres Unionsrecht. Durch die Dienstleistungsrichtlinie soll ein allgemeiner Rechtsrahmen für die Ausübung der Niederlassungs- und der Dienstleistungsfreiheit geschaffen werden.[110] In ihrem Anwendungsbereich genießt die Richtlinie gegenüber der primären Dienstleistungsfreiheit (Art. 56 ff. AEUV) Vorrang.[111]

Der Anwendungsbereich der Richtlinie erstreckt sich grundsätzlich auf alle Dienstleistungen, die von einem in einem Mitgliedsstaat niedergelassenen Dienstleister in einem anderen Mitgliedsstaat erbracht werden (Art. 2 Abs. 1 DL-RL).[112] Ausnahmen sind in Art. 2 Abs. 2 DL-RL sowie Art. 2 Abs. 3 DL-RL geregelt. Der Begriff der „Dienstleistung" ist in Art. 4 Abs. 1 DL-RL richtlinienspezifisch legaldefiniert. Er umfasst jede von Art. 50 EGV (jetzt: Art. 57 AEUV) erfasste selbstständige Tätigkeit, die in der Regel gegen Entgelt erbracht wird.[113] Ferner muss die Dienstleistung angeboten werden, wobei es regelmäßig genügt, dass die Dienstleis-

---

[108] *Streinz/Leible* in Schlachter/Ohler (Hrsg.), Europäische Dienstleistungsrichtlinie, 2008, Einl. Rn. 94.
[109] RL 2006/123/EG des Europäischen Parlaments und des Rates vom 12. Dezember 2006 (ABl. Nr. L 376/36).
[110] *Streinz/Leible* in Schlachter/Ohler (Hrsg.), Europäische Dienstleistungsrichtlinie, 2008, Einl. Rn. 67.
[111] *Streinz/Leible* in Schlachter/Ohler (Hrsg.), Europäische Dienstleistungsrichtlinie, 2008, Einl. Rn. 87.
[112] *Kotzur* in Geiger/Khan/Kotzur (Hrsg.), EUV/AEUV, 6. Aufl. 2017, Art. 56 Rn. 9.
[113] *Streinz/Leible* in Schlachter/Ohler (Hrsg.), Europäische Dienstleistungsrichtlinie, 2008, Art. 2 Rn. 4.

tung erbracht wird, obgleich die Erbringung keine Anwendungsvoraussetzung darstellt.[114] Unter den Begriff fällt daher auch die Durchführung einer Kinderwunschbehandlung im Ausland, die regelmäßig entgeltlich durchgeführt wird. Die Dienstleistungsrichtlinie gilt jedoch nicht für Dienstleistungen im Bereich des Gesundheitswesens (Art. 2 Abs. 2 lit. f DL-RL,[115] Erwägungsgrund 22),[116] denn es handelt sich bei diesen um einen Teil der nicht-wirtschaftlichen Dienste von allgemeinem Interesse.[117] Das gilt unabhängig davon, ob die Dienstleistung durch Einrichtungen der Gesundheitsversorgung erbracht wird, wie sie auf nationaler Ebene organisiert und finanziert ist und ob es sich um öffentliche oder private Dienstleistungen handelt.[118] Danach sind insbesondere die in einer Privatklinik erbrachten ärztlichen Leistungen vom Anwendungsbereich der Dienstleistungsrichtlinie ausgenommen,[119] wie es bei Kinderwunschbehandlungen im Ausland üblich ist. Die Methoden der Fortpflanzungsmedizin fallen als Teil des Gesundheitswesens nicht in den sachlichen Anwendungsbereich der Dienstleistungsrichtlinie.

Die Nichteröffnung des Anwendungsbereiches der Dienstleistungsrichtlinie übt allerdings keine Sperrwirkung auf die primärrechtliche Dienstleistungsfreiheit aus.[120] Daher kann mangels Anwendbarkeit der Dienstleistungsrichtlinie für die der Untersuchung zugrunde liegenden Verhaltensweisen auf das primäre Unionsrecht zurückgegriffen werden.

β) Die Patientenrechterichtlinie aus dem Jahre 2011

Auf den ersten Blick ist auch die Richtlinie über die Ausübung der Patientenrechte in der grenzüberschreitenden Gesundheitsversorgung[121] (kurz: Patientenrechte-RL) von Bedeutung. Ziel dieser Richtlinie ist nach ihrem Erwägungsgrund 1 die Sicherstellung eines hohen Gesundheitsschutzniveaus. Patienten sollen auf ihrer Grund-

---

[114] *Streinz/Leible* in Schlachter/Ohler (Hrsg.), Europäische Dienstleistungsrichtlinie, 2008, Art. 2 Rn. 5.

[115] Art. 2 Abs. 2: Diese Richtlinie findet auf folgende Tätigkeiten keine Anwendung: (…) f) Gesundheitsdienstleistungen, unabhängig davon, ob sie durch Einrichtungen der Gesundheitsversorgung erbracht werden, und unabhängig davon, wie sie auf nationaler Ebene organisiert und finanziert sind, und ob es sich um öffentliche oder private Dienstleistungen handelt.

[116] Erwägungsgrund 22: Der Ausschluss des Gesundheitswesens vom Anwendungsbereich dieser Richtlinie sollte Gesundheits- und pharmazeutische Dienstleistungen umfassen, die von Angehörigen eines Berufs im Gesundheitswesen gegenüber Patienten erbracht werden, um deren Gesundheitszustand zu beurteilen, zu erhalten oder wiederherzustellen, wenn diese Tätigkeiten in dem Mitgliedstaat, in dem die Dienstleistungen erbracht werden, einem reglementierten Gesundheitsberuf vorbehalten sind.

[117] *Kotzur* in Geiger/Khan/Kotzur (Hrsg.), EUV/AEUV, 6. Aufl. 2017, Art. 56 Rn. 9.

[118] BGH NJW 2017, 2348 (2350 Rz. 25).

[119] BGH NJW 2017, 2348 (2350 Rz. 25) mit Verweis auf BGH GRUR 2015, 813 und *Krames* in Schlachter/Ohler (Hrsg.), Europäische Dienstleistungsrichtlinie, 2008, Art. 2 Rn. 63.

[120] *Streinz*, EUV/AEUV, 3. Aufl. 2018, Art. 56 Rn. 14.

[121] Richtlinie 2011/24/EU des Europäischen Parlaments und des Rates vom 9. März 2011 (ABl. 2011, Nr. C 88/45); dazu *Assenmacher*, Grenzüberschreitende Inanspruchnahme von Gesundheits-

C. Für die strafrechtliche Beurteilung relevante Bestimmungen

lage grenzüberschreitende Gesundheitsdienstleistungen in Anspruch nehmen können (Art. 1 Abs. 1 sowie Erwägungsgründe 4 und 10) und zwar unabhängig davon, ob nach den innerstaatlichen Bestimmungen des Mitgliedsstaates deren Durchführung finanziell umfasst wird (Erwägungsgrund 11). Das soll die Patientenmobilität bei der Inanspruchnahme von Gesundheitsleistungen innerhalb der Europäischen Union ermöglichen. Die Richtlinie gilt mit Ausnahme der nicht einschlägigen Behandlungsformen des Art. 1 Abs. 3 ausweislich Art. 1 Abs. 2 für „jegliche Gesundheitsversorgung", und damit unabhängig davon, ob nach der Rechtsordnung des jeweiligen Mitgliedsstaates eine (Mit-)Finanzierung erfolgt. Dem Begriff der „Gesundheitsversorgung" unterfallen nach Art. 3 lit. a Gesundheitsdienstleistungen, die von Angehörigen der Gesundheitsberufe gegenüber Patienten erbracht werden, um deren Gesundheitszustand zu beurteilen, zu erhalten oder wiederherzustellen (...). Grenzüberschreitend ist eine solche Gesundheitsversorgung nach Art. 3 lit. e, wenn sie in einem anderen Mitgliedsstaat als dem Versicherungsmitgliedsstaat erbracht (...) wird. Damit unterfallen dem Anwendungsbereich der Richtlinie alle Gesundheitsdienstleistungen, die von Angehörigen der Gesundheitsberufe in einem anderen Mitgliedsstaat als dem Versicherungsmitgliedsstaat erbracht werden. Die Richtlinie gilt damit auch für die Inanspruchnahme medizinischer Leistungen im Ausland, insbesondere solcher der Fortpflanzungsmedizin.

Die Strafbestimmungen des EschG verbieten es den Patienten jedoch nicht,[122] in ein anderes europäisches Land zu reisen, um dort eine in Deutschland verbotene Kinderwunschbehandlung nachzufragen oder an sich durchführen zu lassen.[123] Die zu untersuchenden Straftatbestände stellen damit jedenfalls keinen Eingriff in den gegenständlichen Schutzbereich dieser Richtlinie dar.

Dass ihr Anwendungsbereich eröffnet ist, hat keine Sperrwirkung auf die weitergehende primärrechtliche Dienstleistungsfreiheit. Es handelt sich nicht um eine abschließende Rechtsharmonisierung durch sekundäres Unionsrecht. Auf das Primärrecht darf mithin als Prüfungsmaßstab zurückgegriffen werden.[124]

---

leistungen in der Europäischen Union: Patientenmobilität unter Geltung der Richtlinie 2011/24/EU, 2015, sowie *Soytürk*, Grenzüberschreitende Gesundheitsversorgung im Lichte der EuGH-Rechtsprechung und der Patientenrichtlinie, 2012.

[122] Anders etwa die Rechtslage in der Türkei und in einigen Staaten Australiens, dazu *van Hoof/Pennings* European Journal of Health Law 2012, 187. Die Türkei verbietet etwa die Auslandsreise zum Zwecke einer Keimzellspende, die nämlichen Staaten Australiens die kommerzielle Ersatzmutterschaft („Surrogacy Bill 2010") in New South Wales, dazu *van Hoof/ Pennings*, Reproductive Biomedicine Online 23 (2011), 546. Eine Beschränkung kann entweder darin bestehen, dass die Patienten bereits an der Reise selbst gehindert werden oder ihr Verhalten nach Durchführung der Auslandsbehandlung und Rückkehr sanktioniert wird.

[123] Die Erstreckung der früher erwogenen Strafbewehrung der künstlichen Insemination auf Auslandstaten wurde im Jahre 1959 diskutiert, dazu *Eser* FS Jescheck, 1353 (1370).

[124] Bereits *Assenmacher*, Grenzüberschreitende Inanspruchnahme von Gesundheitsleistungen in der Europäischen Union: Patientenmobilität unter Geltung der Richtlinie 2011/24/EU, 2015, S. 44.

(2) Die primärrechtliche Dienstleistungsfreiheit

In Betracht kommt die Dienstleistungsfreiheit als unionsrechtlich gewährleistete Grundfreiheit.[125]

α) Tatbestandliche Voraussetzungen

Nach Art. 56 Abs. 1 AEUV sind Beschränkungen des freien Dienstleistungsverkehrs innerhalb der Union für Angehörige der Mitgliedsstaaten, die in einem anderen Mitgliedstaat als demjenigen des Leistungsempfängers ansässig sind, nach Maßgabe der Art. 57 ff. AEUV verboten. Art. 56 AEUV begründet im Hinblick auf die grenzüberschreitende Dienstleistung ein unmittelbar anwendbares subjektives Recht.[126] Die Dienstleistungsfreiheit dient wie die übrigen Grundfreiheiten dazu, den Binnenmarkt innerhalb der Union zu verwirklichen, Art. 26 Abs. 2 AEUV.

In persönlicher Hinsicht setzt die primärrechtliche Dienstleistungsfreiheit voraus, dass es sich bei der betroffenen Person um einen Unionsbürger handelt. Unionsbürger ist nach Art. 20 Abs. 1 Satz 2 AEUV, wer die Staatsangehörigkeit eines Mitgliedstaats besitzt. Zugunsten von Personen, die die Unionsbürgerschaft nicht besitzen, kann der Schutz der Art. 56 ff. AEUV aus personenbezogenen Gründen bereits nicht greifen. Vorausgesetzt wird im Folgenden, dass der inländische Arzt und die Patienten Unionsbürger sind.

Der gegenständliche Anwendungsbereich wird durch Art. 57 AEUV unionsautonom festgelegt.

Art. 57 AEUV lautet auszugsweise:

Dienstleistungen im Sinne der Verträge sind Leistungen, die in der Regel gegen Entgelt erbracht werden (…)
  Als Dienstleistungen gelten insbesondere:
  (…)
  d) freiberufliche Tätigkeiten.

Der Begriff der Dienstleistung in diesem, auf die Teilnahme am Wirtschaftsleben hin ausgerichteten Sinn bezeichnet eine erwerbswirtschaftlich erbrachte Leistung, soweit sie nicht den Bestimmungen über den Warenverkehr, den Kapitalverkehr und die Freizügigkeit der Personen unterliegt.[127] Sie muss in Abgrenzung zur Arbeitnehmerfreizügigkeit (Art. 45 ff. AEUV) selbstständig erfolgen[128] und regelmäßig gegen Entgelt erbracht werden. Letzteres setzt voraus, dass die Leistung erwerbswirtschaftlicher Natur ist.[129] Auch entgeltliche medizinische Leistungen unterfallen dem Anwendungsbereich der Bestimmungen über den freien Dienstleistungsver-

---

[125] LG Berlin BeckRS 2008, 25853 noch zu den Vorgängerbestimmungen (ex-)Art. 49, 50 EGV.
[126] *Streinz*, EUV/AEUV, 3. Auflage 2018, Art. 56 Rn. 13.
[127] *Kotzur* in Geiger/Khan/Kotzur (Hrsg.), EUV/AEUV, 6. Aufl. 2017, Art. 57 Rn. 2.
[128] *Kotzur* in Geiger/Khan/Kotzur (Hrsg.), EUV/AEUV, 6. Aufl. 2017, Art. 57 Rn. 5.
[129] *Kotzur* in Geiger/Khan/Kotzur (Hrsg.), EUV/AEUV, 6. Aufl. 2017, Art. 57 Rn. 6.

C. Für die strafrechtliche Beurteilung relevante Bestimmungen

kehr,[130] und zwar unabhängig von der Frage, ob der Patient nach erfolgter Behandlung die Übernahme der Behandlungskosten durch einen nationalen Gesundheitsdienst beantragen kann.[131] Die Vornahme einer medizinisch unterstützen Fortpflanzung im Ausland ist als zahlungspflichtige und damit entgeltliche medizinische Leistung vom Begriff der Dienstleistung in Art. 57 AEUV umfasst, und zwar ungeachtet der Tatsache, dass letztlich keine (Mit-)Finanzierung durch die deutschen Krankenkassen erfolgt.[132] Daneben sind auch alle weiteren Verhaltensweisen im Zusammenhang mit der Behandlung erfasst, etwa die Beratung und die Vermittlungstätigkeit, wenn sie gegen Entgelt erbracht werden.

Ein ungeschriebenes Tatbestandsmerkmal ist das verkehrsspezifische Element, also der grenzüberschreitende Sachverhalt. Die Dienstleistung muss zwingend einen Bezug zum Binnenmarkt aufweisen.[133] Leistungserbringer und Leistungsempfänger müssen daher in unterschiedlichen Mitgliedsstaaten ansässig sein.[134] Die Dienstleistungen müssen mithin innerhalb des Unionsgebietes erbracht werden und damit grenzüberschreitenden Charakter haben.[135] Diese Frage kann nur sinnvoll in Zusammenschau mit der Frage um die Schutzdimension der Dienstleistungsfreiheit beantwortet werden, da sie von deren Ausprägung abhängt. Es kommt also entscheidend darauf an, wer oder was die Landesgrenze überschreitet.

β) Schutzdimensionen

Die unionale Dienstleistungsfreiheit weist unterschiedliche Schutzdimensionen auf.

Die Art. 56 ff. AEUV dienen der Sicherung grenzüberschreitender Dienstleistungen innerhalb des Unionsgebietes im Rahmen einer selbstständigen Erwerbstätigkeit.[136] Die Dienstleistungsfreiheit ergänzt die wirtschaftliche Betätigungsfreiheit in Bezug auf Tätigkeiten, die ohne Niederlassung in einem anderen Mitgliedsstaat erbracht werden.[137]

αα) **Aktive Dienstleistungsfreiheit** Nach dem Wortlaut des Art. 57 Satz 3 AEUV[138] ist nur die aktive Dienstleistungsfreiheit vom Schutzbereich umfasst. Sie kennzeichnet, dass der Leistungserbringer die Landesgrenze überschreitet und in

---

[130] EuGH C Rs. 173/09, Elchinov, Rn. 36.
[131] *Kotzur* in Geiger/Khan/Kotzur (Hrsg.), EUV/AEUV, 6. Aufl. 2017, Art. 57 Rn. 6.
[132] Zur Finanzierungsfrage siehe Teil 1 § 2 B. II. 2.
[133] *Kotzur* in Geiger/Khan/Kotzur (Hrsg.), EUV/AEUV, 6. Aufl. 2017, Art. 57 Rn. 7.
[134] *Kotzur* in Geiger/Khan/Kotzur (Hrsg.), EUV/AEUV, 6. Aufl. 2017, Art. 56 Rn. 4.
[135] *Kotzur* in Geiger/Khan/Kotzur (Hrsg.), EUV/AEUV, 6. Aufl. 2017, Art. 56 Rn. 1, 57 Rn. 7 sowie *Classen* EuR 2004, 417 ff.
[136] *Kotzur* in Geiger/Khan/Kotzur (Hrsg.), EUV/AEUV, 6. Aufl. 2017, Art. 56 Rn. 1.
[137] *Kotzur* in Geiger/Khan/Kotzur (Hrsg.), EUV/AEUV, 6. Aufl. 2017, Art. 56 Rn. 1.
[138] Im Wortlaut (Auszug): Unbeschadet des Kapitels über die Niederlassungsfreiheit kann der Leistende zwecks Erbringung seiner Leistungen (…)

einem anderen europäischen Land seine Leistung erbringt.[139] Der Inlandsarzt als Dienstleistungserbringer überschreitet jedoch nicht die Landesgrenzen. In der Ausprägung der aktiven Dienstleistungsfreiheit mag der Anwendungsbereich der Art. 56 ff. AEUV somit nicht eröffnet sein.

Die Dienstleistungsfreiheit hat jedoch weitere Schutzdimensionen.

Neben die Schutzdimension der aktiven Dienstleistungsfreiheit tritt die Korrespondenzdienstleistung.

ββ) **Korrespondenzdienstleistung** Es ist anerkannt, dass der Schutzbereich des Art. 56 Abs. 1 AEUV auch den Fall erfasst, dass nur die Dienstleistung die Grenze überschreitet, sog. Korrespondenzdienstleistung.[140] Die Dienstleitung wird gleichsam als Produkt übermittelt.[141] Eines Grenzübertrittes *in persona* bedarf es – im Gegensatz zur aktiven Dienstleistungsfreiheit – gerade nicht.[142]

Vorstellbar ist ein solches „Überschreiten der Dienstleistung" allenfalls in Form der Durchführung einer hormonellen Vorbehandlung. Denn lediglich in diesem Fall war die Dienstleistung ursprünglich „verkörpert". Ihr Empfänger ist jedoch nicht der im Ausland behandelnde Arzt, sondern die Patientin im Inland, welche die Dienstleistung, die hormonelle Vorbehandlung, gleichsam als Person „transportiert". Die Grenzüberschreitung selbst geschieht allein durch den Träger des Wirkstoffs, nicht durch den Wirkstoff selbst. Es mangelt daher bereits am verkehrsspezifischen Element des grenzüberschreitenden Sachverhaltes: dem Überschreiten der Landesgrenzen durch die Dienstleistung.[143]

γγ) **Passive Dienstleistungsfreiheit** Daneben ist auch die passive Dienstleistungsfreiheit anerkannt.[144] Deren Anwendungsbereich könnte insofern eröffnet sein, als die Patienten sich in das Ausland begeben, um dort eine Kinderwunschbehandlung an sich durchführen zu lassen. Die Dienstleistungsfreiheit umfasst auch die Freiheit, dass lediglich der Leistungs*empfänger* in das europäische Ausland reist und dort die Dienstleistung in Anspruch nimmt, sog. passive Dienstleistungsfreiheit,[145] insbesondere, wenn ein Patient sich im Ausland einer medizinischen Behandlung

---

[139] *Streinz*, Europarecht, 10. Aufl. 2016, § 11 Rn. 944.
[140] *Streinz*, Europarecht, 10. Aufl. 2016, § 11 Rn. 944.
[141] *Kotzur* in Geiger/Khan/Kotzur (Hrsg.), EUV/AEUV, 6. Aufl. 2017, Art. 57 Rn. 10.
[142] *Kotzur* in Geiger/Khan/Kotzur (Hrsg.), EUV/AEUV, 6. Aufl. 2017, Art. 56 Rn. 4.
[143] *Streinz*, EUV/AEUV, 3. Aufl. 2018, Art. 56 Rn. 14, 31 ff.
[144] Hierzu hat sich die Rechtsprechung bereits Ende 2008 geäußert: LG Berlin BeckRS 2008, 25853 noch zu den Vorgängerbestimmungen (ex-)Art. 49, 50 EGV.
[145] *Streinz*, Europarecht, 10. Aufl. 2016, § 11 Rn. 944; *Kotzur* in Geiger/Khan/Kotzur (Hrsg.), EUV/AEUV, 8.Aufl. 2017, Art. 56 Rn. 3, Art. 57 Rn. 9. Für die Inanspruchnahme einer medizinischen Behandlung in Form der Eizellspende bestätigt das nun BGH NJW 2017, 2348 (2350 Rz. 27) mit Verweis auf EuGH EuZW 2010, 907 Rn. 37 zu Art. 49 EGV und EuGH NJW 1984, 1288 Rn. 10 zu Art. 59 EWGV.

unterzieht.[146] Würde dieses Verhalten durch die Regelungen des ESchG beeinträchtigt, so hätte das auch Auswirkungen auf die strafrechtliche Beurteilung der Mitwirkungshandlungen des Arztes im Inland. Denn dessen Strafbarkeit hängt auch von der Strafbarkeit der Patienten ab. Bezüglich dieser Schutzdimension ist der grenzüberschreitende Sachverhalt gegeben, da die Patienten die Landesgrenze überschreiten.

γ) Eingriff

Allerdings bedarf es eines Eingriffs in den Schutzbereich der Dienstleistungsfreiheit. Dieser Eingriff kann in Gestalt einer Diskriminierung oder einer allgemeinen Beschränkung vorliegen.

αα) Diskriminierung Zunächst kommt ein Eingriff in Form einer (offenen oder verdeckten) Diskriminierung in Betracht. Der Dienstleistungserbringer darf nicht aus Gründen der Staatsangehörigkeit gegenüber den Staatsangehörigen des Bestimmungsstaates diskriminiert werden, sog. Gebot der Inländergleichbehandlung.[147] Selbiges gilt für die Dienstleistungsempfänger.[148] Ein Eingriff durch eine Diskriminierung der Patienten als Dienstleistungsempfänger scheidet aus, da die Straftatbestände des ESchG weder ausdrücklich (offen) noch faktisch (verdeckt) nach der Staatsangehörigkeit des Leistungsempfängers differenzieren.[149] Sie gelten gleichermaßen für Deutsche wie für Nichtdeutsche („wer").

ββ) Beschränkung Darüber hinaus schützt Art. 56 Abs. 1 AEUV ausweislich seines Wortlauts auch vor nichtdiskriminierenden, unterschiedslos geltenden Beschränkungen (umfassendes Beschränkungsverbot).[150] Neben die gleichheitsrechtliche tritt somit eine freiheitsrechtliche Schutzdimension. Unter den Begriff der Beschränkung fallen nach der vom EuGH aus der zur Warenverkehrsfreiheit entwickelten *Keck*-Formel, der für die Dienstleistungsfreiheit fortentwickelten *Van Binsbergen*-Formel[151] „alle Anforderungen, die (…) geeignet sind, die Tätigkeiten des Leistenden [hier: des Leistungsempfängers, der Patienten] zu unterbinden oder zu behindern".[152] Insbesondere sämtliche Beschränkungen, die, obwohl sie unterschiedslos gelten, geeignet sind, den Empfänger der Dienstleistung davon abzuhalten, bei in anderen Mitgliedsstaaten ansässigen Dienstleistungserbringern eine

---

[146] *Kotzur* in Geiger/Khan/Kotzur (Hrsg.), EUV/AEUV, 6. Aufl. 2017, Art. 57 Rn. 9.
[147] EuGH Rs. 33/74, Van Binsberge ./.Bedriifsvereniging Metaalnijverheid, 1299.
[148] *Kotzur* in Geiger/Khan/Kotzur (Hrsg.), EUV/AEUV, 6. Aufl. 2017, Art. 57 Rn. 13.
[149] Ausdrücklich für die Fremdeizellspende verneint der BGH eine Diskriminierung, BGH NJW 2017, 2348 (2351 Rz. 29). LG Berlin BeckRS 2008, 25853 noch zu den Vorgängerbestimmungen (ex-)Art. 49, 50 EGV.
[150] *Kotzur* in Geiger/Khan/Kotzur (Hrsg.), EUV/AEUV, 6. Aufl. 2017, Art. 57 Rn. 14.
[151] EuGH Rs. 33/74, Van Binsberge ./ Bedriifsvereniging Metaalnijverheid.
[152] EuGH Rs. 33/74, Van Binsberge ./ Bedriifsvereniging Metaalnijverheid.

Dienstleistung nachzufragen.[153] Die Strafbestimmungen des ESchG untersagen es den Patienten jedoch nicht, in ein anderes europäisches Land zu reisen, um dort eine in Deutschland verbotene Kinderwunschbehandlung nachzufragen oder an sich durchführen zu lassen. Eine (rechtfertigungsbedürftige) Beeinträchtigung der passiven Dienstleistungsfreiheit ist daher ebenfalls nicht gegeben.

δ) Zwischenergebnis

Letztlich besteht unter keinem rechtlichen Gesichtspunkt eine Kollision zwischen den Strafbestimmungen des ESchG und der unionsrechtlich gewährleisteten Dienstleistungsfreiheit.

b) Die Charta der Grundrechte der Europäischen Union

Die in der Charta verbürgten Rechte sind seit dem Vertrag von Lissabon[154] nach Art. 6 Abs. 1 EUV von der Union anerkannt und gemäß Art. 6 Abs. 1 Halbsatz 2 EUV den Verträgen rechtlich gleichrangig gestellt.[155] Die Charta ist damit Teil des unionalen Primärrechts.[156] Für Deutschland als Mitgliedsstaat gilt die Charta der Grundrechte (EU-GRCh) nach ihrem Art. 52 Abs. 1. Zudem ist anerkannt, dass bestimmte Gewährleistungen, die für die medizinisch unterstützte Fortpflanzung relevant sind, etwa die Menschenwürde (Art. 1 EU-GRCh) oder Bestimmungen zur Biomedizin (Art. 3 Abs. 2 EU-GRCh), im Grundrechtskatalog der Charta aufgeführt sind.[157] Die Charta findet jedoch ausweislich ihres Art. 51 Abs. 1 Satz 1 für die Mitgliedsstaaten *ausschließlich bei der Durchführung des Rechts der Union* Anwendung. Im Bereich der Fortpflanzungsmedizin führt Deutschland allerdings kein Recht der Europäischen Union im Sinne der Grundrechtcharta durch.[158] Vielmehr wenden die deutschen Strafgerichte, insbesondere mit dem ESchG, ausschließlich nationales Recht an.

---

[153] *Kotzur* in Geiger/Khan/Kotzur (Hrsg.), EUV/AEUV, 6. Aufl. 2017, Art. 57 Rn. 14. Nun bestätigt durch BGH NJW 2017, 2348 (2350 Rz. 27), der jedoch für den Fall der Versagung des Versicherungsschutzes (Versicherungsbedingung) für die Durchführung einer Fremdeizellspende in einem Land, in welchem sie nicht verboten ist, eine Beschränkung der Dienstleistungsfreiheit jedenfalls für gerechtfertigt erachtet, Rz. 27 ff.
[154] In Kraft seit dem 1. Dezember 2009.
[155] *Streinz*, Europarecht, 10. Aufl. 2016, § 3 Rn. 88, § 10 Rn. 750.
[156] *Streinz*, Europarecht, 10. Aufl. 2016, § 5 Rn. 450.
[157] Etwa Art. 1 „Würde des Menschen", Art. 2 Abs. 1 „Recht auf Leben", Art. 3 Abs. 2 zweiter Spiegelstrich „Verbot eugenischer Praktiken, wie der Selektion von Personen im Rahmen von Medizin und Biologie", Art. 7 „Privat- und Familienleben" sowie Art. 9 „Recht, eine Familie zu gründen".
[158] Dazu nur *Lindner*, Verfassungsrechtliche Aspekte eines Fortpflanzungsmedizingesetzes, in Rosenau (Hrsg.), Ein zeitgemäßes Fortpflanzungsmedizingesetz für Deutschland, 2012, S. 127. Auch *Gassner et al.*, AME-FMedG, 2013, S. 25 f.

2. Teilergebnis zu I.

Zu konstatieren ist, dass das primäre Unionsrecht – sei es in Form der Dienstleistungsfreiheit oder der EU-Grundrechtecharta – bei der strafrechtlichen Bewertung der Mitwirkung des Mediziners nicht relevant ist. Daneben hat auch das sekundäre Unionsrecht, namentlich die Dienstleistungsrichtlinie sowie die Richtlinie über die Inanspruchnahme grenzüberschreitender Dienstleistungen, keine Auswirkungen.

II. Nationales Verfassungsrecht: Die Grundrechte[159]

Im Gegensatz zum Unionsrecht spielt das deutsche Verfassungsrecht als normativer Begründungsansatz und zugleich als wesentliche Schranke des Strafrechts eine tragende Rolle für die strafrechtliche Bewertung.[160] Die verfassungsrechtliche Dimension der Thematik um die rechtliche Zulässigkeit bestimmter Methoden der Kinderwunschbehandlung darf nicht unterschätzt werden. Von maßgebender Bedeutung sind die in den Grundrechten verfassungsrechtlich verbürgten Verhaltensformen. Denn die Grundrechte binden alle staatliche Gewalt, mitunter auch den Strafrichter bei der rechtlichen Bewertung des Sachverhaltes, Art. 1 Abs. 3, 20 Abs. 3 Halbsatz 2 GG. Gerade die Fortpflanzungsmedizin ist ein höchst grundrechtssensibler Bereich.

Schon bei der Entwicklung des ESchG und seiner einzelnen Bestimmungen hob der Gesetzgeber die Bedeutung der Grundrechte im Kontext fortpflanzungsmedizinischer Maßnahmen hervor.[161] So lautet es in der amtlichen Begründung: „Bei seiner Abwägung wird der Gesetzgeber vor allem der Wertentscheidung des Grundgesetzes zugunsten der Menschenwürde und des Lebens Rechnung zu tragen haben."[162] Die Ausführungen bringen überdies nützliche Anhaltspunkte für die Feststellung, welche Verfassungsgüter im Einzelnen beeinträchtigt werden oder beeinträchtigt zu werden drohen.

---

[159] Dazu die Beiträge von *Starck* JZ 2002, 1065 ff., *Merkel* ZfL 2008, 38 ff. und *Lindner*, Verfassungsrechtliche Aspekte eines Fortpflanzungsmedizingesetzes, in Rosenau (Hrsg.), Ein zeitgemäßes Fortpflanzungsmedizingesetz für Deutschland, 2012, S. 127 ff. Umfassend die Untersuchung zur Verfassungsmäßigkeit bestimmter Verbote des ESchG: *Müller-Terpitz*, Das Recht auf Fortpflanzung – Vorgaben der Verfassung und der EMRK, in Frister/Olzen (Hrsg.), Reproduktionsmedizin: Rechtliche Fragestellungen, 2010, S. 9 ff.

[160] Umfassend hierzu: *Lindner*, Verfassungsrechtliche Aspekte eines Fortpflanzungsmedizingesetz, in Rosenau (Hrsg.), Ein zeitgemäßes Fortpflanzungsmedizingesetz für Deutschland, 2012, S. 127.

[161] Dazu auch *K.H. Möller*, Rechtliche Regelung der Reproduktionsmedizin in Deutschland, in Diedrich et al. (Hrsg.), Reproduktionsmedizin, Kap. 48, S. 583 (585). *Keller* nennt es ein „Spannungsfeld zentral berührter Grundrechte", MedR 1988, 59 (60).

[162] BT-Drucks. 11/5460, 6.

Dabei gilt es, die Bestimmungen des ESchG unter dem Gesichtspunkt der Freiheitsgrundrechte (unter 1.), aber auch unter gleichheitsrechtlichen Aspekten (unter 2.) kurz zu beleuchten.[163]

1. Freiheitsgrundrechte

a) Betroffene Grundrechtsträger

Eingangs ist zwischen den betroffenen Grundrechtsträgern zu differenzieren:

aa) Das noch zu erzeugende Kind[164]

Durch die Methoden der medizinisch unterstützen Fortpflanzung könnten das Grundrecht auf körperliche Unversehrtheit und Leben, Art. 2 Abs. 2 Satz 1 GG, sowie das Kindeswohl, das Bestandteil des Allgemeinen Persönlichkeitsrechts (Art. 1 Abs. 1 i. V. m. Art. 2 Abs. 1 GG) ist,[165] betroffen sein. Der Schutzauftrag hinsichtlich der grundgesetzlichen Würde- und Lebensgarantie zugunsten des pränidativen Lebens ist für das Tätigwerden des Gesetzgebers bei der Schaffung des ESchG handlungsleitend gewesen.[166] Es handelt sich beim Grundrechtsschutz noch nicht existenter Wesen um sog. vorwirkende Maßnahmen, um einen effektiven Schutz zu gewährleisten.[167]

Das Kernproblem liegt dabei in der Anerkennung des verfassungsrechtlichen Status des *in vitro* erzeugten menschlichen Embryos begründet.[168]

---

[163] Zum Verbot der Eizellspende siehe jüngst Taupitz NJW 2019, 337 (340).

[164] *Kreß* spricht in diesem Zusammenhang von „vorwirkenden Rechte[n] von Kindern" in Der Gynäkologe 2018, 627 (628), will dabei aber bereits den präkonzeptionellen Embryo erfasst sehen und spricht von „hypothetischer Geburt".

[165] BVerfG NJW 1989, 519 (520). Teilweise wird es aus Art. 6 Abs. 2 GG abgeleitet, so *Velte*, Die postmortale Befruchtung im deutschen und spanischen Recht, 2015, S. 74.

[166] BT-Drucks. 11/5460, 6.

[167] *Müller-Terpitz*, Der Schutz des pränatalen Lebens, 2007, S. 106 f.

[168] *Gassner et al.*, AME-FMedG, 2013, S. 38: „[L]etztlich unlösbare[s] Problem". Anschaulich der Beitrag von *Kollek*, Der moralische Status des Embryos: Eine interdisziplinäre Perspektive, in BMG (Hrsg.), Fortpflanzungsmedizin in Deutschland, 2001, S. 47–51 sowie die Beiträge von *Beier*, Zum Status des menschlichen Embryos *in vitro* und *in vivo* vor der Implantation, S. 52–66 (Illustration der embryonalen Entwicklung in vitro), *Frommel*, Status des Embryos: Juristische Aspekte, S. 67–75 und *Koch*, Der Status von Embryonen im europäischen Rechtsvergleich, in Frister/Olzen (Hrsg.), Reproduktionsmedizin: Rechtliche Fragestellungen, 2010, S. 27 ff. Zur eugenischen Debatte auch *Braun, K.*, Menschenwürde und Biomedizin, 2000. Mancher spricht in diesem Bereich von einem „geradezu inflationäre[n] Gebrauch des Begriffs der Menschenwürde", so *Koch* Aus Politik und Zeitgeschichte B 27/2001, 44 (46). Jüngst ähnlich *Frommel* GesR 2018, 413 (415).

C. Für die strafrechtliche Beurteilung relevante Bestimmungen

(1) Menschenwürde, Art. 1 Abs. 1 GG

Mit der Diskussion um die Anerkennung des verfassungsrechtlichen Status des Embryos geht die Frage einher, ob die Durchführung fortpflanzungsmedizinischer Techniken am Embryo *in vitro* dessen Menschenwürde verletzen kann.[169] Hierbei reichen die Auffassungen[170] von einer völligen Aberkennung der Grundrechtsfähigkeit des pränidativen Embryos[171] über die Zubilligung der Menschenwürdeträgerschaft ab der Entstehung des Embryos[172] bis hin zur völligen Anerkennung der Grundrechtsträgerschaft im Zeitpunkt der Imprägnation der Eizelle.[173] Einig ist man sich lediglich darin, dass weder der männlichen noch der weiblichen Keimzelle an sich die Menschenwürde zuzusprechen ist.[174]

Das Grundgesetz selbst schweigt dazu.[175] Das Bundesverfassungsgericht als „Sprachorgan des Grundgesetzes" hat eine Entscheidung darüber, ob menschliches Leben mit der Verschmelzung von Ei- und Samenzelle entsteht, ausdrücklich offengelassen[176] und lediglich dem Embryo *in vivo* ab dem 14. Tag nach der Befruchtung

---

[169] Umfassend mit der Frage des verfassungsrechtlichen Status des Embryos *in vitro* befasst sich der Beitrag von *Ipsen* in JZ 2001, 989 ff sowie monographisch *Vogt*, Methoden der künstlichen Befruchtung: <<Dreierregel>> versus <<Single Embryo Transfer>>, 2008, S. 92 f.

[170] *Müller-Terpitz* spricht von einem „fundamentalen Dissens über den Status des Embryos in vitro", in ZRP 2016, 51.

[171] So *Schlüter*, die sowohl in der imprägnierten Eizelle als auch im Embryo selbst eine Sache im Sinne des § 90 BGB sieht, denn nur die Annahme der Sachqualität decke sich mit dem verfassungsrechtlichen Status als „Nochnichtgrundrechtsträger", in: Schutzkonzepte für menschliche Keimbahnzellen in der Fortpflanzungsmedizin, 2008, S. 144. Vergleichbar dem Vorschlag für das Unwort des Jahres 2002, nach dem der menschliche Embryo von Biotechnikern als bloßer „Zellhaufe" bezeichnet wurde. *Merkel* geht sogar noch weiter und will dem menschlichen Wesen erst nach der Geburt mit Erlangung der Befähigung zur Erlebensfähigkeit die Menschenwürde zuerkennen, in JZ 1999, 502 (508) und ZfL 2008, 38 (42).

[172] *Taupitz* in G/T/K (Hrsg.), ESchG, 2. Aufl. 2014, C. II. § 1 Abs. 1 Nr. 2 Rn. 1. Es soll dann neben den Lebensschutz aus Art. 2 Abs. 2 Satz 1 GG die Menschenwürde aus Art. 1 Abs. 1 GG treten.

[173] So etwa *Küpker*, Regulation der Reproduktionsmedizin im europäischen Vergleich, in Diedrich et al. (Hrsg.), Reproduktionsmedizin, 2013, Kap. S. 631 (636). Dagegen *Müller-Terpitz*, Der Schutz pränatalen Lebens, 2007, S. 249 ff. Unklar *Kamps* MedR 1994, 339 (340), der die Menschenwürde auf den Zeitpunkt der Entstehung „des Lebens von Beginn an" erstreckt, aber nicht sagt, wann Leben in diesem Sinne entsteht. Im späteren Verlauf des Beitrages dann aber „dem Embryo schon zum Zeitpunkt der Verschmelzung von Ei- und Samenzelle Menschenwürde nach Art. 1 Abs. 1 GG" einräumt, im Weiteren allerdings offenlässt, ob er damit das 2-PN-Stadium bezeichnet oder das Stadium mit diploidem Chromosomensatz, 339 (341). Das 2-PN-Stadium will *Müller-Terpitz* explizit aus dem verfassungsrechtlichen Schutz ausklammern, in: Der Schutz des pränatalen Lebens, 2007, S. 249 ff.

[174] A.A. nur *Starck* in seinem gemeinsam mit *Coester-Waltjen* verfassten Gutachten zum 56. Deutschen Juristentag 1986 in: Ständige Deputation des DJT, A-17, wenn er bereits die unbefruchtete Eizelle dem Menschenwürdeschutz unterstellen möchte.

[175] *Limbeck*, Embryonenschutzgesetz und Forschung an menschlichen Stammzellen, 2006, S. 171.

[176] BVerfGE 88, 203 (251 f.). Das BVerfG musste dies nicht entscheiden, da nicht die Reichweite einzelner Grundrechte Verfahrensgegenstand war, sondern ein abstraktes Normenkontrollverfahren.

(Nidation) Grundrechtsschutz zugebilligt.[177] Der Europäische Gerichtshof hingegen vertritt die Auffassung, dass bereits der befruchteten Eizelle Menschenwürde zukommt.[178]

Zwar enthält das EschG im Hinblick auf seinen zeitlichen Anwendungsbereich in seinem § 8 Abs. 1 eine gesetzliche Begriffsbestimmung, wonach ein Embryo im Sinne des EschG erst mit der befruchteten, entwicklungsfähigen menschlichen Eizelle ab dem Zeitpunkt der Kernverschmelzung vorliegt. Jedoch handelt es sich bei Art. 1 Abs. 1 GG nicht um ein sog. normgeprägtes Grundrecht, bei dem das Verfassungsrecht durch das einfache Recht ausgestaltet wird,[179] sodass das EschG als einfaches Recht nicht herangezogen werden kann, um die zeitlichen Grenzen des Schutzbereichs des Art. 1 Abs. 1 GG als „Quasi-Inhalts- und Schrankenbestimmung"[180] auszugestalten oder gar abschließend festzulegen.[181] Die Inhalts- und Schrankenbestimmung des Art. 14 Abs. 1 Satz 2 GG lässt sich auch nicht im Sinne einer „geliehenen" Inhalts- und Schrankenbestimmung auf Art. 1 Abs. 1 GG übertragen, um dann letztlich auf die Definition des § 8 Abs. 1 EschG zu rekurrieren. Denn Art. 1 Abs. 1 GG gilt ausweislich seines Wortlautes unbeschränkt.

Keinesfalls kann jedoch von einer „Gattungsmenschenwürde" gesprochen werden,[182] da die Menschenwürde schlechthin an das Individuum gebunden ist.

(2) Recht auf Leben und körperliche Unversehrtheit, Art. 2 Abs. 2 Satz 1 GG

Im Hinblick auf das Lebensrecht und das Recht auf körperliche Unversehrtheit[183] trifft den Staat nach Art. 2 Abs. 2 Satz 1 GG die Pflicht, das Leben und die körperliche Unversehrtheit des Einzelnen insbesondere vor rechtswidrigen Eingriffen privater Seite zu schützen.[184] Diese Schutzpflicht erstreckt sich jedenfalls auf den Embryo.[185]

---

[177] BVerfGE 39, 1 (36 ff.) sowie BVerfGE 88, 203 (251 ff.).

[178] EuGH Rs. C 34/10, Oliver Brüstle ./. Greenpeace e. V. Ihm zustimmend und noch weitergehend im Hinblick auf den Schutz des *in vitro* erzeugten Embryos *Cornides* ZfL 2011, 116 (119): „Die in-vitro-Zeugung verstößt per se und unter allen Umständen gegen die Menschenwürde."

[179] *Epping*, Grundrechte, 8. Aufl. 2019, Rn. 433 ff.

[180] So etwa die Bestimmung des Art. 14 Abs. 1 Satz 2 GG: Inhalt und Schranken [von Eigentums- und Erbrecht] werden durch die Gesetze bestimmt.

[181] So auch *Kahlert* in NK-Gesamtes Medizinrecht, 3. Aufl. 2018, EschG § 8 Rn. 1, unter Verweis auf *Taupitz* G/T/K (Hrsg.), EschG, 2. Aufl. 2014, C. II. § 8 Rn. 3 f. Ebenso *Frommel* GesR 2018, 413 (415).

[182] So jedoch *Khosravi*, Die Strafbarkeit nach dem Embryonenschutzgesetz und dem Stammzellgesetz, 2017, S. 191 mit Verweis auf *Birnbach*er in Leist (Hrsg.), Um Leben und Tod, 3. Aufl. 1992, S. 266 ff.

[183] Dazu monographisch *Vogt*, Methoden der künstlichen Befruchtung: <<Dreierregel>> versus <<Single Embryo Transfer>>, 2008, S. 79–83.

[184] BVerfGE 115, 320 (346); BVerfGE 46, 160 (164).

[185] *Sachs*, GG, 8. Aufl. 2018, Art. 2 Rn. 144.

Daran knüpft die Frage an, ab welchem Zeitpunkt und damit in welchem Stadium des Embryos der persönliche Schutzbereich von Art. 2 Abs. 2 Satz 1 GG eröffnet ist. Auch hier kann die Festlegung der zeitlichen Anwendbarkeit des Schutzbereichs nicht anhand von § 8 Abs. 1 ESchG erfolgen. Es gilt das zu Art. 1 Abs. 1 GG Gesagte entsprechend; im Übrigen verbietet sich eine „Schrankenleihe" im Rahmen des Art. 2 Abs. 2 Satz 1 GG aus systematischen Erwägungen.

Auch die Anwendbarkeit des Grundrechts auf Leben und körperliche Unversehrtheit auf den Embryo *in vitro* ist damit ungeklärt.

bb) Recht auf körperliche Unversehrtheit und Selbstbestimmungsrecht der prospektiven Mutter

Ein Patient hat aus dem Allgemeinen Persönlichkeitsrecht (Art. 2 Abs. 1 GG i. V. m. Art. 1 Abs. 1 GG) abgeleitet das Recht, über seine psychische und physische Integrität selbst frei zu entscheiden.[186] Damit im Zusammenhang steht das Grundrecht der prospektiven Mutter auf körperliche Unversehrtheit, niedergelegt in Art. 2 Abs. 2 Satz 1 GG. Bei der Erfüllung dieser Pflicht wird dem Gesetzgeber jedoch ein weiter Gestaltungsspielraum eingeräumt.[187] Fortpflanzungsmedizinische Maßnahmen, insbesondere die IVF-Behandlung mit Embryotransfer bedeuten einen Eingriff in die körperliche Integrität und tangieren zugleich Belange der Selbstbestimmungsfreiheit der Patientin, etwa die freie Arztwahl oder die uneingeschränkte Wahlmöglichkeit hinsichtlich der Behandlungsmethode. Letzteres gilt insbesondere für die Frage der Vermeidung von Mehrlingsschwangerschaften und damit bezüglich der Diskussion um die Verfassungsmäßigkeit der Tatbestände des ESchG, die Verfahren verbieten, deren Zweck die Vermeidung von Mehrlingsschwangerschaften ist (elektiver Embryo-Transfer).

cc) Fortpflanzungswillige

Auf der Seite der ungewollt Kinderlosen steht das „Grundrecht auf reproduktive Selbstbestimmung".[188] Dieses Grundrecht umfasst die Entstehung einer Eltern-Kind-Beziehung, auch unter Nutzung der Fortpflanzungsmedizin.[189] Der Grundrechtskatalog der Verfassung enthält keinen Artikel, der die Reproduktionsfreiheit als eigenständiges Grundrecht gewährleistet,[190] die vorhandenen grundrechtlichen

---

[186] BVerfGE 52, 131 (174).
[187] BVerfGE 77, 170; BVerfGE 115, 118.
[188] *Lindner*, Verfassungsrechtliche Aspekte eines Fortpflanzungsmedizingesetzes, in Rosenau (Hrsg.), Ein zeitgemäßes Fortpflanzungsmedizingesetz für Deutschland, 2012, S. 137; *Gassner* ZRP 2015, 126.
[189] *Müller-Terpitz*, Das Recht auf Fortpflanzung – Vorgaben der Verfassung und der EMRK, in: Frister/Olzen (Hrsg.), Reproduktionsmedizin: Rechtliche Fragestellungen, 2010, S. 9 (12).
[190] *Knoop*, Recht auf Fortpflanzung und medizinischer Fortschritt, 2005, S. 246.

Gewährleistungen sind jedoch entwicklungsoffen. Einerseits wird diese grundrechtliche Gewährleistung aus dem Allgemeinen Persönlichkeitsrecht,[191] andrerseits aus dem Recht auf Gründung einer Familie (Art. 6 Abs. 1 GG)[192] oder aus einer Zusammenschau beider Grundrechte[193] abgeleitet.[194] Einer Entscheidung bedarf es nicht,[195] da die Zuordnung für die weitere Untersuchung keine Relevanz hat.

Die Verbote im EschG greifen in Grundrechte der Fortpflanzungswilligen ein,[196] denn sie nehmen den Fortpflanzungswilligen die Möglichkeit, alle verfügbaren Methoden der assistierten Reproduktionsmedizin in Anspruch zu nehmen.[197] Die Fortpflanzungsfreiheit wirkt gleichsam als Abwehrrecht gegenüber staatlichen Restriktionen.

Im Zusammenhang mit dem reproduktiven Reisen ist auch die über Art. 2 Abs. 1 GG geschützte Ausreisefreiheit[198] berührt. Allerdings verbietet das EschG wie bereits festgestellt nicht die Reise in das Ausland, um dort eine fortpflanzungsmedizinische Behandlung an sich durchführen zu lassen. Diesbezüglich liegt kein Eingriff vor.

dd) Spender von Keimzellen und Embryonen

Auch das Interesse potenzieller Spender von Keimzellen oder Embryonen über ihr Spendenmaterial zu verfügen, wird verfassungsrechtlich geschützt. Dieser Schutz erfolgt hingegen nur im Rahmen der in Art. 2 Abs. 1 GG normierten allgemeinen Handlungsfreiheit, da die Keimzellspende den Zweck hat, eine *fremde* Fortpflanzung zu ermöglichen.[199]

Zur Ausreisefreiheit gilt das unter cc) Gesagte entsprechend. Die Verbotstatbestände des EschG stellen keinen Eingriff dar.

---

[191] So etwa *Lindner*, Verfassungsrechtliche Aspekte eines Fortpflanzungsmedizingesetzes, in Rosenau (Hrsg.), Ein zeitgemäßes Fortpflanzungsmedizingesetz für Deutschland, 2012, S. 137, der es als „menschenwürdenahes Grundrecht" deklariert.

[192] Siehe etwa *Hufen* MedR 2001, 440; *Prehn* MedR 2011, 559 (563); *Müller-Terpitz*, Der Schutz des pränatalen Lebens, 2007, S. 497.

[193] OLG München MedR 2018, 415 (416 Rz. 24); *Knoop*, Recht auf Fortpflanzung und medizinischer Fortschritt, 2005, S. 124; *Hieb*, Die gespaltene Mutterschaft im Spiegel des deutschen Verfassungsrechts, 2005, S. 20 ff.

[194] Eine Übersicht zum Streitstand geben *Lindner*, Verfassungsrechtliche Aspekte eines Fortpflanzungsmedizingesetzes, in Rosenau (Hrsg.), Ein zeitgemäßes Fortpflanzungsmedizingesetz für Deutschland, 2012, S. 137 sowie *Müller-Terpitz*, in Frister/Olzen (Hrsg.), Reproduktionsmedizin: Rechtliche Fragestellungen, 2010, S. 9 (11 f.).

[195] *Müller-Terpitz* will generell auf eine dogmatische Abgrenzung verzichten, Das Recht auf Fortpflanzung – Vorgaben der Verfassung und der EMRK, in Frister/Olzen (Hrsg.), Reproduktionsmedizin: Rechtliche Fragestellungen, 2010, S. 9 (12).

[196] *Taupitz* in G/T/K (Hrsg.), EschG, 2. Aufl. 2014, C. II. § 1 Abs. 1 Nr. 1 EschG Rn. 7.

[197] Dazu auch OLG München MedR 2018, 415 (418 Rz. 39), das richtigerweise feststellt, dass die Gewährleistung jenes Grundrechts nicht so weit reicht, dass jeder Mensch einen Anspruch darauf hat, sich fortzupflanzen.

[198] *Epping*, Grundrechte, 8. Aufl. 2019, Rn. 746.

[199] *Lindner*, Verfassungsrechtliche Aspekte eines Fortpflanzungsmedizingesetzes, in Rosenau

ee) Reproduktionsmediziner

Daneben kann sich auch der Reproduktionsmediziner selbst bei seiner Tätigkeit im Rahmen der medizinisch unterstützten Fortpflanzung auf Grundrechte berufen. Zu nennen sind das Grundrecht der Berufsausübungsfreiheit aus Art. 12 Abs. 1 GG sowie das Grundrecht der Forschungsfreiheit, welches in Art. 5 Abs. 3 GG wurzelt.[200]

(1) Berufsausübungsfreiheit, Art. 12 Abs. 1 GG

Art. 12 Abs. 1 GG schützt als sog. Deutschengrundrecht[201] grundsätzlich[202] jedoch nur Deutsche. Berufstätige Ärzte mit ausländischer Staatsbürgerschaft können sich lediglich auf Art. 2 Abs. 1 GG berufen.[203] Das Tätigwerden eines Arztes auf dem Gebiet der extrakorporalen Befruchtung zur Behandlung menschlicher Unfruchtbarkeit betrifft seine Berufsausübung.[204] Unter anderem soll die Berufsausübungsfreiheit der Ärzte eingeschränkt werden, wenn der Arzt die Fortschritte der Reproduktionsmedizin nicht nutzen kann und zu einer Behandlung entgegen der ärztlichen Kunst gesetzlich gezwungen wird.[205]

(2) Forschungsfreiheit, Art. 5 Abs. 3 GG

Art. 5 Abs. 3 Satz 1 GG garantiert die Freiheit der Forschung.

Unter Embryonenforschung wird jedoch nur die Forschung erfasst, bei der man es in Kauf nimmt, dass der betroffene Embryo nach Durchführung der Maßnahme zu verwerfen ist. Nicht darunter zu fassen sind daher lediglich die Beobachtung im Rahmen der Fortpflanzungsmedizin und die Nutzung der daraus gewonnenen Untersuchungsergebnisse.[206] Die Forschungsfreiheit ist im Bereich der assistierten Reproduktion damit schon tatbestandlich nicht einschlägig.

(Hrsg.), Ein zeitgemäßes Fortpflanzungsmedizingesetz für Deutschland, 2012, S. 138. Teilweise wird auf das Elternrecht aus Art. 6 Abs. 2 GG zurückgegriffen, so monographisch *Lehmann*, Die In-vitro-Fertilisation und ihre Folgen, Eine verfassungsrechtliche Analyse, 2007, S. 123 f. sowie *dies.* ZfL 2008, 106 (114).

[200] So der Gesetzgeber bereits in BT-Drucks. 11/5460, 6.

[201] *Epping*, Grundrechte, 8. Aufl. 2019, Rn. 377.

[202] EU-Ausländer können sich wegen Art. 18 AEUV ebenso auf Art. 12 GG berufen, dazu *Wolff* in Hömig/Wolff (Hrsg.), GG, 12. Aufl. 2018, Art. 12 Rn. 2.

[203] Dies gilt auch für Bürger der Europäischen Union, dazu *Epping*, Grundrechte, 8. Aufl. 2019, Rn. 585.

[204] BVerfG NJW 1992, 1577. Auch VGH Mannheim: „[I]st die[…] ärztliche Tätigkeit zur Behandlung der menschlichen Sterilität durch künstliche Befruchtung einer Eizelle außerhalb des Mutterleibes und die anschließende Einführung des Embryos in die Gebärmutter eine besondere Art der ärztlichen Berufsausübung." In NJW 1991, 2368 f.

[205] *Geisthövel/Frommel/Neidert/Nieschlag* J Reprod Endo 2004, 299 f. (Beitrag Frommel).

[206] *Schlüter*, Schutzkonzepte für menschliche Keimbahnzellen in der Fortpflanzungsmedizin, 2008, S. 33.

b) Wirkungsrichtungen der Grundrechte

Naturgemäß sind Grundrechte Abwehrrechte gegen den Staat (*status negativus*).[207] *Georg Jellinek* hat mit seiner „Lehre vom Status der Grundrechte" den Grundrechten darüber hinaus einen *status positivus* zuerkannt, der unter bestimmten Voraussetzungen eine staatliche Schutzpflicht gegenüber privaten Dritten begründet.[208] Beide Wirkungsrichtungen sind bei den Methoden der medizinisch unterstützten Fortpflanzung von Bedeutung. Denn im Hinblick auf die Eingriffsmöglichkeiten durch die Reproduktionsmediziner kommt eine staatliche Schutzpflicht gegenüber dem menschlichen Embryo *in vitro* in Betracht. Das Grundrecht auf reproduktive Selbstbestimmung hingegen verbürgt einen Abwehranspruch gegen den Staat, wenn dieser – etwa mit den Straftatbeständen des ESchG – gesetzliche Verbote ausspricht.[209] Selbiges gilt für die Berufsausübungsfreiheit des Arztes in Deutschland, der bestimmte Methoden der Kinderwunschbehandlung an den Patienten nicht durchführen darf.

c) Grundrechtskollisionen

Eine Grundrechtskollision liegt immer dann vor, wenn die Ausübung eines Grundrechts des einen Grundrechtsträgers die Ausübung des Grundrechts eines anderen Grundrechtsträgers beschränkt oder ausschließt.[210] Die Interessenkollisionen, welche sich hinter den Straftatbeständen des ESchG im Bereich der medizinisch unterstützten Fortpflanzung verbergen, sind solche zwischen der Berufsausübungsfreiheit der Reproduktionsmediziner und des Grundrechts auf reproduktive Selbstbestimmung der Betroffenen auf der einen Seite gegenüber dem Lebensschutz und der Menschenwürdegarantie des noch zu erzeugenden menschlichen Lebens auf der anderen Seite.

Die kollidierenden Grundrechtspositionen sind gegeneinander abzuwägen. Weitgehend besteht Konsens darüber, dass der Schutz des menschlichen Embryos so intensiv ist, dass Eingriffe in dessen Grundrecht mit Bezug zur Menschenwürde ausschließlich zum Schutz kollidierenden Verfassungsrechts mit eigenem Menschenwürdebezug zulässig sind.[211] Der Abwägungsprozess selbst ist im Sinne einer

---

[207] *Epping*, Grundrechte, 8. Aufl. 2019, Rn. 14.
[208] Dazu nur BVerfGE 39, 1 (42); BVerfGE 49, 89 (142). BVerfGE 77, 170 (214): Bei der Begründung solcher Schutzpflichten gilt es zu beachten, dass dem Gesetzgeber hinsichtlich der Notwendigkeit einer gesetzlichen Regelung eine weite Einschätzungsprärogative zusteht (sog. Untermaßverbot).
[209] *Lindner*, Verfassungsrechtliche Aspekte eines Fortpflanzungsmedizingesetzes, in Rosenau (Hrsg.), Ein zeitgemäßes Fortpflanzungsmedizingesetz für Deutschland, 2012, S. 139.
[210] Ähnlich *Haug* NJW 2018, 2674 (2676): „Wenn das „Mehr" an Freiheit für den einen Grundrechtsträger zugleich ein „Weniger" für einen anderen bedeutet."
[211] *Gassner et al.*, AME-FMedG, 2013, S. 34. *Gärditz* sieht diese Begrenzung der reproduktiven Freiheit der Betroffenen als „von vornherein überzogen" an, in ZfL 2014, 42 (51).

praktischen Konkordanz[212] vorzunehmen und den widerstreitenden verfassungsrechtlich gewährleisteten Interessen ist möglichst zur Geltung zu verhelfen. Um eine Abwägung zu ermöglichen, bedarf es jedoch der Gewichtung der einzustellenden Grundrechte. Wie bereits dargestellt, ist der verfassungsrechtliche Status des *in vitro* erzeugten Embryos nach wie vor ungeklärt und ethisch hochumstritten. Ist eine verfassungsrechtliche Gewichtung nicht möglich,[213] kann dieses Interesse auch nicht in einen Abwägungsprozess eingestellt werden.[214]

2. Gleichheitsrechtliche Aspekte

Nicht nur auf völkerrechtlicher Ebene spielen gleichheitsrechtliche Gesichtspunkte eine Rolle,[215] sondern bereits im Rahmen einer verfassungsrechtlichen Ungleichbehandlung entgegen dem allgemeinen Gleichheitssatz (Art. 3 Abs. 1 GG).

Das gilt insbesondere im Hinblick auf das Verbot der heterologen IVF mit Eizellspende[216] gegenüber der Zulässigkeit der heterologen IVF mit Spendersamen. Es handelt sich nicht um Gleiches, das eine Ungleichbehandlung erfahren würde. Die geschlechtsspezifischen biologischen Unterschiede sind zu groß. Der technische Aufwand bei einer Eizellspende ist im Vergleich zur Samenspende um ein Vielfaches höher.[217]

Gegenüber der Adoption kann ebenfalls bereits eine tatbestandliche Ungleichbehandlung verneint werden. Während bei den Verboten bestimmter Methoden der assistierten Reproduktion nach dem EschG ein Mensch erst erzeugt werden muss, existiert bei der Adoption bereits ein Mensch. Das gilt namentlich im Bereich der post-mortem-Befruchtung. Nach § 1753 Abs. 3 BGB[218] kann unter anderem auch nach dem Tod einer Person, die einen Antrag auf Annahme gestellt hat, deren wirksame Anerkennung durch das Familiengericht ausgesprochen werden. Mit anderen Worten: Ein Toter[219] kann ein Kind adoptieren. Die Erzeugung mit dem Sperma eines Verstorbenen ist hingegen verboten, § 4 Abs. 1 Nr. 3 EschG. Im Fall des § 1753 BGB wird jedoch ein bereits existierendes Kind angenommen. Eine tatbestandliche Ungleichbehandlung kann daher nicht festgestellt werden.

---

[212] Dazu *Epping*, Grundrechte, 8. Aufl. 2019, Rn. 91 ff.

[213] So bereits der Gesetzgeber in BT-Drucks. 11/5460, 6 Begründung Vorbemerkung I zum Embryo *in vitro*.

[214] Überwiegend wird – unter der Voraussetzung, dass die Menschenwürde des Embryos *in vitro* gleichsam „messbar" ist – die Abwägungsentscheidung zu seinen Gunsten gefällt, so nur: *Müller-Terpitz*, Das Recht auf Fortpflanzung – Vorgaben der Verfassung und der EMRK, in Frister/Olzen (Hrsg.), Reproduktionsmedizin: Rechtliche Fragestellungen, 2010, S. 9 (22).

[215] Dazu das Urteil des EGMR aus dem Jahre 2010, unter C. III. 1. c) cc) (2) β).

[216] Dazu *Wollenschläger* MedR 2011, 21 (27 Fn. 61).

[217] Ähnlich bereits ÖstVerfGH FamRZ 2000, 602. Näheres dazu unter C. III. 1. c) cc) (2) α).

[218] § 1753 Abs. 3 BGB lautet: Wird die Annahme nach dem Tode des Annehmenden ausgesprochen, so hat sie die gleiche Wirkung, wie wenn sie vor dem Tode erfolgt wäre.

[219] Gleiches gilt für eine tote Frau.

3. Teilergebnis zu II.

Anhand der bisherigen Ausführungen zu den grundrechtlichen Fragestellungen wird deutlich, dass es neben freiheitsrechtlichen auch gleichheitsrechtliche Aspekte zu beachten gilt. Ferner sind im Bereich der freiheitgrundrechtlichen Aspekte zahlreiche Grundrechtsträger sowie mehrere Schutzdimensionen der Grundrechte zu berücksichtigen. Darüber hinaus hat die Untersuchung gezeigt, dass entweder keine tatbestandliche Ungleichbehandlung vorliegt oder diese jedenfalls verfassungsrechtlich gerechtfertigt ist. Unabhängig davon, zu welchem Ergebnis man im Rahmen der gleichheitsrechtlichen Dimension fortpflanzungsmedizinischer Verbote gelangt, bleibt die unüberwindbare Hürde in der Abwägung freiheitsrechtlicher Grundrechte: Die fehlende abschließende und nach der hier vertretenen Auffassung schlicht unmögliche endgültige Klärung des verfassungsrechtlichen Status des Embryos *in vitro* und damit dessen Gewicht bei der Einstellung in eine im Rahmen der Verhältnismäßigkeitsprüfung der Verbote des EschG erforderliche Abwägungsentscheidung.

Im Hinblick auf die Verfassungsmäßigkeit der Tatbestände des EschG unter freiheits- und gleichheitsrechtlichen Gesichtspunkten sei daher vielmehr auf einschlägige Untersuchungen hierzu verwiesen.[220]

Zum neuerlichen Verfahren, das Verbot der post-mortem-Befruchtung in § 4 Abs. 1 Nr. 3 EschG im Wege einer Richtervorlage (Art. 100 Abs. 1 GG) an das Bundesverfassungsgericht auf den verfassungsrechtlichen Prüfstand zu bringen, wird sich der Bundesgerichtshof nicht mehr äußern. Die Klägerin hat die eingelegte Revision in dem zugrunde liegenden Zivilverfahren[221] nicht weiterverfolgt. Ob sich daran etwas im Revisionsverfahren vor dem Oberlandesgericht München gegen das jüngste Urteil des Landgerichts Augsburg[222] ändern wird, bleibt zu beobachten.

III. Einfaches Recht

1. Das Völkerrecht

Bei völkerrechtlichen Übereinkommen gilt der Ratifikationsgrundsatz,[223] d. h. das Völkerrecht bedarf zu seiner Geltung im jeweiligen nationalen Recht der Ratifizierung durch den einzelnen Vertragsstaat. Dieses Erfordernis ist im deutschen Recht

---

[220] Etwa *Khosravi*, Die Strafbarkeit nach dem Embryonenschutzgesetz und dem Stammzellgesetz, 2017, S. 153–233.
[221] BGH V ZR 70/17.
[222] Dazu unter Teil 2 § 6 C. III. 3. b).
[223] Siehe für das primäre Unionsrecht die Bestimmungen der Art. 54 EUV, Art. 357 AEUV.

in Art. 59 Abs. 2 Satz 1 GG verankert. Hiernach ratifizierte Vertragsgesetze stehen im Rang unter der Verfassung und damit auf der Stufe des einfachen Bundesrechts.[224]

a) Europäisches Menschenrechts-Übereinkommen zur Biomedizin

Das Europäische Menschenrechts-Übereinkommen zur Biomedizin des Europarates vom 4. April 1997,[225] das zum 1. Dezember 1999 in Kraft trat und auf europäischer Ebene Fragen der Fortpflanzungsmedizin behandelt (Art. 11–14 sowie Art. 18), ist ein völkerrechtlicher Vertrag, den Deutschland entgegen Art. 59 Abs. 2 Satz 1 GG bislang nicht ratifiziert hat.[226] Diese Konvention erfuhr keine europaweite Geschlossenheit.[227] Damit hat dieses Übereinkommen, das Rahmenbedingungen im Zusammenhang mit der Biomedizin schaffen soll, auf europarechtlicher Ebene keine Auswirkungen auf die strafrechtliche Beurteilung der ärztlichen Mitwirkung an Kinderwunschbehandlungen im (europäischen) Ausland.[228]

b) Allgemeine Erklärung über Bioethik und Menschenrechte[229]

Die am 19. Oktober 2005 von der 33. UNESCO-Generalkonferenz proklamierte „Allgemeine Erklärung über Bioethik und Menschenrechte" bekennt sich nicht ausdrücklich zu Regelungen der Reproduktionsmedizin. Überdies hat Deutschland diese Erklärung nicht angenommen, sodass auch sie keine Relevanz hat.[230]

---

[224] *Domgörgen* in Hömig/Wolff (Hrsg.), GG, 12. Aufl. 2018, Art. 59 Rn. 11.

[225] Convention for the protection of human rights and dignity of the human being with regard to the application of biology and medicine: Convention of human rights and biomedicine. Lesenswert der Beitrag von *Laufs* NJW 1997, 776 f.

[226] Siehe dazu *Eser*, Biomedizin und Menschenrechte: Die Menschenrechtskonvention des Europarates zur Biomedizin. Dokumentation und Kommentare, 1999, S. 12 ff. *Kutzer* bedauert diesen Schritt in: MedR 2002, 24 (26).

[227] *Laufs* NJW 1997, 776 (777).

[228] Selbst nach Ratifikation dieser Konvention könnte Deutschland seinen – im Vergleich zu den Konventionsbestimmungen restriktiveren – Standpunkt wahren, denn Art. 27 des Übereinkommens sieht nur eine Mindestharmonisierung als Rahmenbedingung im Hinblick auf das Schutzniveau vor. *Koch* bezeichnet die Konvention daher als „Manifestation eines Minimalkonsenses", FS Eser, 2005, 1091 (1118).

[229] Übersetzung ins Deutsche abrufbar unter https://www.unesco.de/sites/default/files/2018-03/2005_Allgemeine%20Erklärung%20über%20Bioethik%20und%20Menschenrechte.pdf, zuletzt aufgerufen am 1. Juni 2019; dazu *Möller*, Allgemeine Erklärung über Bioethik und Menschenrechte, 2006.

[230] Hierzu *Wollenschläger* MedR 2011, 21 (23).

c) Europäische Menschenrechtskonvention

Neben den nationalen Grundrechten steht die Wirkung der in der Europäischen Menschenrechtskonvention (EMRK) gewährleisteten Menschenrechte und ihrer Umsetzung durch die Rechtsprechung des Europäischen Gerichtshofes für Menschenrechte (EGMR) auf die Strafbarkeit in Frage.

Die EMRK trat am 3. September 1953 in Kraft;[231] inzwischen sind 47 Mitgliedsstaaten Vertragsparteien.[232] Ziel der Konvention ist es, die Wahrung der Menschenrechte des Einzelnen gegenüber der Staatsgewalt der Mitgliedsstaaten auf europäischer Ebene zu gewährleisten.[233] Die EMRK selbst enthält nur einen Kernbestand an Gewährleistungen, die für alle Vertragsstaaten verbindlich sind; ergänzt werden sie durch die Garantien der Zusatzprotokolle, die jedoch nur Staaten binden, die selbige eigens ratifiziert haben.[234] Damit legt die Konvention gegenüber den Vertragsstaaten nur einen Mindeststandard fest (Art. 53 EMRK).[235]

aa) Stellung der EMRK und der Rechtsprechung des EGMR im nationalen Rechtsgefüge

(1) Die Konvention

Im Gegensatz zum Recht der Europäischen Union enthält die EMRK keine Vorgaben über ihren Rang und ihre Wirkungsweise im nationalen Recht.[236] Jeder Mitgliedsstaat ist daher frei in seiner Entscheidung, welche Wirkung er der Konvention im eigenen nationalen Rechtssystem einräumt. Nach der grundgesetzlichen Bestimmung des Art. 59 Abs. 2 Satz 1 GG kommt ihr in Deutschland – wie jedem anderen völkerrechtlichen Vertrag, umgesetzt durch ein Transformationsgesetz – nur der Rang eines einfachen Bundesgesetzes zu.[237]

Unschädlich ist, dass das ESchG zeitlich nach der Ratifikation der EMRK verabschiedet wurde. Denn nach der insoweit für das deutsche Recht maßgeblichen Auffassung des Bundesverfassungsgerichts ist zu vermuten, dass sich der deutsche Gesetzgeber wegen der Völkerrechtsfreundlichkeit des Grundgesetzes und entsprechend seiner in den völkerrechtlichen Verträgen übernommenen Verpflichtungen völkerrechtstreu verhalten möchte.[238]

---

[231] *G/P*, EMRK, 6. Aufl. 2016, § 1 Rn. 3.
[232] *G/P*, EMRK, 6. Aufl. 2016, § 1 Rn. 4.
[233] *G/P*, EMRK, 6. Aufl. 2016, § 1 Rn. 2.
[234] *G/P*, EMRK, 6. Aufl. 2016, § 2 Rn. 4. Zum Erfordernis der Ratifikation für die EMRK selbst siehe Art. 59 Abs. 1 Satz 2 EMRK.
[235] *G/P*, EMRK, 6. Aufl. 2016, § 2 Rn. 14.
[236] *G/P*, EMRK, 6. Aufl. 2016, § 3 Rn. 1.
[237] *G/P*, EMRK, 6. Aufl. 2016, § 3 Rn. 8; *Satzger* Jura 2009, 759; BVerfGE 19, 342 (347); BVerfGE 34, 384 (395); BVerfGE 74, 358 (370); BVerfGE 82, 106 (114).
[238] *Satzger* Jura 2009, 759 (760) mit Verweis auf BVerfGE 74, 358 (370).

C. Für die strafrechtliche Beurteilung relevante Bestimmungen

(2) Die Rechtsprechung des EGMR

Die Entscheidungen des Gerichtshofes wirken in persönlicher Hinsicht im Gegensatz zu Entscheidungen des Bundesverfassungsgerichtes[239] nach Art. 46 Abs. 1 EMRK nur zwischen den Verfahrensbeteiligten (*inter partes*) und entfalten damit keine *erga omnes*-Wirkung. Gleichwohl reicht ihre Feststellungswirkung soweit, dass die Entscheidungen für die Auslegung des Grundgesetzes rechtserheblich sind.[240] Die Rechtsprechung des EGMR hat stets Orientierungs- und Leitfunktion über den konkret entschiedenen Einzelfall hinaus.[241] Denn nach Art. 1 EMRK, wonach sich die Mitgliedsstaaten zur Beachtung der Konventionsrechte verpflichten, besteht eine Bindung an die Konvention in der durch den EGMR konkretisierenden Wirkung auch ohne Rechtskraftwirkung.[242] Somit hat auch der nicht am Verfahren beteiligte Mitgliedsstaat die Rechtsprechung des EGMR zu berücksichtigen.

(3) Wirkungsweise der EMRK und der Rechtsprechung des EGMR im deutschen Recht

Richtungsweisend für die Rechtswirkungen der EMRK und ihrer Auslegung durch den EGMR sind der *Görgülü*-Beschluss aus dem Jahre 2004[243] sowie ein Urteil des Bundesverfassungsgerichtes aus dem Jahre 2011.[244] [245] Bestätigt und präzisiert hat das Bundesverfassungsgericht die darin entwickelten Grundsätze in seiner neuerlichen Entscheidung zum Streikrecht deutscher Beamter im Sommer 2018.[246] Hiernach sind nach gefestigter Rechtsprechung bei der Anwendung und Auslegung des einfachen Rechts die EMRK und die Rechtsprechung des EGMR als Auslegungshilfen heranzuziehen (Grundsatz der Völkerrechtsfreundlichkeit).[247] Alle staatlichen Organe, und somit auch die Gerichte, haben bei der Berücksichtigung der Entscheidungen des EGMR die Auswirkungen auf die nationale Rechtsordnung in ihre Rechtsanwendung einzubeziehen; sie sind Teil des Rechtsstaatsprinzips (Art. 20 Abs. 3 GG).[248] Die Konvention genießt damit in der Form, die sie im Wege der Auslegung durch den EGMR erlangt, den Rang eines einfachen Gesetzes und bindet den Richter.[249] Die völkerrechtliche und die nationale Grundrechtsordnung beeinflussen sich daher wechselseitig.[250] Ein „Berücksichtigen der EMRK und der

---

[239] Siehe § 31 Abs. 1 BVerfGG.
[240] BVerfGE 128, 326 (364, 365).
[241] BVerfGE 128, 326, (368 f.).
[242] *Ress* ZaöRV 2004, 621 (630) bezeichnet die Wirkung daher als „quasi erga-omnes Effekt".
[243] BVerfGE 111, 307 ff.
[244] BVerfGE 128, 326 ff.
[245] *Haug* NJW 2018, 2674.
[246] BVerfG NJW 2018, 2695 ff.
[247] BVerfG NZA 2014, 1387 Rn. 128; BVerfG NJW 2013, 3714 Rn. 26 ff.
[248] BVerfG NJW 2004, 3407.
[249] BVerfGE 111, 307 (325 f.).
[250] *Krämer/Marten* EuR 2015, 169 ff.

Entscheidungen des Gerichtshofes", wie es das Bundesverfassungsgericht in seinem *Görgülü*-Beschluss formuliert hat,[251] bezeichnet, dass sich insbesondere die zuständigen Gerichte mit der Entscheidung erkennbar auseinandersetzen müssen und ggf. nachvollziehbar zu begründen haben, warum sie der völkerrechtlichen Rechtsauffassung des Gerichtshofes nicht folgen.[252] Im Rahmen einer völkerrechtsfreundlichen Auslegung des Grundgesetzes soll mitunter auf der Ebene des einfachen Rechts, und damit auch im Strafrecht, die Rechtsprechung des EGMR möglichst schonend in das bestehende nationale Rechtssystem integriert werden.[253]

Mit Blick auf die Möglichkeit der Wiederaufnahme eines Strafverfahrens zugunsten eines Verurteilten infolge einer Entscheidung des EGMR gem. § 359 Nr. 6 StPO[254] wird die Verwobenheit zwischen Strafrecht und der EMRK ersichtlich. Das gilt für den Fall, dass der EGMR in der Verurteilung einen Konventionsverstoß erkennt. Eine fortdauernde Konventionsverletzung soll in dem besonders grundrechtssensiblen Bereich des Strafrechts beendet werden.[255] Die EMRK und ihre Auslegung durch den EGMR spielen daher eine maßgebende Rolle im deutschen Strafrecht.[256]

bb) Anwendungsbereich der Konvention

Die EMRK gilt in Deutschland als unterzeichnendes Mitglied des Europarates seit dem 3. September 1953.

cc) Einschlägige Menschenrechte im Rahmen der medizinisch unterstützten Fortpflanzung

Bereits mehrfach hat sich der EGMR mit Fragen der Fortpflanzungsmedizin im Zusammenhang mit den in der Konvention gewährleisteten Menschenrechten befasst.[257]

Hervorzuheben ist jedoch – aufgrund seiner herausragenden Relevanz für den Untersuchungsgegenstand – das nachfolgende Verfahren:

---

[251] BVerfGE 111, 307 (324).

[252] BVerfGE 111, 307 (324 f.).

[253] BVerfGE 111, 307 (324); BVerfGE 128, 326 (371 f.).

[254] Im Wortlaut: Die Wiederaufnahme eines durch rechtskräftiges Urteil abgeschlossenen Verfahrens zugunsten des Verurteilten ist zulässig, (…) wenn der Europäische Gerichtshof für Menschenrechte eine Verletzung der Europäischen Konvention zum Schutze der Menschenrechte und Grundfreiheiten oder ihrer Protokolle festgestellt hat und das Urteil auf dieser Verletzung beruht.

[255] BVerfGE 111, 307 (326).

[256] *Satzger* Jura 2009, 759 (768).

[257] Siehe dazu den Beitrag von *Müller*-Terpitz ArchVR 51 (2013), 42 ff. Hervorzuheben sind chronologisch aufsteigend geordnet: Evans ./. Vereinigtes Königreich (EGMR (Große Kammer) NJW 2008, 2013 ff.) sowie Dickson ./. Vereinigtes Königreich (EGMR (Große Kammer) NJW 2008, 2017 ff.). In beiden Fällen nahm er an, dass die Entscheidung von Ehegatten/nichtehelichen Lebensgefährten, sich zur anderweit nicht möglichen Fortpflanzung der Fortpflanzungsmedizin zu bedienen, dem Menschenrecht aus Art. 8 EMRK unterfiele; sowie das nachfolgend besprochene

C. Für die strafrechtliche Beurteilung relevante Bestimmungen

(1) Das Verfahren S. H. u. a. gegen Österreich

Im Verfahren S. H. u. a. gegen Österreich[258] musste sich der EGMR erstmalig mit der Frage befassen, ob die EMRK die heterologe IVF, also die IVF unter Verwendung von Fremdsamen und/oder einer Fremdeizelle, als Menschenrecht verbürgt und daher eine Pflicht für die Konventionsstaaten begründet, das Recht auch in den nationalen Gesetzen zu gewährleisten.[259] Damit ging es um die Frage, in welchem Umfang ein Mitgliedsstaat die Mithilfe Dritter bei der Erfüllung des Kinderwunsches eines Paares gesetzlich zulassen muss.[260]

Für den nachfolgenden Teil der Untersuchung ist das Verbot der Fremdeizellspende allein von Bedeutung, da nur sie und nicht auch die Befruchtung mit Spendersamen in Deutschland nach den §§ 1 Abs. 1 Nrn. 1, 2 EschG verboten ist.

(2) Sachverhalt und Verfahrensgang

Den Entscheidungen lag folgender Sachverhalt zugrunde:

Zwei verheiratete Paare österreichischer Staatsbürgerschaft klagten im Jahre 1999 zunächst vor dem österreichischen Verfassungsgerichtshof (ÖstVerfGH). Sie waren der Auffassung, § 3 des österreichischen Fortpflanzungsmedizingesetzes (ÖstFMedG) in seiner damaligen Fassung verstieße mit seinen uneingeschränkten Verboten der heterologen IVF gegen Rechte, die ihnen durch die EMRK gewährleistet seien. Ein Paar wandte sich gegen das Verbot der heterologen Samenspende, das andere gegen das Verbot der heterologen Eizellspende.

§ 3 ÖstFMedG lautet in seiner den Entscheidungen zugrunde liegenden Fassung:[261]

(1) Für eine medizinisch unterstützte Fortpflanzung dürfen nur die Eizellen und der Samen der Ehegatten oder Lebensgefährten verwendet werden.
(2) Für die Methode nach § 1 Abs. 2 Z 1[262] darf jedoch der Samen eines Dritten verwendet werden, wenn der des Ehegatten oder Lebensgefährten nicht fortpflanzungsfähig ist.
(3) Eizellen und entwicklungsfähige Zellen dürfen nur bei der Frau verwendet werden, von der sie stammen.

Verfahren S.H. u. a. ./. Österreich. Jüngst hat er sich auch zur Frage geäußert, ob das in Art. 8 EMRK garantierte Recht auf Achtung des Privatlebens das Recht umfasst, Embryonen, die aufgrund einer IVF-Behandlung entstanden sind, der wissenschaftlichen Forschung zur Verfügung zu stellen, dazu EGMR NJW 2016, 3705 ff., wobei dies nicht die Begründung einer Elternschaft zum Ziel hat (EGMR NJW 2016, 3705 (3709 Tz. 174)).

[258] Ausführlich dazu *Bernat*, S.H. et al. gegen Österreich: Ein Schritt vorwärts, ein Schritt zurück, in Rosenau (Hrsg.), Ein zeitgemäßes Fortpflanzungsmedizingesetz für Deutschland, 2012, S. 203 ff.
[259] *Weilert* MedR 2012, 355.
[260] *Okresek* ÖJZ 2012, 379.
[261] BGBl. (Österreich) Nr. 275/1992 i. d. F. BGBl. I Nr. 98/2001, in Kraft seit 1. Juli 1992.
[262] § 1 ÖstFMedG a.F.: (1) Als medizinisch unterstützte Fortpflanzung gilt die Anwendung medizinischer Methoden zur Herbeiführung einer Schwangerschaft auf andere Weise als durch Ge-

Einer Antragstellerin (Zweitantragstellerin) bzw. im Verfahren vor dem EGMR einer Beschwerdeführerin fehlten die zur Fortpflanzung nötigen Eizellen, sie litt an einer sog. Gonadendysgenesie, ihr Mann hingegen war uneingeschränkt zeugungsfähig. Allerdings war sie imstande, ein Kind auszutragen, da sie über eine funktionstüchtige Gebärmutter verfügte. Ihren Kinderwunsch konnte sie daher nur mittels Durchführung eines heterologen Embryotransfers nach Fremdeizellspende realisieren.

Der Verfahrensgang gestaltete sich wie folgt:

Eingangs hatte sich auf Individualanträge der Betroffenen der ÖstVerfGH mit der Sache zu befassen (unter α)). Nachdem dieser einen Verstoß gegen die EMRK verneint hatte, legten die Betroffenen jeweils Individualbeschwerde zum EGMR ein. Dieser entschied zu ihren Gunsten und stellte in § 3 ÖstFMedG a. F. einen Verstoß gegen die EMRK fest (unter β)). Schließlich beantragte die Republik Österreich als Beschwerdegegnerin gegen das EGMR Urteil den Verweis der Sache an die Große Kammer des EGMR. Diese entschied wiederum zu Lasten der Betroffenen und stellte fest, dass die Verbote der heterologen IVF nicht gegen die EMRK verstießen (unter γ)).

α) Die Entscheidung des ÖstVerfGH vom 14. Oktober 1999

Anders als in Deutschland genießt die EMRK in Österreich Verfassungsrang,[263] sodass der Rechtsweg zum ÖstVerfGH unmittelbar eröffnet war. Dieser Weg war im Vorfeld der Individualbeschwerde aufgrund des subsidiären Rechtsschutzes durch den EGMR nach Art. 34 EMRK, normiert im Erfordernis der vorherigen Rechtswegerschöpfung gem. Art. 35 Satz 1 EMRK, zwingend zu beschreiten.

Der ÖstVerfGH stellte in seiner Erkenntnis vom 14. Oktober 1999[264] fest, dass das Verbot der heterologen IVF mit anschließendem Embryotransfer in § 3 ÖstFMedG weder bei einer Samen- noch bei einer Eizellspende verfassungswidrig sei.[265] Der Gerichtshof untersuchte die Konventionskonformität der in §§ 3 Abs. 1, 3 ÖstFMedG normierten Verbote unter dem Gesichtspunkt einer möglichen Verletzung des Rechts auf Achtung des Privat- und Familienlebens (Art. 8 Abs. 1 EMRK),[266] einer möglichen Verletzung des Rechts auf Eheschließung (Art. 12 EMRK)[267] sowie

---

schlechtsverkehr. (2) Als Methoden der medizinisch unterstützten Fortpflanzung gelten insbesondere: Nr. 1 das Einbringen von Samen in die Geschlechtsorgane der Frau (…).

[263] Kraft Art. II Z 7 des B-VG vom 4. März 1964, BGBl. Nr. 59. Dazu *G/P*, EMRK, 6. Aufl. 2016, § 3 Rn. 2: Die Rechte können damit wie innerstaatliche Grundrechte vor dem Verfassungsgerichtshof geltend gemacht werden.

[264] ÖstVerfGH, Erkenntnis vom 14. Oktober 1999, VfSlg. 15.632 (S. 414–439).

[265] Nr. 15632 Ziff. 2.5 (S. 436) = FamRZ 2000, 601.

[266] Art. 8 Abs. 1 im Wortlaut (Auszug): Jede Person hat das Recht auf Achtung ihres Privat- und Familienlebens (…).

[267] Art. 12 im Wortlaut: Männer und Frauen im heiratsfähigen Alter haben das Recht, nach den innerstaatlichen Gesetzen, welche die Ausübung dieses Rechts regeln, eine Ehe einzugehen und eine Familie zu gründen.

C. Für die strafrechtliche Beurteilung relevante Bestimmungen

unter dem Gesichtspunkt einer denkbaren Diskriminierung (Art. 14 EMRK i. V. m. Art. 8 Abs. 1 EMRK).[268] [269]

Vom Menschenrecht der Achtung des Privatlebens (Art. 8 Abs. 1 EMRK) sieht der ÖstVerfGH „zweifelsfrei" den von einem Paar gefassten Entschluss umfasst, ein Kind haben zu wollen und sich hierzu erforderlicher medizinischer Unterstützung zu bedienen.[270] Das soll selbst dann gelten, wenn der Kinderwunsch nur unter Beteiligung Dritter zu verwirklichen ist.[271] Denn der Schutzbereich sei nicht auf den rein privaten Bereich beschränkt.[272]

Die in §§ 3 Abs. 1, 3 ÖstFMedG normierten Verbote stellten daher einen Eingriff in das Menschenrecht aus Art. 8 Abs. 1 EMRK (Recht auf Achtung des Privat- und Familienlebens) dar.[273] Dieses Recht stünde jedoch unter dem Vorbehalt des Art. 8 Abs. 2 EMRK:[274] „Entscheidend komme es daher darauf an, ob in der Regelung des § 3 ÖstFMedG eine Maßnahme erblickt werden kann, die in einer demokratischen Gesellschaft zum Schutz der Gesundheit und der Moral oder zum Schutz der Rechte und Freiheiten anderer notwendig ist."[275] Nach der Auffassung des ÖstVerfGH sei es von der gesetzgeberischen Einschätzungsprärogative umfasst, wenn der Gesetzgeber aufgrund des hohen Maßes an Technizität der Verfahren und den damit verbundenen bioethischen und gesundheitlichen Fragen sowie der besonderen Schwierigkeit der Folgenabschätzung für das Kindeswohl ein Verbot der Fremdeizellspende vorhalte.[276] Aus den genannten Gründen sei auch der Eingriff in Art. 12 EMRK vom Gesetzesvorbehalt des Art. 8 Abs. 2 EMRK gedeckt und damit gerechtfertigt.[277]

Daneben vermag das Gericht auch keinen Verstoß gegen das konventionsrechtliche Verbot der Ungleichbehandlung (Art. 14 i. V. m. Art. 8 Abs. 1 EMRK) zu erkennen.[278] Denn das Kind sei erst nach seiner Erzeugung existent, vor der Befruchtung

---

[268] Eine isolierte Verletzung von Art. 14 EMRK ist – anders als etwa beim verfassungsrechtlichen Gleichheitssatz aus Art. 3 Abs. 1 GG – nicht möglich. Die Vorschrift ist zu anderen Konventionsgarantien (schutzbereichs-) akzessorisch: *Wollenschläger* MedR 2011, 21 (22).

[269] Daneben prüft das Gericht einen Verstoß gegen den in Art. 7 B-VG normierten Gleichheitssatz im Hinblick auf das Verbot der Samenspende.

[270] Nr. 15632 VfSlg. Ziff. 1.2.3., 1.2.4. (S. 430, 431) = FamRZ 2000, 601.

[271] Nr. 15632 VfSlg. Ziff. 1.2.3. (S. 430) = FamRZ 2000, 601.

[272] Nr. 15632 VfSlg. Ziff. 1.2.3. (S. 430) = FamRZ 2000, 601 (602).

[273] Nr. 15632 VfSlg. Ziff. 2. (S. 431) = FamRZ 2000, 601 (602); zustimmend *Coester-Waltjen* FamRZ 2000, 598 (599).

[274] Art. 8 Abs. 2 im Wortlaut (Auszug): Eine Behörde darf in die Ausübung dieses Rechts nur eingreifen, soweit der Eingriff gesetzlich vorgesehen und in einer demokratischen Gesellschaft notwendig ist (…) zum Schutz der Gesundheit oder der Moral oder zum Schutz der Rechte und Freiheiten anderer.

[275] Nr. 15632 VfSlg. Ziff. 2.3 (S. 433) = FamRZ 2000, 601 (602).

[276] Nr. 15632 VfSlg. Ziff. 2.6.1 (S. 437-438) = FamRZ 2000, 601 (602).

[277] Nr. 15632 VfSlg. Ziff. 3. (S. 439) = FamRZ 2000, 601 (602 f.).

[278] Nr. 15632 VfSlg. Ziff. 2.6.2 (S. 438) = FamRZ 2000, 601 (602).

fehle es an einem insoweit vergleichbaren Individuum.[279] Das Argument der Diskriminierung gegenüber der Adoption sei daher nicht geeignet, gegen aus Gründen des Wohles des künftigen Kindes vorgesehene gesetzliche Beschränkungen angeführt zu werden.[280]

Der ÖstVerfGH hielt deshalb – zum damaligen Entscheidungszeitpunkt Ende 1999 – insbesondere das Verbot der Fremdeizellspende in den §§ 3 Abs. 1, 3 ÖstFMedG für verfassungsrechtlich unbedenklich.[281]

β) Die Entscheidung der ersten Sektion des EGMR vom 1. April 2010

Da die Beschwerdeführer weiterhin beschwert waren, legten sie am 8. Mai 2000 gem. Art. 34 EMRK Individualbeschwerde vor dem EGMR ein. Zunächst hatte sich im Jahre 2010 die Kleine Kammer (I. Sektion) des EGMR mit der Sache zu befassen. Sie entschied am 1. April 2010[282] zugunsten der Beschwerdeführer und sah in den Verboten des §§ 3 Abs. 1, 3 ÖstFMedG einen Verstoß gegen das Diskriminierungsverbot (Art. 14 EMRK i. V. m. Art. 8 Abs. 1 EMRK).

Im Gegensatz zum ÖstVerfGH erblickte die Kleine Kammer des EGMR bei ihrer auf gleichheitsrechtliche Aspekte zentrierten Sichtweise in den in §§ 3 Abs. 1, 3 ÖstFMedG normierten Verboten einen Verstoß gegen das konventionsrechtliche Diskriminierungsverbot. Die Kammer konnte es bei ihrer Entscheidung jedoch dahinstehen lassen, ob Art. 8 EMRK das Recht eine Familie zu gründen garantiert, da für die Erörterung unter gleichheitsrechtlichen Gesichtspunkten lediglich die thematische Eröffnung der Norm erforderlich ist.[283] So urteilt der Gerichtshof erstmals,[284] dass das Recht eines Paares, ein Kind zu empfangen und zu diesem Zweck die Methoden der medizinisch unterstützten Fortpflanzung in Anspruch zu nehmen, von Art. 8 Abs. 1 EMRK umfasst sei, weil eine solche Wahl Ausdruck des Privat- und Familienlebens sei (freiheitsrechtliche Dimension).[285] Sodann stellt die Kam-

---

[279] Nr. 15632 VfSlg. Ziff. 2.6.2 (S. 438) = FamRZ 2000, 601 (602).

[280] Nr. 15632 VfSlg. Ziff. 2.6.2 (S. 438) = FamRZ 2000, 601 (602).

[281] Nr. 15632 VfSlg. Ziff. 4 (S. 439) = FamRZ 2000, 601 (602). Zur Kritik an der Entscheidung siehe nur *Bernat* Juridikum 2000, 114 ff.; *ders.* Der Gynäkologe 2011, 230 (232); *Coester-Waltjen* bezeichnet die Entscheidung als „sowohl im Ergebnis als auch in der Begründung enttäuschend." In FamRZ 2000, 598 (599).

[282] EGMR, Urteil vom 1. April 2010 (Appl. 57.813/2000) = BeckRS 2010, 13057 (Entscheidung in englischer Sprache). In wesentlichen Grundzügen wiedergegeben in der Anmerkung von *Coester-Waltjen* FamRZ 2010, 957 f.

[283] Näher dazu *Weilert* MedR 2012, 355 (356).

[284] In den Vorgängerentscheidungen räumte er lediglich das Recht ein, Eltern eines von sich abstammenden Kindes zu werden, EGMR NJW 2008, 2013 (2014); BGH NJW 2009, 971 (973). In der Sache E.B. ./. France (Urteil vom 22.01.2008 – Nr. 43546/02) urteilte er gar noch zum Schutzbereich von Art. 8 Abs. 1 EMRK, dass dieser nicht das Recht umfasse, eine Familie zu gründen, sondern vielmehr die Existenz einer solchen voraussetze.

[285] EGMR BeckRS 2010, 13057, Rn. 60.

mer fest, dass eine Verletzung des Art. 14 EMRK i. V. m. Art. 8 EMRK[286] gegeben sei (gleichheitsrechtliche Dimension).[287]

Die Beschränkungen in § 3 ÖstFMedG stellten einen Eingriff in das Recht der Beschwerdeführer dar, sich der Techniken künstlicher Befruchtung zu bedienen, weil das Gesetz sie daran hindere.[288] Eine Ungleichbehandlung vermag die Kammer darin zu erblicken, dass eine Samenspende im heterologen Verfahren im Rahmen einer IVF, also *in vitro* verboten ist, *in vivo* hingegen erlaubt ist. Die Rechtfertigungshürde für diese Ungleichbehandlung setzt sie jedoch höher an als bei Einschränkungen der künstlichen Fortpflanzung im Allgemeinen, sog. Kohärenzgebot/Stimmigkeitsgebot.[289] Es gebe keine objektive und angemessene Rechtfertigung dafür, dass ein Paar, das zur Erfüllung seines Kinderwunsches auf eine IVF mit Spendersamen angewiesen ist, anders zu behandeln als ein Paar, dem es möglich ist, seinen Kinderwunsch durch eine nach § 3 Abs. 2 ÖstFMedG zulässige heterologe *in vivo* Befruchtung zu erfüllen.[290] Die Argumente gegen die Durchführung heterologen IVF als besondere Methode der assistierten Reproduktion könnten jedoch allenfalls gegen die Zulässigkeit von ART-Methoden im Allgemeinen (damit auch bzgl. homologer Verfahren) angeführt werden und seien daher untauglich für eine Rechtfertigung.[291] Das erstreckt der Straßburger Gerichtshof auch auf das Verbot der Fremdeizellspende. Wenn es Männern, die unfruchtbar sind, gestattet ist, gespendeten Samen zu nutzen, dürfe es Frauen, die keine Eizellen produzieren können, nicht verwehrt sein, diese für die Erzeugung eines Kindes gespendet zu bekommen. Ferner gebe es keine objektive und angemessene Rechtfertigung dafür, ein Paar, das zur Erfüllung seines Kinderwunsches auf Spendereizellen angewiesen ist, anders zu behandeln als ein Paar, das zur Erfüllung seines Kinderwunsches zwar auch auf die assistierte Reproduktion, nicht aber auf Spendereizellen angewiesen sei.[292] Das Verbot der Fremdeizellspende sei daher eine Diskriminierung.

Die Entstehung „atypischer Eltern-Kind-Beziehungen" sei mit der Adoption vergleichbar[293] und abstammungsrechtlich könne dem Kind ein entsprechender Anspruch auf Kenntnis gesetzlich eingeräumt werden.[294]

---

[286] Verwundert darüber, weshalb der EGMR seine Prüfung nicht anhand Art. 8 EMRK allein durchführt *Wollenschläger* MedR 2011, 21 (24). So lautet es im Urteil: „no separate issues", Rn. 95 f.
[287] EGMR BeckRS 2010, 13057 Rn. 63. Auf die von der Antragstellerin gerügte Verletzung von Art. 12 EMRK (Recht auf Eheschließung) geht die Kammer – anders als der Verfassungsgerichtshof – mit keinem Wort ein.
[288] EGMR BeckRS 2010, 13057, Rn. 85.
[289] EGMR BeckRS 2010, 13057, Rn. 74.
[290] EGMR BeckRS 2010, 13057, Rn. 94.
[291] EGMR BeckRS 2010, 13057, Rn. 77 f.
[292] EGMR BeckRS 2010, 13057, Rn. 85.
[293] EGMR BeckRS 2010, 13057, Rn. 79–81.
[294] EGMR BeckRS 2010, 13057, Rn. 82–84.

Abschließend weist die Kammer darauf hin, dass kein Staat gezwungen sei, „die künstliche Befruchtung gesetzlich zu regeln und zu erlauben".[295] Dies kann allerdings, wie *Bernat* richtig anmerkt, nicht in dem Sinne verstanden werden, dass die Vertragsstaaten Betroffenen das Recht der Inanspruchnahme fortpflanzungsmedizinischer Techniken bei der Realisierung ihres Kinderwunsches entziehen. Denn dann würde der Gerichtshof sich zu seiner eben auf Art. 8 Abs. 1 EMRK gestützten Rechtsauffassung in Widerspruch setzen. Vielmehr ging es der Kammer darum zu betonen, dass europaweit in diesem Punkt möglichst ein Konsens zu erzielen sei.[296]

Die Entscheidung wurde überwiegend positiv aufgenommen.[297]

γ) Die Entscheidung der Großen Kammer des EGMR vom 3. November 2011

Nachdem die österreichische Bundesregierung gegen die Entscheidung der Kleinen Kammer des EGMR Rechtsmittel eingelegt hatte, entschied die Große Kammer des EGMR nach Annahme des Verweisungsantrages im Jahre 2011 in der Sache. Entgegen aller Vermutungen in der medizinrechtlichen Fachliteratur[298] hob die Große Kammer das Urteil der Kleinen Kammer mit Entscheidung vom 3. November 2011 auf und konstatierte, dass die in § 3 ÖstFMedG normierten Verbote der IVF mit Spendersamen und des heterologen Embryotransfers nach Eizellspende im Jahre 1999 weder gegen Art. 8 Abs. 1 EMRK noch gegen Art. 14 i. V. m. Art. 8 Abs. 1 EMRK verstießen.

Die Kehrtwende in der konventionsrechtlichen Rechtsprechung stellt sich wie folgt dar:

Anders als die Kleine Kammer wählt der Gerichtshof der Großen Kammer des EGMR als Maßstab für seine Beurteilung das in Art. 8 Abs. 1 EMRK verbürgte Recht auf Privat- und Familienleben. Die Große Kammer teilt die Auffassungen des ÖstVerfGH und der Kleinen Kammer, wonach die Entscheidung, ein Kind zu empfangen und zu diesem Zweck die Methoden der medizinisch unterstützten Fortpflanzung in Anspruch zu nehmen, vom Schutzbereich des Art. 8 Abs. 1 EMRK erfasst sei.[299] Eine solche Entscheidung sei Ausdrucksform des Privat- und Familienlebens.[300]

---

[295] EGMR BeckRS 2010, 13057, Rn. 74.
[296] Dazu *Bernat* Der Gynäkologe 2011, 230 (232 f.).
[297] *Bernat* Der Gynäkologe 2011, 230 (232): „nicht ganz unerwartet"; teils positiv-teils negativ hingegen *Coester-Waltjen* FamRZ 2010, 957 f.
[298] Siehe die Äußerung von *Bernat* Der Gynäkologe 2012, 331 (332).
[299] EGMR (Große Kammer), Urt. v. 3.11.2011 – Nr. 57813/00, Tz. 82 = NJW 2012, 207 (209 Rn. 82).
[300] EGMR (Große Kammer) NJW 2012, 207 (209 Rn. 82).

Ein relevantes Handeln des beklagten Vertragsstaates Österreich prüft die Große Kammer unter dem Aspekt eines Eingriffs in das Recht der Beschwerdeführerin, Techniken der künstlichen Fortpflanzung in Anspruch zu nehmen.[301]

Im Gegensatz zur Kleinen Kammer sieht die Große Kammer die mit den Verboten verbundenen Eingriffe jedoch als von Art. 8 Abs. 2 EMRK gedeckt an. Knapp bejaht die Große Kammer folgende Voraussetzungen: Das Verbot ist gesetzlich vorgesehen (§ 3 ÖstFMedG) und es verfolgt ein berechtigtes Ziel i.S.d. Art. 8 Abs. 2 EMRK (Schutz der Gesundheit, Moral und der Rechte anderer), da beides zwischen den Parteien unstreitig war.[302] Bei der Beurteilung, ob ein Eingriff im Sinne dieser Bestimmung *notwendig*[303] ist, stehe den Mitgliedstaaten ein Beurteilungsspielraum zu, der im zugrunde liegenden Fall, jedenfalls im Zeitpunkt der Ausgangsentscheidung im Jahre 1999,[304] nicht überschritten worden sei. Der maßgebliche Zeitpunkt für die rechtliche Beurteilung der Sachlage hindere den Gerichtshof jedoch nicht daran, die inzwischen eingetretene Entwicklung zu berücksichtigen.[305]

Bereits im Fall *Evans./.Vereinigtes Königreich,*[306] den die Große Kammer im Jahre 2007 zu entscheiden hatte, führt sie aus, dass, sollte zwischen den Mitgliedsstaaten in einer bestimmten Frage kein Konsens bestehen, etwa weil der Fall schwierige Fragen von Moral und Ethik bzw. schwierige gesellschaftspolitische Fragen aufwirft, der Ermessensspielraum weit sei.[307] Angesichts der rasch voranschreitenden medizinischen und wissenschaftlichen Entwicklungen und der hiermit verbundenen schwierigen Fragen moralischer und ethischer Art sowie der Tatsache, dass Bereiche berührt sind, in denen es keine klare Übereinstimmung unter den Mitgliedsstaaten des Europarates gibt, sei dem beklagten Staat ein weiter Ermessensspielraum zuzuerkennen.[308] Dieser Ermessensspielraum gelte nach dem Gerichtshof auch für die Regelungen hinsichtlich der IVF-Therapie.[309] Denn in diesem Bereich gebe es keine einheitliche europäische Lösung.[310]

---

[301] EGMR (Große Kammer) NJW 2012, 207 (209 Rn. 88).

[302] EGMR (Große Kammer) NJW 2012, 207 (209 Rn. 89 f.).

[303] Dieser Punkt war zwischen den Parteien streitig. Zur besseren Handhabung siehe die „Grundsätze der Rechtsprechung im Bereich der künstlichen Befruchtung" etwa in EGMR (Große Kammer) NJW 2016, 3709 Tz. 168–173.

[304] Für die Maßgeblichkeit des Zeitpunktes siehe EGMR (Große Kammer) NJW 2012, 207 (209 Rn. 84).

[305] EGMR (Große Kammer) NJW 2012, 207 (209 Rn. 84).

[306] EGMR (Große Kammer) NJW 2008, 2013 ff.

[307] EGMR (Große Kammer) NJW 2008, 2015 Tz. 77, bestätigt in NJW 2009, 973 Tz. 82.

[308] EGMR (Große Kammer) NJW 2008, 2015 Ziff. 81 mit Verweis auf EGMR ÖJZ 1998, 272.

[309] EGMR (Große Kammer) NJW 2008, 2016 Ziff. 82.

[310] EGMR (Große Kammer) NJW 2008, 2015, Ziff. 79, 2017 Ziff. 90. Jüngst nun auch zur Zulässigkeit der Embryonenspende für Forschungszwecke siehe EGMR NJW 2016, 3709 Tz. 176.

Dabei vergleicht der Gerichtshof die im Jahre 1999 bestehende Rechtslage in den einzelnen Vertragsstaaten[311] und kommt zu dem Ergebnis, dass aufgrund der rasch voranschreitenden Entwicklung von Wissenschaft und Medizin im Rahmen der IVF-Behandlung nach wie vor schwierige Fragen der Moral und Ethik aufgeworfen sind, und Bereiche berührt werden, in denen es bislang (Stand: Jahr 2011) keinen Konsens gebe, sodass Österreich ein weiter Ermessensspielraum einzuräumen sei.[312] Dieser Ermessensspielraum erstrecke sich darauf, ob man die IVF-Behandlung überhaupt regele und darüber hinaus, wie diese Regelung ausgestaltet wird.[313] Maßgebend sei nicht, dass der österreichische Staat eine andere Regelung hätte treffen können und damit die Fremdeizellspende hätte zulassen können, sondern alleine, ob er mit der Wahl der angegriffenen Regelung seinen ihm nach Art. 8 Abs. 2 EMRK zustehenden Ermessensspielraum überschritten hat.[314] Insbesondere im Hinblick auf das Verbot der Eizellspende habe Österreich sich innerhalb der Grenzen dieses Ermessensspielraumes gehalten, die Verbote seien verhältnismäßig.[315]

Einer gesonderten Prüfung der Beschwerde unter dem Gesichtspunkt einer Diskriminierung (Art. 14 EMRK i. V. m. Art. 8 Abs. 1 EMRK) erübrige sich mithin.[316]

Abschließend weist die Große Kammer jedoch ausdrücklich darauf hin, dass der Gerichtshof die Konvention stets „im Licht der jetzigen" und damit gegenwärtigen „Umstände" auslegt und anwendet.[317] Sie ermahnt daher die Mitgliedsstaaten „diesen Bereich, in dem sich das Recht ununterbrochen weiter zu entwickeln scheint und in dem es besonders dynamische Fortschritte in der Wissenschaft und auf dem Gebiet des Rechts gibt, ständig im Auge [zu] behalten".[318]

(3) Kritik

Die Entscheidung ist insgesamt überzeugend und daher positiv aufgenommen worden. Beizupflichten ist der Großen Kammer insbesondere darin, dass Art. 8 EMRK als Prüfungsmaßstab zugrunde gelegt wird und in der Rechtsfolge die Souveränität der Vertragsstaaten – anders als das noch die Kleine Kammer getan hat – im erforderlichen Maße berücksichtigt und beachtet wird.[319]

---

[311] EGMR (Große Kammer) NJW 2012, 207 (210 Rn. 95 f.).
[312] EGMR (Große Kammer) NJW 2012, 207 (210 Rn. 97).
[313] EGMR (Große Kammer) NJW 2012, 207 (210 Rn. 97).
[314] EGMR (Große Kammer) NJW 2012, 207 (211 Rn. 106).
[315] Überdies auch im Hinblick auf das Verbot der heterologen IVF mit Spendersamen, dazu EGMR (Große Kammer) NJW 2012, 207 (212 Rn. 115.).
[316] EGMR (Große Kammer) NJW 2012, 207 (212 Rn. 119 f.).
[317] EGMR (Große Kammer) NJW 2012, 207 (212 Rn. 118). Die EMRK als „living instrument", dazu etwa *Weilert* MedR 2012, 355 (356).
[318] EGMR (Große Kammer) NJW 2012, 207 (212 Rn. 118).
[319] So im Ergebnis auch *Weilert* MedR 2012, 355 (358 f.).

Kritisch zu betrachten ist hingegen die vorschnelle Subsumtion der heterologen IVF unter den Tatbestand des Art. 8 EMRK.[320] Offensichtlich rezipiert die Große Kammer in diesem Punkt die Rechtsprechungen des ÖStVerfGH und der Kleinen Kammer unreflektiert.

Im Hinblick auf den maßgeblichen Zeitpunkt für die Feststellung des Beurteilungsspielraumes stellt der Gerichtshof richtigerweise, auch wenn hieran Kritik geübt wird,[321] auf den Zeitpunkt der Ausgangsentscheidung, der Erkenntnis des ÖStVerfGH im Jahre 1999, ab. Ansonsten wäre das Ergebnis der Entscheidung der Willkür des Zeitpunktes der Entscheidungsfindung ausgesetzt. Das wird besonders deutlich, wenn man sich vor Augen führt, dass von der Antragstellung vor der Kleinen Kammer des EGMR bis zu deren Entscheidung rund eine Dekade verging, bis zur Entscheidung der Großen Kammer dann jedoch nur rund anderthalb Jahre.

(4) Fazit und Konsequenzen für das deutsche Strafrecht

Legt man die vorläufig letzte und damit wegen ihrer Endgültigkeit gem. Art. 42, 44 Abs. 1 EMRK maßgebliche Entscheidung der Großen Kammer des EGMR zugrunde, kann zum gegenwärtigen Zeitpunkt festgestellt werden, dass auch das Verbot der Eizellspende im deutschen Recht konventionskonform ist.[322] Das bedeutet aber auch, dass eine Mitwirkung an dieser Behandlungsmethode – zumindest unter konventionsrechtlichen Gesichtspunkten – nach deutschem Recht grundsätzlich von strafrechtlicher Relevanz ist. Solange die Verbotstatbestände der Eizellspende nicht erneut vor den EGMR im Wege einer Individualbeschwerde zur Entscheidung herangetragen werden,[323] kann nur gemutmaßt werden, ob der Gerichtshof unter Berücksichtigung der neuerlichen europaweiten Gesetzgebungen im Bereich der Fortpflanzungsmedizin den deutschen §§ 1 Abs. 1 Nrn. 1, 2 ESchG das Verdikt der Konventionswidrigkeit erteilen würde.

Festhalten lässt sich zum gegenwärtigen Zeitpunkt jedenfalls eines: Die Verbote der Eizellspende in den §§ 1 Abs. 1 Nrn. 1, 2 ESchG sind nicht konventionswidrig. Das griff der Bundesgerichtshof in einer neuerlichen Entscheidung auf und stellte seinerseits fest, dass die Verbote der Eizellspende nach dem ESchG mit Art. 8 EMRK sowie Art. 14 EMRK i. V. m. Art. 8 EMRK in Einklang stehen.[324]

Die durch die Große Kammer festgestellte Konventionskonformität schließt aber nicht aus, dass die zu untersuchenden Verbotstatbestände unter Umständen verfassungswidrig sind. Denn der Schutz durch die EMRK stellt lediglich einen Mindest-

---

[320] *Weilert* MedR 2012, 355 (358).
[321] Etwa *Weilert* MedR 2012, 355 (358).
[322] Jüngst mit kurzem Verweis hierauf *Taupitz* NJW 2019, 337 (340).
[323] Und das war bislang nicht der Fall, dazu Ziff. 7 (Leitsätze der Bearbeiter), NJW 2012, 207.
[324] BGH MedR 2016, 530 (532).

standard dar, der ein höheres Schutzniveau auf der Ebene des konventionsstaatlichen Verfassungsrechts nicht ausschließt.[325]

(5) Gesetzesänderung im ÖstFMedG[326]

Infolge einer Entscheidung des ÖstVfGH vom 10. Dezember 2013[327] kam es zu einer weitreichenden Liberalisierung des ÖstFMedG durch das Fortpflanzungsmedizinrechts-Änderungsgesetz (FMedRÄG) 2015,[328] das am 24. Februar 2015 in Kraft trat. Mitunter wurde im Zuge der Reform das Verfahren des heterologen Embryotransfers nach Eizellspende zugelassen. Ansonsten würden Frauen, die zwingend auf eine Eizellspende angewiesen sind gegenüber solchen, die auf eine Samenspende angewiesen sind, diskriminiert.[329] Das Verfahren ist nach § 3 Abs. 3 ÖstFMedG i.d.F. des FMedRÄG 2015 allerdings nur zulässig, wenn die Empfängerin der Eizelle fortpflanzungsunfähig ist und bei Beginn der Behandlung das 45. Lebensjahr noch nicht vollendet hat. Die Spenderin hingegen darf nach § 2b Abs. 2 ÖStFMedG n.F. bei Behandlungsbeginn höchstens 29 Jahre alt sein. Das sog. „egg-sharing" bleibt nach wie vor ungeregelt.[330]

2. Nationales Recht

Sodann gilt es einen Blick auf das vom deutschen Gesetzgeber erlassene Recht zu werfen:[331]

a) Arzneimittelgesetz und Arzneimittelverschreibungsverordnung

Bei der Verschreibung und der Anwendung von Medikamenten, die im Bereich der Fortpflanzungsmedizin eingesetzt werden, spielen unter anderem das Arzneimittelgesetz (AMG) und die auf dessen Grundlage erlassene Arzneimittelverschreibungsverordnung (AMVV) eine Rolle.

---

[325] *Lindner*, Verfassungsrechtliche Aspekte eines Fortpflanzungsmedizingesetzes, in Rosenau (Hrsg.), Ein zeitgemäßes Fortpflanzungsmedizingesetz für Deutschland, 2012, S. 147.
[326] Allgemein zur Rechtslage in Österreich: *Urdl*, Rechtliche Regelung der Reproduktionsmedizin in Österreich, in Diedrich et al. (Hrsg.), Reproduktionsmedizin, 2013, Kap. 49, S. 607 ff.
[327] ÖstVfGH MedR 2014, 567 = RdM 2014, 65.
[328] BGBl. 2015/35.
[329] Stellungnahme der *Bioethik-Kommission beim Bundeskanzleramt*, Reform des Fortpflanzungsmedizinrechts, 2012, S. 23 ff.
[330] Dazu *Bernat* MedR 2015, 686 (688).
[331] In alphabetischer Reihenfolge. Die jeweiligen Rechtsnormen sind – bis auf das ärztliche Berufs- und Standesrecht, das als materielles Satzungsrecht nachrangig ist – ihrer Stellung nach gleichrangig.

C. Für die strafrechtliche Beurteilung relevante Bestimmungen

In diesem Zusammenhang sind nebenstrafrechtliche Bestimmungen im Rahmen der ärztlichen Verschreibung oder Verabreichung von Hormonpräparaten bedeutsam. So enthalten §§ 95, 96 AMG Straftatbestände (sog. Arzneimittelstrafrecht).[332]

b) Bürgerliches Gesetzbuch

Im Rahmen der Mitwirkungstätigkeit zu berücksichtigen ist ferner das am 26. Februar 2013 in Kraft getretene Patientenrechtegesetz,[333] kurz: PatRG, infolgedessen unter anderem ein Teil des Bürgerlichen Gesetzbuches geändert wurde.[334] So wurde in den §§ 630a ff. BGB als zweiter Untertitel der „Behandlungsvertrag" als neuer Vertragstypus des BGB geschaffen. Die §§ 630a ff. BGB sind eine weitgehende Kodifizierung der höchstrichterlichen Rechtsprechung zum Arzthaftungsrecht.[335] Gesetzgeberisches Ziel der Normierung war es, für die Behandelnden (vornehmlich Ärzte), aber auch für die Patienten Rechtssicherheit und Transparenz zu schaffen.[336] Informationen sollten als Grundlage eigenverantwortlicher und selbstbestimmter Entscheidungen im Rahmen der Behandlung dienen.[337]

Bei der Anwendung fortpflanzungsmedizinischer Techniken handelt es sich um eine medizinische Behandlung i.S.d. § 630a Abs. 1 BGB[338] und damit um einen ärztlichen Heileingriff. Daher sind die Bestimmungen zur Einwilligung (§§ 630d,[339] 630e BGB) in den körperlichen Eingriff auch im Strafrecht[340] zu beachten. Denn anders als etwa in den §§ 18–20 des AME-FMedG erwogen, kennt das EschG keine speziellen Auskunfts- und/oder Beratungspflichten im Vorfeld der Anwendung der Methoden der medizinisch unterstützten Fortpflanzung. Der Umfang der ärztlichen Aufklärungspflicht sollte aber im Vergleich zur dazu ergangenen höchstrichterlichen Rechtsprechung durch die Kodifizierung insbesondere in den §§ 630d, 630e BGB nicht geändert werden.[341]

---

[332] *Weber*, BtMG/AMG, 5. Aufl. 2017, AMG § 95 Rn. 1. Ausführlich hierzu unter Teil 3 § 7 C. I. 3.

[333] Gesetz zur Verbesserung der Rechte von Patientinnen und Patienten (BGBl. I, 2013, 277 vom 25. Februar 2013), dazu *Katzenmeier* NJW 2013, 817 ff. Richtigerweise müsste es „Ärztepflichtengesetz" heißen, da vornehmlich den Ärzten Pflichten gegenüber ihren Patienten aufgebürdet werden, dazu *Wagner* VersR 2012, 789.

[334] Siehe die Beiträge von *Katzenmeier* in NJW 2013, 817 ff. sowie *ders*. MedR 2012, 576 ff.

[335] *Wagner* VersR 2012, 789 (802); *Katzenmeier* NJW 2013, 817; *Wenzel* in Wenzel (Hrsg.), Patientenrechtegesetz, 2017, Rn. 2.

[336] BT-Drucks. 17/10466, 9. Dass dieses Ziel nicht erreicht wurde nur *Wagner* VersR 2012, 789 (798 ff., insb. 802: „Illusion").

[337] PatRG-RegE, Begründung S. 1, 11.

[338] Palandt/*Weidenkaff*, 78. Aufl. 2019, Vor §§ 630a ff. Rn. 2; *Wenzel* in Wenzel (Hrsg.), Patientenrechtegesetz, 2017, Rn. 10.

[339] *Jaeger* bezeichnet § 630d BGB als „restlos überflüssige Bestimmung", PatRG, 2013, Rn. 196.

[340] *Wagner* VersR 2012, 789 (802); *Lechner* MedR 2013, 429 (430); *Spickhoff* in Spickhoff (Hrsg.), Medizinrecht, 3. Aufl. 2018, BGB § 630e Rn. 1.

[341] BT-Drucks. 17/10488, 9.

c) Embryonenschutzgesetz

Die maßgebliche Grundlage der Beurteilung der (straf-)rechtlichen Zulässigkeit bestimmter Behandlungsmethoden der Fortpflanzungsmedizin ist das am 1. Januar 1991 in Kraft getretene[342] Embryonenschutzgesetz.[343] Bei diesem Regelungswerk handelt es sich – gegenüber dem Strafgesetzbuch als Kernstrafrecht – um sog. Nebenstrafrecht, für welches der Allgemeine Teil des Strafgesetzbuches über Art. 1 Abs. 1 EGStGB anwendbar ist.[344] Dabei gilt es zu beachten, dass sämtliche Methoden der medizinisch unterstützten Fortpflanzung, die nicht ausdrücklich nach dem ESchG verboten sind, zulässig und deren Durchführung in Deutschland erlaubt ist,[345] sog. Negativpause.[346]

aa) Historischer Abriss

Ein kurzer Blick auf die Entstehungsgeschichte des ESchG[347] macht die Zulässigkeit bzw. die Unzulässigkeit bestimmter Methoden der Kinderwunschbehandlung nachvollziehbar. Ferner wird klar, warum das ESchG das ist, was es ist: ein Strafgesetz.

Ziel des Gesetzgebers war es, im Bereich der Regelung der Fortpflanzungsmedizin eine bundeseinheitliche Regelung zu schaffen.[348]

Im Jahre 1984 kam es infolge zahlreicher und umfangreicher öffentlicher Diskussionen zur Gründung einer Arbeitsgruppe unter der Leitung von *Ernst Benda*. Diese Arbeitsgruppe trug den Namen „Benda-Kommission". Ihr gehörten Personen aus verschiedenen Berufsgruppen an, die mit den Themenstellungen „In-vitro-Fertilisation, Genomanalyse und Gentherapie" befasst waren. Die Aufgabe der Kommission bestand darin, die rechtlichen und ethischen Fragestellungen zu der Thematik herauszuarbeiten und Vorschläge für eine gesetzliche Regelung zu entwerfen und zu unterbreiten.

Bereits im Jahre 1986 kam im Rahmen des 56. Deutschen Juristentages unter dem Titel „Die künstliche Befruchtung beim Menschen – Zulässigkeit und zivil-

---

[342] § 13 ESchG.
[343] Gesetz vom 12. Dezember 1990 (BGBl. I, S. 2746), zuletzt geändert durch Art. 1 des Gesetzes vom 21. November 2011 (BGBl. I, S. 2228). Dazu *Neidert* ZRP 2002, 467 ff.
[344] *Günther* in G/T/K (Hrsg.), ESchG, 2. Aufl. 2014, C. II. Vor § 1 Rn. 2.
[345] Dazu bereits *Müller-Terpitz* in Spickhoff (Hrsg.), Medizinrecht, 3. Aufl. 2018, ESchG § 1 Rn. 1. Das gilt insbesondere für die heterologe Samenspende, gleich ob *in vivo* oder *in vitro*. Ein Antrag der SPD-Fraktion, nach dem auch die Verwendung von Spendersamen unzulässig sein sollte, vgl. § 3 Abs. 1 Satz 2 des Entwurfs eines Fortpflanzungsmedizingesetzes, abgedruckt in BT-Drucks. 11/5710, 2, konnte sich im Gesetzgebungsverfahren nicht durchsetzen.
[346] *Neidert* bezeichnet das ESchG treffend als „Fortpflanzungsmedizingesetz im Gewande des Strafrechts", MedR 1998, 347.
[347] Siehe ausführlich hierzu: *Deutsch* NJW 1991, 721 ff. sowie *Keller* MedR 1988, 59 ff.
[348] *Kahlert* in NK-Gesamtes Medizinrecht, 3. Aufl. 2018, ESchG Rn. 2.

rechtliche Folgen" die Diskussion um die Zulässigkeit fortpflanzungsmedizinischer Techniken auf, wobei im Rahmen dieser Tagung der hohe verfassungsrechtliche Status des Embryos ab dem Zeitpunkt der Kernverschmelzung hervorgehoben wurde.[349]

Am 29. April 1986 verfasste das Bundesjustizministerium einen Diskussionsentwurf zu einem Gesetz zum Schutz von Embryonen.[350]

Infolge der rasanten Modernisierung im Bereich der künstlichen Befruchtung, insbesondere der IVF, setzte sich der Gesetzgeber das Ziel, die rechtliche Zulässigkeit der Behandlungsmethoden der medizinisch unterstützten Fortpflanzung gesetzlich festzulegen. In der Folge verabschiedete die Bundesregierung am 19. Juli 1989 den „Entwurf eines Gesetzes zum Schutz von Embryonen (Embryonenschutzgesetz – ESchG)". Dieser Entwurf wurde dem Bundesrat zugeleitet und mit dessen Stellungnahme[351] samt der Gegenäußerung der Bundesregierung dem Bundestag am 25. Oktober 1989 zugeleitet.

Bei Erlass des ESchG verfügte der Bund jedoch noch nicht über die erforderliche Legislativkompetenz zur Schaffung eines Gesetzes, das die Materie der medizinisch unterstützten Fortpflanzung umfassend regelt. Ein Blick in das Grundgesetz lässt erkennen, dass die Ausübung staatlicher Befugnisse und damit auch die Gesetzgebungskompetenz gemäß Art. 30, 70 Abs. 1 GG grundsätzlich den Ländern vorbehalten ist. In der Fassung bei Inkrafttreten des ESchG im Jahre 1991 besaß der Bund nach Art. 70 Abs. 2, 72 Abs. 1, 74 Abs. 1 Nr. 1 GG lediglich die Kompetenz im Rahmen der konkurrierenden Gesetzgebung über das Strafrecht und keine Gesetzgebungskompetenz im Bereich der medizinisch unterstützten Fortpflanzung. Obgleich es vor Erlass des ESchG einen Änderungsvorschlag der SPD-Fraktion dahingehend gab, dem Bund durch die Einführung eines Art. 74 Abs. 1 Nr. 19a GG die Kompetenz über die fortpflanzungsmedizinischen Methoden einzuräumen,[352] schuf der Verfassungsgeber eine solche Kompetenznorm nicht und setzte damit den Regierungsentwurf in abgeänderter Form[353] um. Der Gesetzgeber, so *Deutsch*, habe mit dieser Entscheidung bewusst kein Gesamtkonzept vorgelegt;[354] vielmehr habe er die Lückenhaftigkeit des ESchG bewusst in Kauf genommen.[355]

---

[349] *Starck/Coester-Waltjen*, Gutachten zum 56. DJT, in: Ständige Deputation des DJT, 1986, A-17.

[350] Diskussionsentwurf eines Gesetzes zum Schutz von Embryonen, abgedruckt in *Günther/Keller*, Fortpflanzungsmedizin und Humangenetik, 1991, S. 349 ff.

[351] BR-Drucks. 417/89.

[352] Antrag des Landes Niedersachsen und Gesetzesentwurfsvorhaben der SPD-Bundestagsfraktion vom 3. Juli 1989, BT-Drucks. 11/5709 – Entwurf zur 37. Änderung des Grundgesetzes (Art. 74 Rn. 19a). Dieser Entwurf trug den Namen „Entwurf eines Gesetzes zur Regelung von Problemen der künstlichen Befruchtung beim Menschen und bei Eingriffen in die menschliche Keimbahn", BT-Drucks. 11/5710.

[353] Eingefügt wurden der Arztvorbehalt in § 9 ESchG und die Freiwilligkeit der Mitwirkung bei der Durchführung fortpflanzungsmedizinischer Maßnahmen mit § 10 ESchG.

[354] *Deutsch* NJW 1991, 721 (722) mit Verweis auf BT-Drucks. 11/8057, 12 f.

[355] *Neidert* ZRP 2002, 467 ff.

Zu einer Kompetenzverschiebung zu Gunsten des Bundes kam es erst *nach* Inkrafttreten des ESchG, und zwar durch das Gesetz zur Änderung des Grundgesetzes vom 27. Oktober 1994,[356] das zum 15. November desselben Jahres in Kraft getreten ist. In dem nunmehr neu geschaffenen Art. 74 Abs. 1 Nr. 26 GG wurde dem Bund mitunter die Kompetenz über die Gesetzgebung für „die künstliche Befruchtung beim Menschen" zugewiesen.

Die Bestimmung des Art. 74 Abs. 1 Nr. 26 GG erfuhr mit der ersten Föderalismusreform,[357] die am 1. September 2006 in Kraft getreten ist, eine Änderung in der Weise, dass darin nunmehr insbesondere „die medizinisch unterstützte Erzeugung menschlichen Lebens" geregelt ist.

Die Wandelung im Wortlaut von der „künstlichen" zur „medizinisch unterstützten Erzeugung" lässt zumindest einen gewissen gesellschaftlichen Einstellungswandel zu Kinderwunschbehandlungen erkennen. Die gesellschaftliche Akzeptanz mag durch diese Änderung im Wortlaut des Verfassungstextes größer geworden sein. Man sieht die Kinderwunschbehandlung nicht mehr als eine die natürliche Befruchtung ersetzende, sich von ihrem Ablauf vollständig unterscheidende Behandlungsmethode an, sondern vielmehr als ein Verfahren, das die Erfüllung eines Kinderwunsches unterstützt.

Zu einer punktuellen Reform des ESchG kam es anlässlich eines grundlegenden Urteils des fünften Strafsenates des Bundesgerichtshofes aus dem Jahre 2010[358] zur rechtlichen Zulässigkeit der Präimplantationsdiagnostik. Der Gesetzgeber reagierte und regelte deren Zulässigkeitsvoraussetzungen im neu geschaffenen § 3a ESchG.[359]

bb) Ratio

Sinn und Zweck der Schaffung des ESchG als Teil des Nebenstrafrechts ist es nach der amtlichen Begründung des Regierungsentwurfes vom 25. Oktober 1989, jedweder Manipulation menschlichen Lebens bereits im Vorfeld zu begegnen.[360] Die Definitionsnorm des § 8 ESchG greift bewusst früh ein, um den Schutz des ungeborenen Lebens effektiv zu gestalten.[361]

Dies ist nach den Erwägungsgründen des Entwurfes das Ergebnis einer Wertentscheidung des Grundgesetzes zugunsten von Menschenwürde und Leben des Embryos.[362] Der Bundesrat merkt in seiner Stellungnahme hierzu an: „Die objektive Wertentscheidung, die das Grundgesetz durch die staatlichen Schutzpflichten aus

---

[356] BGBl. I, S. 3146 ff.
[357] Gesetz zur Änderung des Grundgesetzes vom 28. August 2006 (BGBl. I, S. 2034).
[358] BGH NJW 2010, 2672 ff.
[359] Gesetz vom 21. November 2011, BGBl. I, S. 2228.
[360] BT-Drucks. 11/5460, 1.
[361] BT-Drucks. 11/5460, 6; *Frommel/Taupitz/Ochsner/Geisthövel* J Reprod und Endo 2010, 96 (100).
[362] BT-Drucks. 11/5460, 6.

Art. 1 Abs. 1 GG und Art. 2 Abs. 2 GG ableitet, setzen dem Selbstbestimmungsrecht des Einzelnen sowie der Freiheit von Wissenschaft und Forschung Grenzen."[363] Daneben verfolgte der Gesetzgeber das Ziel, dass Wissenschaftler und Ärzte selbst problematischen Manipulationen Dritter im Bereich der Fortpflanzungsmedizin entgegenwirken.[364]

Bei der Entwicklung des ESchG war sich der Gesetzgeber darüber im Klaren, dass der Bereich der medizinisch unterstützten Fortpflanzung durch eine rasant fortschreitende technische Entwicklung Risiken für menschliche Embryonen bergen kann. So lautet es in der amtlichen Begründung wie folgt: „Mit zunehmender Bedeutung der In-vitro-Fertilisation wie der Anwendung gentechnischer Methoden am Menschen sieht sich der Gesetzgeber vor neue Aufgaben gestellt. (…) Seine Arbeit wird nicht zuletzt dadurch erschwert, dass sich Chancen und Risiken dieser Methoden heute noch nicht in ihrer vollen Tragweite abschätzen lassen."[365] Kurz nach Erlass des ESchG kommentiert *Deutsch*, auch wenn er Bedenken wegen des hohen Strafrahmens (von bis zu drei Jahren Freiheitsstrafe) äußert,[366] dass „man [bezogen auf den Gesetzgeber] in Sachen Embryonenschutz und Fortpflanzungsmedizin alles getan" habe.[367]

cc) Inhaltsübersicht

Grob lassen sich dem ESchG im Hinblick auf die Tatbestände zwei Zielrichtungen entnehmen: Zum einen die Regelung eines Teilbereichs der Humangenetik. Zum anderen, und darauf soll es im Folgenden alleine ankommen, die Regelung der Zulässigkeit von Methoden der medizinisch unterstützten Fortpflanzung.[368] Im Bereich der Fortpflanzungsmedizin bezweckt das ESchG die Beschränkung der extrakorporalen Befruchtung zu Fortpflanzungszwecken, die Vermeidung der Entstehung überzähliger Embryonen sowie die Verhinderung der Verwendung extrakorporal entstandener Embryonen zu anderen Zwecken als zu Fortpflanzungszwecken.[369]

Als wichtigste Regelungen im Bereich der Fortpflanzungsmedizin sind aus dem ESchG zu nennen:[370]

---

[363] BR-Drucks. 210/86 III. Jüngst aufgegriffen in BGH NJW 2017, 2348 (2350 Rz. 22).
[364] BT-Drucks. 11/5460, 6.
[365] BT-Drucks. 11/5460, 6.
[366] *Deutsch* NJW 1991, 721 (723).
[367] *Deutsch* NJW 1991, 721 (724).
[368] Zur Abgrenzung von Gentechnologie und Reproduktionsmedizin siehe etwa *Kamps* MedR 1994, 339 (340).
[369] *Quaas/Zuck/Clemens*, Medizinrecht, 4. Aufl. 2018, § 68 Rn. 79.
[370] Dazu *Hoppe*, Grenzziehungen in der Biomedizin: Standpunkt der Bundesärztekammer, in BMG (Hrsg.), Fortpflanzungsmedizin in Deutschland, 2001, S. 10 f.

Das Verbot missbräuchlicher Anwendung von Techniken der Fortpflanzungsmedizin (§ 1), der Schutz menschlicher Embryonen vor missbräuchlicher Verwendung (§ 2), die Zulässigkeitsvoraussetzungen der Präimplantationsdiagnostik (§ 3a), der Schutz vor eigenmächtiger Befruchtung (§ 4 Abs. 1 Nr. 1) und eigenmächtiger Embryoübertragung (§ 4 Abs. 1 Nr. 2), das Verbot der künstlichen Befruchtung nach dem Tod des Samenspenders (§ 4 Abs. 1 Nr. 3), die gesetzliche Begriffsbestimmung des Embryos (§ 8) sowie die Bestimmungen zum Arztvorbehalt (§§ 9,11,12).

(1) Täterkreis

Es handelt sich bei den zu untersuchenden Tatbeständen des ESchG nicht um echte Sonderdelikte,[371] bei denen die Tätersubjektsqualität strafbegründend wirkt.[372] Der Täter muss also nicht zwingend ein Arzt sein. Das ergibt sich im Rückschluss aus § 9 EschG, der – strafbewehrt, § 11 EschG – bestimmt, dass nur ein Arzt bestimmte Methoden der Fortpflanzungsmedizin anwenden darf. Der Gesetzgeber ging mithin davon aus, dass auch Personen, die keine Ärzte sind, die zu untersuchenden Straftatbestände des EschG verwirklichen können. Dies wird durch die Gesetzgebungsmaterialien bestätigt, wonach der Gesetzgeber neben Ärzten auch Biologen und Angehörige der Heilberufe bestrafen wollte, wenn sie neue Techniken der Fortpflanzungsmedizin anwenden, da für diese Berufsgruppen die nachteiligen Konsequenzen eines Missbrauchs der Methoden vorhersehbar sind.[373] Selbst medizinische Laien können sich mithin strafbar machen.[374]

(2) Zeitlicher Anwendungsbereich

Der zeitliche Anwendungsbereich des EschG beginnt mit der Kernverschmelzung der männlichen und der weiblichen Eizelle (§ 8 Abs. 1 EschG).[375] Der Begriff des Embryos i.S.d. § 8 Abs. 1 EschG entspricht nicht dem der Definition des Embryos in § 3 Nr. 4 Stammzellgesetz.[376] Die Begriffsbestimmung nach dem Stammzellgesetz setzt im Gegensatz zum EschG keine Befruchtung voraus.[377] Nicht von der

---

[371] *Dr. Pelchen/Häberle* in Erbs/Kohlhaas (Hrsg.), EschG, 214. EL (Stand: 1. März 2017), § 1 Rn. 12.
[372] *W/B/S*, Strafrecht AT, 48. Aufl. 2018, § 1 Rn. 55.
[373] *Taupitz* in G/T/K (Hrsg.), EschG, 2. Aufl. 2014, C. II. § 1 Abs. 3 Rn. 2.
[374] BT-Drucks. 11/5460, 8.
[375] Geht auf BT-Drucks. 11/5460, 6 zurück. Dies *gilt* unabhängig von anderweitigen Begriffsbestimmungen, *Taupitz* in G/T/K (Hrsg.), EschG, 2. Aufl. 2014, C. II. § 8 Rn. 2 f. Kritik an der unpräzisen Definition äußern unter anderem *Neidert* MedR 2007, 279 (280) sowie *Körner* Ethik in der Medizin, 2003, 68 (69), denn zu einer endgültigen Vereinigung der beiden entstehenden Tochterzellen kommt es erst rund 24 Stunden nach der Imprägnation, so auch der *Nationale Ethikrat*, Genetische Diagnostik, S. 80, 82. Kritik am seiner Ansicht nach überholten Begriff des Embryos im Sinne des § 8 EschG übt *Müller-Terpitz* ZRP 2016, 51 (53). Kritik an dem seines Erachtens zu späten Einsetzen des Schutzes übt *Kamps* MedR 1994, 339 (342).
[376] *Kahlert* in NK-Gesamtes Medizinrecht, 3. Aufl. 2018, EschG § 8 Rn. 3.
[377] *Eser/Koch* GS Keller, 15 (19).

C. Für die strafrechtliche Beurteilung relevante Bestimmungen   99

Definition erfasst sind daher Entwicklungsstadien, die vor der Auflösung der Vorkernmembran liegen, also insbesondere die 2-PN-Zelle und die Vorkernstadien.[378] Der zeitliche Anwendungsbereich des EschG endet im Umkehrschluss aus § 218 Abs. 1 Satz 2 StGB mit dem Abschluss der Einnistung der befruchteten Eizelle in der Gebärmutter (sog. Nidation).[379] [380] Ab dem Zeitpunkt der Nidation greifen die Vorschriften zum Schutze des ungeborenen Kindes im Mutterleib (sog. *nasciturus*) nach Maßgabe der §§ 218 ff. StGB (Schwangerschaftsabbruch, Abort).

(3) Unternehmensdelikte

Viele Tatbestände sind als echte Unternehmensdelikte („wer es unternimmt") ausgestaltet (§§ 1 Abs. 1 Nrn. 2, 3, 4, 5, 7), bei welchen nach Art. 1 Abs. 1 EGStGB, § 11 Abs. 1 Nr. 6 StGB der Versuch der formellen Vollendung gleichgesetzt wird. Diese Ausgestaltung liegt darin begründet, dass es oft vom Zufall abhängt, ob es tatsächlich zu einer Befruchtung (= Tatererfolg) kommt. Darüber hinaus ist deren Eintritt häufig nicht feststellbar.[381]

(4) Vorsatzform

Die zu untersuchenden Tatbestände des EschG stellen im Hinblick auf das Vorsatzerfordernis gem. § 15 StGB i. V. m. Art. 1 Abs. 1 EGStGB keine erhöhten Anforderungen auf. Daher genügt für die Erfüllung des subjektiven Tatbestandes, wenn der Täter bedingt vorsätzlich, also mit sog. *dolus eventualis*, handelt. Dafür erforderlich, aber auch ausreichend ist, dass der Täter es ernstlich für möglich hält und darin einwilligt, dass sein Verhalten zur Verwirklichung des gesetzlichen Tatbestandes führt.[382]

(5) Einwilligungserfordernis

Mit dem Erfordernis der Einwilligung[383] in § 4 Abs. 1 Nr. 1 EschG soll vornehmlich das Persönlichkeitsrecht der Keimzellgeber aus Art. 2 Abs. 1 GG i. V. m. Art. 1 Abs. 1 GG geschützt werden.[384] Aus § 4 Abs. 1 Nr. 2 EschG ergibt sich, dass die

---

[378] *Höfling* in Prütting (Hrsg.), Medizinrecht, 5. Aufl. 2019, § 8 EschG Rn. 4.
[379] *Fischer*, StGB, 66. Aufl. 2019, § 218 Rn. 8.
[380] Bei extrakorporaler Weiterentwicklung endet der Schutz mit Abschluss der Ausbildung von Organanlagen, dazu *Neidert* ZRP 2002, 467 (468).
[381] Zu beidem: BT-Drucks. 11/5460, 8.
[382] *Fischer*, StGB, 66. Aufl. 2019, § 15 Rn. 9, 9a.
[383] Es handelt sich nicht um ein tatbestandsausschließendes Einverständnis. Daher zumindest unklar *Khosravi*, Die Strafbarkeit nach dem Embryonenschutzgesetz und dem Stammzellgesetz, 2017, S. 72 mit Verweis auf *Günther* in G/T/K (Hrsg.), EschG, 2. Aufl. 2014, C. II. Vor § 1 Rn. 86 und *Taupitz* in G/T/K (Hrsg.), EschG, 2. Aufl. 2014, C. II. § 4 Rn. 6. Andernfalls würde eine unzureichende oder gar fehlende Aufklärung nicht zur Unwirksamkeit des Einvernehmens führen.
[384] *Taupitz* in G/T/K (Hrsg.), EschG, 2. Aufl. 2014, C. II. § 4 Rn. 3.

Eizellspenderin und damit Empfängerin des Embryos bis zur Nidation keine Rechtspflicht zum Schutz des Embryos trifft. Das ESchG kennt keine originäre Embryonenerhaltungspflicht.[385] Vielmehr steht der Patientin bei fortpflanzungsmedizinischen Maßnahmen das Letztentscheidungsrecht zu.[386]

(6) Persönliche Strafausschließungsgründe

Persönliche Strafausschließungsgründe finden sich in § 1 Abs. 3 ESchG sowie § 4 Abs. 2 ESchG. Die Freizeichnung von strafrechtlicher Verantwortlichkeit bestimmter Personengruppen beruht auf kriminalpolitischen Erwägungen: Der Rechtsgüterschutz sei nach Auffassung des Gesetzgebers hinreichend gewährleistet, wenn Ärzte und sonstige beruflich Involvierte als Täter erfasst sind.[387]

Nach § 1 Abs. 3 Nr. 1 ESchG wird nicht bestraft:

in den Fällen des Absatzes 1 Nr. 1, 2 und 6 die Frau, von der die Eizelle oder der Embryo stammt, sowie die Frau, auf die die Eizelle übertragen wird oder der Embryo übertragen werden soll (…).

Der Gesetzgeber erkannte weder bei (Eizell-/Embryo-) Spenderin noch bei (Eizell-/Embryo-) Empfängerin ein Strafbedürfnis. Vielmehr unterstellte er, dass beide regelmäßig aus altruistischen Motiven handeln.[388]

Auf die Tatbestände in § 1 Abs. 2 ESchG findet die Vorschrift entsprechende Anwendung.[389] Es handelt sich um Vorfeldtatbestände der §§ 1 Abs. 1 Nrn. 1, 2 EschG. Als in zeitlicher Hinsicht „rechtliches Weniger" sind sie erst recht vom Strafausschließungsgrund erfasst.

Die Bestimmung gilt analog im Rahmen des § 1 Abs. 1 Nr. 5 EschG für die Frau, die der Befruchtung von mehr als drei Eizellen je Zyklus zustimmt.[390] Im Gegensatz zu § 1 Abs. 1 Nr. 2 EschG geht es um die Zustimmung in die Befruchtung einzelner Eizellen. Als in umfänglicher Hinsicht „rechtliches Weniger" profitiert die Frau im Erst-recht-Schluss vom Strafausschließungsgrund.

Gemäß § 1 Abs. 3 Nr. 2 EschG wird außerdem in den Fällen des § 1 Abs. 1 Nr. 7 EschG nicht bestraft:

die Ersatzmutter sowie die Person, die das Kind auf Dauer bei sich aufnehmen will.

---

[385] *Daunderer* J Reprod und Endo 2009, 243.
[386] So auch *Kreß* Der Gynäkologe 2018, 627 (628).
[387] *Günther* in G/T/K (Hrsg.), EschG, 2. Aufl. 2014, C. II. Vor § 1 Rn. 94.
[388] BT-Drucks. 11/5460, 9. Zu Recht kritisch hinsichtlich des wahren Interesses der Empfängerin *Taupitz* in G/T/K (Hrsg.), EschG, 2. Aufl. 2014, C. II. § 1 Abs. 1 Nr. 1 Rn. 24. Ebenso kritisch *Bujard/Thorn* zur Leihmutterschaft in Der Gynäkologe 2018, 639 (641 ff.).
[389] *Günther* in G/T/K (Hrsg.), EschG, 2. Aufl. 2014, C. II. § 1 Abs. 3 Rn. 20.
[390] *Günther* in G/T/K (Hrsg.), EschG, 2. Aufl. 2014, C. II. § 1 Abs. 1 Nr. 5 Rn. 34 ff.

Neben den bereits zu § 1 Abs. 3 Nr. 1 ESchG aufgeführten Punkten trägt der Gesetzgeber der besonderen Situation der Ersatzmutter Rechnung, und zwar der fehlenden Absehbarkeit einer späteren Konfliktlage nach der Geburt; daneben steht das gesetzgeberische Interesse, dass das Kind hierdurch keine negativen Auswirkungen erfährt.[391]

Nicht erfasst von den in § 1 Abs. 3 ESchG normierten Privilegierungstatbeständen wird eine Strafbarkeit nach § 1 Abs. 1 Nr. 3 ESchG. Bei dieser Vorschrift überwiegt der Lebensschutz des Embryos.[392]

Daneben wird nach § 4 Abs. 2 ESchG nicht bestraft:
im Fall des Absatzes 1 Nr. 3 die Frau, bei der die künstliche Befruchtung vorgenommen wird.

Auch diese Privilegierungsbestimmung beruht auf dem Gedanken, dass der Gesetzgeber als Täter nur solche Personen erfasst sehen möchte, die berufsmäßig im Bereich der Fortpflanzungsmedizin tätig sind.

d) Gendiagnostikgesetz

Das Gendiagnostikgesetz[393] regelt nach seinem § 2 Abs. 1 nur Untersuchungen *während der Schwangerschaft*. Es erstreckt sich ausweislich der Gesetzgebungsmaterialien nicht auf extrakorporal erzeugte Embryonen[394] und mithin nicht auf die zu untersuchenden Behandlungsformen der medizinisch unterstützten Fortpflanzung. Denn jene spielen sich alle im Vorfeld der Erzeugung einer Schwangerschaft ab; auch die der intrakorporalen Befruchtung.

e) Gewebegesetz

Das Gewebegesetz legt die rechtlichen Rahmenbedingungen für die Gewinnung und Weitergabe von Keimzellen fest, näher dazu §§ 20 b-d Arzneimittelgesetz. Diese Bestimmungen spielt jedoch für die strafrechtliche Beurteilung der ärztlichen Mitwirkung keine Rolle und bleibt daher im Folgenden außer Betracht.

---

[391] BT-Drucks. 11/5460, 9. Dazu *Günther* in G/T/K (Hrsg.), EschG, 2. Aufl. 2014, C. II. § 1 Abs. 3 Nr. 3.
[392] *Taupitz* in G/T/K (Hrsg.), EschG, 2. Aufl. 2014, C. II. § 1 Abs. 1 Nr. 3 Rn. 20.
[393] Gesetz vom 31. Juli 2009 (BGBl. I, S. 2529).
[394] BT-Drucks. 16/10532, 20.

f) Heilberufs-/Kammergesetze der Länder

Die Heilberufs- und Kammergesetze der Länder bilden die rechtliche Grundlage für das ärztliche Berufsausübungsrecht. Darüber haben die Länder nach Art. 30, 70 GG die Gesetzgebungskompetenz,[395] sog. Richtlinienkompetenz der Ärztekammern.[396] Der Bund hat nach Art. 74 Abs. 1 Nr. 19 GG lediglich die konkurrierende Gesetzgebungskompetenz über die Berufszulassung, also das „Ob" der ärztlichen Tätigkeit.[397] Auch der Kompetenztitel zur Regelung der medizinisch unterstützten Fortpflanzung erstreckt sich nicht auf die Berufsausübung im Bereich der Fortpflanzungsmedizin. In den Heilberufs- und Kammergesetzen verankert sind die Ermächtigungsgrundlagen für die in Form von Satzungen zu erlassenden ärztlichen Berufsordnungen der Länder.

Näheres zu den einschlägigen Satzungen unter l).

g) Samenspenderregistergesetz

Das zum 1. Juli 2018 in Kraft getretene Samenspenderregistergesetz[398] regelt datenrechtliche und in diesem Zusammenhang abstammungsrechtliche Fragen bei einer Samenspende.[399] Für die strafrechtliche Beurteilung ist es ohne Relevanz und bleibt daher im Nachfolgenden außer Betracht.

h) Sozialgesetzbuch V

Wie bereits erwähnt[400] regeln § 27a SGB V und § 121a SGB V die Voraussetzungen einer Leistungspflicht[401] der gesetzlichen Krankenversicherungsträger[402] bei der Durchführung medizinisch unterstützter Fortpflanzung. Sie unterscheidet sich jedoch in ihren Voraussetzungen und Rechtsfolgen von der „gewöhnlichen Krankenbehandlung" nach § 27 Abs. 1 SGB V und genießt ihr gegenüber Vorrang (abschlie-

---

[395] *Ratzel* GesR 2009, 281 (282).
[396] BVerwG NJW 1992, 1577.
[397] *Heberer*, Das ärztliche Berufs- und Standesrecht, 2001, S. 266.
[398] Gesetz zur Errichtung eines Samenspenderregisters und zur Regelung der Auskunftserteilung über den Spender nach heterologer Verwendung von Samen vom 17. Juli 2017, BGBl. I, 2513.
[399] Einen kurzen Überblick zum Regelungsgehalt des Samenspenderregistergesetzes bietet *Seebode* Der Gynäkologe 2018, 633 ff.
[400] Dazu Teil 1 § 2 B. II. 2.
[401] Es handelt sich nicht um eine Krankenbehandlung; zur Fremdeizellspende explizit BSG NJW 2002, 1517. Im Falle der Eigeneizellspende wird die Maßnahme rechtstechnisch jedoch der Krankenbehandlung zugeordnet.
[402] Bei den privaten Krankenversicherern sind das Versicherungsvertragsgesetz (VVG) und die Musterbedingungen für die Krankheitskosten- und Krankenhaustagegeldversicherung (MB/KK) zu beachten. Auf die Strafbarkeit des inländischen Arztes haben diese Bestimmungen aber ebenso wenig Auswirkungen wie die sozialrechtlichen Bestimmungen.

ßende Regelung).[403] Daneben gibt es Richtlinien des Bundesausschusses der Ärzte und Krankenkassen, welche die §§ 27a, 121a SGB V ausgestalten.

Nach § 92 Abs. 1 Satz 1 SGB V beschließt der Gemeinsame Bundesausschuss die zur Sicherung der ärztlichen Versorgung erforderlichen Richtlinien über die Gewährung für eine ausreichende, zweckmäßige und wirtschaftliche Versorgung der Versicherten (sog. Richtlinienkompetenz).[404] In diesem Rahmen sind die nach § 27a Abs. 4 i.V.m. § 92 Abs. 1 Satz 2 Nr. 10 i.V.m. § 135 Abs. 1 SGB V erlassenen Richtlinien des Bundesausschusses der Ärzte und Krankenkassen über ärztliche Maßnahmen zur künstlichen Befruchtung[405] zu beachten, wenn die Behandlung als Leistung der gesetzlichen Krankenversicherung erbracht wird.[406] Darin – so ausweislich der Einleitung in den Richtlinien – sind die medizinischen Einzelheiten zu Voraussetzungen, Art und Umfang der den gesetzlichen Erfordernissen des § 27a Abs. 1 SGB V entsprechenden ärztlichen Maßnahmen zur Herbeiführung einer Schwangerschaft durch künstliche Befruchtung festgelegt. Der Inhalt der Richtlinien setzt Standards für die Gesundheitsversorgung im Rahmen der gesetzlichen Krankenversicherung.[407] Die Richtlinien haben normgleiche Verbindlichkeit.[408]

Darüber hinaus sind die Richtlinien des Gemeinsamen Bundesausschusses über die ärztliche Betreuung während der Schwangerschaft und nach der Entbindung („Mutterschafts-Richtlinien") nach § 92 Abs. 1 Satz 2 Nr. 4 SGB V zu beachten. Diese regeln unter anderem die Schwangerschaftsversorgung und erfassen damit auch eine Schwangerschaft, die infolge der Durchführung einer EschG-widrigen Kinderwunschbehandlung zustande gekommen ist.

All diese Bestimmungen regeln allerdings nur sozialversicherungsrechtliche Aspekte von Kinderwunschbehandlungen und haben mithin keinen Einfluss auf die Strafbarkeit des Arztes, der im Inland mitwirkt. Dennoch geben Sie wertvolle Anhaltspunkte für die Prüfung der Strafbarkeit, mitunter im Bereich der Aufklärungspflichten.

i) Stammzellgesetz

Für die nachfolgende Untersuchung nicht von Relevanz ist das Stammzellgesetz (StZG).[409] Es flankiert den Schutz durch das EschG im Zusammenhang mit der Einfuhr und Verwendung menschlicher embryonaler Stammzellen. Der Embryo-

---

[403] BSG NJW 2002, 1517.
[404] *Schmidt-De Caluwe* in Becker, U./Kingreen (Hrsg.), SGB V, 6. Aufl. 2018, § 92 Rn. 1.
[405] Richtlinien des Bundesausschusses der Ärzte und Krankenkassen über ärztliche Maßnahmen zur künstlichen Befruchtung („Richtlinien über künstliche Befruchtung") in der Fassung vom 14. August 1990 veröffentlicht im Bundesarbeitsblatt 1990, Nr. 12, zuletzt geändert am 16. März 2017, veröffentlicht im Bundesanzeiger BAnz AT 01.06.2017 B4, in Kraft getreten am 2. Juni 2017.
[406] Klarstellend insoweit Ziff. 5.4.2 der (Muster-)Richtlinie zur Durchführung der assistierten Reproduktion, DÄBl. 2006, Jg. 103, Heft 20, A 1398.
[407] *Schmidt-De Caluwe* in Becker, U./Kingreen (Hrsg.), SGB V, 6. Aufl. 2018, § 92 Rn. 1.
[408] *Schmidt-De Caluwe* in Becker, U./Kingreen (Hrsg.), SGB V, 6. Aufl. 2018, § 92 Rn. 7.
[409] Gesetz zur Sicherung des Embryonenschutzes im Zusammenhang mit der Einfuhr und Verwendung menschlicher embryonaler Stammzellen vom 28. Juni 2002, BGBl. I, 2277, zuletzt geändert am 14. August 2008, BGBl. I, 1708. In Kraft seit dem 1. Juli 2002.

nenbegriff im Stammzellgesetz deckt sich nicht mit dem in § 8 ESchG, weil nach dem Stammzellgesetz die Befruchtung als Entstehungsvorgang für die Erzeugung eines menschlichen Embryos nicht erforderlich ist.[410] Das Gesetz steht damit nicht im unmittelbaren Zusammenhang mit der Zulässigkeit der Methoden der medizinisch unterstützten Fortpflanzung.

j) Strafgesetzbuch

Von grundlegender Bedeutung für die strafrechtliche Beurteilung der inländischen ärztlichen Mitwirkung an verbotenen Kinderwunschbehandlungen im Ausland ist das Strafgesetzbuch (auch: Kernstrafrecht), genauer genommen sein Allgemeiner Teil. Die Vorschriften des Allgemeinen Teils des Strafgesetzbuches gelten nach Art. 1 Abs. 1 EGStGB auch für das ESchG als sog. Nebenstrafrecht. Als wichtige Vorschriften sind zu nennen: die Bestimmungen über den räumlichen Geltungsbereich des deutschen Strafrechts (§§ 3–7, 9 StGB), die Definitionsnorm des § 11 StGB, die Irrtumsregelungen in §§ 16, 17 StGB, die Kernvorschrift zur Abgrenzung zwischen Vorbereitungsstadium und Versuchsstadium (§ 22 StGB) sowie relevante Vorschriften im Bereich der Täterschaft und Teilnahme (§§ 25-28 StGB).

Daneben spielen aus dem Besonderen Teil bestimmte Körperverletzungsdelikte im Zusammenhang mit der Verabreichung von Hormonen eine Rolle.

k) Transplantationsgesetz

Ferner ist der Einfluss des Transplantationsgesetzes, kurz: TPG, zu klären.

Da der Inlandsarzt die Übertragung von Gameten (Spermien, Eizellen) oder Embryonen nicht selbst vornimmt, kommt allenfalls eine Beihilfe zugunsten des Auslandsarztes in Frage. Das scheidet jedoch bereits deshalb aus, weil der Auslandsarzt keinen Tatbestand nach dem TPG verwirklicht:[411]

Eine Strafbarkeit nach § 19 Abs. 1 Nr. 3 TPG i. V.m. § 8b Abs. 1 Satz 1, (Abs. 2) TPG scheitert daran, dass die Betroffenen in die Übertragung der Gameten (Sperma/ Eizellen) nach ordnungsgemäßer Aufklärung eingewilligt haben.

Nach § 18 Abs. 1 Fall 2 TPG[412] macht sich daneben strafbar, wer entgegen § 17 Abs. 2 [TPG] Gewebe überträgt. Spermazellen sowie (imprägnierte) Eizellen sind nach § 1a Nr. 4 TPG Gewebe.[413] Umstritten ist, ob auch der Embryo unter die Ge-

---

[410] *Eser/Koch* in Dahs/Müssig/Eser/Koch (Hrsg.), Forschung mit humanen embryonalen Stammzellen, 2003, S. 19.

[411] Die Anwendbarkeit des deutschen Strafrechts auf den Auslandssachverhalt unterstellt.

[412] § 18 TPG ist bei Sachverhalten mit Auslandsbezug grundsätzlich bedeutsam, dazu *Ratzel* GesR 2019, 135.

[413] *Wendehorst* in Bockenheimer-Lucius/Thorn/Wendehorst (Hrsg.), Umwege zum eigenen Kind, 2008, S. 110 f.

webedefinition des § 1a Nr. 4 TPG fällt.[414] Nach § 17 Abs. 2 TPG ist es verboten, Gewebe, das nach § 17 Abs. 1 Satz 1 Gegenstand verbotenen Handeltreibens ist, auf einen anderen Menschen zu übertragen. Gegenstand verbotenen Handeltreibens ist das Gewebe dann, wenn es zur Heilbehandlung eines anderen zu dienen bestimmt ist, § 17 Abs. 1 Satz 1 TPG. Selbst wenn man den Embryo unter den Gewebebegriff fassen will, ist die Übertragung von Sperma, Eizellen und Embryonen nach § 18 Abs. 1 Fall 2 TPG nicht strafbar, denn das Keimmaterial bzw. der Embryo kommt gerade mit dem Ziel der Heilbehandlung einer anderen Person zum Einsatz.

In § 8b TPG i.V.m. § 8 Abs. 2 TPG finden sich Anforderungen zum Inhalt und Umfang der Aufklärung im Vorfeld der Gewinnung, Entnahme und Übertragung von Keimzellen. Jene Bestimmungen kommen bei der Erläuterung der Aufklärungspflichten erneut zur Sprache.

Für die berufsrechtliche Würdigung ist allenfalls die auf Grundlage des neu geschaffenen § 16b TPG durch den Wissenschaftlichen Beirat der Bundesärztekammer neu geschaffene Richtlinie zur Entnahme und Übertragung von menschlichen Keimzellen im Rahmen der assistierten Reproduktion[415] zu berücksichtigen.

Daher wird auch das Transplantationsgesetz in der strafrechtlichen Untersuchung unmittelbar keine Rolle spielen.

l) Ärztliches Berufs- und Standesrecht

aa) Allgemeines

Während das ESchG weitgehend allgemein gehalten blieb, bildet das ärztliche Berufs- und Standesrecht[416] den Fortschritt der fortpflanzungsmedizinischen Techniken detailliert und zeitgemäß ab. Der Gesetzgeber kann in engen Grenzen den nicht staatlichen Satzungsgeber ermächtigen, im Rahmen abgeleiteter Kompetenz den Normrahmen durch eigene Regelungen auszufüllen.[417]

Das ärztliche Berufs- und Standesrecht beruht auf den Heilberufs- und Kammergesetzen der Länder und ist autonomes Satzungsrecht der Landesärztekammern.[418] Zusammengefasst ist es in den Berufsordnungen der Landesärztekammern und befasst sich mit Rechtsfragen, die sich aus dem Status des Arztes als Mitglied eines freien Berufs ergeben.[419] Es steht als Satzungsrecht in der Hierarchie unterhalb der

---

[414] *Wendehorst* in Bockenheimer-Lucius/Thorn/Wendehorst (Hrsg.), Umwege zum eigenen Kind, 2008, S. 112 f.; verneinend etwa *Hübner/Pühler* MedR 2017, 929 (934) mit Hinweis auf BT-Drucks. 16/3146, 23.
[415] Einen kurzen Überblick bietet *Richter-Kuhlmann* DÄBl. 2018, A 1050 f.
[416] Zu den berufsrechtlichen Konsequenzen einer strafbaren Mitwirkung an Auslandsbehandlungen siehe näher unter Teil 3 § 8 B.
[417] *Ratzel* ReprodMed 2002, 199; *ders.* GesR 2009, 281.
[418] *Neidert* MedR 1998, 347 (348).
[419] *Deutsch/Spickhoff*, Medizinrecht, 7. Aufl. 2014, Rn. 11.

Parlamentsgesetze.[420] Dabei handelt es sich um vom Gesetzgeber legitimiertes Sonderrecht, in dem sich die Selbstverwaltung der Ärzteschaft manifestiert.[421] Die Landesärztekammern können aufgrund der Grenze der berufsständischen Regelungshoheit allenfalls intern die Berufspflichten der Ärzte, jedoch nicht die Rechte und Pflichten Außenstehender regeln. Die Berufsordnungen der Landesärztekammer sind für den Arzt unmittelbar geltendes Recht.[422] Dass der Arzt auf dem Gebiet der extrakorporalen Befruchtung zur Behandlung menschlicher Unfruchtbarkeit im Bereich der Berufsausübung tätig wird und die persönlichen Voraussetzungen hierfür somit in den Berufsordnungen der Landesärztekammern geregelt werden können, hat das Bundesverwaltungsgericht bereits im Jahre 1992 entschieden.[423]

bb) Die Musterberufsordnung für Ärzte

(1) Rechtsqualität

Bei der Musterberufsordnung für Ärzte (kurz: MBO-Ä) handelt es sich um von der Bundesärztekammer geschaffene Regelungen.

Die Bundesärztekammer ist lediglich ein nicht rechtsfähiger Verein gem. § 54 BGB.[424] Sie verfügt somit nicht über die erforderliche Rechtsetzungskompetenz. Damit die von ihr erlassenen Bestimmungen rechtsverbindlich werden, muss ihre Geltung durch die Landesärztekammern erst angeordnet werden, etwa durch einen Verweis auf die von der Bundesärztekammer erlassenen Regelungen. Es handelt sich um Vorschriften, die das „Wie" des Berufes und damit seine Ausübung regeln. Der Bund hat jedoch nur die Gesetzgebungskompetenz über das „Ob" des Berufs, also der Zulassung zum ärztlichen Heilberuf (Art. 72 Abs. 2, 74 Nr. 19 GG).[425] Die legislative Kompetenz im Hinblick auf die Berufsausübung bleibt gem. Art. 30, 70 GG den Ländern vorbehalten.

Die MBO-Ä selbst hat damit mangels Rechtsnormqualität keine Bindungswirkung, sondern lediglich empfehlenden Charakter.[426] Indem die Landesärztekammern die Richtlinien der Bundesärztekammer im Wege einer Satzung umsetzen, werden die Richtlinien Berufsrecht und somit für alle zugehörigen Ärzte der jeweiligen Landesärztekammer verbindlich.[427]

---

[420] *Neidert* MedR 1998, 347 (348).
[421] *Deutsch/Spickhoff*, Medizinrecht, 7. Aufl. 2014, Rn. 11.
[422] BVerfGE 33, 125, 155.
[423] BVerwG NJW 1992, 1577 f.
[424] *Ratzel* Reprod Med 2002, 199 ff.
[425] *Heberer*, Das ärztliche Berufs- und Standesrecht, 2001, S. 266.
[426] BVerfGE 33, 125 (155); *Ratzel* ReprodMed 2002, 199.
[427] *Heberer*, Das ärztliche Berufs- und Standesrecht, 2001, S. 266.

(2) Kernbestimmungen

Wer Arzt/Ärztin[428] im Sinne des Berufs- und Standesrechts und damit auch im Sinne der Darstellungen ist, legt § 2 der Musterberufsordnung für Ärzte fest. Hiernach darf die Berufsbezeichnung „Arzt" nur führen, wer als Arzt approbiert oder nach §§ 2 Abs. 2, 3 oder 4 MBO-Ä zur Ausübung des ärztlichen Berufs befugt ist. § 2 Abs. 5 MBO-Ä formuliert im Rahmen der allgemeinen ärztlichen Berufspflichten die Verpflichtung der Ärzte, die für die Berufsausübung geltenden Vorschriften zu beachten. Regelmäßig weisen die im Bereich der medizinisch unterstützten Fortpflanzung tätigen Ärzte in fachlicher Hinsicht die Weiterbildung zum „Arzt für Frauenheilkunde und Geburtshilfe mit dem Schwerpunkt Gynäkologische Endokrinologie und Reproduktionsmedizin" auf.

Ferner normiert § 8 MBO-Ä bestimmte Beratungspflichten im Vorfeld einer medizinischen Maßnahme.

Wesentliche Bedeutung im Zusammenhang mit der Durchführung von Methoden der medizinisch unterstützten Fortpflanzung hat § 13 MBO-Ä. Er lautet auszugsweise:[429]

> *§ 13 Besondere medizinische Verfahren*
> *(1) Bei speziellen medizinischen Maßnahmen oder Verfahren, die ethische Probleme aufwerfen und zu denen die Ärztekammer Empfehlungen zur Indikationsstellung und zur Ausführung festgelegt hat, hat der Arzt die Empfehlungen zu beachten.*

Eine Fußnote konkretisiert den Begriff „besonderes Verfahren" dahingehend, dass etwa die assistierte Reproduktion ein solches darstellt.

Es gilt zu beachten, dass die neuerliche Richtlinie zur Entnahme und Übertragung von menschlichen Keimzellen im Rahmen der assistierten Reproduktion und gegenwärtig daneben (!) noch die (Muster-)Richtlinie zur Durchführung der assistierten Reproduktion gilt, soweit die einzelne Landesärztekammer deren Geltung noch angeordnet hat.

Ferner ist im Anhang der (Muster-)Richtlinie ein Kommentar als Auslegungshilfe für die Richtlinie beigefügt.[430]

cc) Die Richtlinie zur Entnahme und Übertragung von menschlichen Keimzellen im Rahmen der assistierten Reproduktion[431]

Der Vorstand der Bundesärztekammer hat am 6. Oktober 2017 auf Empfehlung des Wissenschaftlichen Beirates und im Einvernehmen mit dem Paul-Ehrlich-Institut die Richtlinie zur Entnahme und Übertragung von menschlichen Keimzellen im

---

[428] Im Weiteren wird aufgrund der besseren Lesbarkeit die männliche Form verwendet. Die weibliche sowie die diverse Form sind stets mitumfasst.
[429] Die Absätze 2 und 3 regeln Anzeige- und Nachweispflichten des Arztes, die ihn als Kammermitglied treffen; dazu *Ratzel* ReprodMed 2002, 199 f.
[430] Im Vorwort zum Kommentar der Musterrichtlinie lautet es: „Der nachstehende Kommentar soll eine Interpretationshilfe für die vorstehende (Muster-)Richtlinie sein (…)."
[431] Abrufbar unter http://www.baek.de/Rili_assReproduktion_2018, zuletzt aufgerufen am 1. Juni 2019.

Rahmen der assistierten Reproduktion (kurz: RiLi-BÄK Reproduktionsmedizin) aufgestellt. Zugleich wurde bereits im Februar 2015 beschlossen, dass die vormalige (Muster-)Richtlinie zur Durchführung der assistierten Reproduktion für gegenstandslos erklärt werden soll. Die neue Richtlinie wurde am 1. Juni 2018 im Deutschen Ärzteblatt bekannt gegeben.

Anlass für die Neuregelung war es, die medizinisch-wissenschaftlichen Fragestellungen von den gesellschaftspolitischen klar abzugrenzen. Die neue Richtlinie wurde auf der Grundlage von § 16b Abs. 1 TPG geschaffen. Auf die Interpretation rechtlich nicht eindeutig geregelter gesellschaftspolitischer Fragen hat man bewusst verzichtet.

Ihr Schwerpunkt liegt in der Festlegung der Rechtsgrundlagen für die Entnahme und Übertragung von menschlichen Keimzellen im Rahmen der Fortpflanzungsmedizin.

Die Richtlinie bildet den allgemein anerkannten Stand der Erkenntnisse der medizinischen Wissenschaft und Technik zum 7. Februar 2017 ab.[432] Der gegenständliche Anwendungsbereich der neuerlichen Richtlinie erstreckt sich nicht auf die alleinige hormonelle Stimulation (ohne Insemination) und auch nicht auf Methoden, die gesetzlich verboten sind.[433] Ebenso wird die Übertragung und Spende von Embryonen nicht erfasst.[434] Sie gilt ausweislich Ziff. 1.2 nicht für die Durchführung der Fremdeizellspende.[435]

Im Gegensatz zur (Muster-)Richtlinie zur Durchführung der assistierten Reproduktion, die erst durch Übernahme in den Berufsordnungen der jeweiligen Landesärztekammern zu geltendem Berufsrecht wurde, gilt die neue Richtlinie als Bundesrecht einheitlich und bedarf keines weiteren Umsetzungsaktes auf Landesebene.

Soweit die (Muster-)Richtlinie in den einzelnen Landesärztekammern in geltendes Berufsrecht umgesetzt worden ist, bleiben die kammerspezifischen Regelungen des Berufsrechts von der Entscheidung der Bundesärztekammer unberührt. Die (Muster-)Richtlinie gilt insoweit fort, als die Landesärztekammern sie als Teil ihrer Berufsordnung weiterhin anerkennen.[436]

Die nachfolgenden Ausführungen haben daher nicht an Bedeutung verloren.

---

[432] Richtlinie zur Entnahme und Übertragung von menschlichen Keimzellen im Rahmen der assistierten Reproduktion, A 2.

[433] Richtlinie zur Entnahme und Übertragung von menschlichen Keimzellen im Rahmen der assistierten Reproduktion, A 2.

[434] Richtlinie zur Entnahme und Übertragung von menschlichen Keimzellen im Rahmen der assistierten Reproduktion, A 2.

[435] Richtlinie zur Entnahme und Übertragung von menschlichen Keimzellen im Rahmen der assistierten Reproduktion, A 2.

[436] *Kentenich/Thorn/Wischmann* Der Gynäkologe 2018, 647 (648). Fehlerhaft daher *Ratzel* GesR 2019, 135, wenn er annimmt, die Richtlinie sei nur noch von „rechtsgeschichtlicher Bedeutung".

dd) Die (Muster-)Richtlinie zur Durchführung der assistierten Reproduktion – novellierte Fassung[437]

Da die (Muster-)Richtlinie zur Durchführung der assistierten Reproduktion in einigen Bundesländern nach wie vor gilt, bedarf es in der nachfolgenden Untersuchung auch ihrer Erfassung. Ferner gab sie gerade den Anlass dafür, die neuerliche Richtlinie zur Entnahme und Übertragung von menschlichen Keimzellen im Rahmen der assistierten Reproduktion zu schaffen.

Auf der Basis der ärztlichen Berufsordnung wurde im Mai 1985 – und damit vor dem Inkrafttreten des EschG – eine IVF-Musterrichtlinie[438] verabschiedet.

(1) Historie[439]

Die Grundlage dafür bildeten die im Jahre 1984 von der Zentralen Kommission der Bundesärztekammer zur Wahrung ethischer Grundsätze in der Reproduktionsmedizin -Forschung an menschlichen Embryonen und Gentherapie erarbeiteten „Richtlinien zur Durchführung von In-vitro-Fertilisation und Embryotransfer als Behandlungsmethode der menschlichen Sterilität".[440]

Die Bundesärztekammer hat auf dem 91. Deutschen Ärztetag im Mai 1988 in Frankfurt a. M. Richtlinien zum Themenkomplex „extrakorporale Befruchtung und Embryotransfer" beschlossen, die nach Zeichnung der Landesärztekammern Bestandteil der ärztlichen Berufsordnungen geworden sind.[441]

Im Jahre 1993 erfolgte aufgrund des zwischenzeitlich in Kraft getretenen EschG durch den 96. Deutschen Ärztetag die „Richtlinien zur Durchführung des intratubaren Gametentransfers, der In-vitro-Fertilisation mit Embryotransfer und anderer verwandter Methoden".[442]

Im Dezember 1998 erfolgte eine Fortschreibung der Richtlinien.

2006 wurden die Richtlinien novelliert als *(Muster-)Richtlinien zur Durchführung der assistierten Reproduktion* beschlossen und veröffentlicht.[443]

---

[437] Abrufbar unter https://www.aerzteblatt.de/pdf.asp?id=51526, zuletzt aufgerufen am 1. Juni 2019.

[438] Seinerzeit Entschließung des 88. Deutschen Ärztetages vom 15. Mai 1985 i.d.F. vom 4. Oktober 1985, in DÄBl. 1985, 1691 ff.; 1986, 781 ff.; DÄBl. (1985), C 1691.

[439] Ausführlich hierzu *Ratzel* GesR 2009, 281 (282).

[440] *Hoppe*, Grenzziehungen in der Biomedizin: Standpunkt der Bundesärztekammer, in BMG (Hrsg.), Fortpflanzungsmedizin in Deutschland, 2001, S. 10 f.

[441] *Vilmar/Wolff*, DÄBl., Ärztliche Mitteilungen 82, 1649 (1690 ff.). Dazu *Kamps* MedR 1994, 339 (342 f.).

[442] DÄBl. 1994, A-53 ff.

[443] DÄBl. 2006, 103. Jahrgang, Heft 20, B 1188.

(2) Wirkungsweise

Die Richtlinie zur assistierten Reproduktion hat nach ihrer Ziff. 5.5 lediglich berufs- und standesrechtliche Wirkungen.[444] Vielmehr regeln die Heilberufs- und Kammergesetze der einzelnen Länder die Berufsausübung der Ärzte. Darin wird an verschiedenen Stellen auf die Berufsordnungen der Landesärztekammern verwiesen.[445] Die Berufsordnungen und Richtlinien sind keine Gesetze i.S.d. Art. 12 Abs. 1 GG. Sie dienen lediglich als Hilfsmittel für die Anwendung und Auslegung der Berufspflichten.[446] So beschreiben sie lediglich die berufsrechtlichen, medizinischen und sozialen Voraussetzungen, wie die medizinischen Indikationen und Kontraindikationen der Maßnahmen medizinisch unterstützter Fortpflanzung.[447]

Deklaratorisch lautet es in der Richtlinie, dass ihre Beachtung nicht von der Pflicht zur Einhaltung der gesetzlichen Vorgaben für die Durchführung einer assistierten Reproduktion entbindet.[448]

Für die Frage, ob Ärzte bestimmte Behandlungsmethoden der medizinisch unterstützten Fortpflanzung nach Berufsrecht durchführen dürfen, sind allein die Berufsordnungen und Richtlinien der Landesärztekammern maßgebend. Aufgrund fehlender Rechtsetzungskompetenz der Bundesärztekammer bedarf die Musterrichtlinie zur assistierten Reproduktion der Übernahme durch die Landesärztekammern.[449] Sie entfaltet daher ihre Bindungswirkung erst über § 13 der Berufsordnungen der Landesärztekammern in Zusammenschau mit dem jeweiligen Anhang der Landesberufsordnungen.[450] Indem die Landesärztekammern die Richtlinien der Bundesärztekammer im Wege einer Satzung umsetzen, werden sie einschließlich der (Muster-) Richtlinie zur Durchführung der assistierten Reproduktion Berufsrecht und damit für alle zugehörigen Ärzte der jeweiligen Landesärztekammer verbindlich.[451]

In Abgrenzung zu bloßen Leitlinien sind Richtlinien nach der Empfehlung der Bundesärztekammer und der Kassenärztlichen Bundesvereinigung „Regelungen des Handelns oder Unterlassens, die von einer rechtlich legitimierten Institution konsentiert, schriftlich fixiert und veröffentlicht wurden, für den Rechtsraum dieser

---

[444] DÄBl. 2006, 103. Jahrgang, Heft 20, A 1398.
[445] Siehe nur Art. 19 Heilberufe-Kammergesetz (HKaG) Bayern.
[446] BVerfGE 60, 215 Rn. 80.
[447] *Kamps* MedR 1994, 339 (343).
[448] Richtlinie zur Entnahme und Übertragung von menschlichen Keimzellen im Rahmen der assistierten Reproduktion, A 2.
[449] *K.H. Möller*, Rechtliche Regelung der Reproduktionsmedizin in Deutschland, in Diedrich et al. (Hrsg.), Reproduktionsmedizin, 2013, Kap. 48, S. 583 (586).
[450] *Vesting* NJW 1997, 1605 (1606); *ders.* MedR 1998, 168 ff.
[451] *Heberer*, Das ärztliche Berufs- und Standesrecht, 2001, S. 266.

Institution verbindlich sind und deren Nichtbeachtung definierte Sanktionen nach sich ziehen kann".[452] Kurz gesagt handelt es sich bei Richtlinien um verbindliches Recht mit Sanktionscharakter.

Zur Verbindlichkeit dieser Richtlinie wird in ihrem Vorwort von einer „Orientierungshilfe" und einer „Orientierungsfunktion" gesprochen. Betrachtet man allerdings den Wortlaut der Richtlinie, so heißt es in Ziff. 5.5:[453]

Die Nichtbeachtung des ESchG und dieser (Muster-)Richtlinie kann neben den strafrechtlichen auch berufsrechtliche Sanktionen nach sich ziehen.

Freilich drohen dem Arzt bei bloßer Missachtung der (Muster-)Richtlinie ohne einen damit einhergehenden Verstoß gegen Strafgesetze keine strafrechtlichen Sanktionen. Dafür bedarf es eines Straf- und damit Parlamentsgesetzes (Art. 103 Abs. 2 GG, § 1 StGB „*nulla poena sine lege*") zu dessen Erlass die Landesärztekammern gerade keine Rechtsetzungskompetenz haben. Gemeint ist vielmehr, dass bei einem Verstoß gegen das ESchG, der zugleich ein Verstoß gegen die (Muster-)Richtlinie zur Durchführung der assistierten Reproduktion ist, nicht nur straf-, sondern auch berufsrechtliche Sanktionen drohen.

Zumindest berufsrechtliche Sanktionen sind denkbar, was einen verbindlichen Charakter der Richtlinie voraussetzt. Ihre Verbindlichkeit wird durch den Einleitungssatz im Kommentar zur Richtlinie bestätigt:[454]

Der nachstehende Kommentar soll eine Interpretationshilfe für die vorstehende (Muster-)Richtlinie sein, ohne an ihrem verbindlichen Charakter teilzuhaben.

Damit kann festgehalten werden, dass die (Muster-)Richtlinie zur Durchführung der assistierten Reproduktion jedenfalls in Bundesländern, in denen sie einbezogen wird, verbindliches Berufsrecht ist.

(3) Räumlicher Geltungsbereich im bundesweiten Vergleich[455]

Die nachfolgende Tabelle gibt Aufschluss darüber, ob und wenn ja, in welchem Umfang die einzelnen (bundesweit 17) Landesärztekammern als öffentlich-rechtliche Körperschaften die (Muster-)Richtlinie zur Durchführung der assistierten Reproduktion sowie deren Kommentar im Anhang, (noch) übernommen haben.

---

[452] BÄK/KBV, DÄBl. 1997, A 2154; *Laum/Smentkowski*, Ärztliche Behandlungsfehler – Statut der Gutachterkommission, 2007, S. 55 f.
[453] DÄBl. 2006, Jg. 103, Heft 20, A 1398.
[454] DÄBl. 2006, Jg. 103, Heft 20, A 1398.
[455] Stand: Mai 2019.

Landesärztekammer	§ 13 MBO-Ä	Ergänzung	RL ass. Repr.	Kommentar
Baden-Württemberg[456]	enthalten	§ 13 II, § 13a	nein	nein
Bayern	enthalten	nein	nein	nein
Berlin	enthalten	nein	nein	nein
Brandenburg	enthalten	nein	nein	nein
Bremen	enthalten	nein	ja	ja
Hamburg	enthalten	§ 13 II	ja	ja
Hessen	enthalten	§ 13 I 2	ja	nein
Mecklenburg-Vorpommern[457]	enthalten	§ 13 II, § 13a	nein	nein
Niedersachsen[458]	enthalten	§ 13a	nein	nein
Nordrhein	enthalten	nein	ja	nein
Rheinland-Pfalz	enthalten	Anlage D 15	ja	nein
Saarland	enthalten	nein	ja	ja
Sachsen	enthalten	nein	nein	nein
Sachsen-Anhalt	enthalten	nein	Anhang 2 Anlage C	nein
Schleswig-Holstein	enthalten	nein	Anlage 1	nein
Thüringen	enthalten	Anlage D Ziff. 9	ja	ja
Westfalen-Lippe	enthalten	nein	ja	nein

Aus der Tabelle lässt sich entnehmen, dass es zahlreiche, unterschiedliche Regelungen gibt. Mithin gilt die (Muster-)Richtlinie zur Durchführung der assistierten Reproduktion in manchen Bundesländern gänzlich, nur teilweise oder gar nicht. Jedoch ist sie in Kammerbezirken, in denen sie kein verbindliches Satzungsrecht darstellt, zumindest als sachverständige Äußerung zu berücksichtigen.[459] Gleichwohl ist in berufsrechtlicher Hinsicht eine Zersplitterung festzustellen.

In der nachfolgenden Untersuchung wird an den jeweiligen Stellen auf die einschlägigen Teile der Richtlinie Bezug genommen.

In den Ländern Baden-Württemberg, Mecklenburg-Vorpommern sowie Niedersachsen wurde die (Muster-)Richtlinie in den jeweiligen Berufsordnungen der Landesärztekammern durch den neu geschaffenen § 13a vollständig abgelöst.

---

[456] Berufsordnung der Landesärztekammer Baden-Württemberg vom 21. September 2016 (ÄBW 2016, S. 506) zuletzt geändert durch Satzung vom 23. Januar 2019 (ÄBW 2019, S. 94).

[457] Berufsordnung der Landesärztekammer Mecklenburg-Vorpommern vom 20. Juni 2005 (Amtsblatt M-V/AAz. 2005, S. 917, Ärztebl. M-V 07/2005, Sonderheft S. 83. ff.), zuletzt geändert durch Satzung vom 25. Januar 2019 (Ärztebl. M-V S. 67, 68).

[458] Berufsordnung der Landesärztekammer Niedersachsen in der Fassung der Neubekanntmachung vom 1. Juni 2018, zuletzt geändert am 30. September 2018, mit Wirkung zum 1. Dezember 2018.

[459] *Deutscher Ethikrat*, Gremiumssitzung vom 22. März 2016 in Berlin und Netzwerk-Embryonenspende, Stellungnahme, S. 47.

ee) Die Leitlinien[460] der Deutschen Gesellschaft für Kinderwunschbehandlung[461]

Im Gegensatz zu den Richtlinien der Landesärztekammern stellen die Leitlinien – wie deren Bezeichnung bereits ersichtlich macht – lediglich unverbindliche Orientierungshilfen für Ärzte bei der Beratung und Durchführung von Kinderwunschbehandlungen dar.[462] Leitlinien sind systematisch entwickelte Darstellungen und Empfehlungen, die darauf zielen, Ärzte und Patienten bei der Entscheidung über angemessene Maßnahmen der Krankenversorgung zu unterstützen; sie sind Handlungsempfehlungen ohne Rechtsnormqualität.[463] Die Urheber der Leitlinien sprechen „Empfehlungen" gegenüber den Ärzten aus und haben den Zweck, den Betroffenen als neutrale Informationsquelle zu dienen.[464]

So hat das Beratungsnetzwerk Kinderwunsch Deutschland e. V. zahlreiche Leitlinien zu den Methoden der medizinisch unterstützten Fortpflanzung veröffentlicht.[465]

Betroffene Frauen und Männer mit unerfülltem Kinderwunsch sollen die Möglichkeit erhalten, sich mit einer reproduktionsmedizinischen Behandlung außerhalb Deutschlands auseinander zu setzen.[466] Neben psychosozialen Aspekten sind auch Aspekte juristischer, medizinischer und finanzieller Art Gegenstand der Leitlinien. In der Vorbemerkung der Leitlinien findet sich ein ausdrücklicher Hinweis auf Verfahren der Kinderwunschbehandlung, die in Deutschland verboten sind.[467]

IV. Zusammenfassung

Den vorstehenden Ausführungen lässt sich entnehmen, dass ein Arzt, der an Kinderwunschbehandlungen im Ausland aus dem Inland mitwirkt, zahlreiche Bestimmungen zu beachten hat.

---

[460] Zur Abgrenzung von Leitlinien gegenüber Richtlinien ausführlich *Taupitz* AcP 211 (2011), 352 (363 ff.).

[461] Abgedruckt bei *Thorn/Wischmann* J Reprod Endo, 2010, 394 (396 ff.).

[462] Allgemein: *Wenzel* in Wenzel (Hrsg.), Patientenrechtegesetz, 2017, Rn. 201. Zumindest unklar daher *Thorn*, die von „Richtlinien" spricht, in der rechtlichen Wirkung nicht zwischen Richtlinie und Leitlinie unterscheidet. Auf S. 31 spricht sie dann wiederum vom „folgendem Leitfaden" und verwendet damit fälschlich die Begriffe Richtlinie und Leitlinie synonym, in: Expertise – Reproduktives Reisen, 2008, S. 29. Auch das LG Augsburg verwendet die Begriffe „Richtlinie" und „Leitlinie" fälschlich synonym, in BeckRS 2018, 35087 Rn. 58 f.

[463] *Jaeger*, PatRG, 2013, Rn. 59.

[464] *Thorn/Wischmann* J Reprod Endo 2010, 394 (401).

[465] Leitlinien der BKiD vom 24. September 2010 mit dem Titel „Psychosoziale Beratung für Frauen und Männer, die eine Kinderwunschbehandlung im Ausland beabsichtigen", abgedruckt im Artikel von *Thorn/Wischmann* J Reprod Endo 2010, 394 (396 ff.).

[466] *Thorn/Wischmann* J Reprod Endo 2010, 394.

[467] *Thorn/Wischmann*, J Reprod Endo 2010, 394.

Der Befund zeigt ferner, dass weder primäres noch sekundäres Unionsrecht eine Auswirkung auf die strafrechtliche Beurteilung hat. Von einer rechtlichen Vollharmonisierung in Europa ist man weit entfernt, sodass das Phänomen des „reproduktiven Reisens" in naher Zukunft fortbestehen wird.[468] Es existiert keine einheitliche europarechtliche Regelung.[469]

Im Gegensatz dazu sind grundrechtliche Wertungen stets im Hinterkopf zu behalten und bei einer strafrechtlichen Bewertung zu berücksichtigen, insbesondere bei der Frage, ob die zu untersuchenden Verbotstatbestände nach wie vor verfassungsgemäß sind. Auch wenn letztlich aufgrund des nach wie vor ungeklärten verfassungsrechtlichen Status des Embryos *in vitro* kein abschließendes Urteil darüber gefällt werden kann, in welchem Verhältnis die kollidierenden Grundrechte zueinander stehen.

Im Hinblick auf völkerrechtliche Bestimmungen beansprucht das Europäische Menschenrechts-Übereinkommen zur Biomedizin mangels Ratifizierung keine Geltung in Deutschland. Hingegen hat die Europäische Menschenrechtskonvention und ihre Auslegung durch den EGMR durchaus Relevanz im Rahmen einer denkbaren konventionskonformen Auslegung der Tatbestände des ESchG. Allerdings wird dem deutschen Gesetzgeber insoweit ein weiter Gestaltungsspielraum eingeräumt, sodass das Verbot der Eizellspende bisweilen nicht konventionswidrig ist.

Indes spielen zahlreiche nationale Bestimmungen eine Rolle. Neben dem ESchG ist der Allgemeine Teil des Strafgesetzbuches von herausragender Bedeutung. Ferner gilt es im Besonderen Teil des Strafgesetzbuchs einen kurzen Blick auf die Körperverletzungsdelikte zu werfen. Ebenso wirkt sich über den Grundsatz der Einheit der Rechtsordnung das im bürgerlichen Recht normierte Behandlungsvertragsrecht auf die strafrechtliche Würdigung einer Mitwirkungstätigkeit aus.

Doch auch berufs- und standesrechtliche Bestimmungen dürfen im Hinblick auf die berufsrechtlichen Konsequenzen nicht außer Acht gelassen werden. Allenfalls Leitlinien ohne verbindlichen Charakter befassen sich spezifisch mit der Frage der ärztlichen Mitwirkung an Kinderwunschbehandlungen im Ausland.

---

[468] Dazu bereits *Vogt*, Methoden der künstlichen Befruchtung: „Dreierregel" versus „Single Embryo Transfer", 2008, S. 47.

[469] *Vogt*, Methoden der künstlichen Befruchtung: „Dreierregel" versus „Single Embryo Transfer", 2008, S. 107.

§ 6 Ausgewählte Behandlungsmethoden der medizinisch unterstützten Fortpflanzung

Die nachfolgenden Ausführungen haben die in der Einführung genannten Behandlungsformen der medizinisch unterstützten Fortpflanzung zum Gegenstand: Der elektive Embryo-Transfer (unter A.), die Eizellspende (unter B.), die Embryospende (unter C.), die Leihmutterschaft mit Eizell- oder Embryospende (unter D.) sowie die post-mortem-Befruchtung (unter E.).

Die Darstellungen verfolgen zwei Ziele: Zum einen wird – ergänzend zu den allgemeinen Ausführungen der naturwissenschaftlichen Grundlagen in § 5 – der Ablauf der jeweiligen Behandlungsmethode veranschaulicht. Diese Illustration ist wiederum für die korrekte Sachverhaltserfassung und damit für die zutreffende strafrechtliche Bewertung der Mitwirkungstätigkeit bedeutsam. Zum anderen sind bestimmte Behandlungsvarianten der einzelnen Methoden erlaubt oder in ihrer rechtlichen Zulässigkeit zumindest umstritten. Gegenstand der Ausführungen im anschließenden § 7 sind jedoch nur solche Verfahren und Varianten von Kinderwunschbehandlungen, die nach dem EschG strafbewehrt verboten sind. Die Darstellungen in § 6 dienen insofern gleichsam als Filter: Behandlungsvarianten, die nach deutschem Recht erlaubt sind, finden keinen Eingang in die weitere Untersuchung. Behandlungsformen, die unstreitig verboten sind, werden hingegen im Rahmen der weiteren Ausführungen erneut aufgegriffen. Methodenvarianten der medizinisch unterstützten Fortpflanzung, deren rechtliche Zulässigkeit nach dem EschG diskutiert wird, werden in ihrer rechtlichen Zulässigkeit nach der jeweils aktuell herrschenden Auffassung in Rechtsprechung und Schrifttum beurteilt. Abhängig davon, ob sie hiernach als zulässig oder unzulässig betrachtet werden, finden sie Eingang in die weiteren Ausführungen.

Die Reihenfolge der Darstellungen orientiert sich an der Praxisrelevanz der jeweiligen Behandlungsmethode: Von sehr bedeutsam bis weniger bedeutsam. Innerhalb der Methoden wird zunächst der Begriff der Behandlungsform geklärt und diese von ähnlich verlaufenden Formen abgegrenzt. In einem zweiten Schritt werden – in Ergänzung zu den allgemeinen Ausführungen in § 5 – die spezifischen medizinischen Grundlagen der einzelnen Behandlungsmethode erläutert. Der Schwerpunkt der Darstellungen liegt sodann bei der rechtlichen Zulässigkeit der einzelnen Methode und ihrer Varianten. Schließlich findet sich wegen des bestehenden Auslandsbezuges ein kurzer Rechtsvergleich zum Ausland, um letztlich feststellen zu können, ob ein rechtliches Regelungsgefälle zugunsten des Auslands besteht und es infolge dessen zu einem reproduktiven Reisen kommt.

A. Der elektive Embryo-Transfer/Blastozystentransfer[1]

I. Begriffsklärung

Beim elektiven (Single-/Double-)Embryo-Transfer handelt es sich um ein spezielles Verfahren der IVF-Therapie,[2] bei dem erst nach einer morphologischen Beobachtung der Entwicklung der im Reagenzglas (*in vitro*) erzeugten Embryonen unter dem Lichtmikroskop ein Embryo (Single-Embryo-Transfer) oder zwei Embryonen (Double-Embryo-Transfer)[3] in die Empfängerin implantiert werden, der bzw. die das größte Entwicklungspotenzial hat bzw. haben (daher: elektiv).[4] Um eine sinnvolle Auswahl treffen zu können, müssen je Zyklus mindestens acht Eizellen befruchtet werden.[5] Ob ein oder zwei Embryonen transferiert werden, hängt vom Alter der Empfängerin ab. Unter 38 Jahren wird ein Embryo, ab Vollendung des 38. Lebensjahres werden in der Regel zwei Embryonen transferiert.[6] Mit den anderweitig erzeugten Embryonen wird, je nach deren Entwicklungsfähigkeit,[7] unterschiedlich

---

[1] Beim Blastozystentransfer handelt es sich um ein spezielles Verfahren im Rahmen des elektiven Embryo-Transfers, dazu unter II. 1.

[2] Darunter fällt auch das ICSI-Verfahren (Teil 2 § 5 B. II. 2.), bei dem es keinen rechtlich relevanten Unterschied gibt. Auch beim Verfahren der ICSI kommt es zu keiner Embryoselektion.

[3] Regelmäßig kommt wegen der Vermeidung von Mehrlingsschwangerschaftsraten und vergleichbar hohen Schwangerschaftsraten der Transfer nur eines Embryos je Zyklus in Betracht, so *Leinmüller* Journal für Fertilität und Reproduktion 2005, 22.

[4] Der Begriff leitet sich aus dem Lateinischen ab: *eligere/electum* (Prät.) bezeichnet „auswählen/ ausgewählt".

[5] So *Keck*, Kinderwunschbehandlung in der gynäkologischen Praxis, 2014, S. 263 f.; daneben *Thorn*, die allerdings von acht Embryonen spricht, sodass unter Berücksichtigung einer Ausfallquote sogar noch mehr Eizellen befruchtet werden müssen, Expertise – Reproduktives Reisen, 2008, S. 13; *Günther* in G/T/K (Hrsg.), ESchG, 2. Aufl. 2014, C. II. § 1 Abs. 1 Nr. 5 Rn. 12 gibt sechs bis acht Eizellen an.

[6] Ziff. 5.1 der (Muster-) Richtlinie zur Durchführung der assistierten Reproduktion., DÄBl. 2006, Jg. 103 Heft 20, A 1392 (A 1397). Unter 35 Jahren sollten nicht mehr als drei Embryonen je Zyklus transferiert werden, *Neidert* J Reprod Endo 2004, 100 (102).

[7] Der Begriff der Entwicklungsfähigkeit ist umstritten: Teilweise wird auf die bloße Nidationsfähigkeit abgestellt (*Neidert* MedR 2007, 279 (284 ff.)), teilweise wird die Fähigkeit verlangt, sich zu einem Individuum entwickeln zu können (*Eser/Koch* GS Keller, 2003, 15 (20)).

verfahren: vermindert entwicklungsfähige Embryonen werden kryokonserviert, nicht entwicklungsfähige und damit überzählige Embryonen werden verworfen.[8]

Es handelt sich um eine Behandlungsvariante, die in Deutschland im klinischen Alltag von erheblicher praktischer Relevanz ist.[9]

II. Medizinische Grundlagen

Beim elektiven Embryo-Transfer handelt es sich um eine besondere Form der IVF-Therapie mit Embryotransfer, sodass für die Erläuterung der medizinischen Grundlagen auf deren Ablauf[10] verwiesen werden kann und nur die Besonderheiten des Verfahrens und dessen Unterschiede gegenüber der IVF hervorgehoben werden sollen.

1. (Elektiver) Blastozystentransfer

Der einzige Unterschied zwischen dem (elektiven) Blastozystentransfer und dem elektiven Embryo-Transfer besteht in dem Alter der Embryonen im Zeitpunkt der Einbringung in den Mutterleib. Während beim allgemeinen elektiven Embryo-Transfer die Übertragung am zweiten oder dritten Tag[11] nach der Befruchtung erfolgt (sog. Embryostadium), wird sie beim Blastozystentransfer regelmäßig[12] erst am vierten oder fünften Tag, im sog. Blastozystenstadium,[13] durchgeführt.[14] Der Embryo befindet sich zu diesem Zeitpunkt im 50- bis 150-Zellstadium.[15] In der rechtlichen Einordnung der Verfahren bestehen keine Unterschiede, sodass im Folgenden der allgemeine Begriff des elektiven Embryo-Transfers verwendet wird, soweit nicht eine Differenzierung aus medizinischen Gründen erforderlich ist.

---

[8] *Neidert* ZRP 2006, 85.
[9] Nach den Angaben *Frommels* sind jährlich ungefähr 60.000 Frauen betroffen KJ 2002, 411 (413).
[10] Dazu Teil 2 § 5 B. II. 1.
[11] Als sog. cleavage-stage-Embryonen, dazu *Urdl*, Rechtliche Regelung der Reproduktionsmedizin in Österreich, in Diedrich et al. (Hrsg.), Reproduktionsmedizin, 2013, Kap. 69, S. 607 (610).
[12] Abweichend *Keck*, Kinderwunschbehandlung in der gynäkologischen Praxis, 2014, S. 315, wonach die Kultur auch weniger als fünf Tage beobachtet werden kann. Entscheidend sei, dass überhaupt eine morphologische Beobachtung stattfindet.
[13] *Keck*, Kinderwunschbehandlung in der gynäkologischen Praxis, 2014, S. 265. Auch *Liebermann/Nawroth*, Kryokonservierung, in Diedrich et al. (Hrsg.), Reproduktionsmedizin, 2013, Kap. 20, S. 233 (240).
[14] *Vogt*, Methoden der künstlichen Befruchtung: <<Dreierregel>> versus <<Single Embryo Transfer>>, 2008, S. 19 Erläuterung in Fn. 13, sowie S. 31.
[15] *Liebermann/Nawroth*, Kryokonservierung, in Diedrich et al. (Hrsg.), Reproduktionsmedizin, 2013, Kap. 20, S. 233 (240).

2. Abgrenzung zur „gewöhnlichen" IVF-Therapie

Zur standardisierten IVF-Therapie bestehen wesentliche Unterschiede:[16]

Bei der „gewöhnlichen" IVF-Therapie führt der Reproduktionsmediziner eine Zellbewertung nach lichtmikroskopischen Kriterien mit anschließender (teilweiser) Selektion nicht im Embryostadium, sondern in dem ihm vorgelagerten Vorkernstadium durch.[17]

Darüber hinaus werden abweichend zur „gewöhnlichen" IVF-Therapie mehr als drei Eizellen pro Zyklus befruchtet, nämlich zwischen fünf und zehn.[18] Bei der „gewöhnlichen" IVF-Therapie sind es hingegen maximal drei Eizellen je Zyklus. In wie vielen Fällen es tatsächlich zu einer Befruchtung kommt, hängt entscheidend von der Qualität der verfügbaren Keimzellen ab, die ihrerseits durch das Alter und den allgemeinen Gesundheitszustand der Spenderin beeinflusst wird.[19]

3. Vergleich mit der Präimplantationsdiagnostik[20] (kurz: PID)

Mit der PID hat der elektive Embryotransfer in der Gestalt des Blastozystentransfers regelmäßig gemeinsam, dass der Embryo jeweils das Blastozsystemstadium erreicht.[21] Der grundlegende Unterschied zum elektiven Embryotransfer besteht jedoch darin, dass bei der PID dem Embryo Zellen entnommen werden und deren Erbgut mittels molekulargenetischer Untersuchung auf genetische Defekte untersucht wird. Beim elektiven Embryotransfer dagegen werden dem Embryo keine Zellen entnommen und er wird lediglich lichtmikroskopisch auf seine Entwicklungsfähigkeit untersucht, nicht hingegen auf mögliche genetische Defekte.

III. Rechtliche Zulässigkeit[22]

Die rechtliche Zulässigkeit des elektiven Embryotransfers richtet sich im Wesentlichen nach den §§ 1 Abs. 1 Nrn. 3 und 5 ESchG. Diese lauten:

---

[16] Beim elektiven Embryo-Transfer handelt es sich um eine sog. additive Technik, dazu *v. Wolff/Stute*, Gynäkologische Endokrinologie und Reproduktionsmedizin, 2013, S. 363.

[17] *Beyer/Diedrich*, Bewertung von Eizellen und Embryonen, in Diedrich et al. (Hrsg.), Reproduktionsmedizin, 2013, Kap. 19, S. 225 (230).

[18] So *Keck*, Kinderwunschbehandlung in der gynäkologischen Praxis, 2014, S. 263 f. *Günther* in G/T/K (Hrsg.), ESchG, 2. Aufl. 2014, C. II. § 1 Abs. 1 Nr. 5 Rn. 12 gibt die Zahl mit sechs bis acht Eizellen an.

[19] *Günther* in G/T/K (Hrsg.), ESchG, 2. Aufl. 2014, C. II. § 1 Abs. 1 Nr. 5 Rn. 8.

[20] Eine kurze Zusammenfassung findet sich bei *Hübner/Pühler* Der Gynäkologe 2018, 616 (617 ff.).

[21] Zur PID: *Beitz* in Terbille (Hrsg.), AnwHdb MedR, 2. Aufl. 2013, § 13 Rn. 151.

[22] Zum ethischen Standpunkt siehe *Kreß* Frauenarzt 2005, 608 (611 f.).

Nach § 1 Abs. 1 Nr. 3 ESchG macht sich strafbar, *wer es unternimmt, innerhalb eines Zyklus mehr als drei Embryonen auf eine Frau zu übertragen*.[23]

Nach § 1 Abs. 1 Nr. 5 ESchG hingegen macht sich strafbar, *wer es unternimmt, mehr Eizellen einer Frau zu befruchten, als ihr innerhalb eines Zyklus übertragen werden sollen*.[24]

1. Einzelne Varianten und ihre Zulässigkeit nach dem ESchG

a) Zulässige Maßnahmen

Der Behandlungsabfolge nach chronologisch geordnet sind die folgenden Schritte rechtlich unbedenklich:

aa) Heranreifung und Punktion von mehr als drei unbefruchteten Eizellen je Zyklus

Tatbestandlich weder von § 1 Abs. 1 Nr. 3 ESchG noch von § 1 Abs. 1 Nr. 5 ESchG erfasst ist die Gabe von Clomifen oder der Hormone follikelstimulierendes Hormon (FSH) und luteinisierendes Hormon (LH), welche die Heranreifung von Oozyten in den Ovarien anregen. Denn das ESchG begrenzt die Anzahl der zu gewinnenden Eizellen nicht.[25] Die Norm des § 1 Abs. 1 Nr. 3 ESchG bezeichnet als Tathandlung die *Übertragung* von Embryonen. Das Übertragen ist das Verbringen des Embryos von der Petrischale in die Leibeshöhle der Frau.[26] § 1 Abs. 1 Nr. 5 ESchG hingegen benennt als Tathandlung das *Befruchten*, also die Zusammenführung von Samen- und Eizelle. Die hormonelle Vorbehandlung dient nur der Heranreifung von Oozyten in den Ovarien und unterfällt mithin keiner der beiden Tathandlungen. Das Amtsgericht Saarbrücken geht insoweit fehl in der Annahme, die Entnahme von mehr als drei Eizellen sei gesetzlich untersagt.[27] Es handelt sich bei der Erzeugung und Gewinnung von mehr als drei befruchtungsfähiger Eizellen selbst bei dem im Zeitpunkt der Erzeugung oder der Entnahme gefassten Entschluss zur Mehrbefruchtung allenfalls um

---

[23] Die Bestimmung in ihrer geltenden Fassung mit einer starren Grenze geht auf den Änderungsantrag des Rechtsausschusses des Bundestages vom 8. Oktober 1990 zurück, dazu: BT-Drucks. 11/8057, 2. Aufgrund der gegenwärtigen medizinischen Erkenntnisse darf durchaus daran gezweifelt werden, ob § 1 Abs. 1 Nr. 3 ESchG noch sinnvoll ist. Er bezweckt letztlich die Maximierung der Schwangerschaftswahrscheinlichkeit unter möglichster Minimierung des Risikos einer Mehrlingsschwangerschaft, allerdings ohne eine vorherige Auswahl der Embryonen nach Entwicklungsfähigkeit zu gestatten.

[24] Ähnlich die Vorschrift in Ziff. 4, die sich gegenüber der Ziff. 5 insoweit unterscheidet als die Befruchtung mittels intratubarem Gametentransfer und damit intrakorporal erfolgt.

[25] *Frommel/Taupitz/Ochsner/Geisthövel* J Reprod Endo 2010, 96 (98).

[26] *Taupitz* in G/T/K (Hrsg.), ESchG, 2. Aufl. 2014, C. II. § 1 Abs. 1 Nr. 3 Rn. 6.

[27] AG Saarbrücken, Urt. v. 24. April 2007, Az.: 5 C 956/06.

eine straflose Vorbereitungshandlung.[28] Die bewusste Erzeugung von mehr als drei befruchtungsfähigen Eizellen ist aus medizinischer Sicht sinnvoll, da der Patientin die psychischen und physischen Strapazen einer abermaligen operativen Gewinnung von Eizellen erspart bleiben.

bb) Imprägnation von mehr als drei Eizellen je Zyklus in der Absicht, eine Schwangerschaft herbeizuführen

Die Erzeugung imprägnierter Eizellen unterliegt ebenso keiner zahlenmäßigen Begrenzung.[29] § 1 Abs. 2 ESchG verbietet die Schaffung imprägnierter Eizellen nur, wenn der Arzt im Zeitpunkt des Eindringenlassens oder des Einbringens des Spermiums in die Oozyte keine Schwangerschaft bei der Frau herbeiführen will, von der die Eizelle stammt. Der Arzt, der in Vorbereitung eines elektiven Embryotransfers mehr als drei Eizellen je Zyklus befruchtet, will jedoch im Zeitpunkt der Imprägnation später eine Schwangerschaft bei einer Frau herbeiführen. Liegt dieses (negative) subjektive Tatbestandsmerkmal vor, handelt der Arzt nicht tatbestandsmäßig.

cc) Voruntersuchung von 2-PN-Zellen und deren Selektion

Die lichtmikroskopische Untersuchung von 2-PN-Zellen und ggf. deren Verwerfung ist üblich[30] und nach dem ESchG zulässig. Denn nach der Legaldefinition in § 8 Abs. 1 ESchG gilt als Embryo im Sinne des ESchG erst die befruchtete, entwicklungsfähige menschliche Eizelle ab dem Zeitpunkt der Kernverschmelzung. Im Stadium der 2-PN-Zelle liegt zwischen dem Kern der weiblichen und der männlichen Keimzelle eine Kernverschmelzung im genannten Sinne noch nicht vor. Daher darf der Arzt im 2-PN-Stadium alle befruchteten Eizellen kryokonservieren und dann zu einem späteren Zeitpunkt auf die Frau übertragen.[31]

dd) Übertragung nur eines oder nur zweier Embryonen je Zyklus

Rechtlich erlaubt und praktiziert wird die rechtlich zulässige Übertragung nur eines oder nur zweier Embryonen innerhalb eines Zyklus.[32] Es handelt sich dabei um einen (schlichten)[33] Single-Embryo-Transfer (ein Embryo je Zyklus) oder einen (schlichten) Double-Embryo-Transfer (zwei Embryonen je Zyklus). Die Übertra-

---

[28] *Günther* in G/T/K (Hrsg.), ESchG, 2. Aufl. 2014, C. II. § 1 I Nr. 5 Rn. 30. Der Änderungsantrag der SPD-Fraktion, nach dem höchstens drei Eizellen je Zyklus gewonnen werden dürfen, ist nicht gesetzlich umgesetzt und damit stillschweigend abgelehnt worden, BT-Drucks. 11/8057, 14.
[29] *Frommel/Taupitz/Ochsner/Geisthövel* J Reprod Endo 2010, 96 (98).
[30] Dazu *Beyer/Diedrich*, Bewertung von Eizellen und Embryonen, in Diedrich et al. (Hrsg.), Reproduktionsmedizin, 2013, Kap. 19, S. 225 (230).
[31] *Günther* in G/T/K (Hrsg.), ESchG, 2. Aufl. 2014, C. II. § 1 Abs. 1 Nr. 5 ESchG Rn. 28.
[32] Zu der Übertragung eines einzelnen Embryos nur *Diedrich/Strowitzki/Kentenich* Der Gynäkologe 2018, 607 (608).
[33] „Schlicht" meint in diesem Zusammenhang „ohne vorhergehende Selektion".

A. Der elektive Embryo-Transfer/Blastozystentransfer

gung von höchstens zwei Embryonen wird im Hinblick auf eine drohende Mehrlingsschwangerschaft auch empfohlen.[34] § 1 Abs. 1 Nr. 3 ESchG gibt keine Mindestzahl zu transferierender Embryonen, sondern lediglich eine Höchstzahl von drei zu übertragenden Embryonen je Zyklus vor. Letztlich entscheidet jedoch alleine die Frau, wie viele Embryonen sie sich übertragen lässt (§ 4 Abs. 1 Nr. 2 ESchG). Der Unterschied zu der unter c) dargestellten Methode besteht darin, dass eine Vorselektion nach Entwicklungsfähigkeit des Embryos im Vorfeld des Transfers gerade nicht stattfindet und daher kein *elektiver* Embryotransfer durchgeführt wird.

b) Unzulässige Maßnahmen

Gesetzlich strafbewehrt verboten sind folgende Verfahren:

aa) Bewusste Erzeugung von mehr als drei Embryonen je Zyklus

Konsens besteht darüber, dass eine bewusste Vorratsbefruchtung und damit die bewusste Erzeugung überzähliger Embryonen verboten ist.[35] Das ist der Fall, wenn der Arzt in Verfolgung eines elektiven Embryotransfers von vornherein und generell das Ausscheiden suboptimaler, aber noch entwicklungsfähiger (§ 8 Abs. 1 ESchG) Blastozysten einplant.[36] Im Gegensatz dazu hat der Arzt bei dem unter c) dargestellten Verfahren des sog. elektiven Embryo-Transfers nicht die Absicht, überzählige Embryonen zu erzeugen. Bei Letzterem nimmt der Arzt lediglich in Kauf, dass solche entstehen können.[37]

bb) Transfer von mehr als drei Embryonen je Zyklus

Der Transfer von mehr als drei Embryonen je Zyklus auf die Frau ist nach § 1 Abs. 1 Nr. 3 ESchG ausdrücklich verboten. Das Verbot dient der Vermeidung höhergradiger Schwangerschaften,[38] etwa mit Zwillingen oder Drillingen. Diese Behandlungsform wird im Folgenden nicht untersucht werden, da es aufgrund der

---

[34] Nach Ziff. 5.1 der (Muster-)Richtlinie zur Durchführung der assistierten Reproduktion der Bundesärztekammer sollen Patientinnen unter 38 Jahren im ersten und zweiten IVF-Versuch höchsten zwei Embryonen je Zyklus transferiert werden, dazu DÄBl. 2006, Jg. 103, Heft 20, A 1392 (A 1397).
[35] StA München I, medstra 2015, 64 Rn. 3, sie nennt diese Methode fälschlicherweise eSET/eDET; obwohl das „e" für elektiv, also nach Auswahl steht; *Günther* in G/T/K (Hrsg.), EschG, 2. Aufl. 2014, C. II. § 1 Abs. 1 Nr. 5 Rn. 12 und Rn. 25.
[36] *Koch* J Reprod Endo 2004, 24 (26). Zumindest unklar daher *Kamps* MedR 1994, 339 (340 f.), wenn er davon spricht, dass „der Forscher von vornherein in Kauf nimmt, dass überzählige Embryonen absterben und vernichtet werden (…)".
[37] Dazu *Geisthövel/Frommel/Neidert/Nieschlag* J Reprod Endo 2004, 299 (300) (Beitrag Frommel).
[38] BT-Drucks. 11/8057, 14.

mit ihr verbundenen erheblichen Gesundheitsrisiken nicht sinnvoll ist, eine Mehrlingsschwangerschaft herbeizuführen.

c) In der Zulässigkeit umstrittene[39] Maßnahme: Die Befruchtung von mehr als drei Eizellen je Zyklus und Kultivierung *in vitro* zum Zwecke der Feststellung der Entwicklungsfähigkeit so entstandener Embryonen (elektiver Embryotransfer)

Mancher Autor bezeichnet die Methode des elektiven Embryo-Transfers als eine „mittlerweile in Deutschland etablierte Therapie im Rahmen der IVF-Behandlung",[40] den sogenannten „deutschen Mittelweg".[41] [42]

Doch die Frage um die rechtliche Zulässigkeit dieser Form der IVF-Therapie ist nach wie vor juristisch nicht geklärt.[43] *Keck* hingegen argumentiert ergebnisorientiert und äußert: Mit der liberalen Auslegung des § 1 Abs. 1 Nr. 5 ESchG erübrige sich die Durchführung einer Behandlung im Ausland, die andernfalls erforderlich wäre.[44] Auch aus medizinischer und gesundheitspolitischer Sicht ist das Verfahren

---

[39] *K.-H. Möller* bezeichnet die Frage gar als eine der umstrittensten Fragen des Medizinstrafrechts, in: Rechtliche Regelung der Reproduktionsmedizin in Deutschland, in Diedrich et al. (Hrsg.), Reproduktionsmedizin, 2013, Kap. 48, S. 583 (589). Bereits *Kamps* MedR 1994, 339 (340): „Äußerst streitig [ist,] (...) ob es mit der Würde des Menschen vereinbar ist und dem grundrechtlich geschützten Recht auf Leben entspricht, in vitro mehrere Ei- und Samenzellen zu vereinigen, also Embryonen zu züchten und zur Verbesserung der Implantationschancen geeignete gegenüber weniger geeigneten Embryonen beim Embryotransfer vorzuziehen." Im Vorfeld der Durchführung einer PID hingegen ist man sich darüber im Klaren, dass je Zyklus mindestens sieben Eizelle befruchtet werden müssen, um eine PID sinnvoll durchführen zu können, dazu *Hübner/Pühler* MedR 2011, 789 (793).

[40] So *Keck*, Kinderwunschbehandlung in der gynäkologischen Praxis, 2014, S. 314; ähnlich *Daunderer*, der bereits 2009 davon sprach, dass es sich um die „mittlerweile herrschende juristische Auffassung" handle, in J Reprod Endo 2009, 243 sowie erneut in medstra 2019, 217 (220). Jüngst erneut *Frommel* in GesR 2018, 413 (414): „Mittlerweile ist als herrschende Meinung die Methode des deutschen Mittelwegs allseits akzeptiert.". Dabei kann durchaus die Frage aufgeworfen werden, weshalb dieser Standpunkt nach wie vor vehement verteidigt werden muss, wenn er sich doch bereits längst durchgesetzt haben soll.

[41] Etwa *Frommel* GesR 2018, 413. Deutsches IVF-Register 2017, 7: „[J]uristische Grauzone des Deutschen Mittelweges".

[42] *Thorn* geht im krassen Gegensatz dazu davon aus, dass das Verfahren in Deutschland derzeit (2008) nicht durchgeführt wird, Expertise – Reproduktives Reisen, 2008, S. 13.

[43] „Darüber, ob und in welchem Maß bei außerkörperlicher Befruchtung mehr als drei Embryonen erzeugt und kultiviert werden dürfen, herrscht nach wie vor Rechtsunsicherheit", so zutreffend *Kreß* ZRP 2011, 68. Teilweise wird die Rechtsunsicherheit als für die in Deutschland praktizierenden Reproduktionsmediziner und die Patientinnen als „untragbar" bezeichnet, so *Günther* FS Schroeder, 2006, 449 (450) sowie *Neidert* J Reprod Endo, 2004, 100 (103).

[44] *Keck*, Kinderwunschbehandlung in der gynäkologischen Praxis, 2014, S. 266 f.; *Renzikowski*, Gynäkologische Endokrinologie 2004, 172 (173); nach *Kentenich/Pietzner* lasse sich aus den zunehmenden Schwangerschaftsraten und dem wachsenden Anteil an tauglichen Embryonen schließen, dass wahrscheinlich viele in den reproduktionsmedizinischen Zentren praktizierende Ärzte

gegenüber der „gewöhnlichen" IVF-Behandlung mit Embryotransfer vorzugswürdig.[45] Der Zweck darf die Mittel jedoch nicht heiligen.

Die Selektion von Embryonen im Vorfeld ihrer Übertragung auf die Frau ist dem Gesetzgeber hingegen nicht fremd. Die Präimplantationsdiagnostik,[46] deren rechtliche Zulässigkeit seit dem 8. Dezember 2011 in § 3a ESchG[47] normiert ist, erklärt eine genetische Embryonenuntersuchung samt -selektion vor der Implantation des Embryos unter den strengen Voraussetzungen des § 3a Abs. 2 ESchG für nicht rechtswidrig und damit für zulässig. Im Vorfeld der Implantation des Embryos soll so eine genetische Erkrankung, die zu einer schwerwiegenden Erbkrankheit oder gar zu einer schwerwiegenden Schädigung des Embryos mit der hohen Wahrscheinlichkeit einer Tot- oder Fehlgeburt führen wird, ausgeschlossen werden. Die Vorschrift des § 3a Abs. 2 ESchG gestattet jedoch nicht die Erzeugung von mehr als drei Embryonen und auch nicht die Untersuchung im Hinblick auf die bloße Entwicklungsfähigkeit, sondern nur eine genetische Untersuchung selbiger, § 3a Abs. 2 Satz 1 ESchG a.E.

Im Folgenden soll nun der Frage nachgegangen werden, ob der elektive Embryo-Transfer nach den Bestimmungen des ESchG eine verbotene Methode der Kinderwunschbehandlung ist.

aa) Keine missbräuchliche Verwendung durch Unterlassen gem. § 2 Abs. 1 ESchG i.V.m. § 13 StGB

§ 2 Abs. 1 ESchG pönalisiert die missbräuchliche Verwendung von Embryonen.

Nach dieser Bestimmung macht sich strafbar, *wer einen extrakorporal erzeugten oder einer Frau vor Abschluss seiner Einnistung in der Gebärmutter entnommenen menschlichen Embryo veräußert oder zu einem nicht seiner Erhaltung dienenden Zweck abgibt, erwirbt oder verwendet.*

Das Absterbenlassen nicht entwicklungsfähiger und damit erhaltungswürdiger Embryonen ist mangels Garantenstellung des die Embryonen erzeugenden Arztes nicht nach § 2 Abs. 1 ESchG i.V.m. § 13 StGB strafbar.[48]

---

trotz bestehender rechtlicher Unsicherheiten der liberalen Auslegung von § 1 Abs. 1 Nr. 5 ESchG im Interesse der Patienten folgen, in: Überlegungen zur gesetzlichen Neuregelung in der Reproduktionsmedizin, in Frister/Olzen (Hrsg.), Reproduktionsmedizin: Rechtliche Fragestellungen, 2010, S. 59 (64 f.). Die Dunkelziffer ist hoch.

[45] *Vogt*, Methoden der künstlichen Befruchtung: <<Dreierregel>> versus <<Single Embryo Transfer>>, 2008, S. 41.

[46] Ihre praktische Bedeutung in der klinischen Untersuchung ist gering, da nur rund 5 % aller Patientinnen, die zur Erzielung einer Schwangerschaft eine IVF-Therapie benötigen, sich überhaupt einer solchen unterziehen. Dazu *Beyer/Diedrich*, Bewertung von Eizellen und Embryonen, in Diedrich et al. (Hrsg.), Reproduktionsmedizin, 2013, Kap. 19, S. 225 (230).

[47] Gesetz vom 21.11.2011 (BGBl. I, S. 2228). Zur Einführung der Norm siehe unter anderem *Hübner/Pühler* MedR 2017, 929 (930 f.).

[48] *Neidert* J Reprod Endo 2004, 100 (102).

bb) Kein Verstoß gegen § 2 Abs. 2 ESchG

Der elektive Embryo-Transfer wird ferner nicht von der Verbotsvorschrift des § 2 Abs. 2 ESchG erfasst.[49] Danach macht sich strafbar,

wer zu einem anderen Zweck als der Herbeiführung einer Schwangerschaft bewirkt, dass sich ein menschlicher Embryo extrakorporal weiterentwickelt.

Denn die Beobachtung der (Weiter-) Entwicklung des extrakorporal erzeugten Embryos hinsichtlich dessen Entwicklungsfähigkeit hat gerade den Zweck, eine erfolgreiche Schwangerschaft herbeizuführen. Der Arzt will hingegen nicht einen Embryo zu Forschungszwecken erzeugen, was § 2 Abs. 2 ESchG unter Strafe stellt.

cc) Kein Verstoß gegen § 1 Abs. 1 Nr. 3 ESchG

Das Verfahren des elektiven Embryo-Transfers verstößt auch nicht gegen § 1 Abs. 1 Nr. 3 ESchG. Danach ist es verboten, innerhalb eines Zyklus mehr als drei Embryonen auf eine Frau zu übertragen, sog. „Dreier-Regel". Die Vorschrift untersagt hingegen nicht – den elektiven Embryotransfer kennzeichnend – weniger als drei Embryonen je Zyklus zu transferieren.

dd) Problematisch: Verstoß gegen § 1 Abs. 1 Nr. 5 ESchG

Erörterungsbedürftig ist nach wie vor die Auslegung des § 1 Abs. 1 Nr. 5 ESchG, welcher an dieser Stelle noch einmal wortlautgetreu wiedergegeben werden soll. Danach macht sich strafbar,

wer es unternimmt, mehr Eizellen einer Frau zu befruchten, als ihr innerhalb eines Zyklus[50] übertragen werden sollen.

Kernpunkt des juristischen Streitstandes ist die Frage, wie viele Eizellen extrakorporal befruchtet werden dürfen, um die dadurch entstandenen Embryonen einer Untersuchung nach deren Erscheinungsbild zu unterziehen und nach ihrem Entwicklungspotenzial zu selektieren. Die wissenschaftliche Diskussion kann nur in ihren wesentlichen Zügen abgebildet werden, denn sie ist für die nachfolgende Untersuchung in § 7 nur insoweit von Bedeutung, als es um die Frage geht, ob der elektive Embryo-Transfer eine nach dem ESchG verbotene Behandlungsmethode ist. Da es gegenwärtig keine höchstrichterliche strafrechtliche Rechtsprechung zu dieser Frage gibt, richtet sich die rechtliche Zulässigkeit des elektiven Embryo-

---

[49] So auch *Neidert* J Reprod Endo 2004, 100 (102).
[50] Mit der Formulierung „innerhalb eines Zyklus" soll auch die künstliche Befruchtung auf Vorrat im Rahmen der Unfruchtbarkeitsbehandlung des ungewollt kinderlosen Paares verhindert werden, dazu BT-Drucks. 11/1856, 4.

Transfers nach der herrschenden Auffassung in der vorhandenen Rechtsprechung und im Schrifttum.

(1) Entstehungsgeschichtlicher Hintergrund der Norm

Bevor der Streitstand nachgezeichnet werden soll, bedarf es eines kurzen Blickes auf die Entstehungsgeschichte von § 1 Abs. 1 Nr. 5 ESchG. Denn sie bildet den Ausgangspunkt der Diskussion um die rechtliche Zulässigkeit des elektiven Embryo-Transfers.

Ein Änderungsantrag der SPD-Fraktion im Gesetzgebungsverfahren mit dem Inhalt, auch in § 1 Abs. 1 Nr. 5 ESchG eine fixe Anzahl von höchstens drei Eizellen gesetzlich festzulegen, wurde abgelehnt.[51] Vielmehr unterließ es der Gesetzgeber bewusst,[52] in § 1 Abs. 1 Nr. 5 ESchG ausdrücklich[53] festzulegen, wie viele Eizellen je Zyklus befruchtet werden dürfen. Daraus erwuchs Auslegungsspielraum:

(2) Streitstand

Die Diskussion um die Zulässigkeit des elektiven Embryo-Transfers soll kurz Eingang in die Darstellung finden. Zunächst wird dazu die liberale Auslegung nachgezeichnet (unter α)), sodann die restriktive Sichtweise (unter β)) erläutert, schließlich erfolgt eine kurze Auseinandersetzung mit den wesentlichen Argumenten der beiden Auffassungen unter Einbeziehung eigener Erwägungen (unter γ)).

---

[51] BT-Drucks. 11/8057, 14. Der Vorschlag des Bundesrates in seiner Stellungnahme zum Gesetzesentwurf des ESchG, wonach in § 1 Abs. 1 Nr. 6 Alt. 1 EschG gesetzlich normiert werden sollte, dass keine größere Anzahl an Eizellen befruchtet werden dürfe als daraus entstehende Embryonen transferiert und ausgetragen werden sollten, konnte sich im Gesetzgebungsverfahren nicht durchsetzen. Dazu die Beschlussempfehlung und der Bericht des sechsten Rechtsausschusses des deutschen Bundestages der elften Wahlperiode im Gesetzesentwurf, wonach ein Verbot der Befruchtung von mehr als drei Eizellen durch intratubaren Gamtentransfer innerhalb eines Zyklus vorsah, BT-Drucks. 11/8057, 2 sowie der Entwurf des sechsten Ausschusses des deutschen Bundestages (§ 1 Abs. 1 Nr. 4 ESchG) mit der Formulierung, wonach sich strafbar macht, wer es unternimmt, durch intratubaren Gametentransfer innerhalb eines Zyklus mehr als drei Eizellen zu befruchten, BT-Drucks. 11/8057, 5. Zur Ablehnung: Bundesrat-Plenarprotokoll Nr. 604 vom 22. September 1989, S. 357.

[52] So formuliert es auch *Günther* in G/T/K (Hrsg.), ESchG, 2. Aufl. 2014, C. II. § 1 Abs. 1 Nr. 5 Rn. 8.

[53] So *Günther* in G/T/K (Hrsg.), ESchG, 2. Aufl. 2014, C. II. § 1 Abs. 1 Nr. 5 Rn. 8, der allerdings entgegen der herrschenden Meinung der Ansicht ist, der Gesetzgeber habe es gänzlich unterlassen, die Anzahl festzulegen.

α) Liberaler Standpunkt:[54] *Elektiver Embryo-Transfer in Deutschland zulässig*[55]

Frommel,[56] *Günther,*[57] *Taupitz,*[58] *Daunderer,*[59] *Frister,*[60] *Kreß,*[61] *Dorneck*[62] das Amtsgericht Wolfratshausen,[63] der sechste Senat des Bundesfinanzhofes,[64] die Staatsanwaltschaft München I[65] sowie der Dachverband Reproduktionsbiologie und -medizin (DVR)[66] geben im Wege einer objektiv-teleologischen Auslegung[67] einem an der

---

[54] Hierzu umfassend *Vogt*, Methoden der künstlichen Befruchtung: <<Dreierregel>> versus <<Single Embryo Transfer>>, 2008, S. 51–58.

[55] Etwas zurückhaltender *Kreß*, mit Verweis auf die Deutsche Gesellschaft für Gynäkologie und Geburtshilfe, Frauenarzt 2005, 608 (611 f.) sowie die Bundesärztekammer, DÄBl. 2006, A 1393, A 1401 und Diedrich et al. (Hrsg.), Reproduktionsmedizin im internationalen Vergleich, 2008, S. 112 f. *Kreß* plädiert dafür, dass „die Erlaubnis, so viele Embryonen zu erzeugen, wie sie nach dem Stand des medizinischen Wissens zur Erreichung des Behandlungsziels erforderlich sind, auch für den Regelfall der medizinisch alltäglichen IVF-Behandlung gelten [sollte]", in ZRP 2011, 68. *Daunderer* sprach bereits im Jahre 2009 davon, dass es sich bei dieser liberalen Sichtweise um die „mittlerweile herrschende juristische Auffassung" handle, in: J Reprod Endo 2009, 243. Das vermag indes mit Blick auf das berufsrechtliche Verbot in der (Muster-)Richtlinie zur Durchführung der assistierten Reproduktion nicht zu überzeugen.

[56] Federführend für diesen Ansatz *Frommel* ReprodMed 2002, 158 ff.; *dies.* J Reprod Endo 2004, 104 ff.; *dies.* GesR 2018, 413 (414): „Ein Beispiel für eine gelungene Reform [des EschG] durch Auslegung" sowie „Die Legende von der Dreierregel"; *Geisthövel/Frommel/Neidert/Nieschlag* J Reprod Endo 2004, 299 ff. (Beitrag Frommel); *Frommel/Geisthövel*, J Reprod Endo 2007, 27 ff.; Frommels Auffassung folgend der DVR J Reprod Endo 2005, 203 ff., dazu *Neidert* ZRP 2006, 85 (86); Frommels Ansicht vertreten auch *Hepp/Haller/Winter*, Gynäkologisch-geburtshilfliche Rundschau 2003, 1 (3).

[57] *Günther* in G/T/K (Hrsg.), EschG, 2. Aufl. 2014, C. II. § 1 Abs. 1 Nr. 5 Rn. 8 ff.; *ders.* FS Schroeder, 2006, 449 ff.

[58] *Taupitz* Der Gynäkologe 2009, 502 ff.

[59] *Daunderer* J Reprod Endo 2009, 243.

[60] *Frister* GuP 2012, 10 ff.

[61] *Kreß* Ethik in der Medizin 2005, 234 ff.

[62] *Dorneck* medstra 2018, 259 (261).

[63] AG Wolfratshausen, Urt. v. 20. April 2008, Az. 6 C 677/06, abgedruckt in ZfL 2008, 121 ff. Wörtlich heißt es auf S. 123: „Die weite Fassung (…) des § 1 I Nr. 5 EschG erfordert [aufgrund der] medizinisch-wissenschaftlichen Entwicklungen eine teleologische Reduktion im Sinne [einer] „liberalen" Gesetzesauslegung." Ein Vorgehen, das die Gewinnung übertragungsfähiger Embryonen in einer Größenordnung der Zahl Drei erwarten lässt, müsse als strafrechtlich irrelevant angesehen werden, S. 121–123.

[64] BFH NJW 2017, 3022 ff (3023 Tz. 21). Darin hatte der BFH zu entscheiden, ob die Durchführung einer ICSI im Zusammenhang mit einem Blastozystentransfer in Österreich als außergewöhnliche Belastung i.S.d. § 33 EStG einen steuermindernd zu berücksichtigenden Umstand darstellt. Dies bejaht der BFH, selbst wenn durch die Maßnahme die Unfruchtbarkeit selbst nicht beseitigt wird. Anders sah das noch die Vorinstanz, das FG Baden-Württemberg, Urt. v. 28. April 2017, Az.: 8 K 1792-13.

[65] StA München I medstra 2015, 64 ff.

[66] DVR J Reprod Endo 2005, 203 ff. (210 f.).

[67] Dazu *Lilie* ZaeFQ 100 (2006), 673 (674). Nach der objektiv-teleologischen Auslegungsmethode soll nicht der Wille des Gesetzgebers, sondern der des Gesetzes selbst maßgeblich sein, siehe *Larenz/Canaris*, Methodenlehre der Rechtswissenschaft, 3. Aufl. 2018, 153–4.

dynamischen Entwicklung der Fortpflanzungsmedizin ausgerichteten liberalen Gesetzesverständnis den Vorzug. Nach ihrer Auffassung soll es mit § 1 Abs. 1 Nr. 5 ESchG unter Berücksichtigung der aktuellen wissenschaftlichen Erkenntnisse[68] vereinbar sein, mehr als drei Embryonen innerhalb eines Zyklus zu erzeugen. Eine solche Auslegung berücksichtige neben den Interessen der Patienten auch das Interesse der Versichertengemeinschaft.[69] Urheberin dieser liberalen Sichtweise ist *Frommel*. Sie interpretiert die Vorschrift des § 1 Abs. 1 Nr. 5 ESchG dahingehend, dass so viele Eizellen befruchtet werden dürfen, als „nach Auswahl übertragen werden sollen" und räumt dem Arzt damit einen Prognosespielraum hinsichtlich der Entstehung entwicklungsfähiger, überzähliger Embryonen ein.[70] Es soll unschädlich sein, wenn die künstliche Befruchtung von mehr als drei Eizellen je Zyklus nach einer sorgfältigen und individuellen Prognose darauf ausgerichtet ist, letztlich nur einen bzw. zwei entwicklungsfähige Embryonen zu erhalten, die Entstehung überzähliger Embryonen mithin unbeabsichtigt erfolgt.[71] Der Gesetzgeber habe es bewusst unterlassen, festzulegen, welche Anzahl von Eizellen innerhalb eines Zyklus befruchtet werden darf.[72] Die *ratio legis* von § 1 Abs. 1 Nr. 5 ESchG gebiete es, einen bzw. zwei möglichst entwicklungsfähige(n) Embryo(nen) zu gewinnen. Missbräuchlich handle nur, wer planmäßig handelt.[73]

Die „Dreier-Regel" in Ziffer 3 könne nicht auf die Ziffer 5 übertragen werden, sodass mehr als drei befruchtete Eizellen punktiert und befruchtet werden könnten. Denn die Ziffern 3 und 5 bezeichneten unterschiedliche Tatobjekte, seien mithin nicht identisch und dürften somit nicht als Einheit aufgefasst werden.[74] Während § 1 Abs. 1 Nr. 3 ESchG die Gewinnung von Embryonen regele, befasse sich § 1 Abs. 1 Nr. 5 ESchG mit dem Transfer geeigneter Embryonen.[75] Überdies sei der Wortlaut

---

[68] Hier setzt die Kritik von *Neidert* an, der moniert: „[S]olange der diesbezügliche Stand der Wissenschaft noch nicht zu einem festen Kanon geführt hat, trägt der Arzt berufs- und strafrechtlich ein schwer zu kalkulierendes (Rest-)Risiko", in MedR 2007, 279 (285). Gerade für die Quantifizierung der Ausfallraten bei der Befruchtung und der Weiterentwicklung bis zur Übertragung des Embryos fehlt ein fachärztlicher Standard. Die liberale Auffassung trägt mithin mehr zur Schaffung von Rechtsunsicherheit als zu ihrer Beseitigung bei.

[69] AG Wolfratshausen, ZfL 2008, 121 (123).

[70] *Frommel* ReprodMed 2002, 158 (161). Eine ähnliche Formulierung verwendet die DGGG in ihrem Entwurf (abgedruckt in Frauenarzt 2001, 1058 Ziff. 9), worin es erlaubt sein soll, so viele Befruchtungen durchzuführen als zum Zweck einer erfolgreichen Behandlung unter Vermeidung von Mehrlingsschwangerschaften nach dem Stand der Wissenschaft erforderlich ist. *Neidert* vertritt die Zulässigkeit einer modifizierten Form der Behandlung, wonach man zumindest vier Befruchtungsversuche unternehmen dürfe, um drei Embryonen zu erhalten, in MedR 2007, 279 (283,285). Dazu StA München I medstra 2015, 64; *Günther* in G/T/K (Hrsg.), ESchG, 2. Aufl. 2014, B V. Rn. 74; *Frommel* J Reprod Endo, 2007, 27 (32).

[71] StA München I medstra 2015, 64 Rn. 4; so die Abgrenzung zu dem unter b) aa) dargestellten anerkannt verbotenen Verfahren.

[72] *Günther* in G/T/K (Hrsg.), ESchG, 2. Aufl. 2014, C. II. § 1 Abs. 1 Nr. 5 Rn. 8. Ihm folgend: StA München I medstra 2015, 64 Rn. 5.

[73] *Frommel* GesR 2018, 413 (418).

[74] *Dorneck* medstra 2018, 259 (261).

[75] So AG Wolfratshausen ZfL 2008, 121 (122). Sich ihm anschließend: StA München I medstra 2015, 64 sowie jüngst BFH NJW 2017, 3022 (3024 Tz. 23).

des § 1 Abs. 1 Nr. 5 ESchG nicht hinreichend bestimmt genug. Der Gesetzgeber hätte in Anbetracht des Bestimmtheitsgrundsatzes die Höchstzahl von drei Eizellen, die befruchtet werden dürfen, nennen müssen.[76]

Vergleichsweise neutral positioniert sich der deutsche Ethikrat in seiner jüngsten Stellungnahme aus dem Jahre 2016.[77] Er spricht bei der liberalen Auffassung von einer „erweiterten Interpretation der Dreierregel".[78]

β) Restriktive Auffassung:[79] *Elektiver Embryo-Transfer in Deutschland verboten*

Überwiegend wird im Schrifttum[80] jedoch die Auffassung vertreten, dass der Arzt höchstens drei Embryonen je Zyklus im Wege der extrakorporalen Befruchtung erzeugen darf. Die Bestimmungen der §§ 1 Abs. 1 Nrn. 3, 5 EschG seien zusammen

---

[76] AG Wolfratshausen ZfL 2008, 121 (122).

[77] Deutscher Ethikrat, Gremiumssitzung vom 22. März 2016 in Berlin und Netzwerk Embryonenspende, Stellungnahme, S. 10 f.

[78] Deutscher Ethikrat, Gremiumssitzung vom 22. März 2016 in Berlin und Netzwerk Embryonenspende, Stellungnahme, S. 16.

[79] Siehe ausführlich *Vogt*, Methoden der künstlichen Befruchtung: <<Dreierregel>> versus <<Single Embryo Transfer>>, 2008, S. 49–51; sie bezeichnet diese Auffassung darin als „herkömmliche Auslegung". *Frommel* spricht polemisch gar von einer „Grundrechte missachtende[n] Sicht" (GesR 2018, 413 (418)), negiert hingegen selbst die Grundrechtsfähigkeit des Embryos *in vitro* (GesR 2018, 413 (415)).

[80] Siehe nur *Küpker*, Regulation der Reproduktionsmedizin im europäischen Vergleich, in Diedrich et al. (Hrsg.), Reproduktionsmedizin, 2013, Kap. 51, S. 631 (636); *Dr. Pelchen/Häberle* in Erbs/Kohlhaas (Hrsg.), EschG, 214. EL (Stand: 1. März 2017), § 1 Rn. 8; *Höfling* in Prütting (Hrsg.), 5. Aufl. 2019, § 1 EschG Rn. 20; *Müller-Terpitz* in Spickhoff (Hrsg.), Medizinrecht, 3. Aufl. 2018, EschG § 1 Rn. 17; *Beier et al.* Der Gynäkologe 2018, 613 (614) zur Haltung der Nationalen Akademie der Wissenschaften Leopoldina; *Diedrich/Strowitzki/Kentenich* Der Gynäkologe 2018, 607 (609 f.); *Renzikowski* Gynäkologische Endokrinologie 2004, 172 ff.; *Tolmein* NJW-aktuell 2010, 12; *Beckmann* ZfL 2008, 123 ff.; *Koch* J Reprod Endo 2004, 24 (27); *Ratzel* ReprodMed 2002, 199 (201), *ders.* GesR 2009, 281 (282 Fn. 14), *Kamps*, MedR 1994, 339 (341) mit Bezugnahme auf *Laufs*, Fortpflanzungsmedizin und Arztrecht, 1992, S. 64 ff. *Kamps* stützt sich dabei jedoch ausschließlich auf das Verfassungsrecht. Auch *Neidert* vertritt einen im Grundsatz restriktiven Standpunkt, ist allerdings der Ansicht, es dürften zumindest vier Befruchtungsversuche durchgeführt werden, um drei Embryonen zu erhalten, ZRP 2006, 85 (86), mit Verweis auf *Geishövel/Frommel/Neidert/Nieschlag* ReprodMed 2004, 299. Dies ist darauf zurückzuführen, dass der Gesetzgeber der Auffassung war, dass die extrakorporale Befruchtung in vier aus fünf Fällen erfolgreich ist und daher maximal vier Eizellen einem Befruchtungsversuch ausgesetzt sein müssten, um drei übertragungsfähige Embryonen zu gewinnen, so BT-Drucks. 11/5460, 9. Nicht entwicklungsfähige Embryonen würden nicht als solche im Sinne des EschG eingestuft (§ 8 Abs. 1 EschG) und blieben daher bei der Bestimmung der zulässigen Anzahl von Befruchtungsversuchen unberücksichtigt, so *Neidert* MedR 2007, 279 (282). So sieht das auch *Taupitz* Der Gynäkologe 2009, 502 ff., der davon spricht, dass der Arzt nach vorheriger Festlegung der Anzahl der zu übertragenden Embryonen so viele Befruchtungsversuche unternehmen dürfe, wie er aufgrund seiner ärztlichen Erkenntnis unter Berücksichtigung des individuellen Prognoseprofils der Frau befürchten muss, dass sich entsprechend viele Embryonen bis zur Implantation voraussichtlich nicht weiterentwickeln. Sehr weitgehend *Püttner/Brühl*, die bereits einen Verstoß gegen die Menschenwürde darin sehen, dass die Entstehung eines Embryonenüberschusses nicht von vornherein verhindert wird, JZ 1987, 529 (534) mit Verweis in Fn. 57, wobei unklar bleibt, wie viele Embryonen erzeugt werden sollten, damit dies „für einen Transfer medizinisch angemessen" ist.

zu lesen. Da nach § 1 Abs. 1 Nr. 3 ESchG je Zyklus maximal drei Embryonen übertragen werden dürfen, dürften höchstens drei Eizellen befruchtet werden. Weil der Arzt bereits mit der Befruchtung von mehr als drei Eizellen gezielt mehr Embryonen gewinnen will, als später in einem Zyklus auf die Patientin übertragen werden sollen, liege darin ein Verstoß gegen § 1 Abs. 1 Nr. 5 ESchG.[81]

Das Bundesministerium für Gesundheit äußerte sich auf Anfrage dahingehend, dass eine über § 8 ESchG hinausgehende Auswahl von Embryonen mit dem Gesetz unvereinbar sei.[82] Das Gesetz möchte der möglichen Entstehung sog. „überzähliger" Embryonen entgegenwirken.[83]

Im Einklang mit der restriktiven Ansicht steht das (bisherige) Berufsrecht. Es sieht in Ziffer 3.2.1 der (Muster-) Richtlinie zur Durchführung der assistierten Reproduktion[84] i. V. m. der entsprechenden Kommentierung[85] vor, dass in einem Behandlungszyklus höchstens drei Eizellen befruchtet werden dürfen.[86]

γ) Stellungnahme

Die herausragende Praxisrelevanz, insbesondere infolge des neuerlichen Urteils des Bundesfinanzhofes zugunsten der liberalen Auffassung,[87] die Bedeutung für die weitergehende Untersuchung und die zeitlich bereits über ein Jahrzehnt zurückliegende letzte umfassende Untersuchung[88] bieten Anlass zur gegenwärtigen Zulässigkeit des elektiven Embryo-Transfers Stellung zu nehmen.[89]

Der elektive Embryo-Transfer ist eine nach der Auffassung des Verfassers nach dem deutschen Recht *de lege lata* unzulässige Kinderwunschbehandlung.[90] Wer sie durchführt, macht sich nach § 1 Abs. 1 Nr. 5 ESchG strafbar. Dies sei auf folgende Überlegungen gestützt:

---

[81] *Neidert* MedR 2007, 279 ff.

[82] Anfrage des DVR vom 12. Mai 2005, Stellungnahme des BMG, beides abgedruckt in J Reprod Endo 2005, 203–209 (Anfrage) sowie 210 f. (Stellungnahme).

[83] *Dr. Pelchen/Häberle* in Erbs/Kohlhaas (Hrsg.), EschG, 214. EL (Stand: 1. März 2017), § 1 Rn. 8.

[84] DÄBl. 2006, A-1392 (A-1396).

[85] DÄBl. 2006, A-1392 (A-1400): „Die Zusammenschau dieser beiden Bestimmungen [§§ 1 Abs. 1 Nrn. 3 und 5 EschG] führt zu der Schlussfolgerung, dass es gegenwärtig nicht zulässig ist, mehr als drei Eizellen zu befruchten und in einem Zyklus dann nur einen oder allenfalls zwei dieser Embryonen zu übertragen."

[86] DÄBl. 2006, A-1392 (A-1400).

[87] BFH NJW 2017, 3022 ff.

[88] Monographisch *Vogt*, Methoden der künstlichen Befruchtung: <<Dreierregel>> versus <<Single Embryo Transfer>>, 2008, S. 48–106.

[89] Eine ausführliche Stellungnahme findet sich bei *Vogt*, Methoden der künstlichen Befruchtung: <<Dreierregel>> versus <<Single Embryo Transfer>>, 2008, S. 70–104.

[90] Zu dem gleichen Ergebnis gelangt auch *Vogt*, Methoden der künstlichen Befruchtung: <<Dreierregel>> versus <<Single Embryo Transfer>>, 2008, S. 104, 163.

Maßgeblich ist die Auslegung des § 1 Abs. 1 Nr. 5 ESchG. Sie hat anhand grammatikalischer, sodann systematischer, alsdann teleologischer und schließlich historischer Gesichtspunkte zu erfolgen.[91]

Der *Wortlaut* des § 1 Abs. 1 Nr. 5 ESchG selbst enthält zwar keine zahlenmäßige Begrenzung. Diese ist ihm erst aus einer Zusammenschau mit der Ziffer 3 zu entnehmen, sog. Konnexitätsprinzip.[92] § 1 Abs. 1 Nr. 3 ESchG und § 1 Abs. 1 Nr. 5 ESchG unterscheiden sich grammatikalisch nur auf den ersten Blick.[93] Bei genauerem Hinsehen haben beide Normen die Übertragung von Embryonen zum Gegenstand. Während Ziffer 3 als Tatobjekt den „Embryo" bezeichnet, knüpft Ziffer 5 an die zeitlich zwingend vorangehende Eigenschaft des Tatobjektes an, und zwar der unbefruchteten Eizelle als Vor- und damit Ausgangsstadium eines Embryos. Stützen lässt sich die Argumentation auf eine Zusammenschau der Legaldefinition des Embryos im Sinne des EschG (§ 8 ESchG) und des Wortlautes von § 1 Abs. 1 Nr. 5 ESchG, wonach § 1 Abs. 1 Nr. 3 ESchG und § 1 Abs. 1 Nr. 5 ESchG nicht isoliert betrachtet werden dürfen.[94] Die Ziffer 5 bezieht sich in ihrem zweiten Halbsatz mit dem Wort „ihr" auf die bereits befruchteten Eizellen. Diese werden nach § 8 Abs. 1 ESchG bereits als Embryonen i. S. d. ESchG behandelt, da ihre Entwicklungsfähigkeit in den ersten 24 Stunden nach der Befruchtung gemäß § 8 Abs. 2 ESchG (widerlegbar) vermutet wird.[95] Gegen eine inhaltliche Verknüpfung der Ziffern 3 und 5 kann nicht eingewendet werden, dass – was tatsächlich nicht der Fall ist – aus jeder befruchteten Eizelle auch ein Embryo entsteht.[96] Denn es genügt bereits das Potenzial dazu. Ansonsten stünden unbefruchtete Eizellen schutzlos, könnte man doch in jedem Fall vertreten, dass sich daraus nie ein Embryo i. S. d. § 8 ESchG entwickelt.

Die Tatsache, dass § 1 Abs. 1 Nr. 3 ESchG und § 1 Abs. 1 Nr. 5 ESchG der *Systematik* nach in jeweils eigenständige Tatbestände gefasst wurden, hat allenfalls Indizwirkung dafür, dass sie nicht in einem Zusammenhang stehen.[97] Maßgebend ist vielmehr, dass die beiden Normen sich gegenseitig in ihrer Schutzwirkung ergänzen. Sie schützen letztlich das gleiche Rechtsgut: das *in vitro* erzeugte pränidative

---

[91] *Jescheck/Weigend*, Strafrecht AT, 5. Aufl. 1996, S. 156, wobei ein Teil des entstehungsgeschichtlichen Aspektes vorweggenommen wird, da er die Grundlage für die Auslegungsspielräume ist.

[92] *Müller-Terpitz*, Das Recht auf Fortpflanzung – Vorgaben der Verfassung und der EMRK, in Frister/Olzen (Hrsg.), Reproduktionsmedizin: Rechtliche Fragestellungen, 2010, S. 9 (10).

[93] Die StA München I stützt ihre Argumentation maßgeblich auf den unterschiedlichen Wortlaut, in medstra 2015, 64 Rn. 6.

[94] *Neidert* ZRP 2006, 85 (87).

[95] Die Mehrzahl der mittels IVF erzeugten Embryonen ist jedoch tatsächlich nicht entwicklungsfähig, so *Diedrich/Strowitzki/Kentenich* Der Gynäkologe 2018, 607 (608).

[96] So aber StA München I, medstra 2015, 64 Rn. 6. Im Übrigen kann in der gleichen Randziffer nicht überzeugen, dass letztlich nur zwei Eizellen befruchtet werden dürfen. Es steht im Belieben der Frau, die sich die Embryonen transferieren lassen möchte (§ 4 Abs. 1 Nr. 2 ESchG), welche Anzahl sie sich je Zyklus übertragen lassen möchte. Und das können bis zu drei sein (§ 1 Abs. 1 Nr. 3 ESchG).

[97] *Lilie* ZaeFQ 100 (2006), 673 (675) sieht in der liberalen Auslegung gar einen Bruch im Systemverständnis des ESchG.

A. Der elektive Embryo-Transfer/Blastozystentransfer

Leben.[98] Während Ziffer 5 tatbestandlich in zeitlicher Hinsicht vor der Befruchtung greift und bereits die Entstehung eines Embryos, der letztlich verworfen oder missbräuchlich genutzt wird, verhindern will, beginnt der Schutzbereich in dem von Ziffer 3 geregelten Sachverhalt erst ab der Befruchtung. Mit beiden Normen verfolgte der Gesetzgeber das Ziel, die Entstehung überzähliger Embryonen und damit eine Befruchtung auf Vorrat zu verhindern.[99] Bei der Schaffung des § 1 Abs. 1 Nr. 5 ESchG ging der Gesetzgeber unter Zugrundelegung des damaligen wissenschaftlichen Kenntnisstandes davon aus, dass bei drei transferierten Embryonen je Zyklus unter möglichster Geringhaltung der gesundheitlichen Risiken die höchste Schwangerschaftsrate zu erreichen sei.[100] So lautet es wörtlich in der amtlichen Gesetzesbegründung: „Es ist nicht notwendig, mehr als drei Embryonen zu übertragen und mehr als drei Eizellen zu befruchten, um die Einnistungsmöglichkeiten zu optimieren."[101]

Um das Ineinandergreifen[102] von § 1 Abs. 1 Nr. 3 ESchG und § 1 Abs. 1 Nr. 5 ESchG zu verdeutlichen, bedarf es einer sprachlichen Änderung der Ziffer 3 unter Wahrung ihres Regelungsgehaltes. In seine Verbotsform umformuliert lautet § 1 Abs. 1 Nr. 3 ESchG: Niemand[103] darf es unternehmen, innerhalb eines Zyklus mehr als drei Embryonen auf eine Frau zu übertragen (…). Der Wortlaut in Ziffer 5 ist parallel gefasst, jedoch enthält er zusätzlich den Passus [übertragen werden] *sollen*.

Es vermag zudem nicht zu überzeugen, dass nur die beabsichtigte Erzeugung überzähliger Embryonen von § 1 Abs. 1 Nr. 5 ESchG erfasst werden soll.[104] Zum einen enthält der Wortlaut in subjektiver Hinsicht keine entsprechende Einschränkung,[105] zum anderen kann auch nicht aus seiner Rechtsnatur als echtes Unternehmensdelikt etwas anderes gefolgert werden. Denn die Ausgestaltung als echtes Unternehmensdelikt und damit eine zeitliche Vorverlagerung der formellen Vollendung beruht letztlich darauf, dass der Gesetzgeber berücksichtigt hat, dass es nicht immer

---

[98] Nr. 5 will der Entstehung überzähliger Embryonen in vitro entgegenwirken, um eine missbräuchliche Verwendung i. S. d. § 2 Abs. 1 ESchG im Vorfeld zu verhindern, *Günther* in G/T/K (Hrsg.), ESchG, 2. Aufl. 2014, C. II. § 1 Abs. 1 Nr. 5 Rn. 2.

[99] BT-Drucks. 11/5460, 9.

[100] Beschlussempfehlung und Bericht des Rechtsausschusses, BT-Drucks. 11/8057, 14 sowie BT-Drucks. 11/5460, 9 (§ 1 Abs. 1 Nr. 3 a.F. entspricht § 1 Abs. 1 Nr. 5 ESchG), wobei an dieser Stelle noch von der Übertragung dreier oder vierer Embryonen gesprochen wird und es daher nicht nötig sei, mehr als vier Eizellen zu befruchten.

[101] BT-Drucks. 11/8057, 14. Nach Studien im Jahre 2007 (*Boiso/Veiga/Edwards* Reprod Biomed Online 2002, 328 ff.) ist bekannt, dass durchschnittlich nur 40 % der befruchteten Eizellen zu einem entwicklungsfähigen Embryo führen und damit je Zyklus mindestens acht Eizellen befruchtet werden müssten, um die ursprünglich erwogene Quote zu erzielen.

[102] *Beckmann* spricht von einem „indirekten Zusammenhang" zwischen den Normen dergestalt, dass der Tatbestand erfüllt sei, wenn die Übertragungsvorstellung des Arztes von der Zahl der tatsächlich befruchteten abweicht, ZfL 2008, 123 (124).

[103] Regelmäßig der Arzt, §§ 9 Nr. 3, 11 Abs. 1 Nr. 3 ESchG.

[104] So aber StA München I, medstra 2015, 64 Rn. 7.

[105] Das konzediert die StA München I selbst: medstra 2015, 64 Rn. 7.

zu einer Befruchtung kommt.[106] Er hat den Prognosespielraum damit erkannt und dennoch keine entsprechende Einschränkung der tatbestandlichen Reichweite der Ziffer 5 normiert. *Neidert*[107] sowie *Günther*[108] sind hingegen der Auffassung, dass der Begriff des *Sollens* sich ausschließlich auf die Person des behandelnden Arztes beziehe und eine strafrechtliche Absicht im Sinne eines *dolus directus* ersten Grades bezeichne.[109] Wie viele befruchtete Eizellen letztlich im Sinne von § 1 Abs. 1 Nr. 5 ESchG innerhalb eines Zyklus übertragen werden *sollen*, hängt jedoch e contrario § 4 Abs. 1 Nr. 2 ESchG ausschließlich davon ab, wie viele Embryonen die Patientin letztlich auf sich übertragen bekommen möchte[110] und nicht von der Anzahl, die der Arzt übertragen will. Denn jede Implantation eines Embryos ist ein Eingriff in die körperliche Integrität (§ 223 Abs. 1 StGB), der zu seiner Rechtfertigung der Einwilligung der Frau bedarf, welcher der Embryo übertragen werden soll. Es gibt gerade keinen unbedingten Embryonenschutz. Die Patientin entscheidet selbst, ob sie sich innerhalb eines Zyklus keinen, einen, zwei oder drei Embryonen transferieren lässt. Das Selbstbestimmungsrecht der Frau genießt Vorrang gegenüber dem Lebensrecht des Embryos bzw. der entstandenen Embryonen. Die Dispositionsbefugnis über die Anzahl der zu übertragenden Embryonen steht allerdings ihrerseits unter dem Vorbehalt des rechtlichen Dürfens, dem in § 1 Abs. 1 Nr. 3 ESchG zahlenmäßig eine Grenze gesetzt wird. Das Argument, man könne mehr als drei Eizellen befruchten und ab dem vierten entstandenen Embryo diesen auf eine andere Frau übertragen, als die, von der die Eizellen stammen, greift nicht. Denn die Embryonen dürfen gemäß § 1 Abs. 1 Nr. 2 ESchG nur erzeugt werden, um sie auf die Eizellspenderin zu übertragen. Letztlich handelt der Arzt nur gesetzeskonform, wenn die Zahl der befruchteten Eizellen derjenigen entspricht, die auch übertragen werden soll.[111]

Eine *objektiv-teleologische Auslegung* – gekoppelt an den jeweiligen Stand der Wissenschaft –, wie sie *Frommel* und *Günther* vornehmen, widerspricht überdies dem gesetzgeberischen Willen.[112] Weder § 1 Abs. 1 Nr. 3 ESchG noch § 1 Abs. 1 Nr. 5 ESchG enthalten eine derartige dynamische Öffnungsklausel. Es mag zutreffend sein, dass die modernen Methoden der morphologischen Analyse dem historischen Gesetzgeber nicht bekannt waren.[113] Dies rechtfertigt es aber nicht, dem heutigen Gesetzgeber ohne Verlautbarung seines Änderungswillens durch eine

---

[106] BT-Drucks. 11/5460, 8.

[107] *Neidert* ZRP 2006, 85 (86).

[108] *Günther* in G/T/K (Hrsg.), EschG, 2. Aufl. 2014, C. II. § 1 Abs. 1 Nr. 5 Rn. 8.

[109] *Frommel* spricht sogar von einer „privilegierten Absicht", die dem Behandelnden letztlich den Weg in die Straflosigkeit ebnete, in Reprod Med 2002, 158 (160). Ihr nun folgend BFH NJW 2017, 3022 (3024 Tz. 25).

[110] Die Zustimmung zur Übertragung im Sinne von § 4 Abs. 1 Nr. 2 EschG ist eine Einwilligung. Unklar insoweit *Lilie* ZaeFQ 100 (2006), 673, wenn er von einer Widerspruchslösung ausgeht, die dem EschG und ebenso dem Kernstrafrecht fremd ist.

[111] *Beckmann* ZfL 2008, 123 (125).

[112] Insoweit ebenso unklar *Neidert* MedR 2007, 279 (283), der davon spricht, sich bei der Auslegung an „den für die Mehrheit des Volkes konsensfähigen Gerechtigkeitsvorstellungen zu orientieren".

[113] Das konzediert auch *Lilie* ZaeFQ 100 (2006), 674.

außergesetzliche Anpassung des ESchG im Wege der Auslegung einen Änderungswillen zu unterstellen. Denn dadurch würde, wie *Lilie* es treffend formuliert, der gesetzgeberische Wille durch den aktuellen Willen des gegenwärtigen Rechtsanwenders ersetzt.[114] Das stellte dann aber keine objektive Auslegung mehr dar, sondern gar eine subjektive, orientiert an der Rechtsauffassung des jeweiligen Rechtsanwenders und begründete eine erhebliche Rechtsunsicherheit. *Lilie* spricht gar davon, dass die Auffassung *Frommels* keine Auslegung, sondern vielmehr eine Korrektur des Gesetzes sei.[115] Im Zuge der Gesetzesreform zur rechtlichen Regelung der Zulässigkeit der PID hat der Gesetzgeber nun ausdrücklich in § 3a Abs. 2 ESchG den *allgemein anerkannten Stand der medizinischen Wissenschaft* aufgenommen, allerdings keine Änderung im Wortlaut des § 1 Abs. 1 Nr. 5 ESchG vorgenommen. Und dass, obwohl er sich bei Änderung des Gesetzes im Klaren darüber war, dass regelmäßig mehr als drei Eizellen befruchtet werden müssen, um die Erfolgschancen beim Transfer nur eines oder zweier Embryonen zu maximieren. Auch im Rahmen der Umsetzung des Patientenrechtegesetzes und der Normierung des Behandlungsvertrages in den §§ 630a ff. BGB hat der Gesetzgeber die Anforderungen einer ordnungsgemäßen Behandlung an *die zum Zeitpunkt der Behandlung bestehenden, allgemein anerkannten fachlichen Standards* geknüpft (§ 630a Abs. 2 BGB), wiederum ohne eine Änderung von § 1 Abs. 1 Nr. 5 ESchG vorzunehmen. Den Normvorschlag in § 4 Abs. 1 Nr. 1 AME-FMedG, wonach so nur so viele Eizellen befruchtet werden, wie *nach dem Stand der Wissenschaft*[116] für eine erfolgreiche medizinisch unterstützte Fortpflanzung nötig sind, hat der Gesetzgeber (bislang) nicht umgesetzt. Aus alledem lässt sich schlussfolgern, dass der Gesetzgeber seinen mangelnden Änderungswillen hinsichtlich der Norm des § 1 Abs. 1 Nr. 5 ESchG zumindest stillschweigend geäußert hat und der liberalen Auslegung (gegenwärtig) eine Absage erteilt.[117]

Die gewichtigeren Argumente sprechen mithin dafür, § 1 Abs. 1 Nr. 5 ESchG einschränkend auszulegen, sodass es erlaubt ist, je Zyklus höchstens drei Eizellen zu befruchten.

δ) Zwischenergebnis

Die Befruchtung von mehr als drei Eizellen je Zyklus und Kultivierung *in vitro* zum Zwecke der Feststellung der Entwicklungsfähigkeit entstehender Embryonen (sog. elektiver Embryotransfer) verstößt gegen § 1 Abs. 1 Nr. 5 ESchG. Seine Durchführung ist nach geltender Rechtslage in Deutschland verboten.

---

[114] *Lilie* ZaeFQ 100 (2006), 674 (675) mit Verweis auf *Herzberg*, JuS 2005, 1 ff.
[115] *Lilie* ZaeFQ 100 (2006), 674 (675).
[116] Der Begriff „Stand der Wissenschaft" wird in § 25 Abs. 1 Nr. 1 AME-FMedG näher erläutert.
[117] Anders, jedoch wenig überzeugend argumentiert *Kreß* aufbauend auf den Verzicht der Anklageerhebung in solchen Fällen in Der Gynäkologe 2018, 627: „Weil Staatsanwaltschaften auf Anklageerhebung verzichtet haben, wird man mittlerweile wohl sagen können, dass gleichsam stillschweigend eine Klärung [zugunsten der Zulässigkeit] erfolgt ist." Eine dahingehende „Bindungswirkung" gibt es nicht.

Eine Rechtfertigung aus § 34 StGB für die Mehrbefruchtung kann zwar nicht zugunsten des Behandelnden herangezogen werden.[118] Eine durchaus erwägenswerte Überlegung besteht darin, inwieweit eine Rechtfertigung in analoger Anwendung des § 218a Abs. 2 StGB (medizinische Indikation für einen Schwangerschaftsabbruch) in Betracht kommt.[119] Weshalb sollte die nachträgliche Abtreibung (partieller Abort) eines bereits existenten menschlichen Wesens nach willkürlichen Gesichtspunkten – der Lage des Embryos – bei einer bestehenden gesundheitsgefährdenden Mehrlingsschwangerschaft gerechtfertigt sein, eine vorherige Vermeidung dieser Situation durch vorherige Selektion von Embryonen nach dem Kriterium deren Entwicklungsfähigkeit hingegen nicht?[120] Möglicherweise liegt darin eine Ungleichbehandlung (Art. 3 Abs. 1 GG), da der Embryo *in vivo* schwächer geschützt wird als der Embryo *in vitro*.[121] Die Klärung dieser Frage kann jedoch im Rahmen dieser Untersuchung nicht geleistet werden.

2. Besonderheiten des Tatbestandes (§ 1 Abs. 1 Nr. 5 ESchG)

a) Ausgestaltung als echtes Unternehmensdelikt

Die Bestimmung des § 1 Abs. 1 Nr. 5 ESchG ist ein (echtes) Unternehmensdelikt i.S.d. § 11 Abs. 1 Nr. 6 StGB.[122] Nach § 11 Abs. 1 Nr. 6 StGB kommt es mit Versuchseintritt des Täters zur formellen Vollendung des Tatbestandes. Die Vollendung ist damit bereits gegeben, wenn es noch nicht zu einer Vereinigung des weiblichen und des männlichen Vorkernes gekommen oder der Befruchtungsvorgang endgültig gescheitert ist.[123] Dem Arzt, der entgegen § 1 Abs. 1 Nr. 5 ESchG einen Befruchtungsversuch bei mehr als drei Eizellen durchführt, bleibt damit der Weg zu einem strafbefreienden Rücktritt vom Versuch nach § 24 Abs. 1 StGB versagt.

---

[118] *Günther* in G/T/K (Hrsg.), ESchG, 2. Aufl. 2014, C. II. § 1 I Nr. 5 Rn. 31.

[119] Dagegen spricht, dass die Rechtfertigungstatbestände im Rahmen des Abortes an enge Voraussetzungen geknüpft sind, BVerfGE 88, 203. Einen Wertungswiderspruch zwischen der Unzulässigkeit einer (Präimplantations-)Selektion von Embryonen und der Zulässigkeit eines (partiellen) Abortes stellt *Vogt* fest, in: Methoden der künstlichen Befruchtung: <<Dreierregel>> versus <<Single Embryo Transfer>>, 2008, S. 102 f.

[120] *Eser/Koch* GS Keller, 2003, 15 (19); *Laufs*, Fortpflanzungsmedizin und Arztrecht, 1992, S. 60 ff.; *Neidert* MedR 2007, 279 (281), Stellungnahme der Zentralen Kommission der Bundesärztekammer, DÄBl. 1989, B-1575; *Frommel* KJ 2000, 341 (349); Debatte der *Geishövel/Frommel/Neidert/Nieschlag* J Reprod Endo 2004, 299 (301) (Beitrag Frommel).

[121] *Frommel*, ReprodMed 2002, 158 (166 ff.): Wertungswiderspruch, wonach Embryoselektion *in vitro* verboten wird, Schwangerschaftsabbruch des Embryos *in vivo* hingegen gestattet ist. Zu dem Aspekt der Schaffung eines widerspruchsfreien vorgeburtlichen Lebensschutzes: *v. Wietersheim*, Strafbarkeit der Präimplantationsdiagnostik, 2014, S. 128.

[122] Zur Begründung siehe BT-Drucks. 11/5460, 8.

[123] *Taupitz* in G/T/K (Hrsg.), ESchG, 2. Aufl. 2014, C. II. § 1 Abs. 1 Nr. 2 Rn. 22.

Darüber hinaus ist die fakultative Strafmilderung gem. § 23 Abs. 2 StGB ausgeschlossen.[124]

b) Subjektiver Tatbestand

Zur Erfüllung des subjektiven Tatbestandes genügt es, dass der Täter bedingt vorsätzlich handelt.[125] Hinsichtlich der Befruchtung handelt der Täter allerdings unvorsätzlich, wenn er eine Vielzahl von Eizellen *in vitro* dem Sperma aussetzt, die Befruchtung der nicht zum Transfer bestimmten Eizellen im 2-PN-Stadium durch Kryokonservierung jedoch unterbrechen will.[126]

IV. Vergleich mit ausländischen Bestimmungen[127]

Im Vergleich zur restriktiven Handhabung in Deutschland steht das europäische Ausland, vorwiegend dessen nördlicher Teil, dem elektiven Embryo-Transfer größtenteils liberal gegenüber.

So konnte etwa in Skandinavien durch die Anwendung dieses speziellen Verfahrens die Mehrlingsrate signifikant gesenkt werden.[128] Vor allem in Schweden wird das Verfahren regelmäßig angewandt.[129] Ebenso gibt es in Belgien keine gesetzlichen Einschränkungen, vielmehr werden dort die Kosten einer künstlichen Befruchtung nur übernommen, wenn ein elektiver Embryo-Transfer durchgeführt wird.[130]

In Österreich ist die Zulässigkeit des Verfahrens flexibel geregelt. Nach § 10 des österreichischen Fortpflanzungsmedizingesetzes dürfen (nur) so viele Eizellen

---

[124] S/S-*Hecker*, StGB, 30. Aufl. 2019, § 11 StGB Rn. 48.
[125] *Günther* in G/T/K (Hrsg.), ESchG, 2. Aufl. 2014, C. II. Vor § 1 Rn. 42 ff. sowie C. II. § 1 Abs. 1 Nr. 5 Rn. 19. Nicht überzeugend daher *Frommel* GesR 2018, 413 (416), wenn sie bei Unternehmensdelikten, insbesondere § 1 Abs. 1 Nr. 5 EschG nur „geplante Vorgehensweisen" erfasst sehen will und damit jedenfalls einen bedingten Vorsatz als nicht ausreichend erachtet. Auf S. 420 desselben Beitrages spricht sie dann davon, dass der Täter den Abschluss der Befruchtung „zumindest mit dolus eventualis will" und stellt damit unvertretbar hohe Anforderungen an das voluntative Element des bedingten Vorsatzes. Es handelt sich letztlich um einen verkappten dolus directus ersten Grades.
[126] *Günther* FS Schroeder, 2006, 449 (452); *Renzikowski* Gynäkologische Endokrinologie, 2004, 172 (174).
[127] Eine umfangreiche europaweit rechtsvergleichende Studie findet sich bei *Vogt*, Methoden der künstlichen Befruchtung: <<Dreierregel>> versus <<Single Embryo Transfer>>, 2008, S. 107–161.
[128] *Kentenich/Pietzner*, Überlegungen zur gesetzlichen Nachbesserung in der Reproduktionsmedizin, in Frister/Olzen (Hrsg.), Reproduktionsmedizin: Rechtliche Fragestellungen, 2010, S. 59 (65).
[129] *Thorn*, Expertise – Reproduktives Reisen, 2008, S. 13 f.
[130] *Kentenich/Pietzner*, Überlegungen zur gesetzlichen Nachbesserung in der Reproduktionsmedizin, in Frister/Olzen (Hrsg.), Reproduktionsmedizin: Rechtliche Fragestellungen, 2010, S. 59 (66).

befruchtet werden, wie nach dem Stand der medizinischen Wissenschaft und Erfahrung innerhalb eines Zyklus für eine aussichtsreiche und zumutbare medizinisch unterstützte Fortpflanzung notwendig sind. Eine starre, zahlenmäßige (stillschweigende) Begrenzung wie im deutschen Recht besteht nicht. Vielmehr findet sich eine dynamische, an den fortpflanzungsmedizinischen Fortschritt gekoppelte Bestimmung. Es gibt auch keine Regelung dazu, wie viele Embryonen höchstens transplantiert werden dürfen. Stattdessen gibt es Empfehlungen, die Anzahl der zu transferierenden Embryonen an bestimmten Kriterien auszurichten.[131]

In der Schweiz hingegen besteht eine starre Grenze von drei Eizellen je Zyklus (Art. 119 Abs. 2b der Bundesverfassung sowie Art. 17 Abs. 1 FMedG der Schweiz).

B. Die Eizellspende

Die Eizellspende ist eine international häufig angewandte Methode der medizinisch unterstützten Fortpflanzung. In den letzten Jahren ist ein sprunghafter Anstieg der Behandlungszahlen zu verzeichnen. So lag die Zahl der durchgeführten Behandlungszyklen bereits im Jahre 2007 europaweit bei rund 15.000.[132]

I. Begriffsklärung

Bei der Eizellspende[133] handelt es sich um eine Behandlungsmethode, bei welcher eine oder mehrere unbefruchtete Eizelle(n) (sog. Oocyte(n)) erzeugt und punktiert wird (werden), um sie auf eine Frau zu übertragen, von der die Eizelle(n) nicht stammt (stammen) und sie anschließend innerhalb des Körpers zu befruchten. Daneben fällt unter den Begriff auch das Verfahren, dass die Eizelle zunächst gespendet wird, anschließend extrakorporal befruchtet wird und dann in die Frau, von der die Eizelle nicht stammt, als Embryo implantiert wird. Im Gegensatz zur Eizellspende wird bei der Embryonenspende eine bereits befruchtete Eizelle i. S. d. § 8 ESchG gespendet.[134]

Die Eizellspende ist ein Verfahren der heterologen IVF, da die künstliche Befruchtung mit Hilfe von Spenderkeimzellen durchgeführt wird.[135]

---

[131] *Spitzer/Freude/Urdl* Zeitschrift für Gynäkologie und Geburtshilfe 2011, 8 ff.

[132] *Pennings* Focus Reproduction Magazin 2011, 32 ff.

[133] Zum Teil wird der Begriff der Fremdeizellspende verwendet, um den Vorgang noch deutlicher von der Nutzung eigener Eizellen unterscheiden zu können. Bei Letzterer werden die im Rahmen einer IVF entnommenen Eizellen der Frau, von der die Eizelle stammt, wieder übertragen. Der Wortlaut „Spende" impliziert jedoch, dass die Eizelle von einer Dritten stammt. Wenn in dieser Untersuchung von „Eizellspende" gesprochen wird, ist damit die Fremdeizellspende gemeint.

[134] *Depenbusch/Schultze-Mosgau*, Eizell- und Embryonenspende, in Diedrich et al. (Hrsg.), Reproduktionsmedizin, 2013, Kap. 25, S. 287 (288).

[135] *Weilert* MedR 2012, 355.

B. Die Eizellspende

Die Methode der Eizellspende gibt es in kommerzieller und nicht-kommerzieller (altruistischer) Form. Während in der kommerziellen Form die Eizellempfängerin der Spenderin eine Vergütung für die Eizellspende zahlt, erbringt die Spenderin in der nicht-kommerziellen Form die Eizellspende unentgeltlich. Als Leitmotiv geben die Eizellspenderinnen die Bezahlung an.[136] Um eine modifizierte Form der kommerziellen Eizellspende handelt es sich beim sog. *„egg-sharing"*. Dabei werden im Rahmen einer IVF-Therapie überzählige Eizellen an eine andere Frau vergeben. Die Spenderin erhält im Gegenzug für ihre Eizellspende eine Gegenleistung in Form einer kostenreduzierten Eigenbehandlung im Rahmen einer IVF-Therapie.[137]

Um diese Behandlungsform der medizinisch unterstützten Fortpflanzung rechtlich richtig zu erfassen, ist es erforderlich zwischen zwei Personen zu unterscheiden: der Frau, von der die Eizelle(n) stammt (stammen) (Eizellspenderin) und der Frau, welche die Eizellen(n) (unbefruchtet/befruchtet) transferiert bekommt (Eizellempfängerin). Die hormonelle Vorbehandlung gestaltet sich nämlich unterschiedlich. Während die Eizellspenderin Hormonpräparate verabreicht bekommt bzw. solche einnimmt, die die Heranreifung von Eizellen (Clomifen oder FSH/LH) und den Eisprung zum Ziel (hCG) haben, erhält die Empfängerin Medikamente, die der Ausbildung des Endometriums dienen. Im Hinblick auf das Lebensalter gilt: Anders als die Spenderin, bei der die Qualität der Eizellen bereits frühzeitig abnimmt, ist die Aufnahmefähigkeit des Endometriums der Eizellempfängerin bis Ende vierzig noch gut erhalten.[138] Die erfolgreiche Behandlung durch IVF mittels Eizellspende ist damit auch in späteren Lebensdekaden noch möglich.

Hierbei gilt es zu beachten, dass die Medikamente die gleichen sind, die auch im Rahmen einer IVF-Therapie verabreicht werden. Der Unterschied liegt darin, dass bei einer IVF-Therapie einer Frau – sie ist Spenderin und zugleich Empfängerin der Eizelle(n) – die Medikamente zeitversetzt verabreicht werden. Bei der Eizellspende hingegen bekommen zwei verschieden Patientinnen die Medikamente verabreicht. Regelmäßig besteht bei der Eizellspenderin keine medizinische Indikation.

Die Eizellspende sollte das letzte mögliche Mittel zur Herbeiführung einer Schwangerschaft sein.[139] Bei rund 4 % der Frauen, die sich in eine Kinderwunschbehandlung begeben, kommt sie als Therapiemöglichkeit in Betracht.[140]

---

[136] *Pennigs* Focus Reproduction Magazin, 2011, 32 ff.

[137] *Ahuja/Simons/Fiamanya/Dalton/Armar/Kirkpatrick et al.*, Hum Reprod 1996, 1126 ff.

[138] *Depenbusch/Schultze-Mosgau*, Eizell- und Embryonenspende, in Diedrich et al. (Hrsg.), Reproduktionsmedizin, 2013, Kap. 25, S. 287 (291).

[139] *Depenbusch/Schultze-Mosgau*, Eizell- und Embryonenspende, in Diedrich et al. (Hrsg.), Reproduktionsmedizin, 2013, Kap. 25, S. 287 (288) sowie *Kentenich/Utz-Billing* Gynäkologische Endokrinologie 2006, 229 ff.

[140] *Kentenich/Strowitzki/Taupitz/Diedrich* Der Gynäkologe 2018, 602 (605).

II. Medizinische Grundlagen

1. Medizinische Indikation

Medizinisch indiziert[141] ist das Verfahren des Gametentransfers in Form der Eizellspende bei Frauen, die, entweder erblich bedingt oder im Laufe ihres Lebens erworben, über keine oder keine ausreichende Anzahl an Eizellen (sog. ovarielle Reserve) verfügen, um schwanger zu werden. Dies ist der Fall bei genetischen Prädispositionen, Patientinnen ohne Ovarien (Gonadenagenesie),[142] solchen nach multiplen Operationen im Bereich der Ovarien, etwa rezidivierende Zysten oder Endometriose dritten oder vierten Grades (Gonadendysgenesie),[143] Patientinnen mit vorzeitiger Menopause (1 % der Frauen unter 40 Jahren),[144] solche mit Low-Response im Stimulationsverfahren sowie letztlich betroffene Frauen mit einem hohen genetisch veranlagten Risiko einer X-chromosomal gebundenen Erkrankung, etwa dem Turner-Syndrom 45 X O.[145, 146]

Lediglich eine psychosoziale Indikation besteht bei der Behandlung aus Gründen des Alters der Eizellempfängerin (sog. altersbedingte Infertilität) sowie bei postmenopausalen Frauen,[147] obgleich auch in diesem Fall eine medizinische Indikation auf Grund der sinkenden Eizellqualität und der sich neigenden Ovarreserve indiziert sein kann.[148]

Häufig kommt eine Eizellspende in Betracht, wenn im Rahmen einer IVF-Therapie mehr Eizellen zur Verfügung stehen als letztlich Verwendung finden sollen,[149] insbesondere, wenn die Spenderin zwischen der Entnahme und der Befruchtung der Eizellen verstirbt.[150]

---

[141] Dazu ausführlich *Zech, H./Zech, N.*, Schweiz Med Forum 2003, 338 ff.

[142] Der Gesetzgeber erwog dabei Frauen, die ohne Ovarien geboren wurden oder denen später die Ovarien entfernt werden müssen. Dazu *Niederschlag/Wagenfeld/v. Schönfeldt/Schlatt*, in BMG (Hrsg.), Fortpflanzungsmedizin in Deutschland, 2001, S. 109, 112; *Berg*, Eizellspende – eine notwendige Alternative?, in BMG (Hrsg.), Fortpflanzungsmedizin in Deutschland, 2001, S. 143.

[143] Dazu *Kentenich/Pietzner*, Probleme der Reproduktionsmedizin in Deutschland aus medizinischer und psychosozialer Sicht, in Rosenau (Hrsg.), Ein zeitgemäßes Fortpflanzungsmedizingesetz für Deutschland, 2012, S. 20. Auch *Depenbusch/Schultze-Mosgau*, Eizell- und Embryonenspende, in Diedrich et al. (Hrsg.), Reproduktionsmedizin, 2013, Kap. 25, S. 287 (288).

[144] *Kentenich/Pietzner*, Überlegungen zur gesetzlichen Nachbesserung in der Reproduktionsmedizin, in Frister/Olzen (Hrsg.), Reproduktionsmedizin: Rechtliche Fragestellungen, 2010, S. 59 (67).

[145] *Kentenich/Pietzner*, Probleme der Reproduktionsmedizin in Deutschland aus medizinischer und psychosozialer Sicht, in Rosenau (Hrsg.), Ein zeitgemäßes Fortpflanzungsmedizingesetz für Deutschland, 2012, S. 20.

[146] *Kentenich/Utz-Billing* ZaeFQ 100 (2006), 659 (660).

[147] *Kentenich/Utz-Billing* ZaeFQ 100 (2006), 659 (660, 663).

[148] *Depenbusch/Schultze-Mosgau*, Eizell- und Embryonenspende, in Diedrich et al. (Hrsg.), Reproduktionsmedizin, 2013, Kap. 25, S. 287 (291).

[149] BT-Drucks. 11/5460, 7.

[150] Zu diesem Problemkreis neuerdings gehörig: die Eierstocktransplantation. Dazu: *Taupitz* in G/T/K (Hrsg.), ESchG, 2. Aufl. 2014, C. II. § 1 Abs. 1 Nr. 1 Rn. 6; *Liegsalz* in Roxin/Schroth (Hrsg.), Medizinstrafrecht, 4. Aufl. 2010, S. 346.

2. Ablauf

Der Ablauf gestaltet sich wie folgt: Im Vorfeld der Behandlung findet regelmäßig eine umfassende Beratung der Empfängerin[151] neben einer fachkundigen Informationsvermittlung bei Empfängerin und Spenderin der Eizelle statt, um das Risiko einer finanziellen Ausbeute zu minimieren.[152] Zunächst werden Spenderin und Empfängerin medizinisch untersucht, insbesondere auf Erkrankungen wie HIV oder Hepatitis Typ B und Typ C. Um die Spenderin auf die Eizellspende vorzubereiten, wird sie regelmäßig mit rekombinantem FSH oder hMG stimuliert.[153] Zur Vorbereitung der Empfängerin werden ihr die Hormone Östrogen und Progesteron verabreicht, um das Wachstum der Gebärmutterschleimhaut anzuregen.[154] Die Hormone können oral als Tablette oder transdermal in Form einer Salbe verabreicht werden.[155] Im Schnitt nach zehn bis zwölf Tagen hat das Endometrium die für die Aufnahme des späteren Embryos nötige Höhe und Schichtung erreicht.[156] Im Allgemeinen werden sämtliche Eizellen der Spenderin zur Spende zur Verfügung gestellt.[157] Zur Erhöhung der Erfolgsrate werden die Zyklen von Spenderin und Empfängerin meist aufeinander abgestimmt,[158] sog. Zyklensynchronisation.

Die Erfolgsrate einer Eizellspende ist im Vergleich zur gewöhnlichen IVF-Therapie signifikant höher. Die Lebendgeburtrate wird mit 24,4 % (und damit rund einem Viertel) je Zyklus angegeben.[159]

---

[151] *Kentenich/Pietzner*, Probleme der Reproduktionsmedizin in Deutschland aus medizinischer und psychosozialer Sicht, in Rosenau (Hrsg.), Ein zeitgemäßes Fortpflanzungsmedizingesetz für Deutschland, 2012, S. 21.

[152] *Kentenich/Pietzner*, Probleme der Reproduktionsmedizin in Deutschland aus medizinischer und psychosozialer Sicht, in Rosenau (Hrsg.), Ein zeitgemäßes Fortpflanzungsmedizingesetz für Deutschland, 2012, S. 22.

[153] *Depenbusch/Schultze-Mosgau*, Eizell- und Embryonenspende, in Diedrich et al. (Hrsg.), Reproduktionsmedizin, 2013, Kap. 25, S. 287 (289).

[154] *Berg*, Eizellspende – eine notwendige Alternative?, in BMG (Hrsg.), Fortpflanzungsmedizin in Deutschland, 2001, S. 143 ff.; *Keck*, Kinderwunschbehandlung in der gynäkologischen Praxis, 2014, S. 265.

[155] *Keck*, Kinderwunschbehandlung in der gynäkologischen Praxis, 2014, S. 265.

[156] *Keck*, Kinderwunschbehandlung in der gynäkologischen Praxis, 2014, S. 265.

[157] *Depenbusch/Schultze-Mosgau*, Eizell- und Embryonenspende, in Diedrich et al. (Hrsg.), Reproduktionsmedizin, 2013, Kap. 25, S. 287 (289).

[158] *Kentenich/Utz-Billing*, ZaeFQ 100 (2006), 659 (660).

[159] *Kentenich/Pietzner*, Überlegungen zur gesetzlichen Nachbesserung in der Reproduktionsmedizin, in Frister/Olzen (Hrsg.), Reproduktionsmedizin: Rechtliche Fragestellungen, S. 59 (67).

III. Rechtliche Zulässigkeit

Die Eizellspende ist in Deutschland ausnahmslos verboten.[160] Normiert ist das Verbot in den §§ 1 Abs. 1 Nrn. 1 und 2 ESchG. Flankiert werden diese Verbote durch die Vorfeldtatbestände in § 1 Abs. 2 ESchG. Wesentliche Fragestellungen, die im Rahmen der Diskussion um die Zulassung der Eizellspende auftreten, sind: die Gleichbehandlung von Eizell- und Samenspende, die Anonymität der Spenderin sowie die Kommerzialisierung der Spende.[161]

1. Das Verbot in § 1 Abs. 1 Nr. 1 ESchG

Nach § 1 Abs. 1 Nr. 1 ESchG macht sich strafbar,

wer auf eine Frau eine fremde unbefruchtete Eizelle überträgt.

Diese Variante greift im Falle einer natürlichen Befruchtung im Wege des Geschlechtsverkehrs nach Übertragung der Eizelle in den Leib der Empfängerin oder bei der einer Übertragung nachfolgenden artefiziellen Insemination. Ebenso fällt die Transplantation eines ganzen Eierstocks – etwa von einer Verstorbenen – darunter.[162]

Die *ratio legis* des § 1 Abs. 1 Nr. 1 ESchG ist, im Vorfeld das Kindeswohl[163] des noch zu erzeugenden Kindes durch die Vermeidung einer gespaltenen Mutterschaft zu schützen.[164] Zu einer solchen kommt es, da die rechtliche Mutter nach § 1591 BGB stets die Frau ist, die das Kind gebärt,[165] genetische Mutter hingegen die

---

[160] Das betonen *Kentenich/Pietzner*, Überlegungen zur gesetzlichen Nachbesserung in der Reproduktionsmedizin, in Frister/Olzen (Hrsg.), Reproduktionsmedizin: Rechtliche Fragestellungen, 2010, S. 59 (67).

[161] *Berg*, Eizellspende – eine notwendige Alternative?, in BMG (Hrsg.), Fortpflanzungsmedizin in Deutschland, 2001, S. 143 f. Zur Kritik siehe nur *Schroeder* FS Miyazawa, 1995, 533 (534); *Taupitz* in G/T/K (Hrsg.), ESchG, 2. Aufl. 2014, C. II. § 1 Abs. 1 Nr. 1 Rn. 7; *ders./Hermes* NJW 2015, 1802 (1806); *Zumstein*, in BMG (Hrsg.), Fortpflanzungsmedizin in Deutschland, 2001, S. 134, 138 f.

[162] *Taupitz* in G/T/K, ESchG, 2. Aufl. 2014, C. II. § 1 Abs. 1 Nr. 1 Rn. 2.

[163] BT-Drucks. 11/5460, 6. *Kreß* Der Gynäkologe 2018, 627 (630 f.). Das wird heftig kritisiert. Wesentliches Argument ist neben dem Umstand, dass das Kind vor allem durch die während seiner Kindheit bestehenden sozialen Bindungen geprägt wird, die Tatsache, dass man das Kind lieber nicht zur Entstehung gelangen lässt als die potenzielle Beeinträchtigung des Kindeswohls in Kauf zu nehmen, so *Frister* medstra 2016, 321 (322). *Kahlert* spricht vom „Gemeinwohl des Kindes", meint aber in der Sache das Gleiche, in NK-Gesamtes Medizinrecht, 3. Aufl. 2018, ESchG § 1 Rn. 11.

[164] BT-Drucks. 11/5460, 7: Bei einem Kind, das sein Leben durch drei Elternteile erhalten hat, werde die eigene Identitätsfindung erschwert, so auch *Taupitz* in G/T/K (Hrsg), ESchG, 2. Aufl. 2014, C. II. § 1 Abs. 1 Nr. 1 Rn. 6; ebenso *Heinz* in: Lorenz (Hrsg.), Rechtliche und ethische Fragen der Reproduktionsmedizin, 2003, S. 190, 203.

[165] Eingeführt durch das erste Kindschaftsrechtsreformgesetz vom 16. Dezember 1997, in Kraft seit 1. Juli 1998 (BGBl. I, 2942) BT-Drucks. 13/4899, 82. Sinn und Zweck dieser abstammungsrechtlichen Bestimmung war es auch hier, eine Auseinanderfallen von biologischer und rechtlicher Mutterschaft zu verhindern, BT-Drucks. 13/4899, 82.

Eizellspenderin ist.[166] In der Folge drohen neben Schwierigkeiten bei der Identitätsfindung durch das Kind sich anschließende familiäre Komplikationen.[167] Ferner könne die Spenderin versuchen, auf das einer anderen Frau (rechtlich) gehörende Kind Einfluss zu nehmen, sodass das Kind hierdurch erhebliche seelische Konflikte erleide.[168] Denn die Spenderin hat keinerlei Mutterrecht an dem aus ihrer Eizelle entstehenden Kind.[169]

Für die Anwendbarkeit des Tatbestandes ist unerheblich, ob die Eizellempfängerin überhaupt schwanger werden kann.[170] Von einer Versuchsstrafbarkeit sah der Gesetzgeber bewusst ab, da es sich um einen Vorfeldtatbestand handelt, der bereits zu einem frühen Zeitpunkt der erst später zu erwartenden Herbeiführung einer gespaltenen Mutterschaft begegnen will.[171] So verhält es sich auch, wenn die Eizellspenderin im Zeitpunkt der Übertragung der unbefruchteten Eizelle bereits verstorben ist. Auch in diesem Fall könne das Kindeswohl durch die (spätere) Kenntnis beeinträchtigt sein, von einer Toten abzustammen.[172]

Im Gegensatz zur Embryospende, bei der ein entwicklungsfähiger Embryo bereits zur Entstehung gelangt ist und es damit um die Rettung einer bereits vorhandenen menschlichen Existenz geht,[173] liegt bei der bloßen unbefruchteten Eizelle noch kein entwicklungsfähiges Individuum vor, dessen Rettung es bedürfte.[174]

2. Die Verbote in § 1 Abs. 1 Nr. 2 ESchG

Nach Ziffer 2 hingegen macht sich strafbar, *wer es unternimmt, eine Eizelle zu einem anderen Zweck künstlich zu befruchten, als eine Schwangerschaft der Frau herbeizuführen* [Fall 1], *von der die Eizelle stammt* [Fall 2].

Während § 1 Abs. 1 Nr. 1 ESchG die Übertragung einer fremden unbefruchteten Eizelle unter Strafe stellt, verbietet § 1 Abs. 1 Nr. 2 ESchG unter anderem die Befruchtung einer fremden Eizelle, um diese später zur Herbeiführung einer Schwangerschaft einer anderen Frau als der Spenderin zu übertragen. Von dieser Ziffer erfasst sind alle Formen der „künstlichen Befruchtung", also einer Befruchtung,

---

[166] Anders als die Vaterschaft (dazu §§ 1599 Abs. 1, 1600 ff. BGB) ist die Mutterschaft nicht anfechtbar, dazu *Dethloff/Gerhardt* ZRP 2013, 91 (93). Den Nachweis erbracht, dass sozio-emotionale Entwicklung der durch Eizelle entstandenen Kinder unauffällig und normale Eltern-Kind-Beziehung entsteht, haben *Golombok et al.* Journal Psychology Psychiatry 1999, Bd. 40, 519 ff.; *dies.*, Human Reproduction 2005, Bd. 20, 286 ff.

[167] *Wollenschläger* MedR 2011, 21 (22): „Zudem bestehe die Gefahr von Konflikten zwischen genetischer und biologischer Mutter, womit auch eine Beeinträchtigung des Kindeswohls einhergehen könnte."

[168] BT-Drucks. 11/5460, 7.

[169] *Coester-Waltjen* NJW 1982, 2528 (2529).

[170] *Taupitz* in G/T/K (Hrsg.), ESchG, 2. Aufl. 2014, C. II. § 1 Abs. 1 Nr. 1 Rn. 21.

[171] BT-Drucks. 11/5460, 10.

[172] BT-Drucks. 11/5460, 7; weitergehend dazu E. III. 1.

[173] Zu diesem Verfahren siehe C. III. 1. a).

[174] Dazu auch *Taupitz* in G/T/K (Hrsg.), ESchG, 2. Aufl. 2014, C. II. § 1 Abs. 1 Nr. 6 Rn. 6.

die nicht durch Geschlechtsverkehr herbeigeführt wird und zu deren Erreichung technische Hilfsmittel eingesetzt werden.[175] Genannt seien insbesondere die künstliche Insemination, der intratubare Gametentransfer sowie die IVF.[176] Vom Tatbestand nicht erfasst sind hingegen solche Übertragungen, die ihrer Art nach die Möglichkeit einer Befruchtung ausschließen, wie etwa Transplantationen.[177]

§ 1 Abs. 1 Nr. 2 ESchG enthält zweierlei Verbote: Während das Verbot, eine Eizelle zu einem anderen Zweck künstlich zu befruchten, als eine Schwangerschaft herbeizuführen (Fall 1), eine missbräuchliche Verwendung so entstandener Embryonen verhindern soll und damit streng genommen keine Form der medizinisch unterstützten Fortpflanzung darstellt, gilt das Verbot in der zweiten Fallkonstellation selbst dann, wenn die künstliche Befruchtung auf die Herbeiführung einer Schwangerschaft gerichtet ist. Die Tathandlung ist strafbar, wenn die Schwangerschaft bei einer Frau erzielt werden soll, von der die Eizelle nicht stammt. Spenderin und Empfängerin müssen personenverschieden sein. Ohne Bedeutung ist, ob die Empfängerin nach der Übertragung der Eizelle schwanger werden kann oder schwanger wird.[178] Tatbestandlich ist auch der Fall erfasst, dass eine imprägnierte Eizelle in dem Wissen weiterkultiviert wird, dass die genetische Mutter nicht mehr für die Implantation zur Verfügung steht.[179]

Die Ausgestaltung des Tatbestandes in Ziffer 2 als echtes Unternehmensdelikt („wer es unternimmt") i.S.d. § 11 Abs. 1 Nr. 6 StGB beruht nach der amtlichen Begründung darauf, dass in vielen Fällen das Tatbild nicht im gleichen Maße wie bei anderen Delikten vom Erfolg der Tat gekennzeichnet sei. Ob es im Einzelfall zu einer tatsächlichen Befruchtung i.S.d. § 8 ESchG kommt, hänge oft von Umständen ab, auf die der Täter keinen oder allenfalls geringen Einfluss hat. Häufig sei es darüber hinaus nicht feststellbar, ob es zu einer Befruchtung der Eizelle gekommen ist.[180] Die Tat ist damit selbst dann vollendet, wenn es noch nicht zu einer Vereinigung der Vorkerne gekommen oder der Befruchtungsvorgang endgültig gescheitert ist.[181] Dagegen fällt die bloße Gewinnung von Keimzellen noch in die straflose Vorbereitungsphase,[182] in der § 11 Abs. 1 Nr. 6 EschG bereits seinem Wortlaut nach nicht anwendbar ist.[183]

---

[175] *Dr. Pelchen/Häberle* in Erbs/Kohlhaas (Hrsg.), ESchG, 214. EL (Stand: 1. März 2017), § 1 Rn. 4.
[176] BT-Drucks. 11/5460, 8.
[177] BT-Drucks. 11/5460, 7.
[178] *Taupitz* in G/T/K (Hrsg.), ESchG, 2. Aufl. 2014, C. II. § 1 Abs. 1 Nr. 1 Rn. 21.
[179] *Frister/Börgers*, Rechtliche Probleme bei der Kryokonservierung von Eizellen, in Frister/Olzen (Hrsg.), Reproduktionsmedizin: Rechtliche Fragestellungen, 2010, S. 93 (113), str..
[180] BT-Drucks. 11/5460, 8.
[181] *Taupitz* in G/T/K (Hrsg.), ESchG, 2. Aufl. 2014, C. II. § 1 Abs. 1 Nr. 2 Rn. 22.
[182] *Taupitz* in G/T/K (Hrsg.), ESchG, 2. Aufl. 2014, C. II. § 1 Abs. 1 Nr. 2 Rn. 22.
[183] *Fischer*, StGB, 66. Aufl. 2019, § 11 Rn. 28 mit Verweis auf BGHSt 5, 281.

Auch der Ziffer 2 liegt der Gedanke[184] zugrunde, im Vorfeld die Entstehung einer gespaltenen Mutterschaft zu verhindern[185] und damit in dieser Tatbestandsvariante das Kindeswohl des *nondum conceptus* zu schützen.[186]

3. Die Verbote in § 1 Abs. 2 EschG

Flankiert werden die in §§ 1 Abs. 1 Nrn. 1, 2 EschG verankerten Verbote durch einen Vorfeldtatbestand in § 1 Abs. 2 EschG, der bereits für sich genommen unter Strafe stellt, künstlich zu bewirken, dass eine menschliche Spermienzelle in eine menschliche Eizelle eindringt.[187] Eine Befruchtung im Sinne des § 8 Abs. 1 EschG ist nicht erforderlich. Vielmehr ist mit dem Verbot in § 1 Abs. 2 EschG die Vermeidung der Erzeugung von 2-PN-Zellen auf Vorrat und den damit zusammenhängenden Risiken, wie der fremdnützigen Verwendung oder der drohenden Verwerfung bezweckt.[188] Die Norm umfasst daher bereits die Gewinnung imprägnierter Eizellen auf Vorrat.[189] Schon in diesem Entwicklungsstadium ist das genetische Programm des Embryos festgelegt.[190] Während § 1 Abs. 2 Nr. 1 EschG sich auf die IVF-Therapie bezieht, erfasst § 1 Abs. 2 Nr. 2 EschG Fälle der ICSI. Beide Varianten sind vollendet, sobald das Spermium die Hülle der Eizelle überwunden hat und sich im Zellplasma der Eizelle befindet.[191] Ziffer 2 verdrängt die mitverwirklichte Ziffer 1 im Wege der Spezialität.[192]

Zum Verhältnis von § 1 Abs. 1 Nr. 2 EschG und § 1 Abs. 2 EschG sei gesagt: Wird der Befruchtungsvorgang künstlich mit dem Ziel unterbrochen, ihn später fortzusetzen, greift nur der zweite Absatz ein. Taut der Täter die imprägnierte Eizelle mit Befruchtungsvorsatz nach einer Kryokonservierung auf und kultiviert sie, ist Abs. 1 Nr. 2 erfüllt; der mitverwirklichte Abs. 2 tritt als mitbestrafte Vortat dahinter zurück. Soll die Tat von Anfang an ohne zeitliche Zäsur zu einer Befruchtung führen, ist die Imprägnation der Eizelle nur natürliches Durchgangsstadium zur Befruchtung, sodass Abs. 2 im Wege der Subsidiarität hinter Abs. 1 Nr. 2 zurücktritt.[193]

---

[184] Siehe zur Ratio der §§ 1 Abs. 1 Nrn. 1 und 2 EschG insgesamt, wonach neben dem Kindeswohl auch das Risiko einer kommerziellen Ausbeute potenzieller Spenderinnen sowie auf medizinische Risiken einer Eizellpunktion hingewiesen wird: Hüppe ZRP 2015, 126.

[185] *Günther* in G/T/K (Hrsg.), EschG, 2. Aufl. 2014, C. II. § 1 Abs. 1 Nr. 2 Rn. 1 und 5.

[186] *Günther* in G/T/K (Hrsg.), EschG, 2. Aufl. 2014, C. II. § 1 Abs. 1 Nr. 2 Rn. 2 und 5. In der Gesetzesbegründung wird gar im Rahmen der Ausführungen zur Nr. 2 auf die zur Nr. 1 verwiesen, BT-Drucks. 11/5460, 8.

[187] *Taupitz/Hermes* NJW 2015, 1802 (1804).

[188] BT-Drucks. 11/5460, 9.

[189] *Faßbender* NJW 2001, 2745 (2748).

[190] *Dr. Pelchen/Häberle* in Erbs/Kohlhaas (Hrsg.), EschG, 214. EL (Stand: 1. März 2017), § 1 Rn. 11.

[191] *Günther* in G/T/K (Hrsg.), EschG, 2. Aufl. 2014, C. II. § 1 Abs. 2 Rn. 10, C II § 1 Abs. 4 Rn. 6.

[192] *Günther* in G/T/K (Hrsg.), EschG, 2. Aufl. 2014, C. II. § 1 Abs. 2 Rn. 6.

[193] Zu diesem Abschnitt siehe *Taupitz* in G/T/K (Hrsg.), EschG, 2. Aufl. 2014, C. II. § 1 Abs. 2 Rn. 24.

Für § 1 Abs. 2 EschG besteht nach § 1 Abs. 4 EschG eine Versuchsstrafbarkeit. Der Eintritt in das Versuchsstadium erfolgt, wenn der Täter das aufbereitete Sperma der Eizelle im Reagenzglas hinzufügt (Nr. 1) (IVF) bzw. den Samen in der Mikroinjektionsspritze aufzieht (Nr. 2) (ICSI).[194]

4. Besonderheiten der Tatbestände

Für die Erfüllung des subjektiven Tatbestandes genügt es jeweils, wenn der Täter mit bedingtem Vorsatz handelt.[195]

In § 1 Abs. 3 Nr. 1 EschG findet sich ein persönlicher Strafausschließungsgrund[196] für die Spenderin und für die (im Falle des bloßen Versuchs potenzielle) Eizellempfängerin. Zwar wird der Samenspender, der in Kenntnis um die Durchführung einer Eizellspende sein Sperma zur Verfügung stellt, nicht vom Wortlaut des § 1 Abs. 3 Nr. 1 EschG erfasst. Jedoch handelt es sich um eine Form der notwendigen Teilnahmehandlung, die nicht strafbar ist.[197] Eine Strafbarkeit des Samenspenders hat der Gesetzgeber ausweislich der amtlichen Begründung auch nicht in Erwägung gezogen.[198]

IV. Vergleich mit ausländischen Bestimmungen

Die Eizellspende hat sich im Ausland zu einer etablierten Methode der Reproduktionsmedizin entwickelt.

Neben Deutschland ist das Verfahren der Eizellspende in Italien, Litauen, der Türkei, in Kroatien, in Norwegen sowie in der Schweiz strafrechtlich verboten.[199]

Hingegen ist das Verfahren in Belgien, Dänemark, Frankreich, England sowie den Niederlanden gestattet.[200] Auch in Schweden[201] und Österreich[202] ist sie erlaubt.

---

[194] *Günther* in G/T/K (Hrsg.), EschG, 2. Aufl. 2014, C. II. § 1 Abs. 4 Rn. 6.

[195] *Taupitz* in G/T/K (Hrsg), EschG, 2. Aufl. 2014, C. II. § 1 Abs. 1 Nr. 1 Rn. 23.

[196] LG Berlin, Urt. v. 25. November 2008, Az: 15 O 146/08.

[197] *Taupitz* in G/T/K (Hrsg.), EschG, 2. Aufl. 2014, C. II. § 1 Abs. 1 Nr. 2 Rn. 27.

[198] BT-Drucks. 11/5460, 9.

[199] *Weilert* MedR 2012, 355; *van Hoof/Pennings* European Journal of Health Law 19 (2012), 187 (188). Ein umfassender Überblick zu den europaweiten Regelungen findet sich auf http://www.biopolicywiki.org/index.php?title=Europe, letzte Änderung: 28. April 2014, letzter Abruf: 1. Juni 2019.

[200] *Jofer*, Regulierung der Reproduktionsmedizin, 2014, S. 301. In Belgien werden IVF-Patientinnen, die über 43 Jahre alt sind, gefragt, ob sie wegen der besseren Erfolgsaussichten eine Eizellspende an sich durchführen lassen wollen, dazu: *Baetens/Devroey/Camus/van Steirteghem et al.*, Hum Reprod 2000, 476 ff. In der Regel entstammt die Spenderin dem Freundeskreis oder dem familiären Umfeld: *Berg*, Eizellspende – eine notwendige Alternative?, in BMG (Hrsg.), Fortpflanzungsmedizin in Deutschland, 2001, S. 143, 145.

[201] *Wollenschläger*, MedR 2011, 21.

[202] Allerdings nur unter den Voraussetzungen, dass (im Zeitpunkt der Verwendung) die Eizellen der Frau, bei der die Schwangerschaft herbeigeführt werden soll, nicht fortpflanzungsfähig sind und

Während sie in Dänemark, Frankreich, England und Spanien ausdrücklich gesetzlich geregelt wird,[203] ist ihre rechtliche Zulässigkeit in Belgien und den Niederlanden[204] sowie in Zypern und Rumänien[205] ungeregelt.

Wird die Eizellspende für rechtlich zulässig erklärt, ist die Durchführung weit überwiegend an die Erfüllung bestimmter Voraussetzungen geknüpft: Da die Eizellspenderin sich nicht ohne eigenen medizinischen Nutzen (sie ist weder krank noch unfruchtbar)[206] gesundheitlichen Risiken ausgesetzt werden soll, ist in den Niederlanden, Dänemark, Israel und Kanada die Eizellspende nur erlaubt, wenn die Betroffene an einem IVF-Programm teilnimmt.[207] Während die Behandlung in Spanien und Tschechien anonym verläuft,[208] machen Dänemark, Schweden sowie England es zur Bedingung, dass die Spenderin mit ihrer Identifizierung einverstanden ist.[209] In Tschechien dürfen daneben ausschließlich Frauen mit tschechischer Staatsangehörigkeit spenden.[210]

C. Die Embryospende

Das Verfahren der Embryospende gewinnt in der reproduktionsmedizinischen Praxis stetig an Bedeutung.[211] Bis Ende 2015 gab es 179 Anfragen für eine Embryospende, 141 Paare wurden in die Empfängerwarteliste aufgenommen, wobei 57 Spenden und 45 Transfers durchgeführt wurden.[212]

---

diese Frau zum Zeitpunkt des Behandlungsbeginns das 45. Lebensjahr (noch) nicht vollendet hat, § 3 Abs. 3 ÖStFMedG i.d.F. des FMedRÄG.

[203] Zu Tschechien und Spanien: *Van Hoof/Pennings* European Journal of Health Law 19 (2012), 187 (188).

[204] *Küpker*, Regulation der Reproduktionsmedizin im europäischen Vergleich, in Diedrich et al. (Hrsg.), Reproduktionsmedizin, 2013, S. 631 (634).

[205] *Van Hoof/Pennings*, European Journal of Health Law 19 (2012), 187 (188).

[206] *Berg*, Eizellspende – eine notwendige Alternative?, in BMG (Hrsg.), Fortpflanzungsmedizin in Deutschland, 2001, S. 143, 150.

[207] *Berg*, Eizellspende – eine notwendige Alternative?, in BMG (Hrsg.), Fortpflanzungsmedizin in Deutschland, 2001, S. 143, 145.

[208] *Depenbusch/Schultze-Mosgau*, Eizell- und Embryospende, in Diedrich et al. (Hrsg.), Reproduktionsmedizin, 2013, Kap. 25, S. 287 (293).

[209] *Bergmann* Reprod BioMed Online, 2011, 600 ff.

[210] *Depenbusch/Schultze-Mosgau*, Eizell- und Embryospende, in Diedrich et al. (Hrsg.), Reproduktionsmedizin, 2013, Kap. 25, S. 287 (294).

[211] Laut *Thorn* gab es im Jahre 2008 keinen einzigen Fall einer Embryonenspende in Deutschland, Expertise – Reproduktives Reisen, 2008, S. 22.

[212] In der Stellungnahme „Embryospende, Embryoadoption und elterliche Verantwortung" des Deutschen Ethikrates aus dem Jahre 2016 (abrufbar unter https://www.ethikrat.org/fileadmin/Publikationen/Stellungnahmen/deutsch/stellungnahme-embryospende-embryoadoption-und-elterliche-verantwortung.pdf, zuletzt abgerufen am 1. Juni 2019) hat sich dies im Jahre 2013 schlagartig geändert, S. 9, 18. Seit dem Jahr 2013 haben sich mehrere Reproduktionszentren zum sog. „Netzwerk Embryonenspende" zusammengeschlossen, das Spenderinnen und Empfängerinnen vermittelt. Ihr Ziel ist es, die Spende überzähliger Embryonen zu fördern und deren Vermittlung an kinderlose Paare zu unterstützen, dazu *Dorneck* medstra 2018, 259.

Man wird die Embryospende gegenwärtig von ihrer Bedeutung für die Praxis unter Berücksichtigung des reproduktiven Reisens zwischen Eizellspende und post-mortem-Befruchtung einordnen können.

I. Begriffsklärung

Bei der Embryospende bzw. Embryoadoption[213] wird im Gegensatz zur Eizellspende keine unbefruchtete, sondern eine bereits befruchtete Eizelle i.S.d. § 8 ESchG auf eine andere Frau übertragen, von der die Eizelle für die Erzeugung des Embryos nicht stammt. Nicht notwendig, aber doch regelmäßig kommt es zu einer solchen Spende infolge der Entstehung überzähliger Embryonen. Überzählig/verwaist ist ein Embryo dann, wenn er endgültig keine Verwendung mehr bei der Frau finden wird, von der die Eizelle zu seiner Erzeugung stammt. Dazu kann es kommen, wenn die Kinderwunschbehandlung erfolgreich abgeschlossen ist und keine weiteren Kinder mit Hilfe der Fortpflanzungsmedizin gewünscht werden, medizinische Gründe gegen eine erneute Behandlung sprechen, die Patientin den Transfer des Embryos verweigert (§ 4 Abs. 1 Nr. 2 ESchG) oder sie verstorben ist.[214] Des Öfteren bleiben nach Abschluss einer Kinderwunschbehandlung entwicklungsfähige Embryonen übrig.[215]

II. Medizinische Grundlagen

Die Embryospenderin soll zum Zeitpunkt der Eizellentnahme nicht älter als 37 Jahre sein, für den Samenspender gibt es keine (empfohlene) Altershöchstgrenze.[216] Das Verfahren selbst entspricht im Wesentlichen dem der Eizellspende. Mit dem

---

[213] Inhaltlich ist mit beiden Begriffen das Gleiche bezeichnet, so auch *Beier et al.* Der Gynäkologe 2018, 613 (615). Entscheidend ist die Perspektive: Aus der Sicht der Spenderin handelt es sich um eine Embryospende, aus der Sicht der Empfängerin um eine Embryoadoption, dazu Deutscher Ethikrat, Gremiumssitzung vom 22. März 2016 in Berlin und Netzwerk Embryonenspende, Stellungnahme, S. 9. *Vogt* hingegen lehnt die Verwendung des Begriffes der Adoption im Zusammenhang mit der Embryospende ab, in: Methoden der künstlichen Befruchtung: <<Dreierregel>> versus <<Single Embryo Transfer>>, 2008, S. 34 Rn. 95. *Kahlert* sieht gar die Embryospende als strafbar und nur die Embryoadoption als rechtlich zulässig an, in NK-Gesamtes Medizinrecht, 3. Aufl. 2018, ESchG § 1 Rn. 8. Im Folgenden wird die gebräuchlichere Bezeichnung der Embryospende verwendet.
[214] Zu Teilaspekten siehe Deutscher Ethikrat, Gremiumssitzung vom 22. März 2016 in Berlin und Netzwerk Embryonenspende, Stellungnahme, S. 9.
[215] *Dorneck* medstra 2018, 259.
[216] Netzwerk Embryonenspende, abrufbar unter http://www.netzwerk-embryonenspende.de/verfahren/verfahren.html, zuletzt abgerufen am 1. Juni 2019.

grundlegenden Unterschied, dass keine unbefruchtete Eizelle auf eine andere Frau transferiert wird, sondern eine befruchtete Eizelle in Gestalt eines Embryos.

III. Rechtliche Zulässigkeit

Bei der Klärung, unter welchen Voraussetzungen eine Embryospende unzulässig und ihre Durchführung damit nach deutschem Recht strafbar ist, ist danach zu unterscheiden, ob im Zeitpunkt der Tathandlung bereits ein Embryo i. S. v. § 8 ESchG vorliegt oder nicht.

Liegt ein Embryo bei Tathandlung bereits vor, dann ergibt sich die rechtliche Unzulässigkeit der Embryospende aus einer Zusammenschau der beiden Vorschriften des § 1 Abs. 1 Nr. 6 Var. 1 ESchG und § 1 Abs. 1 Nr. 7 Var. 2 ESchG.

Nach § 1 Abs. 1 Nr. 6 Var. 1 ESchG macht sich strafbar,

wer (...) einer Frau einen Embryo vor Abschluss seiner Einnistung in der Gebärmutter entnimmt, um diesen auf eine andere Frau zu übertragen.

Gemäß § 1 Abs. 1 Nr. 7 Var. 2 ESchG hingegen macht sich strafbar,

wer (...) es unternimmt, bei einer Frau, welche bereit ist, ihr Kind nach der Geburt Dritten auf Dauer zu überlassen (Ersatzmutter), (...) auf sie einen menschlichen Embryo zu übertragen.

Existiert hingegen im Zeitpunkt der Tathandlung noch kein Embryo i. S. d. § 8 ESchG, so hängt die Zulässigkeit der Embryospende maßgeblich vom Stadium der Befruchtung ab, in dem die Übertragung des ggf. noch zur Entstehung zu bringenden Embryos erstmals erwogen wird.[217]

Einschlägig ist insoweit die Bestimmung des § 1 Abs. 1 Nr. 2 ESchG:

Strafbar macht sich hiernach, *wer (...) es unternimmt, eine Eizelle zu einem anderen Zweck künstlich zu befruchten, als eine Schwangerschaft der Frau herbeizuführen, von der die Eizelle stammt.*

Im Rahmen dieser Vorschrift ist umstritten, bis zu welchem Entwicklungsstadium der Eizelle noch von einer „künstlichen Befruchtung" gesprochen werden kann.

1. Zulässige Maßnahmen

a) Transfer eines *in vitro* erzeugten Embryos auf eine andere Frau als die, von der die Eizelle stammt, wenn die Empfängerin nicht als Leihmutter fungieren will

---

[217] So auch Deutscher Ethikrat, Gremiumssitzung vom 22. März 2016 in Berlin und Netzwerk Embryonenspende, Stellungnahme, S. 34.

Erlaubt ist es, im Anschluss an eine IVF einen Embryo mit dem Einverständnis der Eizellspenderin und des Samenspenders auf eine andere Frau als der Eizellspenderin zu übertragen, wenn die Empfängerin im Zeitpunkt der Übertragung nicht als Ersatzmutter fungieren will.[218] Untechnisch gesprochen handelt es sich hierbei um eine anfänglich ungeplante Eizellspende.

Für § 1 Abs. 1 Nr. 6 Var. 1 EschG mangelt es in diesem Fall an der „Entnahme" des Embryos aus dem weiblichen Körper, da der Embryo noch nicht in den Körper einer Frau transferiert wurde.

Die Anwendbarkeit des § 1 Abs. 1 Nr. 7 Var. 2 EschG scheitert hingegen daran, dass die Frau, auf welche der Embryo übertragen wird, nicht als Ersatzmutter im Sinne dieser Vorschrift fungiert, da sie das Kind nach der Geburt behalten möchte.

Auch § 2 Abs. 1 EschG steht der Zulässigkeit eines solchen Verfahrens nicht entgegen. Denn danach macht sich nur strafbar, *wer einen extrakorporal erzeugten (…) menschlichen Embryo veräußert oder zu einem nicht seiner Erhaltung dienenden Zweck abgibt, erwirbt oder verwendet.* Der *in vitro* erzeugte Embryo soll weder entgeltlich im Wege eines Kaufes veräußert werden,[219] noch soll er zu einem Zweck abgegeben, erworben oder verwendet werden, der nicht seiner Erhaltung dient. Denn die Übertragung auf eine andere Frau als auf die Frau, von der die Eizelle stammt, aus der der Embryo letztlich entstanden ist, soll gerade seiner Erhaltung dienen, indem er der anderen Frau übertragen wird. Es fehlt daher an der subjektiven Voraussetzung:[220] der Absicht, den Embryo nicht erhalten zu wollen. Vielmehr stützt § 2 Abs. 1 EschG die Zulässigkeit des Verfahrens. Die Vorschrift verbietet gerade die Verwendung des Embryos nur für solche Zwecke, die nicht seiner Erhaltung dienen.[221]

Die rechtliche Erlaubnis (aber nicht Pflicht!)[222] der Durchführung dieser Methode beruht auf dem Gedanken, dass es in einer solchen Situation der letztlich fahrlässigen Entstehung überzähliger Embryonen nur zwei Möglichkeiten gibt: die

---

[218] BT-Drucks. 11/5460, 9; *Günther* in G/T/K (Hrsg.), EschG, 2. Aufl. 2014, Kap. B V. Rn. 79; *Taupitz* in G/T/K (Hrsg.), EschG, 2. Aufl. 2014, C. II. § 1 Abs. 1 Nr. 6 Rn. 6; *Dorneck* medstra 2018, 259 (260). Deutscher Ethikrat, Gremiumssitzung vom 22. März 2016 in Berlin und Netzwerk Embryonenspende, Stellungnahme, S. 34. A.A. *Katzorke*, der Eizell- und Embryospende in ihrer rechtlichen Zulässigkeit gleichsetzt und davon spricht, dass Ei- und Embryonenspende in Deutschland nicht erlaubt seien, Keimzellspende – Medizinische, soziale und juristische Aspekte aus ärztlicher Sicht, in BMG (Hrsg.), Fortpflanzungsmedizin in Deutschland, 2001, S. 123, 129. Weitere Gegner der Embryospende genannt bei *Dorneck* medstra 2018, 259 (260) Fn. 8. Jüngst LG Augsburg BeckRS 2018, 35087 Rn. 45.

[219] Zum Merkmal der „Veräußerung": *Günther* in G/T/K (Hrsg.), EschG, 2. Aufl. 2014, C. II.§ 2 Rn. 25.

[220] *Günther* in G/T/K (Hrsg.), EschG, 2. Aufl. 2014, C. II. § 2 Rn. 39.

[221] *Taupitz/Hermes* NJW 2015, 1802 (1803).

[222] Die Weigerung der Frau gegenüber dem Transfer stellt kein Verwenden durch Unterlassen gem. §§ 2 Abs. 1, 13 Abs. 1 EschG dar, dazu *Günther* in G/T/K (Hrsg.), EschG, 2. Aufl. 2014, C. II. § 2 Rn. 35–37.

C. Die Embryospende

Inkaufnahme einer (potenziellen) Kindeswohlgefährdung infolge einer gespaltenen Mutterschaft oder die Verwerfung und damit Vernichtung des bereits erzeugten Embryos. Der Gesetzgeber hat den erstgenannten Weg beschritten und damit eine Entscheidung zugunsten des Lebensschutzes des bereits entstandenen Embryos getroffen.[223] Andernfalls sind die überzähligen Embryonen „todgeweiht".[224] Zugleich können Personen mithilfe der Embryospende ihren Kinderwunsch erfüllen, der ihnen andernfalls, aufgrund von Unfruchtbarkeit oder als Träger einer schweren Erbkrankheit versagt geblieben wäre.[225]

b) Entnahme eines bereits in den Mutterleib implantierten Embryos, wenn dessen Austragung nicht mehr möglich ist

Für den Fall, dass der Embryo bereits in den Mutterleib implantiert worden, seine Austragung aber ausgeschlossen ist, sind Entnahme und Übertragung auf eine andere Frau, die nicht als Ersatzmutter fungieren will, zwar nicht tatbestandslos, aber nach § 34 StGB gerechtfertigt.[226] Darin liegt kein rechtswidriger Verstoß gegen § 1 Abs. 1 Nr. 6 Fall 1 StGB.

2. Unzulässige Maßnahmen

Welche Verhaltensweisen im Zusammenhang mit der Embryospende verboten sind, regeln § 1 Abs. 1 Nr. 6 Fall 1 ESchG und § 1 Abs. 1 Nr. 7 Fall 2 ESchG. Untechnisch gesprochen liegt in diesen Fällen eine anfänglich geplante Embryospende vor.

a) Das Verbot in § 1 Abs. 1 Nr. 6 Fall 1 ESchG

Nach dieser Bestimmung ist es verboten, einer Frau einen Embryo vor der Nidation zu entnehmen, um ihn auf eine andere Frau zu übertragen.

---

[223] BT-Drucks. 11/5460, 9; *Müller-Terpitz* in Spickhoff (Hrsg.), Medizinrecht, 3. Aufl. 2014, ESchG § 1 Rn. 8; *Taupitz* in G/T/K (Hrsg.), ESchG, 2. Aufl. 2014, C. II. § 1 Abs. 1 Nr. 6 Rn. 6. Eine Ausnahme stellt lediglich die entgeltliche Abgabe dar, dazu § 2 Abs. 1 Var. 1 ESchG, *Günther* in G/T/K (Hrsg.), ESchG, 2. Aufl. 2014, C. II. § 2 Rn. 24: „Menschlicher Embryo als kommerzielle Ware".

[224] *Losch* NJW 1992, 2926.

[225] Deutscher Ethikrat, Gremiumssitzung vom 22. März 2016 in Berlin und Netzwerk Embryonenspende, Stellungnahme, S. 106.

[226] *Taupitz/Hermes* NJW 2015, 1802 (1803) mit Verweis auf *Taupitz* in G/T/K (Hrsg.), ESchG, 2. Aufl. 2014, C. II. § 1 Abs. 1 Nr. 6 Rn. 7.

b) Das Verbot in § 1 Abs. 1 Nr. 7 Fall 2 ESchG

Darüber hinaus untersagt § 1 Abs. 1 Nr. 7 Fall 2 ESchG, es zu unternehmen, auf eine Frau, die bereit ist, ihr Kind nach der Geburt Dritten auf Dauer zu überlassen (Ersatzmutter), (…) einen menschlichen Embryo zu übertragen.

3. In der Zulässigkeit umstrittene Maßnahme: Auftauen und Weiterkultivieren einer kryokonservierten 2-PN-Zelle, wenn feststeht, dass der entstehende Embryo nicht mehr auf die Eizellspenderin übertragen werden kann

a) Allgemeines

Umstritten sind die Fälle, in denen eine kryokonservierte, imprägnierte Eizelle mit der nachträglich gefassten Absicht aufgetaut und weiterkultiviert wird, letztlich eine Embryospende durchzuführen. Zu klären ist in diesem Zusammenhang, ob es sich nach dem Eindringen des Spermiums in die Eizelle und der Entstehung der beiden Vorkerne bereits um eine befruchtete Eizelle handelt.

In dieser Konstellation stellt sich die Frage, ob der Tatbestand des § 1 Abs. 1 Nr. 2 ESchG erfüllt wird.

Danach macht sich strafbar, wer

(…) es unternimmt, eine Eizelle zu einem anderen Zweck künstlich zu befruchten, als eine Schwangerschaft der Frau herbeizuführen, von der die Eizelle stammt.

Die Klärung der Frage ist für die klinische Praxis von herausragender Bedeutung, da sich die meisten der zu Fortpflanzungszwecken kryokonservierten Eizellen im Imprägnationsstadium befinden.[227]

Zu diesem Problem sei auf die Beiträge von *Taupitz/Hermes*[228] und *Frister*[229] sowie das juristische Gutachten von *Frommel*[230] verwiesen. In einem aktuellen Beitrag äußert sich *Dorneck* umfassend zum Problem und stellt die konträren Auffassungen gegenüber.[231] Sie selbst vertritt – wie *Frommel* – die Auffassung, dass das Auftauen und Weiterkultivieren imprägnierter Eizellen nicht strafbar sei. Daneben befassen sich jüngst *Daunderer*[232] in einem Zeitschriftenbeitrag sowie *Gaede*[233] in

---

[227] Dazu etwa *Daunderer* medstra 2019, 217 (218).
[228] *Taupitz/Hermes* NJW 2015, 1802 (1804 ff.).
[229] *Frister* in Taupitz/Geisthövel et al. (Hrsg.) J Reprod Endo 2015, 42 (53 f.).
[230] *Frommel*, Juristisches Gutachten zur Frage der Zulässigkeit der Freigabe kryokonservierter befruchteter Eizellen (2-PN-Stadien) durch die Inhaber, des Auftauens mit Einverständnis des Spenderpaares und der (Schreibfehler im Original) extrakorporalen Weiterkultivierens zum Zwecke der Spende an eine Frau, von der die Eizelle nicht stammt.
[231] *Dorneck* medstra 2018, 259 (260 ff.)
[232] *Daunderer* medstra 2019, 217 ff.; er selbst ist als Strafverteidiger eines Hauptbeschuldigten tätig.
[233] *Gaede* medstra 2019, 252 ff.

C. Die Embryospende

einer Urteilsanmerkung zum unten dargestellten Urteil des Landgerichts Augsburgs vom 13. Dezember 2018 mit der Thematik.

Vorzugswürdig ist die Rechtsauffassung von *Taupitz/Hermes*, nach der auch das Auftauen und Weiterkultivieren einer kryokonservierten imprägnierten Eizelle mit der Absicht einer späteren Embryospende unter den Tatbestand des § 1 Abs. 1 Nr. 2 ESchG fällt und damit strafbar ist.[234] Eine restriktive Auslegung des § 1 Abs. 1 Nr. 2 ESchG, wie sie insbesondere das Landgericht Augsburg vornimmt, überzeugt nicht.

Zusammenfassend sprechen zwei wesentliche Argumente gegen die liberale Auffassung:

Zum einen kann nicht überzeugen, weshalb nur durch das Kriterium der Imprägnation ohne jedweden Anhaltspunkt im Gesetz oder in den Gesetzgebungsmaterialien die strafrechtliche Relevanz der Spendeabsicht entfallen soll. Die Festlegung der Zeitpunkte – Imprägnation gegenüber Auftauen und Weiterkultivieren – ist rein willkürlich getroffen. Denn die Kryokonservierung stellt lediglich eine kurzfristige Unterbrechung der bereits initiierten, aber noch nicht abgeschlossenen Befruchtungskaskade dar.

Zum anderen liegt im Gegensatz zur Spende eines bereits zur Entstehung gelangten Embryos, der seinem ursprünglichen Zweck nicht mehr zugeführt werden kann,[235] bei einer lediglich imprägnierten Eizelle noch kein Embryo vor. Es besteht damit mangels notstandsfähigen Rechtsguts i. S. d. § 34 Satz 1 StGB noch keine Notstandslage, die eine bereits strafbewehrte potenzielle Gefährdung des prospektiven Kindeswohl rechtfertigen könnte. Vielmehr handelt es sich bei der Spende eines bereits entstandenen Embryos um eine Ausnahmekonstellation, für deren Übertragung auf das Stadium des bloßen 2-PN-Zellstadiums keine greifbaren Anhaltspunkte zu finden sind.

Die Strafbarkeit gilt unabhängig davon, ob die beiden Keimzellspender dem Auftauen und Weiterkultivieren und der nachfolgenden Spende des so entstandenen Embryos (sog. Freigabeerklärung) zugestimmt haben, da sie über das Auftauen und Weiterkultivieren wegen § 1 Abs. 1 Nr. 2 ESchG nicht disponieren können.

b) Die Entscheidung des Landgerichts Augsburg vom 13. Dezember 2018

Die rechtliche Zulässigkeit dieses Verfahrens hat nach einer neuerlichen Entscheidung des Landgerichts Augsburg Ende 2018 die öffentliche Aufmerksamkeit auf sich gezogen.

Die 16. Strafkammer des Landgerichts Augsburg hat sich mit Urteil vom 13. Dezember 2018[236] auf die Berufung der Staatsanwaltschaft gegen das Urteil des Amtsgerichts Dillingen vom 20. März 2018 hin der liberalen Auffassung *Frommels*

---

[234] Dieser Auffassung schließt sich auch der Deutsche Ethikrat in seiner jüngsten Stellungnahme an, S. 12 Ziff. 4.1.5 sowie S. 114 f.

[235] Dargestellt unter 1. a).

[236] LG Augsburg, Az.: 16 Ns 202 Js 143548/14, BeckRS 2018, 35087. In NJW 2019, 382 wird auf die Entscheidung Bezug genommen.

angeschlossen und ausgeurteilt, dass das Auftauen eingefrorener 2-PN-Zellen mit dem nunmehrigen (also aktuell gefassten) Ziel, mit diesen Zellen die Schwangerschaft einer Frau herbeizuführen, von der die Eizellen nicht stammen, nicht den objektiven Tatbestand des § 1 Abs. 1 Nr. 2 ESchG erfülle, da die Befruchtung im Zeitpunkt des Auftauens bereits vollendet sei.[237]

Das Gericht musste sich schwerpunktmäßig mit der Frage auseinandersetzen, wann der Befruchtungsvorgang abgeschlossen ist.

An den Entscheidungsgründen[238] hierzu ist Kritik zu üben.[239] Denn das Gericht setzt sich durch seine eigenmächtige Auslegung des Terminus „Befruchten" in seinem Urteil über den historischen Willen des Gesetzgebers nebst Systematik und Zweck des ESchG hinweg.[240] Hierfür soll explizit auf die von der Kammer angeführten Argumente eingegangen werden.

Vollendet sei der Befruchtungsvorgang i.S.d. § 1 Abs. 1 Nr. 2 ESchG – so die Kammer – bereits mit der regelrechten Ausbildung zweier Vorkerne, welche den einfachen Chromosomensatz von Mann und Frau enthalten.[241] Dies widerspricht der ganz herrschenden Auffassung.[242] Nach der Auffassung von *Taupitz* sei die Befruchtung so lange nicht vollendet, wie die Kerne nicht miteinander verschmolzen sind.[243] Aus Sicht der Kammer stütze sich diese Auffassung auf ein so wörtlich „falsches biologisch-medizinisches Verständnis".[244] *Taupitz* tritt dem entschieden entgegen und legt dies in seinem Beitrag zu den biologisch-medizinischen Grundlagen der Befruchtung noch einmal explizit dar.[245] Maßgeblicher Zeitpunkt sei nach § 8 Abs. 1 ESchG für den Abschluss der Befruchtung und damit für die Entstehung eines Embryos der Zeitpunkt der Kernverschmelzung. Die Kryokonservierung führe letztlich nur zu einer Unterbrechung des Befruchtungsvorgangs. Er spricht in diesem Zusammenhang zutreffend von einer „vollständigen" und damit abgeschlossenen „Befruchtung".[246]

Ähnlich wie *Frommel* im Rahmen des elektiven Embryotransfers vertritt auch die Kammer eine dynamische Auslegung des Begriffs des Befruchtens.[247] Entgegen

---

[237] LG Augsburg BeckRS 2018, 35087 Rn. 47 f. Eine etwas weitreichendere Darstellung findet sich bei *Daunderer* medstra 2019, 217 f.

[238] LG Augsburg BeckRS 2018, 35087 Rn. 46 ff.

[239] Deutliche Kritik übt *Taupitz* NJW 2019, 337 ff. sowie *ders.* J Reprod und Endo 2019, 74 ff. Daneben gleichsam negativ „überrascht" von den wenig nachvollziehbaren Entscheidungsgründen *Hübner/Pühler* MedR 2019, 488 f.

[240] *Taupitz* NJW 2019, 337 (339). Ähnlich kritisch *Gaede* medstra 2019, 252 (253).

[241] LG Augsburg BeckRS 2018, 35087 Rn. 49. Ihm zustimmend *Daunderer* medstra 2019, 217 (219).

[242] LG Augsburg BeckRS 2018, 35087 Rn. 51; *Taupitz* NJW 2019, 337 (338 Fn.11) mwN.

[243] LG Augsburg BeckRS 2018, 35087 Rn. 52 mit Verweis auf G/T/K (Hrsg.), EschG, 2. Aufl. 2014, C. II. § 1 EschG Rn. 10 f.

[244] LG Augsburg BeckRS 2018, 35087 Rn. 53.

[245] *Taupitz* NJW 2019, 337.

[246] *Taupitz* NJW 2019, 337.

[247] LG Augsburg BeckRS 2018, 35087 Rn. 54.

C. Die Embryospende

des ihr bekannten Willens des historischen Gesetzgebers, dass die Befruchtung erst mit der Verschmelzung der beiden Kerne abgeschlossen ist, unterstellt sie ihm: hätte er um den Fortschritt in der Fortpflanzungsmedizin gewusst, so würde er den Begriff heutzutage weiter auslegen.[248] Die Kammer nimmt fälschlich an, die Methode der Kryokonservierung habe sich bei Schaffung des Gesetzes noch nicht hinreichend etabliert, und dass, obwohl der Gesetzgeber die Möglichkeit in § 9 Nr. 4 ESchG zur damaligen Zeit bereits geregelt hat.[249]

Das Argument, dass § 1 Abs. 2 ESchG keinen Anwendungsbereich neben § 1 Abs. 1 Nr. 2 ESchG mehr hätte, wird schlicht mit einem Hinweis auf den aus der liberalen Auslegung folgenden mangelnden Anwendungsbereich abgetan. Die Kammer maßt sich damit gesetzgeberische Kompetenzen an und verstößt so offensichtlich gegen den verfassungsrechtlichen Grundsatz der Gewaltenteilung.[250] Soll für § 1 Abs. 1 Nr. 2 ESchG ein eigenständiger Anwendungsbereich bleiben, dann kann das „Befruchten" im Sinne der Norm nicht so zu verstehen sein wie das Imprägnieren, welches vom Vorfeldtatbestand in § 1 Abs. 2 ESchG erfasst wird.[251] Ein bloßes Imprägnieren ist kein Befruchten, sondern nur die Initiierung des Befruchtungsvorgangs. Die Phase bis zur Kernverschmelzung und damit Vorfeldhandlungen wie die Imprägnation der Eizelle werden tatbestandlich von § 1 Abs. 2 ESchG erfasst.[252]

Darüber hinaus verkennt die Kammer, dass die Straflosigkeit der Embryospende eine absolute Ausnahmekonstellation ist, nicht hingegen der Regelfall.[253] Diese Ausnahme lässt sich nicht auf die Situation mit imprägnierten Eizellen übertragen. Einzig und allein für den Fall, dass ein Embryo bereits zur Entstehung gelangt ist, überwiegt das schutzwürdige Interesse an dessen Fortexistenz die Möglichkeit der Gefährdung des prospektiven Kindeswohls infolge der durch einen Transfer begründeten gespaltenen Mutterschaft. Bei 2-PN-Zellen fehlt es jedoch an einer entsprechenden Konfliktsituation, da noch kein Embryo i. S. v. § 8 Abs. 1 ESchG existiert.[254] Der Gesetzgeber wollte aber ausweislich der Gesetzesbegründung nur den Embryo vor dem Absterben bewahren.[255] Das deutsche Recht kennt keinen „Prä-Embryo", sondern nur die Stadien Embryo und Nicht-Embryo.[256]

---

[248] Ähnlich *Taupitz* NJW 2019, 337 (338).

[249] *Taupitz* NJW 2019, 337 (339). Auch die Strafbarkeit solche Verfahren erkannte er bereits, siehe nur *Gaede* medstra 2019, 252.

[250] LG Augsburg BeckRS 2018, 35087 Rn. 55. Ebenso wenig überzeugend die Argumentation *Daunderers* in medstra 2019, 217 (220). Ausführlich zu jenem systematischen Aspekt *Gaede* medstra 2019, 252 (254).

[251] *Taupitz* NJW 2019, 337 (338) sowie (339).

[252] BT-Drucks. 11/5460, 9: „Die Vorschrift [§ 1 Abs. 2 ESchG] ergänzt die Regelung des Abs. 1 Nr. 2 für den Fall, dass die Handlung nicht auf eine Befruchtung – das heißt die Kernverschmelzung –, sondern lediglich auf die Erzeugung der entsprechenden Vorkerne gerichtet ist."

[253] LG Augsburg BeckRS 2018, 35087 Rn. 56.

[254] *Taupitz* NJW 2019, 337 (339).

[255] *Taupitz* NJW 2019, 337 (339) mit Verweis auf BT-Drucks. 11/5460, 8.

[256] *Taupitz* NJW 2019, 337 (349 f.); fälschlich daher *Daunderer* medstra 2019, 217 (220), der von einem „Fast-Embryo" spricht.

Die Kammer setzt sich ferner über die Physiologie des Befruchtungsvorgangs hinweg und unterstellt „nach dem natürlichen Sprachgebrauch", dass es sich bei der Befruchtung der Eizelle um eine einmalige Handlung, nicht hingegen um einen Prozess im Sinne einer Befruchtungskaskade handle.[257] Es ist bereits fragwürdig, zur Auslegung eines Tatbestandsmerkmals im ESchG eine fast dreißig Jahre später geschaffene Richtlinie der Bundesärztekammer heranzuziehen.[258] Überdies geht die Bundesärztekammer jedoch selbst davon aus, dass es sich beim Befruchten nicht um eine Momentaufnahme, sondern vielmehr um einen Prozess handelt („vom Eindringen der menschlichen Samenzelle an bis zum Zeitpunkt der Kernverschmelzung").[259] Das kommt insbesondere dadurch zum Ausdruck, dass in der Richtlinie verschiedene Stadien der Eizelle unterschieden werden. Die Richtlinie zur Entnahme und Übertragung von menschlichen Keimzellen im Rahmen der assistierten Reproduktion spricht jedoch an keiner Stelle davon, dass mit bloßem Vorhandensein der beiden Vorkerne bereits der Befruchtungsprozess abgeschlossen ist. Befruchtet ist die Eizelle aber erst mit dem Abschluss der Kernverschmelzung. Die Formulierung in der Richtlinie ist mehrdeutig und damit unbrauchbar.[260] Jedenfalls erfasst die Richtlinie unter dem Begriff der imprägnierten Eizelle solche vom Vorkernstadium bis zum Abschluss der Befruchtung im Sinne der „Kernverschmelzung".[261] Bewusst wird im Gegensatz zur „befruchteten Eizelle" in der Richtlinie der Begriff der „imprägnierten Eizelle" verwendet.[262] Die Kammer hätte sich in diesem Punkt insbesondere beim Richtliniengeber Expertise einholen müssen.[263]

Die Rechtsnatur als Unternehmensdelikt rührt – und das lässt die Kammer außer Acht[264] – allein aus der Tatsache, dass der Mediziner keinen vollumfänglichen Einfluss darauf hat, in wie vielen Fällen es tatsächlich zum Abschluss der Befruchtung kommt und die Strafbarkeit ansonsten vom Zufall abhinge.[265] Die Rechtsnatur als echtes Unternehmensdelikt hat daher durchaus seine Daseinsberechtigung.

Die Staatsanwaltschaft legte gegen das Urteil Revision[266] ein. Es bleibt abzuwarten, ob und wie das Oberlandesgericht München zur rechtlichen Würdigung des

---

[257] So LG Augsburg BeckRS 2018, 35087 Rn. 57. Beipflichtend *Daunderer* medstra 2019, 217 (219).

[258] Ähnlich *Gaede* medstra 2019, 252 (253 f.).

[259] Richtlinie zur Entnahme und Übertragung von menschlichen Keimzellen im Rahmen der assistierten Reproduktion, A 3.

[260] Siehe nur *Taupitz* NJW 2019, 337 (338). Gut nachvollziehbar und ausführlich wird die Argumentation des Gerichts anhand der Richtlinie zur Entnahme und Übertragung menschlicher Keimzellen durch den Beitrag von *Hübner/Pühler* MedR 2019, 488 f. widerlegt.

[261] *Taupitz* NJW 2019, 337 (338).

[262] *Hübner/Pühler* MedR 2019, 488.

[263] So *Hübner/Pühler* MedR 2019, 488 (489): „Bei dieser Sachlage und der Tragweite der Entscheidung, die das Gericht durchaus erkannt haben dürfte, hätte es seine Entscheidung nicht maßgeblich auf die eigene biologisch-medizinische Sachkunde und auf die einer nicht unabhängigen Gutachterin stützen dürfen."

[264] Gleichermaßen nicht überzeugend *Daunderer* medstra 2019, 217 (220).

[265] LG Augsburg BeckRS 2018, 35087 Rn. 61.

[266] Die Revisionsbegründung vom 11. Januar 2019 findet sich unter dem Aktenzeichen 202 Js 143548/14.

D. Die Leihmutterschaft mit Eizell- oder Embryospende

Landgerichts Augsburg Stellung nehmen wird. Die Debatte hat erst begonnen[267] und es wird wohl nicht die letzte heikle richterliche Entscheidungsfindung im Bereich der Fortpflanzungsmedizin sein.[268]

IV. Vergleich mit ausländischen Bestimmungen

In den USA ist die Herstellung von Embryonen zum Zwecke der Spende sowie das Verfahren der Embryospende seit Langem gebräuchlich, auch wenn es dort weitgehend an gesetzlichen Regelungen mangelt.[269]

In Großbritannien steht die Embryospende unter dem Vorbehalt, dass die Spender mit der Bekanntgabe ihrer Identität einverstanden sind.[270] Ferner ist sie dort nach Maßgabe des Human Fertilisation and Embryology Act stark reglementiert.

In Tschechien wird die Zulässigkeit der Embryospende durch das Gesetz über spezifische medizinische Dienstleistungen (Nr. 373/2011 Sb.76) und die Verordnung zur Qualität und Sicherung der Nutzung von menschlichem Gewebe und Zellen (Nr. 422/2008 Sb.77) geregelt. Nach Gesetz Nr. 373/2011 Sb. (§ 3 Abs. 5) ist selbst die gezielte Herstellung von Embryonen aus gespendeten Keimzellen zum Zweck der Embryospende unter bestimmten Voraussetzungen zulässig.

D. Die Leihmutterschaft mit Eizell- oder Embryospende

Thematisch eng im Zusammenhang mit der Eizellspende und der Embryospende steht die mit den Verfahren der Eizell- oder Embryospende jeweils kombinierte Leihmutterschaft.[271] Als Methode der Kinderwunschbehandlung hat sie sich mittlerweile weltweit etabliert.[272] Kein Gegenstand der vorliegenden Untersuchung ist die Leihmutterschaft ohne Eizellspende oder Embryospende, da sie keine Kinderwunschbehandlung im eigentlichen Sinne ist.

---

[267] *Gaede* medstra 2019, 252 (255).

[268] Zurecht *Gaede* medstra 2019, 252 (256).

[269] Deutscher Ethikrat, Gremiumssitzung vom 22. März 2016 in Berlin und Netzwerk Embryonenspende, Stellungnahme, S. 22 f.

[270] The Human Fertilisation and Embryology Authority (Disclosure of Donor Information) Regulations (S. I. 2004 No. 1511) vom 14. Juni 2014.

[271] Eine umfassende aktuelle Aufbereitung dieser Behandlungsform findet sich in der Monographie von *Sitter*, Grenzüberschreitende Leihmutterschaft, 2017; lesenswert auch der Beitrag von *Bujard/Thorn* Der Gynäkologe 2018, 639 ff., die auf S. 640 Tab. 1 die möglichen Varianten der Elternschaft bei zwei Wuncheltern abbilden.

[272] *Strowitzki*, Assistierte Reproduktionstechniken (ART) und Leihmutterschaft – medizinische Aspekte, in Ditzen/Weller (Hrsg.), Regulierung der Leihmutterschaft, 2018, S. 23 (27).

I. Begriffsbestimmung

Die Leihmutterschaft[273] mit Eizell- oder Embryospende bezeichnet das Austragen einer Schwangerschaft durch eine Frau, die nicht genetische Mutter des Kindes ist und das Kind nach dessen Entbindung der genetischen Mutter oder einem Dritten dauerhaft überlässt.[274] Letztlich handelt es sich um eine Schwangerschaftsspende.[275]

Geschütztes Rechtsgut ist das Kindeswohl.[276] Ein Auseinanderfallen von genetischer und austragender (rechtlicher) Mutter (sog. multiple Mutterschaft)[277] ist zu verhindern.[278] Überdies wird angeführt, das Kind werde mit Transferabsicht gezeugt und dann in menschenunwürdiger Weise zum bloßen Objekt degradiert, da es wie eine Ware hin- und hergeschoben werde.[279]

Die – für die Untersuchung maßgebliche – gesetzliche Begriffsbestimmung der Ersatzmutterschaft im ESchG ist mit derjenigen im Adoptionsvermittlungsgesetz[280] nicht deckungsgleich. Nach § 1 Abs. 1 Nr. 7 ESchG ist Ersatzmutter die Frau, welche bereit ist, nach der Durchführung einer künstlichen Befruchtung oder nach der Übertragung eines menschlichen Embryos auf sie, das ihr rechtlich zugeordnete Kind (§ 1591 BGB) nach der Geburt Dritten auf Dauer zu überlassen. § 13a AdVermiG fasst unter den Begriff der Ersatzmutter hingegen eine Frau, die aufgrund einer Vereinbarung bereit ist, sich einer natürlichen oder künstlichen Befruchtung zu unterziehen oder einen nicht von ihr stammenden Embryo auf sich übertragen zu lassen oder sonst auszutragen und das Kind nach der Geburt zur Annahme als Kind oder zur sonstigen Aufnahme auf Dauer zu überlassen.

---

[273] Synonyme: Miet-, Ammen-, Surrogat-, Ersatz- oder Tragemutterschaft, hierzu insb. *Püttner/Brühl* JZ 1987, 529 (534). v. *Wolff/Stute* differenzieren noch zwischen partieller und voller Leihmutterschaft, in Gynäkologische Endokrinologie und Reproduktionsmedizin, 2013, S. 413 ff.

[274] *Kaiser* in G/T/K (Hrsg.), ESchG, 2. Aufl. 2014, A. IV. Rn. 216.

[275] *Küpker*, Regulation der Reproduktionsmedizin im europäischen Vergleich, in Diedrich et al. (Hrsg.), Reproduktionsmedizin, 2013, S. 631 (635).

[276] Abschlußbericht der Bund-Länder-Arbeitsgruppe „Fortpflanzungsmedizin" vom 29. November 1988, BAnz vom 6. Januar 1989, Nr. 4a.

[277] Begriff verwendet von *Bujard/Thorn* Der Gynäkologe 2018, 639 ff.

[278] BT-Drucks. 11/5460, 6. Belegt ist die Bedrohung des Kindeswohls durch eine Ersatzmutterschaft mangels entwicklungspsychologischer Erkenntnisse nicht, *Dietrich*, Mutterschaft für Dritte, 1989, S. 258 ff. *Frommel* behauptet, es gebe seit der Einführung des § 1591 BGB keine Kindeswohlgefährdung mehr, siehe GesR 2018, 413 (415 insb. Fn. 10): „Ein Missverständnis: Kindeswohlgefährdung durch „gespaltene Mutterschaft"." Ein Auseinanderfallen von genetischer/biologischer und rechtlicher einschließlich sozialer Mutter gibt es aber nach wie vor.

[279] *Eser* in Grünwaldt/Hahn (Hrsg.), Was darf der Mensch?, 2001, 86 (96); *Eser/Koch* GS Keller, 2003, 15 ff. (24); *Laufs*, Rechtliche Grenzen der Fortpflanzungsmedizin, 1987, S. 32; *Vitzthum* in Günther/Keller (Hrsg.), Fortpflanzungsmedizin und Humangenetik, 1991, S. 61 ff., 75 f.

[280] Gesetz über die Vermittlung der Annahme als Kind und über das Verbot der Vermittlung von Ersatzmüttern i.d.F. vom 22. Dezember 2001 (BGBl. 2001 I, S. 2950), zuletzt geändert durch Art. 8 des Kinderförderungsgesetzes vom 10. Dezember 2008 (BGBl. I, S. 2403).

Die Unterschiede beruhen auf den verschiedenen Regelungsgegenständen der Vorschriften:[281] Während das ESchG bereits die Entstehung einer Ersatzmutterschaft auf künstlich beeinflusstem Wege verhindern will, zielt das AdVermiG auf die Vermeidung der Vermittlung einer Ersatzmutter im Allgemeinen ab.[282]

Daher nimmt § 1 Abs. 1 Nr. 7 ESchG nur auf die künstliche Befruchtung, § 13a AdVermiG daneben auch auf die natürliche Befruchtung Bezug. Hingegen ist die Bestimmung im ESchG dahingehend weiter gefasst, als sie die bloße Überlassungsbereitschaft der Ersatzmutter genügen lässt, während § 13a AdVermiG eine Vereinbarung mit entsprechendem Rechtsbindungswillen voraussetzt.[283]

II. Medizinische Grundlagen

Hinsichtlich der medizinischen Grundlagen sei auf die Ausführungen zur Eizellspende[284] und der Embryospende[285] verwiesen. Der einzige Unterschied zu diesen Verfahren besteht darin, dass die Frau, die das Kind nach der Durchführung der Eizellspende oder Embryospende gebärt, im Anschluss an die Geburt einem Dritten dauerhaft überlässt.

Die Keimzellen oder Embryonen können dabei von den Personen stammen, die das Kind im Anschluss an die Geburt erhalten sollen, aber auch – teilweise oder vollständig – von Dritten.

III. Rechtliche Zulässigkeit[286]

Die Leihmutterschaft mit Eizell- oder Embryospende ist nach § 1 Abs. 1 Nr. 7 EschG kategorisch verboten. Danach macht sich strafbar,

> wer es unternimmt, bei einer Frau, welche bereit ist, ihr Kind nach der Geburt Dritten auf Dauer zu überlassen (Ersatzmutter), eine künstliche Befruchtung durchzuführen [Variante 1, Eizellspende] oder auf sie einen menschlichen Embryo zu übertragen [Variante 2, Embryospende].

---

[281] *Taupitz* in G/T/K (Hrsg.), EschG, 2. Aufl. 2014, C. II. § 1 Abs. 1 Nr. 7 Rn. 5.
[282] *Taupitz* in G/T/K (Hrsg.), EschG, 2. Aufl. 2014, C. II. § 1 Abs. 1 Nr. 7 Rn. 3.
[283] *Liermann* in Soergel (Hrsg.), BGB, Bd. 20, 13. Aufl. 2000, Anhang Vor § 1741 Rn. 27.
[284] Dazu B. II.
[285] Dazu C. II.
[286] Das Thema unter rechtspolitischen Gesichtspunkten beleuchtet *Harbarth*, Leihmutterschaft und Reproduktionstourismus, in Ditzen/Weller (Hrsg.), Regulierung der Leihmutterschaft, 2018, 81 ff.

1. Tatbestandsvarianten

Die Bestimmung enthält zwei tatbestandliche Varianten: Den Befruchtungstatbestand in Variante eins und den Übertragungstatbestand in Variante zwei. Es genügt die Verwirklichung einer der beiden Varianten („oder"). Der Unterschied besteht darin, dass in der ersten Tathandlungsmodalität noch eine unbefruchtete Eizelle vorliegt, in der zweiten hingegen bereits ein Embryo im Sinne des § 8 Abs. 1 ESchG entstanden ist. Beiden Tathandlungsvarianten ist – wie sich bereits aus dem Wortlaut der Norm ergibt – jedoch gemeinsam, dass sie eine Frau voraussetzen, die von der Eizellspenderin personenverschieden ist und im Zeitpunkt der Befruchtung (Var. 1) bzw. der Übertragung (Var. 2) bereit ist, das Kind nach der Geburt einem Dritten, und das kann auch die Eizellspenderin sein, zu überlassen.

2. Echte Unternehmensdelikte

Auch bei § 1 Abs. 1 Nr. 7 ESchG handelt es sich in beiden Varianten um echte Unternehmensdelikte („wer es unternimmt"). Mit Versuchsbeginn kommt es damit bereits zur formellen Vollendung. Bei der ersten Variante sind die Gründe mit denen des § 1 Abs. 1 Nr. 2 ESchG deckungsgleich: Der Befruchtungserfolg ist häufig nicht feststellbar und hängt weitgehend von Umständen ab, die der Täter nicht beeinflussen kann. Bei der Übertragungsvariante (Embryo) gilt Vergleichbares: Der Übertragungserfolg hängt nicht nur vom Geschick des Täters ab, sondern von weiteren Faktoren, die sich seines Einflussbereichs entziehen.

3. Subjektiver Tatbestand

In subjektiver Hinsicht genügt in beiden Tatbestandsvarianten wiederum bedingter Vorsatz.[287]

4. Tatbestand im Gesamtgefüge des § 1 Abs. 1 ESchG

Der Tatbestand in Ziffer 7 wirkt neben §§ 1 Abs. 1 Nrn. 1, 2 und 6 Alt. 1 ESchG flankierend, soll also der Entstehung von Ersatzmutterschaften vorbeugen[288] und mithin das Kindeswohl durch die Vermeidung gespaltener Mutterschaften schützen.[289]

---

[287] *Taupitz* in G/T/K (Hrsg.), ESchG, 2. Aufl. 2014, C. II. § 1 Abs. 1 Nr. 7 Rn. 29 mit Verweis auf *Günther* in G/T/K (Hrsg.), ESchG, 2. Aufl. 2014, C. II. Vor § 1 Rn. 37, 42 ff.

[288] *Taupitz* in G/T/K (Hrsg.), ESchG, 2. Aufl. 2014, C. II. § 1 Abs. 1 Nr. 7 Rn. 1.

[289] BT-Drucks. 11/5460, 9. Zur Kritik an dieser Begründung: *Taupitz* in G/T/K (Hrsg.), ESchG, 2. Aufl. 2014, C. II. § 1 Abs. 1 Nr. 7 Rn. 12 sowie *Deichfuss,* Abstammungsrecht, 1991, S. 185 ff.

D. Die Leihmutterschaft mit Eizell- oder Embryospende

5. Vorfeldtatbestand: § 1 Abs. 1 Nr. 6 Alt. 1 ESchG

Im Vorfeld gilt nach § 1 Abs. 1 Nr. 6 Alt. 1 ESchG, dass sich strafbar macht,

> *wer (…) einer Frau einen Embryo vor Abschluss seiner Einnistung in der Gebärmutter entnimmt, um diesen auf eine andere Frau zu übertragen.*

Die Norm will Embryonenspenden verhindern und so der Entstehung von Ersatzmutterschaften entgegenwirken.[290] Die Formulierung „um…zu" kennzeichnet das Delikt als eines mit überschießender Innentendenz.[291]

Eine tateinheitliche Verwirklichung von § 1 Abs. 1 Nr. 6 ESchG ist möglich, wenn der Embryo der Frau entnommen wird, um ihn auf eine Ersatzmutter zu übertragen.[292]

IV. Vergleich mit ausländischen Bestimmungen[293]

Die Leihmutterschaft ist neben Deutschland[294] in Dänemark, Frankreich[295] (Art. 16–7 Code Civil), Italien (Art. 1418 Abs. 2 i. V. m. Art. 1346 Coice civile), Norwegen (§§ 2–15 Lov om humanmedisinsk bruk av bioteknologi), Österreich (§§ 3 Abs. 3, 23 FMedG), Spanien (Art. 10 Abs. 1 Ley 14/2006 Sobre técnicas de reproducción humana asistida) und der Schweiz[296] (Art. 119 Abs. 2 Satz 2 lit. d Bundesverfassung; Art. 4, 31 FMedG) ausdrücklich verboten.

In England,[297] Griechenland, Kalifornien, Australien, Neuseeland und der Ukraine[298] sowie in Belgien, den Niederlanden, Georgien, Russland, Israel, Kanada, Indien und den Vereinigten Staaten von Amerika[299] ist das Verfahren der Leihmut-

---

[290] BT-Drucks. 11/5460, 8 f.

[291] BGHSt 4, 107 (108).

[292] *Taupitz* in G/T/K (Hrsg.), EschG, 2. Aufl. 2014, C. II. § 1 Abs. 1 Nr. 7 Rn. 34.

[293] Umfassend hierzu *Dethloff*, Leihmutterschaft in rechtsvergleichender Perspektive, in Ditzen/Weller (Hrsg.), Regulierung der Leihmutterschaft, 2018, S. 55 ff.

[294] Klar positioniert sich auch die Große Koalition der 18. Legislaturperiode im Koalitionsvertrag: „Die Leihmutterschaft lehnen wir ab, da sie mit der Würde des Menschen unvereinbar ist." Deutschlands Zukunft gestalten – Koalitionsvertrag zwischen CDU, CSU und SPD, 18. Legislaturperiode, S. 99.

[295] *Gummersbach*, Die Leihmutterschaft im französischen Recht, in Ditzen/Weller (Hrsg.), Regulierung der Leihmutterschaft, 2018, S. 101 ff.

[296] *Engelhardt*, Die Leihmutterschaft im schweizerischen Recht, in Ditzen/Weller (Hrsg.), Regulierung der Leihmutterschaft, 2018, S. 93 ff.

[297] *Schwind*, Regulierung der Leihmutterschaft im Vereinigten Königreich, in Ditzen/Weller (Hrsg.), Regulierung der Leihmutterschaft, 2018, 117 ff.

[298] *Duden*, Leihmutterschaft im Internationalen Privat- und Verfahrensrecht, 2015, S. 8 f.

[299] *Wellenhofer* JuS 2015, 841 (842). Ausführlich *Engelhardt*, Die Leihmutterschaft im US-amerikanischen Recht am Beispiel von Kalifornien und New Hampshire, in Ditzen/Weller (Hrsg.), Regulierung der Leihmutterschaft, 2018, 133 ff.

terschaft hingegen erlaubt.[300] Teilweise (Belgien, Griechenland, Niederlande, England, Australien, Kanada, Neuseeland, z.T. USA) nur in altruistischer Form, teilweise (Georgien, Israel, Ukraine, Russland, Kalifornien, Indien) auch in kommerzieller Form.[301]

E. Die post-mortem-Befruchtung

Von vergleichsweise geringer praktischer Relevanz ist die Befruchtung im Anschluss an den Tod eines Keimzellspenders, sog. post-mortem-Befruchtung.

I. Begriffsbestimmung

Die post-mortem-Befruchtung im weiteren Sinne behandelt zwei besondere Formen der Befruchtung nach dem Tod eines Keimzellenspenders. Entweder ist der Samenspender, mit dessen Spermium eine Eizelle befruchtet wird, im Zeitpunkt der Befruchtung bereits verstorben (post-mortem-Befruchtung im engeren Sinne, § 4 Abs. 1 Nr. 3 ESchG) oder die Befruchtung wird erst nach dem Tod der Frau, von der die Eizelle stammt, durchgeführt. Die Zeugung eines Kindes ist im letzteren Fall nur mit Hilfe einer Leihmutter möglich, entweder im Wege einer Eizellspende in Kombination mit einer artifiziellen Insemination *in vivo* oder mittels einer Embryonenspende nach vorheriger IVF-Behandlung. § 4 Abs. 1 Nr. 3 ESchG bildet mit dem Lebensende eines Keimzellspenders das Ende seiner natürlichen Fortpflanzungsfähigkeit rechtlich ab.

Eine Befruchtung mit dem Sperma nach dem Tod des Mannes spielt in den Fällen eine Rolle, in denen die Gefahr besteht, dass der Mann seine Zeugungsunfähigkeit oder gar sein Leben verliert,[302] etwa wenn er an einer Tumorerkrankung leidet, eine Behandlungstherapie bevorsteht, bei der er sich sterilisieren lässt, er einen Kriegseinsatz im Ausland plant oder die Familienplanung zeitlich hinausgeschoben werden soll (*„social freezing"*), sog. Zeugungsvorsorge.[303] In diesen Fällen wird im Vorfeld das Sperma des Mannes kryokonserviert, um es zur Erfüllung des Kinderwunsches zu einem späteren Zeitpunkt nutzen zu können.

---

[300] Ein umfassender Überblick zu den europaweiten Regelungen findet sich auf http://www.biopolicywiki.org/index.php?title=Europe, letzter Abruf am 1. Juni 2019.

[301] *Strowitzki*, Assistierte Reproduktionstechniken (ART) und Leihmutterschaft in Ditzen/Weller (Hrsg.), Regulierung der Leihmutterschaft, 2018, S. 23 (24). Daneben sind auch die genetische Verbindung zur Leihmutter, bestimmte persönliche Eigenschaften der Leihmutter sowie der Wunscheltern, aber auch eine Inlandsbeziehung bedeutsam, dazu *Dethloff*, Leihmutterschaft in rechtsvergleichender Perspektive, in Ditzen/Weller (Hrsg.), Regulierung der Leihmutterschaft, 2018, 55 (59 ff.).

[302] *Taupitz* in G/T/K (Hrsg.), ESchG, 2. Aufl. 2014, C. II. § 4 Rn. 25.

[303] *Taupitz* in G/T/K (Hrsg.), ESchG, 2. Aufl. 2014, C. II. § 4 Rn. 25.

II. Medizinische Grundlagen

Die Keimzellen liegen nicht zwingend, aber regelmäßig in kryokonserviertem Zustand vor. Sie müssen daher zunächst aufgetaut werden.

Sind Spermienzellen und Eizellen noch isoliert, ist es möglich, eine Befruchtung im Körperinneren der Frau oder im Reagenzglas durchzuführen. Nach dem Auftauvorgang ist eine Befruchtung *in vivo* (artifizielle Insemination) möglich, wenn nur die Spermienzellen eingefroren waren. Eine Befruchtung *in vitro* (IVF) hingegen kommt daneben auch dann in Betracht, wenn auch die Eizellen eingefroren waren.[304]

Nutzt der Arzt weibliche Keimzellen (Oocyten), dann verläuft die Behandlung nach dem Auftauen der weiblichen Keimzellen wie eine gewöhnliche IVF-Therapie.[305] Bedient man sich hingegen der männlichen Keimzellen (Spermatozoen), dann ist neben einer *in vitro* Fertilisation auch eine *in vivo* Befruchtung[306] möglich.

Die Befruchtung erfolgt nach dem Tod eines oder beider Keimzellspender. Der Eintritt des Todes im rechtlichen Sinne und damit auch im Sinne des § 4 Abs. 1 Nr. 3 ESchG richtet sich nach dem Hirntod gem. § 3 Abs. 2 Nr. 2 TPG. Danach tritt der Tod mit dem endgültigen, irreversiblen Ausfall der Gesamtfunktion des Großhirns, des Kleinhirns und des Hirnstamms ein; dies ist anhand der Verfahrensregeln, die dem Stand der Erkenntnisse der medizinischen Wissenschaft entsprechen, festzustellen.[307]

III. Rechtliche Zulässigkeit

Im Hinblick auf die rechtliche Zulässigkeit des Verfahrens ist zwischen dem Tod der Frau, von der die Eizelle stammt und dem Tod des Mannes, von dem das Sperma stammt, zu unterscheiden. Betont sei noch einmal, dass maßgebend ist, dass der Keimzellspender im Zeitpunkt der künstlichen Befruchtung bereits verstorben ist.

1. Tod der Frau (Eizellspenderin)

Nach dem Tod der Keimzellspenderin ist ein Transfer des mit ihrer Eizelle außerhalb des Körpers erzeugten Embryos nicht mehr möglich. Die Eizelle muss daher gespendet werden. Ein solches Verhalten ist nach § 1 Abs. 1 Nr. 2 ESchG verboten. Danach

> (...) wird bestraft, wer es unternimmt, eine Eizelle zu einem anderen Zweck künstlich zu befruchten, als eine Schwangerschaft der Frau herbeizuführen, von der die Eizelle stammt.

---

[304] Zum Verfahren der Kryokonservierung siehe § 4 B. II. 1. f).
[305] Siehe dazu die Ausführungen in § 4 B. II. 1. d).
[306] Zur zivilrechtlichen Zulässigkeit des Verfahrens siehe *Britting*, Die postmortale Insemination als Problem des Zivilrechts, 1989.
[307] S/S-*Eser/Sternberg-Lieben*, StGB, 30. Aufl. 2019, Vor §§ 211 ff. Rn. 16 ff., insb. Rn. 19.

Hierzu hat das Oberlandesgericht Karlsruhe (Zivilsenat) im Jahre 2016 ausgeurteilt, dass, wenn nach dem Behandlungsvertrag mit der Fortpflanzungsklinik eine Herausgabe von kryokonservierten Eizellen und Embryonen nur an das Ehepaar möglich ist, der Ehemann nach dem Tode seiner Frau keinen Anspruch auf Herausgabe hat.[308] Anders als dem der Entscheidung des Oberlandesgerichts Rostock zugrunde liegenden Sachverhaltes[309] war die Frau verstorben, von der die Eizellen stammten, sodass die Verbotsnorm des § 1 Abs. 1 Nr. 2 ESchG einschlägig war.[310] Im Gegensatz zu § 4 Abs. 1 Nr. 3 ESchG (post-mortem-Befruchtung im engeren Sinne) will der Gesetzgeber mit der Schaffung des § 1 Abs. 1 Nr. 2 ESchG jede Form der künstlichen Befruchtung verbieten, die einem anderen Zweck dient als der Herbeiführung der Schwangerschaft der Frau, von der die Eizelle stammt.[311] In diesem Fall verläuft der Transfer der Eizelle bzw. des bereits entstandenen Embryos abweichend zum ursprünglich geplanten.

Problematisch ist, wenn im Zeitpunkt des Todes der Frau bei einer kryokonservierten imprägnierten Eizelle der Auftauvorgang in Gang gesetzt wird. Es stellt sich dann die Frage, ob ein solches „In-Gang-Setzen des Auftauvorganges" ein *künstliches Befruchten* i.S.v. § 1 Abs. 1 Nr. 2 ESchG darstellt.[312]

2. Tod des Mannes (Samenspender)

a) Zulässige Maßnahmen

aa) Kryokonservierung von Keimzellen, 2-PN-Zellen sowie Embryonen[313]

Anders als der „Entwurf eines Gesetzes zur Regelung von Problemen der künstlichen Befruchtung beim Menschen und bei Eingriffen in die menschliche Keimbahn"[314] vorsah,[315] ist die Kryokonservierung unbefruchteter und lediglich

---

[308] OLG Karlsruhe FamRZ 2016, 1790 ff. Eine knappe Zusammenfassung findet sich bei *Wasserburg/Meller* NStZ 2018, 640 (642 f.).

[309] Siehe dazu unter 2. c) aa).

[310] Treffend *Wasserburg/Meller* NStZ 2018, 640 (643).

[311] *Wasserburg/Meller* NStZ 2018, 640 (643).

[312] Zu diesem Problem siehe oben C. III. 3.

[313] Allgemein zu den rechtlichen Problemen im Zusammenhang mit der Kryokonservierung: *Frister/Börgers*, in Frister/Olzen (Hrsg.), Reproduktionsmedizin: Rechtliche Fragestellungen, 2010, S. 93 ff. sowie *Möller/Hilland*, Kryokonservierung von Keimzellen – Rechtlicher Rahmen und Vertragsgestaltung, in Frister/Olzen (Hrsg.), Reproduktiosmedizin: Rechtliche Fragestellungen, 2010, S. 125 ff. Jedoch ist die Zulässigkeit der Kryokonservierung von Embryonen in einigen Bundesländern berufsrechtlich nach Ziff. 5.2 der (Muster-)Richtlinie zur Durchführung der assistierten Reproduktion ausdrücklich untersagt, es sei denn die im Behandlungszyklus vorgesehene Übertragung ist unmöglich geworden, DÄBl. 2006, Jg. 103, Heft 20, A-1392 (A-1397).

[314] BT-Drucks. 11/5710.

[315] BT-Drucks. 11/5710.

imprägnierter Eizellen[316] sowie von Embryonen[317] nicht verboten. Das ESchG unterstellt das Verfahren („Konservierung") nach § 9 Nr. 4 ESchG lediglich einem Arztvorbehalt. Das Gesetz setzt damit voraus, dass die Kryokonservierung ein zulässiges Verfahren ist. Darüber hinaus ist die Kryokonservierung von Ovar- und Hodengewebe nach dem ESchG nicht verboten.[318]

Die Annahme eines entsprechenden Verbotes stünde im Widerspruch zu der *ratio legis* des ESchG. Denn die Kryokonservierung von Embryonen und imprägnierten Eizellen hat gerade den Zweck, überzählige Embryonen und überzählige imprägnierte Eizellen, anstatt sie zu verwerfen, künftig anderweitig zu verwenden, etwa im Wege einer Embryonenspende. Darüber hinaus dient die Kryokonservierung der Vermeidung von Strapazen infolge einer erneuten Behandlung.[319] So lassen sich mit deutlich geringerem Aufwand (medizinischer und finanzieller Art) weitere Embryotransfers durchführen.[320]

bb) Auftauen einer kryokonservierten, befruchteten Eizelle i. S. d. § 8 ESchG nach dem Tod des Mannes

Haben sich die beiden haploiden Chromosomensätze der Vorkerne bereits zu einem diploiden Chromosomensatz des neuen Genoms vereinigt (Konjugation), ist der Tatbestand des § 4 Abs. 1 Nr. 3 ESchG mangels tauglichen Tatobjektes nicht mehr zu verwirklichen.[321] In diesem Fall ist bereits ein Embryo i. S. d. § 8 Abs. 1 ESchG entstanden.[322]

---

[316] Zu diesen beiden siehe *Frommel* ReprodMed 2002, 158 (179). Eine Erzeugung von 2-PN-Zellen auf Vorrat ist möglich, da § 1 Abs. 2 ESchG das Merkmal „innerhalb eines Zyklus" nicht enthält, so *Ratzel* ReprodMed 2002, 199 (202 Fn. 14). Auch das Berufsrecht gestattet Ärzten die Kryokonservierung von 2-PN-Zellen, dazu Nr. 4.2 der (Muster-)Richtlinie zur Durchführung der assistierten Reproduktion, DÄBl. 2006, A-1392 (A-1397). Lesenswert der Beitrag von *Krüssel/Leeb* Der Gynäkologe 2010, 696 ff.

[317] Im Umkehrschluss aus § 2 Abs. 1 ESchG, da letztlich die Erhaltung des Embryos bezweckt wird und eine Verbesserung seiner Überlebenschancen einhergeht, *Günther* in G/T/K (Hrsg), ESchG, 2. Aufl. 2014, C. II. § 2 Abs. 1 Rn. 37; *Frommel* ReprodMed 2002, 158 (179). Anders sieht das, rein auf verfassungsrechtliche Gesichtspunkte gestützt *Kamps* MedR 1994, 339 (341).

[318] *Revermann/Hüsing*, Fortpflanzungsmedizin, 2011, S. 209.

[319] *Günther* in G/T/K (Hrsg.), ESchG, 2. Aufl. 2014, C. II. § 1 Abs. 1 Nr. 5 Rn. 3, gemeint sind hormonelle Stimulation und Eizellpunktion bei der Frau.

[320] *Krüssel/Leeb* Der Gynäkologe 2010, 696.

[321] Dazu allgemein *Neidert* MedR 2007, 279 (280).

[322] *Prehn* MedR 2011, 559.

cc) Embryotransfer nach Tod des Samenspenders[323]

Erlaubt ist außerdem ein Embryotransfer nach dem Tod des Samenspenders.[324] In diesen Fällen genießt der Lebensschutz des Embryos Vorrang gegenüber dem Risiko einer möglichen Kindeswohlgefährdung.[325]

b) Unzulässige Maßnahme: Eindringenlassen oder Einbringen des Spermiums nach dem Tod des Samenspenders in die Eizelle

Verboten ist es, im Rahmen von § 4 Abs. 1 Nr. 3 EschG, erst nach dem Versterben des Mannes, von dem das Sperma stammt, dieses in ein Kulturmedium mit Eizellen zu verbringen. Das gilt selbst dann, wenn der Spender einer Verwendung des Spermas nach seinem Tod zugestimmt hat,[326] etwa durch eine vertragliche Erklärung oder eine letztwillige Verfügung.

Bereits an dieser Stelle sei auf ein neuerliches Urteil der achten Zivilkammer des Landgerichts Traunstein[327] sowie des dritten Zivilsenates des Oberlandesgerichts München[328] hingewiesen. Danach bestehe kein Anspruch der Ehefrau und Alleinerbin ihres verstorbenen Ehemanns auf Herausgabe seiner kryokonservierten Spermaproben, um damit im Ausland eine post-mortem-Befruchtung an sich durchführen zu lassen.[329] Denn der Arzt, der das Sperma aushändigt, mache sich einer Beihilfe zum Verstoß gegen § 4 Abs. 1 Nr. 3 EschG schuldig.[330]

Zu einer Klärung durch das Bundesverfassungsgericht, ob das Verbot in § 4 Abs. 1 Nr. 3 EschG verfassungsmäßig ist, wird es vorerst nicht kommen. Denn die Revisionsklägerin hat die Revision gegen das Urteil des Oberlandesgerichts München nicht weiterverfolgt, sodass eine Vorlage nach Art. 100 Abs. 1 GG (konkrete Normenkontrolle) durch den Bundesgerichtshof zum Bundesverfassungsgericht in diesem Verfahren nicht geben wird.[331]

---

[323] Dazu *May*, Rechtliche Grenzen der Fortpflanzungsmedizin, 2003, S. 138 sowie *Taupitz* in G/T/K (Hrsg.), EschG, 2. Aufl. 2014, C. II. § 4 Rn. 33; auch *Müller-Terpitz* ZRP 2016, 51 (54).

[324] *May*, Rechtliche Grenzen der Fortpflanzungsmedizin, 2003, S. 138.

[325] *Taupitz* in G/T/K (Hrsg.), EschG, 2. Aufl. 2014, C. II. § 4 Rn. 33.

[326] *Krüger*, Das Verbot der post-mortem-Befruchtung, 2010, S. 13. Zur Diskussion, ob ein ausdrücklich geäußerter Wille des Verstorbenen dem Verbot in § 4 Abs. 1 Nr. 3 EschG entgegensteht, siehe die Anmerkung von *Inthorn/Pisani* zu OLG München Urt. vom 22. Februar 2017 – 3 U 4080/16 in MedR 2018, 419 ff.

[327] LG Traunstein, Urt. v. 21. September 2016, Az.: 8 O 2014/16 (nicht veröffentlicht).

[328] OLG München MedR 2018, 415 ff.

[329] OLG München MedR 2018, 415 (416 Rz. 18–23); LG Traunstein, Urt. v. 21. September 2016, Az.: 8 O 2014/16, Tenor in der Hauptsache sowie S. 3 f.

[330] OLG München MedR 2018, 415 (416 Rz. 18).; LG Traunstein, Urt. v. 21. September 2016, Az.: 8 O 2014/16, S. 4.

[331] OLG München MedR 2018, 415 (419 Rz. 55 zur Revisionszulassungsentscheidung). Eine knappe Zusammenfassung findet sich bei *Wasserburg/Meller* NStZ 2018, 640 (643).

c) In der Zulässigkeit umstrittene Maßnahme: Auftauen und Weiterkultivieren einer kryokonservierten 2-PN-Zelle nach dem Tod des Samenspenders

Kontrovers diskutiert wird, ob der Tatbestand des § 4 Abs. 1 Nr. 3 EschG auch dann erfüllt ist, wenn noch vor dem Tod des Mannes die Eizelle imprägniert, die imprägnierte Eizelle sodann kryokonserviert und der Auftauvorgang nach dem Tod des Mannes eingeleitet wird, sodass erst dann ein Embryo im Sinne des EschG zur Entstehung gelangt. Während das Landgericht Neubrandenburg[332] als Ausgangsinstanz eine „Befruchtung" i.S.d. § 4 Abs. 1 Nr. 3 EschG in einem solchen Fall bejahte, verneinte die Berufungsinstanz (Oberlandesgericht Rostock)[333] eine Befruchtung, da mit der bloßen Ingangsetzung des Auftauvorgangs (Entfernung des Kryoprotektivs und Gabe in ein Kultivierungsmedium) das Sperma nicht „verwendet" würde.

aa) Sachverhalt und Verfahrensgang

In dem zugrunde liegenden zivilgerichtlichen Fall wurden einer Frau neun Eizellen entnommen und extrakorporal mit den Spermien ihres (zu dieser Zeit noch lebenden) Mannes imprägniert.[334] Nach einigen Stunden bildeten sich in der imprägnierten Eizelle zwei Vorkerne aus. Die daraus entstandenen 2-PN-Zellen wurden kryokonserviert. Nachdem der Mann verstorben war, kam im Rahmen des Prozesses die Frage auf, ob die Weiterentwicklung der kryokonservierten 2-PN-Zellen dem Tatbestand des § 4 Abs. 1 Nr. 3 EschG unterfällt. Die Frau, von der die Eizelle stammte, lebte zu diesem Zeitpunkt noch. Kernstreitpunkt war, ob das Sperma des zu diesem Zeitpunkt verstorbenen Mannes noch verwendet wird und damit ein „Befruchten" i.S.d. § 4 Abs. 1 Nr. 3 EschG vorliegt oder nicht.

(1) Entscheidung des Landgerichts Neubrandenburg

Die Kammer des Landgerichts Neubrandenburg vertrat in ihrem Urteil die Rechtsauffassung, dass es sich bei imprägnierten Eizellen um noch nicht befruchtete Eizellen handele, sodass die Fortsetzung des bereits eingeleiteten, aber mittels Kryokonservierung unterbrochenen Befruchtungsvorgangs als wissentliche künstliche Befruchtung einer Eizelle mit dem Samen eines Mannes nach dessen Tod zu werten sei.[335] Das Gesetz kenne nur die befruchtete und die unbefruchtete Eizelle, die imprägnierte Eizelle sei nach dem Wortlaut der Vorschrift und unter Berücksichtigung

---

[332] Urt. v. 12. August 2009 – 2 O 111/09 (Zivilsache) = FamRZ 2010, 686.

[333] In MedR 2010, 874.

[334] Letztlich ging es darum, ob eine Herausgabeklage aus § 985 BGB begründet ist oder ob eine solche an der rechtlichen Unmöglichkeit der Herausgabepflicht § 275 Abs. 1 Alt. 2 BGB i.V.m. § 134 BGB i.V.m. § 4 Abs. 1 Nr. 3 EschG scheitert.

[335] Zustimmend: *Frister/Börgers*, Rechtliche Probleme bei der Kryokonservierung von Eizellen, in Frister/Olzen (Hrsg.), Reproduktionsmedizin: Rechtliche Fragestellungen, 2010, S. 93 (106) mit Verweis auf *Frommel* J Reprod Endo 2004, 104 (105).

kriminalpolitischer Erwägungen der Kategorie „unbefruchtete Eizelle" zuzuordnen. Einer weiten Auslegung des Begriffs „befruchtet" könne nicht gefolgt werden, da nach dem allgemeinen Sprachgebrauch eine Eizelle erst mit Abschluss des Befruchtungsvorgangs tatsächlich befruchtet sei.[336] Die Einordnung der imprägnierten Eizelle als befruchtete würde zu erheblichen Strafbarkeitslücken führen. Die maßgebliche Handlung, an die das strafrechtliche Unrecht angeknüpft werden kann, sei das Auftauen und die damit verbundene Fortsetzung des Befruchtungsvorgangs. Eine „befruchtete Eizelle" liege erst mit der Kernverschmelzung vor. Befruchtung im eigentlichen Sinne bezeichne die Zugabe oder Injektion von Sperma, schließe jedoch unter Berücksichtigung des Bestimmtheitsgrundsatzes (Art. 103 Abs. 2 GG) die Erstreckung auf das Auftauen einer kryokonservierten imprägnierten Eizelle nicht aus.

(2) Entscheidung des Oberlandesgerichts Rostock

Der siebente Senat des Oberlandesgerichts Rostock[337] hatte in der Berufungsinstanz die Frage zu klären, ob das Sperma in einer kryokonservierten imprägnierten Eizelle beim Auftauen „verwendet" wird und der Auftauvorgang damit gegen § 4 Abs. 1 Nr. 3 EschG verstößt. Denn nach dem Bericht des Rechtsausschusses des deutschen Bundestages soll maßgebend sein, dass „nicht Samen eines Mannes verwendet wird, der bereits verstorben ist".[338] Darauf könne zurückgegriffen werden, da das EschG keine Legaldefinition für das „künstliche Befruchten" beinhalte. Ebenso stellt der Schlussbericht der vom Bundestag eingesetzten Enquete-Kommission „Recht und Ethik der modernen Medizin" vom 14. Mai 2002[339] fest, dass „eine postmortale Verwendung von Keimmaterial ausgeschlossen ist".[340] Das Vorliegen eines „Verwendens" lehnt der Senat ab.[341] Er stützt seine Rechtsauffassung neben dem Wortlaut des § 4 Abs. 1 Nr. 3 EschG sowie systematischen Gesichtspunkten maßgeblich auf eine historische Auslegung des Begriffs „Verwen-

---

[336] So auch *Krüger*, Das Verbot der post-mortem-Befruchtung, 2010, S. 6 f.

[337] OLG Rostock MedR 2010, 874 ff. Zuspruch erfährt die Entscheidung insbesondere durch *Müller-Terpitz* in Spickhoff (Hrsg.), Medizinrecht, 3. Aufl. 2018, EschG § 4 Rn. 4, *K. H. Möller*, Rechtliche Regelung der Reproduktionsmedizin in Deutschland, in Diedrich et al. (Hrsg.), Reproduktionsmedizin, 2013, Kap. 48, S. 583 (588), *Taupitz* in G/T/K (Hrsg.), EschG, 2. Aufl. 2014, C. II. § 4 Rn. 33 sowie *Frommel* GesR 2018, 413 (418 f.). Ablehnend hingegen *Prehn* MedR 2011, 559 (566), die im systematischen Vergleich mit § 1 Abs. 2 EschG zu einem anderen Auslegungsergebnis gelangt. *Revermann/Hüsing* gehen gar unkritisch von der Zulässigkeit dieser Behandlungsvariante aus, in: Fortpflanzungsmedizin, 2011, S. 207 f.

[338] BT-Drucks. 11/8057, 16.

[339] BT-Drucks. 14/9020, 32.

[340] BT-Drucks. 14/9020, 35.

[341] Eine „im Interesse der Frau zu begrüßende Entscheidung", so *K.H. Möller*, Rechtliche Regelung der Reproduktionsmedizin in Deutschland, in Diedrich et al. (Hrsg.), Reproduktionsmedizin, 2013, Kap. 48, S. 583 (588).

den"³⁴² und damit auf das schutzwürdige Recht der Mutter, über die Nutzung ihrer imprägnierten Eizellen zu bestimmen. Das Kindeswohl soll nicht entgegenstehen, da es der ausdrücklich geäußerte Wunsch beider Elternteile war, das Kind zu bekommen. Darüber hinaus bestehe ein Wertungswiderspruch, wenn eine imprägnierte Eizelle aufgetaut wird, ein „Verwenden" zu bejahen, bei der Übertragung eines bereits entstandenen Embryos hingegen zu verneinen.³⁴³ Ferner sei ein Wertungswiderspruch zum Adoptionsrecht zu erkennen (§ 1753 Abs. 2 BGB), da auch nach dem Tod des Antragstellers eine Adoption ausgesprochen werden kann, selbst wenn dies nicht mehr zur Begründung eines Eltern-Kind-Verhältnisses führen kann.³⁴⁴

bb) Fazit

Der Rechtsauffassung des Oberlandesgerichts Rostock ist zu folgen, da das Gericht die Entscheidung des Landgerichts Neubrandenburg aufgehoben hat, und es bislang keine weitere Rechtsprechung oberster Gerichte oder des Bundesgerichtshofes zum Thema gab.

Daher lässt sich an dieser Stelle festhalten, dass das bloße Auftauen und Weiterkultivieren einer kryokonservierten 2-PN-Zelle bei Vorversterben lediglich des Samenspenders kein „Befruchten" im Sinne von § 4 Abs. 1 Nr. 3 ESchG und damit straflos ist. Ärztliches Personal, das eine derartige Eizelle herausgibt, macht sich mangels strafbarer Haupttat nicht wegen Beihilfe nach §§ 4 Abs. 1 Nr. 3 ESchG, 27 Abs. 1 StGB strafbar. Nach Ziffer 5.2 der (Muster-)Richtlinie zur Durchführung der assistierten Reproduktion sind kryokonservierte imprägnierte Eizellen im Fall des Todes eines Partners allerdings zu verwerfen.³⁴⁵ Dieser Richtlinie folgend enthalten die von deutschen Reproduktionsmedizinzentren verwendeten Musterverträge des Bundesverbandes Reproduktionsmedizinischer Zentren Deutschlands e. V. (§ 12 Abs. 4)³⁴⁶ über die Kryokonservierung von Keimzellen die Klausel, dass im Falle des Todes eines Keimzellspenders der Vertrag endet und die kryokonservierten Eizellen zu verwerfen sind.³⁴⁷

Letztlich kann der Auftauvorgang damit nur im Ausland durchgeführt werden. Die Herausgabe der kryokonservierten 2-PN-Zellen ist im Falle des ausschließlichen Vorversterbens des Samenspenders vor Abschluss der Befruchtung straflos.³⁴⁸

---

[342] BT-Drucks. 11/8057, 16: Samen eines verstorbenen Mannes soll nicht verwendet werden.
[343] *Taupitz* in G/T/K (Hrsg.), ESchG, 2. Aufl. 2014, C. II. § 4 Rn. 33.
[344] LG Kassel NJW-RR 2006, 511.
[345] DÄBl. 2006, A 1392 (A 1402).
[346] Abgedruckt bei *Krüssel/Leeb* Der Gynäkologe 2010, 696 (697 f.), Kritik übt *Tolmein* NJW-aktuell 2010, 12 f.
[347] Dies wird jedoch in der Praxis des Öfteren missachtet, zustimmend dazu etwa *Krüssel/Leeb* Der Gynäkologe 2010, 696 (698).
[348] Strafbar ist hingegen nach der hier vertretenen Auffassung ein Auftauen und Weiterkultivieren einer kryokonservierten 2-PN-Zelle, wenn die Frau, von der die Eizelle stammt, die imprägniert wurde, im Zeitpunkt der Tathandlung bereits verstorben ist. Dies wird durch § 1 Abs. 1 Nr. 2 ESchG pönalisiert.

Ob eine Herausgabe zivilrechtlich durchgesetzt werden kann, ist vor dem Hintergrund der bestehenden vertraglichen Vernichtungspflicht indes fraglich.[349]

d) Zusammenfassung der Konstellationen

Aufgrund der zahlreichen Konstellationen, die sich insgesamt im Bereich der post-mortem-Befruchtung stark ähneln, erfolgt eine kurze Zusammentragung der bisherigen Ergebnisse:
Ist die Frau, von der die Eizelle für die Befruchtung stammt, im Zeitpunkt des Herausgabeverlangens bereits verstorben, ist eine Herausgabe kryokonservierter oder imprägnierter Eizellen nach der hier vertretenen Auffassung verboten.
Für den Fall, dass der Samenspender im Zeitpunkt des Herausgabeverlangens bereits verstorben ist und die Frau, von der die Eizelle für die Befruchtung stammt, noch lebt, so ist eine Herausgabe kryokonservierter Eizellen verboten, die Herausgabe kryokonservierter imprägnierter Eizellen hingegen ist erlaubt.

IV. Vergleich mit ausländischen Bestimmungen

Beispielsweise in England, Brasilien, Griechenland[350] sowie Polen ist die post-mortem-Befruchtung nicht strafbar.[351] Daneben ist die Anwendung der Methode auch in Belgien, Dänemark und den Niederlanden gestattet.[352]
Nicht nur anhand der gängigen Verfahren der Eizellspende und der Leihmutterschaft, sondern auch bei der post-mortem-Befruchtung lässt sich erkennen, dass in den einzelnen Ländern grundlegend unterschiedliche Vorstellungen zur Zulässigkeit bestimmter Verfahren der Kinderwunschbehandlung bestehen.

F. Bezug zum reproduktiven Reisen

Der Befund zeigt, dass bei jeder der zu untersuchenden Behandlungsmethoden ein rechtliches Regelungsgefälle zum Ausland besteht. Und zwar dergestalt, dass deren Praktizierung in Deutschland nach dem ESchG verboten, im Ausland jedoch nach

---

[349] Der vertragliche Herausgabeanspruch erlischt wegen der auflösenden Bedingung des Todes des Keimzellspenders. Der dingliche Herausgabeanspruch aus § 985 BGB scheitert am vertraglich eingeräumten Recht zum Besitz gem. § 986 Abs. 1 Satz 1 Fall 1 BGB.
[350] *Henrich* in Staudinger (Hrsg.), BGB, 2014, Art. 19 EGBGB Rn. 50a zur postmortalen Insemination.
[351] LG Neubrandenburg, Urt. v. 12. August 2009, Az.: 2 O 111/09.
[352] OLG München FamRZ 2017, 904 (905).

der dortigen Rechtslage vielfach erlaubt ist. Damit sind alle Verfahren und deren Varianten, soweit ihre Durchführung nach dem ESchG verboten ist, für die weitere Untersuchung von Belang. Das Phänomen des „reproduktiven Reisens" tritt bei ihnen mehr oder minder ausgeprägt in Erscheinung.

Teil III
Straf- und berufsrechtliche Relevanz ärztlicher Mitwirkung im Inland

Der dritte Teil bildet den Kern der Untersuchung. Er hat neben der Prüfung einer strafrechtlichen Relevanz der ärztlichen inländischen Mitwirkung an ausgewählten Methoden der Kinderwunschbehandlung im Ausland auch die straf- und berufsrechtlichen Folgen einer solchen Mitwirkung zum Gegenstand.

Zuvörderst gilt es in § **7** zu erörtern, ob und wenn ja, inwieweit sich ein Arzt strafrechtlich zu verantworten hat, wenn er in Deutschland an einer nach dem ESchG verbotenen Methode der Fortpflanzungsmedizin mitwirkt, die jedoch im Ausland durchgeführt wird und dort nicht strafbar ist. Ziel der Untersuchung ist es in diesem Rahmen, den tatbestandlichen Anwendungsbereich der nach wie vor rege diskutierten Strafanwendungsbestimmung des § 9 Abs. 2 Satz 2 StGB möglichst nicht zu eröffnen, sei es etwa, dass keine straflose Auslandstat vorliegt oder es sich bei der inländischen Mitwirkung nicht um eine strafbare Teilnahme handelt.

Um eine auch für die klinische Praxis nutzbare Lösung zu finden, liegt der rechtlichen Prüfung ein den Anforderungen der Tätigkeit des Arztes im Bereich der Reproduktionsmedizin möglichst realitätsnah nachgebildeter Sachverhalt zugrunde. Aus dem so geschaffenen Sachverhalt lässt sich erschließen, dass sowohl eine Mitwirkung im Vorfeld der Auslandsbehandlung als auch eine Mitwirkung nach Abschluss der Auslandsbehandlung denkbar ist. Neben die zeitliche Komponente tritt eine inhaltliche, und zwar die der Intensität der Mitwirkung. So kann die Mitwirkung von einer bloßen Hinweiserteilung bis hin zur Durchführung hormoneller Vorbehandlungen reichen.[1] Abschließend wird für alle im Titel genannten und unter Berücksichtigung der in § 6 gefundenen Ergebnisse ein Gesamtergebnis zur strafrechtlichen Verantwortlichkeit des inländischen Arztes formuliert.

Soweit in § 7 eine Strafbarkeit des inländischen Arztes bei seiner Mitwirkung bejaht wird, wird im nachfolgenden Abschnitt (**§ 8**) untersucht, ob und inwieweit sich der inländische Arzt neben strafrechtlichen Folgen, wie Freiheits- oder Geldstrafe sowie einem (vorläufigen) Berufsverbot, der Verhängung berufsrechtlicher

---
[1] Siehe zu einer entsprechenden Aufschlüsselung für die Strafbarkeit im Umgang mit Stammzelllinien aus Embryonen den Beitrag *Lilie/Albrecht* NJW 2001, 2774 ff.

Sanktionen, unter anderem dem Widerruf der Approbation[2] ausgesetzt sehen muss. Dies ist im Hinblick auf den drohenden Wegfall der beruflichen und damit finanziellen Existenz des Arztes von entscheidender Bedeutung.

Abermals soll an dieser Stelle betont werden, dass es seit dem Inkrafttreten des EschG im Jahre 1991 nur wenige Strafverfahren gab, die auf seiner Grundlage eingeleitet wurden.[3] Dafür wird zum einen angeführt, dass die Verhaltensweisen in einem Umfeld stattfinden, welches der öffentlichen Wahrnehmung weitgehend entzogen sei.[4] Zum anderen sei die Abschreckungswirkung des Gesetzes mit seinen Strafdrohungen als hoch einzustufen.[5] Naheliegender ist wohl der Umstand, dass sich die ärztliche Beratungs- und Behandlungstätigkeit in einem persönlich sensiblen Bereich der Kinderwunschbehandlung dem öffentlichen Auge entzieht. Die Dunkelziffer der Verstöße gegen das EschG dürfte daher weitaus höher liegen als bislang vermutet.[6] Es handelt sich um eine lukrative Branche,[7] in der nicht selten Profit aus der Verzweiflung und dem unbedingten Kinderwunsch der von Kinderlosigkeit betroffenen Paare geschlagen wird.

---

[2] Der Widerruf hat im Gegensatz zur Rücknahme nur Wirkung für die Zukunft. Dazu *Heyers/Bergmann* NK-Gesamtes Medizinrecht, 3. Aufl. 2018, BÄO § 6 Rn. 4.

[3] *Müller-Terpitz* in Spickhoff (Hrsg.), Medizinrecht, 3. Aufl. 2018, EschG § 1 Rn. 4 sowie *Deutsch/Spickhoff*, Medizinrecht, 7. Aufl. 2014, Rn. 1109.

[4] *Günther* in G/T/K (Hrsg.), EschG, 2. Aufl. 2014, B IV. Rn. 30c.

[5] *Günther* in G/T/K (Hrsg.), EschG, 2. Aufl. 2014, B IV. Rn. 30c mit Verweis auf *Müller-Terpitz* in Spickhoff (Hrsg.), Medizinrecht, 2. Aufl. 2014 (nunmehr 3. Aufl. 2018), EschG § 1 Rn. 4.

[6] *Müller-Terpitz* spricht von einer „gewissen Dunkelziffer" in Spickhoff (Hrsg.), Medizinrecht, 3. Aufl. 2018, EschG § 1 Rn. 4. Den Aspekt behandelt ebenso *Conte* Der Gynäkologe 2013, 841 (846).

[7] Siehe dazu insbesondere den Konkurrenzdruck unter den Reproduktionsmedizinern im internationalen Vergleich (Teil 1 § 3).

§ 7 Die strafrechtliche Relevanz einer inländischen ärztlichen Mitwirkung an nach dem ESchG verbotenen Methoden der Kinderwunschbehandlung im Ausland

A. Wie kommt es zu einer Mitwirkung an verbotenen Kinderwunschbehandlung im Ausland?

Eine rechtliche Begutachtung setzt einen subsumtionsfähigen Lebenssachverhalt voraus. Um den Lebenssachverhalt möglichst praxisnah auszugestalten, ist vorweg die Frage zu klären, wie es überhaupt zu einer ärztlichen Mitwirkung in Deutschland an einer dort verbotenen Kinderwunschbehandlung mit Auslandbezug kommt.

Eingangs ist dabei noch nicht zwischen den jeweils zu untersuchenden Behandlungsmethoden (§ 6) zu differenzieren. Denn der nachfolgende Ablauf gestaltet sich bei jeder Behandlungsmethode im Wesentlichen gleich.

Die Patienten[1] stellen zunächst fest, dass sie trotz ungeschütztem Geschlechtsverkehr über einen längeren Zeitraum[2] keine Schwangerschaft herbeiführen können. Denkbar ist auch, dass zufällig im Rahmen einer Routineuntersuchung bei einem der beiden Patienten oder bei beiden Patienten eine körperliche Erkrankung festgestellt wird, die sich fruchtbarkeitsmindernd auswirkt.

Daher suchen die Patienten ihren Hausarzt oder unmittelbar einen Facharzt auf[3]: Frauen den Gynäkologen, Männer den Urologen.[4] Die Ärzte überweisen die Patien-

---

[1] Im Folgenden wird von den Patienten/dem Patienten gesprochen. Der Begriff des/der „Betroffenen" wird in diesem Abschnitt bewusst nicht verwendet, denn eine Person, gegen die ein Ordnungswidrigkeitenverfahren läuft, trägt die Bezeichnung „Betroffener", siehe etwa § 18 OWiG. Gewöhnlich suchen beide Partner die Beratungsstellen auf. Soweit eine Behandlung nur eine Person betrifft, wird von „dem Patienten" bzw. „der Patientin" gesprochen.

[2] Regelmäßig beträgt dieser zwei Jahre, so die Definition der Unfruchtbarkeit nach der Weltgesundheitsorganisation, dazu Teil 1 § 2 A. II. 1.

[3] *v. Wolff/Stute*, Gynäkologische Endokrinologie und Reproduktionsmedizin, 2013, S. 299. Die überwiegende Mehrheit (Stand 2007: 91 %) der Patientinnen sucht unmittelbar den Frauenarzt auf, dazu Berlin-Institut für Bevölkerung und Entwicklung, Ungewollt kinderlos, 2007, S. 36.

[4] Diese werden allgemein als „Primärärzte" bezeichnet, dazu *Kentenich/Thorn/Wischmann* Der Gynäkologe 2018, 647.

ten nach einer ersten Allgemeinuntersuchung an einen Reproduktionsmediziner eines Kinderwunschzentrums, also an eines der 136 Fertilitätszentren oder ein Universitätsklinikum in Deutschland. Bereits zu diesem Zeitpunkt ist es denkbar, dass die Patienten sich über Behandlungsmethoden der medizinisch unterstützten Fortpflanzung informieren und dabei mit Behandlungsformen in Berührung kommen, die in Deutschland nach dem ESchG verboten, im Ausland jedoch nicht verboten sind.

Die Patienten wenden sich sodann an einen Facharzt in einem reproduktionsmedizinischen Zentrum. In einem ersten Beratungsgespräch mit dem Mediziner schildern sie in einer von besonderem Vertrauen geprägten Atmosphäre ihre Situation. Für die Patienten stehen in diesem Stadium medizinische Fragen zur Diagnostik und zu den verschiedenen Behandlungsmöglichkeiten im Vordergrund.[5] Der Reproduktionsmediziner soll im Rahmen des Erstgesprächs ermitteln, ob bestimmte Therapiemaßnahmen mit den Vorstellungen der Patienten in Einklang zu bringen sind und fungiert in dieser Phase als Informationsquelle.[6] Ggf. informiert er über die medizinischen und/oder rechtlichen Grundlagen der Kinderwunschbehandlung sowie deren Kosten und mögliche Finanzierungsformen. Unter Umständen spricht er zu diesem Zeitpunkt bereits eine Handlungsempfehlung aus. Ferner händigt der inländische Mediziner den Patienten auf deren Wunsch Informationsmaterial, etwa Broschüren, aus. Diese Informationsmaterialien enthalten betreuende und beratende Elemente. So wird die Funktionsweise der menschlichen Fortpflanzung laienverständlich anhand von Bildern veranschaulicht, über Unfruchtbarkeit und deren Ursachen aufgeklärt, über Medikamente informiert und die Verfahren der Kinderwunschbehandlungen im Überblick dargestellt. Ferner enthalten die Broschüren Hinweise auf den rechtlichen Rahmen der Behandlung unter Angabe von Webseiten zu einschlägigen Gesetzestexten und Richtlinien der Ärztekammern.

Neben der Konsultation des Reproduktionsmediziners und der Lektüre von Informationsbroschüren nutzen die Patienten das Internet,[7] unter anderem die Internetauftritte der Reproduktionsmedizinzentren, sowie die Presse, Verwandte, Freunde und/oder den Austausch mit anderen Patienten etwa in Gesprächsgruppen und Patientenorganisationen, um an Informationen über Inlands- und Auslandsbehandlungen zu gelangen und sich über diese auszutauschen.[8] Gerade diese persönlichen Gesprächskontakte führen im Allgemeinen dazu, dass die Patienten auch mit in

---

[5] *Keck*, Kinderwunschbehandlung in der gynäkologischen Praxis, 2014, S. 303. Nach ihm ist eine Auslandsbehandlung neben der Selektion der Embryonen durch eine verlängerte Embryokultur (SET), der Präimplantationsdiagnostik (PID) und der Kostenübernahme einer reproduktionsmedizinischen Maßnahme der häufigste Grund, weshalb die Patienten eine allgemeine Beratung begehren, S. 313.

[6] *Keck*, Kinderwunschbehandlung in der gynäkologischen Praxis, 2014, S. 47.

[7] Darunter auch ausländische Seiten wie www.eggdonation.com, zuletzt aufgerufen am 1. Juni 2019. Sie sind häufig gezielt auf deutschsprachige Patienten ausgerichtet, dazu: *Pecks/Maass/Neulen* DÄBl. Int 2011, 23 ff. Oftmals sind die im Internet verfügbaren Informationen jedoch unvollständig oder fehlerhaft, dazu etwa *Kadi/Wiesing* Geburtshilfe Frauenheilkunde 2015, 1258 ff.

[8] *Depenbusch/Schultze-Mosgau*, Eizell- und Embryonenspende, in Diedrich et al. (Hrsg.), Reproduktionsmedizin, 2013, Kap. 25, S. 287 (291). Auch *Pecks/Maass/Neulen* DÄBl. Int 2011, 23 ff.

Deutschland verbotenen Methoden der medizinisch unterstützten Fortpflanzung konfrontiert werden.

Entschließen sich die Patienten zur Durchführung einer Kinderwunschbehandlung, so geht der eigentlichen Behandlung grundsätzlich[9] eine psychotherapeutische Beratung voraus.[10] Sie ist Teil der behandlungsunabhängigen Beratung. Die Ziele einer solchen Beratung sind nach *Wischmann* die Unterstützung der Entscheidungsprozesse bei medizinischen Therapieschritten, die Verbesserung der Kommunikation zwischen den Patienten sowie dem Ärzteteam, die Vorbeugung von Konflikten in der Partnerschaft, die Verarbeitung einer erfolglosen Therapie, die Bewältigung der Kinderlosigkeit und letztlich die Ermöglichung einer alternativen Lebenszielplanung ohne (eigene) Kinder.[11] Regelmäßig wird diese – von der medizinischen Beratung zu trennende – psychosoziale Beratung während der Kinderwunschbehandlung fortgesetzt.[12] Im Allgemeinen wird diese Form der Beratung durch Sozialpädagogen vorgenommen. Daneben wird eine zur medizinischen Behandlung parallele psychosoziale Begleitung durch den Mediziner selbst empfohlen.[13]

Halten die Patienten nach der (erstmaligen) psychotherapeutischen Beratung daran fest, ihren Kinderwunsch mit Hilfe der medizinisch unterstützten Fortpflanzung zu realisieren, werden zunächst im Rahmen einer Patientenanamnese wichtige Daten erhoben und gesammelt. Diese für das weitere Vorgehen des Mediziners relevanten Daten geben umfassend Aufschluss über den gesundheitlichen Zustand beider Patienten.

Die gynäkologische Untersuchung der Frau in Form einer körperlichen Anamnese gestaltet sich dabei wie folgt[14]: Der Mediziner führt eine diagnostische Ultraschalluntersuchung in Form einer Transvaginalsonografie[15] durch. Diese hat den Zweck, die inneren Genitalorgane, das Myometrium, das Endometrium und die Tubendurchgängigkeit zuverlässig zu beurteilen.[16] Daneben sollen mögliche Erkrankungen an Uterus, Ovar und Adnexen ausgeschlossen und die ovarielle Reserve beurteilt werden.[17] Ferner nimmt der Reproduktionsmediziner eine Hormonanalyse

---

[9] Eine solche Beratung ist für die Patienten nicht verpflichtend, sondern freiwillig. Zu den Inhalten siehe *Bujard/Thorn* Der Gynäkologe 2018, 639 (644 f.).
[10] *Keck*, Kinderwunschbehandlung in der gynäkologischen Praxis, 2014, S. 47 f. Dort stellt er auch die im Rahmen eines solchen Gesprächs denkbaren Fragen dar. Ebenso enthält die Richtlinie zur Entnahme und Übertragung von menschlichen Keimzellen im Rahmen der assistierten Reproduktion Aspekte der psychosozialen Beratung, dazu Ziff. 2.2.2, A 6. Ausführlich zu den Inhalten einer psychosozialen Kinderwunschberatung *Kentenich/Thorn/Wischmann* Der Gynäkologe 2018, 647 (649 ff.).
[11] *Wischmann* Gynäkologische Endokrinologie, 2008, 1 ff.
[12] *Keck*, Kinderwunschbehandlung in der gynäkologischen Praxis, 2014, S. 302.
[13] So *Kentenich/Strowitzki/Taupitz/Diedrich* Der Gynäkologe 2018, 602 (604).
[14] Siehe dazu auch Ziff. 2.6.1 der Richtlinie zur Entnahme und Übertragung von menschlichen Keimzellen im Rahmen der assistierten Reproduktion, A 8.
[15] *Keck*, Kinderwunschbehandlung in der gynäkologischen Praxis, 2014, S. 49.
[16] *Keck*, Kinderwunschbehandlung in der gynäkologischen Praxis, 2014, S. 64.
[17] *Keck*, Kinderwunschbehandlung in der gynäkologischen Praxis, 2014, S. 64.

vor, die dem Nachweis bzw. dem Ausschluss hormoneller Störungen dient.[18] Jene Maßnahmen bedürfen der Einwilligung der Patientin und damit einer vorangehenden ärztlichen Eingriffsaufklärung.[19]

Die Diagnostik beim Mann umfasst sechs Teilschritte, wobei die genetische Untersuchung nur in Einzelfällen durchgeführt wird[20]: In einem ersten Schritt werden zur Erhebung der Anamnese Daten zu Vorerkrankungen samt entsprechender Befunde eingeholt. Anschließend werden im Rahmen einer klinischen Untersuchung Störungen der Virilisierung, der äußeren Genitale und der Mammae erfasst. Im nachfolgenden Schritt führt der Arzt eine Skrotalsonografie, ggf. ergänzt durch eine transrektale Sonografie der Prostata und der Samenblasen durch, um krankhafte Veränderungen des Hodens, des Nebenhodens und des Samenstrangs, ggf. der Prostata und der Samenblasen festzustellen. Im Weiteren erfolgt eine Hormondiagnostik zur Ermittlung der Basisparameter, also des LH-, FSH-, Testosteron- und des Prolaktinspiegels. Nach einer Karenzzeit von zwei bis sieben Tagen wird anhand des Ejakulates ein Basisspermiogramm erstellt. In Abhängigkeit vom klinischen Befund kommt unter bestimmten Voraussetzungen eine genetische Diagnostik hinzu.

Da es sich jedoch um eine rein diagnostische Untersuchung handelt, beinhaltet diese Aufklärung noch keine Hinweise auf in Deutschland verbotene Methoden der Kinderwunschbehandlung. Während die therapeutischen Behandlungen auf die Herbeiführung der Schwangerschaft zielen, haben die diagnostischen Behandlungen den Zweck, die Ursache der eingeschränkten Fruchtbarkeit bzw. der Unfruchtbarkeit zu ermitteln. Es gibt auch keine diagnostischen Verfahren, die spezifisch im Vorfeld der Durchführung einer ESchG-widrigen Behandlung vorzunehmen sind. Insofern fehlt es bereits objektiv an einem strafrechtlichen Kontext.

Bei gesetzlich Krankenversicherten soll gem. Ziffer 13 der Richtlinien über die künstliche Befruchtung nach gesicherter Feststellung der medizinischen Indikation erfolgen.[21]

Nach Abschluss der (diagnostischen) Voruntersuchungen kann sich ergeben, dass es zumindest sinnvoll, wenn nicht sogar erforderlich für die Patienten ist, eine Form der Kinderwunschbehandlung durchzuführen, die in Deutschland verboten, im Ausland hingegen nicht strafbewehrt verboten ist.

---

[18] *Keck*, Kinderwunschbehandlung in der gynäkologischen Praxis, 2014, S. 50.

[19] Synonym für die Eingriffsaufklärung ist die Risikoaufklärung. Sie ist Bestandteil der sog. Selbstbestimmungsaufklärung. Daneben treten Diagnose- und Verlaufsaufklärung als Teile der Selbstbestimmungsaufklärung. Dazu *Wever* in NK-Gesamtes Medizinrecht, 3. Aufl. 2018, BGB § 630e Rn. 1 ff.

[20] *Keck*, Kinderwunschbehandlung in der gynäkologischen Praxis, 2014, S. 118. Zu den Teilschritten siehe Tab. 10.2 auf derselben Seite. Siehe dazu auch Ziff. 2.6.2 der Richtlinie zur Entnahme und Übertragung von menschlichen Keimzellen im Rahmen der assistierten Reproduktion, A 8.

[21] Richtlinien des Bundesausschusses der Ärzte und Krankenkassen über ärztliche Maßnahmen zur künstlichen Befruchtung („Richtlinien über künstliche Befruchtung") in der Fassung vom 14. August 1990, veröffentlicht im Bundesarbeitsblatt 1990, Nr. 12, zuletzt geändert am 16. März 2017, S. 8.

Im Anschluss an die Durchführung einer Auslandsbehandlung kehren die Patienten nach Deutschland zurück. Häufig war die Behandlung erfolgreich und die Patientin ist schwanger. Sodann wird sie sich an einen ihr vertrauten Gynäkologen wenden und diesen um eine entsprechende Schwangerschaftsbetreuung ersuchen, seien es planmäßige oder außerplanmäßige Untersuchungen. Regelmäßig wird die Patientin den Mediziner im Vorfeld dieser Nachsorge die Umstände der Entstehung der Schwangerschaft, etwa im Wege einer Eizellspende im Ausland, mitteilen.

B. Formen inländischer Mitwirkung

Wie bereits erwähnt, kann die Art und Weise der Mitwirkung des Arztes im Inland an der Kinderwunschbehandlung im Ausland verschiedener Gestalt sein. Zunächst muss zwischen den Zeitpunkten unterschieden werden, in denen der inländische Arzt mitwirkt. Denn das hat Auswirkungen auf die Gestalt der Mitwirkung und damit auch auf die strafrechtliche Bewertung seines Verhaltens.

In Betracht kommen eine Mitwirkung *im Vorfeld* der Auslandsbehandlung (unter I.) sowie eine Mitwirkung *nach* Durchführung der Auslandsbehandlung (unter II.). Denkbar ist, dass der Arzt sowohl im Vorfeld als auch bei der Nachsorge oder lediglich in einem der beiden Zeitabschnitte mitwirkt.

I. Mitwirkung im Vorfeld der Auslandsbehandlung

Den thematischen Schwerpunkt der Untersuchung bilden Mitwirkungshandlungen im Vorfeld der Auslandsbehandlung.

1. Mitwirkungsformen

Die Mitwirkung im Vorfeld der Auslandsbehandlung kann sich wie folgt gestalten[22]:

- Informationserteilung über die medizinischen und/oder rechtlichen Hintergründe der jeweiligen Behandlungsmethode, im Besonderen die Eingriffsaufklärung,
- Willensbestärkung zur Durchführung einer Auslandsbehandlung, insbesondere in Form einer Handlungsempfehlung oder der Zusage der Durchführung einer Schwangerschaftsbetreuung nach Rückkehr,
- Vermittlungstätigkeit, etwa durch Nennung von Kontaktdaten oder Herstellung des Erstkontaktes zum ausländischen Arzt,[23]

---

[22] Differenzierend, aber nicht so ausdifferenziert zur Eizellspende bereits *Conte* Der Gynäkologe 2013, 841 (842 ff.).
[23] Siehe hierzu etwa zu einem Fall einer Abtreibung im Ausland OLG Oldenburg JA 2013, 791.

- Herausgabe von Keimmaterial, etwa von kryokonserviertem Sperma,[24]
- Durchführung therapeutischer hormoneller Voruntersuchungen, ggf. verbunden mit der Erstellung eines Behandlungsprotokolls,
- Durchführung therapeutischer hormoneller Vorbehandlungen, etwa durch die Verschreibung (orale Einnahme/mittels Pen/transdermale Anwendung) oder die Verabreichung (Injektion) von Hormonpräparaten,[25]
- Kombination aus den aufgezählten Mitwirkungsformen.

Die Art der Mitwirkung des Arztes im Inland hängt von der jeweiligen Behandlungsmethode ab.

Nach Abschluss der diagnostischen Untersuchung kann sich – mit Blick auf die grundlegende Form der Kinderwunschbehandlung, die IVF-Therapie mit ET – Folgendes ergeben:

2. Erfolgreiche Behandlung mittels IVF-Therapie ist möglich

a) Durchführung eines elektiven Embryo-Transfers

Die Patientin bevorzugt aber auf Grund der Risiken, die mit einer Implantation von mehr als einem Embryo einhergehen (etwa Mehrlingsschwangerschaft) die Durchführung eines elektiven Embryotransfers.[26]

Dann sind folgende Mitwirkungsformen denkbar: Eine Informationserteilung durch den Reproduktionsmediziner über die medizinischen Grundlagen, die rechtlichen Grundlagen oder über beides. Ferner die Durchführung einer Eingriffsaufklärung. Der Arzt kann die Patientin in ihrem Beschluss bestärken, eine Kinderwunschbehandlung im Ausland an sich durchführen zu lassen. Darüber hinaus kann der Reproduktionsmediziner vermittelnd tätig werden. Schließlich kann der Arzt im Inland hormonelle Voruntersuchungen und hormonelle Vorbehandlungen durchführen.

b) Post-mortem-Befruchtung

Die Patienten/die Patientin beabsichtigt(en) die Durchführung einer post-mortem-Befruchtung (im engeren Sinne) außerhalb Deutschlands.

---

[24] Siehe dazu die unter Teil 2 § 6 E. III. 2. b) abgebildeten Entscheidung des OLG München v. 22. Februar 2017 – 3 U 4080/16.

[25] Die hormonelle Stimulationsbehandlung der Eierstöcke zum Zwecke der Eizellreifung kann auch auf beide Arten geschehen, siehe *Diedrich/Ludwig*, Überblick über die medizinischen Aspekte der Reproduktionsmedizin, in BMG (Hrsg.), Fortpflanzungsmedizin in Deutschland, 2001, S. 32 f.

[26] Hier kann dahingestellt bleiben, ob es sich um einen Single- oder Double-Embryo-Transfer handelt, da sich in der strafrechtlichen Beurteilung keine Unterschiede ergeben.

aa) Beide Keimzellspender leben noch

Für den Fall, dass beide Keimzellspender im Zeitpunkt der Mitwirkung noch am Leben sind, kommen in Betracht: eine Informationserteilung (medizinischer und/ oder rechtlicher Art) und eine Bestärkung im Entschluss, die Behandlung letztlich im Ausland durchführen zu lassen. Darüber hinaus ist eine Herausgabe des kryokonservierten Materials (Keimzellen oder bereits imprägnierte Eizellen) möglich. Ferner kann der Reproduktionsmediziner als Vermittler fungieren. Einer Eingriffsaufklärung, einer hormonellen Voruntersuchung oder einer hormonellen Vorbehandlung bedarf es zu diesem Zeitpunkt noch nicht, da eine Befruchtung der Eizellen erst nach dem Tod einer der beiden Betroffenen durchgeführt werden soll.

bb) Ein Keimzellspender ist bereits verstorben

Einer der beiden Keimzellspender ist im Zeitpunkt der ärztlichen Mitwirkung bereits verstorben. In diesem Fall sind denkbar: eine Informationserteilung sowie eine Entschlussbestärkung bei dem/der Überlebenden. Darüber hinaus kann der Reproduktionsmediziner vermittelnd tätig werden. Ferner ist die Herausgabe kryokonservierten Materials (Keimzellen oder bereits imprägnierte Eizellen) möglich.

Sollte der Mann bereits verstorben sein, kommen eine Eingriffsaufklärung, eine hormonelle Voruntersuchung sowie eine hormonelle Vorbehandlung an der Frau, die die im Ausland zu befruchtende Eizelle implantiert bekommen soll, in Frage.

Sollte die Frau verstorben sein, kommen eine Eingriffsaufklärung, eine hormonelle Voruntersuchung und eine hormonelle Vorbehandlung der Frau in Betracht, die sich die im Ausland zu befruchtende Eizelle übertragen lassen möchte.[27]

3. Behandlung mittels IVF-Therapie nicht möglich oder nicht erfolgversprechend

Die IVF-Therapie mit spendereigenen Eizellen ist nicht möglich, wenn die Patientin (Empfängerin) keine oder nur unbrauchbare Eizellen verfügbar hat. Die Behandlung mit spendereigenen Eizellen ist darüber hinaus nicht erfolgversprechend, wenn die Empfängerin im Zeitpunkt der Entnahme der Eizellen bereits über 45 Jahre alt ist.[28] In beiden Fällen kommen jeweils eine Eizellspende/Embryospende und eine Leihmutterschaft (mit/ohne Eizellspende) in Betracht.

---

[27] Das entspricht der möglichen Verfahrensweise im Rahmen einer „gewöhnlichen" Eizellspende, also eine solche, bei der die Frau, von der die Eizelle stammt (Spenderin), im Zeitpunkt der Befruchtung noch lebt.
[28] *Spandorfer et al.*, Fertil. Steril. 2007, 74 ff.

a) Eizell- oder Embryospende

Die Patientin beabsichtigt im Wege einer Eizellspende außerhalb Deutschlands schwanger zu werden. Denkbar sind in diesem Fall: eine Aufklärung im Sinne einer Informationsvermittlung (medizinisch und/oder rechtlich), insbesondere eine Eingriffsaufklärung (bei lediglich nicht erfolgversprechender IVF mit Embryotransfer). Ferner ist eine Bestärkung in ihrem Entschluss zur Durchführung einer Auslandsbehandlung denkbar. Darüber hinaus kann der Reproduktionsmediziner vermittelnd tätig werden. Daneben kommen eine hormonelle Voruntersuchung und eine hormonelle Vorbehandlung in Betracht. Die Mitwirkung kann die Spenderin der Eizelle/des Embryos, die Empfängerin der Eizelle/des Embryos oder beide Frauen betreffen.

b) Leihmutterschaft mit Eizell- oder Embryospende

Die Patienten planen, eine Leihmutterschaft durchzuführen. Dabei ist zu differenzieren zwischen der Leihmutterschaft mit Eizellspende/Embryospende (heterologes System[29]/gestationale Leihmutterschaft[30]) und einer solchen ohne Eizellspende. Letztere ist nicht Gegenstand der Untersuchung.[31]

Bei einer Leihmutterschaft mit Eizellspende/Embryospende kommt in Betracht, dass der Mediziner im Inland der Empfängerin und/oder der Spenderin Informationen (medizinisch und/oder rechtlich) erteilt, insbesondere der Empfängerin im Rahmen einer Eingriffsaufklärung im Vorfeld einer IVF mit Embryotransfer. Ferner ist eine Bestärkung in ihrem Entschluss dazu denkbar. Daneben kann der Reproduktionsmediziner vermittelnd tätig werden. Darüber hinaus kommen eine hormonelle Voruntersuchung sowie eine hormonelle Vorbehandlung bei der Empfängerin und/oder der Spenderin in Betracht.

4. Zwischenergebnis

Es lassen sich mithin zwei Punkte im Hinblick auf die Mitwirkung des Arztes im Inland zur Kinderwunschbehandlung im Ausland im Vorfeld der Behandlung festhalten:

Zum einen wird ersichtlich, dass es unterschiedliche Formen der Mitwirkung gibt. Sie kann von der reinen Informationserteilung bis hin zu einer hormonellen Vorbehandlung mitsamt damit in Zusammenhang stehenden Kontrolluntersuchungen[32] reichen.

---

[29] *Frommel/Taupitz/Ochsner/Geisthövel* J Reprod und Endo 2010, 96 (97).
[30] *Bujard/Thorn* Der Gynäkologe 2018, 639 (640).
[31] Es handelt sich bei der Leihmutterschaft ohne Eizellspende nicht um eine Kinderwunschbehandlung, dazu bereits Teil 2 § 6 D. am Anfang.
[32] Bei der potenziellen Eizellspenderin etwa die Ultraschallkontrolle der Eibläschenreifung im Rahmen der ovariellen Stimulation, sog. Follikel-Monitoring, um den richtigen Zeitpunkt der Aus-

Zum anderen wird deutlich, dass die reine Informationsauskunft bei allen zu untersuchenden Behandlungsmethoden von Relevanz ist und daher als – nicht notwendige, aber doch – regelmäßige „Mindestmitwirkung" besonderer Aufmerksamkeit bedarf. Ferner ist ein graduelles Abstufungsverhältnis anhand der Intensität der jeweiligen Mitwirkung erkennbar: Die schwächste Form der Mitwirkung ist die reine Auskunft, die stärkste hingegen die hormonelle Vorbehandlung.

II. Mitwirkung im Anschluss an die Auslandsbehandlung

Daneben ist denkbar, dass die Patientin eine in Deutschland verbotene Kinderwunschbehandlung im Ausland an sich vornehmen ließ, nach Deutschland zurückkehrt und nun zur planmäßigen und/oder außerplanmäßigen Schwangerschaftsbetreuung einen in Deutschland ansässigen Arzt aufsucht.[33] Für die rechtliche Bewertung ohne Belang ist, aufgrund welcher Behandlungsform es zur Entstehung der Schwangerschaft kam. Allein maßgeblich ist, dass es sich um eine Methode der medizinisch unterstützten Fortpflanzung handelt, die nach deutschem Recht verboten, im jeweiligen Ausland aber nicht untersagt wird.

C. Vorwegfeststellungen

I. Klarstellung

Bei der nachfolgenden Untersuchung sind zwei Punkte vorweg hervorzuheben:
Die Methoden von Kinderwunschbehandlungen, die im Folgenden untersucht werden, haben eines gemeinsam: sie sind in Deutschland nach dem ESchG verboten, in einem Land außerhalb Deutschlands hingegen nicht durch das dort geltende Strafrecht untersagt.
Darüber hinaus sind an einer solchen Kinderwunschbehandlung insgesamt drei Personengruppen beteiligt, zwischen denen zu unterscheiden ist: der Arzt, der im Ausland die nach dem ESchG verbotene Behandlung durchführt (oder dies zumindest strafbar versucht), die an der Behandlung in der Funktion als Patienten Mitwirkenden und schließlich der Arzt, der an der Kinderwunschbehandlung im Inland mitwirkt. Denkbar und realitätsnah ist, dass sowohl im Inland als auch im Ausland nicht nur eine Person an der Behandlung mitwirkt, sondern mehrere Personen, etwa weitere Ärzte oder ärztliches Hilfspersonal. Im Inland handelt es sich, wie gezeigt wird, allenfalls um eine mögliche (psychische oder physische) Beihilfe, während im Ausland je nach Gewicht des Beitrages neben einer physischen Beihilfe eine mittäterschaftliche

---

lösung des Eisprungs zu ermitteln, *Diedrich/Ludwig*, Überblick über die medizinischen Aspekte der Reproduktionsmedizin, in BMG (Hrsg.), Fortpflanzungsmedizin in Deutschland, 2001, S. 32 f.
[33] Zur rechtlichen Untersuchung hierzu unter D. VII. 2.

Beteiligung des Personals in Betracht kommt.[34] Auswirkungen hat dies lediglich bei der Anzahl der Teilnehmerhandlungen (Inland) und bei der Anzahl der Haupttaten, an denen letztlich im Ausland mitgewirkt wird. An der rechtlichen Bewertung ändert sich in der Sache jedoch nichts, da bei allen Mitwirkenden die gleiche Beteiligungsform (im Inland: Beihilfe, im Ausland: Mittäterschaft) vorliegt. Daher kann aus Gründen der Vereinfachung davon ausgegangen werden, dass im Inland und im Ausland jeweils nur eine Person tätig wird.

II. Begriffsklärung: „Mitwirkung" gegenüber „Beteiligung"

Bewusst wird – im Gegensatz zu vielen wissenschaftlichen Beiträgen zu der Thematik[35] – in der vorliegenden Untersuchung nicht der Begriff der „Beteiligung", sondern derjenige der „Mitwirkung" verwendet. Denn der Begriff der „Beteiligung" ist ein strafrechtlicher Fachterminus. Er wird in § 28 Abs. 2 StGB (Nebenstrafrecht: für AMG und ESchG über Art. 1 Abs. 1 EGStGB anwendbar) legaldefiniert und umfasst Täter und Teilnehmer. Würde man diesen zugrunde legen, so würde man von vornherein unterstellen, dass es sich bei der Mitwirkung zumindest um eine Form der Teilnahme handelt. Dem allgemeinsprachlichen Begriff der „Mitwirkung" weist das Gesetz hingegen keinen rechtlichen Sinngehalt zu.

D. Strafrechtliche Bewertung der Mitwirkung des inländischen Arztes (Normen außerhalb des ESchG)

Die nachfolgenden Ausführungen befassen sich mit der Untersuchung einer möglichen Strafbarkeit der Mitwirkung eines in Deutschland tätigen Arztes an im Inland nach dem ESchG verbotenen, im Ausland nicht strafbewehrten Methoden der medizinisch unterstützten Fortpflanzung.

Die Darstellung erfolgt anhand der strafbaren Varianten des elektiven Embryo-Transfers,[36] der Eizellspende,[37] der Embryospende,[38] der Leihmutterschaft mit Eizell-/Embryospende[39] sowie der post-mortem-Befruchtung.[40]

---

[34] Ähnlich *Günther* in G/T/K (Hrsg.), ESchG, 2. Aufl. 2014, C. II. Vor § 1 Rn. 24.
[35] Etwa *Magnus* NStZ 2015, 57 ff., die für den Titel ihres Beitrages die Überschrift „Kinderwunschbehandlungen im Ausland: Strafbarkeit beteiligter Ärzte nach internationalem Strafrecht (§ 9 StGB)" wählt.
[36] Dazu Teil 2 § 6 A.
[37] Dazu Teil 2 § 6 B.
[38] Dazu Teil 2 § 6 C.
[39] Dazu Teil 2 § 6 D.
[40] Dazu Teil 2 § 6 E.

D. Strafrechtliche Bewertung der Mitwirkung des inländischen Arztes (Normen ...

Zunächst wird die potenzielle Strafbarkeit der Mitwirkung an verbotenen Kinderwunschbehandlungen im Ausland mit Blick auf Normen außerhalb des ESchG erörtert.

I. Mitwirkung in Form der Täterschaft

Während für eine Mitwirkung in Form einer (gefährlichen) Körperverletzung gem. §§ 223 Abs. 1, 224 Abs. 1 Nr. 1 StGB (unter 2.) sowie eines Verstoßes gegen das Arzneimittelgesetz (unter 3.) ausschließlich eine Beteiligung des inländischen Arztes in Form einer Täterschaft in Frage kommt, ist die sich daran anschließende Untersuchung im Hinblick auf eine Mitwirkung an einem Verstoß gegen das ESchG neben täterschaftlichen Gesichtspunkten auch auf Aspekte der Teilnahme zu erstrecken.

Betrachtet wird zunächst die stärkste Form der Mitwirkung: die Verschreibung und ggf. Verabreichung von Hormonen, die eine Kinderwunschbehandlung im Ausland vorbereiten sollen, die sog. therapeutische hormonelle Vorbehandlung. Erst im Rahmen der Prüfung einer Teilnahmestrafbarkeit[41] wird eine Differenzierung nach der Intensität der Mitwirkung erforderlich sein.

1. Anwendbarkeit des deutschen Strafrechts

Eingangs ist die Frage zu stellen, ob für den Mediziner im Inland das deutsche Strafrecht überhaupt gilt und damit die Maßstäbe des § 25 StGB auf seine Verhaltensweisen angelegt werden können. Diese Frage lässt sich aus einer Zusammenschau von § 3 StGB und § 9 Abs. 1 Var. 1 StGB beantworten.

Nach § 3 StGB gilt das deutsche Strafrecht für Taten, die im Inland begangen werden. § 9 Abs. 1 Var. 1 StGB normiert, dass insbesondere der Handlungsort des Täters einen inländischen Tatort begründet. Das Territorialitätsprinzip stellt alleine auf den Ort der Handlung oder des Erfolgseintritts ab und knüpft damit an das nach völkerrechtlich anerkannte[42] Ubiquitätsprinzip[43]; die innerstaatliche Strafrechtsordnung gilt ungeachtet der Staatsangehörigkeit der Person für jede sich im Inland aufhaltende Person.[44]

Angenommen, es handelt sich um eine Täterschaft, so liegt der Handlungsort stets im Inland. Damit gilt bereits aufgrund des inländischen Handlungsortes gem. § 3 StGB i. V. m. § 9 Abs. 1 Var. 1 StGB das deutsche Strafrecht. Besonderheiten ergeben sich für den Fall, dass die Tathandlung in zeitlicher Hinsicht ausschließlich

---

[41] Zu dem Aspekt einer möglichen Strafbarkeit als Teilnehmer unter D. IV.
[42] BGHSt 44, 55.
[43] *Oehler*, Internationales Strafrecht, 1983, Rn. 266 ff. Es handelt sich dabei um eine Synthese aus Tätigkeits- und Erfolgstheorie, *Ambos* in MüKo/StGB, Bd. 1, 3. Aufl. 2017, § 9 Rn. 4.
[44] LK/StGB-*Werle/Jeßberger*, 12. Aufl. 2007, Vor § 3 Rn. 222.

dem Vorbereitungsstadium zuzuordnen ist. Für diesen Fall ist fraglich, ob die Vorbereitungshandlung eigenständig einen Tatort im Inland begründen kann.

2. Strafbarkeit nach §§ 223 Abs. 1, 224 Abs. 1 Nr. 1 StGB

Im Bereich des Kernstrafrechts steht eine Strafbarkeit des inländischen Arztes wegen der Durchführung hormoneller Vorbehandlungen bei der Patientin wegen gefährlicher Körperverletzung gem. §§ 223 Abs. 1, 224 Abs. 1 Nr. 1 StGB im Raum.

Nach § 223 Abs. 1 StGB macht sich strafbar, wer eine andere Person körperlich misshandelt oder an der Gesundheit schädigt. Der Qualifikationstatbestand des § 224 Abs. 1 Nr. 1 StGB ist darüber hinaus erfüllt, wenn die Körperverletzung durch Beibringung von Gift oder einem anderen gesundheitsschädlichen Stoff begangen wird.

a) Täterschaftsform

Die Hormonpräparate, welche im Vorfeld der Auslandsbehandlung bei der Patientin zur Anwendung kommen, können auf unterschiedlichem Wege verabreicht werden: Entweder der Arzt injiziert der Patientin das Präparat oder die Patientin verabreicht sich – nach ärztlicher Verordnung – das Präparat selbst, sei es durch das Auftragen auf der Haut (transdermal), oral durch Einnahme von Hormontabletten oder mittels Eigeninjektion unter Nutzung eines Pen. Während es sich bei der Injektion mittels Spritze fraglos um einen Fall der unmittelbaren Täterschaft gem. § 25 Abs. 1 Fall 1 StGB handelt, ist die Nutzung durch die Patientin selbst in ihrer rechtlichen Qualifikation schwieriger zu beurteilen. Verabreicht sich die Patientin das Hormonpräparat selbst, so ist nicht an die ärztliche Verordnung des Wirkstoffes als Tathandlung anzuknüpfen, sondern allein an die Eigenhandlung der Patientin. Denn die Verordnung bewirkt für sich betrachtet keinen Erfolg i. S. d. § 223 Abs. 1 StGB. Der Arzt ist in einem solchen Fall allenfalls mittelbarer Täterschaft kraft unrechtsrelevanter Irrtumsherrschaft über ein „tatbestandslos doloses Werkzeug": die Patientin. Vorausgesetzt, die Patientin wurde ordnungsgemäß aufgeklärt, scheidet eine mittelbare Täterschaft mangels Irrtums jedoch aus. Denn über die Reichweite ihres Rechtsgutsverzichts ist die Patientin sich vollumfänglich im Klaren.

In Frage kommt daher nur eine Strafbarkeit wegen Körperverletzung im Fall einer Injektion des Präparates durch den Arzt selbst.

b) Tatbestandsmerkmale: Körperliche Misshandlung oder Gesundheitsschädigung

Tatbestandsmäßig ist nach § 223 Abs. 1 StGB neben der körperlichen Misshandlung die Gesundheitsschädigung. Aufgrund des Alternativverhältnisses („oder") genügt die Verwirklichung einer der beiden Tatbestandsvarianten.

Unter einer körperlichen Misshandlung ist jede üble, unangemessene Behandlung zu fassen, die das körperliche Wohlbefinden mehr als nur unerheblich beeinträchtigt.[45] Jedenfalls mit der Einspritzung liegt eine solche körperliche Misshandlung vor.[46]

Eine Gesundheitsschädigung hingegen bezeichnet jedes Hervorrufen oder Steigern eines pathologisch und damit nachteilig vom Normzustand abweichenden körperlichen Zustandes.[47] Infolge der Verabreichung der Hormonpräparate kommt es zu einem (nachteilig) abweichenden weiblichen Hormonhaushalt und somit zu einer Gesundheitsschädigung.

Die Injektion der Hormonpräparate mittels Einspritzung erfüllt mithin beide Tatbestandsvarianten der einfachen Körperverletzung.

c) Rechtfertigende Einwilligung

Die tatbestandsmäßige Körperverletzung in Form der Injektion der Hormonpräparate kann allenfalls durch eine (ausdrückliche) Einwilligung der Patientin gerechtfertigt sein. Da die Hormonverabreichung letztlich zur Vorbereitung einer ESchG-widrigen Behandlung dient, könnte eine solche Einwilligung jedoch nach § 228 StGB unwirksam sein. Hiernach ist die Körperverletzung trotz bestehender und ansonsten wirksam vorliegender Einwilligung rechtswidrig, wenn die Tat gegen die guten Sitten verstößt. Unerheblich ist, ob der Einwilligung selbst der Makel der Sittenwidrigkeit anhaftet.[48]

Allein aus dem Umstand, dass die hormonelle Vorbehandlung, sollte es tatsächlich im Ausland zur Durchführung der ESchG-widrigen Methode kommen, eine Beihilfe zur selbigen darstellt,[49] lässt sich nicht allein schlussfolgern, dass die Tat gegen die guten Sitten verstößt. Denn die Wertungen der Bestimmungen des ESchG sind für die Sittenwidrigkeit i. S. d. § 228 StGB unmaßgeblich, da sie – bis auf §§ 4 Abs. 1 Nrn. 1, 2 ESchG – nicht den Schutz der körperlichen Unversehrtheit der Frau bezwecken.[50] Generell macht allein der Zweck der Vorbereitung einer Straftat die Körperverletzung nicht sittenwidrig.[51]

---

[45] BGHSt 14, 269 (271); BGHSt 25, 277 (278).
[46] Zwar ist umstritten, ob eine ärztliche Heilbehandlung, welche nach den Regeln der ärztlichen Kunst (*lege artis*) mit dem Zweck der Heilung erfolgt, tatbestandlich unter § 223 Abs. 1 StGB fällt, dazu *Fischer*, StGB, 66. Aufl. 2019, § 223 Rn. 16 ff. Gleichwohl steht bereits in Frage, ob die Vorbehandlung überhaupt dem Heilzweck dient. So kann durch sie die eigentliche Unfähigkeit, Kinder zu zeugen, nicht behoben werden. Zudem besteht häufig, etwa bei der Eizellspenderin, keine medizinische Indikation. Der Streitstand kann vorliegend jedoch dahingestellt bleiben, da mit der herrschenden Meinung ein tatbestandsmäßiges Handeln angenommen wird. Zur künstlichen Insemination als körperlicher Eingriff siehe *Lackner/Kühl*, StGB, 29. Aufl. 2018, § 223 Rn. 10.
[47] BGHSt 36, 1 (6).
[48] *Lackner/Kühl*, StGB, 29. Aufl. 2018, § 228 Rn. 10.
[49] Siehe dazu unten D. IV. 3. e).
[50] *Hardtung* in MüKo/StGB, Bd. 3, Aufl. 2017, § 228 Rn. 54.
[51] SK-StGB/*Wolters*, 9. Aufl. 2017, Band IV, § 228 Rn. 9; S/S-*Sternberg-Lieben*, StGB, 30. Aufl.

Vielmehr beruht die Wertung des § 228 StGB auf dem Gedanken, dass der Einwilligende die Reichweite seines Rechtsgutsverzichtes nicht voll abschätzen kann und mit einem solchen Verzicht Körperverletzungen von erheblichem Gewicht mit einhergehen,[52] sog. Rechtsgutstheorie.[53] Maßgebend für die Erteilung des Sittenwidrigkeitsverdiktes sind mithin die (möglichen) Folgen der Körperverletzung. Im Ergebnis wird dem Einzelnen damit über die Hintertür des § 228 StGB aufgrund eines entgegenstehenden überwiegenden Allgemeininteresses die Disponibilität über sein Rechtsgut „körperliche Unversehrtheit" teilweise entzogen.[54]

Bei dem Begriff der „guten Sitten" handelt es sich um einen unbestimmten Rechtsbegriff. Er ist normativer Natur und mithin ausfüllungsbedürftig. Das „Anstandsgefühl aller billig und gerecht Denkender" bietet als inhaltsleere Wendung keine Hilfestellung.[55] Das Sittenwidrigkeitsverdikt bestimmt sich vielmehr im Einzelfall nach Zweck, Ziel und den Beweggründen des ärztlichen Handelns, Mittel und Gewicht des Rechtsguteingriffs sowie der Schwere der Verletzung und ihrer Folgen.[56] Grundsätzlich gilt jedoch eine restriktive Handhabung von § 228 StGB. Aufgrund der verfassungsrechtlich bedenklichen Unbestimmtheit spricht sich insbesondere der Bundesgerichtshof für eine einschränkende Auslegung und damit restriktive Handhabung der Norm aus.[57]

Aus folgenden Gründen ist eine Anwendbarkeit für die zu untersuchenden Fällen abzulehnen:

Hinsichtlich der Behandlungsformen, die sich dem äußeren Erscheinungsbild nach nicht von einer IVF-Behandlung unterscheiden, ist ein Verstoß gegen die „guten Sitten" zu verneinen.[58] Ein Verhalten, das objektiv dem medizinischen Standard entspricht und damit ordnungsgemäß ist, stellt keinesfalls einen Sittenverstoß dar. Das betrifft neben der Vorbereitung der Eizellempfängerin/Embryoempfängerin auch die Stimulation im Vorfeld einer post-mortem-Befruchtung, selbst wenn der Arzt Kenntnis um die deliktischen Pläne der Patientin hat.

Hinsichtlich der übrigen Behandlungsformen gilt:

Beim elektiven Embryo-Transfer bedarf es aufgrund der Notwendigkeit der Erzeugung von mehr Eizellen je Zyklus im Vergleich zur gewöhnlichen IVF-Behandlung einer höheren Dosierung an Hormonen. Im Hinblick auf die Eizell-

---

2019, § 228 Rn. 21: [S]chmerzhafte Voruntersuchung einer Schwangeren zur Vorbereitung eines illegalen Schwangerschaftsabbruchs.

[52] Eine Richtschnur für die Erheblichkeit bilden die in § 226 Abs. 1 StGB genannten Beeinträchtigungen, so S/S-*Sternberg-Lieben*, StGB, 30. Aufl. 2019, § 228 Rn. 17. Gar auf die Verursachung einer konkreten Lebensgefahr abstellend BGHSt 49, 34.

[53] S/S-*Sternberg-Lieben*, StGB, 30. Aufl. 2019, § 228 Rn. 17; *Hardtung* in MüKo/StGB, Bd. 4, 3. Aufl., 2017, § 228 Rn. 15.

[54] S/S-*Sternberg-Lieben*, StGB, 30. Aufl. 2019, § 228 Rn. 3; *Hardtung* in MüKo/StGB, Bd. 4, 3. Aufl., 2017, § 228 Rn. 2.

[55] S/S-*Sternberg-Lieben*, StGB, 30. Aufl. 2019, § 228 Rn. 8; zumindest unklar *Lackner/Kühl*, StGB, 29. Aufl. 2018, § 228 Rn. 10 sowie *W/B/S*, Strafrecht AT, 48. Aufl. 2018, § 11 Rn. 573.

[56] BGHSt 49, 34 (42).

[57] BGHSt 4, 24 (32).

[58] So auch *Conte* Der Gynäkologe 2013, 841 (844).

spenderin/Leihmutter bei Eizellspende besteht keine medizinische Indikation zur Durchführung der Hormonbehandlung. In diesen Fällen gilt jedoch: Zum einen ist bei der Auslegung und Anwendung unbestimmter Rechtsbegriffe die durch die Werteordnung der Grundrechte bestehende Ausstrahlungswirkung beachtlich. Das Selbstbestimmungsrecht der Patientin (Art. 2 Abs. 1 GG i. V. m. Art. 1 Abs. 1 GG) ist möglichst umfassend zu wahren. Die hormonelle Stimulation verursacht gerade keine tief greifenden körperlichen Veränderungen,[59] ansonsten wäre eine (ersatzweise) Verabreichung durch die Patientin selbst (ersatzweise zur Injektion) ohne Aufsicht durch den Arzt nicht möglich. Zum anderen enthalten die §§ 4 Abs. 1 Nrn. 1, 2 EschG, die das Einwilligungserfordernis in die Befruchtung der Eizelle und die Übertragung des Embryos normieren, keine Einschränkung hinsichtlich der Durchführung EschG-widriger Behandlungen. Daraus lässt sich schlussfolgern, dass auch die Vorstufe selbst, die hormonelle Vorbehandlung, erst recht keine normative Grenze kennt.

d) Teilergebnis zu 2.

Die Durchführung einer hormonellen Vorbereitung zu einer EschG-widrigen Kinderwunschbehandlung erfüllt mangels Rechtswidrigkeit nicht die Voraussetzungen einer strafbaren Körperverletzung nach § 223 Abs. 1 StGB.
In Ermangelung des Grunddelikts entfällt auch die Möglichkeit der Strafbarkeit des Verhaltens wegen gefährlicher Körperverletzung nach §§ 223 Abs. 1, 224 Abs. 1 Nr. 1 StGB.

3. Strafbarkeit nach den §§ 95, 96 AMG

Neben einer Strafbarkeit wegen eines Körperverletzungsdeliktes nach dem § 223 StGB kommt eine strafrechtliche Verantwortung wegen eines Verstoßes gegen das Arzneimittelgesetz (AMG) in Betracht.[60] In diesem Zusammenhang stellt sich die Frage: Macht sich der Inlandsarzt, wenn er in Kenntnis davon, dass sich die Patienten zur Durchführung einer nach deutschem Recht verbotenen Methode der Kinderwunschbehandlung in das Ausland begeben wollen, Hormonpräparate zur Vorbereitung der Behandlungsdurchführung verschreibt oder verabreicht bzw. ausgibt, nach dem AMG (§§ 95, 96) strafbar?

---

[59] In Betracht kommen allenfalls bedingt durch eine Überstimulation Symptome wie Hitzewallungen und Schwindel, siehe zur IVF-Therapie etwa https://www.familienplanung.de/kinderwunsch/behandlung/hormonbehandlung-und-hormonelle-stimulation/, zuletzt aufgerufen am 1. Juni 2019.
[60] Zur Strafbarkeit des im Inland an Kinderwunschbehandlungen im Ausland mitwirkenden Arztes nach Maßgabe des AMG liegen bislang keine Untersuchungen vor.

a) Verhaltensweisen im Zusammenhang mit dem Arzneimittelgesetz

Noch bevor eine rechtliche Prüfung der Verhaltensformen bei einer therapeutischen hormonellen Vorbehandlung möglich ist, bedarf es zunächst der Klärung, welche Mittel im klinischen Alltag regelmäßig zum Einsatz kommen und wie diese verabreicht werden. Ausgangspunkt dafür ist die IVF-Therapie mit anschließendem Embryotransfer, mit einem grundlegenden Unterschied: Eizell-/Embryoempfängerin und Eizell-/Embryospenderin sind personenverschieden. Beim elektiven Embryo-Transfer sowie der post-mortem-Befruchtung sind die Behandlungsverläufe hinsichtlich der Behandlung der Eizellspenderin identisch.

Zuerst werden Spenderin und Empfängerin bzw. wird die betreffende Patientin medizinisch untersucht.

Im Anschluss daran werden bei der Eizellspenderin zum Zwecke der Stimulation der Follikelreifung in den Ovarien Clomifencitrat in Tablettenform zur oralen Einnahme durch die Patientin (Präparat Clomifen Ferring 50 mg[61]) oder FSH (Wirkstoff Follitropinal als Präparat Gonal-f[62]) verwendet. Gonal-f wird als Injektionslösung in einem Fertigpen mittels Einspritzung subkutan, also direkt unter die Haut injiziert.[63] Die erste Injektion hat unter Aufsicht und nach Anweisung des Arztes zu erfolgen. Üblicherweise erfolgt die Gabe über mehrere Wochen hinweg (Zeitraum von fünf bis zu zwanzig Tagen). Das Präparat Gonal-f enthält den Wirkstoff Follitropin alfa, ein FSH, und gehört zur Gruppe der Gonadotropine. Es wird dazu verwendet, die Freisetzung einer Eizelle aus dem Eierstock bei Frauen herbeizuführen, die keinen Eisprung haben und auf eine Behandlung mit dem Wirkstoff Clomifencitrat nicht angesprochen haben. Dabei kann es zusammen mit dem Wirkstoff Lutropin alfa (enthält LH) verwendet werden. Darüber hinaus dient Gonal-f der Entwicklung mehrerer Follikel, um sich eines Verfahren zu bedienen, das ihnen hilft, schwanger zu werden.[64]

Zur Auslösung des Eisprunges (Ovulationsinduktion) nach vorheriger Stimulation des Follikelwachstums kommt in Deutschland hCG als Präparat Predalon 5000[65] zum Einsatz. Es wird ebenfalls in Form einer Injektionslösung intramuskulär mittels Injektion verabreicht. Auch dies muss unter Aufsicht eines Arztes geschehen. Rekombinantes hCG wird 24 bis 48 Stunden nach der letzten Gonal-f-Injektion injiziert, um die Eizellen für die Entnahme vorzubereiten. Zirka 36 Stunden nach der Injektion von hCG oder Clomifen erfolgt die Ovulation.

---

[61] Rote Liste 2019, S. 725, 46 068.
[62] Rote Liste 2019, S. 755, 50 007.
[63] Beipackzettel zu Gonal-f der Firma Merck Serono GmbH, Stand: März 2017.
[64] Beipackzettel zu Gonal-f der Firma Merck Serono GmbH, Stand: März 2017.
[65] Rote Liste 2019, S. 754, 50 004.

Der Empfängerin werden Östrogen und Progesteron verabreicht, um das Wachstum der Gebärmutterschleimhaut anzuregen.[66] Hierfür findet das Präparat Progestan als Weichkapsel[67] oder Progestogel als Gel[68] Anwendung.

Sämtliche genannten Präparate sind nach der Arzneimittelverschreibungsverordnung verschreibungspflichtig.[69]

b) Strafbarkeit nach Maßgabe der §§ 95, 96 AMG

Im Rahmen der Prüfung gilt es zu beachten, dass die Straftatbestände des AMG Blankettstrafnormen sind, d. h. sie bestimmen nur die Strafbarkeit und den Strafrahmen, umschreiben jedoch nicht selbst das strafbegründende Verhalten, sondern nehmen hierfür tatbestandlich auf eine andere Norm Bezug.[70]

aa) Strafbarkeit gem. § 95 Abs. 1 Nr. 1 AMG i. V. m. § 5 Abs. 1 AMG

Nach § 95 Abs. 1 Nr. 1 Fall 2 AMG macht sich strafbar,

> *wer entgegen § 5 Absatz 1 [AMG] ein Arzneimittel in den Verkehr bringt oder bei anderen anwendet.*

Eine Strafbarkeit nach dieser Bestimmung kommt für den Inlandsarzt in Betracht, wenn er an der prospektiven Eizellspenderin zum Zwecke der Stimulation der Eierstöcke und/oder zur Herbeiführung des Eisprungs Medikamente verabreicht oder an sie zur Anwendung ausgibt und sie diese dann per Pen, Salbe oder durch die Einnahme von Tabletten zur Anwendung bringt, obwohl die Eizellspenderin keine medizinische Indikation für die Anwendung der Hormonpräparate aufweist.

Es handelt sich um ein Jedermannsdelikt („wer"), sodass auch der Arzt vom Tatbestand erfasst wird.[71]

(1) Voraussetzungen des § 5 Abs. 1 AMG

Tatbestandlich wird ein Arzneimittel vorausgesetzt. Der Begriff des „Arzneimittels" ist in § 2 AMG legaldefiniert.

Arzneimittel sind nach § 2 Abs. 1 lit. a AMG insbesondere Stoffe, die im oder am menschlichen Körper angewendet oder einem Menschen verabreicht werden kön-

---

[66] *Berg*, Eizellspende – eine notwendige Alternative?, in BMG (Hrsg.), Fortpflanzungsmedizin in Deutschland, 2001, S. 143 ff.; *Keck*, Kinderwunschbehandlung in der gynäkologischen Praxis, 2014, S. 265.
[67] Rote Liste 2019, S. 1154, 76 020.
[68] Rote Liste 2019, S. 723, 46 052.
[69] Näheres unter bb).
[70] *Raum* in Kügel/Müller/Hofmann (Hrsg.), AMG, 2. Aufl. 2016, Vor §§ 95–98a Rn. 3.
[71] *Weber*, BtMG/AMG, 5. Aufl. 2017, AMG § 5 Rn. 6.

nen, um die physiologischen Funktionen durch eine pharmakologische Wirkung zu beeinflussen.

Bei Clomifen handelt es sich um eine chemische Verbindung i. S. d. § 3 Nr. 1 AMG. Von § 3 Nr. 1 Var. 2 AMG sind einheitliche Stoffe aus zwei oder mehreren chemischen Elementen erfasst, die in einem festen, gesetzmäßigen Mengenverhältnis zueinanderstehen.[72] Unter den Stoffbegriff fallen nach § 3 Nr. 3 AMG unter anderem Stoffwechselprodukte des Menschen. Stoffwechselprodukte sind alle Stoffe, die beim Stoffwechsel – als der Gesamtheit aller lebensnotwendigen chemischen Reaktionen in einem Organismus – vor allem mit Hilfe von Enzymen entstehen.[73] Begrifflich hiervon erfasst sind mitunter Hormone.[74] FSH, LH sowie Choriongonadotropin gehören zur Gruppe der Sexualhormone und sind als solche Stoffwechselprodukte des menschlichen Körpers. Es handelt sich bei dem für die Ovulationsinduktion verwendeten hCG nicht um ein bloßes – tatbestandlich nicht erfasstes – Nahrungsergänzungsmittel i. S. d. § 3 Abs. 3 Nr. 1 AMG.[75]

Ferner müssen diese Stoffe die physiologischen Funktionen beeinflussen, sog. Funktionsarzneimittel. Das liegt insbesondere vor, wenn naturgegebene Zustände beeinträchtigt oder geändert werden.[76] Die Wirkung muss außerhalb der normalen im menschlichen Körper ablaufenden Lebensvorgänge liegen.[77] Hormone unterfallen dem Begriff des Funktionsarzneimittels nach § 2 Abs. 1 Nr. 2 lit. a AMG.[78] Clomifencitrat wirkt gleichermaßen wie FSH/LH. FSH und LH beeinflussen die Eizellreifung abweichend von der körpereigenen Funktion. Auch die Gabe von hCG bestimmt den Zeitpunkt des Eisprungs in den Ovarien abweichend vom körperlichen Hormonzustand.

Dass die entsprechenden (Hormon-)Präparate zugelassene Arzneimittel sind, ist unschädlich. Auch zugelassene Arzneimittel unterfallen dem Tatbestand des § 5 AMG.[79]

Zwar stellt die Anwendung eines Arzneimittels kein „Inverkehrbringen" dar.[80] § 95 Abs. 1 Nr. 1 Var. 2 AMG pönalisiert daneben jedoch bereits die Anwendung bei einem anderen. Bei einem anderen Menschen wird das Arzneimittel angewendet, wenn die Anwendung am oder im menschlichen Körper erfolgt.[81] Vor allem das Verabreichen und das Überlassen zum unmittelbaren Verbrauch fallen darunter,[82]

---

[72] *Müller* in Kügel/Müller/Hofmann (Hrsg.), AMG, 2. Aufl. 2016, § 3 Rn. 11.
[73] *Müller* in Kügel/Müller/Hofmann (Hrsg.), AMG, 2. Aufl. 2016, § 3 Rn. 25.
[74] *Rehmann*, AMG, 4. Aufl. 2014, § 3 Rn. 2.
[75] Anders etwa die hCG D 30 Globuli (homöopathisches Mittel), die keinen klinisch relevanten Gehalt an hCG aufweisen.
[76] *Weber*, BtMG/AMG, 5. Aufl. 2017, AMG § 2 Rn. 66.
[77] BVerwG PharmR 2008, 73.
[78] *Rehmann*, AMG, 4. Aufl. 2014, § 2 Rn. 17.
[79] *Weber*, BtMG/AMG, 5. Aufl. 2017, AMG § 5 Rn. 7.
[80] BVerwGE 94, 341.
[81] *Weber*, BtMG/AMG, 5. Aufl. 2017, AMG § 95 Rn. 43 sowie § 5 Rn. 10.
[82] *Weber*, BtMG/AMG, 5. Aufl. 2017, AMG § 95 Rn. 43 sowie § 5 Rn. 11.

nicht hingegen das bloße Verschreiben.[83] Die (Hormon-)Präparate werden durch den Arzt mittels Einspritzung verabreicht oder ihre Anwendung erfolgt nach ärztlicher Ausgabe durch die Patientin selbst.

(2) Voraussetzungen des § 5 Abs. 2 AMG

Die Anwendung muss nach dem Tatbestand entgegen § 5 Abs. 1 AMG erfolgen, d. h. es muss sich um ein *bedenkliches* Arzneimittel handeln.

Die Bedenklichkeit ist anhand der in § 5 Abs. 2 AMG genannten Kriterien festzustellen. Sie ist ein unbestimmter Rechtsbegriff.[84] Danach sind Arzneimittel bedenklich, bei denen nach dem jeweiligen Stand der wissenschaftlichen Erkenntnisse der begründete Verdacht besteht, dass sie bei bestimmungsgemäßem Gebrauch schädliche Wirkungen haben, die über ein nach den Erkenntnissen der medizinischen Wissenschaft vertretbares Maß hinausgehen.

Um den begründeten Verdacht schädlicher Wirkungen bei bestimmungsgemäßem Gebrauch festzustellen, ist der therapeutische Nutzen im Verhältnis zu dem Verdacht schädlicher Wirkungen zu betrachten.[85] Es muss nach dem jeweiligen Stand der wissenschaftlichen Erkenntnisse der begründete Verdacht bestehen, dass es bei bestimmungsgemäßem Gebrauch zu einer schädlichen Wirkung kommt.

Nur der bestimmungsgemäße Gebrauch eines Arzneimittels unterliegt einer Bedenklichkeitskontrolle.[86] Er ergibt sich aus den Informationen, die in der Packungsbeilage i. S. d. § 11 AMG enthalten sind,[87] mithin, für welche Anwendung der Hersteller das Arzneimittel bestimmt hat und damit den Indikationen in der jeweiligen Gebrauchsinformation (Beipackzettel).[88] Entscheidend ist, ob die konkrete Anwendung des Präparates medizinisch indiziert ist.[89] So gehört der Missbrauch, also die Zweckentfremdung des Arzneimittels, grundsätzlich nicht zum bestimmungsgemäßen Gebrauch.[90] Eine Ausnahme wird nur dann gemacht, wenn die missbräuchliche Verwendung einen so großen Umfang angenommen hat, dass von einem weit verbreiteten Gebrauch zu sprechen ist und von einer Kenntnis und Billigung in den Verkehrskreisen auszugehen ist,[91] sog. off-label-use.[92]

---

[83] *Weber*, BtMG/AMG, 5. Aufl. 2017, AMG § 95 Rn. 43 sowie § 5 Rn. 11.

[84] *Hofmann* in Kügel/Müller/Hofmann (Hrsg.), AMG, 2. Aufl. 2016, § 5 Rn. 12.

[85] *Weber*, BtMG/AMG, 5. Aufl. 2017, AMG § 5 Rn. 13 mit Verweis auf OVG RheinlPf PharmR 2016, 426.

[86] *Samson/Wolz* MedR 1988, 71 (72).

[87] *Hofmann* in Kügel/Müller/Hofmann (Hrsg.), AMG, 2. Aufl. 2016, § 5 Rn. 20; das soll nach twA bereits abschließend sein: *Rehmann*, AMG, 4. Aufl. § 5 Rn. 3.

[88] *Samson/Wolz* MedR 1988, 71 (72).

[89] *Hofmann* in Kügel/Müller/Hofmann (Hrsg.), AMG, 2. Aufl. 2016, § 5 Rn. 20.

[90] *Hofmann* in Kügel/Müller/Hofmann (Hrsg.), AMG, 2. Aufl. 2016, § 5 Rn. 20.

[91] Kritisch *Hofmann* in Kügel/Müller/Hofmann (Hrsg.), AMG, 2. Aufl. 2016, § 5 Rn. 20 mit Bezugnahme auf BGH MedR 1999, 270 und *Kloesel/Cyran*, AMG, 132. Lieferung 2017, § 5 Anm. 17.

[92] *Brixius* in NK-Gesamtes Medizinrecht, 3. Aufl. 2018, AMG § 5 Rn. 5.

Unter Berücksichtigung dieser Grundsätze ist die Anwendung der beschriebenen (Hormon-)Präparate bei der prospektiven Eizellspenderin nicht als „bestimmungsgemäßer Gebrauch" i.S.d. § 5 Abs. 2 AMG einzustufen. Die Spenderin weist keine medizinische Indikation für die Anwendung der Hormonpräparate auf, sie ist gesund. Es handelt sich damit nicht um einen Gebrauch, sondern vielmehr um einen Missbrauch. Ein Arzneimittelmissbrauch ist nur in Ausnahmefällen noch vom bestimmungsgemäßen Gebrauch umfasst. Ein solcher Ausnahmefall liegt nicht vor, denn von einem „praktisch geübten Gebrauch" kann jedenfalls nicht ausgegangen werden, wenn die Nutzung des Präparates eigenständig von strafrechtlicher Relevanz ist. Wie im Weiteren aufgezeigt wird, ist die Anwendung, sei es die Verabreichung des Wirkstoffs als auch die Darreichung der (Hormon-)Präparate bereits als physische Beihilfe zu qualifizieren.[93] Eine rechtswidrige, strafbare Nutzung kann sich nicht als in der Praxis standardisiertes Verhalten etablieren.

Da die Anwendung von Hormonpräparaten bei der prospektiven Eizellspenderin kein „bestimmungsgemäßer Gebrauch" im Sinne des § 5 Abs. 2 AMG ist, macht sich der Inlandsarzt hierdurch nicht nach § 95 Abs. 1 Nr. 1 AMG i. V. m. § 5 AMG strafbar.

bb) Strafbarkeit nach § 96 Nr. 13 AMG

In Betracht kommt eine Strafbarkeit gem. § 96 Nr. 13 AMG, indem der Arzt die vorbezeichneten (Hormon-)Präparate verschreibt, um die Eizell-/Embryoempfängerin und/oder die Eizell-/Embryospenderin hormonell auf die Behandlung vorzubereiten.

Nach § 96 Nr. 13 AMG macht sich strafbar,

wer (…) entgegen § 48 Abs. 1 Satz 1 Nr. 1 in Verbindung mit einer Rechtsverordnung nach § 48 Abs. 2 Nr. 1 oder 2 Arzneimittel abgibt, wenn die Tat nicht in § 95 Abs. 1 Nr. 6 [AMG] mit Strafe bedroht ist.

Strafbar ist die Abgabe von Arzneimittel ohne Vorlage der in § 48 Abs. 1 Satz 1 AMG in Verbindung mit einer Rechtsverordnung nach § 48 Abs. 1 Nr. 1, 2 AMG vorgesehenen Verschreibung an Verbraucher.[94] So sind nach § 48 AMG bestimmte Substanzen verschreibungspflichtig. Die Verschreibungspflicht dient der Vorbeugung von Missbrauch.[95] Es dürfen unter anderem nach § 48 Abs. 1 Satz 1 Nr. 1 AMG Arzneimittel, die durch Rechtsverordnung nach Absatz 2 bestimmte Stoffe sind, nur bei Vorliegen einer ärztlichen Verschreibung an den Verbraucher abgegeben werden. § 48 Abs. 2 Satz 1 Nr. 2 lit. a AMG enthält die Ermächtigungsgrundlage für den Erlass einer Rechtsverordnung, der Arzneimittelverschreibungsverordnung (AMVV), wonach das Bundesministerium für Gesundheit Stoffe bestimmen kann, welche die Gesundheit des Menschen, des Anwenders oder die Umwelt auch bei bestimmungsgemäßem Gebrauch gefährden können, wenn sie ohne ärztliche

---

[93] Teil. 3 § 7 D. IV. 3. c).
[94] *Weber*, BtMG/AMG, 5. Aufl. 2017, AMG § 96 Rn. 124 und § 95 Rn. 298.
[95] *Weber*, BtMG/AMG, 5. Aufl. 2017, AMG § 1 Rn. 4.

Überwachung angewendet werden. Die Verschreibung ist eine Anweisung an den Apotheker zur Verabfolgung eines bestimmten Mittels an eine bestimmte Person.[96] Ob die sachlichen Voraussetzungen für die Verordnung eines Arzneimittels erfüllt sind, hat primär der verschreibende Arzt zu verantworten.[97]

Die Verschreibungspflicht wird durch AMG und AMVV stoffbezogen angeordnet.[98] Clomifen, Gonadotropine und Progesteron sind in Anlage 1 zu § 1 Nr. 1 AMVV gelistete, verschreibungspflichtige Stoffe.

Allerdings liegt in den untersuchten Fällen stets eine ärztliche Verschreibung vor, sodass bereits an einer „Abgabe" i. S. d. § 96 Nr. 13 AMG mangelt.[99]

c) Teilergebnis zu 3.

Weder durch die Verabreichung noch im Wege der Darreichung von Hormonpräparate an die (prospektive) Eizellspenderin noch durch die Verschreibung von Hormonpräparaten zur Vorbereitung einer ESchG-widrigen Kinderwunschbehandlung macht sich der Inlandsarzt nach dem AMG strafbar.

II. Teilergebnis zu I.

Es konnte nachgewiesen werden, dass der Inlandsarzt sich bei seiner Tätigkeit im Zusammenhang mit verbotenen Kinderwunschbehandlungen im Ausland weder wegen einer (gefährlichen) Körperverletzung noch nach dem Arzneimittelgesetz strafbar macht.

E. Strafbarkeit des inländischen Arztes nach dem ESchG

Bei der Untersuchung einer möglichen Strafbarkeit nach dem ESchG ist zwischen einer Mitwirkung in Form einer Täterschaft und einer solchen in Form einer Teilnahme zu differenzieren.

Für die Beantwortung der Frage ist deutsches Strafrecht maßgebend, da jedenfalls der Handlungsort im Inland liegt.

---

[96] *Weber*, BtMG/AMG, 5. Aufl. 2017, AMG § 48 Rn. 8.
[97] *Weber*, BtMG/AMG, 5. Aufl. 2017, AMG § 48 Rn. 30.
[98] *Raum* in Kügel/Müller/Hofmann (Hrsg.), AMG, 2. Aufl. 2016, § 48 Rn. 10.
[99] Mangels Abgabe ist auch der Tatbestand des vorrangigen § 95 Abs. 1 Nr. 6 AMG nicht erfüllt. Überdies verlangt dieser die Abgabe eines Arzneimittels, das zur Anwendung bei Tieren bestimmt ist, die der Gewinnung von Lebensmitteln dienen, was bei den maßgeblichen Präparaten nicht der Fall ist, da sie nur beim Menschen Anwendung finden.

I. Täterschaft oder Teilnahme?

Die Frage der Strafbarkeit nach dem ESchG ist weitaus schwieriger als die Fragestellungen im Rahmen des § 223 Abs. 1 StGB oder die des AMG zu beantworten, da hierbei eine Beteiligung in Form einer (Mit-)Täterschaft und einer Teilnahme in Betracht kommt. Vorrangig ist zu klären, ob die Mitwirkung des inländischen Arztes als täterschaftliche im Sinne von § 25 StGB zu qualifizieren ist. Die Täterschaft ist vor einer möglichen Teilnahme zu diskutieren, da eine Person hinsichtlich derselben Handlung einen Tatbestand nicht zugleich als Täter und Teilnehmer verwirklichen kann.[100] So definiert *Roxin* den Begriff der Teilnahme treffend als „selbständigen Rechtsgutsangriff durch täterschaftslose vorsätzliche Mitwirkung an einer mit Tatbestandsvorsatz begangenen tatbestandsmäßig-rechtswidrigen Tat".[101] Dies impliziert, dass die Teilnahme eine Form der „Nichttäterschaft" ist. Das gilt zumindest für die vorsätzliche Täterschaft, bedeutet aber auch: Sollte jede Form der Mitwirkung als vorsätzliche (Mit-)Täterschaft zu qualifizieren sein, schiede insofern eine Strafbarkeit wegen Teilnahme aus und die Diskussion um die tatbestandliche Reichweite von § 9 Abs. 2 Satz 2 StGB würde sich mangels Teilnahme erübrigen.

Spiegelbildlich zur fahrlässigen Täterschaft ist eine „fahrlässige Teilnahme" strafrechtlich nicht relevant, da beide Formen der Teilnahme, also Anstiftung und Beihilfe jeweils Vorsatz bezüglich der Haupttat und der Teilnahmehandlung (sog. „doppelter" Anstifter- bzw. Gehilfenvorsatz)[102] voraussetzen und somit keine Abgrenzungsschwierigkeiten zwischen fahrlässiger (Mit-)Täterschaft und Teilnahme bestehen. Die fahrlässige (Mit-)Täterschaft soll aus Gründen der Verständlichkeit unmittelbar im Anschluss an die vorsätzliche Täterschaft Eingang in die Darstellungen finden.

Sollte der inländische Arzt als Täter handeln, so würde er sich nach dem ESchG strafbar machen. Dabei kommt in Betracht, dass er als Alleintäter handelt, oder dass er zumindest als Mittäter neben den Patienten und dem ausländischen Arzt bei dem Verstoß gegen das ESchG fungiert. Zu erörtern ist bei beiden Täterschaftsformen neben einer vorsätzlichen auch eine fahrlässige Begehungsweise.

II. Mitwirkung als Täter (§ 25 StGB)

Hinsichtlich einer täterschaftlichen Verantwortlichkeit muss im Rahmen des ESchG wiederum zwischen vorsätzlichen (unter 1.) und fahrlässigen (unter 2.) Begehungsweisen differenziert werden. Zunächst sollen Handlungen untersucht werden, bei

---

[100] Zumindest unklar daher *Magnus* NStZ 2015, 57 (58,59,60), wenn sie zunächst eine mögliche Teilnahme und erst dann eine mittäterschaftliche Begehung in Erwägung zieht.
[101] *Roxin*, Strafrecht AT II, 2003, § 26 Rn. 1.
[102] *Kühl*, Strafrecht AT, 8. Aufl. 2017, § 20 Rn. 195 zur Anstiftung sowie Rn. 241; *Fischer*, StGB, 66. Aufl. 2019, Vor § 25 Rn. 9 mit Bezugnahme auf BGHSt 9, 375: Fahrlässige Teilnahme als solche ist nicht strafbar.

denen der inländische Arzt vorsätzlich handelt. Grundsätzlich ist nämlich nur vorsätzliches Handeln strafbar, § 15 StGB. Das Vorsatzerfordernis gilt nach Art. 1 Abs. 1 EGStGB auch für die Tatbestände des ESchG als Teil des Nebenstrafrechts.

1. Vorsätzliche Begehungsweisen

a) Vorsatzform

Eine Straftat wird grundsätzlich bereits dann vorsätzlich begangen, wenn der Täter lediglich mit bedingtem Vorsatz (sog. *dolus eventualis*) handelt. Im Rahmen der zu untersuchenden Tatbestände des ESchG genügt diese (schwächste) Vorsatzform, da die einschlägigen Tatbestände keine höheren Anforderungen an den subjektiven Tatbestand stellen.[103] Für ein bedingt vorsätzliches Handeln ist nach herrschender Meinung erforderlich aber auch ausreichend, dass der Täter die Tatbestandsverwirklichung für möglich hält (kognitives Element) und aus bewusster Gleichgültigkeit gegenüber dem geschützten Rechtsgut in Kauf nimmt (voluntatives Element).[104]

b) Erscheinungsformen der Täterschaft

Im Falle einer vorsätzlichen Begehung kommen – für die Praxis relevant[105] – eine unmittelbare Alleintäterschaft gem. § 25 Abs. 1 Alt. 1 StGB (unter aa)) sowie eine Mittäterschaft gem. § 25 Abs. 2 StGB (unter bb)) in Betracht.

Die Umschreibung des Täters mit „wer" im Tatbestand des Besonderen Teils bzw. des ESchG als Bestandteil des Nebenstrafrechts bezieht sich nur auf die Person, die den tatbestandlichen Erfolg als Täter herbeiführt.[106] Nicht ausreichend für die Verwirklichung des Tatbestandes ist damit eine bloße Teilnahme; im Gegensatz zu § 120 Abs. 1 StGB (Gefangenenbefreiung) oder § 257 Abs. 1 Var. 4 StGB (Hehlerei in Gestalt der Absatzhilfe), die bereits Handlungen eines Teilnehmers eigenständig unter Strafe stellen.

---

[103] *Günther* in G/T/K (Hrsg.), ESchG, 2. Aufl. 2014, C. II. Vor § 1 Rn. 42 ff.
[104] S/S-*Sternberg-Lieben/Schuster*, StGB, 30. Aufl. 2019, § 15 Rn. 84.
[105] Lebensfremd erscheint die Annahme einer denkbaren mittelbaren Täterschaft gem. § 25 Abs. 1 Alt. 2 StGB dergestalt, dass sich der inländische Arzt des ausländischen Arztes als „Werkzeug" bedient. Beide sind Ärzte und handeln damit kraft ihrer Profession eigenverantwortlich und gleichrangig. Auch bzgl. der Patienten genügt die Straflosigkeit der Auslandstat nicht, denn die Anwendbarkeit deutschen Strafrechts ist kein Bestandteil des Unrechtstatbestandes und kann damit kein für eine mittelbare Täterschaft grundsätzlich erforderliches Strafbarkeitsdefizit bezogen auf die Patientengruppe begründen.
[106] *Joecks* in MüKo-StGB, Bd. 1, 3. Aufl. 2017, § 25 Rn. 9.

aa) Unmittelbare Alleintäterschaft (§ 25 Abs. 1 Fall 1 StGB)

Zunächst lässt sich die Frage aufwerfen, ob der Arzt durch seine Mitwirkungstätigkeit als unmittelbarer Alleintäter auftritt. Dann würde er sich – unabhängig von der Strafbarkeit der Patientengruppe und des im Ausland tätigen Arztes – allein hierdurch nach dem ESchG strafbar machen.

Unmittelbarer Täter ist nach § 25 Abs. 1 Alt. 1 StGB, wer die Tat *selbst* begeht. Der Tatbegriff ist im materiellen Sinne zu verstehen und bezeichnet nach der Legaldefinition des § 11 Abs. 1 Nr. 5 StGB die Verwirklichung eines Straftatbestandes. Unmittelbarer Alleintäter ist damit, wer alle Tatbestandsmerkmale in eigener Person, also eigenhändig, verwirklicht.[107] Zu prüfen ist mithin, ob der inländische Arzt mit der am weitest reichenden Form der Mitwirkung, der therapeutischen hormonellen Vorbehandlung[108] den Tatbestand einer der zu untersuchenden Behandlungsmethoden verwirklicht. Sollte das nicht der Fall sein, so erfüllen im Erst-recht-Schluss alle schwächeren Formen der Mitwirkung den jeweiligen Tatbestand nicht.

Für die Feststellung einer denkbaren Versuchsstrafbarkeit gelten auch für die Tatbestände des ESchG die allgemeinen Voraussetzungen der §§ 22–24 StGB.[109]

Ob die hormonelle Vorbehandlung bereits eine Täterschaft begründet, ist im Folgenden anhand der jeweiligen Straftatbestände zu prüfen.

(1) Verhaltensweisen

Die nach § 1 Abs. 1 Nr. 5 ESchG (*elektiver Embryotransfer*) relevante Tathandlung ist das Befruchten von Eizellen. Befruchten in diesem Sinne meint ein künstliches Befruchten, was daraus erkennbar wird, dass die so entstandenen Embryonen anschließend noch (auf eine Frau) übertragen werden müssen, so § 1 Abs. 1 Nr. 5 Halbsatz 2 ESchG. Die Befruchtung erfolgt damit extrakorporal.

Eine hormonelle Vorbehandlung müsste eine (künstliche) Befruchtung darstellen. Eine künstliche Befruchtung ist jede Befruchtung, die nicht durch Geschlechtsverkehr herbeigeführt wird und zu deren Erreichung technische Hilfsmittel eingesetzt werden.[110] Eine Befruchtung und damit auch eine künstlicher Art erfordert jedoch zumindest, dass ein Spermium und eine Eizelle in irgendeiner Weise zusammengeführt werden, mag es mittels Injektion des Spermas in die weiblichen Genitalien (artifizielle) oder im Reagenzglas (IVF/ICSI) sein. Die bloße Gabe von Hormonen, sei es, indem der inländische Arzt Tabletten/Pen/Salben zur Eigenanwendung

---

[107] *Fischer*, StGB, 66. Aufl. 2019, § 25 Rn. 3; *Otto* Jura 1987, 246 (252).

[108] Daraus ergibt sich gerade, dass die Behandlung der eigentlichen Kinderwunschbehandlung zeitlich vorgelagert ist.

[109] *Günther* in G/T/K, ESchG, 2. Aufl. 2014, C. II. Vor § 1 Rn. 57 ff. Siehe Art. 1 Abs. 1 EGStGB, der mit seinem Pauschalverweis auf den Allgemeinen Teil des StGB die §§ 22–24 StGB mitumfasst.

[110] *Dr. Pelchen/Häberle* in Erbs/Kohlhaas (Hrsg.), ESchG, 214. EL (Stand: 1. März 2017), § 1 Rn. 4.

verschreibt oder der Patientin Hormonspritzen verabreicht, ist keine Zusammenführung der männlichen und weiblichen Keimzellen, sondern dient vorbereitend der Schaffung punktionsfähiger Oozyten in den Ovarien der Patientin.

Eine denkbare Versuchsstrafbarkeit scheitert jedenfalls an deren mangelnder gesetzlicher Anordnung entgegen § 23 Abs. 1 Alt. 2 StGB. Denn § 1 Abs. 4 ESchG ordnet für die Ziffer 5 keine Versuchsstrafbarkeit an, obgleich es sich lediglich um einen Vergehenstatbestand (§ 12 Abs. 2 StGB) handelt. Dass § 1 Abs. 1 Nr. 5 ESchG als echtes Unternehmensdelikt („wer es unternimmt") ausgestaltet ist, führt nicht dazu, dass allein die (denkbare) Vorbereitung eine Strafbarkeit wegen formeller Vollendung begründet. § 11 Abs. 1 Nr. 6 StGB, der bei echten Unternehmensdelikten den Versuch einer Tat ihrer Vollendung gleichsetzt, gilt ausweislich seines Wortlautes nicht für die Gleichstellung von Vorbereitung und Vollendung,[111] sondern vielmehr nur für die Gleichstellung von Versuch und Vollendung.

Mangels Tathandlung scheidet eine Alleintäterschaft des inländischen Arztes zu einem elektiven Embryo-Transfer durch die Verschreibung und/oder Verabreichung von Hormonpräparaten gemäß § 1 Abs. 1 Nr. 5 ESchG daher aus.

Überdies erfüllt die hormonelle Vorbehandlung auch nicht die Anforderungen, die das ESchG im Hinblick auf die *Eizellspende* umschreibt.

Nach § 1 Abs. 1 Nr. 1 ESchG macht sich nur strafbar, wer eine fremde unbefruchtete Eizelle überträgt. Die Verabreichung von Clomifen oder FSH dient der Heranreifung von Oozyten in den Eierstöcken. Dabei werden keine Oozyten übertragen, sondern deren Entnahme im Wege der Punktion lediglich vorbereitet, sodass die hormonelle Vorbehandlung kein „Übertragen" im Sinne des Tatbestandes darstellt. Ebenso dient die Gabe von Östrogen und Progesteron nur der Vorbereitung des Endometriums der künftigen Eizellempfängerin. Eine Versuchsstrafbarkeit ist wiederum nicht angeordnet, vgl. insoweit § 1 Abs. 4 ESchG.

Für § 1 Abs. 1 Nr. 2 ESchG hingegen fehlt es – wie bereits bei § 1 Abs. 1 Nr. 5 ESchG – an einer künstlichen Befruchtung. Die Deliktsnatur als echtes Unternehmensdelikt hat wiederum keine Konsequenzen, da es nicht zur Gleichstellung von Vorbereitung und formeller Vollendung kommt, sondern lediglich zur Gleichstellung von Versuch und formeller Vollendung.

Im Hinblick auf die *Embryospende* erfordert die Tathandlung des § 1 Abs. 1 Nr. 6 ESchG die Entnahme eines Embryos vor Abschluss seiner Einnistung in der Gebärmutter. Der Embryo muss sich vor der Entnahme im Körperinneren der Frau befunden haben, d. h. die Entnahme setzt eine vorherige Befruchtung im Körperinneren der Frau oder den vorherigen Transfer eines extrakorporal erzeugten Embryos voraus. Die Befruchtung erfolgt im oberen Teil des Eileiters, von wo aus der Embryo abwärts bis in die Gebärmutter wandert.[112] Dort nistet sich der Embryo ein.[113] Zu welchem Zeitpunkt der Embryo im Vorfeld der Nidation entnommen wird, ist

---

[111] BGHSt 5, 281.
[112] *Taupitz* in G/T/K (Hrsg.), ESchG, 2. Aufl. 2014, C. II. § 1 Abs. 1 Nr. 6 Rn. 10.
[113] *Taupitz* in G/T/K (Hrsg.), ESchG, 2. Aufl. 2014, C. II. § 1 Abs. 1 Nr. 6 Rn. 10.

unerheblich.[114] Der Begriff der Entnahme bezeichnet ein Verhalten des Täters, das auf die Entfernung des Embryos aus dem Mutterleib zielt. Auf welche Weise dies geschieht, ist unmaßgeblich.[115] Bei der hormonellen Vorbehandlung ist jedoch noch kein Embryo entstanden, der aus dem Mutterleib entnommen werden könnte, sodass eine hormonelle Vorbehandlung keine tatbestandsmäßige Entnahme i. S. d. § 1 Abs. 1 Nr. 6 ESchG ist.

Die Vorschrift des § 1 Abs. 1 Nr. 7 ESchG (Verbot der *Leihmutterschaft*) verlangt in ihrer ersten Variante ein künstliches Befruchten, in ihrer zweiten Variante die Übertragung des Embryos. Es gelten die Ausführungen zur Eizellspende entsprechend, sodass keine der beiden Varianten durch die bloße Verabreichung von Hormonen erfüllt ist. Zu einer formellen Vollendung kommt es auch nicht deshalb, weil Ziffer 7 als echtes Unternehmensdelikt ausgestaltet ist.

Ebenso ist für die Erzeugung einer Leihmutterschaft nach § 1 Abs. 1 Nr. 7 Alt. 1 ESchG in Verbindung mit einer Eizellspende ein „künstliches Befruchten" erforderlich. Die hormonelle Vorbehandlung ist allerdings keine künstliche Befruchtung. Wiederum ist eine Versuchsstrafbarkeit nicht angeordnet, vgl. § 1 Abs. 4 ESchG. Die Vorbereitung der Tat steht der Vollendung nicht gleich, sodass es abermals unerheblich ist, dass § 1 Abs. 1 Nr. 7 Alt. 1 EschG als echtes Unternehmensdelikt ausgestaltet ist.

Die Leihmutterschaft mit Embryospende nach § 1 Abs. 1 Nr. 7 Alt. 2 ESchG setzt hingegen die Übertragung eines menschlichen Embryos auf eine Ersatzmutter voraus. Die hormonelle Vorbehandlung dient wie bereits dargestellt der Eizellreifung in den Eierstöcken (Spenderin) und/oder der Vorbereitung des Endometriums (Empfängerin). Mangels Tathandlung ist auch diese Variante nicht erfüllt. Der Versuch ist nicht strafbar. Ferner kommt eine Gleichsetzung von Vorbereitung und Vollendung nicht in Betracht.

Im Rahmen dieser Behandlungsmöglichkeit ist wiederum nach dem Tod der jeweiligen Keimzellspender zu differenzieren: dem Tod des Samenspenders und dem Tod der Eizellspenderin.

Hinsichtlich des Todes der Eizellspenderin kann auf die Ausführungen zur Eizellspende verwiesen werden. Im Hinblick auf den Tod des Samenspenders gilt: Der objektive Tatbestand des § 4 Abs. 1 Nr. 3 ESchG, welcher die post-mortem-Befruchtung mit dem Sperma eines Mannes nach dessen Tod unter Strafe stellt, setzt ebenfalls die künstliche Befruchtung einer Eizelle voraus. Die Ausführungen zum elektiven Embryo-Transfer gelten entsprechend, sodass wiederum die Verabreichung von Hormonen nicht als Tathandlung genügt. Der Versuch ist nicht strafbar, § 23 Abs. 1 Alt. 2 StGB.

---

[114] *Taupitz* in G/T/K (Hrsg.), ESchG, 2. Aufl. 2014, C. II. § 1 Abs. 1 Nr. 6 Rn. 10 f.
[115] *Taupitz* in G/T/K (Hrsg.), ESchG, 2. Aufl. 2014, C. II. § 1 Abs. 1 Nr. 6 Rn. 10 mit Verweis auf *Keller* in K/G/K (Hrsg.), ESchG, 1992, § 1 Abs. 1 Nr. 6 Rn. 10.

(2) Teilergebnis zu aa)

Zur Alleintäterschaft im Hinblick auf eine Strafbarkeit nach dem ESchG lässt sich festhalten, dass die intensivste Form der Mitwirkung, namentlich die Durchführung einer therapeutischen hormonellen Vorbehandlung, keine Tathandlung im Sinne der nach dem ESchG verbotenen Methoden der Kinderwunschbehandlung darstellt und der im Inland mitwirkende Arzt damit kein unmittelbarer Täter gemäß § 25 Abs. 1 Alt. 1 StGB ist.

Eine Versuchsstrafbarkeit scheitert stets an der fehlenden, aber aufgrund § 23 Abs. 1 Alt. 2 StGB erforderlichen Strafbarkeitsanordnung, denn es handelt sich bei allen zu untersuchenden Tatbeständen um bloße Vergehen im Sinne des § 12 Abs. 2 StGB. Bei den Straftatbeständen, die als echte Unternehmensdelikte („wer es unternimmt") ausgestaltet sind, stellt die (allenfalls bestehende) Vorbereitungshandlung[116] durch die hormonelle Vorbehandlung keine Vollendung dar. Eine Gleichstellung der bloßen Vorbereitung mit der formellen Vollendung verbietet sich im Hinblick auf den eindeutigen Wortlaut von § 11 Abs. 1 Nr. 6 StGB. Sofern eine Versuchsstrafbarkeit nach § 1 Abs. 4 ESchG (für § 1 Abs. 1 Nr. 6 ESchG und § 1 Abs. 2 ESchG) angeordnet ist, fehlt es jedenfalls an dem gem. § 22 StGB erforderlichen „unmittelbaren Ansetzen" zur Tatbestandsverwirklichung.

Da die therapeutische hormonelle Vorbehandlung als stärkste Form der Mitwirkung keine unmittelbare Alleintäterschaft begründet, können die schwächeren Formen der Mitwirkung erst recht keine unmittelbare Alleintäterschaft begründen.

bb) Mittäterschaft (§ 25 Abs. 2 StGB)

Nachdem sich klären ließ, dass jede Form der inländischen Mitwirkung an den zu untersuchenden Methoden der Kinderwunschbehandlung im Ausland zumindest nicht die Voraussetzungen der unmittelbaren Alleintäterschaft erfüllt, stellt sich nunmehr die Frage, ob die Mitwirkungshandlung in Übereinkunft mit dem Auslandsarzt zumindest als eine (vorsätzliche) mittäterschaftliche Beteiligung gemäß § 25 Abs. 2 StGB zu qualifizieren ist.

Hierbei wird vorausgesetzt, dass der im Ausland behandelnde Arzt die nach dem ESchG verbotene Behandlung dort zumindest in strafbarer Weise durchführt. Dies kann dadurch geschehen, dass er den jeweiligen Straftatbestand (formell) vollendet oder die Tat nach Maßgabe des deutschen Strafrechts in das ausdrücklich strafbewehrte Versuchsstadium gelangt ist. Ansonsten läge kein täterschaftlicher Tatbeitrag des ausländischen Arztes vor, der unter den Voraussetzungen des § 25 Abs. 2 StGB dem im Inland handelnden Arzt zurechenbar ist, sodass auch ein möglicher Tatbeitrag des im Inland mitwirkenden Arztes dem Arzt im Ausland nicht zurechenbar ist.

---

[116] Eine eingehende Untersuchung mit dem Ergebnis, dass die Mitwirkung stets dem Vorbereitungsstadium zuzuordnen ist, findet sich unter bb) (2). Da im Rahmen der Alleintäterschaft nicht bei jedem Tatbestand eine insoweit (§ 23 Abs. 1 Alt. 2 StGB) erforderliche Strafbarkeitsanordnung des Versuchs normiert ist (vgl. § 1 Abs. 4 ESchG), erfolgt die Darstellung erst im Vorfeld einer Strafbarkeit wegen mittäterschaftlicher Beteiligung.

Die Frage, ob der inländische Arzt Mittäter ist, ist in zweierlei Hinsicht relevant: Zum einen würde er sich durch seinen Beitrag nach dem ESchG als (Mit-)Täter strafbar machen. Zum anderen hat diese Strafbarkeit als Mittäter Auswirkungen auf die Strafbarkeit der Patienten sowie die Strafbarkeit des Auslandsarztes, der im Ausland seinerseits eine verbotene Kinderwunschbehandlung durchführt. Denn jeder Ort, an dem auch nur ein Mittäter gehandelt hat, begründet den Tatort für sämtliche Mittäter.[117] Nach § 9 Abs. 1 Alt. 1 StGB fände deutsches Strafrecht somit hinsichtlich der Mitwirkungshandlung der Patienten sowie des im Ausland tätigen Arztes Anwendung und zwar bezüglich aller Mitwirkenden, wenn deren Mitwirkung als mittäterschaftlich nach § 25 Abs. 2 StGB zu qualifizieren ist.

Für die rechtliche Beurteilung, ob eine hormonelle Vorbehandlung als mittäterschaftlicher Beitrag zu bewerten ist, ist maßgeblich, in welchem Tatstadium sie erfolgt. Vorausgesetzt wird dabei, dass die Auslandstat zumindest in das nach Maßgabe des deutschen Rechts strafbare Versuchsstadium gelangt ist. Sonst gibt es keinen nach § 25 Abs. 2 StGB dem Inlandsarzt zurechenbaren Tatbeitrag.

Dabei ist chronologisch vorzugehen und zu fragen, in welchem Stadium der Tat die Mitwirkung erfolgt. Der Feststellung, dass der Arzt im Inland noch im Vorbereitungsstadium mitwirkt, schließt sich die Frage an, ob in diesem Stadium der Tat eine mittäterschaftliche Beteiligung überhaupt möglich ist. Letztere Frage steht im Zusammenhang mit dem Problem, ob eine Handlung im Vorbereitungsstadium überhaupt tauglicher Anknüpfungspunkt für das deutsche Strafrecht nach Maßgabe des § 3 i. V. m. § 9 Abs. 1 Var. 1 StGB sein kann.

Zunächst gilt es zu klären, ob die Mitwirkung des Inlandsarztes im Vorbereitungs- oder im Versuchsstadium erfolgt. Dafür entscheidend ist, ob der inländische Arzt mit seiner hormonellen Vorbehandlung bereits in das Versuchsstadium eingetreten ist. Genügt diese Form der Mitwirkung nicht für eine (mit-)täterschaftliche Beteiligung, dann genügen alle weniger intensiven Mitwirkungsformen erst recht nicht für einen Beitrag, der eine Mittäterschaft im Sinne des § 25 Abs. 2 StGB begründet.

(1) Maßgebende Handlung: Die nach Behandlungsplan letzte Hormonanwendung

Die hormonelle Vorbehandlung erschöpft sich in der Praxis nicht in nur *einer* Injektion bzw. *einer* Verschreibung von Hormonpräparaten, sondern erfolgt wiederholt auf der Grundlage eines ärztlichen Behandlungsplans (sog. Protokoll). Wie viele Gaben des Hormonpräparates in welchem Zeitraum nötig sind, hängt wiederum von der jeweiligen Behandlungsmethode sowie dem Alter und der Konstitution der

---

[117] So die vorherrschende Meinung. Für die vorbezeichnete Auffassung: RGSt 57, 144 (145); BGHSt 39, 88 (90); BGH NStZ 1997, 502; *Ambos/Ruegeberg* in MüKo/StGB, Bd. 1, 3. Aufl. 2017, § 9 Rn. 10; LK/StGB-*Werle/Jeßberger*, 12. Aufl. 2007, § 9 Rn. 13. Andere Auffassung, nach der jeder Mittäter den Handlungsort nur für sich selbst begründet: SK-*Hoyer*, 9. Aufl. 2017, § 9 Rn. 5; *Heinrich* FS Weber, 2004, 91 (107); *Oehler*, Internationales Strafrecht, 1983, Rn. 361. Dass sowohl Patienten als auch der Arzt im Ausland dort als Mittäter zusammenwirken siehe für den Auslandsarzt III. 3. a), für die Patienten III. 3. b) (2).

Patienten ab und kann daher nicht pauschal festgelegt werden. Die Anzahl der Gaben ist für die rechtliche Beurteilung letztlich unmaßgeblich, da allein die nach Behandlungsplan *zuletzt* durchgeführte Anwendung bzw. Verschreibung von Hormonpräparaten zugrunde zu legen ist. Sie schließt die hormonelle Vorbehandlung im Inland ab.

(2) Maßgebliche Bestimmung: Die Norm des § 22 StGB

Den gesetzlichen Anknüpfungspunkt für die Abgrenzung zwischen Vorbereitungs- und Versuchsstadium bildet § 22 StGB. Danach versucht eine Straftat, *wer nach seiner Vorstellung von der Tat zur Verwirklichung des Tatbestandes unmittelbar ansetzt*. Es stellt sich mithin die Frage, ob der inländische Arzt durch die letzte Anwendung bzw. die letzte Verschreibung von Hormonpräparaten gemäß § 22 StGB nach seiner Vorstellung von der Tat zur Verwirklichung des jeweiligen Tatbestandes des ESchG unmittelbar ansetzt.

Die zeitliche Zäsur markiert damit das objektive Kriterium des unmittelbaren Ansetzens zur Verwirklichung der im ESchG normierten Tatbestände. Zur Festlegung dieser Zäsur ist ein Blick auf die Ausführungshandlung zu werfen, welche der jeweilige Deliktstatbestand umschreibt und dessen Verwirklichung durch den Inlandsarzt in Betracht kommt.[118]

α) Verwirklichung eines Teilakts der tatbestandlichen Ausführungshandlung

Die Schwelle zum Versuch hätte der inländische Arzt durch die Vornahme der letzten hormonellen Vorbehandlung jedenfalls dann überschritten, wenn diese Mitwirkung bereits einer der vom ESchG in den einzelnen Tatbeständen umschriebenen Tathandlungen entspricht und der Handelnde damit einen rechtsgutsbezogenen Teilakt der tatbestandlichen Ausführungshandlung verwirklicht.[119] In einem Fall der Teilverwirklichung des gesetzlichen Tatbestandes liegt mehr als nur ein „unmittelbares Ansetzen" zur Tatbestandsverwirklichung i. S. d. § 22 StGB vor,[120] sodass die Schwelle zum Versuchsbeginn eindeutig überschritten ist. Wie bereits dargestellt,[121] genügt die hormonelle Vorbehandlung jedoch nicht als rechtsgutsbezogene Tathandlung. Bei der Eizellspende, der Embryospende, der Leihmutterschaft mit Eizellspende bzw. Embryospende sowie der post-mortem-Befruchtung ist das geschützte Rechtsgut unmittelbar das prospektive Kindeswohl des durch die jeweilige Behandlungsmethode zur Entstehung gebrachten menschlichen Lebens.[122] Beim

---

[118] Allgemein dazu *Kühl*, Strafrecht AT, 8. Aufl. 2017, § 15 Rn. 67.
[119] *Fischer*, StGB, 66. Aufl. 2019, § 22 Rn. 9.
[120] Allgemein: *Jescheck/Weigend*, Strafrecht AT, 5. Aufl. 1996, S. 520; *Krey/Esser*, Strafrecht AT, 6. Aufl. 2016, Rn. 1218; S/S-*Eser/Bosch*, 30. Aufl. 2019, § 22 Rn. 37; *Kühl*, Strafrecht AT, 8. Aufl. 2017, § 15 Rn. 55.
[121] Dazu oben unter 1. a) aa).
[122] Hierzu BT-Drucks. 11/5460, 7; zur post-mortem-Befruchtung BT-Drucks. 11/8057, 16; die Befürchtung einer Beeinträchtigung des prospektiven Kindeswohls ist umso größer, je weiter der

elektiven Embryotransfer hingegen werden die überzähligen Embryonen vor ihrer Entstehung und ihrer möglicherweise missbräuchlichen Verwendung bewahrt.[123] Mittelbar zielt das Verbot des elektiven Embryotransfers somit auch auf den Schutz des prospektiven Kindeswohls ab. Das prospektive Kindeswohl wird durch die hormonelle Vorbehandlung jedoch noch nicht einmal abstrakt gefährdet. Sie ist vielmehr als Tätigkeit im Vorfeld der eigentlichen Tathandlung (Durchführung der jeweiligen Behandlungsmethode) zu qualifizieren. Es lässt sich damit festhalten, dass die letzte hormonelle Vorbehandlung keine Teilverwirklichung des gesetzlichen Tatbestandes ist, und zwar unabhängig davon, welcher der hier untersuchten Tatbestände einschlägig ist.

β) Abgrenzungskriterien zwischen Vorbereitung und Versuch

Die Abgrenzung zwischen Vorbereitungs- und Versuchsstadium ist deshalb anhand anderer Abgrenzungskriterien durchzuführen. Uneinigkeit herrscht jedoch darüber, ob diese Abgrenzung allein anhand objektiver Kriterien (unter αα)), ausschließlich nach Maßgabe subjektiver Kriterien (unter ββ)) oder im Wege einer Kombination aus objektiven und subjektiven Kriterien (unter γγ)) zu erfolgen hat.

αα) Rein objektive Kriterien

Zum Teil werden für die Abgrenzung zwischen Vorbereitungs- und Versuchsstadium rein objektive Kriterien herangezogen. Innerhalb dieser Auffassung ist wiederum umstritten, ob ausschließlich formelle Anknüpfungspunkte (formell-objektive Theorie) oder rein materielle Gesichtspunkte (materiell-objektive Theorie) zugrunde zu legen sind.

Nach der vom Reichsgericht entwickelten formell-objektiven Theorie ist die Schwelle zum Versuch erst dann überschritten, wenn der Täter zumindest einen tatbestandlichen Teilakt verwirklicht hat.[124]

Wie bereits dargestellt,[125] ist die stärkste Form der Mitwirkung in Gestalt der hormonellen Vorbehandlung keine Tathandlung im Sinne der zu untersuchenden Tatbestände des ESchG. Nach dieser Auffassung liegt die Mitwirkung zeitlich im Vorbereitungsstadium.

Hingegen sehen Vertreter der materiell-objektiven Theorie die Schwelle zum Versuch bei Handlungen überschritten, die entweder nach natürlicher Auffassung objektiv zur Tatbestandshandlung gehören[126] oder bereits eine unmittelbare Gefährdung des geschützten Handlungsobjektes begründen.[127]

Zeitpunkt der möglichen Geburt des Kindes von dem Zeitpunkt des Todes des Samenspender entfernt liegt, dazu OLG München MedR 2018, 415 (Ziff. 3 Leitsätze der Bearbeiter) sowie 418 Rz. 45.
[123] Hierzu *Günther* in G/T/K (Hrsg.), ESchG, 2. Aufl. 2014, C. II. § 1 Abs. 1 Nr. 5 Rn. 3.
[124] RGSt 70, 151 (157).
[125] Siehe dazu oben unter 1. a) aa).
[126] *Frank*, StGB, 18. Aufl. 1931, § 43 II 2b.
[127] RGSt 53, 217; BGHSt 2, 380; BGHSt 6, 98; BGHSt 20, 150; BGHSt 22, 80.

Die hormonelle Vorbehandlung gehört jedoch weder nach natürlicher Auffassung objektiv zur Tatbestandshandlung noch begründet sie eine unmittelbare Gefährdung des geschützten Handlungsobjektes. Zum einen ist die Vorbehandlung nicht eng mit der eigentlichen Tatbestandshandlung verknüpft, mag es die künstliche Befruchtung (elektiver Embryo-Transfer, § 1 Abs. 1 Nr. 5 ESchG; Eizellspende, § 1 Abs. 1 Nr. 2 ESchG; Leihmutterschaft mit Eizellspende, § 1 Abs. 1 Nr. 7 Alt. 1 ESchG; post-mortem-Befruchtung, § 4 Abs. 1 Nr. 3 ESchG), die Übertragung einer Eizelle (Eizellspende, § 1 Abs. 1 Nr. 1 ESchG), die Entnahme (§ 1 Abs. 1 Nr. 6 Alt. 1 ESchG) oder die Übertragung eines menschlichen Embryos (§ 1 Abs. 1 Nr. 7 Alt. 2 ESchG) sein. Nach natürlicher Auffassung geht die hormonelle Vorbehandlung der eigentlichen Kinderwunschbehandlung zeitlich erheblich voraus, sei es bei Spenderin oder bei Empfängerin der künstlichen Befruchtung oder der Embryoübertragung. Zum anderen scheidet aus dem gleichen Grund eine unmittelbare Gefährdung des geschützten Handlungsobjektes, des so entstehenden menschlichen Embryos (künstliche Befruchtung) bzw. des bereits entstandenen menschlichen Embryos (Übertragung), aus.

Nach rein objektiven Kriterien liegt damit kein unmittelbares Ansetzen nach § 22 StGB vor.

ββ) Rein subjektive Kriterien

Im Gegensatz zu den Theorien, die eine Abgrenzung zwischen Vorbereitungs- und Versuchsstadium allein anhand objektiver Kriterien durchführen wollen, stellen die Vertreter einer rein subjektiven Theorie maßgeblich auf das Vorstellungsbild des Handelnden bei seiner Handlung ab[128]:

Glaubt der Handelnde, bereits einen Teil des gesetzlichen Tatbestandes durch seine Handlung zu verwirklichen, ist die Handlung dem Versuchsstadium zuzuordnen. Ist der Handelnde hingegen der Meinung, durch sein Verhalten noch nicht einen Teil des gesetzlichen Tatbestandes zu verwirklichen, so findet die Handlung noch im Vorbereitungsstadium statt.

Der Inlandsarzt ist sich jedoch darüber im Klaren, dass die hormonelle Vorbehandlung lediglich der Abstimmung[129] mit dem Auslandsarzt dient. Die Vorbehandlung ist aus Sicht des inländischen Arztes kein Schritt zur künstlichen Befruchtung (elektiver Embryo-Transfer, § 1 Abs. 1 Nr. 5 ESchG; Leihmutterschaft mit Eizellspende, § 1 Abs. 1 Nr. 7 Alt. 1 ESchG; post-mortem Befruchtung, § 4 Abs. 1 Nr. 3 ESchG), zur Übertragung einer Eizelle (Eizellspende, § 1 Abs. 1 Nr. 1 ESchG) zur Entnahme eines Embryos (§ 1 Abs. 1 Nr. 6 Alt. 1 ESchG) oder gar zur Übertragung eines Embryos (Leihmutterschaft mit Embryospende, § 1 Abs. 1 Nr. 7 Alt. 2 ESchG). Denn er ist sich darüber im Klaren, dass zwischen der nach dem Behandlungsplan letzten hormonellen Vorbehandlung und der eigentlichen Tathandlung, gleich welcher Gestalt, noch wesentliche Zwischenschritte liegen, etwa die Fahrt der Patienten

---

[128] RGSt 72, 66; BGHSt 6, 302; LK/StGB-*Hillenkamp*, 12. Aufl. 2007, Vor § 22 Rn. 60; *Safferling* ZStW 118 (2006), 682.

[129] Regelmäßig geht es um die Synchronisierung der Zyklen bei Eizellspenderin und Eizellempfängerin.

ins Ausland, die dortige Durchführung der eigentlichen Kinderwunschbehandlung usw., sodass die Vorbehandlung noch nicht einen Teil des jeweiligen Tatbestandes verwirklicht.

Auch unter Zugrundelegung rein subjektiver Kriterien setzt der Inlandsarzt daher mit der hormonellen Vorbehandlung nicht unmittelbar zur Tatbestandsverwirklichung an.

γγ) Kombination aus subjektiven und objektiven Elementen

Nach der vorherrschenden und in ständiger Rechtsprechung vertretenen[130] gemischt subjektiv-objektiven Theorie müssen für das Überschreiten der Schwelle zum Versuchsbeginn sowohl subjektive als auch objektive Voraussetzungen erfüllt sein. Entscheidend ist danach, ob der Handelnde auf der Grundlage seines Vorstellungsbildes bereits unmittelbar zur Tatausführung angesetzt hat. Die subjektive Vorstellung des Täters ist am objektiven Unmittelbarkeitserfordernis zu bemessen.[131] So bildet nach der neueren Rechtsprechung des Bundesgerichtshofes der konkrete Tatplan die Beurteilungsgrundlage, auf der nach einem objektiven Bewertungsmaßstab zu entscheiden ist, ob die Tatbestandsverwirklichung bis zu einem unmittelbaren Ansetzen gediehen war.[132]

Unter Berücksichtigung dieser Kriterien kommt es darauf an, ob der inländische Arzt nach seiner Vorstellung die Schwelle zum Versuch durch die letzte Hormonbehandlung bereits überschritten hat.

δδ) Stellungnahme

Auch wenn unter Zugrundelegung rein objektiver Kriterien oder rein subjektiver Kriterien kein unmittelbares Ansetzen nach § 22 StGB vorliegt, wird der nachfolgenden Untersuchung die unter γγ) genannte Auffassung zugrunde gelegt, da sie dem Wortlaut von § 22 StGB am ehesten gerecht wird. Denn die Norm beinhaltet neben einem subjektiven Element („nach seiner Vorstellung von der Tat") ein objektives Element („unmittelbar zur Verwirklichung des Tatbestandes ansetzt").

γ) Anwendung des kombinierten Ansatzes

Innerhalb dieses gemischt subjektiv-objektiven Ansatzes ist wiederum umstritten, wann für ein „unmittelbares Ansetzen" i.S.d. § 22 StGB beide Elemente gegeben sind und damit der Täter – respektive der Inlandsarzt – in das Versuchsstadium eintritt. Zu nennen sind hierbei die Teilaktstheorie (unter αα)), die Lehre von der unmittelbaren Gefährdung des Rechtsguts (unter ββ)), die Lehre von der Schutzsphäre des Opfers (unter γγ)) sowie ein Kombinationsansatz aus den vorgenannten Theorien (unter δδ)). Diese Untersuchung hat unter Berücksichtigung der Besonderheit zu erfolgen, dass die Verbotstatbestände der Eizellspende, der Embryospende, der

---

[130] Dazu nur BGHSt 36, 249 (250).
[131] *Kühl*, Strafrecht AT, 8. Aufl. 2017, § 15 Rn. 45.
[132] BGH NStZ 1997, 83; BGH NStZ 2007, 336; dem BGH folgend *Kühl*, Strafrecht AT, 8. Aufl. 2017, § 15 Rn. 78.

Leihmutterschaft mit Eizell- oder Embryospende sowie der post-mortem-Befruchtung ihrer Natur nach abstrakte Gefährdungsdelikte sind.[133]

αα) **Teilaktstheorie**
Nach der Teil- oder Zwischenaktstheorie ist ein unmittelbares Ansetzen gegeben, wenn zwischen der Handlung und der Verwirklichung des gesetzlichen Tatbestandes keine wesentlichen Teilakte liegen.

Unter Zugrundelegung der Kriterien dieser Ansicht ist in der hormonellen Vorbehandlung noch kein Überschreiten der Schwelle zum Versuchsbeginn zu sehen, da es nach der Vorbehandlung noch weiterer wesentlicher Teilakte bedarf. Unabhängig von der jeweiligen Behandlungsmethode stellt jedenfalls die Tatsache, dass die Patienten sich nach der Vorbehandlung noch in das Ausland begeben müssen, einen wesentlichen Teilakt zwischen der Vorbehandlung und der gesetzlichen Tatbestandsverwirklichung dar. Ferner sind im Ausland noch weitere Voruntersuchungen durchzuführen und die Patienten müssen der Durchführung der eigentlichen Behandlung vor Ort zustimmen.

ββ) **Lehre von der unmittelbaren Gefährdung des Rechtsguts**
Entscheidend soll nach der Lehre von der unmittelbaren Gefährdung des Rechtsguts[134] sein, ob das vom Tatbestand geschützte Rechtsgut aus der Sicht des Handelnden schon unmittelbar gefährdet ist oder nicht. Diese Auffassung verlagert den Zeitpunkt des Eintritts in das Versuchsstadium zeitlich vor, da unter Zugrundelegung des Kriteriums der unmittelbaren Rechtsgutsgefährdung auch solche Handlungen in den Versuchsbeginn einbezogen werden, die nach der Ansatzformel des § 22 StGB (noch) keinen Versuch darstellen.[135]

Das geschützte Rechtsgut hängt von der jeweiligen Behandlungsmethode ab. Bei der Eizellspende, der Embryospende, der Leihmutterschaft mit Eizellspende bzw. Embryospende sowie der post-mortem-Befruchtung ist das geschützte Rechtsgut das prospektive Kindeswohl des durch die jeweilige Behandlungsmethode zur Entstehung gebrachten menschlichen Lebens.[136] Beim elektiven Embryotransfer hingegen werden die überzähligen Embryonen vor ihrer Entstehung und ihrer möglicherweise missbräuchlichen Verwendung bewahrt.[137] Mittelbar zielt das Verbot des elektiven Embryotransfers somit auch auf den Schutz des prospektiven Kindeswohls ab.

---

[133] *Kahlert* spricht im Zusammenhang mit § 1 ESchG von „Gefährdungsdelikten", in NK-Gesamtes Medizinrecht, 3. Aufl. 2018, ESchG § 1 Rn. 12 sowie § 2 Rn. 1.

[134] S/S-*Eser/Bosch*, StGB, 30. Aufl. 2019, § 22 Rn. 42; *Gropp* FS Gössel, 2002, 175; *Hirsch, H.-J.* FS Roxin, 2001, 711.

[135] *Jakobs*, Strafrecht AT, 2011, Kap. 25 Rn. 57.

[136] Dazu BT-Drucks. 11/5460, 7; zur post-mortem-Befruchtung BT-Drucks. 11/8057, 16; die Befürchtung einer Beeinträchtigung des prospektiven Kindeswohls ist umso größer, je weiter der Zeitpunkt der möglichen Geburt des Kindes von dem Zeitpunkt des Todes des Samenspender entfernt liegt, dazu OLG München MedR 2018, 415 (Ziff. 3 Leitsätze der Bearbeiter) sowie 418 Rz. 45.

[137] Hierzu *Günther* in G/T/K (Hrsg.), ESchG, 2. Aufl. 2014, C. II. § 1 Abs. 1 Nr. 5 Rn. 3.

Aus der Sicht des Inlandsarztes, welcher die letzte Hormonbehandlung vornimmt, bedarf es – wie bereits ausgeführt – noch wesentlicher Schritte bis es zur Entstehung des jeweiligen Embryos kommt. Aufgrund der Tatsache, dass die Patienten erst in das Ausland reisen und dort der Durchführung der jeweiligen Kinderwunschbehandlung durch den Auslandsarzt zustimmen müssen, handelt es sich bei der hormonellen Vorbehandlung allenfalls um eine nicht zeitlich unmittelbare Vorfeldhandlung. Losgelöst von einem zeitlichen Unmittelbarkeitserfordernis liegt auch unter Zugrundelegung eines räumlichen Verständnisses der Unmittelbarkeit keine Rechtsgutsgefährdung nach diesem Verständnis vor.

γγ) **Lehre von der Schutzsphäre des Opfers**
Nach der Lehre von der Schutzsphäre des Opfers ist die Schwelle zum Versuchsbeginn überschritten, wenn der Handelnde in die Schutzsphäre des Opfers eingedrungen ist und geplant hat, die so entstandene räumliche Beziehung planmäßig auszunutzen.[138]

Das Abgrenzungskriterium ist für die zu untersuchenden Fälle jedoch unbrauchbar. Das beruht auf folgender Erwägung: das Opfer ist der Träger des Rechtsguts. Damit in dessen Sphäre eingedrungen werden kann, muss ein solcher Rechtsgutsträger aber zur Existenz gelangt sein. Im Zeitpunkt der Vorbehandlung mit Hormonen ist ein Embryo jedoch noch nicht entstanden. Mithin gibt es auch keine Schutzsphäre, in welche der Inlandsarzt gleichsam durch seine Vorfeldhandlung „eindringen" könnte.

δδ) **Kombinationsansatz**
Überwiegend wird eine an den Bedürfnissen der Rechtssicherheit orientierte Abgrenzung zwischen Vorbereitungs- und Versuchsstadium aus einer Zusammenschau von objektiven Momenten auf einer subjektiven Beurteilungsgrundlage herangezogen.

Hiernach markiert eine Verhaltensweise den Eintritt in das Versuchsstadium, wenn das Verhalten des Täters objektiv nach seinem Gesamtplan so eng mit der tatbestandlichen Ausführungshandlung verknüpft ist, dass es bei ungestörtem Fortgang unmittelbar zur Verwirklichung des Straftatbestandes führen soll oder zumindest in einem unmittelbaren räumlich-zeitlichen Zusammenhang mit ihr steht.[139] Indiziell für das Bestehen eines solchen Zusammenhangs wirkt, dass zwischen dem vom Täter initiierten Geschehensablauf und der eigentlichen Tatbestandshandlung keine oder jedenfalls keine wesentlichen Zwischenakte mehr liegen,[140] sodass aus seiner Sicht bereits eine konkrete Gefährdungslage für das Angriffsobjekt begründet ist.[141] Daneben muss der Täter in subjektiver Hinsicht die Schwelle

---

[138] *Jakobs*, Strafrecht AT, 2011, Kap. 25 Rn. 68; *Roxin* JuS 1979, 1 (5 f.).
[139] BGHSt 31, 178; BGHSt 43, 177; BGH wistra 2011, 224.
[140] BGHSt 26, 201; BGH StV 2007, 187; BGH NStZ 2011, 517; BGH NStZ 2013, 156; LK/StGB-*Hillenkamp*, 12. Aufl. 2007, § 22 Rn. 85.
[141] BGH StV 1989, 526; BGHSt 31, 10; so auch *Roxin*, Strafrecht AT II, 2003, § 29 Rn. 126.

zum „Jetzt-geht-es-los" überschreiten.[142] Als Korrektiv zieht die höchstrichterliche Rechtsprechung das Kriterium der „tatbestandsrelevanten Gefährdung" heran.[143]

Eine bloße Vorbereitungshandlung hingegen ist jede vor dem Versuchsstadium liegende Tätigkeit, die auf die Tatbestandsverwirklichung abzielt, dazu jedoch noch nicht unmittelbar ansetzt.[144] Die auf die Deliktsbegehung gerichtete Zielvorstellung muss jedoch – in Abgrenzung zur bloßen Planung – zumindest äußerlich in Erscheinung getreten sein.[145]

Doch auch unter Zugrundelegung der Anforderungen dieser Auffassung überschreitet der Inlandsarzt mit seiner letzten Hormonbehandlung die Schwelle zum Versuchsstadium nicht.

Wie bereits dargestellt wurde, muss sich die Patientengruppe zunächst in das Zielland begeben, um dort die nach dem EschG verbotene Kinderwunschbehandlung an sich durchführen zu lassen. Hinzu kommen im Vorfeld der eigentlichen Behandlung im Ausland Gespräche zwischen den Patienten und dem Auslandsarzt sowie etwaige Voruntersuchungen. Die Patientengruppe trifft die endgültige Entscheidung über die Durchführung der Behandlung erst im Ausland. Diese Teilakte zwischen der hormonellen Vorbehandlung im Inland und der Durchführung der Kinderwunschbehandlung im Ausland bilden eine zeitlich wie räumlich relevante Zäsur und sind als wesentlich beachtlich. Aus der insoweit maßgeblichen (§ 22 StGB) Sicht des inländischen Arztes überschreitet er subjektiv noch nicht die Schwelle zum „Jetzt-geht-es-los". Denn er ist sich über die Schritte, die im Weiteren noch durchzuführen sind bis es zur eigentlichen Kinderwunschbehandlung im Ausland kommt und der Bedeutung seines Beitrages, der hormonellen Vorbehandlung, im Gesamtgefüge des Behandlungsgeschehens im Klaren.

δ) Zwischenergebnis

Es lässt sich festhalten, dass der inländische Arzt durch die Vornahme hormoneller Vorbehandlungen die Schwelle zum Versuchsbeginn unter der Zugrundelegung der Anforderungen des § 22 StGB nach allen dargestellten und anwendbaren Auffassungen nicht überschreitet. Vielmehr ist sein Verhalten lediglich als Mitwirkungshandlung im Vorbereitungsstadium der Tat zu qualifizieren.[146] In der Folge sind sämtliche denkbaren, der hormonellen Vorbehandlung zeitlich vorausgehenden Mitwirkungsformen, die im Hinblick auf deren Intensität als geringer im Vergleich zur hormonellen Vorbehandlung einzustufen sind, also Auskunftserteilung, Vermittlungstätigkeit, die Herausgabe von Keimmaterial usw., ebenfalls dem Vorbereitungsstadium zuzuordnen.

---

[142] BGH wistra 2008, 105 (106).
[143] BGH NJW 2002, 1057.
[144] *Fischer*, StGB, 66. Aufl. 2019, § 22 Rn. 5.
[145] *Kühl*, Strafrecht AT, 8. Aufl. 2017, § 14 Rn. 13.
[146] So auch das KG Berlin GRUR-RS 2014, 15250, Rn. 64, allerdings ohne nähere Begründung.

(3) Mittäterschaft im Vorbereitungsstadium möglich?

α) Anwendbarkeit des deutschen Strafrechts

Abermals ist die Frage nach dem Tatort aufzuwerfen. Und zwar dergestalt, dass nunmehr zu fragen ist, ob und wenn ja, unter welchen Voraussetzungen Vorbereitungshandlungen einen Tatort nach Maßgabe des § 9 Abs. 1 Var. 1 StGB begründen können. Zunächst ist zu erörtern, ob es sich um mittäterschaftliche Tatanteile handelt, die zu einer Begründung des inländischen Tatortes führen. Die Frage der Begründung eines Tatortes im Inland im Rahmen einer Mittäterschaft ist mit der Frage, ob eine Mittäterschaft im Vorbereitungsstadium überhaupt möglich ist, untrennbar verknüpft. Nachdem dies vereint wurde, ist noch die Frage zu klären, ob eine bloße Vorbereitungshandlung für sich genommen selbstständig einen Straftatbestand erfüllt.[147]

β) Streitstand

Im Folgenden kommt es auf die Beantwortung der Frage an, ob es sich bei der hormonellen Vorbehandlung um einen mittäterschaftlichen Beitrag handelt. Nur unter dieser Voraussetzung ist ein täterschaftlicher Handlungsort im Inland nach § 9 Abs. 1 Alt. 1 StGB gegeben und ggf. dem Auslandsarzt nach § 25 Abs. 2 StGB zurechenbar und der nach deutschem Strafrecht tatrelevante Beitrag des Auslandsarztes würde dem Inlandsarzt zugerechnet werden können.

Nachdem festgestellt wurde, dass die Mitwirkung des Inlandsarztes unabhängig von deren Gestalt im Vorbereitungsstadium erfolgt, schließt sich die Frage an, ob diese Mitwirkung eine Mittäterschaft nach § 25 Abs. 2 StGB begründen kann.

Die Beteiligungsform der Mittäterschaft ist durch eine gemeinschaftliche Tatbegehung mindestens zweier Täter gekennzeichnet. Das Charakteristikum einer *gemeinschaftlichen* Tatbegehung ist das bewusste und gewollte Zusammenwirken der Täter.[148] Mit dieser gemeinschaftlichen Tatbegehung geht eine sog. funktionale Tatherrschaft[149] einher, d. h. jeder Täter übt einen im Rahmen des gemeinsamen Tatplanes wesentlichen Tatbeitrag aus, der letztlich eine wechselseitige Zurechnung der Tatbeiträge über § 25 Abs. 2 StGB rechtfertigt. In objektiver Hinsicht ist man sich uneins darüber, wie ausgeprägt der Tatbestandsbezug der Mitwirkungshandlung sein muss. Daraus resultiert die Frage, ob bereits ein Beitrag im Vorbereitungsstadium der Tat eine funktionale Tatherrschaft zu begründen vermag und damit als mittäterschaftlich i. S. d. § 25 Abs. 2 StGB zu qualifizieren ist. Während einige Stimmen, darunter die höchstrichterliche Rechtsprechung, eine Mitwirkungshandlung im Vorbereitungsstadium unter bestimmten Voraussetzungen für mittäterschaftsbegründend an-

---

[147] Dazu LK-*Werle/Jeßberger*, 12. Aufl. 2017, § 9 Rn. 11.
[148] *Kühl*, Strafrecht AT, 8. Aufl. 2017, § 20 Rn. 98.
[149] LK/StGB-*Schünemann*, 12. Aufl. 2007, § 25 Rn. 156; *Geppert* Jura 2011, 30.

sehen (unter αα), kann nach der Auffassung anderer eine Mitwirkung im Stadium der Vorbereitung keine funktionale Tatherrschaft begründen (unter ββ)).

αα) Unter bestimmten Voraussetzungen möglich
Insbesondere nach der ständigen Rechtsprechung des Bundesgerichtshofes genügt unter bestimmten Voraussetzungen auf der Grundlage des gemeinsamen Wollens bereits die Vornahme einer bloßen Vorbereitungs- oder Unterstützungshandlung, um eine mittäterschaftliche Tatbeteiligung i. S. d. § 25 Abs. 2 StGB zu begründen.[150] Allerdings soll nicht jede potenziell förderliche Handlung im Vorbereitungsstadium ausreichen, sondern nur ein solcher Beitrag, der das Beteiligungsminus bei der realen Tatausführung durch ein Plus der mitgestaltenden Deliktsplanung und Deliktsorganisation ausgleicht und hinsichtlich des Anteils an der gemeinsamen Tatherrschaft den unteren Schwellenwert der für die gemeinschaftliche Tatbegehung erforderlichen funktionalen Tatherrschaft erreicht.[151] Ferner bedarf es für das Vorliegen eines gemeinsamen Tatplanes, dass Tatort und Tatzeit hinreichend gemeinsam konkretisiert sind.[152] Entscheidend ist hiernach, ob der Tatbeitrag bei der eigentlichen Tatausführung fortwirkt.

Die Hormonbehandlung im Inland genügt diesen Anforderungen nicht. Zwar kann gegen das Vorliegen einer Mittäterschaft nicht das Argument vorgebracht werden, dass die Hormonbehandlung, würde sie der Inlandsarzt nicht durchführen, stattdessen der Arzt im Ausland vornehmen würde. Denn die Handlung des ausländischen Arztes stellt eine Ersatzursache dar, welche für die strafrechtliche Beurteilung des Kausalzusammenhanges der Handlung des Inlandsarztes zwischen Handlung und Erfolg (je nach Behandlungsmethode) unbeachtlich ist.[153]

Handelt es sich jedoch nur um rein unterstützende Maßnahmen wie die hormonelle Vorbehandlung ohne eine weitergehende Mitwirkung, so ist der Beitrag nicht ausreichend, um eine funktionale Tatherrschaft und damit eine mögliche Strafbarkeit wegen mittäterschaftlicher Begehung zu begründen.[154] Hinzu kommt, dass Ort und Zeit der Durchführung der Kinderwunschbehandlung zwischen Inlandsarzt und Patienten/Auslandsarzt gerade nicht vereinbart werden und es damit an einem gemeinsamen Tatplan fehlt.

Jedenfalls aber lassen sich die vom Bundesgerichtshof entwickelten Kriterien nicht unbesehen auf die zu untersuchenden Sachverhalte übertragen. Der Sinn und Zweck ist ein völlig unterschiedlicher: Ziel der extensiven Rechtsprechung zum Begriff des Mittäters ist es, die im Rahmen der organisierten Kriminalität im Hintergrund agierenden Hintermänner entsprechend dem Gewicht ihres Tatbeitrages strafrechtlich unrechtsadäquat zu erfassen. Denn der Hintermann hat maßgebend zum Gelingen der Tat beigetragen, sodass das Unrecht, das er durch die mitbestimmende

---

[150] BGHSt 14, 123; BGHSt 37, 289; BGHSt 40, 299; BGH wistra 2012, 433; BGH NStZ 2013, 104; *Küpper* NStZ 1995, 331.
[151] BGH NStZ 2014, 81; BGHSt 33, 53; S/S-*Heine/Weißer*, StGB, 30. Aufl. 2019, § 25 Rn. 67.
[152] BGH NStZ 2002, 145 (146 Tz. 3).
[153] Ähnlich *Magnus* NStZ 2015, 57 (58) zu einer denkbaren Beihilfestrafbarkeit.
[154] *Valerius* medstra 2017, 20 (23) mit Verweis auf *Magnus* NStZ 2015, 57 (60).

Planung und Organisation verwirklicht hat, nicht lediglich als ein vom Täter der Ausführungshandlung abhängiges, sondern vielmehr als eigenständiges, dem Unwert der Ausführungshandlung gleichwertiges Unrecht bewertet werden muss. Der Auslandsarzt kann die hormonelle Vorbehandlung selbst durchführen und ist dafür nicht auf eine Mitwirkung des inländischen Mediziners angewiesen. Der Inlandsarzt hat keine Möglichkeit, auf die tatsächliche Durchführung der Kinderwunschbehandlung im Ausland gestaltend Einfluss zu nehmen. Es handelt sich damit auch nicht um Beiträge im Vorbereitungsstadium, welche die Tat prägen,[155] sondern lediglich um solche, die ihre Durchführung in geringem Maße unterstützen.

Insoweit lässt sich festhalten, dass unter Zugrundelegung der Anforderungen, welche die Rechtsprechung entwickelt hat, die Hormonbehandlung im Vorfeld der Kinderwunschbehandlung nicht für einen Tatbeitrag eines Mittäters genügt. Damit begründen erst recht alle schwächeren Mitwirkungsformen keine Mittäterschaft i. S. d. § 25 Abs. 2 StGB.

ββ) Wesentliche Mitwirkung im Ausführungsstadium der Tat erforderlich

Im Schrifttum werden in zeitlicher Hinsicht bezüglich der Leistung des Tatbeitrages überwiegend strengere Anforderungen an das Vorliegen eines eine Mittäterschaft begründenden Beitrages gestellt. Hiernach kann nur eine für den Taterfolg wesentliche Mitwirkung im Ausführungsstadium als gemeinschaftliche Tatbegehung i. S. d. § 25 Abs. 2 StGB angesehen werden.[156] Einig ist man sich darüber, dass das Ausführungsstadium erst mit Eintritt in das Versuchsstadium gemäß § 22 StGB beginnt.[157] Es bedarf daher einer Mitbeherrschung des tatbestandsmäßigen Geschehensablaufs in Form eines nicht unwesentlichen Beitrages, der frühestens im Stadium des Versuchs erbracht wird.[158]

Die nach dem ESchG verbotene Kinderwunschbehandlung führt im Ausland alleine der dort praktizierende Arzt durch. Der in Deutschland in irgendeiner Form tätige Arzt wirkt mithin nie im Ausführungsstadium, sondern stets im Vorbereitungsstadium mit.

γγ) Zwischenergebnis

Nach beiden Auffassungen ist die hormonelle Vorbehandlung im Inland rechtlich nicht als mittäterschaftlicher Beitrag i. S. d. § 25 Abs. 2 StGB zu qualifizieren.

---

[155] *Kühl*, Strafrecht AT, 8. Aufl. 2017, § 20 Rn. 114; S/S- *Heine/Weißer*, StGB, 30. Aufl. 2019, § 25 Rn. 67.
[156] *Bloy* GA 1996, 424; *Erb* JuS 1992, 197; *Köhler*, Strafrecht AT, 1997, S. 518; *Puppe* GA 2013, 514 (522 ff.); *Rudolphi* FS Bockelmann, 1979, 369; LK/StGB-*Schünemann*, 12. Aufl. 2007, § 25 Rn. 180 ff.; *Stein*, StV 1993, 411; *Zieschang* ZStW 107 (1995), 361.
[157] LK/StGB-*Roxin*, 12. Aufl. 2007, § 25 Rn. 182 sowie LK/StGB-*Schünemann*, 12. Aufl. 2007, § 25 Rn. 183.
[158] LK/StGB-*Schünemann*, 12. Aufl. 2007, § 25 Rn. 182; *Roxin*, Strafrecht AT II, 2003, § 25 Rn. 211–218.

E. Strafbarkeit des inländischen Arztes nach dem ESchG   211

(4) Teilergebnis zu bb)

Die Untersuchung hat gezeigt, dass jede Form der Mitwirkung durch den Inlandsarzt an einer Kinderwunschbehandlung im Ausland, die nach dem deutschen ESchG strafbewehrt verboten ist, eine bloße Vorbereitungshandlung darstellt und nicht als Beitrag eines Mittäters i. S. d. § 25 Abs. 2 StGB zu qualifizieren ist.[159]

Daher scheidet auch eine mögliche Zurechnung des inländischen Tatortes über § 25 Abs. 2 StGB gegenüber dem Auslandsarzt aus.

cc) Strafbarkeit gem. § 30 Abs. 2 StGB i. V. m. Tatbeständen des ESchG

Ein inländischer Tatort i. S. d. § 9 Abs. 1 Var. 1 StGB und damit die Anwendbarkeit des deutschen Strafrechts (§ 3 StGB) samt Strafbarkeit für den Inlandsarzt könnte sich trotz einer bloßen Vorbereitungshandlung daraus ergeben, dass er selbst durch sein Verhalten einen Straftatbestand erfüllt.

Eine selbstständige Erfüllung eines Straftatbestandes und damit eine eigenständig strafbare Verhaltensweise liegt etwa vor, wenn die hormonelle Vorbehandlung die Vorbereitung eines Verbrechens gem. § 30 Abs. 2 StGB ist. Es handelt sich dabei um eine Vorstufe der Mittäterschaft.

Die Bestimmung des § 30 Abs. 2 StGB erklärt bestimmte Handlungen im Vorbereitungsstadium für strafbar. Hiernach macht sich strafbar, wer sich bereit erklärt, wer das Erbieten eines anderen annimmt oder wer mit einem anderen verabredet, ein Verbrechen zu begehen oder zu ihm anzustiften. In Betracht kommt eine solche Strafbarkeit beispielsweise dadurch, dass der Inlandsarzt vor der Durchführung seiner Mitwirkung – etwa telefonisch – mit dem Auslandsarzt über die Vorgehensweise Rücksprache hält und sich die beiden darüber abstimmen.

Eine strafrechtliche Verantwortlichkeit nach § 30 Abs. 2 StGB i. V. m. ESchG scheidet jedoch aus. Denn – unabhängig davon, welche Tatbestandsvariante man für einschlägig hält – handelt es sich bei keinem der zu untersuchenden Straftatbestände des ESchG um Verbrechenstatbestände. Die im jeweiligen Regelstrafrahmen vorgesehene Mindestfreiheitsstrafe beträgt nicht ein Jahr, sondern gemäß §§ 38 Abs. 1, Abs. 2 Var. 2 StGB nur einen Monat, sodass ausnahmslos Vergehen i. S. d. § 12 Abs. 2 StGB vorliegen. Eine Strafbarkeit nach § 30 Abs. 2 StGB in Verbindung mit dem jeweiligen ESchG-Tatbestand scheidet mithin aus. Damit entfällt auch eine Tatortbegründung nach § 3 i. V. m. § 9 Abs. 1 Fall 1 StGB.

c) Teilergebnis zu 1.

Eine Strafbarkeit wegen einer vorsätzlichen Täterschaft – gleich ob als Alleintäter oder als Mittäter – durch den inländischen Arzt ist nicht gegeben.

---

[159] Anders ist das im Hinblick auf eine denkbare Strafbarkeit wegen Beihilfe zu beurteilen, dazu etwa neuerlich BGH NStZ 2017, 337 (338) mit Bezugnahme auf BGH, Urt. v. 8. März 2001 – 4 StR 453/00.

2. Fahrlässige Begehungsweisen

Eine Fahrlässigkeitstäterschaft in Form einer fahrlässigen Alleintäterschaft oder in Gestalt einer „fahrlässigen Mittäterschaft"[160] des mitwirkenden Inlandsarztes an einer nach dem ESchG verbotenen Methode der medizinisch unterstützten Fortpflanzung kommt, unabhängig von der Art der Mitwirkung, nicht in Betracht. Denn für sämtliche Straftatbestände des ESchG, die Gegenstand der vorliegenden Untersuchung sind, wird eine Fahrlässigkeitsstrafbarkeit nicht angeordnet. Einer solchen ausdrücklichen Anordnung der Strafbarkeit fahrlässigen Handelns bedürfte es jedoch (§ 15 StGB i. V. m. Art. 1 Abs. 1 EGStGB).

3. Teilergebnis zu II.

Als Ergebnis lässt sich festhalten, dass die Mitwirkung des Inlandsarztes rechtlich weder als eine vorsätzliche noch als eine fahrlässige Allein- oder Mittäterschaft zu bewerten ist. Eine vorsätzliche Alleintäterschaft scheidet aus, da die Tat des Inlandsarztes bei keiner seiner Mitwirkungshandlungen in das Versuchsstadium eines Straftatbestandes des ESchG gelangt, sondern diese Mitwirkung vielmehr allein im Vorbereitungsstadium erfolgt. Daran ändert auch die Tatsache nichts, dass einige der zu untersuchenden Tatbestände als echte Unternehmensdelikte ausgestaltet sind (§§ 1 Abs. 1 Nrn. 2, 3, 6, 7 ESchG), denn nach § 11 Abs. 1 Nr. 6 StGB hat eine solche Ausgestaltung nur zur Folge, dass das (hier nicht erreichte) Versuchsstadium der formellen Vollendung gleichgestellt wird, nicht jedoch, wie hier, das Vorbereitungsstadium dem Versuchsstadium oder gar der formellen Vollendung gleichgestellt wird.

Ebenso wenig kommt eine vorsätzliche Mittäterschaft in Betracht. Wie bereits nachgewiesen wurde, finden die hormonelle Vorbehandlung und damit alle ihr zeitlich vorausgehenden Mitwirkungen im Vorbereitungsstadium statt. In diesem Stadium liegt sowohl unter Zugrundlegung der Maßstäbe der höchstrichterlichen Rechtsprechung des Bundesgerichtshofes als auch unter Zugrundelegung der Auffassung der Lehre kein mittäterschaftsbegründender Tatbeitrag vor.

Überdies hat die Untersuchung gezeigt, dass durch die Mitwirkung kein täterschaftlicher Handlungsort im Sinne des § 9 Abs. 1 Alt. 1 StGB in Deutschland begründet wird. Eine Mittäterschaft im Vorbereitungsstadium scheidet jedenfalls für die zu untersuchenden Konstellationen aus. Mithin ist dem ausländischen Arzt kein inländischer Tatort nach Maßgabe des § 25 Abs. 2 StGB zurechenbar. Die bloße Vorbereitungshandlung durch den Inlandsarzt erfüllt auch nicht die Voraussetzungen einer eigenständigen Strafbarkeit nach § 30 Abs. 2 StGB, da das ESchG keine Verbrechenstatbestände enthält.

Ferner kommt auch eine Fahrlässigkeitstäterschaft (in Form der Allein- oder Mittäterschaft) nicht in Betracht. Denn die zu untersuchenden ESchG-Tatbestände

---

[160] Zum Streitstand, ob es diese Rechtsfigur gibt siehe *Lackner/Kühl*, StGB, 29. Aufl. 2018, § 25 Rn. 13.

enthalten keine, in § 15 StGB normierte, zwingend erforderliche, ausdrückliche gesetzliche Strafbarkeitsanordnung fahrlässigen Verhaltens.

III. Mitwirkung in Form der Teilnahme (§§ 26, 27 StGB): Die Strafbarkeit von Auslandsarzt und Patienten

Nach alledem gilt es im Folgenden die Frage einer strafbaren Mitwirkung des Inlandsarztes unter (distanz-)teilnahmerechtlichen Aspekten (§ 28 Abs. 1 StGB: Anstiftung und Beihilfe) zu erörtern. Die sog. Distanzteilnahme ist kein gesetzlicher Terminus, sondern bezeichnet vielmehr Fälle, in denen die Teilnahmehandlung im Inland erfolgt, die Haupttat jedoch im Ausland begangen wird.[161] Einer Differenzierung nach vorsätzlicher und fahrlässiger Teilnahme bedarf es im Gegensatz zur täterschaftlichen Begehung nicht, da das deutsche Strafrecht nur die vorsätzliche Teilnahme kennt. Auch eine Unterscheidung nach dem Gewicht des Teilnahmebeitrages ist nicht erforderlich. Denn dessen Gewicht ist nicht für das Vorliegen einer Beihilfe, sondern allenfalls für die Strafzumessung bedeutsam.[162]

1. Geltung des deutschen Strafrechts

Auch unter dem Aspekt einer möglichen Teilnahmestrafbarkeit hat die rechtliche Beurteilung der Mitwirkung nach Maßgabe des deutschen Rechts zu erfolgen, da die Mitwirkung ausschließlich in Deutschland erfolgt und deutsches Strafrecht damit nach § 3 StGB i. V. m. § 9 Abs. 2 Satz 1 Var. 2 StGB unter Berücksichtigung des Territorialitätsprinzips Anwendung findet.

Zwar kann ein inländischer Tatort nicht über den Handlungsort der (Haupt-)Tat aus § 3 StGB i. V. m. § 9 Abs. 2 Satz 1 Var. 1 StGB begründet werden, da die Haupttat ausschließlich im Ausland durch den Auslandsarzt (und die Patientengruppe) begangen wird. Allerdings ist nach § 9 Abs. 2 Satz 1 Var. 2 StGB die Teilnahme[163] mitunter auch an dem Ort begangen, an dem der Teilnehmer selbst gehandelt hat. Handlungsort ist der Ort, an dem sich der Teilnehmer während der Vornahme der tatbestandsrelevanten Handlung aufhält.[164] Für die Anstiftung bedeutet das: sie ist überall dort begangen, wo der Anstiftungsakt vorgenommen wird und wo er sich auswirkt, der Täter also seinen Tatentschluss fasst.[165] Die Beihilfe ist hingegen be-

---

[161] Ebenso vom Begriff der Distanzteilnahme erfasst sind Sachverhalte, bei denen der Teilnehmer im Ausland handelt, die Haupttat sich hingegen im Inland vollzieht, sog. Auslandsdistanzteilnahme.

[162] *Fischer*, StGB, 66. Aufl. 2019, § 27 Rn. 14 mit Verweis auf BGH NStZ 2017, 230, 232.

[163] Es wird an dieser Stelle noch unterstellt, dass eine Teilnahme i. S. d. §§ 26, 27 StGB gegeben ist. Andernfalls wäre der Anwendungsbereich der Norm nicht eröffnet.

[164] Entsprechend für den Täter *Böse* in NK/StGB, Bd. 1, 5. Aufl. 2017, § 9 Rn. 3.

[165] RGSt 25, 426.

gangen, wo der Gehilfe tätig wird und wo sich der Teilnahmeakt fördernd auswirkt.[166] Vom Tatbegriff des § 3 StGB wird die Teilnahme i. S. d. §§ 26, 27 StGB ebenso erfasst; dies ergibt sich aus dem Sachzusammenhang mit den §§ 8, 9 StGB.[167] Die Teilnahme ist daher – gleich in welcher Form – zumindest auch im Inland nach § 3 StGB begangen, da sämtliche Mitwirkungshandlungen des Inlandsarztes auf deutschem Staatsgebiet erfolgen.

Auf die Staatsangehörigkeit des inländischen Arztes kommt es hingegen nicht an. Das Territorialitätsprinzip stellt bei § 3 StGB i. V. m. § 9 Abs. 2 Satz 1 Var. 2 StGB alleine auf den Ort der Handlung ab; die innerstaatliche Strafrechtsordnung gilt ungeachtet der Staatsangehörigkeit der Person (Täter oder Teilnehmer) für jede sich im Inland aufhaltende Person.[168]

2. Auslandstat strafbar oder straflos?

Die Vorschrift des § 9 Abs. 2 Satz 2 StGB verlangt das Vorliegen einer straflosen Haupttat. Ansonsten gilt das deutsche Strafrecht bereits über § 3 StGB i. V. m. § 9 Abs. 2 Satz 1 Fall 2 StGB.

Bevor die Diskussion um die Reichweite von § 9 Abs. 2 Satz 2 StGB eröffnet werden kann, gilt es daher zu prüfen, ob die Auslandstat des Auslandsarztes und/ oder die der Patienten nach deutschem Recht strafbar ist.

3. Auslandstat nach Maßgabe des deutschen Strafrechts strafbar

a) Die Strafbarkeit des ausländischen Arztes[169]

Für die Strafbarkeit des Tatnächsten, also des Auslandsarztes, ist nicht nach der Behandlungsmethode zu differenzieren. Entscheidend ist lediglich, dass das Verhalten ein nach deutschem Strafrecht relevantes ist.

Im Folgenden sind daher drei Voraussetzungen kumulativ zugrunde zu legen, um die Prüfung zu schematisieren, ohne dass die Sachverhalte an Praxisrelevanz verlören:

---

[166] RGSt 20, 169 (170); BGHSt 11, 20 (23 f.).
[167] H. M., siehe BVerfG NStZ 2007, 274 (275); *Lackner/Kühl*, StGB, 29. Aufl. 2018, Vor §§ 3–7 Rn. 1; *Böse* in NK/StGB, Bd. 1, 5. Aufl. 2017, Vor § 3 Rn. 53 f. sowie § 3 Rn. 2; ebenso zustimmend und ausführlicher zu dem Problem *Walther* JuS 2012, 203 (206 f.); a. A. S/S-*Eser*, StGB, 29. Aufl. 2014, § 3 Rn. 4, in der Neuauflage (30. Aufl. 2019) jedoch der h. M. folgend: S/S-*Eser/Weißer*, § 3 Rn. 4a; zum Streitstand siehe *Ambos* in MüKo/StGB, Bd. 1, 3. Aufl. 2017, § 3 Rn. 7.
[168] LK/StGB-*Werle/Jeßberger*, 12. Aufl. 2007, Vor § 3 Rn. 222.
[169] Unzureichend die Ausführungen hierzu von *Kamps* MedR 1994, 339 (342).

1. Es handelt sich bei der im Ausland durchgeführten Kinderwunschbehandlung um eine solche, die nach dem ESchG verboten ist.[170] Dabei genügt es, wenn die Auslandstat in das nach Maßgabe des deutschen Strafrechts deliktsrelevante Versuchsstadium gelangt ist.[171]
2. Das Verhalten des Auslandsarztes unterliegt im Ausland der dortigen Strafgewalt.
3. Die Vornahme der jeweiligen Behandlungsmethode ist im Auslandsstaat nicht strafbewehrt.[172]

Aus den genannten Punkten lässt sich exemplarisch folgender, der Praxis nachgebildeter *Sachverhalt* generieren:

Ein Arzt wirkt auf deutschem Staatsgebiet an einer nach dem ESchG verbotenen Methode der medizinisch unterstützen Fortpflanzung an den Patienten mit. Im Anschluss an die Mitwirkung begeben sich die Patienten in ein Land außerhalb Deutschlands, in welchem die jeweilige Behandlungsmethode, an der der Inlandsarzt mitgewirkt hat, nicht strafbar ist. Im Ausland führt sodann ein anderer Arzt die nach dem ESchG verbotene Kinderwunschbehandlung durch.

Frage: Wie hat sich der Auslandarzt nach deutschem Recht strafbar gemacht?

aa) Tatbestandsimmanenz: Schutzzweck des jeweiligen Tatbestandes

Noch bevor die Frage aufgeworfen werden kann, ob das deutsche Strafrecht auf das Verhalten des Auslandsarztes Anwendung findet,[173] ist zu klären, ob der dem jeweiligen Straftatbestand innewohnende Schutzzweck auch Sachverhalte erfassen soll, die sich im Ausland abspielen.

(1) Erläuterung der Vorprüfung

Bereits in zahlreichen Untersuchungen wurde nachgewiesen, dass, noch bevor die Frage um die Anwendbarkeit deutschen Strafrechts aufgeworfen wird, abzuklären ist, ob der Schutzzweck des jeweiligen Straftatbestandes auch ausländische Sachverhalte erfassen soll.[174] Die Frage nach der Reichweite des intendierten Rechtsgüterschutzes

---

[170] Welche Methoden und Varianten im Einzelnen untersagt sind siehe Teil 2 § 6 A.-E. jeweils III.
[171] Dazu auch *Geppert* Jura 1997, 299 (301).
[172] Unerheblich ist hingegen, ob die Methode explizit erlaubt ist, ihre Zulässigkeit einer Regelung entbehrt oder ihre Durchführung eine Ordnungswidrigkeit darstellt.
[173] Zum räumlichen Anwendungsbereich des ESchG nur *Lilie/Albrecht* NJW 2001, 2774 ff.; *Taupitz* FS Hausheer 2002, 733 (744 ff.).
[174] So sieht das auch das AG Augsburg, medstra 2016, 383 mit Verweis in Rn. 8. Anders *Satzger* Jura 2010, 108 (111), der den Schutzbereich der jeweiligen Norm als einen den §§ 3 ff. StGB nachgeordneten Prüfungspunkt einordnet, Fn. 25 f. Seine Begründung: Schutzbereichsermittlung sei Auslegung und setze zwingend Anwendbarkeit des deutschen Strafrechts voraus (materielle Erwägung), daneben bestehe ein Prozesshindernis bei fehlender Anwendungsvoraussetzung und Verfahrenseinstellung ohne weitere Prüfung (prozessuale Erwägung).

geht der Frage des (räumlichen) Geltungsbereiches denklogisch vor.[175] Nur für den Fall, dass der territoriale Schutzbereich der Vorschrift auch im Ausland begangene Taten erfassen will, kann eine inländische Strafbarkeit begründet werden.[176]

(2) Schutzzwecke der einzelnen Tatbestände des EschG

Jeder Tatbestand beinhaltet eine durch seine Schutzrichtung vorgegebene tatbestandsimmanente Anwendungsgrenze.[177] Ist die räumliche Reichweite des Straftatbestandes auf das Inland beschränkt, dann liegt kein im Ausland strafrechtlich relevantes Verhalten vor.[178] Der räumliche Anwendungsbereich des Kernstrafrechts und des Nebenstrafrechts ist damit für jeden Straftatbestand anhand des Schutzzwecks der Norm gesondert zu prüfen.[179] Der Schutzzweck ist dabei rechtsgutszentriert[180] und damit im Wege der Auslegung zu ermitteln.[181]

Im Gegensatz zu § 1 StZG, der den Schutzzweck des Stammzellgesetzes einheitlich und ausdrücklich gesetzlich normiert,[182] ist bei den Tatbeständen des EschG im Einzelnen, d. h. für jeden Straftatbestand gesondert unter Berücksichtigung der Gesetzgebungsmaterialien, zu ermitteln, welches Rechtsgut die der vorliegenden Untersuchung zugrunde liegenden Tatbestände schützen.

Nicht gefolgt werden kann insoweit der Auffassung des Amtsgerichts Augsburg in seinem Beschluss vom 19. August 2016. In diesem erörtert es offenkundig ergebnisorientiert den „Schutzbereich des Embryonenschutzgesetzes"[183] und verkennt damit, dass das EschG gerade keinen einheitlichen Schutzzweck aufweist. Zumal das Gesetz zwischen Methoden der Reproduktionsmedizin (§§ 1–4 EschG) und der Humangenetik (§§ 5–7 EschG) differenziert. Selbst das Gericht macht in diesem Punkt Eingeständnisse, wenn es in seinem Leitsatz unter Ziffer 3 davon spricht, dass „man trotzdem auf die einzelnen Tatbestände abstellen" könne.[184]

Hieraus resultiert die Frage: Erstreckt sich der jeweilige, individuelle Schutzzweck der zu untersuchenden Tatbestände nur auf inländische Sachverhalte oder greift er vielmehr tatortunabhängig ein und erfasst damit auch Auslandssachverhalte? Dies ist für jede Behandlungsform gesondert festzustellen.

---

[175] *Hecker* FS Heinz, 2012, 714 (716 Fn. 4); OLG München MedR 2018, 415 (416 Rz. 22).
[176] *Eser/Koch* in Dahs/Müssig/Eser/Koch (Hrsg.), Forschung mit humanen embryonalen Stammzellen, 2003, S. 143.
[177] LK/StGB-*Werle/Jeßberger*, 12. Aufl. 2007, Vor § 3 Rn. 271.
[178] *Satzger* Jura 2010, 108 (109 f.).
[179] *Nowakowski* JZ 1971, 633 ff.
[180] LK/StGB-*Werle/Jeßberger*, 12. Aufl. 2007, Vor § 3 Rn. 273.
[181] BGHSt 21, 277 (280).
[182] § 1 StZG im Wortlaut (Auszug): Zweck dieses Gesetzes ist (…).
[183] AG Augsburg, medstra 2016, 383, insb. Rn. 10 „allgemeines Rechtsgut".
[184] AG Augsburg, medstra 2016, 383.

α) Elektiver Embryo-Transfer

Der Schutzzweck des Verbotes des elektiven Embryo-Transfers (§§ 1 Abs. 1 Nr. 3, Nr. 5 ESchG) ist primär die Vermeidung der Entstehung überzähliger Embryonen,[185] die nicht zur Herbeiführung einer Schwangerschaft bei der Frau, deren Eizellen entnommen wurden, verwendet werden sollen und damit der Lebensschutz des Embryos im Vorfeld seiner Entstehung.[186] Dieser Schutzzweck ist nicht auf inländische Sachverhalte begrenzt. Eine Vorratsbefruchtung soll ortsunabhängig und damit auch bei Behandlungen im Ausland vermieden werden.

β) Eizellspende

αα) Schutzgut: Prospektives Kindeswohl

Der Schutzzweck der Verbote der Eizellspende (§§ 1 Abs. 1 Nrn. 1 und 2 ESchG) ist der Schutz des (prospektiven) Kindeswohls[187] durch die Vermeidung der Entstehung einer gespaltenen Mutterschaft.[188] Das prospektive Kindeswohl bezeichnet das Kindeswohl des Kindes, welches erst noch zur Entstehung gelangen wird. Ein Auseinanderfallen der Mutterschaft könne zu einer wesentlichen Erschwernis der Identitätsfindung und zu einer Beeinträchtigung der seelischen Entwicklung des entstehenden Kindes führen.[189]

Hiergegen kann nicht vorgebracht werden, das Kindeswohl könne aus dem Grund nicht verletzt werden, weil das Leben des Kindes im Zeitpunkt der Handlung noch nicht entstanden ist und damit nicht in den Schutzbereich der Norm einbezogen werden könne.[190] Denn durch die §§ 1 Abs. 1 Nrn. 1, 2 ESchG sollen keine staatlichen Interessen geschützt werden, sondern ausweislich der Gesetzesbegründung gerade

---

[185] *Günther* in G/T/K (Hrsg.), EschG, 2. Aufl. 2014, C. II. § 1 I Nr. 5 Rn. 3.

[186] *Dr. Pelchen/Häberle* in Erbs/Kohlhaas (Hrsg.), EschG, 214. EL (Stand: 1. März 2017), § 1 Rn. 8.

[187] Angedeutet werden soll hierbei nur, dass die Kritik hinsichtlich des Schutzzwecks „Rechtsgut Kindeswohl" erheblich ist, nach *Prehn* MedR 2011, 559 (564) steht dem Gesetzgeber bei strafrechtlichen Regelungen jedoch ein weiter Gestaltungsspielraum zu. Zur Konturierung des Begriffs „Kindeswohl" im Kontext der untersuchten Tatbestände siehe unter 2. b) cc) (6) γ) αα).

[188] BT-Drucks. 11/5460, 7. Siehe auch neuerlich BGH NJW 2017, 2348 (2351 Rz. 31).

[189] BGH MedR 2016, 530 (533 Tz. 22) mit Bezugnahme auf BT-Drucks. 11/5460, 6–8, darunter S. 7: „Es liegen keine Erkenntnisse darüber vor, wie junge Menschen (…) seelisch den Umstand zu verarbeiten vermögen, dass genetische wie austragende Mutter gleichsam seine Existenz mitbedingt haben. So wird das Kind entscheidend sowohl durch die von der genetischen Mutter stammenden Erbanlagen als auch durch die enge während der Schwangerschaft bestehende Bindung zwischen ihm und der austragenden Mutter geprägt. Unter diesen Umständen liegt die Annahme nahe, dass dem jungen Menschen, der sein Leben gleichsam drei Elternteilen zu verdanken hat, die eigene Identitätsfindung wesentlich erschwert sein wird." Die Widerlegung dieser These erfolgt etwa durch eine Studie der Universität Cambridge, nach der im Wege einer Eizellspende erzeugte Kinder eine übliche Bindung zur austragenden Mutter aufweisen und selbst in Problemfällen die Konflikte die gleichen sind wie bei einer Adoption, *Blake et al.* Reproductive BioMedicines Online 2012, 678 (680 f.).

[190] AG Augsburg, medstra 2016, 383 Rn. 14.

das Kindeswohl des Kindes, das im Wege einer Eizellspende zur Entstehung gelangt.[191] Ferner würde der Tatbestand aller Normen, die das Kindeswohl eines noch zu entstehenden Kindes schützen, würde man dies vertreten, nie erfüllt werden.

ββ) Weitere Interessen neben dem prospektiven Kindeswohl
Damit bleibt noch die Frage zu erörtern, ob die Verbote der Eizellspende neben dem prospektiven Kindeswohl den Schutz weiterer Interessen bezwecken.

In dem vorbezeichneten Beschluss hat das Amtsgericht Augsburg in einem Fall der Mitwirkung an einer Eizellspende im Ausland eine Erstreckung des tatbestandlichen Schutzzwecks auf ausländische Sachverhalte verneint und die Strafbarkeit eines Arztes, der an einer im Ausland durchgeführten Eizellspende vom Inland aus mitgewirkt hat, abgelehnt. Das Gericht stützt seine Argumentation im Wesentlichen darauf, dass das deutsche Strafrecht nur Eizellspenden im inländischen Raum verbiete, nicht hingegen die Durchführung solcher im Ausland. § 1 Abs. 1 Nr. 2 ESchG bezwecke nicht den Schutz von Individualrechtsgütern, sondern diene der Verhinderung einer gespaltenen Mutterschaft als öffentlichem Rechtsgut.[192] Daher sei eine im Ausland durchgeführte Eizellspende nicht vom Schutzzweck der §§ 1 Abs. 1 Nrn. 1, 2 ESchG erfasst, sodass eine Beihilfestrafbarkeit des Inlandsarztes ausscheide.

Beim (prospektiven) Kindeswohl handelt es sich aber um ein Individualrechtsgut, nicht um ein rein staatliches Interesse. Wären allein staatliche Interessen berührt, so wäre die Existenz von persönlichen Strafausschließungsgründen in § 1 Abs. 3 Nr. 1 ESchG, die zugunsten von Eizellspenderin und Eizellempfängerin wirken, zumindest in Frage zu stellen, da öffentliche Interessen letztlich überwiegen könnten. Zudem ist das (prospektive) Kindeswohl zwingend an einen – zumindest gedachten – Rechtsgutsträger untrennbar gebunden.[193]

Neben dem prospektiven Kindeswohl werden jedoch nicht die Interessen der Eizellspenderin und der Eizellempfängerin vom Schutzzweck erfasst.[194] Zwar hat der Gesetzgeber bei der Schaffung des Straftatbestandes der Eizellspende die mögliche psychische Belastung dieser Personenkreise bedacht, insbesondere wenn der Spenderin die Geburt eines Kindes versagt geblieben ist und sie daher Anteil am Schicksal des von der Empfängerin ausgetragenen Kindes nehmen möchte.[195] Das bilde laut dem Bundesgerichtshof jedoch keinen eigenständigen Schutzzweck, sondern stehe im

---

[191] BT-Drucks. 11/5460, 7. Darauf verweist auch *Frister* medstra 2016, 321 (322).

[192] AG Augsburg, medstra 2016, 383 Rn. 12 ff. Bemerkenswert BGH NJW 2017, 2348 (2351 Rz. 33), für den ein zwischen den Parteien geschlossener Versicherungsvertrag ausreichende Berührungspunkte zu deutschen öffentlichen Belangen aufweise.

[193] Ähnlich *Krüger*, Das Verbot der post-mortem-Befruchtung, 2010, S. 23.

[194] BGH MedR 2016, 530 (532 Tz. 23 f., 533 Tz. 25 f.). Anders sieht dies das KG Berlin in seinem Urteil vom 8. November 2013, wonach der Gesetzgeber auch die Interessen von Spenderin und Empfängerin der Eizelle geschützt sehen wollte, GRUR-RS 2014, 15250, Rn. 42; siehe umfassend zu den angeführten Schutzzwecken des Verbotes der Eizellspende etwa *Wollenschläger* MedR 2011, 21 (22).

[195] BT-Drucks. 11/5460, 7 f.

Dienst des Gesetzesziels, das Kindeswohl zu wahren. Denn die vom Gesetzgeber erwogenen seelischen Belastungen seien allenfalls eine indirekte Folgewirkung.[196] Es handelt sich bei den Interessen von Eizellspenderin und Eizellempfängerin um bloße, nicht vom tatbestandlichen Schutzzweck umfasste Schutzreflexe.

Ebenso wenig dient der Straftatbestand der Eizellspende den wirtschaftlichen Interessen der auf dem Gebiet der Reproduktionsmedizin tätigen Ärzte.[197]

γγ) **Zwischenergebnis**
Im Ergebnis ist das kategorische Verbot der Eizellspende zum umfassenden Schutz des (prospektiven) Kindeswohls länderübergreifend durchzusetzen.[198]

γ) *Embryospende*

Soweit die Embryospende verboten ist, also im Rahmen des § 1 Abs. 1 Nr. 6 EschG und von § 1 Abs. 1 Nr. 7 Var. 2 EschG, bezwecken diese Verbote den Schutz des (prospektiven) Kindeswohls. Jedenfalls insoweit als die Entstehung einer gespaltenen Mutterschaft im Vorfeld unterbunden werden soll.

δ) *Leihmutterschaft mit Eizell- oder Embryospende*

Ebenso bezweckt das Verbot der Leihmutterschaft in beiden Varianten des § 1 Abs. 1 Nr. 7 EschG die Vermeidung einer Gefährdung des (prospektiven) Kindeswohls, insbesondere aufgrund von Schwierigkeiten bei der Identitätsfindung des Kindes durch die Entstehung einer gespaltenen Mutterschaft.[199]

Als Nebenzwecke werden genannt: Schwangerschaften sollen aufgrund der besonderen Beziehung von werdender Mutter und dem Ungeborenen keine Dienstleistung darstellen, Mutter und Kind sollen vor Gesundheitsrisiken infolge Schwangerschaft und Geburt geschützt werden und die Ersatzmutter soll vor einer möglichen Stigmatisierung bewahrt werden, die aus der Übernahme der Schwangerschaft und der Abgabe des Kindes resultieren kann.[200] Teilweise ist man der Ansicht, die Menschenwürde der Ersatzmutter werde verletzt, wenn sie als „Gebärmaschine" diene[201] und es damit zu einer „Kommerzialisierung reproduktiver Körperfunktionen" komme.[202] Jedenfalls im Fall der nicht kommerziellen (= altruistischen) Ersatzmutter-

---

[196] BGH MedR 2016, 530 (533 Tz. 26). Das sehen ebenso: *Taupitz* in G/T/K (Hrsg.), EschG, 2. Aufl. 2014, C. II. § 1 Abs. 1 Nr. 1 Rn. 5 f.; a. A. hingegen *Haskamp*, Embryonenschutz in vitro, 2012, S. 178 ff.
[197] BGH MedR 2016, 530 (533 Tz. 27, 28, 29). BT-Drucks. 11/5460, 6.
[198] So auch LG Berlin BeckRS 2008, 25853, 6.
[199] BT-Drucks. 11/5460, 9. Dazu *Taupitz* in G/T/K (Hrsg.), EschG, 2. Aufl. 2014, C. II. § 1 Abs. 1 Nr. 7 Rn. 10 ff. Für das AdVermiG BT-Drucks. 11/4154, 7.
[200] BT-Drucks. 11/4154, 6 ff. sowie BT-Drucks. 11/5460, 6, 9.
[201] *Kienle* ZRP 1995, 201 (202); *Wuermeling* ZfL 2006, 15.
[202] So *Kettner* Aus Politik und Zeitgeschichte 2001, 34 (38).

schaft greifen indes beide Argumente nicht. Denn ein freiwilliges und im Zustand wirklicher Entscheidungsfreiheit erfolgtes Verhalten stellt keine Verletzung der Menschenwürde dar.[203] Ferner findet gerade keine „Kommerzialisierung" statt. Doch auch im Übrigen ist die (mögliche) Beeinträchtigung der Ersatzmutter allenfalls als Schutzreflex zu sehen und damit neben dem (prospektiven) Kindeswohl, das als Rechtsgut durch § 1 Abs. 1 Nr. 7 EschG geschützt werden soll, nicht eigenständig beachtlich.

ε) Post-mortem-Befruchtung

αα) Tod der Eizellspenderin
Diesbezüglich gilt das zur Eizellspende Gesagte[204] mit dem Unterschied, dass die Spenderin kein lebzeitiges Interesse hat, das geschützt wird, sondern allenfalls ein postmortales Interesse. Doch auch ein solches ist nur Teil des Schutzreflexes und nicht eigenständig tatbestandlich geschützt.

ββ) Tod des Samenspenders
Das Verbot der post-mortem-Befruchtung (§ 4 Abs. 1 Nr. 3 EschG) schützt ebenfalls das (prospektive) Kindeswohl.[205] Das Kindeswohl ist ein Individualrechtsgut,[206] denn es steht ausschließlich dem (noch zu erzeugenden) Kind zu. Dass das Kindeswohl tatortunabhängig ist und damit universell Schutz genießt,[207] ergibt sich jedoch nicht aus § 5 Nr. 6 lit. b i.V.m. § 235 Abs. 2 Nr. 2 StGB.[208] Denn nur der Straftatbestand des § 235 Abs. 2 Nr. 2 StGB wird insoweit miteinbezogen, sodass nur in diesem Fall unabhängig vom Recht des Tatortes deutsches Strafrecht zur Anwendung kommt. Gemeint ist insoweit ein partieller Schutz. Mit der Nichtaufnahme bestimmter Strafvorschriften in den Katalog des § 5 StGB kommt nicht zum

---

[203] *Herdegen* in Maunz/Dürig (Hrsg.), GG, 85. EL 2018, Art. 1 Abs. 1 Satz 2 GG Rn. 79. Zum Autonomiegedanken: *Graf Vitzthum* in Günther/Keller (Hrsg.), Fortpflanzungsmedizin und Humangenetik, 1991, S. 61 ff., 76.

[204] Dazu unter β).

[205] BT-Drucks. 11/5710, 10; *Keller*; MedR 1988, 59 (61) zum Zwischenbericht der Bund-Länder-Arbeitsgruppe „Fortpflanzungsmedizin" betreffend das Verfahren der homologen Insemination. Für den Fall, dass der Frau, auf die der Samen übertragen wird, verschwiegen wird, dass dieser von einem verstorbenen Mann stammt, mag auch ihr Interesse neben dem Kindeswohl beeinträchtigt sein, OLG München MedR 2018, 415 (417 Rz. 28). Ebenfalls wird neben dem prospektiven Kindeswohl das postmortale Persönlichkeitsrecht des verstorbenen Mannes geschützt, dazu *Taupitz* in G/T/K (Hrsg.), EschG, 2. Aufl. 2014, C. II. § 4 Rn. 31 sowie OLG München MedR 2018, 415 (417 Rz. 29) mit Bezugnahme auf *Krüger*, Das Verbot der post-mortem-Befruchtung, 2010, S. 12 f. Zurückhaltend *Kahlert* in NK-Gesamtes Medizinrecht, 3. Aufl. 2018, EschG, § 4 Rn. 1: „Weiteres Schutzgut dürfte das Kindeswohl sein, wie dies in der amtlichen Begründung auch anklingt.", wobei er nicht zwischen den einzelnen Ziffern des § 4 Abs. 1 EschG unterscheidet.

[206] *Krüger*, Das Verbot der post-mortem-Befruchtung, 2010, S. 23.

[207] OLG München MedR 2018, 415 (416 Rz. 22).

[208] So auch *Krüger*, Das Verbot der post-mortem-Befruchtung, 2010, S. 23.

E. Strafbarkeit des inländischen Arztes nach dem EschG

Ausdruck, dass der (räumliche) Schutzbereich der jeweiligen Strafbestimmung auf das Inland beschränkt ist.[209] Vielmehr gibt der Gesetzgeber nur zu erkennen, dass für die Beurteilung einer möglichen Strafbarkeit nach deutschem Recht auch das Recht des Tatorts relevant ist.[210] § 5 StGB trifft im Hinblick auf die schutzbereichsbezogene räumliche Reichweite des Tatbestandes keine abschließende Regelung.

(3) Teilergebnis zu (2)

Als Zwischenfazit lässt sich mithin festhalten, dass der Schutzzweck der zu untersuchenden Straftatbestände des EschG unabhängig vom Tatort auch Auslandssachverhalte erfasst und damit eine tatbestandsimmanente Restriktion im Vorfeld aufgrund des Auslandsbezuges der Tat ausscheidet.

bb) Anwendbarkeit des deutschen Strafrechts nach Maßgabe der §§ 3 ff. StGB

Der Prüfung der Tatbestandsmäßigkeit des Verhaltens des Reproduktionsmediziners im Ausland ist darüber hinaus die Frage vorgeschaltet, ob deutsches Strafrecht hinsichtlich seines Verhaltens überhaupt anwendbar ist. Fehlt es hingegen an der Voraussetzung der räumlichen Anwendbarkeit deutschen Strafrechts, so ermangelt es am Erfordernis der deutschen Gerichtsbarkeit und es liegt ein nicht behebbares Prozesshindernis vor, welches das Strafgericht von Amts wegen zu beachten hat.[211] Ein dennoch eingeleitetes Strafverfahren ist einzustellen.[212]

Zu klären ist damit, ob deutsches Strafrecht auf die Tat des Auslandsarztes Anwendung findet. Das EschG beinhaltet keine Norm, die die Anwendbarkeit des deutschen Strafrechts für Sachverhalte mit Auslandsbezug bestimmt, vielmehr sind die allgemeinen Vorschriften der §§ 3 ff. StGB zurückzugreifen.[213] Diese Normen enthalten verschiedene Anknüpfungspunkte für den Geltungsbereich des deutschen Strafrechts..

---

[209] *Lautenschläger*, Der Status ausländischer Personen im deutschen Transplantationssystem, 2008, S. 59.

[210] *Lautenschläger*, Der Status ausländischer Personen im deutschen Transplantationssystem, 2008, S. 59.

[211] Sog. Befassungsverbot, bei welchem es dem Strafgericht untersagt ist, sachlich über den von der Staatsanwaltschaft erhobenen Vorwurf zu befinden, *Schmitt* in Meyer-Goßner/Schmitt (Hrsg.), StPO, 62. Aufl. 2019, Einl. Rn. 143; BGHSt 34, 3.

[212] *Schmitt* in Meyer-Goßner/Schmitt (Hrsg.), StPO, 62. Aufl. 2019, Einl. Rn. 143a. Nach welcher Norm und wer die Verfahrenseinstellung vorzunehmen hat, hängt vom Verfahrensstadium ab: Im Vorverfahren erfolgt die Einstellung durch die Staatsanwaltschaft nach § 170 Abs. 2 Satz 1 StPO, im Zwischenverfahren nach § 204 Abs. 1 StPO, nach Eröffnung des Hauptverfahrens, aber vor Beginn der Hauptverhandlung gemäß § 206a Abs. 1 StPO und in der Hauptverhandlung selbst durch Einstellungsurteil nach § 260 Abs. 3 StPO durch das jeweils zuständige Gericht in der Hauptverhandlung.

[213] *Spickhoff* FS Schreiber, 2003, S. 881 (883).

(1) Das Territorialitätsprinzip

Das Territorialitätsprinzip[214] knüpft an die Örtlichkeit des strafrechtlich relevanten Verhaltens an. Normiert ist dieses Prinzip in § 3 StGB. Danach gilt das deutsche Strafrecht für Taten, die im Inland begangen werden. Die Norm des § 3 StGB macht das Territorialitätsprinzip zum wesentlichen Grundsatz der räumlichen Anwendbarkeit deutschen Strafrechts.[215] Dieser Grundsatz beruht auf der Erwägung, dass jeder die Gesetze des Staates zu beachten hat, in dem er sich aufhält.[216]

α) Deutsches Strafrecht

Unter den Begriff des deutschen Strafrechts ist die Gesamtheit aller Strafrechtsnormen der Bundesrepublik Deutschland und ihrer Länder zu fassen[217] und damit auch die Strafnormen des ESchG als Bundesgesetz.

β) Tatbegriff der §§ 3 ff. StGB

Der Tatbegriff, der den §§ 3 ff. StGB zugrunde liegt, ist nicht im materiellen Sinne des § 11 Abs. 1 Nr. 5 StGB, sondern im prozessualen Sinne (§ 264 Abs. 1 StPO) zu verstehen. Danach ist unter einer *Tat* das gesamte historische Verhalten des Täters wie es nach natürlicher Auffassung des Lebens einen einheitlichen Lebensvorgang bildet,[218] zu fassen.[219] Auch der Versuch unterfällt dem Tatbegriff in § 3 StGB, soweit er strafbewehrt ist.[220] Grundlage ist damit das gesamte Verhalten des Auslandsarztes.

γ) Im Inland begangen

αα) Inlandsbegriff

Der Begriff des Inlands i. S. d. § 3 StGB umfasst in seiner hierbei maßgebenden funktionellen Ausrichtung[221] deckungsgleich mit dem staatsrechtlichen Begriff sämtliche in der Präambel des Grundgesetzes genannten Länder[222] und erstreckt sich damit auf das gesamte Staatsgebiet der Bundesrepublik Deutschland. Im Ge-

---

[214] Synonym: Gebietsgrundsatz, LK/StGB-*Werle/Jeßberger*, 12. Aufl. 2007, Vor § 3 Rn. 260.
[215] *Brewe*, Embryonenschutz und Stammzellgesetz, 2006, S. 40.
[216] *W/B/S*, Strafrecht AT, 48. Aufl. 2018, § 2 Rn. 95.
[217] *Fischer*, StGB, 66. Aufl. 2019, Vor. §§ 3–7 Rn. 2; § 3 Rn. 2.
[218] BVerfGE 56, 22 (28); BGHSt 35, 60 (62); BGHSt 45, 211 (212).
[219] LK/StGB-*Werle/Jeßberger*, 12. Aufl. 2007, Vor § 3 Rn. 319; *Ambos* in MüKo/StGB, Bd. 1, 3. Aufl. 2017, § 3 Rn. 23, § 9 Rn. 48.
[220] *Lackner/Kühl*, StGB, 29. Aufl. 2018, Vor §§ 3–7 Rn. 1.
[221] *Lackner/Kühl*, StGB, 29. Aufl. 2018, Vor §§ 3–7 Rn. 4.
[222] *Fischer*, StGB, 66. Aufl. 2019, § 3 Rn. 4.

gensatz dazu fällt unter den Begriff des Auslandes jedes nicht zum deutschen Inland gehörige Gebiet.[223]

ββ) Begangen

Die Frage, ob die Tat im Inland oder im Ausland *begangen* ist, beantwortet § 9 Abs. 1 StGB. Die Vorschrift regelt die Kriterien für die Bestimmung des Begehungsortes der Tat. Hiernach ist die Tat insbesondere[224] an jedem Ort begangen, an dem der Täter gehandelt hat (Var. 1) oder an dem der zum Tatbestand gehörende Erfolg eingetreten ist (Var. 3) oder nach der Vorstellung des Täters eintreten sollte (Var. 4). Nach dem völkerrechtlich anerkannten Ubiquitätsprinzip[225] genügt mithin als *genuine link*, wenn der Handlungsort oder der (vom Täter zumindest vorgestellte) Erfolgsort der Tat im Inland liegt.

Dass der Inlandsarzt an der Kinderwunschbehandlung, die im Ausland durchgeführt wird, im Inland mitwirkt, rechtfertigt es nicht, den Tatort im Inland gemäß § 9 Abs. 1 Alt. 1 StGB nach Maßgabe des § 25 Abs. 2 StGB dem Auslandsarzt zuzurechnen. Wie bereits dargestellt,[226] ist keine Form der Mitwirkung im Inland als eine Mittäterschaft begründende Beteiligung zu qualifizieren.

Vielmehr ist der Geltungsbereich des deutschen Strafrechts für den Arzt im Ausland eigenständig zu beurteilen.

Der Handlungsort im Sinne des § 9 Abs. 1 Var. 1 StGB ist der Ort, an dem der Täter eine auf die Verwirklichung des jeweiligen Tatbestandes gerichtete Tätigkeit entfaltet, die zumindest das Versuchsstadium erreicht,[227] mithin der sog. Tätigkeitsort.[228] Um tätig zu sein, muss der Täter bei der durch positives Tun durchgeführten Handlung am Tatort körperlich anwesend sein.[229] Jede Handlung des Auslandsarztes findet jedoch im Ausland statt, sodass der Handlungsort stets im Ausland liegt.

Daneben ist Begehungsort der Erfolgsort, also der Ort, an dem ein zum gesetzlichen Tatbestand gehörender Handlungserfolg eintritt,[230] § 9 Abs. 1 Var. 3 StGB. Da der Handlungsort (§ 9 Abs. 1 Fall 1 StGB) jedenfalls im Ausland liegt, kann insofern dahinstehen, ob abstrakte Gefährdungsdelikte einen Erfolgsort haben[231] oder nicht.[232] Der Handlungsort und damit der Tatort liegen ausschließlich im Ausland.

---

[223] *Fischer*, StGB, 66. Aufl. 2019, Vor §§ 3–7 Rn. 20.
[224] Für die Untersuchung bedeutsam.
[225] BGHSt 44, 55.
[226] Dazu oben C. II. 1. b).
[227] S/S-*Eser/Weißer*, StGB, 30. Aufl. 2019, § 9 Rn. 4; BGHSt 34, 101 (106).
[228] *Fischer*, StGB, 66. Aufl. 2019, § 9 Rn. 3.
[229] *Fischer*, StGB, 66. Aufl. 2019, § 9 Rn. 3.
[230] *Fischer*, StGB, 66. Aufl. 2019, § 9 Rn. 4 mit Verweis auf BGHSt 20, 45 sowie BGHSt 44, 52.
[231] So etwa LK/StGB-*Werle/Jeßberger*, 12. Aufl. 2007, § 9 Rn. 33; *Hecker* ZStW 115 (2003), 880 (888); *Heinrich* GA 1999, 72 (81).
[232] So *Valerius* medstra 2017, 20 (22) mit Verweis auf BGH NJW 2002, 3486 (3487); BGH NStZ-RR 2013, 253; BGH NStZ 2015, 81 (82); S/S-*Eser/Weißer*, StGB, 30. Aufl. 2019, § 9 Rn. 6a; *Lackner/Kühl*, StGB, 29. Aufl. 2018, § 9 Rn. 2.

δ) Zwischenergebnis

Es lässt sich festhalten, dass das deutsche Strafrecht und damit auch das ESchG auf den Auslandsarzt nicht über die § 3 StGB i.V.m. § 9 Abs. 1 StGB anwendbar sind. Für eine Zurechnung des Begehungsortes des Inlandsarztes (Handlungsort, § 9 Abs. 1 Alt. 1 StGB) über § 25 Abs. 2 StGB mangelt es an dessen mittäterschaftlichem Beitrag. Auf § 3 StGB i.V.m. § 9 Abs. 1 StGB kann die Anwendbarkeit des deutschen Strafrechts nicht gestützt werden, da sowohl Handlungsort als auch der (vom Auslandsarzt zumindest vorgestellte) Erfolgsort im Ausland liegen. Das Territorialitätsprinzip des § 3 StGB ist damit kein tauglicher Anknüpfungspunkt für die Geltung des deutschen Strafrechts hinsichtlich der Auslandstat.

(2) Andere Anknüpfungspunkte als das Territorialitätsprinzip

Die Anwendbarkeit des deutschen Strafrechts kann sich daher nur unter Heranziehung anderer Anknüpfungspunkte als dem des Gebietsgrundsatzes ergeben.

α) Anwendbarkeit des deutschen Strafrechts über § 5 StGB

In Betracht kommt eine der in § 5 StGB enumerativ aufgeführten Katalogtaten. Denn der Handlungsort liegt jedenfalls im Ausland, sodass die Tat nach § 5 StGB a.A. im Ausland begangen wird.

αα) § 5 Nr. 9 StGB: Schwangerschaftsabbruch
Nach § 5 Nr. 9 StGB gilt das deutsche Strafrecht unabhängig vom Recht des Tatortes im Ausland bei Straftaten gegen das Leben in der Einwirkungsform des Schwangerschaftsabbruches (§ 218 StGB).[233] Die Bestimmung normiert das Schutzprinzip in Form einer Kombination aus aktivem und passivem Personalitätsprinzip und will damit einen umfassenden Schutz der eigenen Staatsbürger gewährleisten.[234] Danach ist die Staatsbürgerschaft des Angriffsobjektes des jeweiligen Tatbestandes maßgebend. Neben einer direkten Anwendung kommt die entsprechende Anwendbarkeit von § 5 Nr. 9 StGB in Betracht.

Die Vorschrift des § 5 Nr. 9 StGB erfasst in beiden Tatbestandsvarianten Formen des Schwangerschaftsabbruches. Ein Schwangerschaftsabbruch nach § 218 Abs. 1 Satz 1 StGB setzt als taugliches Tatobjekt jedoch eine befruchtete Eizelle voraus, deren Einnistung in die Gebärmutter bereits abgeschlossen ist (Nidation). Bei den zu untersuchenden Straftatbeständen des ESchG existiert ein solches taugliches Angriffsobjekt jedoch (noch) nicht:

---

[233] § 5 Nr. 9 StGB im Wortlaut: Das deutsche Strafrecht gilt, unabhängig vom Recht des Tatorts, für folgende Taten, die im Ausland begangen werden: (…) a) in den Fällen des § 218 Absatz 2 Satz 2 Nummer 1 und Absatz 4 Satz 1 [StGB], wenn der Täter zur Zeit der Tat Deutscher ist, und b) in den übrigen Fällen des § 218 [StGB], wenn der Täter zur Zeit der Tat Deutscher ist und seine Lebensgrundlage im Inland hat.
[234] *Fischer*, StGB, 66. Aufl. 2019, Vor §§ 3–7 Rn. 3, § 5 Rn. 1.

E. Strafbarkeit des inländischen Arztes nach dem EschG

Beim elektiven Embryo-Transfer, der Eizellspende, der Leihmutterschaft mit Eizellspende und der post-mortem-Befruchtung (nach Tod des Samenspenders oder der Frau, von der die Eizelle stammt) liegt das Tatobjekt – die Eizelle – im Oocytenstadium, mithin als unbefruchtete Eizelle vor. Das ergibt sich daraus, dass das EschG in den einschlägigen Tatbeständen entweder ausdrücklich als Tatobjekt eine unbefruchtete Eizelle bezeichnet (Eizellspende, § 1 Abs. 1 Nr. 1 EschG) oder eine solche voraussetzt, indem es die künstliche Befruchtung unter bestimmten Voraussetzungen als Tathandlung umschreibt, etwa bei der Eizellspende, im Rahmen der post-mortem Insemination nach dem Tod der Eizellspenderin (§ 1 Abs. 1 Nr. 2 EschG), beim elektiven Embryo-Transfer (§ 1 Abs. 1 Nr. 5 EschG), bei der Leihmutterschaft mit Eizellspende (§ 1 Abs. 1 Nr. 7 Var. 1 EschG) sowie bei der post-mortem Insemination nach dem Tod des Samenspenders (§ 4 Abs. 1 Nr. 3 EschG). Im Hinblick auf die verbotenen Varianten der Embryospende gilt: Nach § 1 Abs. 1 Nr. 6 Var. 1 EschG ist Tatobjekt gerade ein Embryo vor der Nidation und damit untaugliches Tatobjekt eines Schwangerschaftsabbruches. Bei der Leihmutterschaft mit vorangegangener Embryospende (§ 1 Abs. 1 Nr. 7 Var. 2 EschG) stellt das Gesetz hingegen die Übertragung eines menschlichen Embryos unter bestimmten Voraussetzungen unter Strafe. Allerdings ist die Tathandlung das Übertragen des Embryos auf eine Frau, sodass noch kein Embryo vorliegt, der sich bereits in die Gebärmutterschleimhaut eingenistet hat.

Damit lässt sich festhalten, dass eine direkte Anwendung von § 5 Nr. 9 StGB als Anknüpfungspunkt für die Anwendbarkeit deutschen Strafrechts auf die zu untersuchenden Fällen nicht in Betracht kommt,[235] da in sämtlichen Fällen kein taugliches Tatobjekt vorliegt. Entweder es liegt im Zeitpunkt der Tathandlung, welche nach § 8 Satz 1 Alt. 1 StGB maßgebend ist, noch keine befruchtete Eizelle vor, oder der bereits entstandene Embryo hat sich im Zeitpunkt der Tathandlung noch nicht abschließend in der Gebärmutter eingenistet. Vielmehr hat der Gesetzgeber im Gegensatz zum Schwangerschaftsabbruch davon abgesehen, bei Verstößen gegen das EschG eine dem § 5 Nr. 9 EschG vergleichbare Regelung nach dem passiven Personalitätsprinzip zu schaffen.[236]

Eine entsprechende Anwendung des § 5 Nr. 9 StGB meint, dass die Norm auch in den Fällen gelten soll, in denen ein pränidativer Embryo oder gar nur eine unbefruchtete Eizelle Einwirkungsobjekt ist.

Gegen eine analoge Anwendung sprechen jedoch zwei beachtenswerte Argumente: Zum einen unterliegt das Strafanwendungsrecht als Teil des materiellen Strafrechts dem in Art. 103 Abs. 2 GG verfassungsrechtlich verankerten Bestimmtheitsgebot, einfachgesetzlich in § 1 StGB normiert. Eine entsprechende Anwendung bei Einwirkungen auf einen pränidativen Embryo oder eine unbefruchtete Eizelle würde strafbarkeitsbegründend und damit zu Lasten des im Ausland tätigen Arztes wirken, was sich verbietet. Zum anderen ist das Regel-Ausnahme-Verhältnis zwischen § 3 StGB und § 5 StGB im Allgemeinen zu beachten. Der in § 3 StGB

---

[235] So auch *Vogt*, Methoden der künstlichen Befruchtung: <<Dreierregel>> versus <<Single Embryo Transfer>>, 2008, S. 39 Fn. 124.
[236] Dazu *Günther* GA 1987, 433 (456) sowie *Koch* MedR 1986, 259 (264).

verbürgte Respekt vor der Souveränität ausländischer Staaten und deren Herrschaftsgewalt verbietet es, das Schutzprinzip über das im Interesse des Schutzes inländischer Rechtsgüter über das unbedingt Erforderliche hinaus auszudehnen. Die Aufzählung in § 5 StGB ist keine beispielhafte, sondern eine abschließende.[237] Es fehlt mithin an einer für den Analogieschluss erforderlichen planwidrigen Regelungslücke. Verdeutlicht wird das durch seine sprachliche Fassung: § 5 StGB enthält in seinem Einleitungssatz kein „insbesondere" und es existiert kein Auffangtatbestand.

Damit scheidet § 5 Nr. 9 StGB auch in entsprechender Anwendung als Anknüpfungspunkt für die Anwendbarkeit des deutschen Strafrechts für den Auslandsarzt unabhängig vom Territorialitätsprinzip aus.

ββ) Anwendbarkeit über § 5 Nr. 12 StGB oder § 5 Nr. 13 StGB

Neben § 5 Nr. 9 StGB findet das deutsche Strafrecht – wiederum ohne Rücksicht auf das Territorialitätsprinzip – auf Auslandstaten Anwendung, wenn der Täter einen besonderen dienstlichen Bezug zur Bundesrepublik hat. Wird ein Arzt als Amtsträger (§ 11 Abs. 1 Nr. 2 StGB) oder für den öffentlichen Dienst besonders Verpflichteter (§ 11 Abs. 1 Nr. 4 StGB) tätig, hat er die deutsche Rechtsordnung unabhängig von seinem Tätigkeitsort zu beachten. Diese besondere Eigenschaft muss gemäß § 8 StGB im Zeitpunkt der Tat, genauer gesagt im Zeitpunkt der Tathandlung (Satz 1), vorliegen.[238]

Die §§ 5 Nrn. 12 und 13 dienen jeweils dem Schutz der vollziehenden Gewalt in Bezug auf Ausland.[239] Es soll gerade eine Bestrafung solcher Taten ermöglicht werden, die nach dem Recht des Tatortstaates nicht mit Strafe bedroht sind.[240]

Für die Anwendbarkeit beider Vorschriften ist erforderlich, dass der Arzt im Ausland bei der Durchführung der Kinderwunschbehandlung im Ausland als Amtsträger oder zumindest als für den öffentlichen Dienst besonders Verpflichteter in Erscheinung tritt.

Amtsträgereigenschaft, § 11 Abs. 1 Nr. 2 StGB

Amtsträger sind insbesondere Ärzte, die nach § 11 Abs. 1 Nr. 2 lit. a StGB Beamtenstatus haben, etwa als Medizinaldirektor oder Amtsarzt.

Ferner ist nach § 11 Abs. 1 Nr. 2 lit. c StGB Amtsträger,

wer nach deutschem Recht (…) sonst dazu bestellt ist, bei einer Behörde oder bei einer sonstigen Stelle oder in deren Auftrag Aufgaben der öffentlichen Verwaltung unbeschadet der zur Aufgabenerfüllung gewählten Organisationsform wahrzunehmen.

Unter § 11 Abs. 1 Nr. 2 lit. c StGB fallen insbesondere angestellte Ärzte ohne Beamtenstatus in Universitätskliniken, Kreis-, Bezirks- und Stadtkrankenhäusern.[241] Sol-

---

[237] *Lilie/Albrecht* NJW 2001, 2774 (2775).
[238] *Sinner* in Matt/Renzikowski (Hrsg.), StGB, 2. Aufl. 2018, § 11 Rn. 14.
[239] *Böse* in NK/StGB, Bd. 1, 5. Aufl. 2017, § 5 Rn. 15.
[240] *Ambos* in MüKo/StGB, Bd. 1, 3. Aufl. 2017, § 5 Rn. 15; LK/StGB-*Werle/Jeßberger*, 12. Aufl. 2007, § 5 Rn. 186.
[241] *Ulsenheimer*, Arztstrafrecht, 5. Aufl. 2015 Rn. 990 mit Bezugnahme auf BGH MedR 2000, 193; OLG Karlsruhe NJW 1983, 352.

che Ärzte werden im Bereich des Gesundheitswesens zur Erhaltung der Gesundheit der Bürger sowie der Behandlung von Krankheiten als originäre staatliche Ziele tätig und nehmen damit Aufgaben der öffentlichen Verwaltung wahr.[242] Das gilt unabhängig von der Organisationsform des Krankenhauses, in dem der Arzt angestellt ist.[243] Allein maßgebend ist, dass der Arzt – nach einer funktionalen Betrachtungsweise – als „verlängerter Arm" des Staates in Erscheinung tritt.[244] Ferner weisen leitende Ärzte (Klinikdirektoren, Oberärzte) privatisierter Universitätsklinika die Amtsträgereigenschaft i. S. d. § 11 Abs. 1 Nr. 2 lit. c StGB auf.[245] Sie sind derart in den Bereich „Forschung und Lehre" eingebunden, dass es gerechtfertigt ist, sie darunter zu fassen.[246]

Ein niedergelassener, für die vertragsärztliche Versorgung zugelassener Arzt ist hingegen kein Amtsträger.[247] Zwar sind die Krankenkassen Stellen öffentlicher Verwaltung i. S. d. § 11 Abs. 1 Nr. 2 lit. c StGB und erfüllen auch eine der Allgemeinheit dienende Aufgabe.[248] Der Arzt handelt aber, etwa bei der Verordnung von Arzneimitteln gemäß § 73 Abs. 2 SGB V, nicht in Wahrnehmung von Aufgaben der öffentlichen Verwaltung i. S. d. § 11 Abs. 1 Nr. 2 lit. c StGB.[249] Der freiberuflich tätige Kassenarzt ist weder Angestellter noch Funktionsträger einer öffentlichen Behörde.[250] Er wird vielmehr auf Grund individueller, freier Auswahl des gesetzlich Versicherten tätig.[251] Die Verordnung von Arzneimitteln (§ 2 Abs. 2 Satz 1 SGB V) ist untrennbarer Bestandteil ärztlicher Versorgung und vollzieht sich damit innerhalb des persönlich geprägten Vertrauensverhältnisses zwischen dem Versicherten und seinem (Kassen-)Arzt, das einer Gestaltungsfreiheit unterliegt, die der Bestimmung durch die Krankenkassen entzogen ist.[252] Darüber hinaus ist die Zulassung eines Arztes zur vertragsärztlichen Versorgung nach § 95 SGB V keine Bestellung i. S. d. § 11 Abs. 1 Nr. 2 lit. c StGB, da es insoweit an einer der Krankenkasse unmittelbar zurechenbaren Entscheidung fehlt, §§ 96 Abs. 1, 2 SGB V.[253] Der für die vertragsärztliche Versorgung zugelassene Arzt handelt jedenfalls bei seiner ärztlichen Kerntätigkeit nicht in der Wahrnehmung der öffentlichen Verwaltung und ist kein Amtsträger i. S. d. § 11 Abs. 1 Nr. 2 lit. c StGB.

---

[242] *Ulsenheimer*, Arztstrafrecht, 5. Aufl. 2015, Rn. 990.
[243] *Ulsenheimer*, Arztstrafrecht, 5. Aufl. 2015, Rn. 990.
[244] *Ulsenheimer*, Arztstrafrecht, 5. Aufl. 2015, Rn. 990 mit Verweis auf Rechtsprechung und Literatur.
[245] *Ulsenheimer*, Arztstrafrecht, 5. Aufl. 2015, Rn. 996.
[246] BGH MedR 2011, 96 (97).
[247] *Ulsenheimer*, Rn. 991 mit Bezugnahme auf BGH (Großer Senat), NJW 2012, 2530 ff.
[248] *Sinner* in Matt/Renzikowski (Hrsg.), StGB, 2. Aufl. 2018, § 11 Rn. 27; BGH (Großer Senat), Entscheidung vom 29.3.2012 – GSSt 2/11, Rn. 14 ff, insgesamt Rn. 9–21.
[249] BGH (Großer Senat) NJW 2012, 2530 (2531 f.); *Sinner* in Matt/Renzikowski (Hrsg.), StGB, 2. Aufl. 2018, § 11 Rn. 27.
[250] *Sinner* in Matt/Renzikowski (Hrsg.), StGB, 2. Aufl 2018, § 11 Rn. 27.
[251] *Sinner* in Matt/Renzikowski (Hrsg.), StGB, 2. Aufl. 2018, § 11 Rn. 27.
[252] *Sinner* in Matt/Renzikowski (Hrsg.), StGB, 2. Aufl. 2018, § 11 Rn. 27.
[253] BGH NJW 2012, 2530 (2532).

Ebenso wenig sind Belegärzte, Konsiliarärzte und Honorarärzte Amtsträger.[254] Ärzte dieser Gruppen nutzen nur auf der Grundlage eines privatrechtlichen Vertrages mit dem Träger des Krankenhauses dessen bestehende Infrastruktur.[255] Solche Ärzte unterfallen tatbestandlich nicht dem § 11 Abs. 1 Nr. 2 lit. c StGB.

Ähnliches gilt für lediglich durch die Krankenversicherung zur Teilnahme an der vertragsärztlichen Versorgung ermächtigte Ärzte. Sie sind allenfalls berechtigt und nehmen insoweit keine Dienstaufgaben wahr.[256] Gleiches gilt für Ärzte, die bei konfessionellen Krankenhäusern beschäftigt sind, deren Träger also die Großkirchen (Katholische und Evangelische Kirche) sind.[257] Die Kirchen sind nicht Teil der öffentlichen Verwaltung und auch nicht im weitesten Sinne „staatsmittelbare" Organisationen oder Verwaltungseinrichtungen.[258] Sie unterliegen keiner staatlichen Steuerung, sind überwiegend privatrechtlich organisiert und verwalten ihr Vermögen eigenständig.[259] Schließlich sind auch die bei Privatkliniken, also Kliniken in rein privater Trägerschaft und vorrangig auf Gewinnerzielung ausgerichteten Krankenhäusern, oder in medizinischen Versorgungszentren angestellte Ärzte keine Amtsträger.[260]

Im Wesentlichen lässt sich damit festhalten, dass insbesondere an Universitätsklinika angestellte Ärzte Amtsträger sind, nicht hingegen niedergelassene Vertragsärzte.

Für den öffentlichen Dienst besonders Verpflichteter, § 11 Abs. 1 Nr. 4 StGB
Erfüllt der Arzt nicht die Amtsträgereigenschaft („wer, ohne Amtsträger zu sein"), so kann er dennoch nach § 11 Abs. 1 Nr. 4 StGB ein für den öffentlichen Dienst besonders Verpflichteter sein. Hierunter fällt,

wer (…)

a) *bei einer Behörde oder bei einer sonstigen Stelle, die Aufgaben der öffentlichen Verwaltung wahrnimmt, oder*
b) *bei einem Verband oder sonstigen Zusammenschluss, Betrieb oder Unternehmen, die für eine Behörde oder für eine sonstige Stelle Aufgaben der öffentlichen Verwaltung ausführen,*

beschäftigt oder für sie tätig und auf die gewissenhafte Erfüllung seiner Obliegenheiten auf Grund eines Gesetzes förmlich verpflichtet ist.

Die Fertilitätszentren, in denen die Reproduktionsmediziner arbeiten, sind ausschließlich in privatrechtlicher Rechtsform organisiert (GmbH, GbR etc.). Somit

---

[254] *Miessen* FS Mehle, 2009, 431 (438 ff.).
[255] *Ulsenheimer*, Arztstrafrecht, 5. Aufl. 2015, Rn. 994.
[256] *Ulsenheimer*, Arztstrafrecht, 5. Aufl. 2015, Rn. 994.
[257] *Ulsenheimer*, Arztstrafrecht, 5. Aufl. 2015, Rn. 995, wobei bezüglich solcher Ärzte bereits in Frage gestellt werden, inwieweit sie überhaupt befugt sind an Methoden der medizinisch unterstützten Fortpflanzung mitzuwirken.
[258] OLG Düsseldorf NJW 2001, 85 mit Bezugnahme auf BVerfGE 55, 207 (230).
[259] *Ulsenheimer*, Arztstrafrecht, 5. Aufl. 2015, Rn. 995 mit Hinweis auf BGHSt 37, 191 (196).
[260] *Ulsenheimer*, Arztstrafrecht, 5. Aufl. 2015, Rn. 996.

unterfallen sie nicht dem Behördenbegriff des § 11 Abs. 1 Nr. 7 StGB. Als solche nehmen diese Zentren auch keine Aufgaben der öffentlichen Verwaltung war.

Die in Buchstabe b genannten Organisationsformen müssen für eine Behörde oder eine sonstige Stelle Aufgaben der öffentlichen Verwaltung ausführen, also gleichsam als verlängerter Arm staatlicher Daseinsvorsorge in privatrechtlicher Form betreiben.[261] Auch diesbezüglich gilt: Die reproduktionsmedizinischen Zentren führen keine „Aufgaben der öffentlichen Verwaltung" aus.

Ein Arzt, der im Bereich der Fortpflanzungsmedizin tätig ist, wird nicht vom Tatbestand des § 11 Abs. 1 Nr. 4 StGB erfasst.

Unabhängig von einem territorialen Anknüpfungspunkt gilt das deutsche Strafrecht für Amtsträger unter den Voraussetzungen der Nr. 12 oder der Nr. 13 auch für eine im Ausland begangene Tat. Welche der beiden Ziffern einschlägig ist, hängt davon ab, ob der Auslandsarzt deutscher Staatsangehöriger (§ 5 Nr. 12 StGB) oder Ausländer (§ 5 Nr. 13 StGB) ist. Entscheidend ist nach § 8 Satz 1 Fall 1 StGB die Amtsträgereigenschaft und die Staatsangehörigkeit im Zeitpunkt der Tathandlung, also der Durchführung der nach dem EschG jeweils verbotenen Methode der medizinisch unterstützten Fortpflanzung.

§ 5 Nr. 12 StGB: Deutscher Amtsträger

Taten, die ein deutscher Amtsträger (...) während eines dienstlichen Aufenthalts oder in Beziehung auf den Dienst begeht.

Für einen deutschen Amtsträger gilt § 5 Nr. 12 StGB. Wer Deutscher ist, ergibt sich aus Art. 116 GG,[262] sodass insbesondere deutsche Staatsangehörige vom Tatbestand erfasst sind.[263]

Unter den Begriff der Auslandstat im Sinne der Nr. 12 fallen alle Straftaten, ohne eine Beschränkung auf einen Katalog oder auf Amtsdelikte,[264] und damit auch die untersuchenden Verbotstatbestände des EschG, obgleich es sich um Jedermannsdelikte handelt.

Die Norm ist Ausdruck des absoluten aktiven Personalitätsprinzips, d. h. die deutsche Rechtsordnung erwartet von den in § 5 Nr. 12 StGB genannten Personen die ortsunabhängige Achtung der deutschen Strafgewalt.[265]

Teilweise wird vertreten, das aktive Personalitätsprinzip sei völkerrechtswidrig.[266] Nach dieser Rechtsauffassung wird bei Straftaten, die keine echten Amtsdelikte sind, über den Gesetzeswortlaut hinaus verlangt, dass entweder die Tat nach dem Recht des Tatorts strafbar ist oder die Strafbefugnis sich aus dem Stellvertretungs-, dem

---

[261] *Lackner/Kühl*, StGB, 29. Aufl. 2018, § 11 Rn. 15.
[262] LK/StGB-*Werle/Jeßberger*, 12. Aufl. 2007, Vor § 3 Rn. 326, § 5 Rn. 183, § 7 Rn. 55 ff.
[263] LK/StGB-*Werle/Jeßberger*, 12. Aufl. 2007, Vor § 3 Rn. 326, § 5 Rn. 183, § 7 Rn. 55.
[264] *Basak* in Matt/Renzikowski (Hrsg.), 2. Aufl. 2018, § 5 Rn. 25; SSW-*Satzger*, 4. Aufl. 2019, § 5 Rn. 35; *Ambos* in MüKo/StGB, Bd. 1, 3. Aufl. 2017, § 5 Rn. 36.; AnwKomm/StGB-*Zöller*, 2. Aufl. 2015, § 5 Rn. 17.
[265] *Ambos* in MüKo/StGB, Bd. 1, 3. Aufl. 2017, § 5 Rn. 36.
[266] *Ambos* in MüKo/StGB, Bd. 1, 3. Aufl. 2017, Vor § 3 Rn. 28 ff.

Universalitäts- oder dem Staatsschutzprinzip ergibt.[267] Dieser Auffassung nach zu Folge wäre das deutsche Strafrecht nicht über § 5 Nr. 12 StGB in den zu untersuchenden Fällen anwendbar, da es sich nicht um echte Amtsdelikte handelt, das Verhalten im Auslands straflos ist und auch nicht Stellvertretungs-, Universalitäts- oder Staatsschutzprinzip zu seiner Erstreckung herangezogen werden können. Weit überwiegend wird das aktive Personalitätsprinzip jedoch auch im Falle einer straflosen Auslandstat als völkerrechtskonform angesehen.[268] Vorliegend kann auf den Streitstand nicht näher eingegangen werden und die Völkerrechtskonformität der Bestimmung ohne identische Tatortnorm wird zugrunde gelegt.

Zur Verwirklichung der ersten Variante genügt es, wenn die Tat *während eines dienstlichen Aufenthaltes* im Ausland begangen wird, sodass es erforderlich, aber auch ausreichend ist, wenn ein zeitlicher Zusammenhang zwischen dem dienstlichen Aufenthalt und der Auslandstat besteht.[269] Dazu müsste sich der deutsche Arzt zu einem dienstlichen Aufenthalt im Ausland befinden. Er ist jedoch allein Beschäftigter des inländischen reproduktionsmedizinischen Klinikums, nicht auch des ausländischen. Allenfalls im Rahmen einer – jedoch lebensfremden[270] – Entsendung des Arztes in ein ausländisches reproduktionsmedizinisches Zentrum kommt diese Variante in Betracht, und zwar, wenn der Arzt zeitlich zusammenfallend mit dem dienstlichen Aufenthalt ESchG-widrige Behandlungen vornimmt.

Nach Var. 2 muss die Tat *in Beziehung auf den Dienst* begangen werden, wobei dies auch bei bloßen Privataufenthalten im Ausland greift.[271] Insoweit muss die Tat jedoch einen inneren Bezug zum Dienst selbst aufweisen und damit ein Amtsdelikt oder eine Verletzung dienstlicher Pflichten darstellen.[272] Die untersuchten Verbotstatbestände des ESchG sind Jedermannsdelikte und damit keine Amtsdelikte. Darüber hinaus handelt es sich bei der durch das ESchG angeordneten Unterlassungspflicht der Durchführung bestimmter ESchG-widriger Behandlungsmethoden nicht um eine dienstliche Pflicht. Vielmehr ist diese Pflicht allgemeiner Natur und trifft auch Ärzte, die nicht als „Amtsträger" tätig sind. Sollte der Anstellungsvertrag – und das ist in der Praxis üblich – einen Hinweis auf die Pflicht zur Beachtung der deutschen Gesetze beinhalten, so stellt dies lediglich eine Klarstellung dar, nicht jedoch eine Transformation allgemeiner, im ESchG durch die Verbotstatbestände normierter Unterlassungspflichten in eine spezifisch dienstbezogene Pflicht.[273]

---

[267] LK/StGB-*Werle/Jeßberger*, 12. Aufl. 2007, § 5 Rn. 187.
[268] LK/StGB-*Werle/Jeßberger*, 12. Aufl. 2007, Vor § 3 Rn. 232 Fn. 119.
[269] BT-Drcks. V/4095, 6; LK/StGB-*Werle/Jeßberger*, 12. Aufl. 2007, § 5 Rn. 189 f.; SSW-*Satzger*, 4. Aufl. 2019, § 5 Rn. 35; MüKo-StGB/*Ambos*, 3. Aufl. 2017, § 5 Rn. 36; AnwKomm/StGB-*Zöller*, 2. Aufl. 2015, § 5 Rn. 17.
[270] Aufgrund der fehlenden Praxisrelevanz wird dies nicht näher untersucht.
[271] S/S-*Eser/Weißer*, StGB, 30. Aufl. 2019, § 5 Rn. 29.
[272] BT-Drucks. 7/550, 207; SSW-*Satzger*, 4. Aufl. 2019, § 5 Rn. 35; *Ambos* in MüKo/StGB, Bd. 1, 3. Aufl. 2017, § 5 Rn. 36.
[273] Es gilt zu beachten: Ob es sich lediglich um einen deklaratorischen Verweis wie etwa in Ziff. 5.5 der (Muster-)Richtlinie zur Durchführung der assistierten Reproduktion, DÄBl. 2006, Jg. 103, Heft 20, A 1392 (A 1398) oder aber um eine im Anstellungsvertrag festgelegte Dienstpflicht handelt, ist letztlich eine Frage der Formulierung.

Eine Erstreckung des deutschen Strafrechts über § 5 Nr. 12 StGB scheidet damit aus.

§ 5 Nr. 13 StGB: Ausländischer Arzt
Daneben gilt das deutsche Strafrecht, unabhängig vom Recht des Tatorts für

Taten, die ein Ausländer als Amtsträger oder für den öffentlichen Dienst besonders Verpflichteter begeht.

Parallel zur Ziffer 12 gilt das deutsche Strafrecht für alle Auslandstaten von Ausländern, wenn sie Amtsträger (§ 11 Abs. 1 Nr. 2 StGB) sind. Ausländer sind in diesem Kontext alle Personen, die zur Tatzeit keine Deutschen sind. Der wesentliche Unterschied gegenüber der Regelung in Ziffer 12 besteht darin, dass nicht die bloße Eigenschaft genügt, sondern der Täter im Ausland gerade in dieser Funktion/amtlichen Eigenschaft, also *als* Amtsträger bzw. *als* öffentlich besonders Verpflichteter handelt. Damit reicht ein bloßer zeitlicher Zusammenhang nicht aus,[274] ebenso wenig genügt die bloße dienstliche Beziehung[275] oder gar die Gelegenheitstat,[276] sodass es sich nicht zwingend, aber doch regelmäßig um Amtsdelikte handeln wird.[277] Auch bei Ziffer 13 ist es unschädlich, dass die Auslandstat nach dem Recht des Auslandsstaates nicht strafbar ist.[278]

Wenn schon die weitergehenden Voraussetzungen der dienstlichen Bindung nach Nr. 12 nicht gegeben sind, gilt das erst recht für Personengruppen, die der Nr. 13 tatbestandlich unterfallen. Denn bei ihnen muss neben der Staatsangehörigkeit die Bindung zum deutschen Staat und damit zum deutschen Strafrecht in besonderer Weise gerechtfertigt sein. Ein Arzt, der im Ausland eine ESchG-widrige Behandlung durchführt, handelt nicht in amtlicher Eigenschaft oder amtlicher Funktion.

Damit lässt sich ebenso wenig über § 5 Nr. 13 StGB eine Erstreckung des deutschen Strafrechts auf ausländische Sachverhalte begründen.

γγ) Zwischenergebnis
Festgehalten werden kann, dass ein Arzt unter bestimmten Voraussetzungen ein Amtsträger sein kann, etwa bei Verbeamtung oder als angestellter Arzt eines Universitätsklinikums.

Handelt es sich um einen Deutschen, so findet § 5 Nr. 12 StGB grundsätzlich Anwendung. Allerdings sind solche Ärzte allein in Deutschland angestellt, sodass es bereits aus beamtenrechtlichen bzw. arbeitsrechtlichen Gesichtspunkten lebensfremd

---

[274] *Basak* in Matt/Renzikowski (Hrsg.), StGB, 2. Aufl. 2018, § 5 Rn. 26.
[275] LK/StGB-*Werle/Jeßberger*, 12. Aufl. 2007, § 5 Rn. 197; SK-StGB/*Hoyer*, 9. Aufl. 2017, § 5 Rn. 35; *Ambos* in MüKo/StGB, Bd. 1, 3. Aufl. 2017, § 5 Rn. 38.
[276] AnwKomm/StGB-*Zöller*, 2. Aufl. 2015, § 5 Rn. 17.
[277] *Basak* in Matt/Renzikowski (Hrsg.), StGB, 2. Aufl. 2018, § 5 Rn. 26; *Ambos* in MüKo/StGB, Bd. 1, 3. Aufl. 2017, § 5 Rn. 38. A.A. *Böse* in NK/StGB, Bd. 1, 5. Aufl. 2017, § 5 Rn. 17, wonach ausschließlich Amtsdelikte erfasst werden sein sollen, auch *Fischer*, StGB, 66. Aufl. 2019, § 5 Rn. 13. Vom Wortlaut der Vorschrift sind alle Taten umfasst, die der Täter in seiner Eigenschaft als Amtsträger begeht. Eine darüber hinausgehende Einschränkung auf Amtsdelikte lässt sich der Gesetzesbegründung nicht entnehmen (vgl. BT-Drucks. 4/650 112), so BGH BeckRS 2014, 10266.
[278] LK/StGB-*Werle/Jeßberger*, 12. Aufl. 2007, § 5 Rn. 196.

ist, dass ein solcher Arzt während seines Dienstaufenthaltes im Ausland an einer dortigen Klinik tätig wird. Auch die zweite Variante der Nr. 12 scheidet tatbestandlich aus. Danach ist eine Begehung zwar auch während eines bloßen privaten Aufenthaltes möglich. Dies erfordert jedoch zumindest die Verletzung einer spezifisch dienstlichen Pflicht. Die Pflichten, die dem Arzt durch das ESchG auferlegt werden sind allgemeiner Natur. Sie richten sich an jeden Arzt, der im fortpflanzungsmedizinischen Bereich tätig ist und sind damit nicht spezifisch dienstlicher Natur.

Erst recht scheidet damit eine Erstreckung des deutschen Strafrechts auf den nichtdeutschen Arzt im Ausland aus. Denn § 5 Nr. 13 StGB verlangt ein Handeln in der amtlichen Eigenschaft bzw. Funktion („als") und stellt damit im Vergleich zur Nr. 12 weitergehende Anforderungen auf.

β) Anwendbarkeit des deutschen Strafrechts über § 7 StGB

Allerdings kommt eine Anknüpfung des deutschen Strafrechts, abermals unabhängig vom Gebietsgrundsatz des § 3 StGB, über § 7 StGB in Betracht.

Die Norm des § 7 StGB stellt auf die deutsche Staatsangehörigkeit ab, in Abs. 1 auf die des Opfers, in Abs. 2 Nr. 1 auf die des Täters.

αα) § 7 Abs. 1 StGB: Passives Personalitätsprinzip

Gemäß § 7 Abs. 1 StGB gilt das deutsche Strafrecht für Taten, die im Ausland gegen einen Deutschen begangen werden, wenn die Tat am Tatort mit Strafe bedroht ist oder der Tatort keiner Strafgewalt unterliegt.

Die Rechtfertigung der Ausdehnung deutscher Strafgewalt auf einen ausländischen Sachverhalt ist im Schutzprinzip in der Ausprägung des passiven Personalitätsprinzips begründet.[279] Maßgebend ist danach, dass es sich bei dem Angriffsobjekt um einen Deutschen im Sinne des Staatsangehörigkeitenrechts gem. Art. 116 Abs. 1 GG, § 1 StAG handelt. Ob ungeborenes Leben dem Deutschenbegriff dieser Vorschrift unterfällt, ist umstritten.[280] Die Klärung dieser Frage kann jedoch dahinstehen, da jedenfalls die Voraussetzungen, die § 7 Abs. 1 HS 2 StGB normiert, nicht erfüllt sind. Denn der Tatort unterliegt im Ausland der Strafgewalt des dortigen Staates und die Tat ist gerade nicht mit Strafe bedroht.

ββ) § 7 Abs. 2 StGB: Aktives Personalitätsprinzip

Gemäß § 7 Abs. 2 StGB[281] findet das deutsche Strafrecht für andere als die von § 7 Abs. 1 StGB umfassten Taten und damit unabhängig von der Staatsangehörigkeit

---

[279] *W/B/S*, Strafrecht AT, 48. Aufl. 2018, § 2 Rn. 99.

[280] Zum Streitstand, ob ein noch nicht geborenes Kind, dessen Embryo die Nidation bereits abgeschlossen hat, dem Deutschenbegriff unterfällt: bejahend etwa *Ambos* in MüKo/StGB, Bd. 1, 8. Aufl. 2018, § 7 Rn. 24; S/S-*Eser/Weißer*, StGB, 30. Aufl. 2019, § 7 Rn. 11; *Mitsch* Jura 1989, 193 (195); ablehnend und an die Geburt anknüpfend etwa: LK-*Werle/Jeßberger*, StGB, 2007, § 7 Rn. 67 f. sowie *Walter* JuS 2006, 967 (968).

[281] Die Ausführungen des AG Augsburg zu dieser Norm können nicht überzeugen, da die Eizellspenderin selbst keinen Opferstatus innehat. Das deutsche Strafrecht geht *e contrario* § 1 Abs. 3 Nr. 1 EschG vielmehr von einer Täterstellung der Eizellspenderin aus. Ein Täter kann nicht zugleich Opfer bezüglich der selben Tathandlung sein.

E. Strafbarkeit des inländischen Arztes nach dem ESchG

des Verletzten bei einer im Ausland begangenen Tat Anwendung, wenn die Tat am Tatort (Ausland) mit Strafe bedroht ist (Var. 1) oder der Tatort keiner Strafgewalt unterliegt (Var. 2). Eine der beiden Tatbestandsvarianten muss aufgrund der Konjunktion „und" zwingend vorliegen. Im Gegensatz zu § 7 Abs. 1 StGB richtet § 7 Abs. 2 StGB seinen Fokus auf den Täter (hier: den Auslandsarzt), was sich aus dem letzten Halbsatz des zweiten Absatzes („und wenn der Täter...") ergibt. Der in diesem Absatz erwähnte *genuine link* ist das aktive Personalitätsprinzip.

Die erste Variante („wenn die Tat am Tatort mit Strafe bedroht ist") ist nicht gegeben, da die Tat im Ausland zur Zeit der Tathandlung (Durchführung der jeweiligen nach dem ESchG verbotenen Methode) nicht strafbewehrt ist. Die zweite Variante hingegen („der Tatort keiner Strafgewalt unterliegt") ist nicht erfüllt, weil der Tatort im Ausland zumindest der dortigen Strafgewalt unterliegt.

γγ) Zwischenergebnis
Mithin liefert auch § 7 StGB keinen Anknüpfungspunkt für die Anwendbarkeit des deutschen Strafrechts auf die jeweils nach dem ESchG verbotene, im Ausland durchgeführte Kinderwunschbehandlung.

(3) Teilergebnis zu bb)

Festzuhalten ist, dass sich der Auslandsarzt unter lebensnahen Umständen mangels räumlicher Anwendbarkeit nicht nach deutschem Recht strafbar, sodass auch ein Arzt, der vom Inland in das permissivere Ausland reist und dort eine nach dem ESchG verbotene Methode der Kinderwunschbehandlung durchführt, straffrei bleibt.

b) Die Strafbarkeit der in die Kinderwunschbehandlung involvierten Patienten

Für die Beurteilung der Strafbarkeit des Inlandsarztes ist neben der strafrechtlichen Relevanz des Verhaltens des Auslandsarztes auch die Strafbarkeit des Verhaltens der Patientengruppe von Bedeutung. Denn auch zu deren Mitwirkung, der Einwilligung in die Durchführung der Behandlung im Ausland, leistet der inländische Arzt einen Beitrag. Mithin ist auch diese Prüfung für die Frage relevant, ob eine straflose Auslandstat vorliegt und § 9 Abs. 2 Satz 2 StGB damit zur Anwendung kommt.

Eingangs ist dazu der Begriff des/der „Patienten" zu klären und festzulegen, welche Bedeutung ihm im Rahmen der weiteren Untersuchung zugrunde gelegt wird. Wer Patient in diesem Sinne ist, variiert mit der jeweiligen Behandlungsform (dazu aa)). Daran anknüpfend bedarf es der Klärung der Frage, ob die Mitwirkung eines Patienten überhaupt strafrechtliche Relevanz hat (unter bb)). Im Anschluss an diese Festlegung wird zwischen dem Tatbeitrag des/der Patienten im Inland und dem im Ausland differenziert (dazu cc)). Einen inländischen Beitrag gibt es nur, wenn es sich um eine Voruntersuchung oder eine Vorbehandlung im Vorfeld handelt und/ oder im Rahmen der Schwangerschaftsbetreuung im Anschluss an den Auslandsaufenthalt. Sollte es einen solchen Inlandsbeitrag geben, so schließt sich die Frage an, in welchem Konkurrenzverhältnis dieser Tatbeitrag zu den übrigen Tatbeiträgen steht. Erst nach Klärung dieser Fragen kann die Frage beantwortet werden, zu welcher Haupttat der Teilnahmebeitrag des inländischen Arztes erfolgt (Haupttat des/der Patienten und/oder des Auslandsarztes) und ob es sich dabei um eine mittelbare (an der Haupttat des Auslandsarztes, vermittelt über die Patienten) und/oder unmittelbare Teilnahme des Inlandsarztes handelt.

aa) Begriff des „Patienten"

Patient ist die Person, deren Mitwirkung an der Durchführung zwingend erforderlich ist, ausgenommen der inländische und der ausländische Arzt. Keine Patienten sind damit etwa Personen, die der Frau oder dem Mann, die Teil der Behandlung sind, Rat oder Zuspruch erteilen.[282] An welcher Person eine Behandlung vorgenommen wird, und sei dies auch nur in Form einer (Vor-)Untersuchung, hängt von der jeweiligen Behandlungsmethode ab.

bb) Strafrechtliche Relevanz der Mitwirkung von Patienten

Noch bevor zu klären ist, welche Personen/Personengruppen als „Patienten" im Rahmen der jeweiligen Kinderwunschbehandlung mitwirken, stellt sich die Frage, ob deren Beiträge, gleich ob sie im In- oder Ausland stattfinden, überhaupt von strafrechtlicher Relevanz sind. Maßgebend ist, ob das deutsche Strafrecht die Mitwirkung als strafrechtliches Unrecht qualifiziert.

Der Gesetzgeber ging davon aus, dass auch Personen, die keine Ärzte sind, die zu untersuchenden Straftatbestände des ESchG verwirklichen können. Dies wird durch die Gesetzgebungsmaterialien bestätigt, wonach der Gesetzgeber neben Ärzten auch Biologen und Angehörige der Heilberufe bestrafen wollte, wenn sie neue Techniken der Fortpflanzungsmedizin anwenden, da für diese Berufsgruppen die nachteiligen Konsequenzen eines Missbrauchs der Methoden vorhersehbar sind.[283] Selbst medizinische Laien können sich strafbar machen.[284]

Dass die Mitwirkungshandlungen der Patientengruppe von strafrechtlicher Relevanz sind, ergibt sich ferner im Rückschluss daraus, dass der Gesetzgeber persönliche Strafausschließungsgründe gesetzlich normiert hat[285] und damit eine (grundsätzliche) Strafbarkeit der im jeweiligen Verfahren als Patienten involvierten Personen voraussetzt. So erfolgt eine persönliche Freizeichnung von der strafrechtlichen Verantwortung der Eizellspenderin sowie der Eizellempfängerin von einer

---

[282] Die Strafbarkeit durch familiären Rat oder Zuspruch im engeren Familienkreis geäußert kann mit Rücksicht auf die im Kernbereich von Art. 6 Abs. 1 GG geschützte familiäre Privatsphäre nicht als Beteiligung i. S. d. § 28 Abs. 2 StGB und damit weder als Täterschaft noch als Teilnahme qualifiziert werden, dazu *Taupitz* in G/T/K (Hrsg.), EschG, 2. Aufl. 2014, C. II. § 1 Abs. 1 Nr. 2 Rn. 30.
[283] *Taupitz* in G/T/K (Hrsg.), EschG, 2. Aufl. 2014, C. II. § 1 Abs. 3 Rn. 2.
[284] BT-Drucks. 11/5460, 8.
[285] Nach der Entstehungsgeschichte der Tatbestände soll ein bestimmter Personenkreis straflos bleiben, *Günther* in G/T/K (Hrsg.), EschG, 2. Aufl. 2014, C. II. Vor § 1 Rn. 32.

möglichen Strafbarkeit im Rahmen der §§ 1 Abs. 1 Nrn. 1, 2 ESchG über § 1 Abs. 3 Nr. 1 Fall 1 (Eizellspenderin) und Fall 3 (Eizellempfängerin) ESchG. Für den elektiven Embryo-Transfer ist ein persönlicher Strafausschließungsgrund zwar nicht gesetzlich verankert. Zugunsten der Frau, die einer künstlichen Befruchtung von mehr als drei Eizellen je Zyklus zustimmt, greift jedoch der persönliche Strafausschließungsgrund § 1 Abs. 3 Nr. 1 ESchG in analoger Anwendung.[286] Eine entsprechende Anwendung dieser Bestimmung verbietet sich nicht unter dem Gesichtspunkt des Grundsatzes *nulla poena sine lege*. Denn es handelt sich um die analoge Anwendung eines persönlichen Strafausschließungsgrundes und damit um eine Vorschrift zugunsten des Täters. Die Analogie rechtfertigt sich aus nachfolgender Überlegung: Die Frau, die der Befruchtung einer Eizelle im Rahmen des § 1 Abs. 1 Nr. 2 EschG zustimmt, wird nach § 1 Abs. 3 Nr. 1 EschG unabhängig von der Anzahl der Eizellen, zu deren Befruchtung sie letztlich einwilligt, von einer strafrechtlichen Verantwortung freigestellt. Bei einem elektiven Embryotransfer, dessen Durchführung § 1 Abs. 1 Nr. 5 EschG verbietet, sind es regelmäßig höchstens zehn[287] Eizellen, also eine begrenzte Zahl von Eizellen. Besteht für die Mitwirkung in Form der Zustimmung zur künstlichen Befruchtung einer unbegrenzten Zahl von Eizellen eine Freizeichnung von der strafrechtlichen Verantwortlichkeit, dann gilt das erst recht bei der Zustimmung zur künstlichen Befruchtung einzelner, letztlich durch den Zweck der Behandlungsdurchführung: die Erlangung eines bzw. zwei möglichst entwicklungsfähiger Embryonen, begrenzter Anzahl von Eizellen.

Ebenso greift zugunsten der Embryospenderin (§ 1 Abs. 3 Nr. 1 Fall 2 EschG) und der Embryoempfängerin (§ 1 Abs. 3 Nr. 1 Fall 2 EschG) bei § 1 Abs. 1 Nr. 6 EschG der persönliche Strafausschließungsgrund ein. Auch die Ersatzmutter sowie die Frau, die das Kind nach seiner Austragung erhalten soll, sind von einer möglichen Strafbarkeit gemäß § 1 Abs. 1 Nr. 7 EschG durch § 1 Abs. 3 Nr. 2 EschG freigezeichnet, unabhängig davon, ob es sich um eine Eizell- (§ 1 Abs. 1 Nr. 7 Fall 1 EschG) oder um eine Embryospende (§ 1 Abs. 1 Nr. 7 Fall 2 EschG) handelt. Auch zugunsten der Frau, die einer künstlichen Befruchtung ihrer Eizelle(n) nach dem Tod des Mannes, von dem das für die Befruchtung genutzte Sperma stammt, zustimmt, wirkt der persönliche Strafausschließungsgrund nach § 4 Abs. 2 EschG.

Im Hinblick auf den Mann, der als Samenspender im Wissen um die Durchführung einer verbotenen Methode mitwirkt, kommt eine Strafbarkeit wegen (physischer) Beihilfe in Betracht.[288]

---

[286] Umstritten ist die analoge Anwendung von § 1 Abs. 3 Nr. 1 EschG für die Beteiligung einer Frau, von der die Eizelle stammt, als auch für die Frau, auf welche die 2-PN-Zelle oder die später befruchtete Eizelle übertragen werden soll. Befürwortend *Günther* in G/T/K (Hrsg.), EschG, 2. Aufl. 2014, C. II. § 1 Abs. 2 Rn. 20; ablehnend *Jungfleisch*, Fortpflanzungsmedizin als Gegenstand des Strafrechts?, 2005, S. 83.

[287] *Keck*, Kinderwunschbehandlung in der gynäkologischen Praxis – Sinnvolle Diagnostik- und Therapiestrategien für Frauenärzte, 2014, S. 263, 264.

[288] *Günther* in G/T/K (Hrsg.), EschG, 2. Aufl. 2014, C. II. § 1 Abs. 1 Nr. 2 Rn. 25. Denklogisch ausgenommen ist dies im Falle einer post-mortem-Befruchtung, da der mitwirkende Mann, selbst wenn er in seinem Testament einer Nachtodbefruchtung zustimmen sollte, als Verstorbener nicht mehr belangt werden kann.

cc) Formen der Mitwirkung

Im Vorfeld der Auslandsbehandlung unterscheiden sich die Mitwirkung in Gestalt und Intensität. Daher ist zwischen den einzelnen Behandlungsformen differenziert[289] aufzuschlüsseln, wer inwieweit mitwirkt:

(1) Elektiver Embryo-Transfer

Beim elektiven Embryotransfer ist neben der Frau, deren Eizellen befruchtet und ihr wieder implantiert werden sollen, auch der Mann, von dem die Spermien für die Befruchtung stammen, als Patient involviert.

(2) Eizellspende

Bei der Eizellspende wirkt neben der Frau, von der die (unbefruchtete) Eizelle stammt (Spenderin) und der Frau, der die unbefruchtete (*in vivo*) oder die befruchtete (*in vitro*) Eizelle implantiert wird, auch der Mann mit, der das Sperma für die Befruchtung spendet.

(3) Embryospende

Im Rahmen des Verfahrens der Embryospende sind neben der Frau, welcher der Embryo entnommen wird bzw. deren Eizelle befruchtet wird und dann als Embryo gespendet wird, der Mann, von dem der Samen zur Befruchtung stammt, sowie die Frau, die den Embryo empfängt, eingebunden.

(4) Leihmutterschaft mit Eizell-/Embryospende

Hierbei ist zwischen der Leihmutterschaft mit Eigeneizellspende/Eigenembryospende und Fremdeizellspende/Fremdembryospende zu unterscheiden:

α) Eigeneizell-/embryospende

Stammt die Eizelle/der Embryo von der Frau, die das Kind nach der Geburt annehmen soll, wirken die Eizellspenderin/Embryospenderin, die das Kind austragende Frau (Ersatzmutter) sowie der Mann, von dem das Sperma für die Befruchtung stammt, mit.

β) Fremdeizell-/embryospende

Stammt die Eizelle/der Embryo hingegen nicht von der Frau, die nach der Geburt das Kind annehmen soll, so gilt: In dieser Konstellation ist neben der Eizellspenderin/Embryospenderin (Dritte) die Frau, die das Kind austrägt (Ersatzmutter), und

---

[289] So auch *Günther* in G/T/K (Hrsg.), ESchG, 2. Aufl. 2014, C. II. Vor § 1 Rn. 23.

der Mann, von dem das Sperma für die Befruchtung stammt, eingebunden. An der Frau, die das Kind erhält, wird hingegen keine Behandlung durchgeführt, sie ist keine Patientin. Ebenso wenig ist der Mann, der das Kind annimmt, in die Behandlung selbst eingebunden, wenn das Sperma für die Befruchtung nicht von ihm stammt.

(5) Post-mortem-Befruchtung

Im Rahmen der post-mortem-Befruchtung gilt es nach der Person des Verstorbenen zu unterscheiden:

α) Eizellspenderin im Zeitpunkt der Befruchtung verstorben

Ist die Frau vorverstorben, von der die Eizelle stammt, so ist neben ihr der Mann Patient, mit dessen Sperma die Befruchtung durchgeführt wird. Daneben ist auch die Frau eingebunden, die als Empfängerin der so befruchteten Eizelle das Kind austragen soll.

β) Samenspender im Zeitpunkt der Befruchtung verstorben

Auch in diesem Fall wirken die drei genannten Personen an dem Verfahren mit.

dd) Unterscheidung nach den Zeiträumen der Mitwirkung

Ferner ist eine Mitwirkung im Vorfeld oder im Nachgang der Behandlung denkbar. Regelmäßig wirken einige Patienten sowohl vor als auch nach der Durchführung der Kinderwunschbehandlung im Ausland daran mit.

Der Beitrag *im Vorfeld* kann im In- und Ausland erbracht werden. Im Inland erbringen die Patienten aber nur einen Beitrag, wenn sie einer therapeutischen Voruntersuchung oder einer Vorbehandlung zustimmen.

Der Beitrag *im Anschluss* an die ausländische Kinderwunschbehandlung, etwa die Zustimmung zur Ergreifung schwangerschaftserhaltender Maßnahmen, wird hingegen ausschließlich im Inland erbracht.

(1) Im Vorfeld der Auslandsbehandlung

Sofern ein Inlandsbeitrag von Patientenseite vorliegt, geht dieser dem Auslandsbeitrag zeitlich voraus.

α) Inlandsbeitrag

Ein Tatbeitrag von Patientenseite wird im Inland nur dann erbracht, wenn es sich um die Herausgabe von kryokonserviertem Keimmaterial, um Untersuchungen oder Vorbehandlungen handelt, die im Zusammenhang mit der eigentlichen Auslandsbehandlung stehen. Bei einer bloßen Hinweiserteilung, einer Entschlussbestärkung sowie einer Vermittlungstätigkeit gibt es keinen Inlandsbeitrag von Patientenseite.

Da die Zustimmung zur Durchführung der eigentlichen Kinderwunschbehandlung erst im Ausland erfolgt, ist der inländische Beitrag – soweit er denn vorliegt – stets als im Vorbereitungsstadium erfolgende bloße Beihilfe zu qualifizieren, indem die Patienten die Herausgabe des Keimmaterials verlangen, der Vornahme der Untersuchung und/oder der hormonellen Vorbehandlung zustimmen oder sich selbst die Hormonpräparate verabreichen (oral/per Pen/transdermal).

Während es sich bei der Samenspende zur Erzeugung der Schwangerschaft um eine stets straflose notwendige Teilnahme handelt,[290] ist die Strafbarkeit der mitwirkenden Patientin fraglich.

Insoweit kann zumindest eines festgehalten werden: Gelangt die Auslandstat nicht in ein strafbares Tatstadium,[291] so liegt nur eine straflose versuchte Beihilfe[292] vor.

Gelangt die Auslandstat hingegen in ein nach Maßgabe des deutschen Rechts strafbares Tatstadium, ist die rechtliche Bewertung schwieriger. Es gilt: Die Mitwirkung der Patienten im Vorfeld der Auslandsbehandlung soll zwei Taten fördern: Ihre eigene Tat und zugleich die Tat des Auslandsarztes. Es handelt sich also um Konstellationen, bei denen im Vorfeld einer Tat, an der als Mittäter mitgewirkt wird, ein Gehilfenbeitrag zur Förderung derselben Tat geleistet wurde. § 27 Abs. 1 StGB verlangt ausweislich seines Wortlautes, dass einem *anderen zu dessen Haupttat* Hilfe geleistet wird.[293] Daher stellt sich die Frage, ob es sich um eine ausschließlich-fremde Haupttat handeln muss oder ob bereits eine auch-fremde Haupttat genügt, also eine Haupttat, bei welcher der vormalige Gehilfe als Mittäter beteiligt ist. Es lohnt einen Blick auf § 257 StGB zu werfen. Nach dessen Absatz 1 macht sich wegen (sachlicher) Begünstigung strafbar,

> *wer einem anderen, der eine rechtswidrige Tat begangen hat, in der Absicht Hilfe leistet, ihm die Vorteile der Tat zu sichern.*

Nach § 257 Abs. 3 Satz 1 StGB wird nicht bestraft, wer (bereits) wegen Beteiligung an der Vortat strafbar ist. Die Norm erfasst sämtliche Formen der (Vorfeld-)Beteiligung, also nach der Legaldefinition des § 28 Abs. 2 StGB neben den Formen der Täterschaft auch die Teilnahme. Der dritte Absatz von § 257 StGB normiert die mangelnde Tatbestandsmäßigkeit der Selbstbegünstigung für den Fall, dass die

---

[290] *Taupitz* in G/T/K (Hrsg.), ESchG, 2. Aufl. 2014, C. II. Vor § 1 Rn. 33, denn der Gesetzgeber hat bewusst auf eine Pönalisierung der Entstehung einer gespaltenen Vaterschaft verzichtet.

[291] Der Versuch ist nur in bestimmten Konstellationen strafbewehrt: § 23 Abs. 1 Alt. 2 StGB i. V. m. § 1 Abs. 4 ESchG.

[292] Zur Straflosigkeit der versuchten/erfolglosen Beihilfe siehe *Kühl*, Strafrecht AT, 8. Aufl. 2017, § 20 Rn. 217, 246; dies ergibt sich bereits im Rückschluss aus § 30 Abs. 1 Satz 1 StGB, der die versuchte Anstiftung als gegenüber der Beihilfe schwerere Teilnahmeform nur dann unter Strafe stellt, wenn die Haupttat Verbrechenscharakter hat.

[293] So auch *Dorneck* MedR 2014, 502 (503).

Hilfe nicht nur einem anderen, sondern auch für sich selbst geleistet wurde.[294] Nun mag diese Vorschrift tatbestandlich nur den Fall erfassen, dass der Begünstigende nach Beendigung der Vortat einen förderlichen Beitrag zu ihr leistet. Es sprechen jedoch gewichtige Gründe dafür, in entsprechender Anwendung von § 257 Abs. 3 Satz 1 StGB[295] spiegelbildlich den Ausschluss der Strafbarkeit auf das Vorbereitungsstadium, in dem ein Förderbeitrag geleistet wird, zu übertragen:

Zum einen stimmen § 257 Abs. 1 StGB und § 27 Abs. 1 StGB diesbezüglich im Wortlaut überein. Beide verlangen eine *Tat eines anderen*, sei es die Vortat (§ 257 StGB) oder die zeitlich nachgelagerte Haupttat (§ 27 Abs. 1 StGB). Auch Sinn und Zweck rechtfertigen einen entsprechenden, spiegelbildlich auf das Vorbereitungsstadium anwendbaren Strafausschluss. Während § 257 Abs. 3 Satz 1 StGB auf dem Gedanken der mitbestraften Nachtat beruht,[296] ist der Förderungsbeitrag im Vorfeld der ausländischen Kinderwunschbehandlung als mitbestrafte Vortat einzuordnen. In beiden Fällen handelt es sich um eine Form der (straflosen) Selbstbegünstigung.

Unschädlich ist, dass die Haupttat nach ausländischem Recht nicht strafbar ist. Unterfallen doch dem Tatbestand des § 257 Abs. 1 StGB als taugliche Vortat nach herrschender Meinung auch Vortaten, die im Ausland begangen wurden und nach dortigem Strafrecht straflos sind. Dies gilt jedenfalls dann, wenn sich die Vortat (auch) gegen Individualrechtsgüter richtet.[297] Es wurde bereits im Rahmen der Erörterung um den Schutzzweck der einzelnen Verbotstatbestände nachgewiesen, dass die zu untersuchenden Tatbestände jeweils (zumindest mittelbar, elektiver Embryo-Transfer) das Kindeswohl des noch zu erzeugenden Kindes als Individualrechtsgut zu schützen bezwecken.

Um systematische Wertungswidersprüche im Rahmen des § 257 StGB zu vermeiden, ist der Begriff der „Vortat" in dessen Absatz 1 wie in dessen Absatz 3 gleich auszulegen.

Sollte die Durchführung der jeweiligen Behandlungsmethode im Ausland in das nach Maßgabe der Anforderungen des deutschen Rechts strafbare Versuchsstadium gelangen, ist der inländische Gehilfenbeitrag durch die Patienten nicht eigenständig strafbar.

β) Auslandsbeitrag

Der Beitrag der Patientengruppe im Ausland besteht im Wesentlichen in der Zustimmung zur Durchführung der eigentlichen Kinderwunschbehandlung.

---

[294] LPK-StGB/*Kindhäuser*, 7. Aufl. 2017, § 257 Rn. 26.
[295] Es handelt sich bei § 257 Abs. 3 Satz 1 StGB um eine den Beteiligten privilegierende Bestimmung, sodass ein Analogieschluss zulässig ist, LPK-StGB/*Kindhäuser*, 7. Aufl. 2017, § 1 Rn. 6. Nur strafbegründende sowie strafschärfende Bestimmungen unterliegen nach Art. 103 Abs. 1 GG, § 1 StGB dem Analogieverbot.
[296] LPK-StGB/*Kindhäuser*, 7. Aufl. 2017, § 257 Rn. 28 mit Verweis auf *Cramer/Pascal* in MüKo/StGB, Bd. 4, 3. Aufl. 2017, § 257 Rn. 9, 31 sowie *Geppert* Jura 1994, 441 (444).
[297] S/S-*Hecker*, StGB, 30. Aufl. 2019, § 257 Rn. 8.

Die Zustimmung zur Vornahme der eigentlichen Behandlung, etwa in die Übertragung der Eizelle in den Mutterleib, ist als Mittäterschaft zu qualifizieren. Die Situation ist mit der des Schwangerschaftsabbruches vergleichbar. Hierbei ist die Schwangere, die den Eingriff zulässt, als Mittäterin zu behandeln.[298] Sie hat jederzeit die Möglichkeit, den Eingriff abzubrechen, denn ihre Zustimmung ist frei widerruflich,[299] sodass sie über die nötige Tatherrschaft verfügt. Ferner handelt die Patientin auch mit Täterwillen, denn sie ist sich ihrer bedeutsamen Rolle im Zusammenhang mit der Durchführung der Kinderwunschbehandlung – jedenfalls nach Aufklärung – bewusst.

Daneben ist die Einwilligung in die Vornahme einer hormonellen Voruntersuchung und/oder Vorbehandlung denkbar, soweit diese der Behandlung vorgelagerten Schritte nicht bereits im Inland vollzogen wurden. Letzteres kann auch durch die Patientengruppe selbst vorgenommen werden, etwa durch die orale Einnahme/Injektion per Pen/transdermale Verwendung von Hormonpräparaten.

(2) Im Anschluss an die Auslandsbehandlung

Ferner ist denkbar, dass die Patientengruppe, genauer gesagt die schwangere Frau, im Anschluss an eine erfolgreiche Kinderwunschbehandlung im Ausland – etwa durch die Einnahme von Medikamenten, die die Schwangerschaft erhalten sollen – mitwirkt. Eine Strafbarkeit wegen Begünstigung nach § 257 Abs. 1 StGB scheitert nicht nur daran, dass die Patientin bereits im Ausland an der Vortat als Mittäterin beteiligt war (Abs. 3 Satz 1), sondern daneben, dass die Frau, welche die Schwangerschaft aufrecht zu erhalten sucht, nicht mit der in Absatz 1 vorausgesetzten Vorteilssicherungsabsicht handelt, denn die Aufrechterhaltung der Schwangerschaft ist kein „Vorteil" im Sinne des § 257 Abs. 1 StGB.[300]

ee) Teilergebnis zu b)

Es kann konstatiert werden, dass die Patienten sich zwar grundsätzlich strafbar machen können, wenn sie an einer nach dem ESchG verbotenen Methode der medizinisch unterstützten Fortpflanzung mitwirken. Dies ergibt sich unter anderem daraus, dass das ESchG in zahlreichen Tatbeständen persönliche Strafausschließungsgründe zugunsten der jeweiligen Patienten vorhält.

---

[298] H. M., darunter etwa *Fischer*, StGB, 66. Aufl. 2019, § 218 Rn. 9; LK/StGB-*Kröger*, 12. Aufl. 2007, § 218 Rn. 27; S/S-*Eser/Weißer*, StGB, 30. Aufl. 2019, § 218 Rn. 31; *Lackner/Kühl*, StGB, 29. Aufl. 2018, § 218 Rn. 15.

[299] Das gilt freilich nur insoweit, als die ausländische Rechtslage der deutschen entspricht. Für das deutsche Recht nunmehr deklaratorisch § 630d Abs. 3 BGB. Doch auch im Übrigen wird sich die Tatherrschaft nicht leugnen lassen, da die Patientin sich stets für oder gegen die Durchführung der Behandlung entscheiden kann.

[300] Näheres hierzu unter VII. 2. d) bb) (2) β) im Rahmen der Prüfung der Strafbarkeit des Inlandsarztes bei schwangerschaftserhaltenden Maßnahmen.

Erfolgt die Mitwirkung jedoch im Zusammenhang mit einer Auslandsbehandlung bei der die Durchführung des jeweiligen Verfahrens im Ausland selbst straflos ist, setzen sich die Patienten keinem Strafbarkeitsrisiko aus.

Im Vorfeld einer Auslandsbehandlung kommt eine Inlandsmitwirkung nur dergestalt in Betracht, dass die Patienten die Herausgabe des Keimmaterials verlangen und/oder der Durchführung einer hormonellen Voruntersuchung und/oder einer hormonellen Vorbehandlung durch den Inlandsarzt zustimmen. Dabei handelt es sich um Beihilfe. Gelangt die Tat, also die Durchführung der jeweiligen Behandlungsmethode, im Ausland jedoch nicht in das unter vorausgesetzter Versuchsstrafbarkeit (§ 1 Abs. 4 EschG) nach deutschem Strafrecht maßgebliche Versuchsstadium, so liegt nur eine straflose versuchte Beihilfe vor. Wirken die Patienten hingegen im Ausland mit, indem sie der Durchführung der jeweiligen Behandlungsmethode zustimmen, dann ist zwar eine taugliche Haupttat gegeben, ihr Inlandsbeitrag ist jedoch in entsprechender Anwendung von § 257 Abs. 3 Satz 1 StGB für das Vorbereitungsstadium bloße mitbestrafte Vortat und nicht eigenständig strafrechtlich relevant. Bei der Mitwirkung des Mannes handelt es sich stets um eine straflose notwendige Teilnahme.

Wirken die Patienten im Vorfeld und bei der Behandlungsdurchführung ausschließlich im permissiveren Ausland mit, ist das straflos. Denn die Tat selbst ist im Ausland straflos und deutsches Strafrecht insoweit nicht anwendbar.

Sollte eine Mitwirkung im Nachgang der Behandlung im Inland erfolgen, etwa durch die Aufrechterhaltung der Schwangerschaft, mangelt es bereits an der nach § 257 Abs. 1 StGB tatbestandlich vorausgesetzten Vorteilssicherungsabsicht: Die Erhaltung der Schwangerschaft ist kein tatbestandsmäßiger Vorteil im Sinne von § 257 StGB.

IV. Mitwirkung in Form der Teilnahme (§§ 26, 27 StGB): Die Strafbarkeit des inländischen Arztes

In diesem Teil der Untersuchung geht es nunmehr um die Frage, ob und wenn ja, inwieweit sich ein Arzt durch seine inländische Mitwirkung an bestimmten Kinderwunschbehandlungen im Ausland, die nach dem EschG verboten sind, unter teilnahmerechtlichen Gesichtspunkten strafbar macht.

1. Ausgangspunkt: Die Norm des § 9 Abs. 2 Satz 2 StGB

Nachdem der Nachweis erbracht wurde, dass sowohl die Tat des Auslandsarztes als auch die der Patienten im Ausland straflos ist, spielt die Regelung des § 9 Abs. 2 Satz 2 StGB im Ausgangspunkt eine maßgebliche Rolle.

Diese Vorschrift lautet:

Hat der Teilnehmer an einer Auslandstat im Inland gehandelt, so gilt für die Teilnahme das deutsche Strafrecht, auch wenn die Tat nach dem Recht des Tatorts nicht mit Strafe bedroht ist.

2. Einschränkungsmöglichkeiten

a) Schutzzwecke der einzelnen Tatbestände des ESchG

Die Norm des § 9 Abs. 2 Satz 2 StGB ordnet die Geltung des deutschen Strafrechts auf der Grundlage des in § 3 StGB normierten Territorialitätsprinzips an. Abweichend zu § 9 Abs. 2 Satz 1 StGB knüpft sie dabei jedoch ausschließlich an den Handlungsort des Teilnehmers an.

Jeder Tatbestand beinhaltet jedoch eine durch seine Schutzrichtung vorgegebene tatbestandsimmanente Anwendungsgrenze.[301] Ist die räumliche Reichweite des Straftatbestandes auf das Inland beschränkt, dann liegt kein im Ausland strafrechtlich relevantes Verhalten vor.[302] Damit ist für jeden Straftatbestand gesondert festzustellen, ob er von § 9 Abs. 2 Satz 2 StGB erfasst wird und die Anwendbarkeit des deutschen Strafrechts im Hinblick auf die vom Inland ausgehende Distanzteilnahme auf die Auslandstat erstreckt wird. Denn § 9 Abs. 2 Satz 2 StGB bewirkt nicht, dass die ausländische Haupttat automatisch zur Inlandstat wird.[303] Daran knüpft die Frage nach der Ratio der jeweiligen Strafnorm an und damit die Möglichkeit, § 9 Abs. 2 Satz 2 StGB i.V.m. dem jeweiligen Strafgesetz teleologisch zu reduzieren.

Zur Verdeutlichung ist § 9 Abs. 2 Satz 2 StGB unter Berücksichtigung dieser Ausführungen wie folgt zu lesen:

Hat der Teilnehmer an einer Auslandstat im Inland gehandelt, so gilt für die Teilnahme das deutsche Strafrecht, *wenn dies nach dem jeweils anwendbaren Strafgesetz bezweckt ist*, auch wenn die Tat nach dem Recht des Tatorts nicht mit Strafe bedroht ist.

Schließt man sich der Rechtsauffassung des Amtsgerichts Augsburg in seinem Beschluss vom 19. August 2016[304] an, dann entfällt auch eine Strafbarkeit des Teilnehmers. Denn: Erstreckt sich der Schutzzweck der einzelnen Normen des ESchG – wie vom Amtsgericht Augsburg für den Fall des Verbots der Eizellspende angenommen[305] – lediglich auf inländische Sachverhalte, dann muss konsequenterweise auch eine Strafbarkeit der Haupttat ausscheiden.[306] Wie bereits dargestellt,

---

[301] LK/StGB-*Werle/Jeßberger*, 12. Auflage 2007, Vor § 3 Rn. 271.
[302] *Satzger* Jura 2010, 108 (110).
[303] OLG München FamRZ 2017, 904 (905). Dies betonen *Wasserburg/Meller* in ihrer Zusammenfassung des Urteils in NStZ 2018, 640 (643).
[304] Abgedruckt in medstra 6/2016, 383 ff.
[305] Den Schutz des prospektiven Kindeswohls bezwecken auch das Verbot der Embryospende, der Leihmutterschaft mit Eizell-/Embryospende sowie der post-mortem-Befruchtung, sodass sich das Ergebnis zur Eizellspende entsprechend übertragen lässt.
[306] So AG Augsburg, medstra 2016, 383 Rn. 20 mit Verweis auf SK-StGB/*Hoyer*, 9. Aufl. 2017, § 9 Rn. 13 mwN.

kann die Argumentation des Amtsgerichts Augsburg, insbesondere in ihrer verallgemeinernden Form, nicht überzeugen.[307]

Vielmehr sind alle zu untersuchenden Tatbestände ihrem Schutzzweck nach nicht auf das Inland begrenzt, sondern erfassen auch ausländische Sachverhalte. Eine Einschränkung im Wege einer teleologischen Reduktion unter Berücksichtigung des jeweiligen tatbestandsimmanenten Schutzzweckes scheidet daher richtigerweise aus.

b) Restriktion unter teilnahmerechtlichen Gesichtspunkten

§ 9 Abs. 2 Satz 2 StGB erfordert nach seinem Wortlaut zwingend das Vorliegen einer Teilnahme nach deutschem Recht („gilt für die Teilnahme"), mithin eine Anstiftung nach § 26 StGB oder eine Beihilfe nach § 27 StGB. Es gilt daher zu klären, ob überhaupt eine nach deutschem Recht strafbare Teilnahme vorliegt. Und zwar unabhängig von der jeweiligen Behandlungsmethode. Die Behandlungsmethode muss lediglich die in § 6 der Untersuchung aufgestellten Voraussetzungen erfüllen: Ihre Durchführung ist im Deutschland nach dem ESchG strafbewehrt verboten, im Ausland hingegen nicht.

aa) Tatstadium: Vorbereitung

Im Gegensatz zu einer Beteiligung in Form der Mittäterschaft ist es unschädlich, dass der inländische Arzt im Vorbereitungsstadium mitwirkt. Sofern der Teilnahmebeitrag sich noch in irgendeiner Form im (strafbaren) Versuchsstadium der Auslandshaupttat auswirkt, sind Teilnahmehandlungen im Vorbereitungsstadium ausreichend,[308] solange die Teilnahmehandlung mit dem Willen und dem Bewusstsein geleistet wird, die Haupttat zu fördern.[309]

bb) Teilnahmeform: Anstiftung oder Beihilfe?

Das deutsche Strafrecht kennt zwei Formen der Teilnahme: Die Anstiftung nach § 26 StGB und die Beihilfe nach § 27 StGB.

Die im Folgenden dargestellten Lösungsvorschläge greifen jedoch nicht bei beiden Formen der Teilnahme,[310] sodass es vorab zu prüfen gilt, ob es sich bei den einzelnen Mitwirkungshandlungen um eine Anstiftung oder eine Beihilfe handelt und ggf. welche Unterform der Beihilfe gegeben ist.

Während als Anstifter bestraft wird, wer vorsätzlich einen anderen zu dessen vorsätzlich begangener rechtswidriger Tat bestimmt hat, macht sich wegen Beihilfe

---

[307] Dazu D. III. 1. a) aa) (2).
[308] BGH wistra 2018, 342 (343 Rz. 14, 20); *Kühl*, Strafrecht AT, 8. Aufl. 2017, § 20 Rn. 217; *Roxin*, Strafrecht AT II, 2003, § 26 Rn. 215.
[309] BGH wistra 2018, 342 (343 Rz. 20).
[310] So gibt es etwa kein „berufstypisches Bestimmen".

strafbar, wer vorsätzlich einem anderen zu dessen vorsätzlich begangener rechtswidriger Tat Hilfe geleistet hat. Im Wesentlichen unterscheiden sich die beiden Formen der Teilnahme damit in der Form der Teilnahmehandlung. Während der Anstifter den Tatentschluss beim Haupttäter hervorruft, liegt der Strafgrund der Beihilfe in der Förderung der Haupttat, sei es in Form einer physischen oder psychischen Unterstützungshandlung. Für eine korrekte Zuordnung ist erneut ein Blick auf die bereits dargestellten Mitwirkungsformen zu werfen: Die Informationserteilung über die medizinischen und/oder rechtlichen Grundlagen der Behandlung, die Bestärkung in dem Entschluss zur Durchführung einer Auslandsbehandlung, die Vermittlungstätigkeit, die Herausgabe von Keimmaterial, die Durchführung hormoneller Voruntersuchungen sowie die Vornahme hormoneller Vorbehandlungen.

Die Tathandlung des Anstifters ist das *Bestimmen* eines anderen zu dessen Tatbegehung. Ein Bestimmen bezeichnet zumindest das (Mit-)Verursachen eines Tatentschlusses beim Gegenüber,[311] in der vorliegenden Untersuchung die Erzeugung des Entschlusses bei den Patienten, sich in das Ausland zu begeben und dort einer Durchführung der ESchG-widrigen Behandlung zuzustimmen.

Unproblematisch ist zum einen die Qualifizierung der bloßen Informationsgabe. Anders als für ein „Bestimmen" i. S. d. § 26 StGB mindestens erforderlich, verfügt die Informationserteilung über einen rein informatorischen Charakter ohne motivatorisches Element und kann damit jedenfalls nicht als Anstiftung eingestuft werden. Zum anderen ist die rechtliche Qualifizierung einer Vermittlungstätigkeit, der Herausgabe von Keimmaterial sowie der Durchführung von Voruntersuchungen und Vorbehandlungen unproblematisch. Die Vermittlungstätigkeit zielt letztlich auf den Kontaktschluss zwischen Patienten und Auslandsarzt ab, die Aufforderung ist allenfalls Nebenzweck. Sie ist daher als physische Beihilfe (Anruf, Zettel mit Kontaktdaten etc.) zu qualifizieren. Bei Voruntersuchung und Vorbehandlung steht im Vordergrund, die Behandlungszeit im Ausland möglichst zu verkürzen, etwa durch die Synchronisation der Zyklen von Eizellspenderin und Eizellempfängerin. Die Herausgabe von Keimmaterial dient hingegen deren Nutzung für die Durchführung der Behandlungsmethode. Diese Verfahren sind maßgeblich durch ihren Unterstützungscharakter gekennzeichnet, nicht jedoch durch einen – allenfalls als Nebeneffekt in Erscheinung tretenden – Aufforderungscharakter. Vielmehr handelt es sich bei Voruntersuchung und Vorbehandlung ebenfalls um eine Form der physischen Beihilfe.

Schwieriger hingegen ist die Frage zu beantworten, welcher Teilnahmeform die übrigen Mitwirkungsarten zuzuordnen sind: Die Bestärkung des Entschlusses, im Ausland die ESchG-widrige Behandlung durchführen zu lassen, insbesondere die Erteilung von Handlungsempfehlungen. Dass auch diese Form der Mitwirkung lediglich als (psychische) Beihilfe zu qualifizieren ist,[312] ergibt sich aus folgender

---

[311] *Lackner/Kühl*, StGB, 29. Aufl. 2018, § 26 Rn. 2.
[312] Anderer Ansicht *Conte* Der Gynäkologe 2013, 841 (842), der jedoch ohne nähere Begründung und ohne Erwägung einer bloßen psychischen Beihilfe von einer (Ketten-)Anstiftung ausgeht. Er unterstellt, dass die Mitwirkung der Patienten im Ausland lediglich als Anstiftung, nicht hingegen als Mittäterschaft zu qualifizieren sei.

Überlegung: Eine (vollendete) Anstiftung[313] ist nicht mehr möglich, wenn der Gegenüber bereits hinreichend zur konkreten Tat entschlossen ist (sog. *omnimodo facturus*).[314] Anders verhält es sich, wenn der Anzustiftende noch schwankt.[315] In der Praxis wird sich zumeist nicht feststellen lassen, ob die Patienten bereits fest dazu entschlossen waren, eine bestimmte Behandlungsmethode im Ausland an sich durchführen zu lassen oder noch schwanken, sodass im Zweifel von der schwächeren Teilnahmeform, der Beihilfe, auszugehen ist. Denn nach dem Grundsatz *in dubio pro reo* (in entsprechender Anwendung) kann nur wegen der minder schweren Beteiligungsform verurteilt werden, wenn sich nicht klären lässt, ob ein Beteiligter als Anstifter oder Gehilfe mitgewirkt hat, gleichwohl aber erwiesen ist, dass zumindest die Voraussetzungen der minder schweren Beteiligungsform (hier: Beihilfe) erfüllt sind.[316] Darüber hinaus nimmt die Rechtsprechung im Falle der Erteilung von Rechtsrat regelmäßig nur eine Beihilfe an, um letztlich eine unrechtsadäquate Einstufung zu gewährleisten.[317] Schließlich würde sich ein Wertungswiderspruch zur rechtlichen Einordnung der Vorbehandlung ergeben: Während die Vorbehandlung lediglich eine (physische) Beihilfe ist, obgleich sie den Taterfolg, die Durchführung der ESchG-widrigen Behandlung im Ausland weitergehend fördert, kann die Bestärkung im Handlungsentschluss der Patienten, die im Umfang die Haupttat im Ausland in weit geringerem Umfang fördert, nicht härter bestraft werden (Stichwort: Schuldprinzip).

Damit lässt sich festhalten, dass sämtliche Mitwirkungsformen des Inlandsarztes allenfalls als denkbare Beihilfe gem. § 27 Abs. 1 StGB zu qualifizieren sind. Eine Anstiftung gem. § 26 StGB scheidet aus.

Im Weiteren gilt es nun zu prüfen, ob die inländische Mitwirkung tatsächlich rechtlich als Beihilfe einzuordnen ist. Dazu werden mögliche Restriktionsansätze betrachtet.

cc) Restriktionsansätze

(1) „Berufstypische Handlung" im Rahmen des § 27 StGB

Nach § 27 Abs. 1 StGB macht sich als Gehilfe strafbar, wer vorsätzlich einem anderen zu dessen vorsätzlich begangener rechtswidriger Tat Hilfe geleistet hat. Der Anknüpfungspunkt einer Strafbarkeit des Gehilfen knüpft unter anderem an dessen

---

[313] Eine versuchte Anstiftung ist nur unter der Voraussetzung strafbar, dass es sich bei der Haupttat um ein Verbrechen handelt (§ 30 Abs. 1 StGB). Die zu untersuchenden Tatbestände des ESchG sind jedoch ausnahmslos bloße Vergehen, sodass eine Strafbarkeit wegen versuchter Anstiftung ausscheidet.

[314] *Lackner/Kühl*, StGB, 29. Aufl. 2018, § 26 Rn. 2a. *Conte*, der die Patientin bei einer Eizellspende im Ausland als Anstifterin sieht, erörtert diesen Gesichtspunkt beim Auslandsarzt, in Der Gynäkologe 2013, 841 (842).

[315] *Dallinger* MDR 1972, 569.

[316] *W/B/S*, Strafrecht AT, 48. Aufl. 2018, § 16 Rn. 925.

[317] *Fischer*, StGB, 66. Aufl. 2019, § 26 Rn. 6 mwN.

Handlung, das *Hilfeleisten*, an. Bei diesem Merkmal stellt sich die Frage, ob bei sog. berufstypischen Handlungen eine einschränkende Auslegung angezeigt ist.

Daher ist für die konkreten Fälle der Mitwirkung des Inlandsarztes zu untersuchen, ob es sich um eine berufstypische[318] Verhaltensweise handelt und falls ja, wie diese rechtlich einzuordnen ist.[319]

α) Begriffsklärung

Berufstypische Verhaltensweisen sind solche, die ein bestimmtes Berufsbild prägen; es handelt sich um besondere Fälle „neutraler" Handlungen, also solche, denen nach dem äußeren Anschein kein deliktischer Gehalt zugeordnet werden kann. Dies umfasst bei der Mitwirkung des Inlandsarztes alle Handlungen, die im sachlichen Zusammenhang mit seiner ärztlichen Tätigkeit stehen, also von der bloßen Hinweiserteilung über die medizinischen und/oder rechtlichen Grundlagen der Verfahren bis hin zur Durchführung hormoneller Vorbehandlungen.

β) Lösungsansätze

Zu der Frage, ob und wenn ja, unter welchen Voraussetzungen eine Einschränkung des Beihilfetatbestandes unter dem Gesichtspunkt „berufstypischer Handlungen" in Betracht kommt, werden zahlreiche Auffassungen vertreten. Grob lassen sich hierbei drei Richtungen ausmachen: Manche sind der Ansicht, berufstypische Handlungen seien aus dem Anwendungsbereich des § 27 StGB generell auszunehmen (unter αα)). Teilweise wird eine berufstypische Handlung ausnahmslos für strafbar befunden (dazu ββ)), überwiegend jedoch wird sie unter bestimmten Voraussetzungen im Wege einer teleologischen Reduktion von § 27 Abs. 1 StGB als straflos behandelt (unter γγ)).

αα) Generelle Straflosigkeit

Einige wenige Stimmen in der Lehre postulieren, beruflich bedingte Mitwirkungshandlungen seien generell straflos.[320] Nach dieser Auffassung wäre das Verhalten des Inlandsarztes im Vorfeld der Durchführung einer nach dem ESchG verbotenen Kinderwunschbehandlung im Ausland stets straflos. Das Vorliegen einer berufstypischen Handlung genügt für sich genommen jedoch nicht, um eine tatbestandliche Restriktion des § 27 StGB zu bewirken.[321] Denn § 27 Abs. 1 StGB enthält seinem

---

[318] Regelmäßig handelt es sich um Verhaltensweisen im Rahmen der Berufsausübung, so *Bechtel* Jura 2016, 865.

[319] Dazu nur *Magnus* NStZ 2015, 57 (58 ff.). Unklar *Conte* Der Gynäkologe 2013, 841: „(…) an sich in Deutschland erlaubte hormonelle Stimulation zur Vorbereitung der Eizellspendenbehandlung (….)." Vermutlich meint er die Eigeneizellspende.

[320] So etwa *Harzer/Vogt* StraFO 2000, 39 ff.; *Schild* in NK/StGB, Bd. 1, 5. Aufl. 2017, § 27 Rn. 11, *Schild* spricht von „wirklichen berufstypischen Verhaltensweisen", wobei unklar bleibt, wann eine berufstypische Handlung „wirklich" vorliegen soll.

[321] BGH NStZ 2017, 337. Konkret zu berufstypischen Handlungen im Bezug auf Auslandsbehandlungen OLG Oldenburg, JA 2013, 791: „Eine ordnungsgemäße Beratung (…) und eine gleichwohl erfolgte Beihilfe (…) schließen sich nicht aus."

Wortlaut nach keine entsprechende Einschränkung und nahezu jede Handlung kann in einen strafbaren Kontext gestellt werden.[322] Vielmehr bedarf es eines Hinzutretens weiterer Umstände, um eine Straflosigkeit im konkreten Einzelfall zu rechtfertigen.[323]

ββ) Extensive Beihilfetheorie

Zum Teil wird vertreten, die Fälle „berufstypischer" Verhaltensweisen seien ausnahmslos unter den Begriff des Hilfeleistens in § 27 Abs. 1 StGB zu fassen. Die vermeintlich neutralen Handlungen seien Förderungsbeiträge, die ohne Berücksichtigung ihrer Eigenart allein an § 27 StGB zu beurteilen seien.

Nach dieser Ansicht macht sich der Inlandsarzt durch seine Mitwirkung grundsätzlich wegen Beihilfe strafbar, unabhängig davon, welche Gestalt diese annimmt.

γγ) Restriktion

Die herrschende Meinung geht davon aus, dass bestimmte „berufstypische" Verhaltensweisen nicht dem Tatbestand des § 27 Abs. 1 StGB unterfallen. Unter welchen Voraussetzungen strafloses Alltagsverhalten zu strafwürdigem Beihilfeunrecht wird, ist jedoch umstritten[324]:

Fehlender objektiver Tatbestand
Einige wollen die Abgrenzung anhand rein objektiver Kriterien durchführen. Innerhalb dieser Auffassung gibt es wiederum Vertreter, die einen Ausschluss im Wege der professionellen Adäquanz/Sozialadäquanz[325] erzielen wollen und solche, die eine Strafbarkeit wegen mangelnder objektiver Zurechenbarkeit[326] verneinen.[327] Eine Einschränkung nach Maßgabe objektiver Gesichtspunkte soll jedenfalls durchführbar sein, wenn die fragliche Handlung überall erlangt werden kann und die Person desjenigen, der Hilfe leistet damit austauschbar ist.[328]

Nach dieser Auffassung scheitert eine Restriktion bei der Mitwirkung des Inlandsarztes bereits daran, dass er als Reproduktionsmediziner und damit als Arzt keine beliebig austauschbare Person ist. Vielmehr weist der Mitwirkende durch seine Qualifikation als Arzt gem. § 3 Abs. 1 Nr. 5 MBO-Ä eine besondere Fachkunde auf.

---

[322] BGH NStZ 2017, 337; BGH wistra 2018, 342 (343 Rz. 16).
[323] BGH HFR 1985, 429.
[324] Umfassende Darstellungen bei *Joecks* in MüKo/StGB, Bd. 1, 3. Aufl. 2017, § 27 Rn. 62 ff. sowie *Lackner/Kühl*, StGB, 29. Aufl. 2018, § 27 Rn. 2a.
[325] *Maiwald* ZStW 93 (1981), 885 (890); *Murmann* JuS 1999, 548 (552); *Barton* StV 1993, 156 (162 f.); *Behr* wistra 1999, 245 (247); *Gallandi* wistra 1989, 125; *Kniffka* wistra 1987, 309 (310); *Volk* BB 1987, 140 (141 ff.).
[326] Etwa *Freund*, Strafrecht AT, 2008, § 10 Rn. 138; *Jakobs*, Strafrecht AT, 2011, Kap. 24 Rn. 15 ff.; *Kretschmer* Jura 2008, 265 (271); *Lackner/Kühl*, StGB, 29. Aufl. 2018, § 27 Rn. 2a; *Rabe von Kühlewein* JZ 2002, 1139 (1143); *Ransiek* wistra 1997, 41 (43 ff.).
[327] Im Ergebnis bedienen sich alle Ansätze des Kriteriums der (fehlenden) objektiven Zurechenbarkeit, so *Rengier*, Strafrecht AT, 10. Aufl. 2018, § 45 Rn. 105.
[328] *Bechtel* Jura 2016, 865 (867) mit Verweis auf *Jakobs* ZStW 89 (1977), 1 (20).

Defizit im subjektiven Tatbestand
Andere hingegen ziehen zur Abgrenzung ausschließlich subjektive Kriterien heran, um eine Einschränkung der tatbestandlichen Reichweite des § 27 Abs. 1 StGB zu erzielen.

Innerhalb dieser Auffassung ist jedoch wiederum umstritten, wie diese subjektiven Kriterien ausgestaltet sein müssen.

Zum Teil wird darauf abgestellt, dass der Gehilfe die Tat nicht fördern wolle, teilweise, dass der deliktische Sinnbezug fehle, teils wird sogar – vergleichbar der Auslegung des Begriffes „Bestimmen" im Rahmen von § 26 StGB ein Unrechtspakt zwischen Gehilfen und Haupttäter verlangt.[329]

Grundsätzlich genüge zwar bedingter Vorsatz hinsichtlich der vorsätzlichen, rechtswidrigen Haupttat und des eigenen Beitrages, da § 27 Abs. 1 StGB dem Wortlaut nach nicht auf bestimmte Vorsatzformen beschränkt sei.[330] Bei alltäglichen sowie berufstypischen Verhaltensweisen sei bedingter Vorsatz jedoch nicht mehr ausreichend. Vielmehr müsse der Mitwirkende direkten Vorsatz ersten oder zweiten Grades aufweisen.[331]

Der Inlandsarzt weiß jedoch um die Verwendung seines Beitrages durch die Patienten. Diese sind in der Regel medizinische Laien und werden ihm gegenüber die Situation darlegen sowie offenbaren, dass sie in Erwägung ziehen, wenn nicht sogar planen, eine ESchG-widrige Kinderwunschbehandlung im Ausland an sich durchführen zu lassen.[332]

Anders verhält es sich lediglich, wenn die Patienten den Inlandsarzt über ihre Pläne einer Auslandsbehandlung im Ungewissen lassen und ihm vorspiegeln, sie würden lediglich eine IVF-Therapie mit Embryotransfer durchführen lassen wollen.[333] In diesem Fall würde es dann tatsächlich darauf ankommen, ob der Inlandsarzt die Tatgeneigtheit erkennt.[334] Falls nicht, handelt er unvorsätzlich und es liegt keine Beihilfe vor. Die Konstellation einer solchen Täuschung durch medizinische Laien erscheint jedoch lebensfremd.

Kombination aus subjektiven und objektiven Kriterien
Demgegenüber stellt die herrschende Meinung, der sich insbesondere der Bundesgerichtshof in seiner ständigen Rechtsprechung[335] anschließt, neben objektiven

---

[329] Zu Letzterem *Heghmanns* GA 2000, 473 (479 ff.).
[330] S/S-*Heine/Weißer*, StGB, 30. Aufl. 2019, § 27 Rn. 29; *Rengier*, Strafrecht AT, 10. Aufl. 2018, § 45 Rn. 114.
[331] *Otto* JZ 2001, 436 (443 f.).
[332] Das KG Berlin spricht in seinem Urteil zurückhaltender von einer naheliegenden Kenntnis, in GRUR-RS 2014, 15250, Rn. 63.
[333] Dazu *Magnus* NStZ 2015, 57 (59).
[334] Und billigend in Kauf nimmt, dass er eine Unterstützungshandlung zu einer EschG-widrigen Behandlungsform leistet, so auch *Conte* Der Gynäkologe 2013, 841 (843) zur Mitwirkung an einer Eizellspende.
[335] Jüngst etwa BGH NStZ 2017, 337 ff. sowie BGH NStZ 2017, 461 ff. In letzterer Entscheidung spricht der erste Strafsenat gar von „Grundsätzen", BGH NStZ 2017, 461.

auch auf subjektive Kriterien ab, wobei der Schwerpunkt auf dem subjektiven Element liegt. Dieser Ansatz geht auf *Roxin* zurück.[336]

In subjektiver Hinsicht greift die Rechtsprechung das Kriterium des Vorsatzerfordernisses auf. Dabei differenziert sie im Wesentlichen nach den Vorsatzformen, und zwar wie folgt:

Weist der Gehilfe *direkten Vorsatz* auf, weiß er also, dass der Haupttäter seinen Gehilfenbeitrag für eine Straftat nutzen wird, dann handele es sich um strafbares Verhalten. In einem solchen Fall verlöre das Tun des Gehilfen stets seinen „Alltagscharakter", sei als „Solidarisierung" mit dem Täter zu deuten und nicht mehr als sozialadäquat anzusehen.[337] Eine Ausnahme sei allenfalls zu machen, wenn der Handlung „jeglicher deliktischer Sinnbezug" fehlt.

Weiß der Gehilfe hingegen nicht, wie der von ihm geleistete Beitrag vom Haupttäter verwendet wird, hält er es lediglich für möglich, dass sein Tun zur Begehung einer Straftat genutzt wird und agiert somit mit *bedingtem Vorsatz*, dann nimmt die Rechtsprechung eine grundsätzliche Straflosigkeit an; eine Ausnahme macht sie jedoch für den Fall, dass das vom Gehilfen erkannte Risiko strafbaren Verhaltens des von ihm Unterstützten so hoch war, dass der Beitrag gegenüber einem „erkennbar Tatgeneigten" erbracht wird.[338]

Genau diese „Tatgeneigtheit" bzw. der „deliktische Sinnbezug" sind objektive Komponenten.[339] Sie sind von der Vorstellung des Täters abtrennbar. Im Hinblick auf den Grad der Tatgeneigtheit hat der Bundesgerichtshof neuerlich eine „hohe Wahrscheinlichkeit für eine Tatbegehung" gefordert.[340]

Mit *Kudlich* kann festgehalten werden: Eine Privilegierung „berufsbedingten" Verhaltens kommt nur insoweit in Betracht, als der Berufsträger bei seiner Unterstützungshandlung sein Verhalten nicht mehr als üblich und als auch „nichtdeliktisch erklärbar" den Plänen des Kunden (hier: des/der Patienten) anpasst.[341]

Auch unter Zugrundelegung dieser Maßstäbe ist das Verhalten des Inlandsarztes strafbar. Die Patienten sind in der Regel medizinische Laien, die dem inländischen Arzt im Rahmen der Vorbereitung einer möglichen Auslandsbehandlung ihre Pläne offenlegen, insbesondere wenn es sich um eine hormonelle Vorbehandlung handelt. Der inländische Arzt hat für gewöhnlich Kenntnis von den konkreten Plänen der Patienten. Sollte er es bereits nicht für möglich halten, dass die Patienten die Durchführung einer ESchG-widrigen Behandlung beabsichtigen, so mangelt es am erforderlichen Vorsatz hinsichtlich einer tauglichen Haupttat und er bleibt straflos.

---

[336] *Roxin*, Strafrecht AT II, 2003, § 26 Rn. 221, 241.
[337] BGH NStZ 2017, 337 (338).
[338] *Roxin*, Strafrecht AT II, 2003, § 26 Rn. 221, 241. Maßgebliche Entscheidungen: BGH NStZ 2000, 34; BGH NJW 2000, 3010; BGH NStZ 2001, 364. Sinngemäß BGH NStZ 2017, 337 (338 f.) (zur Risikoeinschätzung) mwN. Aufgegriffen in BGH NStZ 2017, 461 (462).
[339] *Bechtel* Jura 2016, 865 (869).
[340] BGH wistra 2015, 176 (179), kritisch dazu *Greco* wistra 2015, 1 (7).
[341] *Kudlich* in BeckOK/StGB (1. Februar 2019), § 27 Rn. 16.

Ausschluss der Rechtswidrigkeit
Nach einer weiteren Auffassung soll eine Korrektur nicht bereits auf der Ebene der Tatbestandsmäßigkeit, sondern erst im Rahmen der Rechtswidrigkeit erfolgen.[342] Unter bestimmten Voraussetzungen sei das Verhalten ausnahmsweise nicht rechtswidrig. Geschaffen wird damit ein besonderer, gesetzlich nicht geregelter Rechtfertigungsgrund. Nach *Mallison* soll dieser aus dem Rechtsstaatsprinzip (Art. 20 Abs. 3 GG) i. V. m. Art. 2 Abs. 1 GG abgeleitete Rechtfertigungsgrund den Täter jedoch nur bei einer reinen Rechtsauskunft von einer strafrechtlichen Verantwortlichkeit freizeichnen können. Im Übrigen, und das betrifft insbesondere die Fälle der Mitwirkungsformen mit motivatorischem Charakter und erst recht die Mitwirkung in Gestalt einer physischen Unterstützung, greift ein solcher eigens geschaffener Rechtfertigungsgrund jedoch nicht.[343]

Müller geht sogar noch weiter und will denjenigen, der seine berufliche Stellung und das damit verbundene Verhalten bewusst zu deliktischen Zwecken gebraucht, aus der Privilegierung ausnehmen.[344] D. h. für die Fälle, dass der Arzt um die deliktischen Pläne der Patienten weiß, soll kein Rechtfertigungsgrund greifen.

δδ) Zwischenergebnis
Man kann an dieser Stelle drei Dinge konstatieren:

Allenfalls der Ansatz, der „berufstypische" Verhaltensweisen stets aus dem Anwendungsbereich des § 27 StGB ausnehmen will, gelangt zu einer Straflosigkeit des Inlandsarztes unter dem Gesichtspunkt einer möglichen Beihilfestrafbarkeit. Allerdings ignoriert diese Auffassung aufgrund ihres mangelnden Differenzierungsgrades strafwürdiges Verhalten und führt letztlich zu einer ungerechtfertigten Privilegierung bestimmter Lebensbereiche.[345] Aus diesem Grund ist der Ansatz abzulehnen. Auch „berufstypische" Verhaltensweisen sind grundsätzlich strafbar.

Unter Zugrundelegung der Maßstäbe der ständigen höchstrichterlichen Rechtsprechung besteht bei den vorliegenden Konstellationen kein Anlass für eine teleologische Reduktion des Begriffs des *Hilfeleistens* i. S. d. § 27 Abs. 1 StGB. Der Inlandsarzt verfügt regelmäßig über sichere Kenntnis von den konkreten deliktischen Plänen der Patienten. Sie vertrauen sich ihm gerade an.

Die bloße allgemeine Rechtsauskunft mag straflos sein, wobei auch das bei entsprechendem Wissen des Inlandsarztes um die deliktischen Pläne an dieser Stelle in Abrede gestellt werden kann.

---

[342] *Amelung* FS Grünwald, 1999, 9 (27,30); *Mallison*, Rechtsauskunft als strafbare Teilnahme, 1979, S. 134; *Müller, K.* FS Schreiber, 2003, 343 (357).
[343] *Mallison*, Rechtsauskunft als strafbare Teilnahme, 1979, S. 134.
[344] *Müller, K.* FS Schreiber, 2003, 343 (357 f.).
[345] S/S-*Heine/Weißer*, StGB, 30. Aufl. 2019, § 27 Rn. 12.

E. Strafbarkeit des inländischen Arztes nach dem EschG

(2) Erstreckung der persönlichen Strafausschließungsgründe auf den inländischen Arzt

Ein denkbarer Lösungsweg ist es, die Straflosigkeit des Verhaltens des Inlandsarztes in den Fällen der Fremdeizellspende/Embryoentnahme sowie der Leihmutterschaft mit Embryospende über eine Anwendung des § 1 Abs. 3 EschG (Ersteres Nr. 1, Letzteres Nr. 2) und im Falle der post-mortem-Befruchtung gem. § 4 Abs. 2 EschG zu begründen.

Nach § 1 Abs. 3 EschG gilt:

Nicht bestraft werden

1. *in den Fällen des [§ 1] Absatzes 1 Nr. 1, 2 und 6 die Frau, von der die Eizelle oder der Embryo stammt, sowie die Frau, auf die die Eizelle übertragen wird oder der Embryo übertragen werden soll und*
2. *in den Fällen des [§ 1] Absatzes 1 Nr. 7 die Ersatzmutter sowie die Person, die das Kind auf Dauer bei sich aufnehmen will.*

Nach § 4 Abs. 2 EschG gilt ferner:

Nicht bestraft wird im Fall des [§ 4] Absatz 1 Nr. 3 die Frau, bei der die künstliche Befruchtung vorgenommen wird.

Neben einer direkten Anwendung dieser Vorschriften (unter α)) kommen eine Einzel- sowie eine Gesamtanalogie (unter β)) in Betracht.

α) Direkte Anwendung

Eine direkte Anwendbarkeit dieser persönlichen Strafausschließungsgründe zugunsten des Inlandsarztes scheitert an § 28 Abs. 2 StGB. Hiernach gilt:

Bestimmt das Gesetz, daß besondere persönliche Merkmale die Strafe (...) ausschließen, so gilt das nur für den Beteiligten (Täter oder Teilnehmer), bei dem sie vorliegen.

Entscheidend kommt es auf die persönlichen Eigenschaften an, die in §§ 1 Abs. 3 Nrn. 1 und 2 sowie § 4 Abs. 2 EschG vorausgesetzt werden. Diese erfüllt der Inlandsarzt als Behandelnder nicht. Eine Ausdehnung über die Personen, zugunsten derer die Strafausschließungsgründe greifen, hinaus auf den Arzt kommt wegen § 28 Abs. 2 StGB nicht in Betracht.[346]

β) Entsprechende Anwendung

Einem Analogieschluss (Einzel- oder Gesamtanalogie) steht zwar nicht entgegen, dass im Strafrecht nach Art. 103 Abs. 2 GG das Analogieverbot gilt. Denn es findet nur hinsichtlich strafbegründender und strafausdehnender Merkmale Anwendung, nicht jedoch bezüglich solcher Merkmale, die zugunsten des Täters wirken, wie etwa persönliche Strafausschließungsgründe.[347] Allerdings bedarf es für einen Analogieschluss einer planwidrigen Regelungslücke. Der Gesetzgeber wollte aber

---

[346] Im Ergebnis so auch *Taupitz* in G/T/K (Hrsg.), EschG, 2. Aufl. 2014, C. II. § 1 Abs. 3 Rn. 1.
[347] LPK-StGB/*Kindhäuser*, 7. Aufl. 2017, § 1 Rn. 6.

gerade Ärzte bestrafen, wenn sie neue Techniken der Fortpflanzungsmedizin anwenden, da für diese Berufsgruppen die nachteiligen Konsequenzen eines Missbrauchs der Methoden vorhersehbar sind.[348] Ferner würde die Annahme einer Analogie insoweit zu einer Umgehung von § 28 Abs. 2 StGB führen. Daher verbietet sich auch eine entsprechende Anwendung der §§ 1 Abs. 3, 4 Abs. 2 EschG, sei es in Form einer Einzel- oder einer Gesamtanalogie.

(3) Allgemeine Verfügbarkeit von Informationen

Darüber hinaus ist zu beachten, dass viele Informationen, die der Inlandsarzt den Patienten erteilt, auch über allgemein zugängliche Quellen, etwa das Internet, erlangt werden können. Dieser Umstand könnte dazu führen, dass die Informationserteilung oder etwa die Entschlussbestärkung durch den Inlandsarzt nicht mehr ursächlich für die Entschlussfassung der Patienten ist, die nach dem EschG verbotene Kinderwunschbehandlung im Ausland an sich durchführen zu lassen.[349] Eine irgendwie geartete Mitursächlichkeit ist jedoch notwendige Voraussetzung einer tauglichen Beihilfehandlung.[350] Für die Kausalität der Beihilfe genügt bereits, wenn die Tathandlung des Haupttäters oder der durch ihn herbeigeführte Erfolgseintritt tatsächlich zumindest erleichtert oder gefördert wird.[351]

Das kann jedoch vor dem Hintergrund nicht überzeugen, dass die Informationen durch den Inlandsarzt im Rahmen eines besonderen Vertrauensverhältnisses (deklaratorisch normiert in § 630c Abs. 1 BGB),[352] sei es eines ärztlichen Informations- oder Aufklärungsgespräches, erteilt werden. Das Vertrauen, das dem Arzt als medizinisch fachkundiger Person von Patientenseite entgegengebracht wird, ist um ein Vielfaches größer als das gegenüber anonymen Personen, die etwa im Internet Informationen verbreiten. Das gilt vor allem bei Fragen zur Fortpflanzungsmedizin, welche die Intimsphäre der betroffenen Paare in besonderem Maße berühren. Zumeist sind solche Patienten aufgrund ihrer verzweifelten Lage dem Arzt hörig.[353] Jedenfalls eine weitergehende, bereits ausreichende (Mit-)Ursächlichkeit kann der ärztlichen Informationserteilung nicht abgesprochen werden.[354]

---

[348] *Taupitz* in G/T/K (Hrsg.), ESchG, 2. Aufl. 2014, C. II. § 1 Abs. 3 Rn. 2.
[349] So etwa S/S-*Eser/Weißer*, StGB, 30. Aufl. 2019, § 218 Rn. 53 zum Schwangerschaftsabbruch im Ausland.
[350] Einen Überblick hierzu gibt *Fischer*, StGB, 66. Aufl. 2019, § 27 Rn. 14 ff.
[351] *Fischer*, StGB, 66. Aufl. 2019, § 27 Rn. 14.
[352] *Wenzel* in Wenzel (Hrsg.), Patientenrechtegesetz, 2017, Rn. 409. § 630c Abs. 1 BGB lautet: „Behandelnder und Patient sollen zur Durchführung der Behandlung zusammenwirken."
[353] So *Conte* Der Gynäkologe 2013, 841 (843).
[354] Zur parallelen Thematik des Schwangerschaftsabbruchs im Ausland ebenso OLG Oldenburg JA 2013, 791, wobei der Arzt in dem zugrundeliegenden Fall einen Zettel mit der Anschrift einer niederländischen Abtreibungsklinik an die Patientin ausgehändigt hat.

(4) „Alles- oder Nichts-Lösung": Täterschaft oder rechtliches Nullum

Um § 9 Abs. 2 Satz 2 StGB zu entschärfen, ist zu erwägen, ob nicht jede Form der Teilnahme entweder einer Form der Täterschaft zuzuordnen ist oder ein rechtliches Nullum darstellt.[355] Das heißt: Entweder die Mitwirkung überschreitet die Grenzen zur Strafwürdigkeit und damit zur Täterschaft oder sie ist straflos.

Eine solche Lösung ist allerdings nicht tragfähig. Wie *Magnus* hierzu bereits richtig angemerkt hat, würden so die oft schwierigen Abgrenzungsprobleme zwischen Täterschaft und Teilnahme, vornehmlich solche zwischen bloßer Beihilfe und Mittäterschaft, bei Sachverhalten mit Auslandsbezug erhebliche Probleme mit sich bringen.[356] Überdies würde das vom Gesetzgeber entwickelte und in seiner Ausprägung für das Strafrecht charakteristische, ausdifferenzierte dualistische Beteiligtensystem ausgehebelt. Schließlich verlöre § 9 Abs. 2 Satz 2 StGB seinen tatbestandlichen Anwendungsbereich, denn entweder es liegt eine Täterschaft vor, sodass gemäß § 9 Abs. 1 Fall 1 StGB i. V. m. § 3 StGB das deutsche Strafrecht über den Gebietsgrundsatz Anwendung fände, oder es besteht ein rechtliches Nullum und das deutsche Strafrecht wäre schon nicht anwendbar.

(5) Verfassungskonforme Auslegung von § 27 Abs. 1 StGB nach Maßgabe von Art. 6 Abs. 1 GG

Denkbar ist eine verfassungskonforme Auslegung des § 27 Abs. 1 StGB unter Berücksichtigung des Grundrechts von Ehe und Familie (Art. 6 Abs. 1 GG). Das Gebot verfassungskonformer Auslegung gilt es gerade auch im Strafrecht zu beachten.[357] Eine verfassungskonforme Auslegung bezeichnet eine Auslegung einer Eingriffsnorm des einfachen Rechts nach Maßgabe der Verfassung, sodass der Kollisionsfall zugunsten der in der Normhierarchie übergeordneten Verfassungsnorm gelöst wird. Damit ist derjenigen Deutung der Vorzug zu geben, „die mit den Prinzipien des Grundgesetzes am besten übereinstimmt".[358]

Nach Art. 6 Abs. 1 GG stehen Ehe und Familie unter dem besonderen Schutz der staatlichen Ordnung. Das Grundrecht beinhaltet neben einem subjektiven Abwehrrecht eine Institutsgarantie und die hierbei einschlägige Begründung einer verbindlichen objektiven Werteordnung.[359] Daher kann die Frage aufgeworfen werden, ob die ärztliche Mitwirkung durch einen Arzt, der Ehepartner oder Familienangehöriger ist, aufgrund Art. 6 Abs. 1 GG im Wege einer verfassungskonformen Auslegung

---

[355] Ähnlich *Miller/Rackow* ZStW 117 (2005), 379 (394) unter Verweis auf *Ambos/Ruegenberg* in MüKo/StGB, Bd. 1, 3. Aufl. 2017, § 9 Rn. 41: „Ratio legis des § 9 Abs. 2 Satz 2 StGB ist der Gedanke, dass ohne eine derartige Regelung die Strafbarkeit des im Inland Handelnden, der sich an einem im Ausland nicht strafbaren Verhalten beteiligt, welche nach dem deutschem Recht strafbar ist, allein von der vielfach mit Unsicherheiten behafteten Abgrenzung der Teilnahme von der Mittäterschaft und mittelbaren Täterschaft abhinge."

[356] *Magnus* NStZ 2015, 57 (63).

[357] *Lüdemann* JuS 2004, 27 (28).

[358] *Lüdemann* JuS 2004, 27 (28).

[359] Zu den Schutzdimensionen BVerfGE 24, 135; BVerfGE 62, 329; BVerfGE 105, 342.

des § 27 Abs. 1 StGB von der Strafbarkeit ausgenommen werden kann. Anerkannt ist, dass sich familiärer Rat oder Zuspruch mit Rücksicht auf die in Art. 6 Abs. 1 GG geschützte familiäre Privatsphäre nicht als Beteiligung i. S. d. § 28 Abs. 2 StGB qualifizieren lässt.[360]

Eine Ausdehnung dieses Grundsatzes auf die ärztliche Mitwirkung verbietet sich aber aus verschiedenen Gründen. Zum einen geht es nicht nur um eine Mitwirkung in Form von Zureden oder Anraten, sondern darüber hinaus auch um die Durchführung von Vorbehandlungen. Zum anderen sind selbst Empfehlungen und Ratschläge durch den Arzt, auch wenn er zur Familiengemeinschaft gehört, nur im geringen Umfang der Privatsphäre, überwiegend jedoch der beruflichen Sphäre zuzuordnen. Es handelt sich dem Inhalt nach nicht um einen laienhaften Zuspruch, sondern um die professionelle Empfehlung durch einen Fachmann: den Arzt. Überdies ginge damit eine ungerechtfertigte Ungleichbehandlung einher: Patientinnen, die im Verwandtenkreis ärztliches Personal haben, würden gegenüber solchen, die keinen Arzt im familiären Umfeld besitzen, ohne sachlichen Grund rechtlich privilegiert.

(6) Eigener Lösungsansatz: Kein objektiv zurechenbarer mittelbarer Rechtsgutsangriff durch die inländische Mitwirkung

Der nachfolgend dargestellte Lösungsansatz zur fehlenden objektiven Zurechenbarkeit findet bereits in einigen Argumentationslinien Anklang. So wird bezüglich der Eizellspende, der Embryospende (und damit ebenso bei der Leihmutterschaft mit Eizell- oder Embryospende), aber auch im Hinblick auf die post-mortem-Befruchtung vermehrt vorgebracht, dass es nicht überzeugen könne, zum Schutze des prospektiven Kindeswohles die Existenz des Kindes zu verhindern.[361]

Ausgangspunkt des Lösungsansatzes um die mangelnde objektive Zurechenbarkeit ist die Diskussion um den Strafgrund der Teilnahme. Zunächst gilt es deshalb zu ermitteln, ob die Grundsätze der objektiven Zurechnung überhaupt bei der Teilnahme in Form der Beihilfe fruchtbar gemacht werden können.

α) Täterbegriff des deutschen Strafrechts

Einer Legitimation der Strafbarkeit der Beihilfe[362] und damit eines Strafgrundes bedarf es nur, wenn man die Beihilfe nicht bereits als Form der Täterschaft sieht.

Damit ist die Frage aufzuwerfen, ob dem deutschen Strafrecht ein extensiver Täterbegriff (§ 27 StGB: Privilegierungstatbestand) oder ein restriktiver Täterbegriff

---

[360] *Taupitz* in G/T/K (Hrsg.), ESchG, 2. Aufl. 2014, C. II. § 1 Abs. 1 Nr. 2 Rn. 30.
[361] *Valerius* medstra 2017, 20 (26) mit Verweis auf *Müller-Terpitz* in Spickhoff (Hrsg.), Medizinrecht, 3. Aufl. 2018, ESchG § 1 Rn. 7; *Lindner*, Verfassungsrechtliche Aspekte eines Fortpflanzungsmedizingesetzes, in Rosenau (Hrsg.), Ein zeitgemäßes Fortpflanzungsmedizingesetz für Deutschland, 2012, S. 146; *Müller-Terpitz*, Das Recht auf Fortpflanzung – Vorgaben der Verfassung und der EMRK, in Frister/Olzen (Hrsg.), Reproduktionsmedizin: Rechtliche Fragestellungen, 2010, S. 9 (20).
[362] Gleiches gilt für die Anstiftung, die jedoch im Weiteren kein Untersuchungsgegenstand ist.

(§ 27 StGB: Strafbegründungsvorschrift) zugrunde liegt. Nur im letzteren Fall bedarf es neben der bloßen Erfolgsursächlichkeit einer Begründung der strafrechtlichen Verantwortlichkeit des Teilnehmers.

αα) Extensiver Täterbegriff
Unter Zugrundelegung eines weiten, extensiven Täterbegriffes begründet bereits jede in irgendeiner Weise ursächliche Herbeiführung eines strafrechtlich relevanten Taterfolges eine Täterstellung.[363]

ββ) Restriktiver Täterbegriff
Nach einem restriktiven Verständnis des Täterbegriffs fallen nur die Alleintäterschaft, die mittelbare Täterschaft und die Mittäterschaft gem. § 25 Abs. 2 StGB darunter.[364] Hiernach genügt gerade nicht jede kausale Herbeiführung des tatbestandlichen Erfolges, sondern es bedarf darüber hinaus der Erfüllung der Voraussetzungen, die in § 27 Abs. 1 StGB normiert sind.

γγ) Stellungnahme
Anders als etwa beim Fahrlässigkeitsdelikt und im Recht der Ordnungswidrigkeiten (§ 14 Abs. 1 Satz 1 OWiG) liegt dem deutschen Strafrecht im Vorsatzbereich nicht das sog. Einheitstätersystem, sondern das sog. dualistische Beteiligtensystem zugrunde. Letzteres kennt die Beteiligung in Form der Täterschaft und der Teilnahme, vgl. § 28 Abs. 2 StGB. Das deutsche Strafrecht differenziert damit zwischen dem Beitrag eines Täters und dem Beitrag eines Teilnehmers. Während nach dem Einheitstätersystem jede Person Täter ist, die ursächlich einen Taterfolg verursacht,[365] genügt dies für die Begründung einer Strafbarkeit als Teilnehmer gerade nicht. Einheitstätersystem und restriktiver Täterbegriff schließen sich damit begrifflich aus.[366] Darüber hinaus stützt der Wortlaut des § 27 Abs. 1 StGB den restriktiven Täterbegriff. Hätte der Gesetzgeber einen extensiven Täterbegriff zugrunde gelegt, so würde § 27 Abs. 1 StGB lauten: „Als Gehilfe wird *nur* bestraft, (…)". Eine solch einschränkende Formulierung beinhaltet § 27 Abs. 1 StGB gerade nicht. Diese Einordnung wird unter den Gesichtspunkten der objektiven Zurechnung bestätigt. Danach gilt der Grundsatz: Jeder ist (nur) für das (Unrecht) verantwortlich, das er in eigener Person verwirklicht. Handelt ein anderer vorsätzlich, so unterbricht er den Risikozusammenhang eigenverantwortlich.[367] Dafür kann der Teilnehmer jedoch nicht ohne nähere Begründung zur Verantwortung gezogen werden, was die Zugrundelegung der Maßstäbe der extensiven Theorie zur Folge hätte.

---

[363] RGSt 74, 21 (23); BGHSt 3, 4 f.; *Spendel* JuS 1974, 749 (754).

[364] *Bock* Jura 2005, 673 (674 f.); *Geppert* Jura 2008, 34; *Gropp* GA 2009, 265 (271); *Jakobs*, Strafrecht AT, 2011, Kap. 21 Rn. 8; *Kindhäuser*, StGB, 7. Aufl. 2017, § 38 Rn. 11; *Kühl*, Strafrecht AT, 8. Aufl. 2017, § 20 Rn. 5; LK/StGB-*Roxin*, 12. Aufl. 2007, Vor § 25 Rn. 12; *Joecks* in MüKo/StGB, Bd. 1, 3. Aufl. 2017, Vor § 25 Rn. 15; Roxin, Strafrecht AT II, 2003, § 25 Rn. 5 ff.; S/S-*Heine/Weißer*, StGB, 30. Aufl. 2019, Vor § 25 ff. Rn. 4.

[365] *Bohnert/Bülte*, Ordnungswidrigkeitenrecht, 5. Aufl. 2016, S. 21 ff.

[366] *Kienapfel* JuS 1974, 1 (2).

[367] Dazu *Kretschmer* Jura 2008, 265.

δδ) Zwischenergebnis
Im Ergebnis liegt dem deutschen Strafrecht ein restriktiver Täterbegriff zugrunde. § 27 Abs. 1 StGB ist ein Strafausdehnungsgrund, seine Existenz bedarf daher einer besonderen Legitimation.[368] Denn seine Verwirklichung führt zu einer Erweiterung strafrechtlicher Verantwortungsbereiche über den Täter hinaus auf den Teilnehmer.[369]

β) Strafgrund der Teilnahme
Es gilt daher im Folgenden zu klären, weshalb die Teilnahme von strafrechtlicher Relevanz ist.

αα) (Modifizierte) Schuldteilnahmetheorie
Nach der Schuldteilnahmetheorie liegt die Rechtfertigung für die Strafbarkeit des Teilnehmers darin, dass er den Täter „in Schuld und Strafe verstricke".[370] Diese Auffassung ist jedoch im Hinblick auf den klaren Wortlaut des § 27 Abs. 1 StGB, der gerade keine schuldhafte Tat als Haupttat voraussetzt („vorsätzlich begangene[r] rechtswidriger Tat"; bloße limitierte, keine strenge Akzessorietät[371]) sowie durch die Existenz von § 29 StGB, wonach jeder Beteiligte gerade ohne Rücksicht auf die Schuld des anderen bestraft wird, nicht mehr zu halten.

In einer modifizierten Form,[372] der sog. Unrechtsteilnahmetheorie, soll der Strafgrund der Teilnahme nicht darin liegen, dass der Teilnehmer den Täter „in Schuld und Strafe verstricke", sondern vielmehr, dass er dessen „soziale Desintegration" durch sein Verhalten „fördere". Nur weil man das Kind anders beim Namen nennt, ändert sich aber nichts an der Tatsache, dass auch diese Auffassung den Fokus allein auf den Täter richtet und den Blick vom Teilnehmer vollkommen ablenkt. Unklar ist überdies, wann von einer „sozialen Desintegration" zu sprechen ist. Der Wortlaut des § 27 Abs. 1 StGB gibt für eine derartige Anknüpfung keinerlei Anhaltspunkte. Mithin kann auch diese Ansicht den Strafgrund der Teilnahme nicht nachvollziehbar begründen.

ββ) Reine Verursachungstheorie
Nach der Theorie der schlichten Erfolgsverursachung[373] genügt es bereits für die Strafbarkeit der Teilnahme, dass der Teilnehmer in irgendeiner Weise die Haupttat gefördert hat. Das würde wiederum dem Einheitstäterprinzip entsprechen, welches dem deutschen Strafrecht im Bereich der Vorsatzdelikte gerade nicht zugrunde liegt.

---

[368] *Geppert* Jura 1997, 299.
[369] *Kretschmer* Jura 2008, 265 (266).
[370] *Less* ZStW 69 (1957), 43 (46 ff.); *Schaffstein* ZStW 57 (1938), 295 (323).
[371] Reform durch Verordnung vom 29. Mai 1943 (RGBl. I, S. 39).
[372] *Trechsel*, Der Strafgrund der Teilnahme, 1967, S. 54 ff.
[373] *Lüderssen*, Zum Strafgrund der Teilnahme, 1967, S. 119 ff.; *Schmidhäuser*, Strafrecht AT, 2. Aufl. 1984, Kap. 14 Rn. 57.

Zudem wäre eine Teilnahme an einem echten Sonderdelikt nicht möglich, was § 28 Abs. 1 StGB widerspräche, der eine solche als möglich voraussetzt.[374]

γγ) Akzessorietätsorientierte Verursachungstheorie

Die Vertreter der akzessorietätsorientierten Verursachungstheorie[375] knüpfen die Strafbarkeit der Teilnahme – anders als die Schuldteilnahmetheorie – nicht an die Schuld des Täters, sondern an das durch die Haupttat verwirklichte Unrecht des Haupttäters. Der Teilnehmer (Gehilfe) fördere durch sein Verhalten die rechtswidrige Haupttat eines anderen und greife damit das Rechtsgut nicht unmittelbar selbst, sondern mittelbar durch den Haupttäter an.[376] Der Fokus liegt dieser Auffassung nach allein auf der Ableitung des durch den Haupttäter verwirklichten fremden Unrechts.

Hiergegen ist einzuwenden, dass der Teilnehmer auch dann bestraft würde, wenn das Rechtsgut ihm gegenüber nicht geschützt ist.

δδ) Theorie des selbstständigen Rechtsgutsangriffs des Teilnehmers

Nach der Theorie des selbstständigen Rechtsgutsangriffs durch den Teilnehmer ist für die Strafwürdigkeit des Verhaltens einer Person als Teilnehmer entscheidend, dass diese durch die Haupttat ein Rechtsgut verletzt und mithin ausschließlich eigenständig Unrecht begeht. Nach dieser Auffassung maßgebend ist nicht das durch den Haupttäter verwirklichte Erfolgsunrecht, sondern allein das durch das Verhalten des Teilnehmers verwirklichte Handlungsunrecht. Der Teilnehmer könne letztlich nur für das in seiner Person, also das von ihm verwirklichte Unrecht belangt werden. Sie ergänzt die akzessorietätsorientierte Verursachungstheorie und schränkt die Zurechnung für den Teilnehmer ein.[377]

Diese Ansicht ist zwar mit dem Wortlaut des § 27 Abs. 1 StGB und dem damit zusammenhängenden Regelungsmechanismus, des von der fremden Haupttat abgeleiteten Unrechts verwirklichte Teilnahmeunrecht, nicht vereinbar. Allerdings gewinnt dieser Ansatz unter Berücksichtigung des Regelungsmechanismus von § 9 Abs. 2 Satz 2 StGB an Bedeutung.

εε) Theorie des akzessorischen Rechtsgutsangriffs

Nach dieser Auffassung stehen beide Kriterien – die Ableitung fremden Erfolgsunrechts und das eigenständig durch den Teilnehmer verwirklichte Unrecht – gleichwertig nebeneinander.[378] Fehlt es an einem dieser beiden Kriterien, liegt kein strafbares Unrecht vor.

---

[374] *Geppert* Jura 1997, 299 (300).
[375] RGSt 15, 315 (316); BGHSt 4, 355 (358); BGHSt 37, 214 (217).
[376] BGHSt 37, 214 (217).
[377] *Geppert* Jura 1997, 299 (300).
[378] LK/StGB-*Roxin*, 12. Aufl. 2007, Vor § 26 Rn. 1 ff.; S/S-*Heine/Weißer*, StGB, 30. Aufl. 2019, Vor § 25 Rn. 15 f.; *Jakobs*, Strafrecht AT, 2011, Kap. 22 Rn. 8; *Stratenwerth/Kuhlen*, Strafrecht AT, 6. Aufl. 2011, Rn. 858 ff.

ζζ) Berücksichtigung von § 9 Abs. 2 Satz 2 StGB

Die Norm des § 9 Abs. 2 Satz 2 StGB stellt ihrem Wortlaut nach einzig und allein auf das durch den Teilnehmer begangene Handlungsunrecht ab („Hat der Teilnehmer an einer Auslandstat im Inland gehandelt (…)"). Auf eine Ableitung des fremden Erfolgsunrechts kommt es nicht an. Vielmehr wird das Prinzip der limitierten Akzessorietät dahingehend entwertet, dass eine strafbare Haupttat nicht vorliegen muss, sondern eine straflose, nach Maßgabe des deutschen Strafrechts potenziell strafbare Tat im Ausland genügt.

ηη) Zwischenergebnis

Unter Berücksichtigung der Besonderheit, dass § 9 Abs. 2 Satz 2 BGB bei einer inländischen Distanzteilnahme einzig an das durch den Teilnehmer verwirklichte Handlungsunrecht anknüpft, ist im Nachfolgenden die Theorie des mittelbaren, selbstständigen Rechtsgutsangriffs (unter εε)) zugrunde zu legen.

γ) Erfordernis des Kriteriums der objektiven Zurechenbarkeit bei der Teilnahme

Problematisch ist jedoch, ob dem Inlandsarzt als Teilnehmer der Taterfolg, also die Rechtsgutsverletzung durch den Auslandsarzt und die Patienten im Ausland objektiv zurechenbar ist.

Fest steht: Im Rahmen jeden täterschaftlichen Verhaltens bedarf es neben dem rein tatsächlichen Kausalzusammenhang eines normativen Zusammenhangs zwischen der Handlung und des durch den Täter verursachten tatbestandlichen Erfolges, der sog. objektiven Zurechenbarkeit.[379] Hieran knüpft die Frage an, ob der eingetretene Erfolg in den Verantwortungsbereich des Täters fällt, indem er nach wertenden Kriterien als „sein Werk" angesehen werden kann.[380]

Zunächst bedarf es einer Übertragung der Kriterien der objektiven Zurechnung bei der Täterschaft auf die Teilnahme. Der Grundsatz, nach dem jeder nur für sein eigenes Verhalten strafrechtlich verantwortlich ist, gilt auch bei Teilnehmern.[381] Dafür spricht Folgendes: Würde der Gesetzgeber wie im Bereich der Fahrlässigkeitsdelikte und im OWiG auch bei der Vorsatztat dem Einheitstäterbegriff folgen, dann wäre die Lehre der objektiven Zurechnung bei der Teilnahme zweifellos zu berücksichtigen.[382] Zudem bestehen durch das dualistische Beteiligtensystem bedingt häufig Abgrenzungsschwierigkeiten zwischen der Täterschaft und der Teilnahme, die zu zufälligen Ergebnissen führen,[383] insbesondere zwischen der mittelbaren Täterschaft und der Anstiftung sowie zwischen der Mittäterschaft und der Beihilfe. Ein – auch nach § 9 Abs. 2 Satz 2 StGB – erforderlicher mittelbarer Rechtsgutsangriff des

---

[379] *W/B/S*, Strafrecht AT, 48. Aufl. 2018, § 6 Rn. 225. *Kudlich* NStZ 2017, 339, wonach auch bei berufstypischen Handlungen die allgemeinen Grundsätze der objektiven Zurechnung zu berücksichtigen sind.
[380] *W/B/S*, Strafrecht AT, 48. Aufl. 2018, § 6 Rn. 225.
[381] *Kretschmer*, Jura 2008, 265 sowie S/S-*Heine/Weißer*, StGB, 30. Aufl. 2019, § 27 Rn. 8.
[382] *Kretschmer* Jura 2008, 265 (268).
[383] Zu diesem Argument siehe *Kretschmer* Jura 2008, 265 (268).

Teilnehmers unterliegt daher insoweit einer wertungsmäßigen Begrenzung, als die Teilnahme eine eigene rechtlich missbilligte Steigerung des vom Haupttäter für das angegriffene Rechtsgut begründeten Risikos voraussetzt.[384] Daran ändert auch die Tatsache nichts, dass es sich bei den Mitwirkungsformen um sog. berufstypische Verhaltensweisen handelt. Denn das Kriterium der objektiven Zurechenbarkeit ist Teil der allgemeinen Deliktslehre. Es steht als allgemeingültiges Korrektiv selbstständig neben dem fallgruppenspezifischen Korrektiv der berufstypischen Handlung. Objektiv zurechenbar ist der Erfolg allerdings nur, wenn durch das Verhalten des Teilnehmers eine rechtlich relevante Gefahr geschaffen worden ist und sich genau diese Gefahr im tatbestandsmäßigen Erfolg, der Haupttat, niedergeschlagen hat.[385]

Der Ansatz des Amtsgerichts Augsburg, nach dem der Zurechnungszusammenhang unterbrochen werde, weil zwischen der Handlung des Inlandsarztes und der Handlung des Auslandsarztes wesentliche Zwischenschritte lägen und das verwirklichte Risiko dem Inlandsarzt daher nicht mehr zuzurechnen sei,[386] überzeugt nicht. Denn der Gesetzgeber kennt die sog. mittelbare Teilnahme, bei der letztlich jedes Zwischenglied und damit auch der Haupttäter „eigenverantwortlich" handelt, § 30 Abs. 1 Fall 2 StGB (versuchte Kettenanstiftung). Die besondere Verbindung, die eine Zurechnung des durch einen anderen verwirklichten Erfolgsunrechtes auf sämtliche Glieder der Teilnahmekette erstreckt, ist das in den Strafausdehnungsgründen der §§ 26, 27 StGB wurzelnde Akzessorietätsprinzip. Es rechtfertigt unter engen Voraussetzungen eine Ausdehnung der Verantwortlichkeit des Haupttäters über dessen Person auf jeden Teilnehmer hinaus. Der Regelungsmechanismus des § 9 Abs. 2 Satz 2 StGB schwächt diese Akzessorietät zwar in gewissem Umfang ab, doch führt das nicht dazu, dass eine mittelbare Teilnahme nicht mehr möglich sein soll. Ein mittelbarer Rechtsgutsangriff liegt auch bei einem mehrfach vermittelten Angriffs, etwa durch mehrere Teilnehmer, gleichwohl noch vor.

αα) Geschütztes Rechtsgut: Das (prospektive) Kindeswohl
Strafrechtliche Verbote setzen nach Auffassung des historischen Gesetzgebers voraus, dass „sie zum Schutz besonders hochrangiger Rechtsgüter unverzichtbar erscheinen".[387] Ausdrücklich hat der Gesetzgeber als Urheber des EschG das Kindeswohl als solch „besonders hochrangiges Rechtsgut" eingestuft.[388]

Zwar ist der Begriff des „Kindeswohls" inhaltlich unbestimmt und damit als unbestimmter Rechtsbegriff zu qualifizieren.[389] Mit Blick in das Bürgerliche

---

[384] AG Augsburg, medstra 2016, 384 Rn. 28 mit Verweis auf S/S-*Heine/Weißer*, StGB, 30. Aufl. 2019, § 27 Rn. 8 für die Beihilfe.
[385] Für die objektive Zurechnung im Rahmen der Täterschaft: *W/B/S*, Strafrecht AT, 48. Aufl. 2018, § 6 Rn. 261.
[386] AG Augsburg, medstra 2016, 384 Rn. 29. Ebenso nicht überzeugend der stillschweigend und ohne jegliche Argumentation vertretene Standpunkt, dass eine Beihilfe nach formeller Vollendung der Tat („sukzessive Beihilfe") nicht mehr möglich sei, medstra 2016, 384 Rn. 32.
[387] Begründung des EschG, BT-Drucks. 11/5460, 6.
[388] BT-Drucks. 11/5460, 6; das betont auch das OLG München MedR 2018, 415 (417 Rz. 33).
[389] BayObLG FamRZ 1976, 43 (45).

Gesetzbuch findet sich dort lediglich der Hinweis, dass unter das (familienrechtliche) Kindeswohl „das körperliche, geistige oder seelische Wohl des Kindes" fällt, § 1666 Abs. 1 BGB. Auch in der Rechtswissenschaft bot das Anlass für den Versuch einer Konturierung.[390] Allerdings ist zu berücksichtigen, dass der Gesetzgeber im Kontext der zu untersuchenden Tatbestände[391] (Eizellspende, Embryospende, Leihmutterschaft mit Eizell- und Embryospende, post-mortem-Befruchtung) den Begriff des „Kindeswohls" bereits selbst eine Gestalt gegeben hat, indem er in der Gesetzesbegründung zu den jeweiligen Verbotstatbeständen darauf abstellt, dass im Hinblick auf Eizellspende, Embryospende und Leihmutterschaft die Identitätsfindung des Kindes beeinträchtigt würde und es dadurch zu seelischen Problemen komme.[392] Auch im Hinblick auf das Verbot der post-mortem-Befruchtung beim Tod des Mannes hat der Gesetzgeber den Begriff des Kindeswohls konkretisiert, indem er davon spricht, dass der seelische Zustand des Kindes beeinträchtigt werden könnte, sollte es erfahren, von einem (bereits) Toten erzeugt worden zu sein.[393] Das (prospektive) Kindeswohl ist damit ein hinreichend konturiertes Rechtsgut im Bereich der zu untersuchenden Tatbestände des ESchG.

Bei dem elektiven Embryo-Transfer kann der hiesige Ansatz allerdings nicht fruchtbar gemacht werden. Denn § 1 Abs. 1 Nr. 5 ESchG zielt primär darauf, die Entstehung überzähliger Embryonen im Vorfeld zu verhindern. Allenfalls nachrangig und somit mittelbar soll das Kindeswohl durch in der Folge einer – dann zur Erhaltung des Embryos erforderlichen – Embryospende entstehenden gespaltenen Mutterschaft geschützt werden.

ββ) **Kein selbstständiger mittelbarer Rechtsgutsangriff durch die (mittelbare) Erzeugung des Kindes?**
Grundsätzliches

Allgemein formuliert stellt sich nunmehr die folgende Frage:

Ist die durch den selbstständigen, mittelbaren Rechtsgutsangriff des Teilnehmers im Inland mit zu verantwortende Erzeugung eines Rechtsgutes seine Gefährdung, sodass dem inländischen Teilnehmer eine objektiv zurechenbare Rechtsgutsverletzung vorgeworfen werden kann?

Und damit auf die Themenstellung übertragen:

Ist dem inländischen Arzt durch seine Mitwirkung an einer Eizellspende/Embryospende/Leihmutterschaft mit Eizell-/Embryospende oder einer post-mortem-Befruchtung ein objektiv zurechenbarer Angriff auf das Kindeswohl durch die Mitwirkung an der Erzeugung eines Kindes, dessen Kindeswohl beeinträchtigt werden kann, strafrechtlich vorwerfbar?

---

[390] Siehe nur *Keller* FS Tröndle, 1989, 705 (709 ff.) sowie allgemein die Habilitationsschrift von *Coester*, Das Kindeswohl als Rechtsbegriff, 1983, unter anderem S. 5, 134 ff.
[391] Das hebt auch *Keller* in FS Tröndle, 1989, 705 (711) hervor.
[392] BT-Drucks. 11/5460, 7.
[393] So *Krüger*, Das Verbot der post-mortem-Befruchtung, 2010, S. 14 mit Bezugnahme auf BT-Drucks. 11/5460, 6 in Zusammenschau mit BT-Drucks. 11/8057, 16.

Mit anderen Worten: Ist es tatsächlich so, dass in Fällen, in denen die Unterstützung ausschließlich darin besteht, dass der Berufsträger primär an der Entstehung des geschützten Rechtsgutes mitwirkt, der Aspekt der Risikoverminderung den der Risikosteigerung übersteigt und es damit an einer Risikoschaffung fehlt?[394]

Deliktsnatur der Verbotstatbestände: abstrakte Gefährdungsdelikte
Zu Beginn gilt es zu prüfen, ob das Kriterium der objektiven Zurechnung bei den Tatbeständen, die das prospektive Kindeswohl im Sinne einer ungestörten Identitätsfindung zu wahren suchen, überhaupt anwendbar ist. Dazu bedarf es der Klärung der Deliktsnatur dieser Tatbestände.

Bei den zu untersuchenden Verbotstatbeständen (Eizellspende/Embryospende/ Leihmutterschaft mit Eizell- oder Embryospende/post-mortem-Befruchtung), die darauf zielen, das (prospektive) Kindeswohl zu schützen, handelt es sich ausnahmslos um sog. abstrakte Gefährdungsdelikte.[395] Zu einer nachweisbaren Kindeswohlgefährdung im obigen Sinne muss es nicht kommen. Daher stellt sich die Frage, ob auch abstrakte Gefährdungsdelikte einen nach den Grundsätzen der objektiven Zurechnung zurechenbaren tatbestandlichen Erfolg haben.

Im Rahmen von § 9 Abs. 1 Fall 3 StGB, wonach eine Tat auch an dem Ort begangen ist, an dem der „zum Tatbestand gehörende Erfolg" eingetreten ist, ist diese Diskussion in den vergangenen Jahren erneut aufgeflammt. So hat *Martin* im Rahmen seiner Untersuchung zu grenzüberschreitenden Umweltbeeinträchtigungen[396] die These aufgestellt, auch abstrakte Gefährdungsdelikte[397] wiesen einen Erfolg und damit auch einen Erfolgsort i. S. d. § 9 Abs. 1 Fall 3 StGB auf. Nach seiner Auffassung bestehe kein Grund dafür, die Gefährlichkeit der Tat als bloßes gesetzgeberisches Motiv aufzufassen, sie sei vielmehr materielles Tatmerkmal.[398] Unter Bezugnahme auf ein Urteil des Bundesgerichtshofes aus dem Jahre 1989 zum Verjährungsbeginn abstrakter Gefährdungsdelikte[399] handle es sich bei der – zeitlich wie räumlich von der Handlung unterscheidbaren – abstrakten Gefährdung um den Erfolg der abstrakten Gefährdungsdelikte.[400] Daher könnten auch abstrakte

---

[394] *Kudlich* in BeckOK/StGB (Stand: 1. Februar 2019), § 27 Rn. 17.1. Als Beispiel nennt *Kudlich* die äußerlich ordnungsgemäße Mitwirkung von Bankmitarbeitern bei der Anlage von Geld, selbst wenn sie wissen, dass der Kunde die Erträge nicht versteuern will. Die bloße Mitwirkung an der Entstehung des Steueranspruchs alleine sei keine strafbare Teilnahme an der Hinterziehung sodann zu entrichtender Steuern. Im Gegensatz zu den zu untersuchenden Verbotstatbeständen ist die Steuerhinterziehung nach § 370 AO jedoch als Erfolgsdelikt ausgestaltet, *Joecks* in Joecks/Jäger/Randt (Hrsg.), Steuerstrafrecht, 8. Aufl. 2015, § 370 AO Rn. 27.

[395] Nur *Valerius* medstra 2017, 20 (22) für die Eizellspende, vergleichbar gilt das auch für alle anderen Verbotstatbestände, die unmittelbar den Schutz des prospektiven Kindeswohls bezwecken.

[396] *Martin*, Strafbarkeit grenzüberschreitender Umweltbeeinträchtigungen, 1989, insb. S. 12 ff., S. 48 ff., sowie *ders.*, ZRP 1992, 19 ff.

[397] Die Arbeiten behandeln die Deliktsgruppe der Umweltdelikte.

[398] *Martin*, ZRP 1992, 19 (20).

[399] BGH NStZ 1990, 36 (37).

[400] So *Martin*, Strafbarkeit grenzüberschreitender Umweltbeeinträchtigungen, 1989, S. 84; *ders.*, ZRP 1992, 19 (20).

Gefährdungsdelikte einen zum Tatbestand gehörenden (Gefahr-)Erfolg i. S. d. § 9 Abs. 1 Fall 3 StGB haben.[401]

Es kann bereits in Frage gestellt werden, ob die These *Martins* zu § 9 StGB überhaupt auf die objektive Zurechnung als Teil der allgemeinen Deliktslehre übertragbar ist. Wie der Bundesgerichtshof bereits im Jahre 2000 hervorgehoben hat, habe sich die Auslegung des Merkmals „zum Tatbestand gehörender Erfolg" nach der *ratio legis* des § 9 StGB auszurichten und dürfe nicht ausgehend von der Begriffsbildung der allgemeinen Tatbestandslehre ermittelt werden.[402] Für die Beurteilung der Zurechnung gelte jedenfalls der Deliktscharakter der allgemeinen Tatbestandslehre.[403] Der „Erfolg" i. S. d § 9 Abs. 1 StGB und – darüber ist man sich weitestgehend[404] einig – ist ein anderer als der „Erfolg" im Sinne der allgemeinen Tatbestandslehre.[405] Der tatortbegründende Begriff des Erfolges im Rahmen des § 9 Abs. 1 StGB ist weiter als der im Rahmen der allgemeinen Deliktslehre. Denn für einen Erfolg im Sinne der allgemeinen Tatbestandslehre und damit auch nach dem Verständnis der objektiven Zurechnung – und das verlangen auch die Vertreter, die einem abstrakten Gefährdungsdelikt einen Erfolgsort i. S. d. § 9 StGB zuerkennen wollen[406] – bedarf es einer von der Handlung zeitlich und räumlich getrennten Verletzungs- oder Gefährdungswirkung.[407] Für eine eigenständige Betrachtung des Erfolgsbegriff i. S. d. § 9 Abs. 1 StGB gegenüber desjenigen im Rahmen der objektiven Zurechnung spricht auch, dass es bei § 9 StGB gerade um die Ermittlung der räumlichen Reichweite des deutschen Strafrechts geht. Die Bestimmungen über die räumliche Anwendbarkeit des deutschen Strafrechts (§§ 3 ff. StGB) sind im Gegensatz zum Aspekt der objektiven Zurechnung aber gerade kein Bestandteil des objektiven Unrechtstatbestandes.

Selbst wenn man ein solches Verständnis des Erfolgsbegriffs im Allgemeinen zugrunde legt, kann die Auffassung, auch abstrakte Gefährdungsdelikten wiesen einen Erfolg in der Gestalt einer abstrakten Gefährdung auf, nicht überzeugen. Vorab bedarf es dazu einer kurzen Betrachtung, welche Arten von Verletzungs- und Gefährdungsdelikten es gibt und inwiefern sich diese voneinander unterscheiden. Bei der Deliktskategorie „Verletzungsdelikt" bedarf es einer messbaren Beeinträchtigung des Handlungsobjektes, bei den Gefährdungsdelikten hingegen nicht.[408]

---

[401] *Martin*, ZRP 1992, 19 (21,26); anders hingegen *Bohnert* JuS 1984, 182 (183): „Gefahr ist immer nur konkrete Gefahr; abstrakte Gefahr ist gerade keine Gefahr".

[402] BGH MMR 2001, 228 (230); so auch LK/StGB-*Werle/Jeßberger*, 12. Aufl. 2007, § 9 Rn. 33.

[403] So *Sieber* NJW 1999, 2065 (2068).

[404] A. A. nur *Martin*, Strafbarkeit grenzüberschreitender Umweltbeeinträchtigungen, 1989, S. 84 ff.

[405] Etwa LK/StGB-*Werle/Jeßberger*, 12. Aufl. 2007, § 9 Rn. 33: „(…) das Merkmal „zum Tatbestand gehörender Erfolg" im Sinne des § 9 (…) auszulegen (…)". Auch *Sieber* NJW 1999, 2065 (2068): „(…) bestehen (…) keine Bedenken, den Erfolgsbegriff von § 9 StGB eigenständig auszulegen (…)".

[406] LK/StGB-*Werle/Jeßberger*, 12. Aufl. 2007, § 9 Rn. 33.

[407] *Roxin*, Strafrecht AT I, 2006, § 10 Rn. 102.

[408] *Roxin*, Strafrecht AT I, 2006, § 10 Rn. 123; so auch *Martin,* Strafbarkeit grenzüberschreitender Umweltbeeinträchtigungen, 1989, S. 54.

Innerhalb der Gefährdungsdelikte ist wiederum zwischen sog. konkreten und sog. abstrakten zu differenzieren. Bei konkreten Gefährdungsdelikten ist erforderlich, dass es zu dem (*ex post* feststellbaren)[409] Eintritt eines konkreten Gefahrerfolges kommt, das Handlungsobjekt im konkreten Fall tatsächlich gefährdet wird.[410] Bei dem Deliktstypus des abstrakten Gefährdungsdeliktes verlangt der Gesetzgeber nicht einmal eine solche tatsächliche Gefährdung. Der Grund für die Pönalisierung bei abstrakten Gefährdungsdelikten ist die – unwiderlegbar vom Gesetzgeber unterstellte – typische Gefährlichkeit einer bloßen Tätigkeit.[411] Innerhalb der abstrakten Gefährdungsdelikte wird wiederum nach Erscheinungsformen unterschieden: Abstrakt-konkrete Gefährdungsdelikte[412] und reine Gefährdungsdelikte. Abstrakt-konkrete Gefährdungsdelikte erfordern im Gegensatz zu den konkreten Gefährdungsdelikten nicht den Eintritt einer konkreten Gefahr, dennoch verlangen sie im Vergleich zu den rein abstrakten Gefährdungsdelikten mehr als eine bloße abstrakte Gefährdung. Vielmehr muss die jeweilige Verhaltensweise bei genereller Betrachtung gefahrengeeignet sein,[413] sodass zumindest eine konkrete Eignung zur Herbeiführung einer Beeinträchtigung festgestellt sein muss.[414] Auch bei ihnen hat der Gesetzgeber die zu vermeidende Gefährdung – den Erfolg – im Tatbestand der Norm ausdrücklich bezeichnet.[415] Ob auch bei rein abstrakten Gefährdungsdelikten ein Erfolgsort[416] jedenfalls dann anzunehmen ist, wenn die Gefahr sich realisiert hat, konnte der Bundesgerichtshof als nicht entscheidungserheblich dahinstehen lassen.[417]

Die zu untersuchenden Tatbestände pönalisieren ausnahmslos die Durchführung einer bestimmten Form der medizinisch unterstützten Fortpflanzung, damit die bloße Tätigkeit und nicht einen davon gedanklich abgrenzbaren (Verletzungs- oder Gefährdungs-)Erfolg.[418] So verfolgt der Gesetzgeber mit den §§ 1 Abs. 1 Nrn. 1, 2, 7, Abs. 2 und § 4 Abs. 1 Nr. 3 ESchG den gemeinsamen Zweck, das (künftige) Kindeswohl des zu erzeugenden Kindes im Vorfeld zu schützen, sei es vor einer gespaltenen Mutterschaft (§§ 1 Abs. 1 Nrn. 1, 2, 6 Fall 1, 7, Abs. 2 ESchG) oder vor der Kenntnis, von einem toten Erzeuger abzustammen (§ 4 Abs. 1 Nr. 3 ESchG). Schon in den zu untersuchenden Straftatbeständen umschriebenen Verhaltensweisen sieht der Gesetzgeber die abstrakte Gefährdung des prospektiven Kindeswohls: die beeinträchtigte Identitätsfindung eines später möglicherweise entstehenden menschli-

---

[409] *Martin*, Strafbarkeit grenzüberschreitender Umweltbeeinträchtigungen, 1989, S. 49.
[410] *Roxin*, Strafrecht AT I, 2006, § 10 Rn. 124; *Satzger* NStZ 1998, 112 (114).
[411] *Roxin*, Strafrecht AT I, 2006, § 10 Rn. 124.
[412] Synonym: Potenzielles Gefährdungsdelikt, dazu BGH NJW 1994, 2161; *Sieber* NJW 1999, 2065 (2067).
[413] BGH NJW 1999, 2129.
[414] Dazu BGH MMR 2001, 228 (229).
[415] Noch BGH MMR 2001, 228 (230).
[416] Der Senat spricht explizit vom Erfolgsort, nicht vom Erfolg im Sinne der allgemeinen Tatbestandslehre.
[417] BGH MMR 2001, 228 (230).
[418] So im Ergebnis auch *Valerius* medstra 2017, 20 (22) für die Eizellspende.

chen Wesens. Der Gesetzgeber sah die Tatsache, dass negative Auswirkungen auf das (künftige) Kindeswohl nicht auszuschließen seien, für ausreichend an.[419] Damit lässt sich festhalten, dass es sich bei den zu untersuchenden Tatbeständen, die auf den Schutz des prospektiven Kindeswohls zielen, ausnahmslos um rein abstrakte Gefährdungsdelikte handelt, bei denen der Gesetzgeber bereits mit der Tathandlung ein gefährliches Handeln unterstellt.

Selbst bei den rein abstrakten Gefährdungsdelikten ist es im Allgemeinen zumindest möglich, dass es im Zeitpunkt der abstrakten Gefährdung auch tatsächlich zum Eintritt einer Verletzung kommen kann. Das gilt für die Verbotstatbestände des ESchG nicht, soweit sie den Schutz des Kindeswohls bezwecken. Denn im Zeitpunkt der Vornahme der im Tatbestand umschriebenen Tätigkeit hat das (noch zu erzeugende) Kind noch nicht das Bewusstsein, überhaupt eine Identitätsstörung zu entwickeln, es ist ja noch nicht einmal zur Existenz gelangt. Es besteht kein Erfordernis einer tatsächlichen Kindeswohlgefährdung; daneben wird die abstrakte Gefährdung in erheblichem Umfang zeitlich vorverlagert. Im Zeitpunkt der Durchführung der im Tatbestand umschriebenen Tätigkeit befindet sich das Rechtsgut – anders als bei den abstrakten Gefährdungsdelikten üblich[420] – mangels Entstehung seines Trägers nicht im Wirkungskreis der gefährlichen Handlung, zumal nicht einmal die Möglichkeit besteht, im Zeitpunkt der Tathandlung in den Wirkungskreis zu gelangen. Mithin kann in diesem Zusammenhang von sog. abstrakt-abstrakten Gefährdungsdelikten gesprochen werden.

Bei abstrakten Gefährdungsdelikten gibt es jedoch keinen objektiv zurechenbaren Erfolg. Eine abstrakte Gefährdung ist untrennbar mit der Handlung verbunden und lässt sich gerade nicht wie etwa ein Verletzungs- oder Gefährdungserfolg gedanklich von der Tätigkeit entkoppeln. Die gedankliche Trennbarkeit kommt erst durch den Niederschlag in der Wortfassung des jeweiligen Tatbestandes zum Ausdruck.[421] Das Verhalten und die Risikoschaffung bilden eine untrennbare Einheit. Würde man auch bei abstrakten Gefährdungsdelikten einen Erfolgsort überall dort annehmen, wo – was gerade nicht erforderlich ist – das Verhalten in eine Gefährdung umschlägt, so wäre die Konsequenz in der strafrechtlichen Praxis, dass das deutsche Strafrecht bei abstrakten Gefährdungsdelikte weltweit Geltung beanspruchen würde und es zu einer die völkerstaatliche Souveränität ausblendenden globalen Geltung des deutschen Strafrechts käme.[422] Und das, obwohl eine abstrakte Gefährdung gerade nicht empirisch nachweisbar ist. Ferner wären die Kategorien „Verletzungsdelikt", „konkretes Gefährdungsdelikt" und „abstraktes Gefährdungsdelikt" beliebig austauschbare Begriffe,[423] obgleich der Bundesgerichtshof hervor-

---

[419] Taupitz NJW 2019, 337 (340) mit Bezugnahme auf die Begründung zum Gesetzesentwurf.
[420] *Martin*, Strafbarkeit grenzüberschreitender Umweltbeeinträchtigungen, 1989, S. 50.
[421] So formuliert *Satzger* treffend, beim Erfolg handle es sich um ein „Attribut der gesetzlich umschriebenen Handlung", NStZ 1998, 112 (114).
[422] BGH NStZ 2015, 81 (82 Tz. 8), zustimmend *Becker, C.* NStZ 2015, 83 mit Verweis auf LK/StGB-*Werle/Jeßberger*, 12. Aufl. 2007, § 9 Rn. 103; jüngst erneut aufgegriffen von BGH NStZ 2017, 146 (147).
[423] Letztlich könnte so nicht mehr zwischen dem Schutzbereich der Norm und der Anwendbarkeit deutschen Strafrechts unterschieden werden, BGH NStZ 2017, 146 (147).

gehoben hat, dass von einer abstrakten Gefahr allein nicht auf eine konkrete Gefahr geschlossen werden darf.[424] Durch die Änderung im Wortlaut des § 9 Abs. 1 StGB hat der Gesetzgeber dies mit der Neufassung des Wortlautes von § 9 StGB durch das Zweite Strafrechtsreformgesetz[425] gerade klargestellt.[426] Anders als noch § 3 Abs. 3 StGB a.F. spricht das Gesetz nunmehr ausdrücklich vom „zum Tatbestand gehörenden Erfolg".[427]

Das bestätigt auch die nunmehr im Bereich der abstrakt-konkreten Gefährdungsdelikte ergangene jüngere Rechtsprechung des Bundesgerichtshofes. Das Gericht hatte sich bereits im Jahre 2000 mit der Frage zu befassen, ob Äußerungen, die den Tatbestand der Volksverhetzung (§ 130 StGB) erfüllen und auf einem ausländischen Server in das Internet gestellt werden, auf den Internetnutzer in Deutschland Zugriff haben, und die Äußerung konkret zur Friedensstörung im Inland geeignet ist.[428] In der damaligen Entscheidung bejahte der erste Strafsenat noch, dass es bei abstrakt-konkreten Gefährdungsdelikten (auch) in den Internetfällen einen im Inland eingetretenen Erfolg gebe.[429] Ein Erfolg i.S.d. StGB sei bei dieser Deliktsgruppe dort eingetreten, wo die konkrete Tat ihre Gefährlichkeit im Hinblick auf das im Tatbestand umschriebene Rechtsgut entfalten kann.[430] Das sei bei der Volksverhetzung nach § 130 Abs. 1 StGB und § 130 Abs. 3 StGB der Fall, wenn der Täter in Deutschland wirken will und die Äußerung konkret zur Friedensstörung geeignet ist.[431]

Im Jahre 2014 hat der dritte Strafsenat des Bundesgerichtshofes im Hinblick auf das öffentliche Verwenden verfassungsfeindlicher Kennzeichen (§ 86a StGB) im Internet das Vorliegen eines inländischen Erfolgsortes verneint.[432] Selbst wenn man die Frage nach dem Erfolgsort i.S.d. § 9 Abs. 1 StGB normspezifisch am Schutzzweck der jeweiligen Strafbestimmung und damit deliktsspezifisch ausgerichtet sehen möchte,[433] sei der Ort, an dem die hervorgerufene abstrakte Gefahr, gleich ob sie in eine konkrete umgeschlagen ist oder umschlagen kann, kein zum Tatbestand gehörender Erfolg.[434] Ein Erfolg müsse in einer von der tatbestandsmäßigen Handlung räumlich oder zeitlich abtrennbaren Außenweltveränderung bestehen.[435]

---

[424] BGH NJW 1990, 194.
[425] BGBl. I, S. 717 vom 4. Juli 1969.
[426] BGH NStZ 2015, 81, 82 Tz. 8, BGH NStZ 2017, 146, 147 jeweils mit Bezugnahme auf *Satzger*, NStZ 1998, 112 (115 f.).
[427] BGH NStZ 2015, 81 (82 Tz. 8), BGH NStZ 2017, 146 (147); *Satzger* NStZ 1998, 112 (115 f.). Zum Streitstand: LK/StGB-*Werle/Jeßberger*, 12. Aufl. 2007, § 9 Rn. 30 ff.
[428] BGH MMR 2001, 228 ff.
[429] BGH MMR 2001, 228 (230).
[430] BGH MMR 2001, 228 (230).
[431] BGH MMR 2001, 228 (230).
[432] BGH NStZ 2015, 81.
[433] BGHSt 42, 235 (242).
[434] BGH NStZ 2015, 81 (82 Tz. 8).
[435] BGH NStZ 2015, 81 (82 Tz. 8) mit Verweis auf *Hilgendorf* NJW 1997, 1873 (1876).

In einem Beschluss aus dem Jahre 2016 hat der dritte Strafsenat seine Rechtsauffassung auf § 130 Abs. 3 StGB erstreckt. Da die Friedensstörung i. S. d. § 130 Abs. 3 StGB keinen tatbestandlichen Erfolg umschreibe, könne die bloße Möglichkeit, dass eine im Ausland begangene Volksverhetzung Auswirkungen im deutschen Inland hat, die Anwendbarkeit des deutschen Strafrechts nicht rechtfertigen.[436] In dem zugrunde liegenden Fall ging es darum, dass der Täter in einer Versammlung im Ausland den Holocaust leugnete und sich unter den Zuhörern Deutsche befanden, die anschließend an ihren Wohnort in Deutschland zurückkehrten. Das Merkmal der Eignung zur Störung des öffentlichen Friedens i. S. d. § 130 Abs. 3 StGB umschreibe keinen zum Tatbestand gehörenden Erfolg.[437] An einem Ort, an dem die hervorgerufene abstrakte Gefahr in eine konkrete umschlagen kann, genüge nicht, damit ein zum Tatbestand gehörender Erfolg eingetreten ist.[438] Damit macht der Bundesgerichtshof eine Kehrtwende gegenüber seiner Entscheidung aus dem Jahre 2000. Erforderlich sei vielmehr – und damit bestätigt er seine Rechtsprechung zu § 86a StGB[439] – eine von der tatbestandsmäßigen Handlung räumlich und/oder zeitlich abtrennbare Außenweltveränderung, zu der es in den Fällen einer bloß potenziellen Gefahr gerade nicht kommen muss; eine solche sei mithin kein Tatbestandsmerkmal und kein zum Tatbestand gehörender Erfolg.[440]

Zwar hat sich der dritte Strafsenat des Bundesgerichtshofes nicht dazu geäußert, ob es bei rein abstrakten Gefährdungsdelikten, wie es die namentlich zu prüfenden sind, einen Erfolgsort i. S. d. § 9 Abs. 1 Fall 3 StGB gibt. Das abstrakt-konkrete Gefährdungsdelikte ist jedoch gegenüber dem rein abstrakten Gefährdungsdelikt kein rechtliches *Aliud*, sondern vielmehr ein rechtliches Mehr. Denn im Gegensatz zum rein abstrakten Gefährdungsdelikt ist im Einzelfall zu belegen, dass die Tätigkeit konkret geeignet ist zu einer Beeinträchtigung des tatbestandlichen Schutzgutes zu führen.[441] Die Anforderungen, die an das Vorliegen eines „zum Tatbestand gehörenden Erfolges" i. S. d. § 9 StGB gestellt werden, sind höher als die bloße konkrete Eignung zur Beeinträchtigung. Dann kann aber im Erst-recht-Schluss das rein abstrakte Gefährdungsdelikt, das nicht einmal eine konkrete Eignung zur Beeinträchtigung voraussetzt, keinen „zum Tatbestand gehörenden Erfolg" nach dem Verständnis des § 9 Abs. 1 Fall 3 StGB haben.

Zwischenergebnis
Im Ergebnis ist zu konstatieren, dass die Tatbestände im ESchG, die das prospektive Kindeswohl zu schützen bezwecken, als rein abstrakte Gefährdungsdelikte keinen Erfolg im Sinne der allgemeinen Tatbestandslehre aufweisen und damit die Kriterien der objektiven Zurechenbarkeit nicht anwendbar sind.

---

[436] BGH NStZ 2017, 146.
[437] BGH NStZ 2017, 146 (147).
[438] BGH NStZ 2017, 146 (147).
[439] BGH NStZ 2015, 81 (82 Tz. 8).
[440] BGH NStZ 2017, 146 (147).
[441] BGH MMR 2001, 228 (229 f.).

Aufgegriffen werden sollen in diesem Rahmen noch zwei wesentliche Argumente, die gegen diese Deliktsgruppe ins Feld geführt werden:

Keine nachweisbare Gefährdung des Kindeswohls
Eine tatsächliche Gefährdung des Kindeswohls eines so entstandenen Kindes sei nicht nachweisbar.[442] Die Tatsache, dass es belastbare Studien gibt, die widerlegen konnten, dass eine Gefährdung des Kindeswohles tatsächlich besteht, ändert an der Bewertung nichts. Denn der Gesetzgeber unterstellt durch die Schaffung abstrakter Gefährdungsdelikte eine solche prospektive Kindeswohlgefährdung unwiderlegbar. Auf eine „statistisch-kausale Verletzungsrelevanz" kommt es damit nicht an.

Widerspruch in sich: Schutz des Individuums durch Nichtexistenz
Einige bringen vor, man schütze das Rechtsgut, indem man seinen Träger nicht zur Existenz gelangen lässt.[443] So werfen zahlreiche Gegner der genannten Verbote dem Gesetzgeber vor, er schütze das Kindeswohl eines Kindes, indem er ihm seine Existenz im Vorfeld entziehe, was grotesk sei. Indes lässt sich durch die Schaffung des Rechtsgutsträgers kein „Rechtsgutsbonus" erzielen, der dann nachträglich mit einer tatsächlichen Kindeswohlgefährdung gleichsam verrechnet werden könnte.[444] Eine abstrakte Gefährdung des Kindeswohls genügt dem Gesetzgeber. Sie kann nicht mit dem Argument aufgewogen werden, man schaffe den Rechtsgutsträger, erzeuge gerade neues Leben und verrichte letztlich insgesamt „Gutes" im Sinne einer „positiven Rechtsgutsbilanz". Die Fallgruppe der Risikoverminderung ist vielmehr dadurch gekennzeichnet, dass der Handelnde durch sein Tun einen bereits drohenden schwereren Erfolg abschwächt.[445] Die Situation des Handlungsobjektes muss sich verbessern.[446] Im Zeitpunkt der Erzeugung des Embryos, aus dem in der weiteren Folge das Kind entsteht, droht dessen Kindeswohl gerade noch kein „schwerer Erfolg" etwa im Sinne einer schwerwiegenderen Beeinträchtigung. Diese Fallgruppe ist damit auf die vorliegenden Konstellationen nicht anwendbar.

Bei den zu untersuchenden Tatbeständen handelt es sich ihrer Rechtsnatur nach um abstrakte Gefährdungsdelikte und zwar dergestalt, dass der Gesetzgeber mit der

---

[442] *Müller Terpitz*, Das Recht auf Fortpflanzung – Vorgaben der Verfassung und der EMRK, in Frister/Olzen (Hrsg.), Reproduktionsmedizin: Rechtliche Fragestellungen, 2010, S. 9 (18 f.). Zur Leihmutterschaft etwa *Bujard/Thorn* Der Gynäkologe 2018, 639 (641). Auch *Eberlein*, Endokrinologie und Reproduktionsmedizin 2013, S. 100 f. Maßgeblich sei nicht die Art der Entstehung des Kindes, sondern in welchem Umfeld das Kind aufwächst. Polemisch *Biermann* NZFam 2017, 962 (964) im Hinblick auf das Totalverbot der post-mortem-Befruchtung: „(…) paternalistische Spekulationen".

[443] Hiergegen bereits der ÖstVerfGH, Erkenntnis Nr. 15632 vom 14.10.1999, G 91/98, G 116/98, 414, 438 unter Ziff. 2.6.3; dazu auch *Müller-Terpitz*, Das Recht auf Fortpflanzung – Vorgaben der Verfassung und der EMRK, in Frister/Olzen (Hrsg.), Reproduktionsmedizin: Rechtliche Fragestellungen, 2010, S. 9 (20); umfassend: *Coester-Waltjen*, Die künstliche Befruchtung beim Menschen – Zulässigkeit und zivilrechtliche Folgen, Gutachten zum 56. DJT, 1986, B 45 f.

[444] Ebenso ablehnend OLG München FamRZ 2017, 904 (906), wobei der Senat seine Argumentation auf die Inzestscheidung des BVerfG (BVerfG, Beschl. v. 26. Februar 2008 – 2 BvR 392/07, abgedruckt in FamRZ 2008, 757 ff.) stützt.

[445] *W/B/S*, Strafrecht AT, 48. Aufl. 2018, § 6 Rn. 294.

[446] *Roxin*, Strafrecht AT I, 2006, § 11 Rn. 53.

bloßen Tätigkeit schon die Gefährdung des prospektiven Kindeswohls eines noch nicht entstandenen Individuums einhergehen sieht. Das Kriterium der objektiven Zurechenbarkeit kann jedoch nur insoweit fruchtbar gemacht werden als der jeweilige Tatbestand einen Verletzungserfolg, zumindest aber einen konkreten Gefahrerfolg als Zurechnungsobjekt voraussetzt. Denn bei abstrakten Gefährdungsdelikten ist der Eintritt eines Gefahrerfolges nicht Tatbestandsvoraussetzung, sondern bloßes Motiv für die Schaffung der Verbotsnorm. Der Gesetzgeber vermutet unwiderlegbar eine Gefährdung des prospektiven Kindeswohls allein durch die Ausführung des tatbestandlich umschriebenen Verhaltens. Selbst wenn § 9 Abs. 2 Satz 2 StGB den Strafgrund der Teilnahme letztlich allein auf den selbstständigen mittelbaren Rechtsgutsangriff des Inlandsarztes stützt und das Kriterium der (mangelnden) objektiven Zurechenbarkeit grundsätzlich anwendbar ist, ist es aufgrund der besonderen Deliktsnatur für die zu untersuchenden Problemfelder unbrauchbar.

Im Weiteren bedarf es nunmehr der Differenzierung nach konkreten Verhaltensweisen:

3. Differenzierung nach Verhaltensweisen

Im Anschluss an die Feststellung, dass sich eine allgemeingültige Lösung, die alle Mitwirkungsformen erfasst, nicht ermitteln lässt, ist nunmehr zwischen den einzelnen Mitwirkungsformen zu unterscheiden. Denn nicht alle Mitwirkungsformen sind straf- und damit auch berufsrechtlich bedenklich. Die Untersuchungsreihenfolge richtet sich dabei nach der Intensität der Mitwirkung: von schwach bis stark.

Für jede Verhaltensweise ist – abgestuft nach deren Intensität – zu erörtern, ob sie unter dem Gesichtspunkt einer Beihilfe von strafrechtlicher Relevanz ist.

a) Hinweiserteilung

Zu Beginn der Ausführungen steht die schwächste Form der Mitwirkung: Die bloße Hinweiserteilung über rechtliche und/oder medizinische Grundlagen der einzelnen Behandlungsmethode.

aa) Abgrenzung zur Erteilung von Rat

Während im allgemeinen Sprachgebrauch die Hinweiserteilung und die Beratung häufig synonym verwendet werden, erfordert eine zutreffende rechtliche Einordnung, dass die Begriffe klar voneinander abgegrenzt werden.[447] Im Gegensatz zur Erteilung von Rat beinhaltet eine bloße Auskunft in Form einer Hinweiserteilung lediglich Informationen[448]: In Gestalt der Darlegung der geltenden inländischen

---

[447] Unklar daher *Magnus* NStZ 2015, 57 (60), die von „neutraler Beratung" spricht und darunter die Hinweiserteilung über die Behandlungsmöglichkeiten fassen will.
[448] *Kudlich* verwendet andere Begrifflichkeiten: Er spricht bei der bloßen Informationserteilung

und/oder ausländischen Rechtslage (rechtlicher Hinweis) oder der Eröffnung der medizinischen Grundlagen einzelner Behandlungsmethoden (medizinischer Hinweis). Jedoch beinhalten diese Hinweise in Abgrenzung zur Erteilung von Rat keine über den informatorischen Charakter hinausgehende Aufforderung zur Tat oder Bestärkung des Tatentschlusses bei den Patienten.

bb) Gegenstand der Informationserteilung

Sowohl für die Rechtsauskunft als auch für die medizinische Auskunft wird unterstellt, dass sie wahrheitsgemäß und vollständig erfolgt. Denn ausschließlich unter diesen Voraussetzungen handelt es sich um eine Auskunft im eigentlichen Sinne[449] und nur dann lässt sich ein verfassungsrechtlicher Anspruch des Auskunftsempfängers – der Patienten – herleiten.

(1) Rechtsauskunft

Zwar hat die ärztliche Auskunft (im Vorfeld einer Kinderwunschbehandlung) – anders als etwa die Auskunftserteilung durch einen Rechtsanwalt – nicht primär rechtliche Fragestellungen zum Gegenstand.[450] Regelmäßig wird es jedoch unerlässlich sein, dass der Arzt neben medizinischen Informationen auch die damit im Zusammenhang aufgeworfenen Rechtsfragen zumindest überblicksartig erörtert.[451] Solche Rechtsfragen können die rechtliche Zulässigkeit bestimmter Formen der Kinderwunschbehandlung, aber auch abstammungsrechtliche Fragestellungen zum Gegenstand haben. Bei Rechtsfragen, die einer höchstrichterlichen Klärung entbehren, genügt eine Auskunft unter Berücksichtigung der wesentlichen Stellungnahmen und ein Hinweis auf bestehende (Rechts-)Unsicherheiten.[452] Hierunter zu fassen sind insbesondere solche Fragen, die im Zusammenhang mit dem ESchG aufgeworfen werden.

---

von Beratung, wird diese um eine Verhaltensempfehlung ergänzt, so liege eine Beratung im engeren Sinne vor, NStZ 2017, 339 (340). *Conte* spricht gar von einer „bloße[n] Beratung in einem frühen Stadium, bei welcher allgemein gehaltene Informationen über mögliche Behandlungsformen erteilt werden." In: Der Gynäkologe 2013, 841 (842). Um den Unterschied zwischen Hinweiserteilung und Beratung auch in der Sprachfassung hervorzuheben, wird die beschriebene Sprachfassung verwendet. In der Sache ergeben sich keine Unterschiede.

[449] Zur wahrheitsgemäßen Rechtsauskunft durch einen Rechtsanwalt etwa *Kudlich*, NStZ 2017, 339.

[450] So lautet es in der Richtlinie zur Entnahme und Übertragung von menschlichen Keimzellen im Rahmen der assistierten Reproduktion unter Ziff. 2.2.3 (A 7): „Der Arzt nimmt keine rechtliche Beratung vor."

[451] Ähnlich *Kudlich* JA 2013, 791 (793).

[452] *Kudlich* NStZ 2017, 339.

α) Verstoß gegen Rechtsberatungsgesetz oder Rechtsdienstleistungsgesetz

Eingangs stellt sich die Frage, ob die Erteilung einer Rechtsauskunft durch einen Reproduktionsmediziner im Inland möglicherweise durch Spezialgesetze strafbewehrt verboten wird. Doch weder das bis zum 30. Juni 2008 geltende Rechtsberatungsgesetz[453] (kurz: RBerG) noch das seit dem 1. Juli 2008 geltende Rechtsdienstleistungsgesetz[454] (kurz: RDG) enthalten Straftatbestände. Eine gesetzliche Normierung der Strafbarkeit ist jedoch wegen des Grundsatzes *nulla poena sine lege* (keine Strafe ohne Gesetz, Art. 103 Abs. 2 GG, § 1 StGB) zwingend erforderlich, um eine (potenzielle) Strafbarkeit zu begründen. Nach RBerG oder RDG hat sich der Inlandsarzt durch die Erteilung von Rechtsauskunft nicht strafbar gemacht, unabhängig davon, zu welchem Zeitpunkt er die Auskunft erteilt hat, also gleich, ob vor oder nach dem 1. Juli 2008.

β) Rechtsauskunft als strafbare Teilnahme

Es stellt sich jedoch die Frage, ob die Rechtsauskunft durch den inländischen Arzt über die Rechtslage im Hinblick auf die Zulässigkeit der untersuchten verbotenen Methoden der medizinisch unterstützten Fortpflanzung im In- und Ausland, unter teilnahmerechtlichen Gesichtspunkten nach Maßgabe des Strafgesetzbuches strafbar ist.

Die bloß abstrakte Aufklärung über die Rechtslage, sei es über die Existenz/ Nichtexistenz von Straftatbeständen, die räumliche Reichweite der untersuchten verbotenen Verhaltensweisen oder die Straflosigkeit einer Auslandsbehandlung gegenüber den Patienten reicht nicht aus, um eine strafbare Teilnahme zu begründen. Ein solches Verhalten geht nicht über den Hinweis auf die Möglichkeit einer Strafbarkeit hinaus und schafft mangels Förderungscharakters daher keine Gefahr einer Tatbegehung, die dem Inlandsarzt als verantwortliches Werk von Gehilfenunrecht zuzurechnen wäre. Sie liegt im Rahmen des allgemeinen Lebensrisikos,[455] sodass sich an der Bewertung auch dann nichts ändert, wenn der Empfänger der Auskunft durch die Hinweiserteilung zu einer Straftat (mit-)verleitet wird.

Auch *Mallison* gelangt – wie bereits bei der Thematik der „berufstypischen Handlung" dargestellt – im Rahmen seiner ausführlichen Untersuchung zur „Rechtsauskunft als strafbare Teilnahme" zum gleichen Ergebnis,[456] stützt dieses jedoch darauf, das Rechtsstaatsprinzip als verfassungsrechtlicher Rechtfertigungsgrund bewirke, dass die Erteilung einer reinen Rechtsauskunft stets rechtmäßig sei. Es gebe bei wahrheitsgemäßer Rechtsauskunft ein im Grundgesetz verankertes

---

[453] Gesetz vom 13. Dezember 1935 (RGBl. I S. 1478), zuletzt geändert durch Art. 1 des Gesetzes zur Änderung des Einführungsgesetzes zur Insolvenzordnung und anderer Gesetze vom 19. Dezember 1998 (BGBl. I, S. 3836).

[454] Gesetz über außergerichtliche Rechtsdienstleistungen, BGBl. I, S. 2840 vom 12. Dezember 2007.

[455] *Kretschmer* Jura 2008, 265 (267).

[456] *Mallison*, Rechtsauskunft als strafbare Teilnahme, 1979, S. 136.

„Recht auf Rechtskenntnis" des Empfängers[457]: „Recht wirkt, indem es die Entscheidungen der Bürger beeinflusst. Es kann das Sozialleben letztlich überhaupt nur gestalten, wenn es den Beteiligten bekannt ist."[458]

Einig ist man sich jedenfalls im Ergebnis, wonach die bloße Erteilung einer Rechtsauskunft nicht als psychische Beihilfe qualifiziert werden kann. Der Inlandsarzt bleibt straflos, wenn er sich zu den rechtlichen Gegebenheiten der untersuchten Methoden der Kinderwunschbehandlung im In- und/oder Ausland gegenüber den Patienten äußert.[459]

(2) Medizinische Auskunft

Im Rahmen der medizinischen Auskunft soll nach deren Inhalten unterschieden werden,[460] und zwar nach der medizinischen Auskunft im Allgemeinen (unter α)), der allgemeinen Aufklärungs- und Hinweispflichten im Vorfeld einer IVF-Therapie (unter β)) und der darüber hinausgehenden, wegen ihrer Zielrichtung und Rechtswirkung in Art und Umfang unterschiedlich ausgestalteten Eingriffsaufklärung im Vorfeld einer IVF-Behandlung mit anschließendem Embryotransfer (unter γ)).

α) Allgemeiner Natur

Vergleichbar mit der Hinweiserteilung über die rechtlichen Hintergründe der jeweiligen fortpflanzungsmedizinischen Behandlungsmethode kann der Inlandsarzt Ausführungen über die medizinischen Hintergründe der ESchG-widrigen Behandlungsformen machen. Etwa über die medizinischen Grundlagen, insbesondere die medizinische Indikation, die jeweiligen Behandlungsabläufe oder die Abgrenzung zu zulässigen Verfahren. Auch solche medizinischen Hinweise allgemeiner Natur sind wie die bloße Rechtsauskunft straflos. Zum einen ist die medizinische Auskunft mit der rechtlichen Auskunft regelmäßig verbunden. Die Inhalte ergänzen sich wechselseitig, häufig ist die Darlegung der medizinischen Hintergründe für das rechtliche Verständnis auf Patientenseite unabdingbar. Zum anderen hat auch die Information über die medizinischen Hintergründe rein informatorischen Charakter und weist damit keinen für die Beihilfe erforderlichen Förderungscharakter auf. Lediglich in inhaltlicher Hinsicht unterscheidet sich die medizinische Informationserteilung von der Hinweisgabe über die rechtlichen Grundlagen, sodass der gleiche rechtliche Maßstab anzulegen ist.

---

[457] *Mallison*, Rechtsauskunft als strafbare Teilnahme, 1979, S. 134.

[458] *Mallison*, Rechtsauskunft als strafbare Teilnahme, 1979, S. 127; ihm beipflichtend *Maiwald* ZStW 93 (1981), 885 (889 f.).

[459] Das gilt im Übrigen auch für die weiteren Behandlungsmethoden, die Gegenstand der Untersuchung sind.

[460] *Kudlich* nimmt diesbezüglich eine enge Verwobenheit zwischen rechtlichen und medizinischen Fragen an, will die Erörterung medizinischer Fragen an die Fälle der Erteilung einer Rechtsauskunft anlehnen und stellt die Annahme einer Beihilfestrafbarkeit in solchen Konstellationen in Frage, in: JA 2013, 791 (793).

Über diese allgemeine Hinweiserteilung hinaus bestehen jedoch besondere, gesetzlich festgelegte Aufklärungspflichten, die einer genaueren Betrachtung bedürfen.

β) Aufklärungspflichten im Vorfeld einer IVF-Therapie
Eingangs muss klargestellt werden, dass es sich im Grundsatz nicht um gesetzlich normierte Aufklärungspflichten betreffend die der Untersuchung zugrunde liegenden Methoden handelt. Denn deren Praktizierung ist strafrechtlich, jedenfalls aber – und das unstreitig – berufsrechtlich in Deutschland untersagt. Vielmehr geht es um die Frage, welche besonderen Aufklärungspflichten den Inlandsarzt im Vorfeld einer in Deutschland zulässigen IVF-Behandlung mit anschließendem Embryotransfer im Hinblick auf die Behandlungsvariante des elektiven Embryo-Transfers sowie der Eizellspende treffen. Die Aufklärung im Vorfeld der Durchführung fortpflanzungsmedizinischer Maßnahmen ist von erheblicher Bedeutung.[461]

Im Vergleich zu den anderen Mitwirkungsformen besteht hinsichtlich der Mitwirkung in Form der Aufklärung im Vorfeld einer IVF-Therapie über im Inland verbotene, im Ausland nicht strafbare Alternativmethoden ein wesentlicher Unterschied: Während bei den übrigen Mitwirkungsformen danach zu fragen ist, ob ein Mitwirkungsverbot und damit eine Unterlassungspflicht besteht, ist spiegelbildlich bei der Aufklärung im Vorfeld einer IVF-Therapie die Frage aufzuwerfen, ob den Inlandsarzt eine Mitwirkungspflicht trifft und er sich im Falle einer unterlassenen Mitwirkung im Vorfeld der Durchführung einer IVF-Therapie letztlich durch deren Vornahme (wegen Körperverletzung gem. § 223 Abs. 1 StGB infolge unwirksamer Einwilligung) strafbar macht.

αα) Allgemeine Aufklärungspflichten
Anders als etwa die bislang nicht umgesetzten §§ 18–20 AME-FMedG oder der in Österreich neu geschaffene § 7 ÖstFMedG schweigt das ESchG zu Art, Umfang und Inhalt von Aufklärungspflichten im Vorfeld der Anwendung fortpflanzungsmedizinischer Verfahren. Der einstige Vorschlag eines Fortpflanzungsmedizingesetzes, das Aufklärungspflichten enthielt, konnte sich in Deutschland nicht durchsetzen.[462]

In zahlreichen Bestimmungen verstreut finden sich Aufklärungspflichten, die der Arzt im Vorfeld der Durchführung einer Methode der medizinisch unterstützten Fortpflanzung zu beachten hat.[463] Darunter fallen etwa:

ββ) § 8 MBO-Ä
In § 8 der Musterberufsordnung für Ärzte werden berufsrechtliche Aufklärungspflichten allgemeiner Natur festgelegt:

---

[461] Hierzu auch das Diskussionspapier zu den Vorbereitungen für ein Fortpflanzungs-Medizingesetz, ReprodMed 2001, Ziff. 3, 301 (302).
[462] BT-Drucks. 11/5710, 2: § 4 zu den Beratungspflichten des Arztes sowie S. 3 § 6 zu den Aufzeichnungspflichten des Arztes.
[463] Deklaratorisch dazu die jüngst geschaffene Richtlinie zur Entnahme und Übertragung von menschlichen Keimzellen im Rahmen der assistierten Reproduktion Ziff. 2, A 4 f.

Zur Behandlung bedürfen Ärztinnen und Ärzte der Einwilligung der Patientin oder des Patienten. Der Einwilligung hat grundsätzlich die erforderliche Aufklärung im persönlichen Gespräch vorauszugehen. Die Aufklärung hat der Patientin oder dem Patienten insbesondere vor operativen Eingriffen Wesen, Bedeutung und Tragweite der Behandlung einschließlich Behandlungsalternativen und die mit ihnen verbundenen Risiken in verständlicher und angemessener Weise zu verdeutlichen. Insbesondere vor diagnostischen oder operativen Eingriffen ist, soweit möglich, eine ausreichende Bedenkzeit vor der weiteren Behandlung zu gewährleisten. Je weniger eine Maßnahme medizinisch geboten oder je größer ihre Tragweite ist, umso ausführlicher und eindrücklicher sind Patientinnen oder Patienten über erreichbare Ergebnisse und Risiken aufzuklären.

γγ) § 8b i. V. m. § 8 Abs. 2 TPG

Im Vorfeld der Entnahme und/oder Übertragung von Keimzellen ist der Spender durch den Arzt in verständlicher Form über

- den Zweck und die Art des Eingriffs,
- die Untersuchungen sowie das Recht, über die Ergebnisse der Untersuchungen unterrichtet zu werden,
- die Maßnahmen, die dem Schutz des Spenders dienen, sowie den Umfang und mögliche, auch mittelbare Folgen und Spätfolgen der beabsichtigen Entnahme für seine Gesundheit,
- die ärztliche Schweigepflicht,
- die zu erwartende Erfolgsaussicht der Übertragung und die Folgen für den Empfänger sowie sonstige Umstände, denen er erkennbar eine Bedeutung für die Spende beimisst, und
- über die Erhebung und Verwendung personenbezogener Daten

aufzuklären.

δδ) (Muster-)Richtlinie zur Durchführung der assistierten Reproduktion

Daneben enthält die (Muster-)Richtlinie zur Durchführung der assistierten Reproduktion Bestimmungen, die Informationspflichten zum Gegenstand haben. So lautet es in Ziffer 3.2 der (Muster-)Richtlinie zur Durchführung der assistierten Reproduktion, welche die Überschrift „Information, Aufklärung, Beratung und Einwilligung" trägt, wie folgt:

„Das Paar muss vor Beginn der Behandlung durch die behandelnde Ärztin/den behandelnden Arzt über die vorgesehene Behandlung, die Art des Eingriffs, die Einzelschritte des Verfahrens, seine zu erwartenden Erfolgsaussichten, Komplikationsmöglichkeiten, Risiken, mögliche Alternative, sonstige Umstände, denen erkennbar Bedeutung beigemessen wird, und die Kosten informiert, aufgeklärt und beraten werden."[464]

Die Pflichten (!) werden im Folgenden – differenziert nach Aspekten – in Unterziffern konkretisiert. Hervorzuheben ist Ziffer 3.2.1. Darin heißt es auszugsweise:

„Im Einzelnen sind Informationen, Aufklärung und Beratung insbesondere zu folgenden Punkten zu geben:

---

[464] DÄBl. 2006, Jg. 103, Heft 20, A 1395.

- *Ablauf des jeweiligen Verfahrens*
- *Erfolgsrate des jeweiligen Verfahrens*
- *(...)*
- *Operative Komplikationen bei Follikelpunktionen*
- *Festlegung der Höchstzahl der zu transferierenden Embryonen*
- *(...)*
- *durch die Stimulation bedingte erhöhte Mehrlingsrate und den damit verbundenen mütterlichen und kindlichen Risiken (unter anderem mit Folge der Frühgeburtlichkeit)*
- *(...)."*

Zwar differenziert die Richtlinie zwischen „Information, Aufklärung und Beratung", sodass deren Verfasser offensichtlich einen Unterschied dazwischen erkannten. Allerdings schweigt die Richtlinie dazu, worin die Unterschiede bestehen sollen. Ferner gilt es zu beachten, dass die in der Richtlinie umschriebenen Pflichten stets mit den gesetzlichen Vorgaben in Einklang stehen müssen.[465]

εε) Richtlinien über künstliche Befruchtung

Auch im Recht der gesetzlichen Krankenversicherung ist die Leistung an die Erfüllung bestimmter Beratungspflichten geknüpft. So lautet es in den auf der Grundlage des § 92 Abs. 1 Satz 2 Nr. 10 SGB V erlassenen Richtlinien über künstliche Befruchtung[466] im Auszug:

Ziffer 7: Maßnahmen zur künstlichen Befruchtung nach den Nrn. 10.2, 10.3,[467] 10.4 und 10.5 dürfen nur durchgeführt werden, wenn die Ehegatten zuvor von einem Arzt, der die Maßnahmen nicht selbst durchführt, über die medizinischen, psychischen und sozialen Aspekte der künstlichen Befruchtung beraten worden sind (Nr. 14) (...)

In Ziffer 14 lautet es wiederum:

„Die Beratung nach Nr. 7 soll sich gezielt auf die individuellen medizinischen, psychischen und sozialen Aspekte der künstlichen Befruchtung beziehen. Dabei sollen nicht nur die gesundheitlichen Risiken und die Erfolgsquoten der Behandlungsverfahren angesprochen, sondern auch die körperlichen und seelischen Belastungen (...) eingehend erörtert werden."

Im Gegensatz zu der (Muster-)Richtlinie zur Durchführung der assistierten Reproduktion sind die Inhalte der Beratung nicht zwingend vorgeschrieben („soll").

ζζ) Richtlinie zur Entnahme und Übertragung von menschlichen Keimzellen im Rahmen der assistierten Reproduktion

In Ziffer 2.2.2 der Richtlinie (A 5) finden sich zahlreiche Punkte, die es bei der Aufklärung vor einer Maßnahme der assistierten Reproduktion einzubeziehen gilt, unter anderem zu Zweck und Art des Eingriffs, zur Notwendigkeit, Dringlichkeit

---

[465] Klarstellend insoweit die Präambel der (Muster-)Richtlinie, DÄBl. Jg. 103, Heft 20, A 1392.
[466] Richtlinien des Bundesausschusses der Ärzte und Krankenkassen über ärztliche Maßnahmen zur künstlichen Befruchtung („Richtlinien über künstliche Befruchtung") in der Fassung vom 14. August 1990 veröffentlicht im BÄBl. 1990, Nr. 12, zuletzt geändert am 16. März 2017, veröffentlicht im BAnz AT 01.06.2017 B 4 in Kraft getreten am 2. Juni 2017. Näheres hierzu bereits unter Teil 2 § 5 C. III. 2. h).
[467] Unter anderem die IVF-Behandlung mit anschließendem Embryotransfer.

und Eignung der Maßnahme, deren Umfang sowie deren Durchführung, zu gesundheitlichen Schutzmaßnahmen und zu Erfolgsaussicht sowie Folgen für den Empfänger der Keimzelle(n). Daneben treten berufsrechtliche Informationspflichten.[468]

Dieselben Grundsätze gelten für die psychosoziale Beratung, da sie keine Empfehlung beinhaltet und damit rein informatorischen Charakter hat. Ratsuchende werden Handlungsoptionen erläutert und umfassend über die Folgen für sie selbst, das zu zeugende Kind und anderweitig Beteiligte, etwa die Eizellspenderin, informiert.[469]

ηη) Zwischenergebnis
Die genannten Bestimmungen verlangen jedoch weder ausdrücklich noch im Wege der Auslegung die Aufklärung über die nach dem EschG verbotene Verfahren des elektiven Embryo-Transfers oder der Eizellspende, gleich ob generell oder im Zusammenhang mit einer anstehenden Auslandsbehandlung.[470]

γ) Eingriffsaufklärung

Hervorzuheben ist in diesem Zusammenhang die sog. Eingriffsaufklärung im Vorfeld der Durchführung einer IVF-Behandlung mit anschließendem Embryotransfer.[471] In Betracht kommt nämlich, den elektiven Embryo-Transfer sowie die Eizellspende als (jeweils eigenständige) Behandlungsalternativen zur IVF-Therapie anzusehen. Denn sie ist das „Kerngeschäft" des Arztes.[472]

αα) Notwendigkeit einer Einwilligung
Die Notwendigkeit einer Einwilligung ergibt sich bei medizinischen Maßnahmen, § 630d Abs. 1 Satz 1 BGB. Darunter fallen insbesondere Eingriffe in den Körper oder die Gesundheit und sonstige therapeutische oder diagnostische Maßnahmen im Rahmen der Behandlung.[473] Maßnahmen der Reproduktionsmedizin sind vom Begriff der medizinischen Maßnahmen umfasst.[474]

Neben der medizinischen Indikation eines Eingriffs vermittelt die Einwilligung des Patienten dem Arzt die notwendige Legitimation, eine bestimmte Maßnahme durchführen zu dürfen.[475] Sie ist definiert als die willentliche Erklärung, dass im

---

[468] Ziff. 2.2.2 der Richtlinie zur Entnahme und Übertragung von menschlichen Keimzellen im Rahmen der assistierten Reproduktion, A 6.

[469] *Bujard/Thorn* Der Gynäkologe 2018, 639 (644 f.).

[470] Die neue Richtlinie zur Entnahme und Übertragung von menschlichen Keimzellen im Rahmen der assistierten Reproduktion gibt schlicht nur den Wortlaut des § 630e Abs. 1 Satz 3 BGB wieder unter Ziff. 2.1.2, A 4.

[471] Da vorliegend nur die Einwilligung in eine IVF mit Embryotransfer erörtert werden soll, stellen sich weitergehende Fragen wie der Verzicht auf ihr Menschenwürdegrundrecht durch die Leihmutter nicht. Dazu *Püttner/Brühl* JZ 1987, 529 (530, 534 ff.).

[472] *Ulsenheimer*, Arztstrafrecht, 5. Aufl. 2015, S. 848 Rn. 1378.

[473] BT-Drucks. 17/10488, 18.

[474] *Wenzel* in Wenzel (Hrsg.), Patientenrechtegesetz, 2017, Rn. 551.

[475] *Ratzel* GesR 2009, 281 (282).

Rahmen der ärztlichen Behandlung in bestimmter Weise auf Personengüter eingewirkt werden darf.[476] Die Einwilligung der Patienten im Vorfeld einer IVF mit Embryotransfer ist in mehrfacher Hinsicht erforderlich. Insofern wird der Auffassung der höchstrichterlichen Rechtsprechung gefolgt, nach der jeder – und damit auch der ärztliche – Eingriff in die körperliche Integrität einer Einwilligung nach ordnungsgemäßer Aufklärung bedarf, um gerechtfertigt zu sein (sog. Rechtfertigungslösung).[477] Dies hat der Gesetzgeber nunmehr mit der Schaffung des § 630d Abs. 2 BGB klargestellt.[478]

Darin heißt es:

Die Wirksamkeit der Einwilligung setzt voraus, dass der Patient (...) vor der Einwilligung (...) aufgeklärt worden ist.

Die Aufklärung dient damit nicht nur der Wahrung des Selbstbestimmungsrechts des Patienten,[479] sondern auch dem Schutz seiner körperlichen Integrität.[480] Das Erfordernis einer Einwilligung wurzelt verfassungsrechtlich in der Menschenwürde, dem allgemeinen Persönlichkeitsrecht sowie dem Recht auf körperliche Unversehrtheit.[481]

Dabei gilt es zu beachten, dass im Rahmen der IVF mit Embryotransfer mehrere Eingriffe vorgenommen werden. Jeder einzelne Eingriff bedarf einer eigenständigen Einwilligung.[482] So bedarf es neben der Einwilligung der Eispenderin in die Punktion der Eibläschen (Follikel)[483] der Zustimmung von Eizellspenderin und Samenspender in die Durchführung der Befruchtung der Eizelle (§ 4 Abs. 1 Nr. 1 ESchG) und der Empfängerin bzgl. der Übertragung des Embryos auf die Patientin (§ 4 Abs. 1 Nr. 2 ESchG). Es handelt sich insgesamt um drei Einwilligungen, wobei schwerpunktmäßig beim elektiven Embryo-Transfer die letzten beiden Einwilligungen von Relevanz sind, da hier der Unterschied der „gewöhnlichen" IVF mit Em-

---

[476] *Deutsch*, Allgemeines Haftungsrecht, 1996, Rn. 282.

[477] *Deutsch/Spickhoff*, Medizinrecht, 7. Aufl. 2014, Rn. 511. Generell bedarf der Eingriff des Arztes in die körperliche Unversehrtheit und die Gesundheit zu seiner Zulässigkeit der wirksamen Einwilligung des Patienten, *Wagner* in MüKo/BGB, Bd. 4, 7. Aufl. 2016, § 630e Rn. 4. Zum Streitstand, ob der ärztliche Heileingriff tatbestandlich eine Körperverletzung darstellt oder einer Rechtfertigung bedarf siehe *Fischer*, StGB, 66. Aufl. 2019, § 223 Rn. 16 ff.

[478] Im Strafrecht hingegen besteht nach wie vor nur eine gewohnheitsrechtliche Anerkennung der Einwilligung als Rechtfertigungsgrund. Der Regierungsentwurf zum Sechsten Strafrechtsreformgesetz aus dem Jahre 1996 (Deutscher Richterbund, DRiZ 1997, 1 (2)), nach dem das Erfordernis einer wirksamen Einwilligung (insb. bei Heilbehandlungen) normiert werden sollte (§ 229 Abs. 1 RegE: „ohne wirksame Einwilligung"), wurde nicht umgesetzt.

[479] BVerfGE 52, 131.

[480] *Wagner* VersR 2012, 789 (793). Daneben trägt der behandelnde Arzt auch gegenüber dem künftig entstehenden Kind eine gewisse Verantwortung, *Püttner/Brühl* JZ 1987, 529 (533).

[481] BVerfG NJW 1979, 1925 (1930 f.); BGH NJW 1959, 811 (814); BGH NJW 1984, 1995; BGH NJW 1989, 1533; *Lechner* MedR 2013, 429 (430) sowie *Deutsch* NJW 1965, 1985 zu den letzten beiden Aspekten.

[482] *Kamps* MedR 1994, 339 (347).

[483] Einwilligungserfordernis gem. §§ 8 Abs. 1 Satz 1, 8c Abs. 1 Nr. 1 lit. b TPG. Dazu *Starck/Coester-Waltjen*, Gutachten zum 56. DJT 1986, in: Ständige Disputation des DJT, A-30.

bryotransfer zum elektiven Embryo-Transfer am deutlichsten hervortritt. Im Hinblick auf die Eizellspende ist die Frage um die Einwilligung in die hormonelle Stimulation und die Eizellpunktion maßgebend.

ββ) Disponibles Rechtsgut
Die einwilligende Person müsste über das Rechtsgut frei verfügen dürfen.

Hinsichtlich der Eizellpunktion geht es allein um die körperliche Unversehrtheit der Frau, der die Eizellen entnommen werden. Die betroffene Frau kann daher frei disponieren.

Selbiges gilt für die Befruchtung der entnommenen Eizellen und zwar neben der Frau, von der die Eizellen stammen auch für den Mann, dessen Samen für die Befruchtung verwendet wird. Das ergibt sich *e contrario* aus § 4 Abs. 1 Nr. 1 ESchG, der deklaratorisch für die zulässige Befruchtung einer Eizelle die Einwilligungen der Frau, von der die Eizelle stammt, und des Mannes, von dem die Samenzelle stammt, im Vorfeld der Befruchtung voraussetzt.

Über den entstandenen Embryo und seine Verwendung kann die Frau, von der die Eizelle stammt, aus welcher der Embryo entsteht, auch im Hinblick auf die Übertragung in ihren Mutterleib, uneingeschränkt disponieren.

Dass eine Einwilligung in die Übertragung eines Embryos nach durchgeführter IVF-Behandlung nicht per se aufgrund denkbarer Berührungspunkte mit der Menschenwürde unwirksam ist (Indisponibilität),[484] ergibt sich aus der Existenz des § 4 Abs. 1 Nr. 2 ESchG, der die Notwendigkeit einer solchen Einwilligung festlegt.

γγ) Keine Relevanz der Schranke des § 228 StGB
Nach der Bestimmung des § 228 StGB handelt der Täter trotz vorliegender Einwilligung rechtswidrig, wenn die Tat trotz der Einwilligung gegen die guten Sitten verstößt.

Allerdings gilt es zu beachten, dass die von § 228 StGB bezeichnete „Tat" nicht die Durchführung eines nach § 1 Abs. 1 Nr. 5 ESchG verbotenen elektiven Embryo-Transfers oder einer gemäß den §§ 1 Abs. 1 Nrn. 1, 2 EschG pönalisierten Eizellspende ist,[485] sondern die Vornahme einer standardmäßigen, in Deutschland (indirekt, da nicht im EschG ausdrücklich verboten) zulässigen IVF-Therapie.[486] Die IVF mit Embryotransfer verstößt nicht gegen die guten Sitten. § 228 StGB ist bereits tatbestandlich nicht einschlägig.

δδ) Voraussetzungen hinsichtlich der Einwilligungsfähigkeit: Die Eingriffsaufklärung nach Maßgabe der §§ 630d, 630e BGB
Die Einwilligung ist unwirksam, wenn sie an wesentlichen Willensmängeln leidet.[487] Im Umkehrschluss ist die Einwilligung nur rechtswirksam und kann ihre rechtfertigende Wirkung ausschließlich dann entfalten, wenn der jeweilige Patient im Vorfeld der IVF-Therapie ordnungsgemäß aufgeklärt worden ist. Nur in diesem

---
[484] Dazu *Püttner/Brühl* JZ 1987, 529 (531).
[485] Siehe zu dieser Konstellation oben bei C. I. 2. b).
[486] So auch *Magnus* NStZ 2015, 57 (58) zur hormonellen Vorbehandlung.
[487] *W/B/S*, Strafrecht AT, 48. Aufl. 2018, § 11 Rn. 570.

Fall ist die einwilligende Person frei von relevanten Willensmängeln und der Eingriff in die körperliche Integrität durch Einwilligung gerechtfertigt.[488] Es gilt jedoch für das Strafrecht zu beachten, dass der Arzt entgegen der zivilrechtlichen Beweislastregelung in § 630h Abs. 2 Satz 1 BGB im Strafverfahren nicht darzulegen und im Streitfall zu beweisen hat, korrekt aufgeklärt zu haben. Denn im Strafprozess gilt nicht der Beibringungsgrundsatz (§ 286 ZPO), sondern der Amtsermittlungsgrundsatz nach § 244 Abs. 2 StPO.[489]

Abgrenzung zu anderen Formen der Aufklärung
Im Zuge der Umsetzung des Patientenrechtegesetzes aus dem Jahre 2013[490] hat der Gesetzgeber mehrere Aufklärungspflichten normiert, die es kurz darzustellen und voneinander abzugrenzen gilt.

Allerdings stehen die Pflichten aus § 630c Abs. 2 BGB und § 630c Abs. 3 BGB unter dem Titel „Informationspflichten". Es handelt sich nicht um Aufklärungspflichten im eigentlichen Sinne:

Die Vorschrift des § 630c Abs. 2 Satz 1 BGB umfasst die sog. therapeutische Aufklärung/Sicherungsaufklärung[491]:

Der Behandelnde ist verpflichtet, dem Patienten in verständlicher Weise zu Beginn der Behandlung und, soweit erforderlich, in deren Verlauf sämtliche für die Behandlung wesentlichen Umstände zu erläutern, insbesondere die Diagnose, die voraussichtliche gesundheitliche Entwicklung, die Therapie und die zu und nach der Therapie zu ergreifenden Maßnahmen.

Mit der Normierung der Pflicht zur therapeutischen Aufklärung geht keine Änderung der bis zum Inkrafttreten der §§ 630a ff. BGB bestehenden Rechtslage einher.[492] Sie stellen lediglich Informationspflichten dar.[493] Der Patient soll imstande sein, sein eigenes Verhalten auf die gewählte Therapie auszurichten.[494] Diese Aufklärungsform ist jedoch strikt von der in § 630e BGB normierten zu unterscheiden.[495] Maßgebliches Abgrenzungskriterium ist nach *Wenzel* die Zielrichtung der Information: Dient sie dazu, dass der Patient Kenntnisse erlangen sollen, um sich therapierichtig zu verhalten, so ist § 630c Abs. 2 Satz 1 BGB einschlägig, wird der Patient hingegen durch die Information erst in die Lage versetzt, Risiken und Er-

---

[488] *W/B/S*, Strafrecht AT, 48. Aufl. 2018, § 11 Rn. 570 mit Verweis auf *Kraatz*, Arztstrafrecht, 2013, Rn. 41 ff.; *Ulsenheimer*, Arztstrafrecht, 5. Aufl. 2015, § 1 Rn. 60 ff.
[489] Ähnlich *Wenzel* in Wenzel (Hrsg.), Patientenrechtegesetz, 2017, Rn. 1060. § 244 Abs. 2 StPO im Wortlaut: „Das Gericht hat zur Erforschung der Wahrheit die Beweisaufnahme *von Amts wegen* [Hervorhebung durch Verfasser] auf alle Tatsachen und Beweismittel zu erstrecken, die für die Entscheidung von Bedeutung sind."
[490] Hierzu bereits Teil 2 § 5 C. III. 2. b).
[491] *Wagner* VersR 2012, 789 (792).
[492] *Katzenmeier* in Laufs/Katzenmeier/Lipp (Hrsg.), Arztrecht, 7. Aufl. 2015, Kap. V. Rn. 14; *Laufs* in Laufs/Kern (Hrsg.), Handbuch des Arztrechts, 4. Aufl. 2010, § 59 Rn. 13; *Ulsenheimer*, Arztstrafrecht, 2015, § 1 Rn. 64.
[493] *Wagner* VersR 2012, 789 (792).
[494] *Wagner* VersR 2012, 789 (792).
[495] *Deutsch/Spickhoff*, Medizinrecht, 7. Aufl. 2014, Rn. 451.

folgsaussichten einer ärztlichen Maßnahme richtig einschätzen zu können, so ist die Eingriffsaufklärung nach §§ 630d, 630e BGB betroffen.[496] Die therapeutische Informationspflicht dient der Sicherung des Behandlungserfolges, die Aufklärungspflicht der Gewährleistung einer selbstbestimmten Entscheidung des Patienten über die Behandlungsmaßnahme.[497]

Hinzu tritt die Aufklärungspflicht über Fehler nach § 630c Abs. 2 Satz 2 BGB. Dieser lautet:

> *Sind für den Behandelnden Umstände erkennbar, die die Annahme eines Behandlungsfehlers begründen, hat er den Patienten über diese auf Nachfrage oder zur Abwendung gesundheitlicher Gefahren zu informieren.*

Die Vorschrift hat kein judizielles Vorbild.[498] Allerdings befasst sie sich ausweislich ihres Wortlautes mit „Behandlungsfehler" und ist damit – anders als die Eingriffsaufklärung – der Behandlung zeitlich nachgelagert.

Daneben beinhaltet § 630c Abs. 3 Satz 1 BGB die sog. wirtschaftliche Informationspflicht.[499] Dieser bestimmt:

> *Weiß der Behandelnde, dass eine vollständige Übernahme der Behandlungskosten durch einen Dritten nicht gesichert ist oder ergeben sich nach den Umständen hierfür hinreichende Anhaltspunkte, muss er den Patienten vor Beginn der Behandlung über die voraussichtlichen Kosten der Behandlung in Textform informieren.*

Auch diese Bestimmung birgt gegenüber der bisherigen Rechtsprechungspraxis keine Neuerung[500] und dient letztlich allein dem Vermögensschutz des Patienten.

Schließlich trifft den Behandelnden eine Pflicht zur sog. Eingriffsaufklärung (§§ 630d, 630e BGB).[501] Sie allein ist maßgebend dafür, ob der Einwilligung in den ärztlichen Eingriff rechtfertigende Wirkung zukommt und wesentlicher Bestandteil der ärztlichen Behandlung.[502] Bereits vor Kodifizierung des Patientenrechtegesetzes war in der höchstrichterlichen strafrechtlichen Rechtsprechung anerkannt, dass den Arzt auch im Bereich des Strafrechts unter bestimmten Voraussetzungen eine Aufklärungspflicht über Behandlungsalternativen trifft.[503]

Übertragbarkeit der zivilrechtlichen Grundsätze auf das Strafrecht
Nach Maßgabe einer einheitlichen rechtlichen Würdigung durch Zivil- und Strafgericht sind die Anforderungen an die Wirksamkeit einer Eingriffsaufklärung nach

---

[496] *Wenzel* in Wenzel (Hrsg.), Patientenrechtegesetz, 2017, Rn. 415–417.
[497] *Wenzel* in Wenzel (Hrsg.), Patientenrechtegesetz, 2017, Rn. 668.
[498] *Wagner* VersR 2012, 789 (794 f., 802).
[499] BGH NJW 1983, 2630 (2631); BGH NJW 1996, 781.
[500] *Katzenmeier* in Laufs/Katzenmeier/Lipp (Hrsg.), Arztrecht, 7. Aufl. 2015, Kap. V. Rn. 34; *Laufs* in Laufs/Kern (Hrsg.), Handbuch des Arztrechts, 4. Aufl. 2010, § 25 Rn. 24; *Ulsenheimer*, Arztstrafrecht, 5. Aufl. 2015, § 1 Rn. 76.
[501] Zum Teil wird dabei nochmals zwischen Risiko-, Diagnose- und Verlaufsaufklärung unterschieden, so etwa *Laufs* in *Laufs/Kern*, Handbuch des Arztrechts, 4. Aufl. 2010, § 59 Rn. 11 ff.; *Kern* GesR 2009, 1 (5 ff.); *Katzenmeier* MedR 2012, 576 (582).
[502] BGH NJW 2015, 477.
[503] BGH NJW 2005, 1718; BGH MedR 2008, 435.

Maßgabe der §§ 630d, 630e BGB auch im Strafrecht beachtlich, Stichwort: Einheit der Rechtsordnung,[504] die auch für die Rechtfertigungsgründe gilt.[505] Der Gleichlauf wird insbesondere an den deliktischen Haftungstatbeständen ersichtlich. Zur Veranschaulichung nehme man etwa an, die zivilrechtlichen Anforderungen an eine wirksame Einwilligung seien höher als die strafrechtlichen. Dann würde der Arzt neben Vertragsrecht aus Delikt (§ 823 Abs. 1 BGB) haften, jedoch nicht aus § 823 Abs. 2 BGB i. V. m. § 223 Abs. 1 StGB zivilrechtlich einstehen müssen. Darin liegt ein eklatanter Wertungswiderspruch. Gestützt wird das Ganze durch die prozessuale Verknüpfung von Zivil- und Strafrecht in § 630c Abs. 2 Satz 3 BGB.[506] Die Rolle der ärztlichen Aufklärungspflichten ist daher auch im Bereich des Strafrechts von nicht zu unterschätzender Bedeutung.[507]

Der Bundesgerichtshof hat in seiner Entscheidung zur Bedeutung von § 1901a BGB im Rahmen der Sterbehilfe durch Unterlassen[508] nichts Gegenteiliges zur Übertragungsmöglichkeit ausgeurteilt. Allenfalls im Hinblick auf den Umfang der Einwilligung (so wörtlich: „(…) die Frage nach der Reichweite einer eine Körperverletzung rechtfertigenden Einwilligung (§ 228 StGB)")[509] in eine Körperverletzung unter dem Gesichtspunkt der Sittenwidrigkeit stellt er auf eine von zivilrechtlichen Maßstäben losgelöste strafrechtsspezifische Prüfung ab,[510] nicht jedoch im Hinblick auf die Voraussetzungen einer wirksamen Einwilligung, mit der sich die §§ 630d, 630e BGB befassen.[511]

Die ärztliche Therapiefreiheit und ihr Verhältnis zur Eingriffsaufklärung: Der elektive Embryo-Transfer und die Eizellspende als „Behandlungsalternative" i. S. d. § 630e Abs. 1 Satz 3 BGB
Von der Frage, ob die Durchführung des elektiven Embryo-Transfers oder der Eizellspende in Deutschland zulässig ist, ist die Frage zu trennen, ob und inwieweit der Arzt im Vorfeld einer IVF mit Embryotransfer in Deutschland die Patientin über das jeweilige Verfahren als Behandlungsalternative aufzuklären hat.

Ausgangspunkt der Frage ist die ärztliche Therapiefreiheit[512] und ihr Verhältnis zur Eingriffsaufklärung. Zunächst ist fraglich, ob der Arzt über den elektiven Embryo-

---

[504] Dazu *Wagner* VersR 2012, 789 (802), sowie *Lechner* MedR 2013, 429 (430, 432).
[505] *Lechner* MedR 2013, 429 (430).
[506] So auch *Lechner* MedR 2013, 429 (430, 432).
[507] *Ulsenheimer*, Arztstrafrecht, 5. Aufl. 2015, § 13 Rn. 12 ff.
[508] BGH MedR 2011, 32 ff.
[509] BGH MedR 2011, 32 (34).
[510] BGH MedR 2011, 32 (34).
[511] Daher unklar *Lechner* MedR 2013, 429 (430), wenn er diese Einschränkung auf die Voraussetzungen der wirksamen Einwilligung im Strafrecht erstreckt sieht.
[512] Berufsrechtlich in §§ 1 Abs. 2, 2 Abs. 1 MBO-Ä und den landesrechtlichen Umsetzungen niedergelegt, dazu *Heyers/Bergmann* NK-Gesamtes Medizinrecht, 3. Aufl. 2018, BÄO § 1 Rn. 47. *Neidert* spricht von einer „originären Behandlungsfreiheit des Reproduktionsmediziners", in J Reprod Endo 2004, 100 (101); *Jaeger* vom „therapeutischen Privileg hinsichtlich der Wahl der Therapie", PatRG, 2013, Rn. 233. Einen umfassenden Überblick bietet *Wenzel* in Wenzel (Hrsg.), Patientenrechtegesetz, 2017, Rn. 245 ff.

Transfer und die Eizellspende im Vorfeld einer IVF mit Embryotransfer aufklären muss. Und falls diese Frage verneint wird, ob er zumindest darüber aufklären darf.

Die Bestimmung in § 630d Abs. 2 BGB setzt deklaratorisch[513] für die rechtliche Wirksamkeit einer Einwilligung eines Patienten voraus, dass dieser vor der Erteilung der Einwilligung nach Maßgabe von § 630e Abs. 1 bis 4 und damit auch den Anforderungen des § 630e Abs. 1 Satz 3 BGB entsprechend aufgeklärt worden ist.

Erst eine nach vollständiger und gewissenhafter Aufklärung des Patienten wirksame Einwilligung (*informed consent*[514]) macht den Eingriff in seine körperliche Integrität rechtmäßig,[515] denn nur so kann die zwischen Arzt und Patient bestehende Informationsasymmetrie ausgeglichen werden.[516] Die Aufklärung ist fester Bestandteil der ärztlichen Behandlung,[517] das gilt auch bei der Einwilligung in die Durchführung von Maßnahmen der medizinisch unterstützten Fortpflanzung.[518] Sie dient letztlich neben der Gewährleistung der Patientenautonomie dem Schutz vor Körperverletzungen.[519] Nach *Lindner* soll die Aufklärung im Vorfeld der Anwendung fortpflanzungsmedizinischer Techniken der negativen Schutzdimension reproduktiver Selbstbestimmung, mithin dem Recht, sich einer bestimmten Behandlungsmethode nicht auszusetzen, Rechnung tragen.[520] Gerade im Bereich der Fortpflanzungsmedizin kommt der Aufklärung daher eine Schlüsselrolle zur Ermöglichung und Sicherung eigenverantwortlicher Entscheidungsfindung zu.[521]

---

[513] *Jaeger*, PatRG, 2013, Rn. 196: „restlos überflüssige Bestimmung".

[514] Zu dem Begriff siehe *Katzenmeier* in Laufs/Katzenmeier/Lipp (Hrsg.), Arztrecht, 7. Aufl. 2015, Kap. V. Rn. 5.

[515] BGH NJW 1984, 1807; BGH NJW 2005, 1718 (1719); dies gilt nicht nur im Straf-, sondern auch im Zivilrecht. Ein Eingriff in die körperliche Integrität des Patienten ohne dessen wirksame Einwilligung ist unwirksam. Das Unterlassen einer ordnungsgemäßen Aufklärung ist eine Pflichtverletzung des Behandlungsvertrages und führt zu Schadensersatzansprüchen aus § 280 BGB sowie § 823 BGB, dazu *Jaeger*, PatRG, 2013, Rn. 283 f.

[516] *Wagner* in MüKo/BGB, Bd. 4, 7. Aufl. 2016, § 630d Rn. 3; *Jaeger*, PatRG, 2013, Rn. 217 mit Bezugnahme auf BGH VersR 2005, 836.

[517] BGH NJW 2015, 477.

[518] *Püttner/Brühl* JZ 1987, 529 (532). Aufklärung und Einwilligung dienen laut *Lindner* dem Schutz der negativen Seite der reproduktiven Selbstbestimmung, also dem Recht, sich einer bestimmten Fortpflanzungsmethode nicht auszusetzen, Verfassungsrechtliche Aspekte eines Fortpflanzungsmedizingesetzes, in Rosenau (Hrsg.), Ein zeitgemäßes Fortpflanzungsmedizingesetz für Deutschland, 2012, S. 144.

[519] *Wagner* in MüKo/BGB, Bd. 4, 7. Aufl. 2016, § 630d Rn. 4 f. BGH MedR 2011, 809 (810 Tz. 10): Durch die Aufklärung wird „das aus der Menschenwürde (Art. 1 Abs. 1 GG) und dem allgemeinen Persönlichkeitsrecht (Art. 2 Abs. 1 GG) abgeleitete Selbstbestimmungsrecht des Patienten sowie sein Recht auf körperliche Unversehrtheit (Art. 2 Abs. 2 Satz 1 GG) gewahrt."

[520] *Lindner*, Verfassungsrechtliche Aspekte eines Fortpflanzungsmedizingesetzes, in Rosenau (Hrsg.), Ein zeitgemäßes Fortpflanzungsmedizingesetz für Deutschland, 2012, S. 144.

[521] *Koch*, Fortpflanzungsmedizin im europäischen Rechtsvergleich, in BMG (Hrsg.), 2001, Fortpflanzungsmedizin in Deutschland, S. 176, 286.

Die richtige Behandlungsmethode und damit im Vorfeld auch die Aufklärung sind einzelfallbezogen[522] und mithin abweichend von Leitlinien zu wählen.[523] In der Medizin existiert gerade kein gefestigtes Regelwerk, an dem sich der Stand der Wissenschaft ablesen ließe.[524] Einen Schwerpunkt im Bereich der Arzthaftung und damit auch der strafrechtlichen Verantwortlichkeit des Arztes nimmt somit die Frage nach Umfang und Reichweite der Selbstbestimmungsaufklärung ein.[525]

Bei der (Eingriffs-)Aufklärung im Rahmen einer IVF-Therapie vor Punktion und Befruchtung der Eizelle(n) sowie vor Implantation des (der) Embryos (Embryonen) muss der Arzt nach Maßgabe von § 630e Abs. 1 Satz 3 BGB bei Vorliegen bestimmter Voraussetzungen auch über Behandlungsalternativen aufklären. § 630e BGB kodifiziert weitgehend die Rechtsprechung des Bundesgerichtshofes zur Selbstbestimmungsaufklärung[526] und konkretisiert damit die inhaltlichen Anforderungen an die Aufklärung als Vertragspflicht sowie für das außervertragliche Haftungsrecht.[527] Die Vorschrift (§ 630e Abs. 1 BGB) lautet:

> *¹Der Behandelnde ist verpflichtet, den Patienten über sämtliche für die Einwilligung wesentliche Umstände aufzuklären. ²Dazu gehören insbesondere Art, Umfang, Durchführung, zu erwartende Folgen und Risiken der Maßnahme sowie ihre Notwendigkeit, Dringlichkeit, Eignung und Erfolgsaussichten im Hinblick auf die Diagnose oder die Therapie. ³Bei der Aufklärung ist auch auf Alternativen zur Maßnahme hinzuweisen, wenn mehrere medizinisch gleichermaßen indizierte und übliche Methoden zu wesentlich unterschiedlichen Belastungen, Risiken oder Heilungschancen führen können.*

Der Patient soll damit in die Lage versetzt werden, Nutzen und Risiken der vorgeschlagenen Therapie einzuschätzen und mit Hilfe der Informationen Behandlungsalternativen vergleichen zu können.[528] Die Aufklärung über bestehende unterschiedliche Behandlungsmöglichkeiten dient dem Selbstbestimmungsrecht des Patienten und ist daher Voraussetzung einer rechtmäßigen Behandlung.[529] Nur durch sie erhält der Patient die Dispositionsmöglichkeit, einen von den anerkannten fachlichen Standards abweichenden Standard der Behandlung zu vereinbaren[530] und damit nach Maßgabe eines *informed consent* zu entscheiden.[531] Zwar dürfen zur Wahrung des allgemeinen Persönlichkeitsrechts gesetzlich nicht bestimmte Methoden zur Behandlung vorgeschrieben werden, jedoch bleibt es dem Gesetzgeber unbenommen, die Durchführung bestimmter Methoden zu verbieten.[532]

---

[522] *Lechner* MedR 2013, 429 (430) mit Nachweisen aus der Rechtsprechung in Fn. 31.
[523] *Spickhoff* NJW 2017, 1790 (1794).
[524] *Katzenmeier* MedR 2012, 576 (579).
[525] *Spickhoff* NJW 2017, 1790 (1795 Fn. 66).
[526] BT-Drucks. 17/10488, 24.
[527] *Deutsch/Spickhoff*, Medizinrecht, 7. Aufl. 2014, Rn. 435.
[528] *Wagner* in MüKo/BGB, Bd. 4, 7. Aufl. 2016, § 630e Rn. 2.
[529] BGH NJW 2005, 1718.
[530] BT-Drucks. 17/10488, 20.
[531] *Katzenmeier* NJW 2013, 817 (818).
[532] *Grupp* MedR 1992, 256 (258); *Schmid* NJW 1986, 2339 (2341).

Es gibt keine generelle Verpflichtung des Arztes, den Patienten über sämtliche in Betracht kommende Behandlungsalternativen aufzuklären.[533] Vielmehr gilt im Umkehrschluss aus § 630e Abs. 1 Satz 3 BGB der Grundsatz der Therapiefreiheit, nach dem der Behandelnde die konkrete Behandlungsmethode nach pflichtgemäßem Ermessen unter Berücksichtigung des fachlichen Standards (§ 630a Abs. 2 BGB) frei wählen kann.[534]

Die Anforderungen, unter denen über „echte"[535] Behandlungsalternativen aufzuklären ist, sind nicht mehr so straff wie sie es noch durch die höchstrichterliche Rechtsprechung festgelegt wurden.[536] So lautet es in dem der Vorschrift maßgeblich zugrunde liegenden Urteil des sechsten Zivilsenates[537] zur Selbstbestimmungsaufklärung unter Bezugnahme auf ein Urteil aus dem Jahre 1988:

„(…) [D]ie Wahl der Behandlungsmethode ist primär Sache des Arztes. Gibt es jedoch mehrere medizinisch gleichermaßen indizierte und übliche Behandlungsmethode, die wesentliche unterschiedliche Risiken *und* [Hervorhebung durch Verfasser] Erfolgschancen aufweisen, besteht mithin eine echte Wahlmöglichkeit des Patienten, dann muss diesem nach entsprechend vollständiger ärztlicher Aufklärung die Entscheidung überlassen bleiben, auf welchem Wege die Behandlung erfolgen soll und auf welches Risiko er sich einlassen will."[538]

Im neu geschaffenen § 630e Abs. 1 Satz 3 BGB hat der Gesetzgeber die ärztliche Therapiefreiheit weiter eingeschränkt. Nunmehr genügt für das Vorliegen einer aufklärungspflichtigen Behandlungsalternative bereits,[539]

dass „mehrere medizinisch gleichermaßen indizierte und übliche Methoden zu wesentliche unterschiedlichen Belastungen, Risiken *oder* [Hervorhebung durch Verfasser] Heilungschancen führen können".

Lediglich gleichwertige Behandlungsmethoden schränken den Arzt in seiner Therapiefreiheit jedenfalls nicht ein.[540]

---

[533] BGHZ 102, 17 (20 ff.).
[534] OLG Dresden MedR 2017 555 (556): „Die Wahl der richtigen Behandlungsmethode ist primär Sache des Arztes."
[535] OLG Dresden MedR 2017 555 (556); LG Dortmund BeckRS 2016, 00888.
[536] Unklar *Spickhoff* NJW 2016, 1633 (1637), der der Annahme ist, die Rechtsprechung zur Notwendigkeit einer Aufklärung über Alternativen sei nur fortgeschrieben, nicht aber geändert worden.
[537] BGH NJW 2005, 1718 ff; BGH, BeckRS 2007, 12402 Rn. 16 spricht sogar von „möglichen Behandlungsalternativen" und greift damit noch weiter als § 630e BGB in die ärztliche Therapiefreiheit ein.
[538] BGH NJW 1988, 763.
[539] Unklar *Lechner* MedR 2013, 429 (431 f.), der bei § 630e Abs. 1 BGB keine Änderung zur ergangenen Rechtsprechung zu erkennen vermag: „Im Hinblick auf den Umfang der ärztlichen Aufklärungspflichten bringt das Patientenrechtegesetz, abgesehen von § 630c Abs. 2 Satz 2 BGB, keine Veränderungen mit sich." Eine Änderung zur bisherigen Rechtsprechung sollte nach der Regierungsbegründung auch nicht eintreten, BT-Drucks. 17/10488, 24.
[540] BT-Drucks. 17/10488, 19; BGH NJW 2005, 1718 ff.

Nun gilt es zu untersuchen, ob der elektive Embryo-Transfer und die Eizellspende unter den Begriff der „Behandlungsalternative" i. S. d. § 630 e Abs. 1 Satz 3 BGB fallen.

Wesentlich unterschiedliche Risiken

Im Gegensatz zur IVF-Behandlung müsste es beim elektiven Embryo-Transfer bzw. bei der Eizellspende zu „wesentlich unterschiedlichen Risiken" kommen. Infolge des elektiven Embryo-Transfers wird regelmäßig nur ein (Single-Embryo-Transfer), teilweise auch zwei (Double-Embryo-Transfer) Embryonen innerhalb eines Zyklus übertragen. Bei der Eizellspende bedarf es keiner Follikelpunktion bei der Eizellempfängerin. Dieser Behandlungsschritt und die damit zusammenhängenden Behandlungsrisiken entfallen vollständig. Ferner genügt es aufgrund der höheren Qualität der gespendeten Eizellen im Vergleich zur Nutzung eigener Eizellen, je Zyklus eine geringere Anzahl von Eizellen zu übertragen, sodass die Risiken einer Mehrlingsschwangerschaft geringer sind als bei einer IVF mit eigenen Eizellen. Der Arzt ist damit aufgrund des Behandlungsvertrages verpflichtet, über die mit einem Mehrfachtransfer verbundenen Risiken aufzuklären.[541] Die Frau, auf welche die Embryonen übertragen werden sollen, muss in diesem Zusammenhang über die Entwicklungsfähigkeit des jeweiligen Embryos aufgeklärt werden.[542] Bei beiden Methoden wird das Risiko einer Mehrlingsschwangerschaft erheblich reduziert und die Notwendigkeit einer Mehrlingsreduktion mittels intrauterinem Fetozid[543] verringert.[544] Die Mehrlingsreduktion durch Fetozid, die zur Rettung des oder der anderen Föten durchgeführt wird (ca. 150 jährlich[545]), bezeichnet *Neidert* gar als „Perversion".[546] Höhergradige Mehrlingsschwangerschaften und in deren Folge evtl. erforderliche partielle Aborte mittels Fetozid bringen eine erhebliche psychische Belastung für die werdende Mutter mit sich.[547]

---

[541] *Hülsmann* JZ 1992, 1106 (1109).

[542] *Daunderer* J Reprod Endo 2009, 243.

[543] Dazu *Eser*, Neuartige Bedrohungen ungeborenen Lebens, Embryoforschung und „Fetozid" in rechtsvergleichender Perspektive, 1990, S. 60 ff. sowie *Hülsmann* NJW 1992, 2331 ff. Bei einem intrauterinen Fetozid werden nach einem Mehrfachtransfer Foeten im Uterus gegen Ende des ersten Schwangerschaftsdrittels mittels spezieller Techniken abgetötet, um für die ein oder zwei verbleibenden Foeten die Überlebenschancen zu erhöhen und deren Gesundheit sowie die der werdenden Mutter zu schützen. Dabei wird der technisch am besten zugängliche, nicht selektierte Foetus getötet (partieller Abort), hierzu: Stellungnahme der Zentralen Kommission zur Wahrung ethischer Grundsätze in der Reproduktionsmedizin, Forschung an menschlichen Embryonen und Gentherapie der Bundesärztekammer, unter Ziff. 2).

[544] Zum elektiven Embryo-Transfer: *Montag/van der Ven*, ReprodMed 2002, 147 (148); *Körner* Ethik in der Medizin 2003, 68 (70).

[545] *Feige/Gröbe* ReprodMed 2002, 153 (155).

[546] Er nennt es einen „nomogenen Fetozid", das Gesetz töte Kinder ab, so *Neidert* MedR 2007, 279 (286).

[547] *Lilie*, ZaeFQ 100 (2006), 673 (674).

Wesentlich unterschiedliche Heilungschancen

Daneben stellt sich die Frage, ob elektiver Embryo-Transfer bzw. Eizellspende im Vergleich mit der IVF-Behandlung zu „wesentlich unterschiedlichen Heilungschancen" führen. Zwar wird die eingeschränkte Fruchtbarkeit durch die Behandlungsanwendung als Ursache nicht beseitigt, allerdings wird die Schwangerschaftsrate gegenüber der IVF erhöht. Dies wird gesetzlich einer Heil(behandl)ung gleichgestellt, § 27a SGB V. Während die Schwangerschaftsrate[548] nach traditioneller IVF-Therapie bei knapp 30 % je transferiertem Embryo[549] liegt, beträgt sie beim elektiven Single-Embryo-Transfer bis zu 50 %.[550] Auch die Eizellspende weist oftmals aufgrund der besseren Qualität der Eizellen eine wesentlich höhere Schwangerschaftsrate als die gewöhnliche IVF-Behandlung mit eigenen Eizellen auf. Die Lebendgeburt wird mit 24,4 % und damit rund einem Viertel je Zyklus angegeben.[551] Die „Heilungschancen" sind also besser.

Zusammengefasst lässt sich festhalten: Da der elektive Embryo-Transfer und die Eizellspende neben dem Risiko einer Mehrlingsschwangerschaft und der damit zusammenhängenden maternalen Risiken für die Schwangere auch die fetalen Risiken für das (die) werdende(n) Kind(er) verringern *und* zudem höhere Erfolgschancen im Gegensatz zu einer gewöhnlichen IVF-Therapie bergen,[552] erübrigt sich an dieser Stelle eine Diskussion, ob § 630e Abs. 1 Satz 3 BGB nach Maßgabe der zugrunde liegenden Rechtsprechung restriktiv auszulegen ist.

Daran schließt sich die Frage an: *Muss* der Behandelnde auch dann über eine i.S.d. § 630e Abs. 1 Satz 3 BGB (alternative) Behandlungsmethode aufklären, wenn das Verfahren in Deutschland unzulässig, im Ausland aber zulässig ist?

Das Oberlandesgericht Frankfurt a.M. konnte diese Frage in seinem Urteil vom 18. August 2009[553] offenlassen.[554] In dem Zivilverfahren ging es um die Geltendmachung von Schadenersatzansprüchen wegen Aufklärungspflichtverletzungen. Die Beklagte warf dem Arzt unter anderem vor, nicht über die – inzwischen unter den Voraussetzungen des § 3a EschG zulässige, zu gegebener Zeit aber verbotene – Präimplantationsdiagnostik informiert worden zu sein.

Für die Beantwortung der Frage, ob auch in einem solchen Fall eine Alternativbehandlung im Rahmen des Aufklärungsgespräches zu erörtern ist, kommt es

---

[548] Hierzu *Vogt*, Methoden der künstlichen Befruchtung: <<Dreierregel>> versus <<Single Embryo Transfer>>, 2008, S. 36–38.

[549] Deutsches IVF-Register 2004, S. 13.

[550] *Montag/van der Ven*, Reprod Med 2002, 147 (154 f.).

[551] *Kentenich/Pietzner*, Überlegungen zur gesetzlichen Nachbesserung in der Reproduktionsmedizin, in Frister/Olzen (Hrsg.), Reproduktionsmedizin: Rechtliche Fragestellungen, 2010, S. 59 (67).

[552] Beim elektiven Embryo-Transfer entgegen vieler an beidem zweifelnd *Krüssel/Hirchenhain/Bender* Der Gynäkologe 2004, 696 ff. *Thorn* spricht gar davon, der Blastozystentransfer berge die gleichen Risiken wie eine herkömmliche IVF-Behandlung, Expertise – Reproduktives Reisen, 2008, S. 14.

[553] OLG Frankfurt, BeckRS 2009, 23846.

[554] OLG Frankfurt, BeckRS 2009, 23846, 3.

entscheidend darauf an, ob der medizinische Standard sich auf in Deutschland zulässige Behandlungsformen beschränkt oder darüber hinausgehend der Aufklärung ein zumindest im Ausland anerkannter Standard zugrunde zu legen ist. Denn regelmäßig ist ein standardgemäßes Verhalten richtig, gleich ob im medizinischen oder rechtlichen Sinne.[555] Den Äußerungen kompetenter Stellen in Richtlinien, Leitlinien, Stellungnahmen und vergleichbaren Äußerungen kommt bei der Feststellung der Standards eine herausragende Rolle zu.[556]

Bevor überhaupt die Frage aufgeworfen werden kann, ob und inwieweit § 630e Abs. 1 Satz 3 BGB vor dem Hintergrund einer möglichst effektiven Gewährleistung des Selbstbestimmungsrechts des Patienten die ärztliche Therapiefreiheit einschränken[557] und damit ggf. eine entsprechende Aufklärungspflicht über den elektiven Embryo-Transfer und die Eizellspende generieren kann, ist vorweg zu fragen, wie weit die ärztliche Therapiefreiheit reicht. Die ärztliche Therapiefreiheit kann unter den Voraussetzungen des § 630e Abs. 1 Satz 3 BGB im Hinblick auf das Selbstbestimmungsrecht des Patienten indes nur insoweit eingeschränkt werden, als sie tatsächlich besteht. Begrenzt wird sie etwa durch das Gesetzesrecht,[558] vorliegend § 1 Abs. 1 Nr. 5 ESchG in seiner restriktiven Auslegung im Hinblick auf den elektiven Embryo-Transfer bzw. über §§ 1 Abs. 1 Nrn. 1, 2 ESchG bezüglich der Eizellspende (betreffend das Zivilrecht jeweils i. V. m. § 134 BGB).[559] Eine Therapie, deren Durchführung gesetzlich verboten ist, kann keine aufklärungspflichtige Behandlungsalternative i. S. d. § 630e Abs. 1 Satz 3 BGB sein. Das gilt selbst dann, wenn der Patient explizit danach fragt.[560] Zwar kann das Recht nicht den medizinischen Standard festlegen,[561] aber sehr wohl bestimmen, ob der medizinische Standard den Anforderungen des Rechts genügt.[562] Neue Methoden, die den geltenden medizinischen Standard übertreffen, hat der Arzt nur dann in das Aufklärungsgespräch einzubeziehen, wenn ihr Einsatz medizinisch und rechtlich möglich ist.[563] Die ärztliche Therapiefreiheit und das Selbstbestimmungsrecht des Patienten als Pendant

---

[555] *Taupitz*, AcP 211 (2011), 352 (360).
[556] *Taupitz*, Bindungswirkungen von Standards im Gesundheitswesen, in Möllers (Hrsg.), Geltung und Faktizität von Standards, 2009, S. 81 ff.
[557] § 630e Abs. 1 Satz 3 BGB schränkt die Therapiefreiheit des Behandelnden ein, BT-Drucks. 17/10488, 24 mit Bezug auf BGH NJW 2005, 1718.
[558] Andeutungsweise *Geier* MedR 2017, 293 (295), der jedoch nur von den Grenzen der Sittenwidrigkeit spricht (§ 138 BGB, § 228 StGB).
[559] Die Nichtigkeit eines solchen Vertrages, dessen Durchführung letztlich eine Strafbarkeit auslösen würde, ergibt sich selbst dann aus § 134 BGB i. V. m. dem jeweils einschlägigen Straftatbestand, wenn ausländisches Vertragsrecht im Einzelfall anwendbar ist, dazu *Spickhoff* FS Schreiber, S. 881 (887 ff.).
[560] Unzureichend daher *Wenzel* in Wenzel (Hrsg.), Patientenrechtegesetz, 2017, Rn. 741: „(…) [S]ind Alternativen auf Nachfrage des Patienten immer vorzustellen."
[561] BGH NJW 1995, 776 (777).
[562] *Taupitz*, AcP 211 (2011), 352 (357).
[563] *Lilie*, ZaeFQ 100 (2006), 673.

der Methodenfreiheit[564] reichen folglich nur soweit, wie das Gesetz die Durchführung der Behandlung gestattet. Eine Behandlungsmethode, deren Durchführung in Deutschland gesetzlich verboten ist, kann daher keine aufklärungspflichtige Behandlungsalternative i. S. d. § 630e Abs. 1 Satz 3 BGB sein, mag sie dessen tatbestandliche Voraussetzungen auch erfüllen. Das ist auch im Ergebnis stimmig. Andernfalls müsste sich der Arzt im Vorfeld einer Behandlungsdurchführung, und das nicht nur im Bereich der medizinisch unterstützten Fortpflanzung, mit sämtlichen weltweit bestehenden Behandlungsmöglichkeiten auseinandersetzen, um darüber fachkundig Hinweise erteilen zu können, und dass, obwohl er das Verfahren bei Strafbewehrung nicht in Deutschland praktizieren darf.

Es lässt sich mithin festhalten: Der Arzt muss im Vorfeld einer IVF-Behandlung mit Embryotransfer weder über den elektiven Embryo-Transfers noch über die Eizellspende aufklären. Unterlässt er eine entsprechende Aufklärung im Vorfeld der Behandlung, sind sämtliche Einwilligungen dennoch wirksam und der Eingriff in die körperliche Integrität ist gerechtfertigt.[565]

Auf einem anderen Blatt steht geschrieben, ob der Arzt über den elektiven Embryo-Transfer und das Verfahren der Eizellspende aufklären *darf* und zwar auch unabhängig von der Durchführung einer IVF-Behandlung mit Embryotransfer. Diese Frage ist zu bejahen, es handelt sich um eine schlichte medizinische Auskunft. Sie hat ausschließlich informatorischen Charakter. Das Berufsrecht untersagt eine Auskunftserteilung hinsichtlich dieser Behandlungsmethoden nicht, sondern lediglich ihre Durchführung. Damit ist zugleich dem Prinzip des *informed consent* gedient; der Patient kann sich so umfassend im Vorfeld einer beabsichtigten Auslandsbehandlung im Inland fachkundig informieren. Darüber hinaus darf der Arzt den Patienten darauf hinweisen, dass er zur Durchführung der Behandlung im Inland nicht befugt ist. Ein klarstellender Hinweis im geltenden Berufsrecht zu einem solchen Aufklärungsrecht wäre wünschenswert.

In einem Kernsatz zusammengefasst:

Den Arzt trifft im Vorfeld einer geplanten IVF-Therapie mit anschließendem Embryotransfer keine Aufklärungspflicht hinsichtlich der Verfahren des elektiven Embryo-Transfers oder der Eizellspende. Er darf aber darüber aufklären.

---

[564] *Katzenmeier* MedR 2012, 576 (579).

[565] Daher setzt er sich auch nicht der Gefahr schadenersatzrechtlicher Ansprüche aus, weder aus Vertragspflichtverletzung (§§ 280 Abs. 1, 630a BGB; unter anderem stellt eine fehlerhafte oder unvollständige Aufklärung eine Pflichtverletzung i. S. d. § 280 Abs. 1 BGB dar, so bereits BT-Drucks. 17/10488, 28) noch aus Delikt (§ 823 Abs. 1 BGB oder § 823 Abs. 2 BGB i. V. m. § 223 Abs. 1 StGB). Im Umkehrschluss aus einer Verletzung der Aufklärungspflichten, dazu etwa *Wenzel* in Wenzel (Hrsg.), Patientenrechtegesetz, 2017, Rn. 661.

b) Erteilung von Rat im Sinne einer Handlungsempfehlung

Bei einer Empfehlung handelt es sich nicht mehr nur um eine bloße Hinweiserteilung, sodass vielmehr die allgemeinen Grundsätze gelten.[566] Auch eine restriktive Auslegung des Begriffs „Hilfe leisten" im Rahmen von § 27 Abs. 1 StGB unter dem Gesichtspunkt der „berufstypischen Handlung" scheidet insofern aus.[567]

Allerdings sind die Besonderheiten der Handlungsempfehlung im Rahmen der Aufklärung über Behandlungsalternativen nach § 630e Abs. 1 Satz 3 BGB im Vorfeld einer IVF mit Embryotransfer zu beachten. Über die bloße Aufklärung hinaus darf der Arzt dem Patienten zwar grundsätzlich eine Empfehlung geben, insbesondere wenn mehrere Behandlungsalternativen im Sinne des § 630e Abs. 1 Satz 3 BGB zur Wahl stehen und damit nach Offenlegung der Alternativen eine konkrete Empfehlung zugunsten der von ihm für vorzugswürdig gehaltenen Therapie aussprechen.[568]

Dabei gilt es jedoch zu beachten, dass jede Auskunft, die über den rein informatorischen Charakter hinaus motivierend wirkt, im Wissen um die Nutzung für eine nach dem ESchG verbotene Behandlung im Ausland aufgrund des Förderungscharakters der Äußerung die Schwelle zur potenziellen Strafbarkeit überschreitet. Eine Beratung, die regelmäßig mit der Bestärkung des Tatentschlusses beim Haupttäter verbunden ist, ist als psychische Beihilfe zu qualifizieren und damit strafbar.[569]

Es kann nicht geleugnet werden, dass die Grenzen zwischen zulässiger (reiner) Hinweiserteilung und verbotener Handlungsempfehlung fließend sind und daher beim Inhalt der Äußerung Vorsicht geboten ist.[570] Daher empfiehlt sich stets eine (möglichst detaillierte)[571] Dokumentation über den Inhalt des Gespräches, derer es wegen der formalen Anforderungen an ein Aufklärungsgespräch nach §§ 630 f Abs. 1, Abs. 2 Satz 1 BGB in der Patientenakte ohnehin bedarf.[572]

---

[566] *Kudlich* NStZ 2017, 339 (340).

[567] Dazu bereits IV. 2. b) cc) (1) β) δδ).

[568] *Deutsch/Spickhoff*, Medizinrecht, 7. Aufl. 2014, Rn. 440; OLG Koblenz NJW-RR 2012, 1302 (1303–1305); *Jaeger*, PatRG, 2013, Rn. 235; *Wenzel* in Wenzel (Hrsg.), Patientenrechtegesetz, 2017, Rn. 715; zurückhaltender noch OLG Koblenz MedR 2010, 108: „im Rahmen des Vertretbaren".

[569] *Fischer*, StGB, 66. Aufl. 2019, § 27 Rn. 11; für die ärztliche Beratung zur Durchführung einer verbotenen Eizellspende oder Leihmutterschaft im Ausland *Kentenich/Strowitzki/Taupitz/Diedrich* Der Gynäkologe 2018, 602 (604): „[N]icht unerhebliches Strafbarkeitsrisiko."

[570] So auch *Keck* in seinem Warnhinweis: „Bei der Beratung einer Patientin bezüglich der Auslandsbehandlung sollte (…) auf die neutrale Haltung und die Erörterung geltender Rechtsvorschriften geachtet werden." In: Kinderwunschbehandlung in der gynäkologischen Praxis, 2014, S. 319.

[571] Einwilligung und Aufklärung sind ausweislich des Wortlautes von § 630 f Abs. 2 Satz 1 BGB wesentliche und damit dokumentationspflichtige Maßnahmen. Gut veranschaulicht bei *Wenzel* in Wenzel (Hrsg.), Patientenrechtegesetz, 2017, Abb. 28 (S. 192) und Abb. 29 (S. 193).

[572] Überdies besteht eine zivilrechtliche Aushändigungspflicht von Unterlagen, die der Patient im Zusammenhang mit der Aufklärung oder Einwilligung unterzeichnet hat, § 630e Abs. 2 Satz 2 BGB. Zur beweisrechtlichen Konsequenz einer unzureichenden oder unterlassenen Dokumentation siehe § 630h Abs. 3 BGB. Zu den Dokumentationspflichten im Rahmen der Keimzellspende

c) Entschlussbestärkung im Übrigen, Vermittlungstätigkeit, Herausgabe von Keimmaterial, therapeutische Voruntersuchungen und Vorbehandlungen im Inland

Erst recht sind noch intensivere Formen der Mitwirkung strafbar. So sind die Entschlussbestärkung im Übrigen und die Vermittlungstätigkeit als psychische Beihilfe, die therapeutische Voruntersuchung und Vorbehandlung gar als physische Beihilfe einzustufen. In solchen Fällen sollte der Arzt eine Mitwirkung kategorisch ablehnen.[573]

d) Konkurrenzverhältnis

Abschließend gilt es noch die für die Bildung der Strafe bedeutsamen Konkurrenzen zu klären.[574]

Wie viele Taten eines Gehilfen im Sinne der §§ 52, 53 StGB vorliegen, richtet sich nach der Anzahl der Beihilfehandlungen und der Zahl der durch sie unterstützten Haupttaten.[575]

Dabei sind drei Fallkonstellation zu unterscheiden. Ihnen gemeinsam ist jedoch, dass die Mitwirkung eine mittäterschaftlich begangene Haupttat unterstützt: die Durchführung der eigentlichen Kinderwunschbehandlung im Ausland durch ein Zusammenwirken von Patienten und Auslandsarzt.

Der Inlandsarzt begeht nur eine Beihilfehandlung, etwa in Form einer einmaligen Vermittlungstätigkeit. Für diesen Fall, dass nur eine einzige Beihilfehandlung eine Vielzahl von Haupttaten unterstützt, liegt nur eine einzige Beihilfe vor.[576]

Der Inlandsarzt führt eine hormonelle Vorbehandlung durch. Diese besteht aufgrund des Behandlungsprotokolls aus mehreren Handlungen im natürlichen Sinne, etwa durch mehrfache, zeitversetzte Injektion von Hormonpräparaten. In diesem Fall liegt jedoch nur *eine* Beihilfehandlung im juristischen Sinne nach den Grundsätzen der natürlichen Handlungseinheit vor. Eine natürliche Handlungseinheit ist gegeben, wenn mehrere Handlungen von einem einheitlichen Willen getragen sind und in einem so engen zeitlichen und räumlichen Zusammenhang stehen, dass sie bei natürlicher Betrachtung als einheitliches Geschehen zu qualifizieren sind.[577] Der Inlandsarzt bezweckt auf der Grundlage des Stimulationsprotokolls insgesamt die erfolgreiche hormonelle Stimulation. Die Hormongaben sind daher von einem einheitlichen Willen getragen. Auch in diesem Fall handelt es sich um eine einzige Beihilfe.

---

siehe Ziff. 8 der Richtlinie zur Entnahme und Übertragung von menschlichen Keimzellen im Rahmen der assistierten Reproduktion, A 16 ff.
[573] So auch *Conte* Der Gynäkologe 2013, 841 (843).
[574] Zu knapp, da undifferenziert *Conte* Der Gynäkologe 2013, 841 (843 f.).
[575] *Joecks* in MüKo/StGB, Bd. 1, 3. Aufl. 2017, § 27 Rn. 123.
[576] *Joecks* in MüKo-StGB, Bd. 1, 3. Aufl. 2017, § 27 Rn. 123 mwN in Fn. 278.
[577] *Kühl*, Strafrecht AT, 8. Aufl. 2017, § 21 Rn. 11.

Schließlich ist der Fall zu betrachten, dass der Arzt auf mehrere (mindestens zwei) verschiedene Arten mitwirkt, etwa durch Vermittlungstätigkeit und anschließende Herausgabe kryokonservierten Materials. In diesem Fall liegen zwar mehrere Handlungen vor, die Unterstützung dient jedoch zwei Mittätern bei der gleichen Tat. Auch in einem solchen Fall ist nur von einer Beihilfe zu sprechen.[578]

Festzuhalten ist, dass, gleich in welcher Form der Inlandsarzt an der Auslandstat mitwirkt, stets nur eine Beihilfehandlung vorliegt. Unter Berücksichtigung der obigen Feststellung, dass der Patientenbeitrag stets straflos ist, liegt jedenfalls *eine unmittelbare* Beihilfe vor.

e) Teilergebnis zu 3.

Konstatiert werden kann damit, dass es sich bei der reinen Informationserteilung über die rechtlichen und/oder medizinischen Grundlagen (einschließlich einer Aufklärung) nicht um eine Teilnahme handelt.[579] Ebenso sind rein diagnostische Untersuchungen, die darauf zielen, die Ursache der Fertilitätsstörung zu ermitteln, uneingeschränkt zulässig.

Im Übrigen sind alle intensiveren Formen der Mitwirkung als Beihilfe gemäß § 27 Abs. 1 StGB zu qualifizieren und zwar als *eine* Beihilfe.

4. Konsequenzen für das Zivilrecht

Der Umstand, dass die inländische ärztliche Mitwirkung an einer nach dem ESchG verbotenen Kinderwunschbehandlung im Ausland grundsätzlich eine strafbare Teilnahme ist, hat auch Auswirkungen auf das privatrechtliche Rechtsverhältnis zwischen Arzt und Patienten. Bereits im Rahmen der Darstellungen zu den einzelnen Behandlungsvarianten und deren rechtlicher Zulässigkeit fand das Urteil des Oberlandesgerichts München[580] Eingang. In diesem Urteil stützte der Senat die Versagung des Herausgabeanspruchs hinsichtlich des kryokonservierten, eingelagerten Spermas des verstorbenen Ehemannes maßgeblich darauf, dass dessen Herausgabe eine Förderung und damit eine Beihilfe zu einem Verstoß gegen § 4 Abs. 1 Nr. 3 ESchG darstellte und der Herausgabeanspruch damit auf eine rechtlich unmögliche (§ 275 Abs. 1 Fall 2 BGB) Leistung zielte und daher nicht bestehe.[581] Eine Leistung

---

[578] *Joecks* in MüKo/StGB, Bd. 1, 3. Aufl. 2017, § 27 Rn. 125 unter Verweis auf LK/StGB-*Schünemann*, 12. Aufl. 2007, § 27 Rn. 68.
[579] *Conte*, der die Beratung als Anstiftung qualifiziert, will für den Fall einer „neutralen Beratung" durch den Arzt den Vorsatz hinsichtlich des Bestimmens i. S. d. § 26 StGB verneinen und gelangt mithin zum gleichen Ergebnis, in Der Gynäkologe 2013, 841 (843).
[580] OLG München MedR 2018, 415 ff.
[581] OLG München MedR 2018, 415 (416 Rz. 18–23); so auch die Vorinstanz des LG Traunstein, Urt. v. 21. September 2016, Az.: 8 O 2014/16, S. 4. *Coester-Waltjen* hat zwar keine rechtlichen Zweifel daran, sieht diese rechtliche Beurteilung aufgrund ihrer Auswirkungen für die Praxis aber als „eher kontraproduktiv" an, FamRZ 2017, 904 (909).

ist rechtlich unmöglich, wenn sie (hier: die Herausgabe des kryokonservierten Spermas) aus Rechtsgründen nicht erbracht werden kann, etwa wenn die Leistungserbringung verboten ist.[582] Die Herausgabe würde letztlich gegen ein Verbotsgesetz (§ 134 BGB i.V.m. § 27 Abs. 1 StGB i.V.m. § 4 Abs. 1 Nr. 3 EschG) verstoßen.[583] Das gelte auch dann, wenn die post-mortem-Befruchtung erst im Ausland durchgeführt werden soll.[584] Ein zivilrechtlicher Herausgabeanspruch auf kryokonserviertes Sperma in Deutschland zur Verwendung des Spermas zum Zwecke der Durchführung einer im Ausland erlaubten post-mortem-Befruchtung ist nicht gegeben. Das gilt selbst dann, wenn der Samenspender für den Fall seines Todes mittels unmissverständlicher eigener Erklärung (Testament, Vertragsurkunde) seine Zustimmung zur Verwendung geäußert hat.[585] Mithin kann auch die Frage dahinstehen, ob das kryokonservierte Sperma überhaupt an die Frau herausgegeben werden darf, die als Herausgabeberechtigte vom Samenspender benannt wurde.[586] Ein Herausgabeanspruch besteht jedoch jedenfalls dann, wenn der Samenspender der Befruchtung nach seinem Tod ausdrücklich und unmissverständlich zugestimmt hat, die Eizelle sich im Imprägnationsstadium befindet und sie noch der Frau eingepflanzt werden kann, von der sie stammt.

Für den Fall, dass die Frau, von der die Eizelle stammt, im Zeitpunkt des Herausgabeverlangens verstorben ist und die Eizelle als unbefruchtete oder lediglich imprägnierte vorliegt, besteht hingegen kein Herausgabeanspruch. In diesem Fall würde sich der herausgebende Arzt wegen Beihilfe zu einem Verstoß gegen § 1 Abs. 1 Nr. 1 EschG (unbefruchtete Eizelle) bzw. gegen § 1 Abs. 1 Nr. 2 EschG (imprägnierte Eizelle, die er auftaut und weiterkultiviert) strafbar machen.

V. Rekurs auf die Bestimmung des § 9 Abs. 2 Satz 2 StGB

Da nunmehr festgestellt wurde, dass einige Mitwirkungsformen des Inlandsarztes rechtlich als Beihilfe zu qualifizieren sind, bedarf es nunmehr eines Rekurses auf die Vorschrift des § 9 Abs. 2 Satz 2 StGB und seiner Reichweite.

---

[582] Palandt/*Grüneberg*, BGB, 78. Aufl. 2019, § 275 Rn. 16.

[583] Zur Eizellspende explizit FG Berlin-Brandenburg, Urt. v. 11. Februar 2015, Az.: 2 K 2323/12, Rn. 19.

[584] OLG München MedR 2018, 415 (416 Rz. 21 f.). Auch das LG Traunstein erwähnt § 9 Abs. 2 Satz 2 StGB ausdrücklich, Urt. v. 21. September 2016, Az.: 8 O 2014/16, S. 4.

[585] Dazu OLG München, Urt. v. 22. Februar 2017, Az.: 3 U 4080/16 Leitsatz Ziff. 5 sowie Rn. 58.

[586] Auf die Frage, an wen das kryokonservierte Sperma herausgegeben werden darf, geht der Senat nicht weiter ein, dazu OLG München, Urt. v. 22. Februar 2017, Az.: 3 U 4080/16 Rn. 12 im Klageantrag „an die Klägerin herauszugeben" sowie Rn. 23 „im Falle der Herausgabe", obgleich das *Prehn* bereits bei der Entscheidung des OLG Rostock aus dem 2010 kritisiert hat, dazu *Prehn* MedR 2011, 559 (568).

1. Einschränkungsmöglichkeiten *de lege lata*

Knaup hat bereits in seiner Untersuchung[587] umfassend und überzeugend nachgewiesen, dass eine Einschränkung der Vorschrift *de lege lata* nicht in Betracht kommt.[588] Die aus rechtlicher und wirtschaftlicher Sicht im Zusammenhang mit § 9 Abs. 2 Satz 2 StGB bestehenden Probleme lassen sich nicht im erforderlichen Maße mit Hilfe einer restriktiven Auslegung bewältigen und praktikablen Lösungen zuführen.[589]

2. Einschränkungsmöglichkeiten *de lege ferenda*

Ergänzend dazu soll ein neuerlicher Vorschlag von *Magnus* in ihrem Beitrag aus der Neuen Zeitschrift für Strafrecht[590] aufgegriffen werden, wie § 9 Abs. 2 Satz 2 StGB *de lege ferenda* lauten sollte. Die Idee ist jedoch allgemeiner Natur und betrifft nicht ausschließlich die der Untersuchung zugrunde liegenden Straftatbestände im ESchG.

Die Autorin ist der Meinung, dass eine Anwendung § 9 Abs. 2 Satz 2 StGB nur dann gerechtfertigt sei, wenn das deutsche Recht in dem jeweiligen Tatbestand eine Freiheitsstrafe von mindestens sechs Monate vorsehe; dies stelle genau die Mitte zwischen leichten Vergehen und einfachen Verbrechen dar.[591] Daher schlägt sie folgende Neuformulierung vor: „Hat der Teilnehmer an einer Auslandstat im Inland gehandelt, so gilt für die Teilnahme das deutsche Strafrecht, auch wenn die Tat nach dem Recht des Tatorts nicht mit Strafe bedroht ist, soweit die Tat nach deutschem Strafrecht mit einer Freiheitsstrafe nicht unter sechs Monaten bedroht wäre."[592] Letztlich würden dann sämtliche der untersuchten Verbotstatbestände durch das Raster von § 9 Abs. 2 Satz 2 StGB fallen,[593] denn deren Mindeststrafmaß liegt gem. §§ 38 Abs. 1, Abs. 2 Fall 2 StGB bei nur einem Monat Freiheitsstrafe.

Was im Ergebnis einleuchtend klingen mag, sieht sich bei näherer Betrachtung Kritik ausgesetzt: Zum einen kennt das Strafgesetzbuch weder den Begriff des „leichten Vergehens" noch den des „einfachen Verbrechens". Vielmehr sind ihm nur die Kategorien „Vergehen" in § 12 Abs. 2 StGB und „Verbrechen" in § 12 Abs. 1

---

[587] *Knaup*, Die Begrenzung globaler Unternehmensleitung durch § 9 Absatz 2 Satz 2 StGB, 2011.
[588] *Knaup*, Die Begrenzung globaler Unternehmensleitung durch § 9 Absatz 2 Satz 2 StGB, 2011, S. 115 ff., 165: „Als kollektive Erkenntnis der untersuchten Ansätze ist deshalb festzuhalten, dass eine prinzipielle Lösung der Problematik des § 9 Abs. 2 S. 2 StGB nicht allein anhand einer Auslegung oder Interpretation der aktuellen Gesetzeslage erzielt werden kann."
[589] *Knaup*, Die Begrenzung globaler Unternehmensleitung durch § 9 Absatz 2 Satz 2 StGB, 2011, S. 164 f.
[590] *Magnus* NStZ 2015, 57 ff.
[591] *Magnus* NStZ 2015, 57 (64).
[592] *Magnus* NStZ 2015, 57 (64).
[593] *Magnus* NStZ 2015, 57 (64).

StGB bekannt.[594] Jedenfalls die Bezeichnung, wann es sich um ein „leichtes" Vergehen handeln soll, entbehrt nicht nur einer normativen Grundlage, sondern weist darüber hinaus ein wertendes Element auf, sodass sich eine gewisse Willkür bei der Einordnung nicht mehr verbergen lässt. Zum anderen ist die Freiheitsstrafe von sechs Monaten gerade nicht „genau die Mitte" zwischen Vergehen und Verbrechen. Selbst wenn man sich an § 38 Abs. 2 Fall 2 StGB orientiert, so liegt die unterste Grenze eines Vergehens nicht bei null Monaten, sondern bei einem Monat. Rein rechnerisch läge „die Mitte zwischen Vergehen und Verbrechen" also bei sechs Monaten und zwei Wochen, § 39 StGB. Im Wesentlichen ist jedoch gegen diesen Reformvorschlag anzuführen, dass Strafmilderungen sowie -schärfungen berücksichtigt würden. Denn sie führen bei der Bewertung des Unrechts im Einzelfall noch zu einer Herabsenkung oder Verschärfung des Strafmaßes. Ginge man tatsächlich von einer „rechnerischen Mitte" aus, dann würde sich diese unter Berücksichtigung strafmildernder oder strafschärfender Umstände im Einzelfall verschieben. Dies lässt der Ansatz unberücksichtigt.

Anders verhält es sich hingegen, wenn man lediglich Verbrechenstatbestände heranzieht. Ihre Grenze ist klar in § 12 Abs. 1 StGB konturiert: die angedrohte Mindestfreiheitsstrafe liegt bei einem Jahr. Auch bleiben nach § 12 Abs. 3 StGB Strafschärfungen sowie Strafmilderungen außer Betracht. Unter Berücksichtigung dieser Ausführungen empfiehlt sich für § 9 Abs. 2 Satz 2 StGB daher folgende Neuformulierung:

> „Hat der Teilnehmer an einer Auslandstat im Inland gehandelt, so gilt für die Teilnahme das deutsche Strafrecht, auch wenn die Tat nach dem Recht des Tatorts nicht mit Strafe bedroht ist, *wenn es sich bei der Tat um ein Verbrechen handelt*."

Unter dieser Voraussetzung würden wiederum sämtliche der untersuchten Verbotstatbestände des ESchG aus dem Anwendungsbereich des § 9 Abs. 2 Satz 2 StGB fallen.

VI. Irrtumsproblematik[595]

Aufgrund des bestehenden Strafbarkeitsrisikos bei der Vornahme bestimmter Mitwirkungshandlungen des Inlandsarztes aber zugleich eines vorhandenen – insbesondere durch die Problematik um die rechtliche Zulässigkeit des elektiven Embryo-Transfers bedingten großen-Irrtumspotenzials, ist fraglich, inwieweit eine Fehlvorstellung des Inlandsarztes zu einer abweichenden strafrechtlichen Beurteilung führen kann. Dass die Irrtumsproblematik auch in der klinischen Praxis von Bedeutung ist, zeigt jüngst das Urteil des Amtsgerichts Dillingen, das drei Vorstände

---

[594] Allenfalls die Abgabenordnung kennt den Begriff des „schweren Vergehens" in § 30 Abs. 4 Nr. 5 lit. a). Der Begriff kann jedoch wegen der fehlenden Anwendungsmöglichkeit (§ 1 Abs. 1 AO) und der abschließenden Regelung in § 12 StGB nicht herangezogen werden.
[595] Zur Irrtumsproblematik im Rahmen des § 9 Abs. 2 Satz 2 StGB im Allgemeinen *Knaup*, Die Begrenzung globaler Unternehmensleitung durch § 9 Absatz 2 Satz 2 StGB, 2011, S. 157 ff.

des Netzwerks Embryonenspende e. V. vom Vorwurf der Beihilfe zur missbräuchlichen Anwendung von Fortpflanzungstechniken aufgrund des Vorliegens eines unvermeidbaren Verbotsirrtums gem. § 17 Satz 1 StGB freigesprochen hat.[596] Darüber hinaus hat sich auch das Berufungsgericht in dem Verfahren, das Landgericht Augsburg, wenn auch nicht überzeugend,[597] mit der Irrtumsproblematik auseinander gesetzt.

Diesbezüglich bedarf es im Vorfeld einer Differenzierung nach dem Bezugspunkt der Fehlvorstellung: dem Geltungsbereich des deutschen Strafrechts (unter 1.), der schutzzweckbezogenen räumlichen Reichweite der Tatbestände (unter 2.) sowie dem Verbotensein der Durchführung der jeweiligen Behandlung (unter 3.).

Die Bestimmung des § 16 Abs. 1 StGB gilt auch im Rahmen des Gehilfenvorsatzes (§ 27 Abs. 1 StGB: „wer vorsätzlich (…) Hilfe leistet"), der sich auf eine vorsätzliche rechtswidrige Haupttat erstrecken muss. Denn dessen Vorsatz muss sich auf eine vorsätzliche rechtswidrige Haupttat – und damit auch deren objektiven Tatbestand – beziehen. § 17 StGB als Schuldausschließungsgrund findet hingegen wegen § 29 StGB, wonach die Schuld von Täter und Teilnehmer eigenständig festzustellen ist, nur entsprechende Anwendung[598] auf den Teilnehmer.

1. Fehlvorstellung über den Geltungsbereich des deutschen Strafrechts

Zu erwägen ist, dass der Inlandsarzt einer Fehlvorstellung im Hinblick auf die Reichweite der Anwendbarkeit des deutschen Strafrechts (§§ 3–7, 9 StGB) unterliegt, insbesondere darüber, dass das deutsche Strafrecht nach § 9 Abs. 2 Satz 2 StGB auch dann gilt, wenn die Tat im Ausland straflos ist. Fraglich ist dann, ob und wenn ja, wie eine solche Fehlvorstellung rechtlich zu qualifizieren ist.

Nach § 16 Abs. 1 StGB gilt:

[1]Wer bei Begehung der Tat einen Umstand nicht kennt, der zum gesetzlichen Tatbestand gehört, handelt nicht vorsätzlich. [2]Die Strafbarkeit wegen fahrlässiger Begehung bleibt unberührt.[599]

Die Norm regelt den sog. Tatumstandsirrtum,[600] d. h. der Teilnehmer irrt bezüglich der Haupttat über das Nichtvorliegen eines Merkmals, das zum gesetzlichen Tatbestand gehört.

---

[596] Eine Zusammenfassung der Entscheidung nach Einspruch gegen Strafbefehl findet sich bei *Dorneck* medstra 2018, 259 ff. Zum § 17 StGB siehe Seiten 259 f.

[597] LG Augsburg BeckRS 2018, 35087 Rn. 34, 62–71. Wesentlich stützt die Kammer ihre Argumentation darauf, dass die Angeklagten so wörtlich „rechtschaffene Menschen" (66) seien und es sich bei dem, was die Angeklagten taten, „um etwas Gutes handle" (65).

[598] Zur Zulässigkeit des Analogieschlusses einer privilegierenden Norm LPK-StGB/*Kindhäuser*, § 1 Rn. 6.

[599] Die Fahrlässigkeitsstrafbarkeit spielt keine Rolle. Das deutsche Strafrecht kennt keine „fahrlässige Teilnahme".

[600] Synonym: Tatbestandsirrtum.

Die Bestimmungen über den räumlichen Geltungsbereich des Strafrechts und damit auch des Nebenstrafrechts sind hingegen kein Bestandteil des Unrechtstatbestandes, sondern vielmehr eine objektive Vorbedingung der Strafbarkeit, auf die sich der Vorsatz nicht beziehen muss.[601] Die Vorschriften der §§ 3–7, 9 StGB sind kein „Umstand, der zum gesetzlichen Tatbestand gehört". Daher ist für die Strafbarkeit unerheblich, ob sich der Inlandsarzt bei seiner Handlung im Klaren darüber ist, dass das deutsche Strafrecht trotz strafloser Auslandstat gilt. Eine Fehlvorstellung in diesem Bereich des Gesetzes führt nicht zum Vorsatzausschluss nach § 16 Abs. 1 Satz 1 StGB und lässt die Strafbarkeit unberührt.

2. Fehlvorstellung über die räumliche Reichweite der Schutzzwecke der jeweiligen Tatbestände

Als weiterer Bezugspunkt einer Fehlvorstellung kommt in Betracht, dass der Inlandsarzt im Wissen um die Durchführung einer nach dem ESchG verbotenen Kinderwunschbehandlung im Ausland vom Inland aus in Form einer Vermittlungstätigkeit und/oder therapeutischen Voruntersuchung und/oder hormonellen Vorbehandlung mitwirkt. Dabei nimmt der inländische Arzt irrtümlich an, dass diese Mitwirkung nicht strafbar sei, da er der Auffassung ist, der Schutzzweck der einzelnen Verbotsnormen erstrecke sich nur auf inländische Sachverhalte, nicht hingegen auch auf ausländische. Daraus zieht er die Schlussfolgerung, dass die Mitwirkung an solchen Auslandsbehandlungen ausnahmsweise erlaubt sei.

So stellt sich die Frage, ob der Irrtum in Bezug auf die Reichweite des Schutzzweckes als Tatumstandsirrtum gemäß § 16 Abs. 1 StGB oder als Verbotsirrtum entsprechend § 17 StGB zu qualifizieren ist. Das Ergebnis dieser Feststellung hat entscheidende Auswirkungen auf die strafrechtliche Bewertung seines Tuns.

a) Tatumstandsirrtum gem. § 16 Abs. 1 StGB

Soweit der Schutzzweck des § 1 Abs. 1 Nr. 5 ESchG (Vermeidung überzähliger Embryonen zur Entstehung von gespaltenen Mutterschaften sowie die Verhinderung missbräuchlicher Verwendungen) den räumlichen Anwendungsbereich (Inland/Ausland) betrifft, ist dies mit den §§ 3–7, 9 StGB vergleichbar und muss daher nicht vom Tatbestandsvorsatz erfasst sein. Vielmehr handelt es sich um eine ungeschriebene objektive (Vor)Bedingung der Strafbarkeit. Eine Anwendbarkeit des § 16 Abs. 1 StGB scheidet mithin aus.

---

[601] *Ambos* in MüKo/StGB, Bd. 1, 3. Aufl. 2017, § 9 Rn. 43; S/S-*Eser/Weißer*, StGB, 30. Aufl. 2019, § 9 Rn. 15; *Satzger* Jura 2010, 108 (111).

b) Direkter Verbotsirrtum gem. § 17 StGB

Damit ist jedoch noch nicht die Frage beantwortet, ob nicht ein Irrtum auf normativer Ebene in Form eines Verbotsirrtums entsprechend § 17 StGB einschlägig ist. § 17 StGB lautet:

> ¹*Fehlt dem Täter bei Begehung der Tat die Einsicht, Unrecht zu tun, so handelt er ohne Schuld, wenn er diesen Irrtum nicht vermeiden konnte.* ²*Konnte der Täter den Irrtum vermeiden, so kann die Strafe nach § 49 Abs. 1 [StGB] gemildert werden.*

aa) Verbotsirrtum: Die fehlende Unrechtseinsicht

In beiden Sätzen wird vorausgesetzt, dass dem Täter bei Begehung der Tat die Unrechtseinsicht fehlt. Entsprechend gilt das für den Teilnehmer. Der Bezugspunkt des Irrtums ist damit nicht der Sachverhalt, sondern dessen fehlerhafte Bewertung als Unrecht. Der Täter irrt über das Verbotensein seines Tuns.[602] Einen direkten Verbotsirrtum kennzeichnet, dass der Täter sein Verhalten infolge Unkenntnis oder Verkennens der Verbotsnorm für erlaubt hält.[603] Ein solcher Irrtum kommt etwa in Betracht, wenn der Täter die Verbotsnorm zwar kennt, aber im Einzelfall juristisch fehlerhaft subsumiert, da er ein einzelnes Merkmal des Tatbestandes zu eng auslegt. Der Täter weiß, was er tut, geht aber irrtümlich davon aus, es sei erlaubt (direkter Verbotsirrtum).

Der Inlandsarzt ist sich des Umstands bewusst, dass er an einer Kinderwunschbehandlung im Inland mitwirkt, die im Ausland durchgeführt wird. Er nimmt jedoch an, dass eine Beihilfe dazu aus dem Inland nicht strafbar sei, da er den Schutzzweck der jeweiligen Verbotstatbestände, die Verfahren der medizinisch unterstützten Fortpflanzung zum Inhalt haben, fälschlich auf inländische Sachverhalte begrenzt sieht. Der Inlandsarzt weist somit kein Defizit in der tatsächlichen Grundlage (Vorsatz) auf, sondern vielmehr ein solches im Bereich der rechtlichen Bewertung (normativ). Er unterliegt mithin einem direkten Verbotsirrtum entsprechend § 17 StGB.

bb) Vermeidbarkeit

Die Schuld entfällt entsprechend § 17 Satz 1 StGB nur, wenn das Fehlen des Unrechtsbewusstseins auf einer unvermeidbaren Fehleinschätzung des Teilnehmers beruht. Dreh- und Angelpunkt dieses Schuldausschließungsgrundes ist damit die Vermeidbarkeit der Fehlvorstellung, etwas Verbotenes zu tun.

Ungeachtet der Qualifizierung als Verbotsirrtum nach § 17 StGB ist der Irrtum über die schutzzweckimmanente räumliche Reichweite der untersuchten Tatbestände, die bestimmte Formen der Kinderwunschbehandlung pönalisieren, jedenfalls nicht unvermeidbar. Der Bundesgerichtshof stellt in seiner ständigen Rechtsprechung hohe Anforderungen an die nach § 17 Satz 1 StGB zum Schuldausschluss

---
[602] *Günther* in G/T/K (Hrsg.), ESchG, 2. Aufl. 2014, C. II. Vor § 1 Rn. 49.
[603] LPK-StGB/*Kindhäuser*, 7. Aufl. 2017, § 17 Rn. 4.

führende Unvermeidbarkeit des Irrtums. So verlangt er im Vorfeld jeder Handlung die Prüfung ihrer möglichen Deliktsrelevanz und daneben die möglichste Anspannung des Gewissens bei der Handlung.[604] Selbst wenn man diese Anforderungen für überzogen erachtet, wird zumindest eigenes Nachdenken oder die Erkundigung bei rechtlich kompetenten Dritten erwartet.[605] Dabei haben Ärzte die Möglichkeit neben der Einholung von Rechtsauskünften bei einem Rechtsanwalt den Rechtsbeistand durch die Landesärztekammern in Anspruch zu nehmen sowie die eigens zu rechtlichen Problemen der Reproduktionsmedizin eingerichtete Kommission zu befragen.[606] Diese werden den Inlandsarzt zumindest auf die unklare Rechtslage in Bezug auf die räumliche Reichweite der Verbotstatbestände hinweisen.

Der Irrtum über die räumliche Reichweite des tatbestandsimmanenten Schutzzweckes der untersuchten Verbotstatbestände kann im Ergebnis allenfalls über § 17 Satz 2 StGB zu einer fakultativen und damit nicht zwingenden Strafmilderung aufgrund eines vermeidbaren Verbotsirrtums führen.[607]

3. Fehlvorstellung über das Verbotensein bestimmter Verfahren, insb. das des elektiven Embryo-Transfers

Glaubt der Inlandsarzt hingegen irrtümlich, dass bestimmte verbotene Verfahren in Deutschland zulässig seien (insbesondere der elektiven Embryo-Transfer unter Berufung auf die liberale Auslegung des § 1 Abs. 1 Nr. 5 EschG), so wird er regelmäßig nicht an einer Auslandsbehandlung vom Inland aus mitwirken, sondern die Behandlung im Inland selbst durchführen. Diese Frage ist mangels Auslandsbezug jedoch nicht Gegenstand der Untersuchung und muss daher dahinstehen.[608]

---

[604] BGHSt 2, 201; BGHSt 3, 366; BGHSt 4, 242; BGHSt 59, 292 (295).

[605] *Kühl*, Strafrecht AT, 8. Aufl. 2017, § 13 Rn. 61. Der BGH lässt die Einholung von Rechtsrat nicht genügen, so BGHSt 21, (18, 20 f.): „(…) Es ist (…) zu beachten, daß der Täter sich der ihm obliegenden persönlichen Entscheidung über Recht oder Unrecht seines Tuns nicht schlechthin dadurch entziehen kann, daß er eine Meinungsäußerung eines Rechtskundigen einholt."

[606] *Günther* in G/T/K (Hrsg.), EschG, 2. Aufl. 2014, C. II. Vor. § 1 Rn. 53. Im Fall des vor dem AG Dillingen/LG Augsburg (Berufungsinstanz) angeklagten Falles hatten die Vorstände des „Netzwerks Embryonenspende" neben der Landes- und Bundesregierung den Deutschen Ethikrat konsultiert und ein Rechtsgutachten bei der emeritierten Strafrechtsprofessorin *Monika Frommel* in Auftrag gegeben. Das Gericht bejahte in diesem Fall die Unvermeidbarkeit, dazu *Dorneck* medstra 2018, 259 (260). Das LG Augsburg bestätigte dies nunmehr in BeckRS 2018, 35087 Rn. 34, 64–71. Es bleibt abzuwarten, wie das Revisionsgericht, das OLG München, in der Rechtssache entscheiden wird.

[607] Diese Milderung tritt neben die obligatorische des § 27 Abs. 2 Satz 2 StGB. § 50 StGB gilt ausweislich seines Wortlautes nur für das Zusammentreffen unbenannter und benannter Milderungsgründe.

[608] Hierzu äußert sich *Vogt*, Methoden der künstlichen Befruchtung: <<Dreierregel>> versus <<Single Embryo Transfer>>, 2008, S. 63 f. mit Bezugnahme auf *Vesting* MedR 1998, 168 (169).

4. Teilergebnis zu 2.

Festhalten lässt sich zu der in der Praxis durchaus relevanten Irrtumsproblematik Folgendes: Die Irrtumsvorschriften der §§ 16, 17 StGB greifen in entsprechender Anwendung zugunsten des Inlandsarztes. Irrt der inländische Arzt bei seiner Mitwirkung über die räumliche Reichweite des deutschen Strafrechts, insbesondere über die des § 9 Abs. 2 Satz 2 StGB, so begünstigt dies den Inlandsarzt nicht. Die Anwendungsvorschriften des deutschen Strafrechts sind kein Bestandteil des Vorsatzes. Unterliegt der Inlandsarzt hingegen einer Fehlvorstellung über die schutzzweckbezogene räumliche Reichweite des einschlägigen Tatbestandes, so *kann* sich das zumindest[609] in entsprechender Anwendung des § 17 Satz 2 StGB strafmildernd für ihn auswirken. Die irrtümliche Annahme, die Durchführung einer bestimmten Behandlungsmethode sei in Deutschland zulässig, ist kein Untersuchungsgegenstand. In einem solchen Fall wird der Arzt die Behandlung in Deutschland vornehmen.

VII. Strafrechtliche Relevanz einer Mitwirkung nach erfolgter Auslandsbehandlung

Darüber hinaus ist denkbar, dass sich der Inlandsarzt wegen einer Mitwirkung im Anschluss an eine im Ausland durchgeführte erfolgreiche, nach dem ESchG verbotenen Kinderwunschbehandlung strafbar macht. Denn das ESchG will (etwa im Hinblick auf die Eizellspende) nicht nur den Vorgang der Befruchtung der gespendeten Eizelle als solchen, sondern gerade auch eine auf diese Weise herbeigeführte Schwangerschaft verhindern.[610,]

Wiederum dient zur Veranschaulichung ein der Praxis nachgebildeter, denkbarer

1. Sachverhalt

Nachdem eine Patientin erfolgreich eine EschG-widrige-Methode der medizinisch unterstützten Fortpflanzung an sich durchführen ließ und schwanger ist, kehrt sie nach Deutschland zurück. Dort werden aufgrund der Tatsache, dass die Patientin zur Nachuntersuchung nicht wieder in das Ausland reisen möchte, Untersuchungen in Form einer regulären Schwangerschaftsversorgung, aber auch Untersuchungen und Nachbehandlungen beim Auftreten von Komplikationen durchgeführt.[611] Die

---

[609] Die in Fn. 608 aufgeführten Urteile mit Anwendung des § 17 Satz 1 StGB betreffen eine Ausnahmekonstellation.

[610] BSG NJW 2002, 1517, aufgegriffen von BGH NJW 2017, 2348 (2350 Rz. 22).

[611] Diese richten sich im Einzelnen nach den Richtlinien des Gemeinsamen Bundesausschusses über die ärztliche Betreuung während der Schwangerschaft und nach der Entbindung („Mutterschafts-Richtlinien") nach § 92 Abs. 1 Satz 2 Nr. 4 SGB V.

Patientin teilt dem behandelnden Arzt vor der Behandlung mit, dass sie im Ausland zur Herbeiführung der Schwangerschaft eine nach deutschem Recht verbotene Kinderwunschbehandlung an sich durchführen ließ. Der Arzt fragt sich nun, ob er Maßnahmen zum Erhalt einer so entstandenen Schwangerschaft ergreifen darf.[612]

An entsprechender Stelle wird sodann noch zu differenzieren sein, ob der Inlandsarzt im Vorfeld der Auslandsbehandlung noch nicht oder nicht in strafbarer Weise daran mitgewirkt hat oder ob er bereits in diesem Zeitraum in strafbarer Weise daran beteiligt war.

2. Rechtliche Erörterung

Eingangs ist erneut zu prüfen, ob deutsches Strafrecht auf eine inländische Mitwirkung im Anschluss an die Kinderwunschbehandlung im Ausland anwendbar ist (unter a)). Welche Normen zur Anwendung gelangen, hängt neben der Anwendbarkeit deutschen Strafrechts maßgeblich vom Stadium der Tat ab, in welchem der Inlandsarzt nach Durchführung der jeweiligen Kinderwunschbehandlung im Ausland im Inland mitwirkt (unter b)). Letzteres ist für jede Behandlungsmethode eigens festzustellen. Sodann gilt es die Frage nach der Beteiligungsform zu klären. Denkbar sind eine Mittäterschaft und eine physische Beihilfe (sog. Tathilfe) zur Auslandstat (unter c)). Abschließend gilt es eine mögliche Strafbarkeit im Rahmen der Verwirklichung eines Anschlussdeliktes, wie der sachlichen Begünstigung, zu erörtern (unter d)).

a) Anwendbarkeit deutschen Strafrechts

Für die Fälle der Mitwirkung im Inland nach einer im Ausland entgegen dem ESchG durchgeführten verbotenen Kinderwunschbehandlung gilt unabhängig von der Form der Beteiligung (Mittäterschaft/Beihilfe bzgl. ESchG oder Alleintäterschaft im Rahmen des § 257 StGB) das deutsche Strafrecht bereits aufgrund des territorialen Anknüpfungspunktes des Handlungsortes über § 3 StGB i.V.m. § 9 Abs. 1 Alt. 1 StGB (Inlandsarzt als Täter: Mittäter und Fall des § 257 StGB) bzw. i.V.m. § 9 Abs. 2 Satz 1 Var. 2 StGB (Inlandsarzt als Teilnehmer).

---

[612] Das ist nicht immer der Fall. Manche Frauen verheimlichen dem weiterbehandelnden Arzt den Entstehungsweg der Schwangerschaft, dazu: *Pecks/Maass/Neulen* DÄBl. Int 2011, 23 ff. In diesem Fall fehlt es bereits am subjektiven Tatbestand einer (denkbaren) Mittäterschaft (kein gemeinsamer Tatplan) bzw. einer (denkbaren) physischen Beihilfe (kein Vorsatz bzgl. einer vorsätzlichen rechtswidrigen Haupttat) oder einer (denkbaren) sachlichen Begünstigung (kein Vorsatz bzgl. Vortat).

b) Tatstadium, in dem die Mitwirkung erfolgt

Zum Zwecke einer korrekten strafrechtlichen Einordnung der Mitwirkung nach erzeugter Schwangerschaft ist das Tatstadium, in dem die Mitwirkung erfolgt, von entscheidender Bedeutung. Im deutschen Strafrecht bilden die Vollendung und die ihm zeitlich nachgelagerte Beendigung maßgebliche Zäsuren. Die (formelle) Vollendung tritt mit der vollständigen Verwirklichung des gesetzlichen Tatbestandes ein.[613] Für die (materielle) Beendigung gilt im Allgemeinen: Die Tat ist beendet, wenn das tatbestandsmäßige Verhalten und eventuell ein davon gedanklich zu trennender Erfolg vollständig abgeschlossen sind, sodass eine Strafverfolgung möglich wäre.[614] Entscheidend ist damit der Zeitpunkt, in dem die auf die Tatbegehung gerichtete Tätigkeit ihren endgültigen Abschluss gefunden hat.[615] Beendigung liegt beim vollendeten Tätigkeitsdelikt mit Abschluss der tatbestandsmäßigen Ausführungshandlung vor, ebenso beim abstrakten Gefährdungsdelikt, wenn es als Tätigkeitsdelikt ausgestaltet ist.[616] Häufig fallen Vollendung und Beendigung zusammen.[617]

Diese Grundsätze gilt es nunmehr auf die zu untersuchenden Verbotstatbestände anzuwenden:

aa) Elektiver Embryo-Transfer

Bei § 1 Abs. 1 Nr. 5 ESchG handelt es sich um ein echtes Unternehmensdelikt, sodass die Vollendung bereits mit Beginn des Befruchtungsversuches gegeben ist.[618] Bei ihr fällt das Stadium der Vollendung mit dem der Beendigung zusammen.

bb) Eizellspende

Wird eine unbefruchtete Eizelle auf eine fremde Frau übertragen, gilt: Die Eizellspende nach § 1 Abs. 1 Nr. 1 ESchG ist mit Abschluss der Übertragung der Eizelle vollendet.[619]

Nimmt der Auslandsarzt hingegen eine künstliche Befruchtung im Vorfeld einer geplanten Eizellspende vor, gilt für § 1 Abs. 1 Nr. 2 ESchG: Es handelt sich um ein echtes Unternehmensdelikt, das bereits mit Beginn des Befruchtungsversuches vollendet[620] und damit zugleich beendet ist.

---

[613] *Lackner/Kühl*, StGB, 29. Aufl. 2018, Vor § 22 Rn. 2.
[614] *Fischer*, StGB, 66. Aufl. 2019, § 22 Rn. 6 sowie § 78a Rn. 3 mit Bezugnahme auf BGHSt 16, 207.
[615] BGHSt 24, 218 (220); BGHSt 28, 371 (379); BGH NStZ 1983, 559.
[616] *Dallmeyer* in v. Heintschel-Heinegg (Hrsg.), StGB, 3. Aufl. 2018, § 78a Rn. 4.
[617] *Dallmeyer* in v. Heintschel-Heinegg (Hrsg.), StGB, 3. Aufl. 2018, § 78a Rn. 2.
[618] *Günther* in G/T/K (Hrsg.), ESchG, 2. Aufl. 2014, C. II. § 1 I Nr. 5 Rn. 29.
[619] *Taupitz* in G/T/K (Hrsg.), ESchG, 2. Aufl. 2014, C. II. § 1 I Nr. 1 Rn. 22.
[620] *Günther* in G/T/K (Hrsg.), ESchG, 2. Aufl. 2014, C. II. § 1 I Nr. 2 Rn. 22.

cc) Embryospende

Selbiges gilt für Entnahme des Embryos aus dem Mutterleib (§ 1 Abs. 1 Nr. 6 Fall 1 EschG) bzw. die Übertragung des Embryos auf eine Ersatzmutter (§ 1 Abs. 1 Nr. 7 Fall 2 EschG). Sowohl nach der Entnahme als auch nach der Übertragung ist die Tat vollendet und zugleich beendet.

dd) Leihmutterschaft mit Eizell- oder Embryospende

Der Tatbestand nach § 1 Abs. 1 Nr. 7 EschG ist in der Befruchtungsvariante (unbefruchtete Eizelle) vollendet und zugleich beendet, wenn der Täter einen Befruchtungsversuch unternimmt. In der Übertragungsvariante (Embryo) bereits, wenn der Täter die Übertragung des Embryos versucht. Es handelt sich wie bei § 1 Abs. 1 Nr. 2 EschG in beiden Fällen um echte Unternehmensdelikte.[621]

ee) Post-mortem-Befruchtung

(1) Tod der Keimzellspenderin

Es gilt das zur Eizellspende Gesagte (unter bb)) entsprechend, mit dem Unterschied, dass die Eizellspenderin im Tatzeitpunkt bereits verstorben ist.

(2) Tod des Samenspenders

Mit der Tathandlung – der künstlichen Befruchtung (§ 4 Abs. 1 Nr. 3 EschG) – kommt es zur formellen Vollendung und damit zugleich zur materiellen Beendigung der Tat.

ff) Zwischenergebnis

Bei allen zu untersuchenden Deliktstatbeständen fällt das Stadium der formellen Vollendung mit dem der materiellen Beendigung zeitlich zusammen. Daher erfolgt eine Mitwirkung im Anschluss an die im Ausland abgeschlossene Kinderwunschbehandlung stets in einem Zeitraum, der dem Beendigungszeitpunkt zeitlich nachgelagert ist.

c) Mittäterschaft oder Beihilfe zur Auslandstat

Zunächst ist die Frage zu beantworten, ob eine strafbare Mitwirkung vorliegt, die in einem unmittelbaren Abhängigkeitsverhältnis steht: Das betrifft die Mittäterschaft und eine physische Beihilfe.

---

[621] *Taupitz* in G/T/K (Hrsg.), EschG, 2. Aufl. 2014, C. II. § 1 I Nr. 7 Rn. 33.

aa) Mittäterschaft

Der Befund zeigt, dass die Nachbehandlungen im Inland zeitlich nach dem Beendigungsstadium der Tat erfolgen. Eine sukzessive Mittäterschaft nach materieller Beendigung wird abgelehnt,[622] denn es handelt sich dabei um vollständig abgeschlossene Vorgänge.[623]

bb) Beihilfe

Ebenso ist eine Beihilfe – gleich ob psychischer oder physischer Form – nach Beendigung der Haupttat unstreitig ausgeschlossen.[624]

cc) Teilergebnis zu c)

Aufgrund der Tatsache, dass die Nachbehandlungen im Inland stets dem Beendigungsstadium nachgelagert sind, ist weder eine (sukzessive) Mittäterschaft noch eine (sukzessive) Beihilfe bezüglich der Auslandstat möglich.

d) (Sachliche) Begünstigung gem. § 257 Abs. 1 StGB

In Betracht kommt daher ausschließlich eine Strafbarkeit wegen Begünstigung, da die Tat (im Ausland) jedenfalls beendet ist. Nach Beendigung der Vortat kann eine Hilfeleistung nur eine Begünstigung sein.[625] Als Anschlusstat schöpft sie das verwirklichte Unrecht aus der Vortat („rechtswidrige Tat"), auf die sie sich bezieht.

So wird nach § 257 Abs. 1 StGB bestraft,

wer einem anderen, der eine rechtswidrige Tat begangen hat, in der Absicht Hilfe leistet, ihm die Vorteile der Tat zu sichern.

aa) Anwendbarkeit des deutschen Strafrechts

Nochmals zur Klarstellung sei gesagt: Die Nachbehandlungen erfolgen ausschließlich im Inland. Deutsches Strafrecht findet daher bereits aufgrund der Geltung des Gebietsgrundsatzes gem. § 3 StGB i.V.m. § 9 Abs. 1 Fall 1 StGB Anwendung.

---

[622] BGH NStZ 1984, 548; BGH NJW 1985, 148; BGH NStZ-RR 2011, 111 (112).
[623] *Kudlich* in v. Heintschel-Heinegg (Hrsg.), StGB, 3 Aufl. 2018, § 25 Rn. 58 sowie Rn. 58.1.
[624] BGH, Beschl. v. 28. März 2017 – 2 StR 395/16; OLG Bamberg NJW 2016, 2935 (2937); *Kudlich* in BeckOK/StGB, (Stand 1. Februar 2019) § 27 Rn. 8.
[625] *Pflieger/Momsen* in NK/StGB, Bd. 3, 5. Aufl. 2017, § 257 Rn. 14.

bb) Hat der Inlandsarzt bereits an der Auslandstat in strafbarer Weise mitgewirkt?

Für die weitere Untersuchung von Relevanz ist, ob der Inlandsarzt, der eine Nachbehandlung durchführt, bereits im Vorfeld der Auslandsbehandlung an dieser in strafbarer Weise beteiligt war (unter (1)) oder nicht (unter (2)).

(1) Eine strafbare Beteiligung im Vorfeld der Auslandsbehandlung liegt vor

Hat der inländische Arzt bereits im Vorfeld der Auslandsbehandlung in strafbarer Weise mitgewirkt (etwa im Wege einer hormonellen Vorbehandlung), so kommt die Regelung in § 257 Abs. 3 Satz 1 StGB zum Tragen.

Nach dieser Bestimmung wird wegen Begünstigung nicht bestraft,

wer wegen Beteiligung an der Vortat strafbar ist.

Da die Hilfe nach Abs. 1 *einem anderen* gegenüber zu leisten ist, ist die Mitwirkung im Rahmen des Nachtatgeschehens an einer zumindest auch-eigenen Vortat nicht tatbestandsmäßig.[626] Der Strafausschluss gilt ausweislich seines Wortlautes für Beteiligte und damit gemäß § 28 Abs. 2 StGB auch für den Gehilfen des Vortatgeschehens.

Die Tatsache, dass die Auslandstat nach dem dort maßgeblichen Recht straflos ist, ist unschädlich. Soweit (zumindest auch) ein Angriff auf Individualrechtsgüter vorliegt, ist auch eine straflose Auslandstat tauglicher Anknüpfungspunkt für eine Vortat im Sinne des § 257 Abs. 3 Satz 1 StGB.[627]

Daher gilt: Hat der Inlandsarzt an der verbotenen Kinderwunschbehandlung im Ausland bereits im Vorfeld als Teilnehmer und damit in strafbarer Weise mitgewirkt, so führt § 257 Abs. 3 Satz 1 StGB zur Straflosigkeit sämtlicher Mitwirkungshandlungen durch den Inlandsarzt.[628]

(2) Eine (strafbare) Beteiligung im Vorfeld der Auslandsbehandlung liegt nicht vor

Eine Beteiligung im Vorfeld der Auslandsbehandlung scheidet aus zwei Gründen aus: Der inländische Arzt hat nicht oder jedenfalls nicht in strafbarer Weise mitgewirkt, etwa weil er lediglich Hinweise erteilt hat oder ein bloßes Aufklärungsgespräch mit den Patienten geführt hat.

Hat der inländische Arzt jedoch nicht oder nicht in strafbarer Weise im Vorfeld der Auslandsbehandlung mitgewirkt, greift § 257 Abs. 3 Satz 1 StGB nicht. Für diese Fälle gilt es die Frage nach einer Strafbarkeit des Inlandsarztes gem. § 257 Abs. 1 StGB zu klären.

---

[626] LPK-StGB/*Kindhäuser*, 7. Aufl. 2017, § 257 Rn. 26.
[627] S/S-*Hecker*, StGB, 30. Aufl. 2019, § 257 Rn. 8.
[628] Dies gilt auch, wenn der Inlandsarzt die Behandlung im Ausland selbst durchgeführt hat. Dann ist sogar Täterschaft hinsichtlich der Vortat gegeben.

α) Straflose Auslandstat als tauglicher Anknüpfungspunkt?

Im Rahmen der Anwendbarkeit von § 257 Abs. 1 StGB stellt sich eingangs die Frage, ob und wenn ja, unter welchen Voraussetzungen eine im Ausland straflose Tat eine taugliche Vortat des § 257 StGB sein kann.[629] Dies kann an dieser Stelle jedoch dahingestellt bleiben, wenn es bereits an der Vorteilssicherungsabsicht des inländischen Arztes fehlt.

β) Vorteilssicherungsabsicht

αα) Merkmal

Bei der Vorteilssicherungsabsicht handelt es sich dem Begriff nach („Absicht") um ein subjektives Merkmal. Der Täter des § 257 StGB muss seine Hilfe nicht nur vorsätzlich, sondern gerade auch in der Absicht leisten, dem Vortäter die Vorteile der Tat zu sichern. Es müsste sich bei der Schwangerschaft, die infolge einer nach dem ESchG verbotenen Behandlungsmethode entstanden ist, um einen „Vorteil" im Sinne des § 257 Abs. 1 StGB handeln, den der Inlandsarzt durch die Vornahme von Nachbehandlungen gleichsam zu sichern sucht.

Ein Blick auf die Ratio der Norm bietet die für die Lösungsfindung erforderliche Hilfestellung:

ββ) Schutzzweck des § 257 StGB

Der Schutzzweck von § 257 Abs. 1 StGB ist neben der Gewährleistung der Funktionsfähigkeit der deutschen Rechtspflege und der damit verbundenen Aufgabe, die Wirkungen der Vortat zu beseitigen und den rechtmäßigen Zustand wiederherzustellen (Rechtspflege) auch das Individualinteresse der durch die Vortat verletzten Person an der Wiederherstellung des vormaligen Zustands (Restitutionsinteresse) zu schützen.[630] Beide Rechtsgüter müssen daher kumulativ angegriffen sein.[631] Im Hinblick auf den individualschützenden Charakter von § 257 Abs. 1 StGB sind grundsätzlich alle gegen Individualinteressen gerichteten Vortaten tatbestandsrelevant, ohne Rücksicht auf den Tatort oder die Staatsangehörigkeit des Vortatopfers.[632] Entscheidend ist, dass die Vortat dem Vortäter irgendeinen zivil- oder öffentlich-rechtlich entziehbaren Vorteil eingebracht hat,[633] dieser muss rechtlich entziehbar sein.[634] Ein Vorteil ist jede Verbesserung der rechtlichen, wirtschaftlichen oder tatsächlichen Lage des Vortäters, die im Widerspruch zu den Rechten des Vortatopfers

---

[629] Dazu *Hecker* FS Heinz, 2012, 714 ff. sowie S/S-*Hecker*, StGB, 30. Aufl. 2019, § 257 Rn. 8 (Tatbestandsrelevante Vortaten sind nur solche, die sich (zumindest auch) gegen Individualrechtsgüter richten).

[630] Dazu *Hecker* FS Heinz, 2012, 714 (722).

[631] *Hecker* FS Heinz, 2012, 714 (722).

[632] *Hecker* FS Heinz, 2012, 714 (722).

[633] *Hecker* FS Heinz, 2012, 714 (722).

[634] S/S-*Hecker*, StGB, 30. Aufl. 2019, § 257 Rn. 18: „Rechtsanspruch auf Entziehung des Vorteils."

steht.⁶³⁵ Erforderlich ist, dass der Vortäter noch im Besitz des Vorteils zum Zeitpunkt der Begünstigungshandlung ist.⁶³⁶

γγ) Konkrete Anwendung

Von einem *Vorteil in diesem Sinne* kann bei einer Schwangerschaft einer Patientin nicht die Rede sein, selbst wenn man ein weites Verständnis zugrunde legt und eine Verbesserung der rein tatsächlichen Lage darunter fassen will. Jedenfalls kann man an einem ungeborenen Kind keinen Besitz haben, dieser kann nur an Sachen ausgeübt werden; er ist damit auch nicht „rechtlich entziehbar".

Überdies steht die Erhaltung der Schwangerschaft nicht im Widerspruch zu den Rechten des ungeborenen Kindes. Ansonsten würde es nur seinem Interesse dienen, die Erhaltung der Schwangerschaft zu unterlassen, die Patientin zur Betreuung an die ausländische Klinik zu verweisen und damit in Kauf zu nehmen, dass der Fötus im Mutterleib abstirbt. Das bestätigt auch die Überlegung, was der Inlandsarzt tun müsste, um den „Vorteil nicht zu sichern": das Unterlassen der Weiterbehandlung und damit verbunden, dass dem *nasciturus* ein rechtlich geschützter Anspruch auf Nichtexistenz eingeräumt würde. Die Einräumung eines solchen Rechtes steht ihrerseits im eklatanten Wertungswiderspruch zu den §§ 218 ff. StGB (Schwangerschaftsabbruch), wonach es gilt, das ungeborene Leben weitgehend zu schützen.

δδ) Zwischenergebnis

Die Erhaltung einer Schwangerschaft, welche aufgrund der Anwendung einer verbotenen Kinderwunschbehandlung entstanden ist, ist kein Vorteil i. S. d. § 257 Abs. 1 StGB. Daher handelt der Inlandsarzt, der entsprechende Maßnahmen ergreift, auch nicht mit der tatbestandlich vorausgesetzten Vorteilssicherungsabsicht.

Die Frage, ob und wenn ja, unter welchen Voraussetzungen eine straflose Auslandstat überhaupt eine taugliche Anschlusstat nach § 257 Abs. 1 StGB sein kann, kann mithin dahingestellt bleiben.

3. Teilergebnis zu VI.

Die Durchführung einer ärztlichen Nachbehandlung zur Erhaltung einer Schwangerschaft, die im Ausland aufgrund einer nach dem ESchG verbotenen Behandlungsmethode erzielt wurde, ist nicht strafbar.

Eine denkbare Mittäterschaft oder eine Beihilfe scheitern an einer teilnahmefähigen Tat, da die Nachbehandlung im Stadium nach der Beendigung liegt.

Daneben entfällt auch eine Strafbarkeit wegen sachlicher Begünstigung nach § 257 StGB. Hat der Inlandsarzt bereits im Vorfeld der Kinderwunschbehandlung in strafbarer Art und Weise mitgewirkt, dann entfällt eine denkbare Strafbarkeit bereits wegen einer Vortatbeteiligung nach § 257 Abs. 3 Satz 1 StGB.⁶³⁷ Es liegt keine in

---

⁶³⁵ *Ruhmannseder* in v. Heintschel-Henegg (Hrsg.), StGB, 3. Aufl. 2018, § 257 Rn. 12 mwN aus der Rechtsprechung.
⁶³⁶ S/S-*Hecker*, StGB, 30. Aufl. 2019, § 257 Rn. 18.
⁶³⁷ Selbiges gilt im Übrigen auch für die Patienten, die im Ausland der Durchführung der Behandlung zugestimmt haben.

§ 257 Abs. 1 StGB tatbestandlich vorausgesetzte „(ausschließlich-)fremde Tat" mehr vor. Hat der inländische Arzt nicht oder nicht in strafbarer Weise im Vorfeld der Auslandstat an dieser mitgewirkt, so weist der Inlandsarzt jedenfalls nicht das subjektive Merkmal der Vorteilssicherungsabsicht auf. Die Erhaltung einer Schwangerschaft ist kein tatbestandsmäßiger Vorteil.

Daher setzen sich weder Arzt noch schwangere Patientin einem Strafbarkeitsrisiko aus, wenn die Patientin dem Arzt im Vorfeld der Schwangerschaftsbetreuung den Entstehungsweg der Schwangerschaft offenbart und der Arzt im Weiteren Maßnahmen zur Erhaltung der Schwangerschaft im Wissen um den Entstehungsweg ergreift. Das gilt sowohl für die planmäßige als auch für die außerplanmäßige Schwangerschaftsbetreuung.

F. Gesamtergebnis zu § 7

Die Untersuchung in diesem Kernabschnitt hat gezeigt:

Wirkt der Inlandsarzt im Vorfeld einer ESchG-widrigen Kinderwunschbehandlung im Inland mit, dann handelt es sich weder um eine Allein- noch um eine Mittäterschaft, vorausgesetzt die Mitwirkung erfolgt höchstens in Gestalt einer therapeutischen hormonellen Vorbehandlung. Die Mitwirkung in Form der Hinweiserteilung über die rechtlichen und/oder medizinischen Grundlagen einer ESchG-widrigen Behandlungsform ist straflos. Insbesondere ist eine umfassende medizinische Aufklärung zulässig, aber nicht verpflichtend. Alle weitergehenden Formen der Mitwirkung, sei es eine Entschlussbestärkung, die Herausgabe von Keimmaterial, eine therapeutische Voruntersuchung oder eine therapeutische Vorbehandlung sind als Beihilfe strafbar. Ein Irrtum über die Reichweite der Schutzzwecke der einschlägigen Tatbestände des ESchG führt allenfalls zu einer möglichen, nicht aber zwingenden Strafmilderung.

Der im Ausland praktizierende Arzt und die Patienten machen sich nicht strafbar.

Die Mitwirkung im Anschluss an eine im Ausland erfolgreich durchgeführten ESchG-widrigen Kinderwunschbehandlung auf deutschem Staatsgebiet in Form einer Schwangerschaftsversorgung ist straflos. Das gilt für den Arzt und die Schwangere gleichermaßen.

§ 8 Straf- und berufsrechtliche Konsequenzen einer strafbaren Mitwirkung

So, wie es zahlreiche Bestimmungen gibt, die der inländische Arzt bei seiner Tätigkeit im Bereich der medizinisch unterstützten Fortpflanzung beachten muss, gibt es spiegelbildlich auf der Rechtsfolgenseite zahlreiche Sanktionen, die ihm drohen können, wenn er gegen die einschlägigen Bestimmungen verstößt. Unterschieden wird zwischen strafrechtlichen Konsequenzen (unter A.) und berufsrechtlichen Folgen (unter B.).

Die nachfolgenden Ausführungen behandeln jedoch nur die nach dem Untersuchungsergebnis ermittelten strafbaren Mitwirkungsformen des Inlandsarztes. Um den Leser erneut im Bilde zu halten: Nur bestimmte Formen der Mitwirkung bei der Durchführung einer nach dem ESchG verbotenen Behandlungsform im Ausland sind strafbar.

A. Strafrechtliche Konsequenzen einer verbotenen Mitwirkung

Das deutsche Strafrecht hält ein dualistisches Rechtsfolgensystem in den §§ 38 ff. StGB vor. Während Geld- und Freiheitsstrafe einen repressiven Effekt haben, also einen Sanktionszweck verfolgen, dienen die in § 61 StGB abschließend aufgezählten sog. Maßregeln der Besserung und Sicherung als Mittel der Verfolgung präventiver Zwecke. Deren Anordnung gründet sich auf der abstrakten Gefährlichkeit des Täters und seiner Verhaltensweisen. Dabei gilt es zu beachten, dass sich die beiden Rechtsfolgensysteme nicht gegenseitig ausschließen, sondern ineinandergreifen und die in § 61 StGB aufgezählten Maßregeln neben der Freiheits- oder Geldstrafe gerichtlich angeordnet werden können.

I. Strafen: Geld- und Freiheitsstrafe

Auf der Rechtsfolgenseite der untersuchten Verbotstatbestände lautet es jeweils:

(…) wird mit Freiheitsstrafe bis zu drei Jahren oder mit Geldstrafe bestraft.

Unter Berücksichtigung der Untersuchungsergebnisse stellt jede strafbare Form der inländischen Mitwirkung lediglich eine (psychische oder physische) Beihilfe dar. Die Strafe des Gehilfen, also des inländischen Arztes, richtet sich damit im Ausgangspunkt nach der Strafandrohung für den Täter, § 27 Abs. 2 Satz 1 StGB. Dass die Auslandstat sowohl für die Patienten als auch für den Auslandsarzt straflos ist, spielt insoweit keine Rolle, § 9 Abs. 2 Satz 2 StGB. Da es sich um eine zeitige Freiheitsstrafe i. S. d. § 38 Abs. 1 StGB handelt, liegt ihr Mindestmaß nach § 38 Abs. 2 StGB bei einem Monat. Damit ergibt sich ein Regelstrafrahmen von einem Monat bis zu drei Jahren Freiheitsstrafe. Allerdings *ist* dieser Regelstrafrahmen nach § 27 Abs. 2 Satz 2 StGB – und zwar unabhängig von der Form der Beihilfe – obligatorisch, d. h. zwingend nach § 49 Abs. 1 StGB zugunsten des Gehilfen herabzusetzen.[1] Nach Maßgabe des insoweit einschlägigen § 49 Abs. 1 Nr. 2 Satz 1 StGB beträgt das Höchstmaß drei Viertel des angedrohten Höchstmaßes (für den Täter), also zwei Jahre und drei Monate. Da die Aussetzung der Strafvollstreckung zur Bewährung gemäß § 56 Abs. 2 StGB höchstens bis zu einer Freiheitsstrafe von bis zu zwei Jahren zulässig ist, droht, dass der Inlandsarzt eine Gefängnisstrafe verbüßen muss.

Zwar liegt die Festlegung des konkreten Strafmaßes in der Hand des Tatgerichtes und hängt maßgeblich von den Einzelfallumständen ab. Eine Prognose ist aus diesem Grund zwangsläufig mit Unsicherheiten behaftet.[2] Aus der Tatsache, dass die bisherigen Strafverfahren im Zusammenhang mit der strafbaren Inlandsmitwirkung an Kinderwunschbehandlungen im Ausland regelmäßig im Wege des Strafbefehlsverfahrens abwickelt wurden, lässt sich jedoch schlussfolgern, dass in den jeweiligen Strafverfahren nach § 407 Abs. 2 Satz 1 Nr. 1 StPO nur eine Geldstrafe und im Ausnahmefall eine Freiheitsstrafe von höchstens einem Jahr, deren Vollstreckung zur Bewährung auszusetzen ist (§ 407 Abs. 2 Satz 2 StPO), verhängt wurde.

Bei einer Verurteilung von höchstens neunzig Tagessätzen und unter der Voraussetzung, dass keine weiteren Einträge im Bundeszentralregister bestehen, wird die Verurteilung gem. §§ 4 Nr. 1, 32 Abs. 1 Satz 1, Abs. 2 Nr. 5a BZRG nicht in das Führungszeugnis eingetragen.[3] Der Tatrichter hat nach § 46 Abs. 1 Satz 2 StGB die Auswirkungen einer Verurteilung auf das Leben des Angeklagten im Rahmen der

---

[1] Daneben kommt eine zusätzliche Milderung nach § 17 Satz 2 StGB für den Fall in Betracht, dass der Inlandsarzt einem (vermeidbaren) Verbotsirrtum über die schutzzweckbezogene Reichweite einzelner Verbotstatbestände unterliegt, dazu oben bei § 7 D. VI. 2. b) bb). Undifferenziert und daher fehlerhaft *Conte*, der auch bei der Anstiftung eine Strafmilderung zu erkennen vermag: „(…) die Möglichkeit der Strafmilderung, die für Teilnahmedelikte vorgesehen ist." In Der Gynäkologe 2013, 841 (844). Ausweislich § 26 StGB wird der Anstifter „gleich einem Täter" bestraft.
[2] *Ulsenheimer*, Arztstrafrecht, 5. Aufl. 2015, S. 826 Rn. 1361.
[3] Dazu *Ulsenheimer*, Arztstrafrecht, 5. Aufl. 2015, S. 831 Rn. 1367.

Strafzumessung zu berücksichtigen, insbesondere vor dem Hintergrund der Auswirkungen auf die ärztliche Zulassung.[4]

Die Gesamthöhe der Geldstrafe lässt sich aus der Anzahl der Tagessätze multipliziert mit der Höhe des Tagessatzes errechnen. Bei der Umrechnung entspricht ein Monat Freiheitsstrafe dreißig Tagessätzen, § 47 Abs. 2 Satz 2 Halbsatz 2 StGB. Einen verbindlichen Rahmen für die Anzahl der Tagessätze gibt § 40 Abs. 1 Satz 2 StGB vor (5–360). Die Berechnung ihrer Höhe[5] richtet sich nach § 40 Abs. 2 StGB.

Für die Strafzumessung spielen unter anderem im Kontext der Mitwirkung folgende Gesichtspunkte eine Rolle:[6]

- Ist der Arzt bereits einschlägig vorbestraft?
- Besteht eine Wiederholungsgefahr?
- Wird ein Entzug der Kassenzulassung angeordnet?
- Zu erwartende berufsgerichtliche, approbationsrechtliche sowie disziplinarrechtliche Folgeverfahren, insb. Verlust der Beamtenrechte bei Freiheitsstrafe über einem Jahr.

II. Maßregel der Besserung und Sicherung: Das Berufsverbot

Neben der Verhängung einer Strafe[7] kommt die Anordnung eines Berufsverbotes nach §§ 61 Nr. 6, 70 StGB durch das Strafgericht in Betracht. Das Berufsverbot ist gegenüber der Freiheitsstrafe eine selbstständige Sanktionsform.[8] Es handelt sich um eine existenziell bedrohliche Sanktion.[9] Aufgrund der im Gegensatz zur Strafe verschiedenen Zweckrichtung ist seine Verhängung schuldunabhängig.[10] Das Berufsverbot greift auch bei Berufen mit Ehrengerichtsbarkeit, wie die der Ärzte.[11] Für verbeamtete Ärzte wird § 70 StGB von § 45 StGB verdrängt,[12] allerdings nicht soweit der beamtete Arzt privat als Arzt tätig wird.[13] Die Verhängung eines (vorläufi-

---

[4] Aktuell OLG Frankfurt a.M. NStZ 2018, 414 zur Verurteilung eines Humanmedizinstudenten im Hinblick auf die Auswirkungen auf die Erlangung der ärztlichen Approbation im Falle einer strafgerichtlichen Verurteilung mit Verweis auf OLG Nürnberg NStZ 2007, 406. Eine Zusammenfassung der Kerninhalte des Falles findet sich in der Rechtsprechungsübersicht zum Arztstrafrecht von *Wasserburg/Meller* NStZ 2018, 514 (516).
[5] Näheres hierzu *Ulsenheimer*, Arztstrafrecht, 5. Aufl. 2015, S. 831 f. Rn. 1368.
[6] *Ulsenheimer*, Arztstrafrecht, 5. Aufl. 2015, S. 832 ff. Rn. 1369.
[7] Das gilt selbst dann, wenn deren Vollstreckung zur Bewährung ausgesetzt wurde, BGH AuR 2009, 234 f.
[8] *Kangarani/Hampe* MedR 2014, 797 (798).
[9] *Ulsenheimer*, Arztstrafrecht, 5. Aufl. 2015, S. 834 ff. Rn. 1370.
[10] *Fischer*, StGB, 66. Aufl. 2019, Vor § 61 Rn. 1.
[11] *Fischer*, StGB, 66. Aufl. 2019, § 70 Rn. 2.
[12] BGH NJW 1987, 2686 (2687); dies wird im Weiteren nicht untersucht.
[13] S/S-*Kinzig*, StGB, 30. Aufl. 2019, § 70 Rn. 5.

gen) Berufsverbotes ist selbst dann möglich, wenn die Approbation bereits widerrufen oder ihr Ruhen angeordnet wurde.[14]

Daneben besteht bereits während des Ermittlungsverfahrens und damit vor dem rechtskräftigen Abschluss des Strafverfahrens[15] die Möglichkeit, ein vorläufiges Berufsverbot unter den Voraussetzungen von § 132a Abs. 1 StPO durch gerichtlichen Beschluss[16] anzuordnen, wenn dringende Gründe die Annahme rechtfertigen, dass ein Berufsverbot angeordnet wird.[17] Dafür erforderlich ist neben einem dringenden Tatverdacht hinsichtlich des zur Last gelegten Delikts eine hohe Wahrscheinlichkeit für das Vorliegen der übrigen Tatbestandsmerkmale des § 70 Abs. 1 StGB.[18] Hinzutreten muss im Hinblick auf den mit der Anordnung verbundenen tief greifenden Eingriff in Art. 12 Abs. 1 GG (Berufsausübungsfreiheit), dass die Anordnung erforderlich ist, um bereits vor rechtskräftigem Abschluss des Hauptverfahrens konkrete Gefahren für wichtige Gemeinschaftsgüter abzuwehren.[19] Unter besonderer Beachtung des Grundsatzes der Verhältnismäßigkeit sind die Voraussetzungen für die Verhängung eines vorläufigen Berufsverbotes nur selten erfüllt.[20]

Die Anordnung eines Berufsverbotes nach § 70 StGB hat formelle und materielle Voraussetzungen. Neben der Feststellung einer Anlasstat bedarf es einer negativen Gefahrenprognose durch den Tatrichter.

1. Anlasstat

Die rechtswidrige Tat (§ 11 Abs. 1 Nr. 5 StGB) muss entweder unter Missbrauch des Berufs (Var. 1) oder unter grober Verletzung der mit dem Beruf verbundenen Pflichten (Var. 2) begangen worden sein.

Zur Verwirklichung der ersten Variante muss der Täter die ihm durch Beruf gegebene Möglichkeit bewusst und planmäßig zur Tat ausgenutzt haben[21] und die Tat damit einen berufstypischen Zusammenhang zur Tätigkeit aufweisen.[22] Der Arzt muss die Straftat gerade im Rahmen seiner ärztlichen Tätigkeit begangen haben.[23] Nicht ausreichend hingegen ist das bloße Ausnutzen von sich im Rahmen der Berufsausübung ergebenden Möglichkeiten zur Tatbegehung.[24]

---

[14] BVerwG NJW 1963, 875.
[15] *Laue* in NK/Gesamtes Strafrecht, 4. Aufl. 2017, StPO, § 132a Rn. 1.
[16] *Laue* in NK/Gesamtes Strafrecht, 4. Aufl. 2017, StPO, § 132a Rn. 6.
[17] Ein Verstoß dagegen ist eigenständig in § 145c StGB strafbewehrt.
[18] *Ulsenheimer* in Laufs/Kern (Hrsg.), Handbuch des Arztrechts, 4. Aufl. 2010, § 151 Rn. 54.
[19] BVerfGE 44, 105 (118); BVerfGE 48, 292 (298); *Kangarani/Hampe* MedR 2014, 797 (800).
[20] *Ulsenheimer*, Arztstrafrecht, 5. Aufl. 2015 S. 837 ff. Rn. 1372 f.
[21] BGH NJW 1989, 3232.
[22] BGH StV 2008, 80.
[23] BGH NJW 1968, 1730.
[24] *Fischer*, StGB, 66. Aufl. 2019, § 70 Rn. 5.

Die Mitwirkung des Inlandsarztes an ESchG-widrigen Kinderwunschbehandlungen im Ausland findet nicht nur bei Gelegenheit statt. Die beschriebenen, strafrechtlich relevanten Verhaltensweisen, insbesondere die hormonellen Vorbehandlungen, sind das Kerngeschäft des inländischen Reproduktionsmediziners. Ohne die berufliche Eigenschaft wäre eine entsprechende Mitwirkung ausgeschlossen (Arztvorbehalt gem. § 9 ESchG). Vergleichbar mit der Vornahme strafbarer Schwangerschaftsabbrüche[25] oder der Verschreibung von Betäubungsmitteln ohne medizinische Indikation[26] ist ein solcher Missbrauch des ärztlichen Berufs jedenfalls in Form der Anwendung oder Verschreibung von Hormonpräparaten bei der inländischen Mitwirkung zu bejahen.

Damit kann dahingestellt bleiben, ob die Mitwirkung daneben auch die zweite Tatbestandsvariante („unter grober Verletzung der mit dem Beruf verbundenen Pflichten") erfüllt.[27]

Der Inlandsarzt muss wegen einer solchen Tat verurteilt worden sein.

2. Gefahrenprognose

Auf der Grundlage der Anlasstat muss das Gericht die Prognose einer künftigen Gefährlichkeit bejahen. Damit muss die Tat von solcher Art und solchem Gewicht sein, dass sie eine entsprechende Prognose tragen kann.[28] Das heißt: Nach Gesamtwürdigung des Täters und der Tat muss die Gefahr und damit nicht nur die bloße Möglichkeit[29] erkennbar sein, dass der Täter bei weiterer Ausübung des Berufs erhebliche rechtswidrige Taten der bezeichneten Art unter Missbrauch seines Berufs begehen wird.[30] An die Erheblichkeit der Taten muss vor dem Hintergrund der verfassungsrechtlich gewährleisteten Berufsausübungsfreiheit (Art. 12 Abs. 1 GG) ein hoher Maßstab angelegt werden.[31] Das gilt insbesondere, wenn der Arzt erstmalig wegen einer Anlasstat straffällig geworden ist, da in einem solchen Fall davon auszugehen ist, dass bereits die Belegung mit einer Strafe ihn von weiteren Taten abhalten wird.[32]

Hinsichtlich der Anordnung sowie der tatsächlichen und zeitlichen Reichweite des Berufsverbotes entscheidet das erkennende Gericht nach pflichtgemäßem

---

[25] *Fischer*, StGB, 66. Aufl. 2019, § 70 Rn. 4; *Bockenmühl* in MüKo/StGB, Bd. 2, 3. Aufl. 2016, § 70 Rn. 9.
[26] Dazu BGH NJW 1975, 2249.
[27] Eine exakte Grenzziehung zwischen den Tatbestandsvarianten ist nicht möglich, aber wegen des Alternativverhältnisses („oder") auch nicht erforderlich, S/S-*Kinzig*, StGB, 30. Aufl. 2019, § 70 Rn. 9; ähnlich *Kangarani/Hampe* MedR 2014, 797 (798).
[28] *Fischer*, StGB, 66. Aufl. 2019, § 70 Rn. 8.
[29] S/S-*Kinzig*, StGB, 30. Aufl. 2019, § 70 Rn. 9.
[30] *Fischer*, StGB, 66. Aufl. 2019, § 70 Rn. 9.
[31] LK/StGB-*Hanack*, 12. Aufl. 2007, § 70 Rn. 38.
[32] *Bockenmühl* in MüKo/StGB, Bd. 2, 3. Aufl. 2016, § 70 Rn. 22.

Ermessen („kann").[33] Wesentlicher Bedeutung kommt dabei dem Verhältnismäßigkeitsgrundsatz nach § 62 StGB zu.[34] Eine Anordnung auf Lebenszeit etwa ist nur verhältnismäßig, wenn sie in hinreichendem Maße dazu dient, den Rechtsfrieden zu sichern.[35]

Der Umfang der Anordnung ist auf einen bestimmten Teilbereich des Berufes zu beschränken, wenn dadurch die Gefahr bereits abgewendet werden kann.[36] So ist denkbar, das Berufsverbot nur auf die Tätigkeit als Reproduktionsmediziner zu beschränken.

In Anbetracht des Gewichts eines Berufsverbotes und der sich anschließenden außerstrafrechtlichen Folgeverfahren wird nur selten davon Gebrauch gemacht.[37]

Die Möglichkeit der Anordnung eines Berufsverbotes besteht im Strafbefehlsverfahren nicht,[38] vielmehr muss im Vorfeld Anklage durch die Staatsanwaltschaft erhoben werden. Wiederum lässt sich aus der Tatsache, dass die bisherigen Strafverfahren, die eine strafbare Inlandsmitwirkung an Kinderwunschbehandlungen im Ausland zum Gegenstand hatten, im Strafbefehlsverfahren abgehandelt wurden, darauf schließen, dass kein Berufsverbot verhängt wurde.

B. Berufsrechtliche Konsequenzen einer verbotenen Mitwirkung

Rein strafrechtlichen Sanktionen können sich bei einem ärztlichen Fehlverhalten approbations- oder vertragsarztrechtliche Folgeverfahren anschließen.[39] Die Zielrichtung solcher außerstrafrechtlicher Verfahren ist jedoch eine andere: Der Arzt soll zur Erfüllung seiner Berufspflichten angehalten werden, um die Funktionsfähigkeit der Ärzteschaft bei der Erfüllung ihres Auftrages im Interesse der Allgemeinheit zu gewährleisten.[40]

Damit es nicht zu einem Verstoß gegen den verfassungsrechtlichen Grundsatz der Verhältnismäßigkeit kommt, ist in den landesrechtlichen Kammer- und Heilberufsgesetzen die Möglichkeit einer Mehrfachsanktionierung an enge Voraussetzungen geknüpft.[41] So darf ein berufsrechtliches Verfahren nicht eingeleitet werden[42]

---

[33] *Frister/Lindemann/Peters*, Arztstrafrecht, 2011, S. 390.
[34] S/S-*Kinzig*, StGB, 30. Aufl. 2019, § 70 Rn. 15.
[35] LG Essen, Urt. v. 28. März 2008 – 56 (38/07).
[36] *Fischer*, StGB, 66. Aufl. 2019, § 70 Rn. 12, 12a.
[37] *Steinhilper* spricht gar von einem in der gerichtlichen Praxis äußerst seltenen Gebrauch, in Ehlers (Hrsg.), Disziplinarrecht und Zulassungsentziehung, 2001, S. 770.
[38] Siehe die abschließende Aufzählung der möglichen Rechtsfolgen in § 407 Abs. 2 StPO.
[39] Selbst im Falle eines Freispruchs können außerstrafrechtliche Schritte eingeleitet werden.
[40] *Lipp* in Laufs/Katzenmeier/Lipp, Arztrecht, 7. Aufl. 2015, Abschnitt II Rn. 32.
[41] *Frister/Lindemann/Peters*, Arztstrafrecht, 2011, S. 385.
[42] Etwa § 76 Abs. 1 Satz 1 HeilBerG NW; § 70 Abs. 1 Satz 1 HeilBG RhPf.

oder ein bereits eingeleitetes Verfahren muss ausgesetzt werden,[43] wenn gegen den Beschuldigten wegen des gleichen Sachverhaltes ein Strafverfahren läuft.

Um seine berufliche Tätigkeit als Arzt innerhalb des deutschen Bundesgebietes rechtmäßig ausüben zu können, bedarf er einer hoheitlichen Zulassung. Zuständig für die Aufhebung der Zulassung sind nach § 12 der BÄO die jeweiligen Landesbehörden. Die Landesärztekammer üben die Berufsaufsicht aus,[44] sog. Disziplinargerichtsbarkeit.[45] Die Sanktionierung von Berufspflichtverletzungen obliegt der Berufsgerichtsbarkeit; danach ergangene Entscheidungen sind vor den Verwaltungsgerichten anfechtbar.[46]

I. Berufsgerichtliche Sanktionen

Die Einhaltung der beruflichen Pflichten des Arztes wird durch eigenständige Berufsgerichte überwacht, die auf der Grundlage der landesgesetzlichen Heilberufs- bzw. Kammergesetze eingerichtet sind.[47] Ein solches Verfahren wird bei Verstößen gegen die ärztlichen Berufsplichten auf Antrag eingeleitet.[48] Der Ausgang des Strafverfahrens, das vor Einleitung eines berufsgerichtlichen Verfahrens abgeschlossen sein muss,[49] ist zwar nicht bindend für die Berufsgerichte, jedoch können die tatsächlichen Feststellungen des Strafurteils im berufsgerichtlichen Verfahren zugrunde gelegt werden.[50]

Vom Widerruf der Approbation strikt zu trennen ist die Ahndung eines Fehlverhaltens durch die Berufsgerichte. Das berufsgerichtliche Verfahren kann neben einer Warnung und/oder eines Verweises die Entziehung des passiven Berufswahlrechtes, eine Geldbuße bis zu 50.000 € oder die Feststellung der Unwürdigkeit zur Berufsausübung zur Folge haben.[51] Ein Berufsausübungsverbot kann nicht verhängt werden.[52] Dabei gilt der „Grundsatz der einheitlichen Pflichtverletzung", sodass mehrere selbstständige Fehlverhalten zu einer einheitlich zu bewertenden Pflichtverletzung zusammengefasst werden.[53]

Als Alternative zum Antrag auf Eröffnung eines berufsgerichtlichen Verfahrens besteht etwa nach § 58a Abs. 1 Satz 1 HeilBerG NRW die Möglichkeit, dass der Vorstand der Heilberufskammer einen Kammerangehörigen, der eine ihm oblie-

---

[43] Etwa Art. 86 Abs. 1 Satz 2 HKaG Bayern; § 56 Abs. 2 HeilBKG BW.
[44] *Laufs/Katzenmeier*, Handbuch des Arztrechts, 7. Aufl. 2015, II Rn. 29.
[45] BVerfGE 18, 241 (252 f.).
[46] *Laufs/Katzenmeier*, Handbuch des Arztrechts, 7. Aufl. 2015, II Rn. 30.
[47] *Ulsenheimer*, Arztstrafrecht, 5. Aufl. 2015, S. 840 Rn. 1375.
[48] *Ulsenheimer*, Arztstrafrecht, 5. Aufl. 2015, S. 841 Rn. 1375.
[49] *Ulsenheimer*, Arztstrafrecht, 5. Aufl. 2015, S. 841 Rn. 1375.
[50] *Ulsenheimer*, Arztstrafrecht, 5. Aufl. 2015, S. 842 Rn. 1375.
[51] *Frister/Lindemann/Peters*, Arztstrafrecht, 2011, S. 395.
[52] *Ulsenheimer*, Arztstrafrecht, 5. Aufl. 2015, S. 842 Rn. 1375.
[53] *Ulsenheimer*, Arztstrafrecht, 5. Aufl. 2015, S. 841 Rn. 1375.

gende Berufspflicht verletzt hat, lediglich rügt.[54] Das setzt voraus, dass die Schuld gering ist und der Antrag auf Einleitung eines berufsgerichtlichen Verfahrens nicht erforderlich erscheint.[55] Nach einer Auskunft der Ärztekammer Westfalen-Lippe vom 22. Dezember 2017 auf die Frage, ob und wenn ja, in wie vielen Fällen es zu berufsrechtlichen Verfahren gegen Ärzte kam, die einen Blastozystentransfer/elektiven Embryotransfer durchgeführt bzw. für eine Auslandsbehandlung daran mitgewirkt haben, wurden im Jahre 2013 gegen drei Kammerangehörige Rügen nach § 58a Abs. 1 HeilBerG NRW ausgesprochen. Bei den übrigen Landesärztekammern gab es entweder keine Verfahren, es lagen keine Daten darüber vor oder sie gaben keine Rückmeldung. Die These, die „Dreierregel" würde in der Praxis nicht beachtet werden,[56] konnte mithin weder bestätigt noch widerlegt werden.

Zu einem berufsrechtlichen Folgeverfahren kommt es mit Blick auf den Grundsatz der Verhältnismäßigkeit neben einer strafrechtlichen Verurteilung nur bei einem sog. berufsrechtlichen Überhang.[57] Das bedeutet: die Kriminalstrafe hat nicht genügt, um den Beschuldigten zur pflichtgemäßen Erfüllung seiner beruflichen Pflichten anzuhalten und das Ansehen des ärztlichen Berufsstandes zu wahren.[58]

Hierfür muss dem Arzt ein schuldhafter Verstoß gegen Berufspflichten vorwerfbar sein, der eine berufsunwürdige Handlung darstellt.[59] Das Fehlverhalten muss einen Bezug zur ärztlichen Berufspflicht aufweisen[60] und damit Auswirkungen auf das Ansehen des ärztlichen Berufs haben können.[61] In der Regel führt ein hoher Unrechts- und Schuldgehalt der vom Strafgericht abgeurteilten Tat dazu, dass die Verhängung einer berufsgerichtlichen Sanktion nicht (mehr) erforderlich ist.[62] Ein einmaliges Fehlverhalten nimmt dem Arzt nicht das zur Ausübung seines Berufs erforderliche Ansehen und Vertrauen.[63]

---

[54] Dazu *Willems*, MedR 2010, 770 ff.
[55] *Willems* MedR 2010, 770 ff.
[56] So *Gassner et al.*, S. 50.
[57] *Deutsch/Spickhoff*, Medizinrecht, 7. Aufl. 2014, Rn. 32.
[58] *Ulsenheimer*, Arztstrafrecht, 5. Aufl. 2015, S. 844 Rn. 1377.
[59] *Narr*, Ärztliches Berufsrecht, 28. Aktualisierung 2018, B 78.
[60] *Lipp* in Laufs/Katzenmeier/Lipp, Arztrecht, 7. Aufl. 2015, Abschnitt II Rn. 32 Fn. 76; *Narr*, Ärztliches Berufsrecht, 28. Aktualisierung 2018, B 78.
[61] BVerfGE 27, 180 (186).
[62] *Ulsenheimer*, Arztstrafrecht, 5. Aufl. 2015, S. 845 Rn. 1377 mit Verweis auf Bayerisches Landesberufsgericht für Heilberufe MDR 1988, 1078.
[63] *Ulsenheimer*, Arztstrafrecht, 5. Aufl. 2015, S. 849 Rn. 1378.

II. Widerruf (§ 5 BÄO) und Ruhen (§ 6 BÄO) der Approbation

Gravierender als die strafrechtlichen Sanktionen kann der (Gesamt-)Widerruf der ärztlichen Zulassung nach § 5 BÄO sein. Denn er entzieht dem Arzt dauerhaft und vollständig seine künftige Existenzgrundlage: die Möglichkeit zur Berufsausübung.[64]

Geht es um eine ursprünglich rechtmäßig erteilte Zulassung, die es infolge eines Fehlverhaltens zu entziehen gilt, ist der Widerruf einschlägig.[65] Ein Widerruf ist nur bei gravierenden Verfehlungen zulässig, also solchen, die geeignet sind, das Vertrauen der Öffentlichkeit in den Berufsstand nachhaltig zu erschüttern.[66] Ein Teilwiderruf ist nicht möglich, sodass die Approbation – im Gegensatz zum strafrechtlichen Berufsverbot – nicht auf bestimmte Bereiche der ärztlichen Tätigkeit beschränkt widerrufen werden kann.[67] Der Widerruf der ärztlichen Approbation ist damit für den betroffenen Arzt die weitreichendste Sanktion, da sie ihm jede Form der ärztlichen Tätigkeit verwehrt und zwangsläufig zum Entzug der vertragsärztlichen Zulassung führt.[68]

Ein derart massiver Eingriff in die berufliche Existenz,[69] die durch Art. 12 Abs. 1 GG verfassungsrechtlich geschützt ist, muss nach der Drei-Stufen-Theorie des Bundesverfassungsgerichts[70] geeignet, erforderlich und angemessen sein.[71] Ein solcher Eingriff in die Berufsausübungsfreiheit, der nach seiner Intensität einer Versagung der Berufswahlfreiheit gleichsteht, ist nur zulässig, wenn wichtige Gemeinschaftsgüter wie die ordnungsgemäße Gesundheitsversorgung und das Vertrauen in den Berufsstand der Ärzte das Interesse an der Berufswahrung überwiegen.

1. Verhältnis zum strafrechtlichen Berufsverbot[72]

Das strafrechtliche Berufsverbot nach § 70 StGB und der Widerruf der Approbation weisen unterschiedliche Zielrichtungen auf.[73] Das heißt: Die Kriminalstrafe wird als nicht ausreichend angesehen, um das Ansehen der Ärzteschaft zu wahren und

---

[64] Darauf weist explizit *Dorneck* medstra 2018, 259 (263) hin.
[65] *Heberer*, Arzt und Recht, 2013, S. 16.
[66] *Deutsch/Spickhoff*, Medizinrecht, 7. Aufl. 2014, Rn. 32.
[67] BVerwG NJW 1988, 2756; BVerwG MedR 1998, 142 ff.; *Ulsenheimer*, Arztstrafrecht, 5. Aufl. 2015, S. 851 Rn. 1379.
[68] *Ulsenheimer*, Arztstrafrecht, 5. Aufl. 2015, S. 851 Rn. 1379.
[69] BVerwG NJW 2011, 1830 (1831 Tz. 4).
[70] BVerfG NJW 1958, 1035.
[71] Das betonen auch *Frister/Lindemann/Peters*, Arztstrafrecht, 2011, S. 399 Rn. 20 mit Verweis auf *Braun, C./Gründel* MedR 2001, 396 (400) sowie *Laufs* in Laufs/Kern (Hrsg.), Handbuch des Arztrechts, 4. Aufl. 2010, § 8 Rn. 26, 28.
[72] Eingehend zum Vergleich zwischen Berufsverbot nach § 70 Abs. 1 StGB und dem Entzug der Approbation nach § 5 BÄO siehe *Kangarani/Hampe* MedR 2014, 797 ff.
[73] OVG NRW 2004, 327; Gerichtshof für Heilberufe Niedersachsen MedR 2007, 454.

den Beschuldigten zur Erfüllung seiner Berufspflichten anzuhalten.[74] Der Widerruf der Approbation dient dem Schutz besonders wichtiger Gemeinschaftsgüter, nicht hingegen der Bestrafung des Arztes.[75]

Selbst Tatsachen, die im Strafverfahren zu keiner Verurteilung führen, können jedoch berufsrechtlich relevant bleiben, wenn sie für sich betrachtet ein Berufsvergehen begründen.[76] Ebenso wenig wie eine strafgerichtliche Verurteilung Voraussetzung für die Entziehung der Approbation ist,[77] ist die Bejahung der Voraussetzungen des § 70 StGB erforderlich.[78] Nach Nr. 26 MiStra kann in Strafsachen gegen Angehörige der Heilberufe eine Mitteilung erfolgen, wenn aus dem Tatvorwurf auf eine Verletzung von Pflichten geschlossen werden kann, die bei der Berufsausübung zu beachten sind oder in anderer Weise dazu geeignet sind, Zweifel an der Eignung, Zuverlässigkeit oder Befähigung hervorzurufen.[79]

Strafrechtliche Verfehlungen des Arztes können nach einem rechtskräftigen Urteil oder einem Strafbefehl, der im Falle des § 410 Abs. 3 StPO einem rechtskräftigen Urteil gleichsteht, zum Widerruf und schon vorher zum Ruhen der Approbation führen.[80] Andererseits führt nicht jede strafrechtliche Verfehlung zwangsläufig zu einem Widerruf der Approbation; es muss sich vielmehr um ein Fehlverhalten handeln, das gerade in Bezug auf die Ausübung des ärztlichen Berufs von Bedeutung ist und den Antragsteller hierfür ungeeignet erscheinen lässt.[81]

Eine Weitergabe strafrechtlicher Ermittlungsakten an die Landesärztekammern kommt unter den Voraussetzungen von §§ 474 Abs. 2 Nrn. 1, 2 StPO in Betracht.[82]

Die Approbationsbehörde trifft ihre Entscheidung über den Widerruf der Approbation eigenverantwortlich und ist nicht an die berufsgerichtliche Entscheidung gebunden.[83]

---

[74] *Lipp* in Laufs/Katzenmeier/Lipp (Hrsg.), Arztrecht, 7. Aufl. 2015, Rn. 35.
[75] *Heberer*, Arzt und Recht, 2013, S. 18 f.
[76] *Deutsch/Spickhoff*, Medizinrecht, 7. Aufl. 2014, Rn. 34.
[77] *Ulsenheimer* in Laufs/Kern (Hrsg.), Handbuch des Arztrechts, 4. Aufl. 2010, § 151 Rn. 59; *Kangarani/Hampe* MedR 2014, 797 (801).
[78] VGH Mannheim NJW 2010, 692 (695).
[79] *Kangarani/Hampe* MedR 2014, 797 (802).
[80] *Ulsenheimer*, Arztstrafrecht, 5. Aufl. 2015, S. 851 Rn. 1379 mit Verweis auf *Stollmann* MedR 2010, 682 ff., der unter Verwendung einer gewissen Kasuistik eine Veranschaulichung bietet.
[81] BVerwGE 31, 307 ff. zur Erteilung der Approbation.
[82] OLG Hamm MedR 2010, 261 ff.
[83] *Frister/Lindemann/Peters*, Arztstrafrecht, 2011, S. 395.

2. Voraussetzungen

a) Einschlägige Rechtsvorschriften

Einschlägig für den Untersuchungsgegenstand sind die Normen § 5 Abs. 2 Satz 1 i. V. m. § 3 Abs. 1 Satz 1 Nr. 2 BÄO.[84]
Nach § 5 Abs. 2 Satz 1 BÄO *ist* die Approbation zu widerrufen,

wenn nachträglich die Voraussetzung nach § 3 Abs. 1 Satz 1 [BÄO] weggefallen sind.

Nach § 3 Abs. 1 Satz 1 Nr. 2 BÄO ist die Approbation als Arzt auf Antrag zu erteilen,

wenn der Antragsteller sich nicht eines Verhaltens schuldig gemacht hat, aus dem sich seine Unwürdigkeit oder Unzuverlässigkeit zur Ausübung des ärztlichen Berufs ergibt.

Die Approbation *ist* also zu widerrufen, wenn nach ihrer Erteilung die für die Ausübung des ärztlichen Berufs erforderliche Würdigkeit oder Zuverlässigkeit entfallen ist. Der Approbationsbehörde steht bei der Bejahung einer Unwürdigkeit oder einer Unzuverlässigkeit kein Entschließungsermessen zu,[85] sog. obligatorischer Grund.[86] Maßgebender Beurteilungszeitpunkt ist der des Abschlusses des Widerspruchsverfahrens,[87] nicht hingegen die Sach- und Rechtslage der letzten mündlichen Verhalten vor dem Strafgericht.[88]
Bei den Begriffen „Unwürdigkeit" und „Unzuverlässigkeit" handelt es sich jeweils um unbestimmte Rechtsbegriffe, die der vollen gerichtlichen Überprüfbarkeit durch die Verwaltungsgerichte unterliegen.[89] Während das Verdikt der Unwürdigkeit ausschließlich aus einem vergangenen Fehlverhalten des Arztes resultiert, ist für die Feststellung der Unzuverlässigkeit das künftige Verhalten des Arztes zu betrachten und damit zu fragen, ob er auch weiterhin gegen berufsrechtliche Pflichten verstoßen wird.[90] Wegen des Alternativverhältnisses („oder") genügt es, wenn entweder die Unwürdigkeit oder die Unzuverlässigkeit festgestellt wird.

---

[84] Die Verfassungsmäßigkeit bei Widerruf der Approbation wegen Unwürdigkeit hat das Bundesverfassungsgericht erst neuerlich wiederholt festgestellt: BVerfG, Beschl. Vom 8. September 2017 – 1 BvR 1657/17, abgedruckt in medstra 1/2018, 33 f.
[85] *Frister/Lindemann/Peters*, Arztstrafrecht, 2011, S. 397.
[86] *Heberer*, Arzt und Recht, 2013, S. 16.
[87] *Deutsch/Spickhoff*, Medizinrecht, 7. Aufl. 2014, Rn. 31.
[88] BVerwG NJW 1999, 3425 (3426).
[89] Die Verfassungsmäßigkeit im Hinblick auf die Bestimmtheit der maßgeblichen Normen bejahend BVerfG GesR 2017, 739.
[90] *Laufs* in Laufs/Kern (Hrsg.), Handbuch des Arztrechts, 4. Aufl. 2010, § 8 Rn. 10.

b) Unwürdigkeit

Unwürdig zur Ausübung des ärztlichen Berufs ist, wer durch sein Verhalten nicht mehr das Ansehen und Vertrauen besitzt, das für die Berufsausübung unabdingbar ist.[91] Dazu bedarf es eines derart schwerwiegenden Fehlverhaltens, das bei Würdigung aller Umstände die weitere Berufsausübung als untragbar erscheint.[92] Durch das Fehlverhalten muss das besondere Vertrauensverhältnis zwischen Arzt und Patient für einen billig und gerecht Denkenden als zerstört angesehen werden können.[93] So begründen etwa im Zusammenhang mit dem Behandlungsgeschehen begangene vorsätzliche Körperverletzungs-, Tötungs- und Sexualdelikte regelmäßig die Berufsunwürdigkeit des Arztes.[94] Wird die ärztliche Approbation wegen Unwürdigkeit widerrufen, so darf die Approbationsbehörde grundsätzlich von der Richtigkeit der Feststellungen im Strafurteil ausgehen.[95] Die Perspektive ist in die Vergangenheit gerichtet.[96]

c) Unzuverlässigkeit

Unzuverlässig hingegen ist, wer aufgrund seines bisherigen Verhaltens nicht mehr die Gewähr dafür bietet, künftig seinen Beruf als Arzt ordnungsgemäß auszuüben.[97] Diese Perspektive ist als Prognose zukunftsgerichtet.[98]

d) Ruhensanordnung nach § 6 BÄO

Nach § 6 Abs. 1 Satz 1 Nr. 1 BÄO ist die Anordnung des Ruhens der Approbation präventiv bereits während eines laufenden Strafverfahrens mit Berufsbezug möglich, wenn sich aus der zur Last gelegten Straftat die Unwürdigkeit oder Unzuverlässigkeit des Beschuldigten ergibt. Eine solche Anordnung bezeichnet im Gegensatz zur Entziehungsanordnung eine nur vorübergehende Maßnahme, die in unklaren Fällen (z. B. fehlende abschließende Beurteilung) oder in Eilfällen dem

---

[91] BVerwG BeckRS 2003, 21187.
[92] BVerwG NJW 1999, 3425; *Stollmann* MedR 2010, 682 (685).
[93] *Heberer*, Arzt und Recht, 2013, S. 17 mit Nachweisen aus der höchstrichterlichen Rechtsprechung.
[94] *Frister/Lindemann/Peters*, Arztstrafrecht, 2011, S. 399 Rn. 20 unter Bezugnahme auf VGH Mannheim NJW 2010, 692, OVG Bremen NJW 2003, 1887 und *Braun, C./Gründel* MedR 2001, 396 (398 f.). Weitere Beispiele finden sich bei *Heberer*, Arzt und Recht, 2013, S. 18.
[95] *Deutsch/Spickhoff*, Medizinrecht, 7. Aufl. 2014, Rn. 34.
[96] *Ulsenheimer*, Arztstrafrecht, 5. Aufl. 2015, S. 852 Rn. 1379; *Frister/Lindemann/Peters*, Arztstrafrecht, 2011, S. 397 Rn. 19.
[97] BVerwG NJW 1998, 2756.
[98] *Ulsenheimer*, Arztstrafrecht, 5. Aufl. 2015, S. 852 Rn. 1379; *Frister/Lindemann/Peters*, Arztstrafrecht, 2011, S. 397 Rn. 19.

Betroffenen die Ausübung der ärztlichen Berufsausübung untersagt. Maßgeblicher Zeitpunkt für die Beurteilung der Sach- und Rechtslage ist der Zeitpunkt der letzten mündlichen Verhandlung vor dem Verwaltungsgericht, § 6 Abs. 2 BÄO.[99] Es genügt ausweislich des Wortlautes bereits die Einleitung eines Strafverfahrens, sodass der bloße Anfangsverdacht der Begehung einer Straftat nach § 152 Abs. 2 StPO ausreichend ist. Ausnahmsweise kann der sofortige Vollzug des Widerrufs der Approbation angeordnet werden,[100] wenn es sich um eine Straftat von einigem Gewicht handelt.[101] Dies muss gegenüber der Anordnung des Ruhens der Approbation eigenständig beurteilt werden.[102] Da eine unsichere Tatsachengrundlage vorliegt und es sich allein um eine Prognose handelt, ist erforderlich, dass ein Zuwarten bis zum rechtskräftigen Abschluss des Hauptsacheverfahrens nicht möglich ist und aus der weiteren Berufstätigkeit konkrete Gefahren für unbeteiligte Dritte resultieren können.[103] Es bedarf mithin der strikten Beachtung des Grundsatzes der Verhältnismäßigkeit[104] unter sorgfältiger Abwägung zwischen dem Individualinteresse des Arztes und dem Allgemeininteresse am Patientenschutz.[105]

e) Teilergebnis zu II

Die Wahrscheinlichkeit einer Anordnung ist gering. So wurden im Jahr 2011 nur in 17 Fällen die Approbation widerrufen und lediglich in 20 Fällen das Ruhen angeordnet.[106]

III. Vertragsarztrechtliche Konsequenzen

Zudem sind vertragsärztliche Sanktionen denkbar. Hierbei ist zwischen dem der Rückforderung von Vergütungen (unter 1.), dem Disziplinarverfahren (unter 2.) sowie dem Entziehungsverfahren (unter 3.) zu unterscheiden. Ersteres zielt auf die Erstattung unrechtmäßig erlangter Vergütungen. Während das Disziplinarverfahren bei geringfügigen Verstößen zur Anwendung kommt und im Wesentlichen der

---

[99] VG Bayreuth MedR 2018, 44 (46).
[100] OVG Münster MedR 1988, 104 ff.
[101] VG Leipzig MedR 2000, 336 (338).
[102] BVerfG NJW 2010, 2268 (2269).
[103] *Ulsenheimer*, Arztstrafrecht, 5. Aufl. 2015, S. 856 Rn. 1379; ähnlich *Frister/Lindemann/Peters*, Arztstrafrecht, 2011, S. 399 Rn. 22 „überragendes unabweisbares Interesse der Allgemeinheit".
[104] BVerfG NJW 1977, 892 f.
[105] *Heberer*, Arzt und Recht, 2013, S. 21.
[106] *Mihm*, Rezepte zum Gelddrucken, FAZ vom 4. Januar 2013, S. 2.

Sanktionierung eines bereits gezeigten Fehlverhaltens dient,[107] können schwerwiegende Pflichtverletzungen zur Zulassungsentziehung für die Zukunft führen.[108]

1. Rückzahlungsverpflichtung bezüglich Honorar

Zu Unrecht erlangte Honorarbeiträge hat der Arzt nach §§ 45 Abs. 1, 50 Abs. 1 SGB X dem leistenden gesetzlichen Krankenversicherer zu erstatten.

Für die private Krankenversicherung ergibt sich ein solcher Rückzahlungsanspruch aus § 812 Abs. 1 Satz 1 Fall 1 BGB i.V.m. § 129 Abs. 1 VVG, allerdings nur gegen den Patienten, nicht gegen den Arzt, da der Behandlungsvertrag gem. § 134 BGB i.V.m. mit dem jeweiligen ESchG-Tatbestand nichtig ist und daher kein Anspruch auf Zahlung im Verhältnis Patient gegenüber privatem Krankenversicherer bestand. Die Kondiktionssperre des § 817 Satz 2 BGB[109] greift für den privaten Krankenversicherer nicht, da er selbst keine Kenntnis von der ESchG-widrigen Behandlung hat und ihm die Kenntnis des Patienten nicht zurechenbar ist. Der Patient kann das gezahlte Honorar vom Arzt wegen § 817 Satz 2 BGB indes nicht zurückverlangen.

2. Disziplinarverfahren der Kassenärztlichen Vereinigung

Die Folge einer Straftat oder der Verletzung vertragsärztlicher Pflichten (§ 128 Abs. 5a SGB V) kann eine Disziplinarmaßnahme nach § 81 Abs. 5 Satz 2, 3 SGB V in Gestalt einer Verwarnung, eines Verweises, einer Geldbuße von bis zu 50.000 € oder die Anordnung des Ruhens der Kassenzulassung bis zu zwei Jahren sein. Die Anordnung erfolgt durch die zuständige Kassenärztliche Vereinigung im Rahmen eines Disziplinarverfahrens nach § 81 Abs. 5 SGB V i.V.m. den jeweiligen Disziplinarordnungen[110] der Kassenärztlichen Vereinigung.[111] Erforderlich ist jedoch ein disziplinarischer Überhang und damit das Vorliegen eines spezifisch vertragsärztlichen Sicherstellungsbedürfnisses.[112] Aufgrund des Sanktionscharakters muss der Betroffene schuldhaft gehandelt haben.[113] Hinsichtlich Art und Höhe der Maßnahme steht dem Disziplinarausschuss ein Auswahlermessen mit eingeschränkter gericht-

---

[107] *Frister/Lindemann/Peters*, Arztstrafrecht, 2011, S. 401 Rn. 23, S. 405 Rn. 30.
[108] *Ulsenheimer*, Arztstrafrecht, 5. Aufl. 2015, S. 864 Rn. 1382.
[109] § 817 BGB (Auszug):¹ War der Zweck einer Leistung in der Art bestimmt, dass der Empfänger durch die Annahme gegen ein gesetzliches Verbot (…) verstoßen hat, so ist der Empfänger zur Herausgabe verpflichtet.² Die Rückforderung ist ausgeschlossen, wenn dem Leistenden gleichfalls ein solcher Verstoß zur Last fällt (…).
[110] Dazu *Ehlers*, Disziplinarrecht und Zulassungsentziehung, 2001, S. 319 ff.
[111] *Ulsenheimer* in Laufs/Kern (Hrsg.), Handbuch des Arztrechts, 4. Aufl. 2010, § 152 Rn. 64 ff.
[112] *Ulsenheimer*, Arztstrafrecht, 5. Aufl. 2015, S. 864 Rn. 1383.
[113] *Frister/Lindemann/Peters*, Arztstrafrecht, 2011, S. 405 Rn. 30.

licher Überprüfbarkeit zu, § 54 Abs. 2 SGG.[114] Leichtere Verstöße führen regelmäßig zu einer Geldbuße von höchstens 4000 €.[115]

3. Entzug der Kassenzulassung

Vom Disziplinarverfahren zu unterscheiden ist das Verfahren des Entzugs der Kassenzulassung nach § 95 Abs. 6 SGB V i. V. m. § 27 Ärzte-ZV durch den Zulassungsausschuss.[116] Es ist darauf gerichtet, die Funktionsfähigkeit der vertragsärztlichen Versorgung der Allgemeinheit zu gewährleisten.[117] Hierfür bedarf es jedoch einer schwerwiegenden Verletzung der vertragsärztlichen Pflichten.[118] Nach der ständigen Rechtsprechung des Bundesverfassungsgerichtes[119] und das Bundessozialgerichtes[120] ist erforderlich, „dass der Arzt nicht (mehr) geeignet erscheint, an der vertragsärztlichen Versorgung teilzunehmen. Dies setzt voraus, dass durch Art und Schwere der Pflichtverletzung das Vertrauensverhältnis zwischen Arzt und kassenärztlicher Vereinigung und/oder den Krankenkassen tief greifend und nachhaltig gestört ist, sodass eine weitere Zusammenarbeit" ausscheidet.[121]

Maßgeblich sind neben dem Gewicht der Pflichtwidrigkeit und ihrer Erscheinungsform die Nachhaltigkeit und die Dauer des Pflichtverstoßes, das Motiv des Arztes, die Höhe des Schadens und das Bestehen einer Wiederholungsgefahr.[122] Eines Verschuldens bedarf es hingegen nicht.[123] Die Zulassungsentziehung ist potenziell existenzvernichtend, sodass sie *ultima ratio* ist[124] und damit nur in Ausnahmefällen angeordnet werden darf.

C. Ergebnis zu § 8

Der Befund in diesem Unterkapitel zeigt, dass sich ein Arzt grundsätzlich einer Vielzahl von Sanktionen ausgesetzt sieht, wenn er einen Verstoß gegen eine Bestimmung des ESchG und der damit verbundenen beruflichen Pflichten begeht. Bei ei-

---

[114] *Ulsenheimer* in Laufs/Kern (Hrsg.), Handbuch des Arztrechts, 4. Aufl. 2010, § 151 Rn. 65.
[115] *Ulsenheimer*, Arztstrafrecht, 5. Aufl. 2015, S. 865 Rn. 1383.
[116] *Ulsenheimer*, Arztstrafrecht, 5. Aufl. 2015, S. 861 Rn. 1380.
[117] *Frister/Lindemann/Peters*, Arztstrafrecht, 2011, S. 402 Rn. 25.
[118] *Ulsenheimer*, Arztstrafrecht, 5. Aufl. 2015, S. 862 Rn. 1380; *Frister/Lindemann/Peters*, Arztstrafrecht, 2011, S. 402 Rn. 26: „gröblich verletzt".
[119] BVerfG NJW 1985, 2187.
[120] BSGE 15, 177.
[121] *Steinhilper* in Rieger (Hrsg.), Lexikon des Arztrechts, 1984, Rn. 72.
[122] *Ulsenheimer*, Arztstrafrecht, 5. Aufl. 2015, S. 862 Rn. 1381.
[123] *Frister/Lindemann/Peters*, Arztstrafrecht, 2011, S. 402 Rn. 26 mit Verweis auf *Ulsenheimer* in Laufs/Kern (Hrsg.), Handbuch des Arztrechts, 4. Aufl. 2010, § 151 Rn. 66.
[124] *Ulsenheimer* in Laufs/Kern (Hrsg.), Handbuch des Arztrechts, 4. Aufl. 2010, § 152 Rn. 66.

nem einmaligen Verstoß gegen das EschG und zugleich gegen berufsrechtliche Bestimmungen kann jedoch Entwarnung gegeben werden.

Wirft man den Blick zunächst auf die Seite der strafrechtlichen Sanktionen, so konnte festgestellt werden: In den weit überwiegenden Fällen kam es nicht zu einer Anklage, sondern vielmehr lediglich zu einem Strafbefehlsverfahren, das seinerseits in weniger gewichtigen Fällen eines ärztlichen Fehlverhaltens zur Anwendung kommt. In strafrechtlicher Hinsicht ist daher bei einem erstmaligen Verstoß – sollte das Ermittlungsverfahren nicht aus Opportunitätsgründen bereits eingestellt werden[125] – lediglich mit einer Geldstrafe zu rechnen. Die Tagessatzzahl wird die Anzahl von neunzig nicht überschreiten, sodass weder mit der Eintragung in das Führungszeugnis noch mit der Mitteilung an die Approbationsbehörden gerechnet werden muss. Zu der Verhängung eines (vorläufigen) Berufsverbotes wird es aufgrund der weitreichenden Wirkung bei einem einmaligen Verstoß regelmäßig nicht kommen, allenfalls würde ein solches sachlich beschränkt auf die Tätigkeit mit Bezug zur Fortpflanzungsmedizin und zeitlich begrenzt verhängt. Allerdings kann bereits die Einleitung eines Ermittlungsverfahrens mit den damit zusammenhängenden Zwangsmitteln, etwa einer Durchsuchung der Praxisräume, für den von der Maßnahme betroffenen Arzt einen erheblichen Reputationsschaden zur Folge haben.

In berufsrechtlicher Hinsicht lässt sich festhalten, dass eine Rückforderung einer zu Unrecht erhaltenen Vergütung durch die gesetzlichen Krankenkassen erfolgen wird; bei der privaten Krankenversicherung trägt der Patient im Ergebnis die Kosten der Behandlung. Im Übrigen ist jedoch zunächst zu berücksichtigen, ob das Verhalten des Arztes überhaupt einen „berufsrechtlichen Überhang" aufweist. Dafür ist eigenständig zu prüfen, ob die strafrechtliche Ahndung nicht genügend ist. Selbst nach Feststellung einer solchen Ahndungsbedürftigkeit würde zunächst eine Rüge oder eine Verwarnung mit der Verhängung einer Geldbuße im unteren vierstelligen Bereich erfolgen. Die Entziehung bzw. das Ruhen der Approbation und/oder die Entziehung der Kassenzulassung scheitern bei einem einmaligen Verstoß regelmäßig am strengen Grundsatz der Verhältnismäßigkeit. Denn ein derart schwerwiegender Eingriff in die Berufsausübungsfreiheit, der letztlich in seiner Wirkung einem Berufswahlverbot gleichkommt, ist im Lichte des Art. 12 Abs. 1 GG nur in sehr engen Grenzen zulässig.

---

[125] Siehe die Einstellungsmöglichkeiten nach § 153 StPO, § 153a StPO sowie § 153c Abs. 1 Satz 1 Nr. 1 Fall 2 StPO.

Teil IV
Zusammenfassung und Ausblick

Im abschließenden Teil der Untersuchung folgen eine Zusammenfassung der wesentlichen Feststellungen der Arbeit (§ 9) sowie ein Fazit nebst Ausblick (§ 10).

§ 9 Zusammenfassung der Thesen

Nachfolgend sollen die in den einzelnen Unterkapiteln gefundenen Ergebnisse kurz zusammengefasst werden, um dem Leser, der sich lediglich für einzelne Teilbereiche der Untersuchung interessiert, einen kurzen Überblick zu geben:

In § 2 konnte festgestellt werden

Die Problemkonstellation um die potenzielle Strafbarkeit der inländischen ärztlichen Mitwirkung an der Durchführung embryonenschutzgesetzwidriger Formen der Kinderwunschbehandlung resultiert aus dem reproduktiven Reisen, das seine Ursache wiederum in der unfreiwilligen Kinderlosigkeit hat. Die unfreiwillige Kinderlosigkeit beruht ihrerseits im Wesentlichen auf dem fortgeschrittenen Alter der Frau, in dem sie sich entschließt, ein Kind zu bekommen. Im Zusammenhang mit der Durchführung verbotener Methoden der Kinderwunschbehandlung hat das rechtliche Regelungsgefälle im internationalen Ländervergleich maßgeblichen Einfluss, der Finanzierungsaspekt hingegen ist nicht relevant.

Zu § 3 lässt sich festhalten

Die praktische Bedeutsamkeit der ärztlichen Mitwirkung in strafrechtlicher Hinsicht zeigen staatsanwaltschaftliche Ermittlungsverfahren und zivilgerichtliche Verfahren. Bislang existiert weder zur Verfassungsmäßigkeit der zu untersuchenden Tatbestände des Embryonenschutzgesetzes noch einfachrechtlich zur potenziellen Strafbarkeit des inländischen Arztes eine höchstrichterliche strafrechtliche Rechtsprechung. Nachdem die Revisionsklägerin im (zivilrechtlichen) Verfahren zum Verbot der post-mortem-Befruchtung vor dem Oberlandesgericht München ihren

Revisionsantrag zurückgenommen hat, wird es auch insoweit zu keiner Richtervorlage an das Bundesverfassungsgericht durch den Bundesgerichtshof kommen. Die Verbote sind und bleiben bisweilen verfassungsgemäß.

Im Rahmen von § 4 konnten folgende Ergebnisse ermittelt werden

Die Stimmen, die eine zumindest partielle Reform des Embryonenschutzgesetz reklamieren, mehren sich stetig. Während Vertreter einer umfassenden Reform vornehmlich die Anpassung der Rechtslage an den medizinisch-technischen Fortschritt im Blick haben, zielen Vertreter einer lediglich teilweisen Reform überwiegend auf die Schaffung von mehr Rechtssicherheit. Letzteres gilt vor allem im Hinblick auf das Verfahren des elektiven Embryo-Transfers, bei dem größtenteils eine bloße Klarstellung im Gesetz gefordert wird. In der Sache ergäben sich keine Änderungen zur bisherigen, nach herrschender Meinung in der Lehre bestehenden Rechtslage. Die Notwendigkeit einer gesetzgeberischen Äußerung wurde gerade durch die neuerliche Anerkennung des Bundesfinanzhofes des elektiven Embryo-Transfers als mit dem Gesetz vereinbare Form der Kinderwunschbehandlung akut. Der umfassendste Reformentwurf, der Augsburg-Münchener-Entwurf eines Fortpflanzungsmedizingesetzes, kann zumindest gegenwärtig als insgesamt stillschweigend durch den Gesetzgeber abgelehnt angesehen werden.

In § 5 ergab sich folgender Befund

Die gesamtgesellschaftliche Einstellung gegenüber der Fortpflanzungsmedizin hat sich mittlerweile gewandelt. Das lässt sich vor allem an dem seit 2006 geänderten Wortlaut im Verfassungsrecht erkennen. Dort spricht das Grundgesetz nunmehr in Art. 74 Abs. 1 Nr. 26 von der „medizinisch unterstützten Fortpflanzung". Damit einher geht die Abkehr von einer auf Technizität zentrierten Sichtweise: Die assistierte Reproduktionsmedizin wird als eine nicht die natürliche Fortpflanzung ersetzende, sondern vielmehr als eine ihr nachempfundene Behandlungsform angesehen. Notwendige Grundlage für eine korrekte rechtliche Würdigung ist ein Minimum an naturwissenschaftlich-technischem Grundverständnis zum Ablauf der Behandlungsverfahren, namentlich der IVF-Therapie mit anschließendem Embryotransfer.

In rechtlicher Hinsicht ist zu sagen: Es gibt zahlreiche Bestimmungen, die der Reproduktionsmediziner bei seiner alltäglichen Arbeit und gerade im Zusammenhang mit Auslandsbehandlungen berücksichtigen muss, wenige jedoch, die sich mitunter auf die potenzielle Strafbarkeit auswirken, vornehmlich das Embryonenschutzgesetz sowie der Allgemeine Teil des Strafgesetzbuches. Die unionalen Grundfreiheiten spielen keine Rolle bei der rechtlichen Beurteilung. Eine Lösung auf grundrechtlicher Ebene lässt sich nicht ermitteln, da nach wie vor der verfassungsrechtliche Status des Embryos *in vitro* einer endgültigen Klärung entbehrt, eine Gewichtung dieses Belangs damit nicht möglich ist und ein Ausgleich widerstreitender verfassungsrechtlich beachtlicher Interessen somit nicht erzielt werden kann. In konventionsrechtlicher Hinsicht lässt sich konstatieren, dass die letztverbindliche Entscheidung der Großen Kammer des Europäischen Gerichtshofs für Menschenrechte bestätigt hat, dass das Verbot der Eizellspende keine Verletzung der Gewährleistungen der Europäischen Menschenrechtskonvention darstellt. Anzustreben wäre nun – nach Rechtswegerschöpfung der innerstaatlichen Instanzen – jenes Verbot und/oder weitere Verbote im Embryonenschutzgesetz auf den erneuten Prüfstand zu bringen, um zwanzig Jahre nach der – insoweit maßgeblichen – Erkenntnis des Österreichischen Verfassungsgerichtshofes aus dem Jahre 1999 eine aktuelle und nach Art. 46 Abs. 1 EMRK für Deutschland verbindliche Entscheidung des Europäischen Gerichtshofs für Menschenrechte im Wege einer Individualbeschwerde herbeizuführen.

Zu § 6 lässt sich Folgendes festhalten

Nicht sämtliche der der verbotenen Behandlung vorgelagerten Schritte und Behandlungsvarianten sind von strafrechtlicher Relevanz. Besteht die Auslandsbehandlung ausschließlich in einer im Hinblick auf Verfahrensschritt oder Variante nach Maßgabe des deutschen Rechts unstreitig straflosen Verfahrensweise, stellt sich die Frage einer strafbaren Mitwirkung an einer Auslandsbehandlung nicht, denn es gibt keine nach Maßgabe des deutschen Rechts strafbare „Tat" im Sinne des § 9 Abs. 2 Satz 2 StGB. Konstatieren lässt sich jedoch: Der elektive Embryo-Transfer ist nach geltendem Recht strafbar, nicht jedoch bestimmte Vorstufen. Die Eizellspende und bestimmte Vorstufen sind ausnahmslos strafbar. Die Embryospende ist grundsätzlich erlaubt. Hingegen ist die Leihmutterschaft mit Eizell- oder Embryospende bei Strafandrohung untersagt. Die post-mortem-Befruchtung ist grundsätzlich ebenso strafbar, ausgenommen sind bestimmte Vorfeldhandlungen, etwa die Kryokonservierung von Keimzellen.

Zu dem bedeutsamen § 7 kann gesagt werden

Ein realitätsnaher Sachverhalt ist unentbehrliche Grundlage für eine in der klinischen Praxis verwertbare rechtliche Würdigung. Ganz wesentlich für die Strukturierung der rechtlichen Prüfung und die rechtlich richtige Erfassung von Verhaltensweisen und beteiligten Personen(gruppen) ist die Differenzierung nach den Zeitpunkten der Mitwirkung, ihrer Gestalt und den beteiligten Personen(gruppen).

Zu einer Mitwirkung im Vorfeld einer Auslandsbehandlung kann festgehalten werden:

Ausschließlich diagnostische Behandlungen mit dem Zweck, die Ursache der eingeschränkten Fruchtbarkeit/Unfruchtbarkeit zu ermitteln, sind ausnahmslos zulässig. Es gibt auch keine diagnostischen Verfahren, die spezifisch im Vorfeld der Durchführung einer ESchG-widrigen Behandlung vorzunehmen sind. Insoweit fehlt es an einem strafrechtlichen Bezug.

Durch die Verabreichung von Hormonpräparaten, gleich ob im Wege der Injektion oder der Nutzung durch die Patientin selbst, macht sich der Arzt nicht wegen Körperverletzung strafbar. Hat er ordnungsgemäß über die Risiken einer solchen Behandlung aufgeklärt, so ist eine Einwirkung auf die körperliche Integrität durch die Injektion wegen einer rechtswirksamen Einwilligung der Patientin gerechtfertigt. Aufgrund der Einwilligung entfällt auch eine denkbare Strafbarkeit wegen gefährlicher Körperverletzung. Überdies verstößt die Verschreibung von Hormonpräparaten im Vorfeld einer Auslandsbehandlung nicht in strafbarer Weise gegen das Arzneimittelgesetz. Auch bei der Prüfung der einschlägigen Tatbestände des Embryonenschutzgesetzes ergab sich kein abweichender Befund. Sämtliche Formen der Mitwirkung – von der Hinweiserteilung bis zur Durchführung hormoneller Vorbehandlungen – stellen bloße Vorbereitungshandlungen dar. Sie begründen daher weder eine unmittelbare Alleintäterschaft noch eine Mittäterschaft des Inlandsarztes. Eine denkbare Mittäterschaft gem. § 25 Abs. 2 StGB ist sowohl unter Zugrundelegung der durch die höchstrichterliche Rechtsprechung entwickelten Maßstäbe als auch unter Zugrundelegung der im Schrifttum entwickelten Kriterien abzulehnen. Während nach der vorherrschenden Auffassung in der Lehre nur eine wesentliche Mitwirkung im Ausführungsstadium eine für die Mittäterschaft erforderliche funktionale Tatherrschaft begründen kann und ein Eintritt in dieses Tatstadium zu verneinen ist, sind die durch die Rechtsprechung und einen Teil der Lehre aufgestellten Anforderungen etwas geringer. So lässt es der Bundesgerichtshof in ständiger Rechtsprechung bereits genügen, wenn ein Beitrag, der das Beteiligungsminus bei der tatsächlichen Tatausführung durch ein Plus der mitgestaltenden Deliktsplanung und -organisation kompensiert und im Hinblick auf den Anteil an der gemeinsamen Tatherrschaft den unteren Schwellenwert der für die gemeinschaftliche Tatbegehung i.S.d. § 25 Abs. 2 StGB erforderlichen funktionalen Tatherrschaft erreicht. Daneben bedarf es einer hinreichenden Konkretisierung von Tatort und -zeit, um die Existenz eines gemeinsamen Tatplanes bejahen zu können. Die hormonelle Vorbehandlung und alle weniger weitreichenden Maßnahmen im Inland stellen jedoch in ihrer Bedeutung im Kontext der Gesamtbehandlung nur untergeordnete Unterstützungshandlungen dar, die zu einer insbesondere zeitlichen Optimierung des Behandlungsablaufs beitragen sollen. Hinzu kommt, dass Ort und Zeit der Durchführung der Kinderwunschbehandlung zwischen Inlandsarzt und Patienten/Auslandsarzt gerade nicht vereinbart werden und es damit an einem gemeinsamen Tatplan mangelt.

Daneben scheiden die strafbare Vorbereitung eines Verbrechens (§ 30 Abs. 2 StGB) und eine fahrlässige (Allein-/Mit-)Täterschaft aus.

Zu einer möglichen Teilnahmestrafbarkeit ergab sich folgender Befund: Der Schutzzweck der einzelnen Straftatbestände erfasst auch Auslandssachverhalte. Bevor die Reichweite von § 9 Abs. 2 Satz 2 StGB festgestellt werden konnte, galt es zu prüfen, ob überhaupt eine nach deutschem Recht straflose Haupttat im Ausland vorliegt. Die Untersuchung hat nachgewiesen, dass sich ein Arzt, der im Ausland eine nach dem Embryonenschutzgesetz verbotene Kinderwunschbehandlung vornimmt, in der klinischen Praxis nicht strafbar macht. Soweit Patienten im Inland bereits mitwirken, sind deren Beiträge strafrechtlich unerheblich. Die Mitwirkung findet – wie die des Inlandsarztes – allenfalls im Vorbereitungsstadium statt. In Betracht kommt hinsichtlich des inländischen Patientenbeitrages – soweit ein solcher gegeben ist – damit allenfalls eine Teilnahme. Falls die Auslandstat nach Maßgabe des deutschen Strafrechts nicht in ein strafbares Tatstadium gelangt, liegt nur eine erfolglose und damit straflose versuchte Beihilfe von Patientenseite vor. Sollte die Auslandstat die Schwelle zum strafbaren Tatstadium überschreiten, wird jener Inlandsbeitrag durch die täterschaftliche, straflose Mitwirkung im Ausland entsprechend § 257 Abs. 3 Satz 1 StGB bereits erfasst. Gleich in welcher Form der Inlandsarzt mitwirkt, ist darüber hinaus stets nur eine Beihilfe gegeben. Ferner ist zu konstatieren, dass sich unabhängig von der Art der Kinderwunschbehandlung und der Mitwirkungsform kein Lösungsweg fruchtbar machen lässt. Eine am Schutzzweck der einzelnen Verbotstatbestände orientierte restriktive Auslegung von § 9 Abs. 2 Satz 2 StGB versagt, da die räumliche Reichweite nicht auf das Inlandsgebiet beschränkt ist. Ferner konnte nachgewiesen werden, dass die Mitwirkung grundsätzlich als Beihilfe nach § 27 StGB und damit als Teilnahme im Sinne von § 9 Abs. 2 Satz 2 StGB zu qualifizieren ist. Im Gegensatz zu einer Beteiligung in Form der Mittäterschaft ist es ohne Belang, dass der inländische Arzt im Vorbereitungsstadium mitwirkt. Sofern der Teilnahmebeitrag sich noch im (strafbaren) Versuchsstadium der Auslandshaupttat auswirkt, genügen Teilnahmehandlungen im Vorbereitungsstadium, wenn die Teilnahmehandlung mit dem Willen und dem Bewusstsein geleistet wird, die Haupttat zu fördern. Es handelt sich bei der Mitwirkung des Inlandsarztes zwar um eine „berufstypische Handlung". Insbesondere unter Zugrundelegung der durch die ständige höchstrichterliche Rechtsprechung aufgestellten Grundsätze liegt jedoch eine strafbare Beihilfe vor. Der Grund hierfür besteht im Wesentlichen darin, dass der Inlandsarzt in der Praxis in aller Regel sicheres Wissen vom Vorhaben der Patienten haben wird, sich zur Durchführung einer nach dem Embryonenschutzgesetz verbotenen Behandlungsmethode in das Ausland begeben zu wollen. Eine direkte Anwendbarkeit der im Embryonenschutzgesetz normierten persönlichen Strafausschließungsgründe zugunsten des Inlandsarztes scheitert an § 28 Abs. 2 StGB, wonach besondere persönliche Merkmale, die die Strafe ausschließen, nur zugunsten des Beteiligten gelten, bei dem sie in der Person vorliegen. Der Inlandsarzt erfüllt keine der alternativ in §§ 1 Abs. 3 Nrn. 1, 2 ESchG oder § 4 Abs. 2 ESchG normierten Voraussetzungen. Eine Analogie zugunsten des Inlandsarztes verbietet sich wegen der Regelungszwecke der persönlichen Strafausschließungsgründe. Um sich der Problematik der Reichweite des § 9 Abs. 2 Satz 2 StGB zu entziehen, kann auch nicht eine Teilnahme, die nicht das Unrecht einer Täterschaft erreicht, als rechtliches Nullum betrachtet werden. Nicht nur, dass § 9

Abs. 2 Satz 2 StGB dann obsolet werden würde. Auch weitere Argumente sprechen gegen diesen Ansatz: Das Strafgesetzbuch unterscheidet in Voraussetzungen und Rechtsfolgen nach dem dualistischen Beteiligtensystem strikt zwischen Täterschaft und Teilnahme. Ferner leuchtet nicht ein, weshalb bei einer solchen Form der Distanzteilnahme eine solche Qualifizierung durchzuführen ist, in Fällen, in denen eine strafbare Auslandstat vorliegt, hingegen nicht. Ebenso scheidet bei einem verwandten Arzt eine verfassungskonforme Auslegung nach Art. 6 Abs. 1 GG aus. Jenes Grundrecht erfasst allenfalls den räumlich-gegenständlichen Schutzbereich von Ehe und Familie, nicht hingegen den der beruflichen Tätigkeit des Arztes. Schließlich hat die Untersuchung gezeigt, dass in den Fällen des § 9 Abs. 2 Satz 2 StGB allein der durch den Teilnehmer verursachte selbstständige, mittelbare Rechtsgutsangriff der taugliche Anknüpfungspunkt für eine Strafbarkeit ist. Allerdings kann eine Straflosigkeit des Inlandsarztes als Teilnehmer bei den Tatbeständen, die den Schutz des prospektiven Kindeswohls bezwecken, nicht damit begründet werden, dass der Teilnehmer durch seine Handlung mittelbar an der Entstehung des Rechtsgutes, nicht aber am Rechtsgutsangriff selbst mitwirkt. Denn die Tatbestände, die auf den Schutz des prospektiven Kindeswohls zielen, sind allesamt als (rein) abstrakte Gefährdungsdelikte ausgestaltet, bei denen der Gesetzgeber über die Tätigkeit als solche das Verdikt der Gefährlichkeit und damit der Strafwürdigkeit ausgesprochen hat. Es handelt sich gar um abstrakt-abstrakte Gefährdungsdelikte. Denn nicht nur die abstrakte Gefährlichkeit der Tathandlung wird unterstellt, sondern darüber hinaus wird die im Zeitpunkt der Tathandlung noch nicht einmal abstrakt mögliche Gefährdung als mögliche fingiert.

Damit ergab sich die Notwendigkeit einer Differenzierung nach Mitwirkungsform auch bei den Tatbeständen, die allein das prospektive Kindeswohl zu schützen bezwecken. Nachgewiesen werden konnte bei sämtlichen Verbotstatbeständen, dass die bloße Hinweiserteilung im Sinne einer rechtlichen und/oder medizinischen Auskunft straflos ist. Das gilt im Besonderen auch für die im Vorfeld einer ärztlichen Behandlung durchzuführende ärztliche Aufklärung. Darüber hinaus ist zu konstatieren, dass der durch das Patientenrechtegesetz im Jahre 2013 neu geschaffene § 630e Abs. 1 Satz 3 BGB, der die Aufklärungspflicht über Behandlungsalternativen regelt, auch die Voraussetzungen für die Einwilligungsfähigkeit im Strafrecht festlegt. Elektiver Embryo-Transfer und Eizellspende sind zwar nach Maßgabe von § 630e Abs. 1 Satz 3 BGB Behandlungsalternativen einer IVF-Behandlung mit anschließendem Embryotransfer. Es besteht jedoch keine Aufklärungspflicht darüber, da die ärztliche Therapiefreiheit von vornherein durch das Gesetzesrecht begrenzt wird. Das bedeutet aber auch: Das Unterlassen einer Aufklärung über den elektiven Embryo-Transfer und die Eizellspende lässt die Wirksamkeit einer Einwilligung im Vorfeld einer IVF-Therapie mit anschließendem Embryotransfer unberührt. Ein Aufklärungsrecht steht dem Arzt jedoch zu. Unzulässig ist allerdings eine aufgrund des über den bloßen informatorischen Charakter hinausgehende (konkrete) Handlungsempfehlung, wenn diese Behandlungsformen der assistierten Reproduktion zum Gegenstand hat, die nach dem Embryonenschutzgesetz verboten sind. Dementsprechend umfasst der Begriff der „Beratung" im Sinne der (Muster-)Richtlinie zur

Durchführung der assistierten Reproduktion nur Handlungsempfehlungen in Bezug auf Behandlungsmöglichkeiten, deren Praktizierung nach deutschem Recht erlaubt ist. Alle über eine bloße Hinweiserteilung in ihrer Intensität hinausgehenden Verhaltensweisen, insbesondere die Handlungsempfehlung, eine etwaige Vermittlungstätigkeit, die Zusage im Vorfeld der Auslandsbehandlung, die Schwangerschaftsbetreuung bei Rückkehr zu übernehmen, die Voruntersuchung sowie eine Vorbehandlung an den Patienten im Wissen darum, dass die Patienten eine nach deutschem Recht verbotene Kinderwunschbehandlung im Ausland durchführen lassen werden, sind als Beihilfe strafbar.

Ebenso konnten in diesem Zusammenhang Feststellungen zur Irrtumsproblematik getroffen werden: Für die strafrechtliche Einordnung ist es unerheblich, wenn der Inlandsarzt einer Fehlvorstellung über den Geltungsbereich des deutschen Strafrechts unterliegt. Denn der Geltungsbereich ist kein Merkmal des objektiven Tatbestandes und muss daher nicht vom Vorsatz des Gehilfen umfasst sein. Hingegen ist ein Irrtum über die schutzzweckbezogene räumliche Reichweite der einzelnen Straftatbestände des Embryonenschutzgesetzes von Bedeutung. Der Inlandsarzt befindet sich in einem vermeidbaren direkten Verbotsirrtum, der sich nicht auf die Strafbarkeit auswirkt, sondern allenfalls zu seinen Gunsten bei der Strafzumessung bedeutsam sein *kann*.

Daneben wurde im Rahmen der Untersuchung das bisweilen unbeachtete Behandlungsfeld der Schwangerschaftsvorsorge im Nachgang an eine erfolgreiche verbotene Kinderwunschbehandlung im Ausland näher beleuchtet. Zur Diskussion stand die potenzielle Strafbarkeit von Arzt und Patientengruppe bei einer planmäßigen sowie außerplanmäßigen Schwangerschaftsvorsorge und damit die Aufrechterhaltung einer Schwangerschaft im Wissen um die rechtswidrige Herbeiführung der Schwangerschaft. Wesentliches Beurteilungskriterium für die rechtliche Einordnung ist die Tatsache, dass – unabhängig von der Behandlungsart – sich die Tat stets im Stadium nach der materiellen Beendigung befindet und damit eine (sukzessive) Mittäterschaft sowie eine (sukzessive) Beihilfe ausscheiden. Sollte der Inlandsarzt bereits im Vorfeld der Auslandstat in strafbarer Weise mitgewirkt haben, greift § 257 Abs. 3 Satz 1 StGB zu seinen Gunsten ein und er bleibt straffrei. Ferner kann konstatiert werden, dass auch das (denkbare) Anschlussdelikt einer sachlichen Begünstigung nach § 257 Abs. 1 StGB ausscheidet. Denn unabhängig davon, ob man die straflose Auslandstat als taugliche Vortat ansieht, mangelt es jedenfalls an der tatbestandlich vorausgesetzten Vorteilssicherungsabsicht. Die Durchführung von Nachbehandlungen ist damit stets straflos, selbst wenn sie im Wissen um die nach deutschen Maßstäben rechtswidrige Entstehung der Schwangerschaft erfolgt.

Im Hinblick auf die Rechtsfolgen bei strafbarem Verhalten (§ 8) konnte gezeigt werden, dass es straf- und berufsrechtliche Konsequenzen gibt, die dem Arzt im Falle einer unzulässigen Mitwirkung an einer Kinderwunschbehandlung im Ausland drohen. Bei einem lediglich einmaligen Verstoß ist jedoch allenfalls mit der Verhängung einer Geldstrafe, mit einer Rüge/Verwarnung und der Rückforderung der Vergütung zu rechnen.

§ 10 Fazit und Ausblick

Über vierzig Jahre nach der Geburt des ersten Retortenbabys hat die Diskussion um den Geltungsanspruch bestimmter durch das Embryonenschutzgesetz verbotener Methoden der medizinisch unterstützten Fortpflanzung einen neuen Höhepunkt erreicht. Das betrifft nicht nur das seit Langem ethisch umstrittene Verfahren der Fremdeizellspende, sondern jüngst gerade auch die Methoden des elektiven Embryo-Transfers und der post-mortem-Befruchtung, wie Urteile der obergerichtlichen und höchstrichterlichen Rechtsprechung zeigen.

Das Ziel der nun vorliegenden Untersuchung war es, zumindest in gewissem Umfang Licht in das rechtliche Dunkel zu bringen.

Die in der Einführung referierten Thesen, welche sich mit der Grenzziehung zum strafbaren Verhalten eines Reproduktionsmediziners befassen, ließen sich falsifizieren.

Dies gilt zum einen für die These, wonach bereits die Hinweiserteilung auf ausländische Behandlungsmöglichkeiten zu einer Strafbarkeit des Inlandsarztes führen können soll. Das wird durch die sprachliche Fassung „Hinweise (…) gibt (…) soweit es sich um nach deutschem Recht verbotenes Verhalten handelt" impliziert. Denn unabhängig davon, ob diese Hinweise im Hinblick auf eine embryonenschutzgesetzwidrige Behandlung medizinische oder rechtliche Inhalte zum Gegenstand haben, haben sie rein informatorischen Charakter. Ihre Erteilung ist damit stets straflos.

Zum anderen konnte die These falsifiziert werden, wonach ein Arzt sich erst dann strafbar machen soll, wenn er sich in das Ausland begibt und dort die verbotene Behandlungsmethode durchführt. Denn regelmäßig ist sein Verhalten bereits im Vorfeld strafbar und er macht sich im Regelfall gerade dann nicht strafbar, wenn er ausschließlich im Ausland praktiziert.

Dringender Handlungsbedarf besteht bei der – nicht nur im Zivilrecht, sondern auch im Strafrecht – bedeutsamen Frage um die Reichweite der Aufklärung über Behandlungsalternativen nach § 630e Abs. 1 Satz 3 BGB. Hier ist der Gesetzgeber aufgefordert klarzustellen, ob eine Behandlungsalternative auch dann aufklärungspflichtig ist, wenn sie die Voraussetzungen dieser Norm erfüllt, aber ihre Durchführung in Deutschland gesetzlich verboten ist. Diese Frage stellt sich nicht nur in der Fortpflanzungsmedizin, sondern generell im medizinischen Bereich, wenn es Behandlungsformen im Ausland gibt, die wesentlich geringere Risiken bergen oder wesentlich bessere Heilungschancen für den Patienten mit sich bringen. Das gilt vor allem mit Blick auf die liberale Auffassung, die den elektiven Embryo-Transfer in Deutschland für zulässig erachtet. Sie hat sich bislang nicht mit der Problematik auseinandergesetzt, inwieweit eine entsprechende Aufklärungspflicht mit den berufsrechtlichen Bestimmungen in Einklang zu bringen ist.

Daher empfiehlt es sich, § 630e Abs. 1 Satz 3 BGB klarstellend wie folgt um einen Halbsatz zu ergänzen:

Bei der Aufklärung ist auch auf Alternativen zur Maßnahme hinzuweisen, wenn mehrere medizinisch gleichermaßen indizierte und übliche Methoden zu wesentlich unterschiedlichen Belastungen, Risiken oder Heilungschancen führen können; *dies gilt nur soweit die Durchführung einer solchen alternativen Maßnahme gesetzlich zulässig ist.*

Das Problem eines drohenden inländischen Rechtproduktionstourismus aufgrund der unterschiedlichen Geltung der (Muster-)Richtlinie zur Durchführung der assistierten Reproduktion in den einzelnen Bundesländern wird sich mit der bundeseinheitlich geltenden Richtlinie zur Entnahme und Übertragung von menschlichen Keimzellen im Rahmen der assistierten Reproduktion auf Länderebene nicht erübrigen. Denn die (Muster-)Richtlinie gilt in manchen Bundesländern parallel dazu fort. Nach ihr ist der elektive Embryo-Transfer berufsrechtlich explizit verboten.

Daneben besteht gerade im Hinblick auf die Zulässigkeit des elektiven Embryo-Transfers anlässlich des jüngsten Urteils des Bundesfinanzhofes vom Mai 2017[1] ein akuter gesetzgeberischer Handlungsbedarf mit Blick auf den Wortlaut des § 1 Abs. 1 Nr. 5 ESchG.[2] Bei dieser Norm bedürfte es lediglich einer Klarstellung, dass je Zyklus höchstens drei Embryonen befruchtet werden dürfen. Eine solche Klarstellung beinhaltet kein ethisches Konfliktpotenzial.

Sollte der Gesetzgeber jedoch erwägen, eine an den jeweiligen wissenschaftlichen Standard gekoppelte Vorschrift zu schaffen, so empfiehlt sich eine dem § 10 ÖstFMedG lautende Wortfassung.

„Der Gesetzgeber darf sich nicht seiner parlamentarischen Verantwortung entziehen, indem er sich – zumindest teilweise – seiner Regelungshoheit entledigt und es den ärztlichen Standesorganisationen überantwortet, zeitgemäße Vorschriften im Bereich der Fortpflanzungsmedizin zu erlassen."[3] Denn dies kann das Satzungsrecht als reines Innenrecht nicht leisten.

---

[1] BFH NJW 2017, 3022 ff.
[2] DÄBl. 2005, A 1393; *Vogt*, Methoden der künstlichen Befruchtung: <<Dreierregel>> versus <<Single Embryo Transfer>>, 2008, S. 104, 106, 164 ff.; *Koch* J Reprod Endo 2004, 24 (27).
[3] Auszug aus dem Vorwort der (Muster-)Richtlinie zur Durchführung der assistierten Reproduktion; dazu bereits *Gassner et al.*, AME-FMedG, 2013, S. 5. Nunmehr auch *Dorneck* medstra 2018, 259 (263 f.).

§ 10 Fazit und Ausblick

Sollen Verhaltensweisen im Zusammenhang mit der Fortpflanzungsmedizin reguliert werden, ist das im Kern Aufgabe des Gesetzgebers. Auf Grund des Ausmaßes und der Intensität der gesellschaftlichen Diskussion hat er sämtliche Bereiche eigens zu regeln, die wegen ihrer Grundrechtsrelevanz als wesentlich anzusehen sind.[4] Gerade der Augsburg-Münchener-Entwurf eines Fortpflanzungsmedizingesetzes hat deutlich gemacht, dass der Gesetzgeber seiner politischen und gesellschaftlichen Verantwortlichkeit gerecht werden muss.[5] Er darf sich dieser ureigensten Verantwortung nicht durch eine Abwälzung auf die Ärztekammern entledigen.[6] Nur er ist legitimiert, die das menschliche Leben elementar berührenden medizinisch-ethischen Fragen verbindlich zu regeln und damit in der Pflicht, offene Fragen in der Reproduktionsmedizin zu beantworten.[7]

Mit Blick auf die aktuell vom Landgericht Augsburg betriebene Rechtspolitik zur Zulässigkeit des Auftauens und Weiterkultivierens kryokonservierter imprägnierter Eizellen[8] sei dem Gesetzgeber nochmals vor Augen geführt: Es ist seine originäre Befugnis, aber auch seine originäre Pflicht, zeitgemäße Regelungen zu schaffen.

Den Staat trifft ferner eine gewisse Schutzpflicht gegenüber den ungewollt kinderlosen Paaren und zwar mit Blick auf die Gefahren einer Kinderwunschbehandlung im Ausland[9]: Niedrigere medizinische sowie hygienische Standards, Sprachbarrieren und drohende Falschbehandlungen. Zudem ist die Transparenz der medizinischen Versorgung im Gegensatz zu Deutschland im Ausland oftmals geringer.[10]

Der Gesetzgeber darf sich alledem nicht weiter verschließen. Daneben ist auch die Politik in der Pflicht, eine möglichst breit geführte gesellschaftliche Debatte als Initiator und Grundlage einer gesetzgeberischen Neukonzeption anzustoßen.[11]

Die Wahrscheinlichkeit, dass das Bundesverfassungsgericht die zu untersuchenden Tatbestände für verfassungswidrig erklärt, ist sehr gering. Bislang hatte kein Gericht über die nicht für eine Vorlagepflicht nach Art. 100 Abs. 1 GG begründen-

---

[4] BVerfGE 34, 165 (192); BVerfGE 101, 1 (34) (Wesentlichkeitstheorie).
[5] *Gassner et al.*, AME-FMedG, 2013, S. 21.
[6] Ähnlich bereits *Ratzel* ReprodMed 2002, 199.
[7] Zu Recht *Hübner/Pühler* MedR 2017, 929 (935).
[8] Siehe hierzu LG Augsburg BeckRS 2018, 35087.
[9] Dabei spiegelt sich der Rechtspaternalismus im ESchG wider, sodass durchaus die Frage aufgeworfen werden kann, weshalb der Gesetzgeber im Hinblick auf das reproduktive Reisen die Augen verschließt. *Kentenich/Strowitzki/Taupitz/Diedrich* sprechen sogar von einem „staatliche[n] Moral-Paternalismus" in Der Gynäkologe 2018, 602 (605). Diese Formulierung macht sich auch *Kreß* zu eigen, Der Gynäkologe 2018, 627 (628).
[10] *v. Wolff/Stute*, Gynäkologische Endokrinologie und Fortpflanzungsmedizin, 2013, S. 416.
[11] Zur gesetzlichen Regelung der Leihmutterschaft so *Harbarth*, Leihmutterschaft und Reproduktionstourismus, in Ditzen/Weller (Hrsg.), Regulierung der Leihmutterschaft, 2018, 81 (91). Dies trifft auch auf die übrigen in dieser Arbeit dargestellten Verfahren der Kinderwunschbehandlung zu.

den bloßen Zweifel[12] hinausgehende Bedenken an der Verfassungsmäßigkeit der genannten Tatbestände des Embryonenschutzgesetzes.

Bereits eine Reform der rechtlichen Zulässigkeit zugunsten der dargestellten Verfahrensformen würde das Problem um das reproduktive Reisen weitestgehend lösen. Denn: Sind Verfahren nach dem deutschen Recht zulässig, dann werden die Kosten ihrer Durchführung auch durch die Krankenversicherungen getragen, sei es durch die gesetzlichen oder die privaten.

Vor dem Hintergrund eines sich durch den fortschreitenden demografischen Wandel verschärfenden Problems um das reproduktive Reisen[13] sollte auch dem Gesetzgeber daran gelegen sein, dass nicht eine wachsende Zahl von Ärzten und Patienten die endgültige Klärung der Rechtslage erst auf der Anklagebank erfährt.[14]

---

[12] BVerfGE 86, 52 (57).
[13] Zur Frage, welche Wirkung die Fortpflanzungsmedizin auf die demografische Entwicklung in Deutschland haben könnte siehe Berlin-Institut für Bevölkerung und Entwicklung, Ungewollt kinderlos, 2007, S. 49–52.
[14] Angelehnt an BVerfG NVwZ 2003, 856 (857) zur Klärung verwaltungsrechtlicher Zweifelsfragen.

Literatur

Ahuja, K.K./Simons, E.G./Fiamanya, W./Dalton, M./Armar, N.A./Kirkpatrick, P. et al., Eggsharing in assisted conception: ethical and practical considerations. Human Reproduction 1996, 1126–1131.

Amelung, K., Die Neutralisierung geschäftsmäßiger Beiträge zu fremden Straftaten im Rahmen des Beihilfetatbestands, in: Festschrift für Gerald Grünwald, Baden-Baden 1999, S. 9–30 (zitiert: *Amelung* FS Grünwald, 1999, S.).

Arndt, M., Biotechnologie in der Medizin: Recht und Praxis, München 2004.

Assenmacher, M., Grenzüberschreitende Inanspruchnahme von Gesundheitsleistungen in der Europäischen Union: Patientenmobilität unter Geltung der Richtlinie 2011/24/EU, Berlin 2015.

Backmann, J., Künstliche Fortpflanzung und Internationales Privatrecht unter besonderer Berücksichtigung des Persönlichkeitsschutzes, München 2002.

Baetens, P./Devroey, P./Camus, M./van Steirteghem, A.C. et al., Counselling couples and donors for oocyte donation: the decision to use either known or anonymous oocytes. Human Reproduction 2000, 476–484.

Barton, S., Sozial übliche Geschäftstätigkeit und Geldwäsche – § 261 StGB, StV 1993, 156–163.

Bechtel, A., Die neutrale Handlung – Problemfeld im Rahmen des Förderungsbeitrags iSd § 27 StGB, Jura 2016, 865–871.

Becker, C., Anmerkung zum Beschluss des BGH vom 19.08.2014 (3 StR 88/14) zur öffentlichen Verwendung von Kennzeichen verfassungswidriger Organisationen im Internet NStZ 2015, 83–84.

Becker, U./Kingreen, T., SGB V, 6. Aufl., München 2018 (zitiert *Bearbeiter* in Becker, U./Kingreen (Hrsg.), SGB V, 6. Aufl. 2018, §, Rn.).

Beckmann, R., Anmerkung zu AG Wolfratshausen, Urt. v. 30.04.2008, Az.: 6 C 677/06, ZfL 2008, 123–125.

Ders., Fortpflanzungsmedizingesetz, ZfL 2013, 92.

Behr, V., Die Strafbarkeit von Bankmitarbeitern als Steuerhinterziehungsgehilfen bei Vermögenstransfers ins Ausland, wistra 1999, 245–252.

Beier, H., Methoden der assistierten Reproduktion – Zum Stand der Therapieverfahren in der Bundesrepublik Deutschland (Dezember 1996) – Gutachten im Auftrag des Bundesministeriums für Gesundheit.

Ders. u.a., Ein Fortpflanzungsmedizingesetz für Deutschland, Der Gynäkologe 2018, 613–615.

Beitz, U., Zur Reformbedürftigkeit des Embryonenschutzgesetzes. Eine medizinisch-ethisch-rechtliche Analyse anhand moderner Fortpflanzungstechniken, Bern 2009.

Bergmann, K.O./Pauge, B./Steinmeyer, H.-D. (Hrsg.), Nomos Kommentar Gesamtes Medizinrecht, 3. Aufl., Baden-Baden 2018 (zitiert: *Bearbeiter* in NK-Gesamtes Medizinrecht, 3. Aufl. 2018, Gesetzesbezeichnung, (§), Rn.).

Bergmann, S., Reproductive agency and projects: Germans searching for egg donation in Spain and the Czech Republic, Reprod BioMed Online 2011, 600–608.

Berlin-Institut für Bevölkerung und Entwicklung, Ungewollt kinderlos – Was kann die moderne Medizin gegen den Kindermangel in Deutschland tun?, 2007.

Bernat, E., Fortpflanzungsfreiheit, Privatleben und die EMRK, Juridikum 2000, 114–118.

Ders., Die Entscheidung des Europäischen Gerichtshofs für Menschenrechte in der Sache S.H. et al. gegen Österreich, Der Gynäkologe 2011, 230–234.

Ders., § 3 des österreichischen Fortpflanzungsmedizingesetzes auf dem Prüfstand des Europäischen Gerichtshofs für Menschenrechte, Der Gynäkologe 2012, 331–336.

Ders., Das österreichische Fortpflanzungsmedizingesetz wurde liberalisiert – Eckpunkte des Fortpflanzungsmedizinrechts Änderungsgesetzes 2015, MedR 2015, 686–691.

Biermann, B., Anmerkung zu OLG München, Urt. v. 22.02.2017 – 3 U 4080/16, NZFam 2017, 962–964.

Bioethik-Kommission beim Bundeskanzleramt, Reform des Fortpflanzungsmedizinrechts. Stellungnahme, Wien 2012.

Bioethik-Kommission Rheinland-Pfalz, Medizinische, ethische und rechtliche Gesichtspunkte zum Revisionsbedarf von Embryonenschutz- und Stammzellgesetz, Fortpflanzungsmedizin und Embryonenschutz, 2005.

Blake, Lucy et al., Marital stability and quality in families created by assisted reproduction techniques – a follow up study, Reprod BioMed Online 2012, 678–683.

Bloechle, M., Warum Ärzte Recht brechen – Eine Diagnose von Matthias Bloechle, Focus Magazin Nr. 30/2014.

Bloy, R., Grenzen der Täterschaft bei fremdhändiger Tatausführung, GA 1996, 424–442.

Bock, D., Beteiligungssystem und Einheitstätersystem, Jura 2005, 673–680.

Bockenheimer-Lucius, G./Thorn, P./Wendehorst, C. (Hrsg.), Umwege zum eigenen Kind, Ethische und rechtliche Herausforderungen an die Reproduktionsmedizin 30 Jahre nach Louise Brown, Göttinger Schriften zum Medizinrecht, Band 3, Göttingen 2008 (zitiert: *Bearbeiter* in Bockenheimer-Lucius/Thorn/Wendehorst (Hrsg.), Umwege zum eigenen Kind, 2008, S.).

Bohnert, J., Die Abstraktheit der abstrakten Gefährdungsdelikte – BGH NJW 1982, 2329, JuS 1984, 182–187.

Bohnert, J./Bülte, J., Ordnungswidrigkeitenrecht, 5. Aufl., München 2016.

Boiso, I./Veiga, A./Edwards, R.G., Fundamentals of human embryonic growth in vitro and the selection of high-quality embryos for transfer, Reprod Biomed Online 2002, 328–350.

Bonvie, H./Naujoks, M., Kostenübernahme der privaten und gesetzlichen Krankenversicherungen für reproduktionsmedizinische Maßnahmen im Wege der IVF-/ICSI-Behandlung, MedR 2006, 267–274.

Braun, J., Anmerkung zu BGH, Urt. v. 08.10.2015 – I ZR 225/13 (KG), MedR 2016, 534–535.

Braun, K., Menschenwürde und Biomedizin. Zum philosophischen Diskurs der Bioethik, Frankfurt 2000 (zitiert: *Braun, K.*, Menschenwürde und Biomedizin, 2000, S.).

Braun, C./Gründel, M., Approbationsentzug wegen Unwürdigkeit und Anspruch auf Wiedererteilung der Approbation, MedR 2001, 396–401.

Braun, V./Mieth, D./Steigleder, K. (Hrsg.), Ethische und rechtliche Fragen der Gentechnologie und der Reproduktionsmedizin, München 1987 (zitiert: *Bearbeiter* in Braun, V./Mieth/Steigleder (Hrsg.), Ethische und rechtliche Fragen der Gentechnologie und der Reproduktionsmedizin, 1987, S., Fn.).

Brewe, M., Embryonenschutz und Stammzellgesetz – Rechtliche Aspekte der Forschung mit embryonalen Stammzellen, Berlin-Heidelberg 2006 (zitiert: *Brewe* Embryonenschutz und Stammzellgesetz, 2006, S.).

Britting, E., Die postmortale Insemination als Problem des Zivilrechts, Frankfurt 1989.

Bujard, M./Thorn, P., Leihmutterschaft und Eizellspende – Schwierige Abwägung zwischen Fortpflanzungsfreiheit und Ausbeutungsgefahr, Der Gynäkologe 2018, 639–646.

Bundesärztekammer 2006, (Muster-)Richtlinie zur Durchführung der assistierten Reproduktion, Deutsches Ärzteblatt, Jg. 103, Heft 20, A 1392–A 1403.

Bundesministerium der Justiz, Abschlussbericht der Bund-Länder-Arbeitsgruppe „Fortpflanzungsmedizin", Bundesanzeiger vom 6. Januar 1989.

Bundesministerium für Gesundheit, Fortpflanzungsmedizin in Deutschland, Wissenschaftliches Symposium des Bundesministeriums für Gesundheit in Zusammenarbeit mit dem Robert-Koch-Institut von 24.-26. Mai 2000 in Berlin, Schriftreihe des Bundesministeriums für Gesundheit, Band 132, 2001 (zitiert: *Bearbeiter*, Titel, in BMG (Hrsg.), Fortpflanzungsmedizin in Deutschland, 2001, S.).

Bundesministerium für Bildung und Forschung, Bericht der Benda-Kommission, In-vitro-Fertilisation, Genomanalyse und Gentherapie, 1985, in den Beschlussempfehlungen des 56. Deutschen Juristentages, NJW 1986, 3069 f. den Thesen des Deutschen Richterbundes, DRiZ 1986, 229 f. sowie denen der Arbeitsgruppe des Deutschen Juristinnenbundes, JZ 1986, 777 f. (zitiert: Bericht der *Benda-Kommission*, in BMFT (Hrsg.), 1985).

Coester, M., Das Kindeswohl als Rechtsbegriff. Die richterliche Entscheidung über die elterliche Sorge beim Zerfall der Familiengemeinschaft, Frankfurt 1983.

Coester-Waltjen, D., Rechtliche Probleme der für andere übernommenen Mutterschaft, NJW 1982, 2528–2534.

Dies., Die künstliche Befruchtung beim Menschen – Zulässigkeit und zivilrechtliche Folgen, Gutachten zum 56. Deutschen Juristentag, 1986, B 45, 46.

Dies., Fortpflanzungsmedizin, EMRK und österreichische Verfassung, FamRZ 2000, Band 1, 598–603.

Dies., Anmerkung zu Nr. 560 EuGHMR (1. Sektion, Urt. v. 01.04.2010 – Beschwerde Nr. 57813/00 S.H. u.a./. Österreich), FamRZ 2010, Band 1, 957–958.

Dies., Anmerkung zu OLG München, Urt. v. 22.02.2017 – 3 U 4080/16, FamRZ 2017, Band 1, 908–910.

Conte, G, Strafbarkeit des deutschen Arztes bei Eizellspenden im Ausland, Der Gynäkologe 2013, 841–846.

Cornides, J., Eizellspende: Der EGMR zieht die Notbremse, ZfL 2011, 116–121.

Crockin, S., Legal perspectives on cross-border reproductive care, Reprod BioMed Online 2011, 811–813.

Dachverband Reproduktionsbiologie und – medizin, Mitteilungen der Gesellschaften. Eine am aktuellen wissenschaftlichen Kenntnisstand und an europäischen Standards orientierte Auslegung des Embryonenschutzgesetzes, Briefwechsel zwischen dem DVR und dem Bundesministerium für Gesundheit (BMG), Stellungnahme des BMG, beides abgedruckt in J Reprod Endo 2005, 203–211.

DVR-Fachkommission, Debatte der DVR-Fachkommission „Recht und Aufklärung" – Thema: Embryonenschutzgesetz und Verbotsirrtum, J Reprod Endo 2004, 299–307.

Dahs, H./Müssig, B./Eser, A./Koch, H.-L. (Hrsg.), Forschung mit humanen embryonalen Stammzellen, Weinheim 2003 (zitiert: *Bearbeiter* in Dahs/Müssig/Eser/Koch (Hrsg.), Forschung mit humanen embryonalen Stammzellen, 2003, S.).

Dallinger, W., Aus der Rechtsprechung des Bundesgerichtshofs in Strafsachen, MDR 1972, 569–572.

Daunderer, J., 3. DVR-Kongress, Abstracts, J Reprod Endo 2009, 243.

Ders., Verbietet das EschG die Embryonenspende mit imprägnierten Eizellen ? – Hintergrundanalyse zum Augsburger Freispruch, medstra 2019, 217–221.

Deichfuss, H., Abstammungsrecht und Biologie, Heidelberg 1991.

Diedrich, K./Strowitzki, T./Kentenich, H., Assistierte Reproduktion: Möglichkeiten und Grenzen, Der Gynäkologe 2018a, 607–612.

Dethloff, N., Leihmütter, Wuscheltern und ihre Kinder, JZ 2014, 922–932.

Dethloff, N./Gerhardt, R., „Ein Reproduktionsmedizingesetz ist überfällig", ZRP 2013, 91–93.

Deutsch, E., Schutzbereich und Tatbestand des unerlaubten Heileingriffs im Zivilrecht, NJW 1965, 1985–1989.

Ders., Embryonenschutz in Deutschland, NJW 1991, 721–725.

Ders., Allgemeines Haftungsrecht, 2. Aufl., Köln 1996.
Deutsch, E./Spickhoff, A., Medizinrecht, 7. Aufl., Berlin 2014 (zitiert: *Deutsch/Spickhoff*, Medizinrecht, 7. Aufl. 2014, §, Rn.).
Deutsche Gesellschaft für Gynäkologie und Geburtshilfe e. V., Diskussionspapier zu den Vorbereitungen für ein Fortpflanzungsmedizingesetz, Frauenarzt 2001, 1058–1067.
Deutsche Gesellschaft für Gynäkologische Endokrinologie e. V., *Deutsche Gesellschaft für Gynäkologie und Geburtshilfe, Deutsche Gesellschaft für Reproduktionsmedizin, Bundesverband Reproduktionsmedizinischer Zentren*, Diskussionspapier zu den Vorbereitungen für ein Fortpflanzungs-Medizingesetz, Reproduktionsmedizin, 2001, 301–305.
Deutsche Presseagentur, Artikel im Stern vom 5. August 2014: www.stern.de/Familie/kinder/entscheidung-der-justiz-kinderwunsch-behandlung-wird -vereinfacht-2128854.html (zuletzt aufgerufen am 1. Juni 2019).
Deutscher Ethikrat, Gremiumssitzung vom 22. März 2016 in Berlin und Netzwerk-Embryonenspende, Stellungnahme.
Deutscher Richterbund, Strafrechtsreform – die letzte?, Entwurf eines >>Sechsten Strafrechtsreformgesetzes<< vorgelegt – Schwerpunkt: Harmonisierung der Strafrahmen – Die wichtigsten Einzelheiten, DRiZ 1997, 1–3.
Deutsches IVF-Register e. V., Deutsches IVF-Register, Jahrbuch 2017, J Reprod Endo, Sonderheft 1/2018.
Diedrich, K. et al., Reproduktionsmedizin im internationalen Vergleich, Berlin 2008.
Diedrich, K., Reproduktionsmedizin, Berlin 2013 (zitiert: *Bearbeiter*, Titel, in Diedrich et al. (Hrsg.), Reproduktionsmedizin, 2013, Kap., S.).
Diedrich, K./Strowitzki, T./Kentenich, H., Assistierte Reproduktion: Möglichkeiten und Grenzen, Der Gynäkologe 2018b, 607–612.
Diedrich, K./Hepp, H./von Otte, S., Reproduktionsmedizin in Klinik und Forschung: Der Status des Embryos, Lübeck 2007 (zitiert: *Bearbeiter* in Diedrich/Hepp/v. Otte (Hrsg.), Reproduktionsmedizin in Klinik und Forschung, 2007, S.).
Dietrich, S., Mutterschaft für Dritte: Rechtliche Probleme der Leihmutterschaft unter Berücksichtigung entwicklungspsychologischer und familiensoziologischer Erkenntnisse und rechtsvergleichender Erfahrungen, Bern 1989 (zitiert: *Dietrich*, Mutterschaft für Dritte, 1989, S.).
Ditzen, B./Weller, M.-P., Regulierung der Leihmutterschaft – Aktuelle Entwicklungen und interdisziplinäre Herausforderungen, Tübingen 2018 (zitiert: *Bearbeiter*, Titel, in Ditzen/Weller (Hrsg.), Regulierung der Leihmutterschaft, 2018, S.).
Dorneck, C., Anmerkung zu KG, Urt. v. 08.11.2013 – 5 U 143/11 (LG Berlin), MedR 2014, 502–503.
Dies., Embryonenspende, Netzwerk Embryonenspende und das längst veraltete ESchG, medstra 2018, 259–264.
Dies., Das Recht der Reproduktionsmedizin de lege lata und de lege ferenda – Eine Analyse zum AME-FMedG, Baden-Baden 2019.
Dreier, H., Stufungen des vorgeburtlichen Lebensschutzes, ZRP 2002, 377–383.
Ders., Grenzen des Tötungsverbotes – Teil 1, JZ 2007, 261–270.
Duden, K., Leihmutterschaft im Internationalen Privat- und Verfahrensrecht, Heidelberg 2015.
Ehlers, A., Disziplinarrecht und Zulassungsentziehung: Vertragsärzte/Vertragszahnärzte, München 2001 (zitiert: *Bearbeiter* in Ehlers (Hrsg.) Disziplinarrecht und Zulassungsentziehung, 2001, S.).
Epping, V., Grundrechte, 8. Aufl., Berlin 2019.
Erb, V., Mord in Mittäterschaft – BGH, NJW 1991, 1068, JuS 1992, 197–201.
Erbs, G./Kohlhaas, M., Strafrechtliche Nebengesetze mit Straf- und Bußgeldvorschriften des Wirtschafts- und Verwaltungsrechts, 223. Ergänzungslieferung (Januar 2019), Band 1, Beck Verlag München, Embryonenschutzgesetz, 214. Ergänzungslieferung, Stand: 1. März 2017, München 2019 (zitiert: *Bearbeiter* in Erbs/Kohlhaas (Hrsg.), ESchG, 214. EL (Stand: 1. März 2017), § Rn.).
Eser, A., Neuartige Bedrohungen ungeborenen Lebens, Embryoforschung und „Fetozid" in rechtsvergleichender Perspektive, Heidelberg 1990.
Ders., Biomedizin und Menschenrechte: Die Menschenrechtskonvention des Europarates zur Biomedizin. Dokumentation und Kommentare, Freiburg 1999.

Ders., Die Entwicklung des Internationalen Strafrechts, in: Vogler, Theo/Herrmann, Joachim (Hrsg.), Festschrift für Hans-Heinrich Jescheck, Berlin 1985, S. 1353–1378 (zitiert: *Eser* in FS Jescheck, 1985, S.).

Eser, A./Koch, H.-G., Rechtsprobleme biomedizinischer Fortschritte in vergleichender Perspektive. Zur Reformdiskussion um das deutsche Embryonenschutzgesetz, in: Gedächtnisschrift für Rolf Keller, 2003, S. 15–36 (zitiert: *Eser/Koch* GS Keller, 2003, S.).

European Parliament, Report on the proposal for a directive of the European Parliament and of the Concil on the application of patients' rights in cross-border healthcare (COM(2008)0414 – C6-0257/2008 – 2008/0142 (COD)) Committee on the Environment, Public Health and Food Safety, 2009.

Faßbender, K., Präimplantationsdiagnostik und Grundgesetz – Ein Beitrag zur verfassungsrechtlichen und -dogmatischen Strukturierung der aktuellen Diskussion, NJW 2001, 2745–2753.

Feige, A./Gröbe, H, Assistierte Reproduktion – Folgen und Risiken für Mutter und Kind, ReprodMed 2002, 153–157.

Felberbaum, R./Bühler, K./van der Veen, H., Richtlinien zur Durchführung der assistierten Reproduktion des Wissenschaftlichen Beirates der Bundesärztekammer – klinische, ethische und rechtliche Aspekte in Felberbaum/Bühler/van der Veen (Hrsg.), Das Deutsche IVF-Register 1996–2006, 10 Jahre Reproduktionsmedizin in Deutschland.

Fischer, T., Strafgesetzbuch mit Nebengesetzen, 66. Aufl., München 2019.

Fitting, C., Kein Unterlassungsanspruch bei Werbung für Eizellspende, Der Gynäkologe 2016, 802–804.

Frank, R., Das Strafgesetzbuch für das Deutsche Reich nebst dem Einführungsgesetze, 18. Aufl., Tübingen 1931 (zitiert: *Frank*, StGB, 18. Aufl. 1931, §).

Freund, G., Strafrecht Allgemeiner Teil – Personale Straftatlehre, Berlin 2008 (zitiert: *Freund*, Strafrecht AT, 2008, § Rn.).

Frister, H., Die >>Dreierregel<< im Embryonenschutzgesetz, Gesundheit und Pflege 2012, 10–13.

Ders., Wider der Doppelmoral im Recht der Fortpflanzungsmedizin, medstra 2016, 321–322.

Frister, H./Lindemann, M./Peters, A., Arztstrafrecht, München 2011.

Frister, H./Olzen, D., Reproduktionsmedizin: Rechtliche Fragestellungen, Düsseldorf 2010 (zitiert: *Bearbeiter*, Titel, in Frister/Olzen (Hrsg.), Reproduktionsmedizin: Rechtliche Fragestellungen, 2010, S.).

Frommel, M., Taugt das Embryonenschutzgesetz als ethisches Minimum gegen Versuche der Menschenzüchtung, KJ 2000, 341–351.

Dies., Die Menschenwürde des Embryos in vitro, KJ 2002, 411–426.

Dies., Ethische, verfassungsrechtliche und strafrechtliche Problematik, ReprodMed 2002, 158–182.

Dies., Auslegungsspielräume des Embryonenschutzgesetzes, J Reprod Endo 2004, 104–111.

Dies., Deutscher Mittelweg in der Anwendung des Embryonenschutzgesetzes (ESchG) mit einer an den aktuellen wissenschaftlichen Kenntnisstand orientierten Auslegung der für die Reproduktionsmedizin zentralen Vorschrift des § 1, Abs. 1, Nr. 5 EschG, J Reprod Endo, 2007, 27–33.

Dies., Juristisches Gutachten zur Frage der Zulässigkeit der Freigabe kryokonservierter befruchteter Eizellen (2-PN-Stadien) durch die Inhaber, des Auftauens mit Einverständnis des Spenderpaares und der (Schreibfehler im Original) extrakorporalen Weiterkultivierens zum Zwecke der Spende an eine Frau, von der die Eizelle nicht stammt.

Dies., Die Reformen des Embryonenschutzgesetzes (1991) durch patientenfreundliche Auslegung, Gesundheitsrecht 2018, 413–421.

Frommel, M./Taupitz, J./Ochsner, A./Geisthövel, F., Rechtslage der Reproduktionsmedizin in Deutschland, J Reprod Endo, 2010, 96–105.

Gaede, K., Anmerkung zu LG Augsburg, Urt. v. 13.12.2018 – 16 NS 202 Js 143548/14 (AG Dillingen), medstra 2019, 252–256.

Gärditz, K.F., Fortpflanzungsmedizinrecht zwischen Embryonenschutz und reproduktiver Freiheit – Zum Augsburg-Münchener-Entwurf eines Fortpflanzungsmedizingesetzes –, ZfL 2014, 42–52.

Gallandi, V., Straftaten von Bankverantwortlichen und Anlegerschutz, wistra 1989, 125–130.
Gassner, U., Legalisierung der Eizellspende?, ZRP 2015, 126.
Gassner, U./Kersten, J./Krüger, M./Lindner, J.F./Rosenau, H./Schroth, U. (Hrsg.), Fortpflanzungsmedizingesetz, Augsburg – Münchner – Entwurf, Tübingen 2013 (zitiert: *Gassner et al.*, AME-FMedG, 2013, S.).
Geier, A., Anspruch des Patienten auf eine Behandlung contra legem, MedR 2017, 293–296.
Geiger, R./Khan, D.-E./Kotzur, M. (Hrsg.), EUV/AEUV, 6. Aufl., München 2017 (zitiert: *Bearbeiter* in Geiger/Khan/Kotzur (Hrsg.), EUV/AEUV, 6. Aufl. 2017, Art., Rn.).
Geisthövel, F./Frommel, M./Neidert, R./Nieschlag, E., Debatte der DVR-Fachkommission „Recht und Aufklärung"- Thema: Embryonenschutzgesetz und Verbotsirrtum, Journal für Reproduktionsmedizin und Endokrinologie, 2004, 299–307.
Geppert, K., Zum Verhältnis von Täterschaft/Teilnahme an der Vortat und anschließender sachlicher Begünstigung (§ 257 StGB), Jura 1994, 441–446.
Ders., Die Anstiftung (§ 26 StGB), Jura 1997, 299–305.
Ders., Die Akzessorietät der Teilnahme (§ 28 StGB) und die Mordmerkmale, Jura 2008, 34–40.
Ders., Die Mittäterschaft (§ 25 Abs. 2 StGB), Jura 2011, 30–38.
Golombok, S. et al., Social versus biological parenting: family functioning and the socioemotional development of children conceived by egg or sperm donation, Journal Psychology Psychiatry 1999, Band 40, 519–527 (zitiert: *Golombok et al.*, Journal Psychology Psychiatry 1999, Bd. 40, S.).
Dies., Families created by gamete donation: follow – up at age 2, Human Reproduction 2005, Bd. 20, 286–293 (zitiert: *Golomok et al.*, Human Reproduction 2005, Bd. 20, S.).
Grabenwarter, C./Pabel, K., Europäische Menschenrechtskonventionen, 6. Aufl., München-Basel-Wien 2016 (zitiert: *G/P*, EMRK, 6. Aufl. 2016, § Rn.).
Greco, L., Strafbarkeit der berufsbedingten bzw. neutralen Beihilfe erst bei hoher Wahrscheinlichkeit der Haupttat? – Überlegungen aus Anlass von BGH StR 468/12 –, wistra 2015, 1–7.
Gropp, W., Die fahrlässige Verwirklichung des Tatbestandes einer strafbaren Handlung – miteinander oder nebeneinander/Überlegungen zur so genannten „fahrlässigen Mittäterschaft", GA 2009, 265–279.
Ders., Vom Rücktrittshorizont zum Versuchshorizont. Überlegungen zur Abgrenzung zwischen Vorbereitung und Versuch, in: Dölling, Dieter/Erb, Volker (Hrsg.), Festschrift für Karl Heinz Gössel, Heidelberg 2002, S. 175–189 (zitiert: *Gropp* FS Gössel, 2002, S.).
Grünwaldt, K./Hahn, U., Was darf der Mensch?, Hannover 2001 (zitiert: *Bearbeiter* in Grünwaldt/Hahn (Hrsg.), Was darf der Mensch?, 2001, S.).
Grupp, K., Rechtliche Probleme alternativer Behandlungsmethoden, MedR 1992, 256–263.
Grziwotz, H., Kinderwunscherfüllung durch Fortpflanzungsmedizin und Adoption, NZFam 2014, 1065–1070.
Günther, H.-L., Der Diskussionsentwurf eines Gesetzes zum Schutz von Embryonen, GA 1987, 433–457.
Ders., Zur Auslegung des § 1 Abs. 1 Nr. 5 EschG, in: Hoyer, Andreas/Müller, Henning Ernst/Pawlik, Michael/Wolter, Jürgen (Hrsg.), Festschrift für Friedrich-Christian Schroeder, Heidelberg 2006, S. 449–452 (zitiert: *Günther* FS Schroeder, 2006, S.).
Günther, H.-L./Keller, R., Fortpflanzungsmedizin und Humangenetik – strafrechtliche Schranken?, Tübingen 1991. (zitiert: *Bearbeiter* in Günther/Keller (Hrsg.), Fortpflanzungsmedizin und Humangenetik, 1991, §, Rn.).
Günther, H.-L./Taupitz, J./Kaiser, P., Embryonenschutzgesetz, Stuttgart 2014. (zitiert: *Bearbeiter* in G/T/K (Hrsg.), ESchG, 2. Aufl. 2014, Buchstabe, Ziffer, (§), Rn.)
Gürtin, Z., Banning reproductive travel: Turkey's ART legislation and third-party assisted reproduction, Reprod BioMed Online, 2011, 555–564.
Hammerstein, J., Kaiserin-Friedrich-Stiftung für das ärztliche Fortbildungswesen, 32. Symposium für Juristen und Ärzte am 17. und 18. Februar 2006 in Berlin, Zusammenfassung der Diskussion zu III, Zeitschrift für Evidenz, Fortbildung und Qualität im Gesundheitswesen, Band 100 (2006), 676.

Harzer, R./Vogt, T., „Mitarbeit" von Banken an Steuerhinterziehungen: Ein Problem der Beihilfekausalität, StraFO 2000, 39–48.

Haskamp, T., Embryonenschutz in vitro – Offene Fragen und Regelungsalternativen im deutschen und internationalen Recht, Hamburg 2012 (zitiert: *Haskamp*, Embryonenschutz in vitro, 2012, S.).

Haug, T., Die Pflicht deutscher Gerichte zur Berücksichtigung der Rechtsprechung des EGMR, NJW 2018, 2674–2677.

Heberer, J., Das ärztliche Berufs- und Standesrecht: Lehr- und Handbuch des Arztrechts für Ärzte & Juristen in Ausbildung und Praxis, Landsberg 2001 (zitiert: *Heberer*, Das ärztliche Berufs- und Standesrecht, 2001, S.).

Ders., Arzt und Recht, Berlin 2013 (zitiert: *Heberer*, Arzt und Recht, 2013, S.)

Hecker, B., Tatbestandsrelevanz von Auslandsvortaten im Anwendungsbereich der Anschlussdelikte (§§ 257–261 StGB), in: Hilgendorf, Eric/Rengier, Rudolf (Hrsg.), FS für Wolfgang Heinz, Baden-Baden 2012, S. 714–727 (zitiert: *Hecker* FS Heinz, 2012, S.).

Ders., Die Strafbarkeit grenzüberschreitender Luftverunreinigungen im deutschen und europäischen Umweltstrafrecht, ZStW 115 (2003), 880–905.

Heghmanns, M., Überlegungen zum Unrecht von Beihilfe und Anstiftung, GA 2000, 473–489.

Heinrich, B., Der Erfolgsort beim abstrakten Gefährdungsdelikt, GA 1999, 72–84.

Ders., Handlung und Erfolg bei Distanzdelikten, in: Heinrich, Bernd (Hrsg.), Festschrift für Ulrich Weber, Bielefeld 2004, S. 91–108 (zitiert: *Heinrich* FS Weber, 2004, S.).

Von Heintschel-Heinegg, B., Beck'scher Online Kommentar, 41. Edition, München, Stand: 1. Februar 2019 (zitiert: *Bearbeiter* in BeckOK/StGB (Stand), §, Rn.).

Ders., Kommentar Strafgesetzbuch, 3. Aufl., München 2018 (zitiert: *Bearbeiter* in v. Heintschel-Heinegg (Hrsg.), StGB, 3. Aufl. 2018, §, Rn.).

Hepp, H./Haller, U./Winter, R., Wissenschaft und Recht der Reproduktionsmedizin – zwei Seiten einer Medaille, Gynäkologisch Geburtshilfliche Rundschau 2003, 1–5.

Herzberg, R.D., Die ratio legis als Schlüssel zum Gesetzesverständnis? – Eine Skizze und Kritik der überkommenen Auslegungsmethodik, JuS 2005, 1–8.

Hieb, A., Die gespaltene Mutterschaft im Spiegel des deutschen Verfassungsrechts, Berlin 2005.

Hilgendorf, E., Überlegungen zur strafrechtlichen Interpretation des Ubiquitätsprinzips im Zeitalter des Internets, NJW 1997, 1873–1878.

Hirsch, H.J., Untauglicher Versuch und Tatstrafrecht, in: Schünemann, Bernd/Achenbach, Hans/Bottke, Wilfried/Haffke, Bernhard/Rudolphi, Hans-Joachim (Hrsg.), Festschrift für Claus Roxin, Berlin 2001, S. 711–728 (zitiert: *Hirsch, H.-J.* FS Roxin, 2001, S.).

Hirsch, G./Eberbach, W., Auf dem Weg zum künstlichen Leben, Basel 1987.

Hömig, D./Wolff, H.A., Grundgesetz für die BRD, Kommentar, 12. Aufl., Baden-Baden 2018 (zitiert: *Bearbeiter* in Hömig/Wolff (Hrsg.), GG, 12. Aufl. 2018, Art., Rn.).

Hübner, M /Pühler, W., Die neuen Regelungen zur Präimplantationsdiagnostik – wesentliche Fragen bleiben offen, MedR 2011, 789–796.

Dies., Systematische Rechtsentwicklung für die Reproduktionsmedizin, MedR 2017, 929–935.

Dies., Systematische Rechtsentwicklung für die Reproduktionsmedizin, Der Gynäkologe 2018, 616–626.

Dies., Anmerkung zu LG Augsburg, Urt. v. 13.12.2018 – 16 NS 202 Js 143548/14 (AG Dillingen), MedR 2019, 488–489.

Hülsmann, C., Fetozid – Bemerkungen aus strafrechtlicher Sicht, NJW 1992, 2331–2338.

Ders., JZ 2002, Strafrechtliche Aspekte höhergradiger Mehrlingsschwangerschaften – Zugleich ein kritischer Beitrag zum Embryonenschutzgesetz –, JZ 1992, 1106–1114.

Hüppe, H., Legalisierung der Eizellspende?, ZRP 2015, 126.

Hufen, F., Präimplantationsdiagnostik aus verfassungsrechtlicher Sicht, MedR 2001, 440–451.

Huster, S., Die Leistungspflicht der GKV für Maßnahmen der künstlichen Befruchtung und der Krankheitsbegriff, NJW 2009, 1713–1716.

Inthorn, J./Pisani, C., Anmerkung zu OLG München Urt. vom 22.02.2017 – 3 U 4080/16 (LG Traunstein), 419–421.

Ipsen, J., Zur Zukunft der Embryonenforschung, NJW 2004, 268–270.

Ders., Der „verfassungsrechtliche Status" des Embryos in vitro, JZ 2001, 989–996.

Jaeger, L., Patientenrechtegesetz, Kommentar, Karlsruhe 2013 (zitiert: *Jaeger*, PatRG, 2013, Rn.).
Jakobs, G., Regreßverbot beim Erfolgsdelikt. Zugleich eine Untersuchung zum Grund der strafrechtlichen Haftung für Begehung, ZStW 89 (1977), 1–35.
Ders., Strafrecht Allgemeiner Teil: Die Grundlagen und die Zurechnungslehre, Berlin 2011 (zitiert: *Jakobs*, Strafrecht AT, 2011, Kap./Rn.).
Janisch, W., Wer die Eltern sind, muss neu geregelt werden, Süddeutsche Zeitung Familie vom 10. September 2016, abrufbar unter https://www.sueddeutsche.de/leben/vor-dem-juristentag-die-familie-der-zukunft-1.3155444 (zuletzt abgerufen am 1. Juni 2019).
Jescheck, H.-H./Weigend, T., Lehrbuch des Strafrechts Allgemeiner Teil, 5. Aufl., Berlin 1996 (zitiert: *Jescheck/Weigend*, Strafrecht AT, 5. Aufl. 1996, S.).
Joecks, W./Jäger, M./Randt, K., Steuerstrafrecht, § 370 AO Rn. 27. (*Joecks, Wolfgang*), 8. Aufl., München 2015 (zitiert: *Bearbeiter* in Joecks/Jäger/Randt (Hrsg.), Steuerstrafrecht, 8. Aufl. 2015, §, Rn.).
Jofer, P., Regulierung der Reproduktionsmedizin – Fremdsamenspende, Ersatzmutterschaft und Umgang mit überzähligen Embryonen, Baden-Baden 2014 (zitiert: *Jofer*, Regulierung der Reproduktionsmedizin, 2014, S.).
Jungfleisch, F., Fortpflanzungsmedizin als Gegenstand des Strafrechts?, Berlin 2005.
Kadi, S./Wiesing, D., Uninformed Decisions? The online presentation of success and failure of IVF and related methods on German IVF centre websites. Zeitschrift für Geburtshilfe und Frauenheilkunde, 2015, 1258–1263.
Kamps, H., Das Recht der Reproduktionsmedizin – Ein Überblick, MedR 1994, 339–348.
Kangarani, E./Hampe, D., Das Berufsverbot des § 70 Abs. 1 StGB in einem Vergleich zu dem Entzug der Approbation nach § 5 BÄO, MedR 2014, 797–803.
Katzenmeier, C., Die Rahmenbedingungen der Patientenautonomie, MedR 2012, 576–583.
Ders., Der Behandlungsvertrag – Neuer Vertragstyp im BGB, NJW 2013, 817–823.
Katzorke, T., Samenspende-Eizellspende-Leihmutterschaft. Grenzbereiche in der Reproduktionsmedizin, Gynäkologische Geburtshilfe 2007, 229–234.
Katzorke, T./Kolodziej, F.B., Perspektiven eines geänderten Fortpflanzungsmedizingesetzes, ReprodMed 2001, 325–333.
Keck, C., Kinderwunschbehandlung in der gynäkologischen Praxis – Sinnvolle Diagnostik- und Therapiestrategien für Frauenärzte, Stuttgart/New York 2014 (zitiert: *Keck*, Kinderwunschbehandlung in der gynäkologischen Praxis, 2014, S.).
Keller, R., Fortpflanzungstechnologie: Ein Gesamtkonzept staatlichen Regelungsbedarfs – Zum Zwischenbericht der Bund/Länder-Arbeitsgruppe „Fortpflanzungsmedizin", MedR 1988, 59–66.
Ders., Das Kindeswohl – Strafschutzwürdiges Rechtsgut bei künstlicher Befruchtung im heterologen System, in: Jescheck, Hans-Heinrich/Vogler, Theo (Hrsg.), Festschrift für Herbert Tröndle, Berlin 1989, S. 705–721 (zitiert: *Keller* FS Tröndle, 1989, S.).
Ders./Günther, H.-L./Kaiser, P., Embryonenschutzgesetz, Kommentar, Stuttgart 1992 (zitiert: *Bearbeiter* in K/G/K, EschG, 1992, §, Rn.).
Kentenich, H., Reproduktionsmedizin in Deutschland: Unzeitgemäß geregelt, ErbR 2017, 385.
Kentenich, H./Utz-Billing, I., Verbot der Eizellspende – Ist es medizinisch, psychologisch und ethisch gerechtfertigt?, Gynäkologische Endokrinologie 2006, 229–234.
Dies., Umstrittene Grenzziehung für die Reproduktionsmedizin in Deutschland, Zeitschrift für Evidenz, Fortbildung und Qualität im Gesundheitswesen, Band 100 (2006), 659–665.
Kentenich, H./Strowitzki, T./Taupitz, J./Diedrich, K., Assistierte Reproduktion: aktuelle Problemlage, Der Gynäkologe 2018, 602–606.
Kentenich, H./Thorn, P./Wischmann, T., Medizinische und psychosoziale Aspekte der Beratung, Der Gynäkologe 2018, 647–652.
Kern, B.-R., Die neuere Entwicklung in der Rechtsprechung zur Aufklärungspflicht, Gesundheitsrecht 2009, 1–11.
Kettner, M., Neue Formen der gespaltenen Elternschaft, Aus Politik und Zeitgeschichte 2001, 34–43.
Khosravi, S., Die Strafbarkeit nach dem Embryonenschutzgesetz und dem Stammzellgesetz, Hamburg 2017.

Kienapfel, D., Das Prinzip der Einheitstäterschaft, JuS 1974, 1–7.
Kienle, T., Künstliche Befruchtung und artifizielles Recht, ZRP 1995, 201–202.
Kindhäuser, U., Lehr- und Praxiskommentar StGB, 7. Aufl., Baden-Baden 2017 (zitiert: LPK-StGB/*Kindhäuser*, 7. Aufl. 2017, §, Rn.).
Kloesel, A./Cyran, W., Arzneimittelrecht-Kommentar, 132. Lieferung, Stuttgart 2017.
Knaup, M., Die Begrenzung globaler Unternehmensleitung durch § 9 Absatz 2 Satz 2 StGB, Berlin 2011.
Kniffka, R., Die Durchsuchung von Kreditinstituten in Steuerstrafverfahren, wistra 1987, 309–313.
Knoop, S., Recht auf Fortpflanzung und medizinischer Fortschritt, Konstanz 2005.
Köhler, M., Strafrecht Allgemeiner Teil, Berlin 1997 (zitiert: *Köhler*, Strafrecht AT, 1997, S.).
Körner, U., In-vitro-Kultur menschlicher Embryonen, Ethik in der Medizin, 2003, 68–72.
Koch, H.-G., „Medizinisch unterstützte Fortpflanzung" beim Menschen – Handlungsleitung durch Strafrecht?, MedR 1986, 259–265.
Ders. Fortpflanzungsmedizin im europäischen Rechtsvergleich, Aus Politik und Zeitgeschichte 2001, B 27, 44–53.
Ders. Embryonenschutz ohne Grenzen, in: Arnold, J./Burhardt, B./Gropp, W./Heine, G./Koch, H.-G.,/Lagodny, O./Perron, W./Walther, S. (Hrsg.), Festschrift für Albin Eser, München 2005, S. 1091–1118 (zitiert: *Koch* FS Eser, 2005, S.).
Ders., Fortpflanzungsmedizin im europäischen Rechtsvergleich, Aus Politik und Zeitgeschichte, Band 27 (2001), 44–53.
Ders. Maßnahmen zur Effizienzsteigerung bei medizinisch unterstützter Fortpflanzung aus rechtlicher und rechtsvergleichender Sicht, J Reprod Endo 2004, 24–27.
Krämer, R./Marten, J.J., Der Dialog der Gerichte – die Fortentwicklung des Persönlichkeitsschutzes im europäischen Mehrebenenrechtsverbund, EuR 2015, 169–188.
Kraatz, E., Arztstrafrecht, 2. Aufl., Stuttgart 2018.
Kraske, M./Ludwig, U., Die Babygrenze, Der Spiegel, Ausgabe 46/2005, 108–118.
Krekeler, S., Wer darf Fortpflanzungsmedizin verbieten?, MedR 2017, 867–871.
Kreß, H., Kultivierung von Embryonen und Single-Embryo-Transfer, Ethik in der Medizin, 2005, 234–240.
Ders., Morphologische Beobachtung und Transfer eines Embryos aus ethischer Sicht, in: Fortschritte und Grenzen der Fortpflanzungsmedizin, Informationsveranstaltung der DGGG am 28. Juni 2005, Frauenarzt 2005, 608–612 (611).
Ders., Präimplantationsdiagnostik: Anschlussfragen für das Embryonen- und Gendiagnostikgesetz und Auswirkungen auf das Stammzellgesetz, ZRP 2011, 68–69.
Ders. Rechtssicherheit und vorwirkende Kinderrechte – Ein künftiges Gesetz zur Fortpflanzungsmedizin im Kontext des Transplantationsgesetzes, Der Gynäkologe 2018, 627–632.
Kreß, H./Gassner, U./Kersten, J./Krüger, M./Lindner, J. F./Rosenau, H./Schroth, U., Fortpflanzungsmedizingesetz. Augsburg-Münchner-Entwurf, MedR 2013, 642.
Kretschmer, J., Welchen Einfluss hat die Lehre der objektiven Zurechnung auf das Teilnahmeunrecht?, Jura 2008, 265–271.
Krey, V./Esser, R., Deutsches Strafrecht Allgemeiner Teil, 6. Aufl., Stuttgart 2016 (zitiert: *Krey/Esser*, Strafrecht AT, 6. Aufl. 2016, Rn.).
Krüger, M., Das Verbot der post-mortem-Befruchtung: § 4 Abs. 1 Nr. 3 Embryonenschutzgesetz – tatbestandliche Fragen, Rechtsgut und verfassungsrechtliche Rechtfertigung, Halle-Wittenberg 2010 (zitiert: *Krüger*, Das Verbot der post-mortem-Befruchtung, 2010, S.).
Krüssel, J.-S./Hirchenhain, J./Bender, H. G., Blastozystenkultur – Pro und Contra, Der Gynäkologe 2004, 696–700.
Krüssel, J.-S./Leeb, C. Oozyten im Vorkernstadium lagern überall, Der Gynäkologe 2010, 696–700.
Kügel, W./Müller, G./Hofmann, H.-P. (Hrsg.), Arzneimittelgesetz: AMG, Kommentar, bearb. v. Kügel, Wilfried/Müller, Georg u.a., 2. Aufl., München 2016 (zitiert: *Bearbeiter* in Kügel/Müller/Hofmann (Hrsg.), AMG, 2. Aufl. 2016, §, Rn.).
Kühl, K., Strafrecht Allgemeiner Teil, 8. Aufl., München 2017 (zitiert: *Kühl*, Strafrecht AT, 8. Aufl. 2017, §, Rn.).
Küpper, G., Anforderungen an Mittäterschaft, NStZ 1995, 331–333.

Kudlich, H., „Das hätte doch wohl jeder auch so finden können ...", JA 2013, 791–793.
Ders., Beihilfe durch berufstypische Handlungen, Anmerkung zu BGH, Beschl. v. 21.12.2016 – 1 StR 112/16, NStZ 2017, 339–340.
Kupka, M.S./Franz, M./Friese, K., Hepatitis, HIV und Kinderwunsch, Der Gynäkologe 2007, 780–790.
Kutzer, K., Embryonenschutzgesetz – Wertungswidersprüche zu den Regelungen bei Schwangerschaftsabbruch, Früheuthanasie, Sterbehilfe und Transplantation?, MedR 2002, 24–26.
Lackner, K./Kühl, K., Kommentar zum Strafgesetzbuch, 29. Aufl., München 2018. (zit.: *Lackner/Kühl*, StGB, 29. Aufl. 2018, §, Rn.)
Larenz, K./Canaris, C.-W., Methodenlehre der Rechtswissenschaft, 3. Aufl., Berlin 2018.
Laufhütte, H.W./Rissing-van Saan, R./Tiedemann, K., Leipziger Kommentar zum Strafgesetzbuch, bearb. v. *Weigend, T., Dannecker, G.* u.a., Band 1, 12. Aufl., München 2007 (zitiert: LK/StGB-*Bearbeiter*, 12. Aufl. 2007, §, Rn.).
Laufs, A., Rechtliche Grenzen der Fortpflanzungsmedizin, 1987, Heidelberg.
ders., Fortpflanzungsmedizin und Arztrecht, 1992, Berlin.
ders., Das Menschenrechtsübereinkommen zur Biomedizin und das deutsche Recht, NJW 1997, 776–777.
Laufs, A./Katzenmeier, C./Lipp, V., Arztrecht, 7. Aufl., München 2015 (zitiert: *Bearbeiter* in Laufs/Katzenmeier/Lipp (Hrsg.), Arztrecht, 7. Aufl. 2015, Kap., Rn.).
Laufs, A./Kern, B.-R., Handbuch des Arztrechts, 4. Aufl., München 2010 (zitiert: *Bearbeiter* in Laufs/Kern (Hrsg.), Handbuch des Arztrechts, 4. Aufl. 2010, §, Rn.).
Laum, H.D./Smentkowski U., Ärztliche Behandlungsfehler – Statut der Gutachterkommission, Kurzkommentar, 2007, Köln.
Lautenschläger, D., Der Status ausländischer Personen im deutschen Transplantationssystem, 2008, Bern.
Lechner, D., Die Auswirkungen des Patientenrechtegesetzes auf den Umfang der ärztlichen Aufklärungspflicht – eine strafrechtliche Analyse, MedR 2013, 429–432.
Lehmann, M., Die In-vitro-Fertilisation und ihre Folgen, Eine verfassungsrechtliche Analyse, Berlin 2007.
Dies., Die Adoption elternfreier Embryonen aus verfassungsrechtlicher Sicht, ZfL 2008, 106–117.
Leinmüller, R., Bericht vom ESHRE-Kongreß in Kopenhagen, 19.-22. Juni 2005, Journal für Fertilität und Reproduktion, 2005, 22–24.
Leipold, K./Tsambikakis, M./Zöller, Mark A., AnwaltKommentar StGB, 2. Aufl., Heidelberg 2015 (zitiert: AnwKomm/StGB-*Bearbeiter*, 2. Aufl. 2015, §, Rn.).
Leist, A., Gefährdet die moderne Reproduktionstechnologie die menschliche Würde?, Um Leben und Tod. Moralische Probleme bei Abtreibung, künstlicher Befruchtung, Euthanasie und Selbstmord, 3. Aufl., Frankfurt am Main 1992 (zitiert: *Bearbeiter* in Leist (Hrsg.), Um Leben und Tod, 3. Aufl. 1992, S.).
Less, G., Der Unrechtscharakter der Anstiftung, ZStW 69 (1957), 43–58.
Lilie, H., Neue rechtliche Konfliktfelder der Reproduktionsmedizin: Probleme der Dreierregel, Zeitschrift für Evidenz, Fortbildung und Qualität im Gesundheitswesen 100 (2006), 674–676.
Lilie, H./Albrecht, D., Strafbarkeit im Umgang mit Stammzelllinien aus Embryonen und damit in Zusammenhang stehender Tätigkeit nach deutschem Recht, NJW 2001, 2774–2776.
Limbeck, A., Embryonenschutzgesetz und Forschung an menschlichen Stammzellen, insbesondere ihrer Herstellung zu Forschungszwecken vor dem Hintergrund des Embryonenschutzgesetzes, Dr. Stephan Verlag 2006 (zitiert: *Limbeck*, Embryonenschutzgesetz und Forschung an menschlichen Stammzellen, 2006, S.).
Lorenz, D., Rechtliche und ethische Fragen der Reproduktionsmedizin, Baden-Baden 2003 (zitiert: *Bearbeiter* in Lorenz (Hrsg.), Rechtliche und ethische Fragen der Reproduktionsmedizin, 2003, S.).
Losch, B., Lebensschutz am Lebensbeginn: Verfassungsrechtliche Probleme des Embryonenschutzes, NJW 1992, 2926–2932.
Lüdemann, J., Die verfassungskonforme Auslegung von Gesetzen, JuS 2004, 27–30.
Lüderssen, K., Zum Strafgrund der Teilnahme, Baden-Baden 1967.

Ludwig, M./Al-Hasani, S./Felberbaum, R./Diedrich, K.D., New aspects of cryopreservation of oocytes and embryos in assisted reproduction and future prespectives. Hum Reprod 1999; 14 Suppl 1: 162–185.
Ludwig, A.K./Ludwig, M., Wie geht es den Kindern nach reproduktionsmedizinischer Behandlung?, Der Gynäkologe 2018, 653–658.
Magnus, D., Kinderwunschbehandlungen im Ausland: Strafbarkeit beteiligter Ärzte nach internationalem Strafrecht (§ 9 StGB), NStZ 2015, 57–64
Maiwald, M., Rezension zu Mallison, Rechtsauskunft als strafbare Teilnahme, ZStW 93 (1981), 885–890.
Mallison, J., Rechtsauskunft als strafbare Teilnahme, Tübingen 1979.
Martin, J., Strafbarkeit grenzüberschreitender Umweltbeeinträchtigungen: Zugleich ein Beitrag zur Gefährdungsdogmatik und zum Umweltvölkerrecht, Freiburg i. Br. 1989 (zitiert: *Martin*, Strafbarkeit grenzüberschreitender Umweltbeeinträchtigungen, 1989, S.).
Ders., Grenzüberschreitende Umweltbeeinträchtigungen im deutschen Strafrecht, ZRP 1992, 19–27.
Matt, H./Renzikowski, J., Strafgesetzbuch: StGB, Kommentar, München 2013 (zitiert: *Bearbeiter* in Matt/Renzikowski (Hrsg.), StGB, 2013, §, Rn.).
Maunz, T./Dürig, G., Grundgesetz, Kommentar, 85. Ergänzungslieferung November 2018, München 2019 (zitiert: *Bearbeiter* in Maunz/Dürig (Hrsg.), GG, 85. EL 2018, Art., Rn.).
May, U., Rechtliche Grenzen der Fortpflanzungsmedizin, Berlin 2003.
Merck Serono GmbH, Kinderwunsch – eine Frage von Körper und Seele, Broschüre, Stand: Februar 2016, aufrufbar unter https://www.fertinet.de/merck_serono_fertinet/de/images/MER160004_BRO_Kinderwunschbroschuere_W823231_final_1988_26785.pdf, zuletzt abgerufen am 1. Juni 2019.
Merkel, R., Personale Identität und die Grenzen strafrechtlicher Zuordnung – Annäherung an ein unentdecktes Grundlagenproblem der Strafrechtsdogmatik, JZ 1999, 502–511.
Ders., Grundrechtsschutz für den menschlichen Embryo?, ZfL 2008, 38–43.
Meyer-Goßner, L./Schmitt, B., Strafprozessordnung: StPO, Kommentar, 62. Aufl. München 2019 (zitiert: *Bearbeiter* in Meyer-Goßner/Schmitt, StPO, 62. Aufl. 2019, §, Rn.).
Miessen, W., Können niedergelassene Ärzte bei Teilhabe an der stationären Patientenversorgung Amtsträger sein?, in: Hiebl, S. (Hrsg.), Festschrift für Volkmar Mehle, Baden-Baden 2009, S. 431–444 (zitiert: *Miessen* FS Mehle, 2009, S.).
Mihm, A., Rezepte zum Gelddrucken, Frankfurter Allgemeine Zeitung, Artikel vom 4. Januar 2013, Nr. 3, aufrufbar unter https://www.faz.net/aktuell/wirtschaft/korruption-in-der-arzt-praxis-rezepte-zum-gelddrucken-12013657.html, zuletzt abgerufen am 1. Juni 2019.
Miller, D./Rackow, P., Transnationale Täterschaft und Teilnahme – Beteiligungsdogmatik und Strafanwendungsrecht, ZStW 117 (2005), 379–417.
Mitsch, W., Mitwirkung am versuchten Schwangerschaftsabbruch (an) einer Nichtschwangeren im Ausland, Jura 1989, 193–199.
Möller, L., Allgemeine Erklärung über Bioethik und Menschenrechte: Wegweiser für die Internationalisierung der Bioethik, Deutsche Unesco-Kommission, 2006 (zitiert: *Möller*, Allgemeine Erklärung über Bioethik und Menschenrechte, 2006, S.).
Möllers, T. M.J. (Hrsg.), Geltung und Faktizität von Standards, Baden Baden 2009 (zitiert: *Bearbeiter*, Titel, in Möllers (Hrsg.), Geltung und Faktizität von Standards, 2009, S.).
Montag, M./van der Ven, H., Grundlagen der In-vitro-Fertilisation und Embryonenkultivierung, ReprodMed 2002, 147–152.
Mück-Raab, M., Strafbefehl für Embryovermittler, Artikel vom 31. Mai 2017 im Tagesspiegel, aufrufbar unter https://www.tagesspiegel.de/wissen/embryonenschutzgesetz-strafbefehl-fuer-embryovermittler/19876936.html, zuletzt abgerufen am 1. Juni 2019.
Müller, K., Beihilfe durch wirtschaftliches Handeln, in: Amelung, Knut (Hrsg.), Festschrift für Hans-Ludwig Schreiber, S. 343–358, Heidelberg 2003 (zitiert: *Müller, K.* FS Schreiber, 2003, S.).
Müller-Terpitz, R., Der Schutz des pränatalen Lebens – Eine verfassungs-, völker- und gemeinschaftsrechtliche Statusbetrachtung an der Schwelle zum biomedizinischen Zeitalter, Tübingen 2007 (zitiert: *Müller-Terpitz*, Der Schutz des pränatalen Lebens, 2007, S.).

Ders., Assistierte Reproduktionsverfahren im Lichte der Europäischen Menschenrechtskonvention, ArchVR 51 (2013), 42–71.
Ders., „ESchG 2.0" – Plädoyer für eine partielle Reform des Embryonenschutzgesetzes, ZRP 2016, 51–54.
Münchener Kommentar zum Bürgerlichen Gesetzbuch,
  - Band 1, §§ 1–240 BGB, 8. Aufl., München 2018
  - Band 4, §§ 535–630h BGB, 7. Aufl., München 2016
(zitiert: *Bearbeiter* in MüKo/BGB, Bd., Aufl., Jahrgang, §, Rn.).
Münchener Kommentar zum Strafgesetzbuch,
  - Band 1, §§ 1–37, 3. Aufl., München 2017,
  - Band 2, §§ 38–79b, 3. Aufl., München 2016,
  - Band 4, §§ 185–262, 3. Aufl., München 2017
(zitiert: *Bearbeiter* in MüKo/StGB, Bd., Aufl., Jahrgang, §, Rn.).
Murmann, U., Zum Tatbestand der Beihilfe, JuS 1999, 548–553.
Narr, H., Ärztliches Berufsrecht, Kommentar, 28. Aktualisierung, Köln 2018.
Nationaler Ethikrat, Genetische Diagnostik vor und während der Schwangerschaft, Stellungnahme, 2003.
Neidert, R., Brauchen wir ein Fortpflanzungsmedizingesetz?, MedR 1998, 347–353.
Ders., Das überschätzte Embryonenschutzgesetz – was es verbietet und nicht verbietet, ZRP 2002, 467–471.
Ders., Gesetzliche Statik und wissenschaftliche Dynamik in der Reproduktionsmedizin, J Reprod Endo 2004, 100–103.
Ders., Embryonenschutz im Zwiespalt zwischen staatlichem Gesetz und ärztlicher Lex artis, ZRP 2006, 85–87.
Ders., „Entwicklungsfähigkeit" als Schutzkriterium und Begrenzung des Embryonenschutzgesetzes, MedR 2007, 279–286.
Nomos Kommentar zum Strafgesetzbuch,
  - Band 1, §§ 1–79b, 5. Aufl., Baden-Baden 2017,
  - Band 3, §§ 232–358, 5. Aufl., Baden-Baden 2017
(zitiert: *Bearbeiter* in NK/StGB, Bd., Aufl., Jahrgang, §, Rn.).
Nomos Kommentar Gesamtes Strafrecht, StGB/StPO/Nebengesetze, 4. Aufl., Baden-Baden 2017 (zitiert: *Bearbeiter* in NK/Gesamtes Strafrecht, 4. Aufl. 2017, Gesetzesbezeichnung, §, Rn.).
Nowakowski, F., Anwendung des inländischen Strafrechts und außerstrafrechtliche Rechtssätze, JZ 1971, 633–638.
Oehler, D., Internationales Strafrecht: Geltungsbereich des Strafrechts. Internationales Rechtshilferecht. Recht der Gemeinschaften. Völkerstrafrecht. Köln 1983 (zitiert: *Oehler*, Internationales Strafrecht, 1983, Rn.).
Okresek, W., MRK-Entscheidung, ÖJZ 2012, 379–382.
Otto, H., Täterschaft, Mittäterschaft, mittelbare Täterschaft, Jura 1987, 246–258.
Ders., Das Strafbarkeitsrisiko berufstypischen, geschäftsmäßigen Verhaltens, JZ 2001, 436–444.
Palandt, Bürgerliches Gesetzbuch, Kommentar, 78. Aufl., München 2019. (zitiert: Palandt/*Bearbeiter*, BGB, 78. Aufl. 2019, §, Rn.)
Pecks, U./Maass, N./Neulen, J., Eizellspende – ein Risikofaktor für Schwangerschaftshochdruck, 2011, Deutsches Ärzteblatt International 2011, 23–31.
Pennings, G., Reproductive tourism as moral pluralism in motion, Journal of Medical Ethics 2002, 337–341.
Ders., The rights and wrongs of egg donation, Focus Reproduction Magazin 2011, 32–35.
Prehn, A., Die Strafbarkeit der post-mortem-Befruchtung, MedR 2011, 559–568.
Prütting, D., Medizinrecht Kommentar, 5. Aufl., München 2019 (zitiert: *Bearbeiter* in Prütting (Hrsg.), Medizinrecht, 5. Aufl. 2019, §, Rn.).
Püttner, G./Brühl, K., Fortpflanzungsmedizin, Gentechnologie und Verfassung, JZ 1987, 529–536.
Puppe, I., Die Architektur der Beteiligungsformen, GA 2013, 514–536.
Quaas, M./Zuck, R., Medizinrecht, 3. Aufl., München 2014 (zitiert: Quaas/Zuck (Hrsg.), Medizinrecht, 3. Aufl. 2014, §, Rn.).

Quaas, M./Zuck, R./Clemens, T., Medizinrecht, 4. Aufl., München 2018 (zitiert: Quaas/Zuck/Clemens (Hrsg.), Medizinrecht, 4. Aufl. 2018, §, Rn.).
Rabe von Kühlewein, M., Strafrechtliche Haftung bei vorsätzlichen Straftaten anderer, JZ 2002, 1139–1146.
Ransiek, A., Pflichtwidrigkeit und Beihilfeunrecht, – Der Dresdner Bank-Fall und andere Beispiele –, wistra 1997, 41–47.
Ratzel, R., Umfang und Grenzen berufsrechtlicher Normen im Bereich der modernen Fortpflanzungsmedizin, ReprodMed 2002, 199–205.
Ders., Beschränkung des Rechts auf Fortpflanzung durch das ärztliche Berufsrecht, GesR 2009, 281–286.
Ders., Rezension zu Carina Dorneck, Das Recht der Reproduktionsmedizin de lege lata und de lege ferenda – Eine Analyse zum AME-FMedG, GesR 2019, 135–136.
Rauprich, O./Vollmann, J., Die Kosten des Kinderwunsches. Interdisziplinäre Perspektiven zur Finanzierung reproduktionsmedizinischer Behandlungen, Münster 2012 (zitiert: *Bearbeiter* in Rauprich/Vollmann, Die Kosten des Kinderwunsches, 2012, S.).
Rehmann, W. A., Arzneimittelgesetz (AMG), 4. Aufl., München 2014.
Reich, J., Empirische Totipotenz und metaphysische Gattungszugehörigkeit bei der moralischen Beurteilung des vorgeburtlichen menschlichen Lebens, Zeitschrift für medizinische Ethik 2004, 115–130.
Rengier, R., Strafrecht Allgemeiner Teil, 10. Aufl. München 2018 (zitiert: *Rengier*, Strafrecht AT, 10. Aufl. 2018, §, Rn.).
Renzikowski, J., Embryonenauslese und „Dreierregel", Gynäkologische Endokrinologie 2004, 172–178.
Ress, G., Supranationaler Menschenrechtsschutz und der Wandel der Staatlichkeit, ZaöRV 2004, 621–639.
Revermann, C./Hüsing, B., Fortpflanzungsmedizin – Rahmenbedingungen, wissenschaftlich-technische Fortschritte und Folgen, Baden-Baden 2011 (zitiert: *Revermann/Hüsing*, Fortpflanzungsmedizin, 2011, S.).
Richter-Kuhlmann, E., Assistierte Reproduktion – Richtlinie komplett neu, DÄBl., 115. Jahrgang, Heft 22, 1. Juni 2018, A 1050 – A 1051.
Rieger, H.-J., Lexikon des Arztrechts, Berlin 1984 (zitiert: *Bearbeiter* in Rieger (Hrsg.), Lexikon des Arztrechts, 1984, Rn.).
Rosenau, H., Ein zeitgemäßes Fortpflanzungsmedizingesetz für Deutschland, Schriften zum Bio-, Gesundheits- und Medizinrecht, Baden-Baden 2012 (zitiert: *Bearbeiter*, Titel, in Rosenau (Hrsg.), Ein zeitgemäßes Fortpflanzungsmedizingesetz für Deutschland, 2012, S.).
Rote Liste Service GmbH, Rote Liste 59. Ausgabe 2019, Arzneimittelverzeichnis Deutschland. Frankfurt am Main 2019.
Roxin, C., Tatentschluß und Anfang der Ausführung beim Versuch, JuS 1979, 1–13.
Ders., Strafrecht Allgemeiner Teil, Band 1: Grundlagen. Der Aufbau der Verbrechenslehre. 4. Aufl., München 2006 (zitiert: *Roxin*, Strafrecht AT I, 2006, §, Rn.).
Ders., Strafrecht Allgemeiner Teil, Band 2: Besondere Erscheinungsformen der Straftat, München 2003 (zitiert: *Roxin*, Strafrecht AT II, 2003, §, Rn.).
Roxin, C./Schroth, U., Handbuch des Medizinstrafrechts, 4. Aufl., Stuttgart/München 2010 (zitiert: *Bearbeiter* in Roxin/Schroth (Hrsg.), Medizinstrafrecht, 4. Aufl. 2010, S.).
Rüsken, R., Künstliche Befruchtung als Heilbehandlung – Zur steuermindernden Berücksichtigung von Kosten homo- und heterologer Befruchtung, NJW 1998, 1745–1750.
Rudolphi, H.-J., Zur Tatbestandsbezogenheit des Tatherrschaftsbegriffs bei der Mittäterschaft, in: Kaufmann, A. (Hrsg.), Festschrift für Paul Bockelmann, München 1979, S. 369–388 (zitiert: *Rudolphi* FS Bockelmann, 1979, S.).
Sachs, M., Grundgesetz, Kommentar, 8. Aufl., München 2018 (zitiert: *Sachs*, GG, 8. Aufl. 2018, Art., Rn.).
Safferling, C., Die Abgrenzung zwischen strafloser Vorbereitung und strafbarem Versuch im deutschen, europäischen und im Völkerstrafrecht, ZStW 118 (2006), 682–716.

Samson, E./Wolz, B., Bedenklichkeit von Arzneimitteln und Gebrauchsinformation, MedR 1988, 71–73.
Satzger, H., Die Anwendung des deutschen Strafrechts auf grenzüberschreitende Gefährdungsdelikte, NStZ 1998, 112–117.
Ders., Der Einfluss der EMRK auf das deutsche Straf- und Strafprozessrecht – Grundlagen und wichtige Einzelprobleme, Jura 2009, 759–768.
Ders., Das deutsche Strafanwendungsrecht (§§ 3 ff. StGB) – Teil 1, Jura 2010, 108–116.
Satzger, H./Schluckebier, W./Widmaier, G., Kommentar zum Strafgesetzbuch, 4. Aufl., München 2019 (zitiert: SSW-*Bearbeiter*, StGB, 4. Aufl. 2019, §, Rn.).
Schaaf, J., faz.net. „Erste Kinderwunsch-Messe in Berlin" vom 20. Februar 2017, abrufbar unter http://www.faz.net/aktuell/gesellschaft/menschen/erste-kinderwunsch-messe-findet-in-berlin-statt-14884805.html, zuletzt aufgerufen am 1. Juni 2019.
Schaffstein, F., Rechtswidrigkeit und Schuld im Aufbau des neuen Strafrechtssystems, ZStW 57 (1938), 295–336.
Schlachter, M./Ohler, C., Europäische Dienstleistungsrichtlinie, Baden-Baden 2008 (zitiert: *Bearbeiter* in Schlachter/Ohler (Hrsg.), Europäische Dienstleistungsrichtlinie, 2008, Art., Rn.).
Schlüter, J., Schutzkonzepte für menschliche Keimbahnzellen in der Fortpflanzungsmedizin, Münster 2008.
Schmeilzl, B./Krüger, M., Künstliche Befruchtung: Wer trägt die Kosten? – Eine Übersicht nach Fallgruppen –, NZS 2006, 630–636.
Schmid, H., Die Grenzen der Therapiefreiheit, NJW 1986, 2339–2343.
Schmidhäuser, E., Strafrecht Allgemeiner Teil, 2. Aufl., Tübingen 1984 (zitiert: *Schmidhäuser*, Strafrecht AT, 2. Aufl. 1984, Kap./Rn.).
Schönke, A./Schröder, H., Strafgesetzbuch, Kommentar, 30. Aufl., München 2019 (zitiert: S/S-Bearb., StGB, 30. Aufl. 2019, §, Rn.).
Schroeder, F.C., Die Rechtsgüter des Embryonenschutzgesetzes, in: Kühne, H.-H. (Hrsg.), Festschrift für Koichi Miyazawa, Baden-Baden 1995, S. 533–548 (zitiert: *Schroeder* in FS Miyazawa, 1995, S.).
Seebode, K., Welche Änderungen bringt das Samenspenderregistergesetz?, Der Gynäkologe 2018, 633–638.
Seesing, H., Technologischer Fortschritt und menschliches Leben – Die Menschenwürde als Maßstab der Rechtspolitik, Teil 1: Rechtspolitische Grundsätze von CDU und CSU zur Fortpflanzungsmedizin, Bd. 11 der Reihe „Gentechnologie – Chancen und Risiken", Frankfurt a. M. 1987.
Shenfield, F. et al., "Cross-border reproductive care in six European countries", Human Reproduction 2010, 1361–1368.
Sieber, U., Internationales Strafrecht im Internet – Das Territorialitätsprinzip der §§ 3,9 StGB im globalen Cyberspace, NJW 1999, 2065–2073.
Sitter, S. C., Grenzüberschreitende Leihmutterschaft – Eine Untersuchung des materiellen und internationalen Abstammungsrechts Deutschlands und der USA, Berlin 2017 (zitiert *Sitter*, Grenzüberschreitende Leihmutterschaft, 2017, S.).
Soergel, H.-T., Bürgerliches Gesetzbuch, Band 20: Familienrecht 4 §§ 1741–1921, 13. Aufl. 2000 (zitiert: *Bearbeiter* in Soergel (Hrsg.), BGB, Bd. 20, 13. Aufl. 2000, §, Rn.)
Soytürk, A., Grenzüberschreitende Gesundheitsversorgung im Lichte der EuGH-Rechtsprechung und der Patientenrichtlinie, Hamburg 2012.
Spandorfer, SD et al., Outcome of in vitro fertilization in women 45 years and older who use autologous oocytes, Fertil Steril. 2007, 74–76.
Spendel, G., Fahrlässige Teilnahme an Selbst- und Fremdtötung, JuS 1974, 749–756.
Spickhoff, A., Der Schutz von Embryo und Stammzelle im Internationalen Straf- und Privatrecht, in: Knut, Amelung/Beulke, Werner u.a. (Hrsg.), Festschrift für Hans-Ludwig Schreiber, Heidelberg 2003, S. 881–891 (zitiert: *Spickhoff* in FS Schreiber, 2003, S.).
Ders., Anmerkung zu BGH, Urteil vom 08.10.2015 – I ZR 225/13, LMK 2016, 378242.
Ders., Medizinrecht, 3. Aufl., München 2018 (zitiert: *Bearbeiter* in Spickhoff (Hrsg.), Medizinrecht, 3. Aufl. 2018, Gesetz, §, Rn.).

Ders., Die Entwicklung des Arztrechts 2015/2016, NJW 2016, 1633–1639.
Ders., Die Entwicklung des Arztrechts 2016/2017, NJW 2017, 1790–1796.
Spiewak, M., Embryonenschutzgesetz: Strafsache Kinderwunsch, Die Zeit Nr. 34 aus 2013 vom 14. August 2013.
Spitzer, D./Freude, G./Urdl, W., Überarbeitete Empfehlungen zur maximalen Anzahl zu transferierenden Embryonen, Speculum – Zeitschrift für Gynäkologie und Geburtshilfe 2011, 8–10.
Starck, C., Verfassungsrechtliche Grenzen der Biowissenschaft und der Fortpflanzungsmedizin, JZ 2002, 1065–1071.
Starck, C./Coester-Waltjen, D., Die künstliche Befruchtung beim Menschen – Zulässigkeit und zivilrechtliche Folgen, 1. Teilgutachten zum 56. Deutschen Juristentag, Verhandlungen des sechsundfünfzigsten Deutschen Juristentages München 1986, Verfassungsrechtliche Probleme, in: Ständige Deputation des DJT.
Stauber, M./Beier, H.M., Gutachten: *Stauber*, Diagnose und Therapie der Unfruchtbarkeit (Mai 1996)
Staudinger von, J., BGB, Berlin 2014 (zitiert: *Bearbeiter* in Staudinger (Hrsg.), BGB, 2014, Art./§, Rn.).
Stein, U., Mord in Mittäterschaft, Anmerkung zu BGH, Urteil vom 15.01.1991 – 5 StR 492/90, StV 1993, 411–414.
Steiner, U., Das Bundesverfassungsgericht und die Volksgesundheit, MedR 2003, 1–7.
Sternberg-Lieben, D., Fortpflanzungsmedizin und Strafrecht, NStZ 1988, 1–6.
Stollmann, F., Widerruf und Ruhen der Approbationen, Anordnung sofortiger Vollziehung – ein Rechtsprechungsbericht, MedR 2010, 682–689.
Stratenwerth, G./Kuhlen, L., Strafrecht Allgemeiner Teil, 6. Aufl., München 2011 (zitiert: *Stratenwerth/Kuhlen*, Strafrecht AT, 6. Aufl. 2011, Rn.).
Streinz, R., Europarecht, 10. Aufl., München 2016.
ders., EUV/AEUV, Kommentar, 3. Aufl., München 2018.
Tann, von der, C., Die künstliche Befruchtung in der gesetzlichen Krankenversicherung, NJW 2015, 1850–1854.
Taupitz, J., Der „ethische Export" als Rechtsproblem biomedizinischer Forschung, dargestellt aus dem Blickwinkel des deutschen Rechts, in: Geiser, Thomas (Hrsg.), Festschrift für Hausheer, Bern 2002, S. 733–752 (zitiert: *Taupitz* FS Hausheer, 2002, S.).
Ders., Welche Möglichkeiten bietet die moderne Auslegung des Embryonenschutzgesetzes, Der Gynäkologe 2009, 502–507.
Ders., Medizinische Informationstechnologie, leitliniengerechte Medizin und Haftung des Arztes, AcP 211 (2011), 352–394.
Ders., Verbot der Eizellspende – „modern" interpretiert?, NJW 2019, 337–340.
Ders., 2-PN-Spende nicht strafbar – „Kuckuckei" für die Fortpflanzungsmedizin?, Journal für Reproduktionsmedizin und Endokrinologie 2019, 74–78.
Taupitz, J./Geisthövel, F. et al., V. Mannheimer Workshop zur Fortpflanzungsmedizin: Ein juristischer Diskurs zur Präimplantationsdiagnostik und Embryonenspende auf der Basis neuerer reproduktionsbiologischer Prämissen, Journal für Reproduktionsmedizin und Endokrinologie 2015, 42–56.
Taupitz, J./Hermes, B., Eizellspende verboten – Embryonenspende erlaubt?, NJW 2015, 1802–1807.
Terbille, M., Münchener Anwaltshandbuch Medizinrecht, 2. Aufl., München 2013 (zitiert: *Bearbeiter* in Terbille (Hrsg.), AnwHdb MedR, 2. Aufl. 2013, §, Rn.).
Thieme Compliance GmbH, Dokumentierte Patientenaufklärung, Basisinformation zum Aufklärungsgespräch, Erlangen, 2008.
Thorn, P., Expertise reproduktives Reisen des Pro Familia Verbandes, abrufbar unter https://www.profamilia.de/fileadmin/publikationen/Fachpublikationen/expertise_reproduktives_reisens.pdf (zuletzt abgerufen am 1. Juni 2019), Frankfurt a. M. 2008 (zitiert: *Thorn*, Expertise – Reproduktives Reisen, 2008, S.).
Thorn, P./Wischmann, T., Psychosoziale Aspekte der assistierten Reproduktion. Gutachten für den Deutschen Bundestag, 2010 (zitiert: *Thorn/Wischmann*, Psychosoziale Aspekte der assistierten Reproduktion, 2010, S.).

Dies., Leitlinien der BKiD „Psychosoziale Beratung für Frauen und Männer, die eine Kinderwunschbehandlung im Ausland beabsichtigen", J Reprod Endo, 2010, 394–402.

Tolmein, O., Befruchtender Rechtsstreit um Eizellen, NJW-aktuell Heft 22/2010, S. 12–13.

Trechsel, S., Der Strafgrund der Teilnahme, Bern 1967.

Ulsenheimer, K., Arztstrafrecht in der Praxis, 5. Aufl., Heidelberg 2015 (zitiert: *Ulsenheimer*, Arztstrafrecht, 5. Aufl. 2015, S., Rn.).

Valerius, B., Kinderwunschbehandlung im Ausland? – Ist das Embryonenschutzgesetz nach 25 Jahren noch zeitgemäß?, medstra 2017, 20–27.

Van Hoof, W./Pennings, G., „Extraterritoriality for Cross-Border Reproductive Care: Should States Act. Against Citizens Travelling Abroad for Illegal Infertility Treatment?", Reprod BioMed Online, 23 (2011), 546–547.

Dies., Extraterritorial Laws for Cross-Border Reproductive Care: The Issue of Legal Diversity, European Journal of Health Law 19 (2012), 187–200.

Velasco, J.A.G., Überlegungen zur gesetzlichen Nachbesserung in der Reproduktionsmedizin, in: Egg donation in Spain. The Spanish point of view, Focus Reproduction, 2007, 26–30.

Velte, G., Die postmortale Befruchtung im deutschen und spanischen Recht, Heidelberg 2015.

Vesting, J.-W., Ärztliches Standesrecht: Instrumentarium zur Regelung der Gentherapie?, NJW 1997, 1605–1608.

Ders., Die Verbindlichkeiten von Richtlinien und Empfehlungen der Ärztekammern nach der Musterberufsordnung 1997, MedR 1998, 168–171.

Vilmar, K./Wolff, P., Richtlinien zur Durchführung von In-vitro-Fertilisation und Embryonentransfer als Behandlungsmethode der menschlichen Sterilität, Deutsches Ärzteblatt, Ärztliche Mitteilungen 82, 1649.

Vogt, B., Methoden der künstlichen Befruchtung: <<Dreierregel>> versus <<Single Embryo Transfer>> – Konflikt zwischen Rechtslage und Fortschritt der Reproduktionsmedizin in Deutschland im Vergleich mit sieben europäischen Ländern, Bern 2008 (zitiert: *Vogt*, Methoden der künstlichen Befruchtung: <<Dreierregel>> versus <<Single Embryo Transfer>>, 2008, S.).

Volk, K., Zum Strafbarkeitsrisiko des Rechtsanwalts bei Rechtsrat und Vertragsgestaltung, BB 1987, 140–145.

Wagner, G., Kodifikation des Arzthaftungsrechts? – Zum Entwurf eines Patientenrechtegesetzes –, VersR 2012, 789–802.

Walter, T., Einführung in das internationale Strafrecht, JuS 2006, 967–969.

Walther, F., „Tat" und „Täter" im transnationalen Strafanwendungsrecht des StGB, JuS 2012, 203–207.

Wasserburg, K./Meller, L., Rechtsprechungsübersicht zum Arztstrafrecht Teil 1/3 – August 2012 bis Mai 2018 -, NStZ 2018, 514–525.

dies., Rechtsprechungsübersicht zum Arztstrafrecht Teil 3/3 – August 2012 bis Mai 2018 -, NStZ 2018, 640–647.

Weber, K., Betäubungsmittelgesetz, 5. Aufl., München 2017 (zitiert: *Weber*, BtMG/AMG, 5. Aufl. 2017, AMG §, Rn.).

Weilert, K., Heterologe In-vitro-Fertilisation als europäisches Menschenrecht?, MedR 2012, 355–359.

Wellenhofer, M., Familienrecht: Leihmutterschaft, JuS 2015, 841–844.

Wenzel, F., Patientenrechtegesetz – Kommentar für die Praxis, Heidelberg 2017 (zitiert: *Bearbeiter* in Wenzel (Hrsg.), Patientenrechtegesetz, 2017, Rn./Abb. (S.)).

Wessels, J./Beulke, W./Satzger, H., Strafrecht Allgemeiner Teil, 48. Aufl., Heidelberg 2018 (zitiert: *W/B/S*, Strafrecht AT, 48. Aufl. 2018, §, Rn.).

WHO, Technical Report Series, Recent Advances in Medically Assisted Conception, 1992, 1–111.

Wietersheim von, E. M., Strafbarkeit der Präimplantationsdiagnostik – PID de lege lata und de lege ferenda, Baden-Baden 2014 (zitiert: *v. Wietersheim*, Strafbarkeit der Präimplantationsdiagnostik, 2014, S.).

Wilke, G. et al., Kinderwunschbehandlung – Einfluss der Erstattungssituation auf die Behandlungsentscheidung der Patienten, Gesundheitsökonomie und Qualitätsmanagement 2008, 149–153.

Willems, H., Die Rüge durch die Heilberufskammer, MedR 2010, 770–776.

Wischmann, T., Der Traum vom eigenen Kind – Psychosoziale Aspekte bei unerfülltem Kinderwunsch, Gynäkologische Endokrinologie 2008, 1–6.
Ders., Einführung Reproduktionsmedizin, München 2012.
Wolff von, M./Stute, P., Gynäkologische Endokrinologie und Reproduktionsmedizin: Das Praxisbuch, Stuttgart 2013 (zitiert: *v. Wolff/Stute*, Gynäkologische Endokrinologie und Reproduktionsmedizin, 2013, S.).
Wollenschläger, F., Das Verbot der heterologen In-vitro-Fertilisation und der Eizellspende auf dem Prüfstand der EMRK, MedR 2011, 21–28.
Wolter, J.,
- Systematischer Kommentar zum Strafgesetzbuch, Band I: §§ 1–37 StGB, 9. Aufl., Köln 2017,
- Systematischer Kommentar zum Strafgesetzbuch, Band IV: §§ 174–241a StGB, 9. Aufl., Köln 2017
(zitiert: SK-StGB/*Bearbeiter*, 9. Aufl. 2017, Band, §, Rn.).
Wuermeling, H.-B., Die Ratio des Embryonenschutzgesetzes, ZfL 2006, 15–17.
Zech, H./Zech, N., Kontroversen in der Reproduktionsmedizin in Europa, Schweiz Med Forum 14, 2003, 338–341.
Zentrale Kommission der Bundesärztekammer, Stellungnahme der „Zentralen Kommission der Bundesärztekammer zur Wahrung ethischer Grundsätze in der Reproduktionsmedizin, Forschung an menschlichen Embryonen und Gentherapie" vom 7. August 1989, DÄBl. 1989, B-1575–1577.
Zieschang, F., Mittäterschaft bei bloßer Mitwirkung im Vorbereitungsstadium?, ZStW 107 (1995), 361–381.